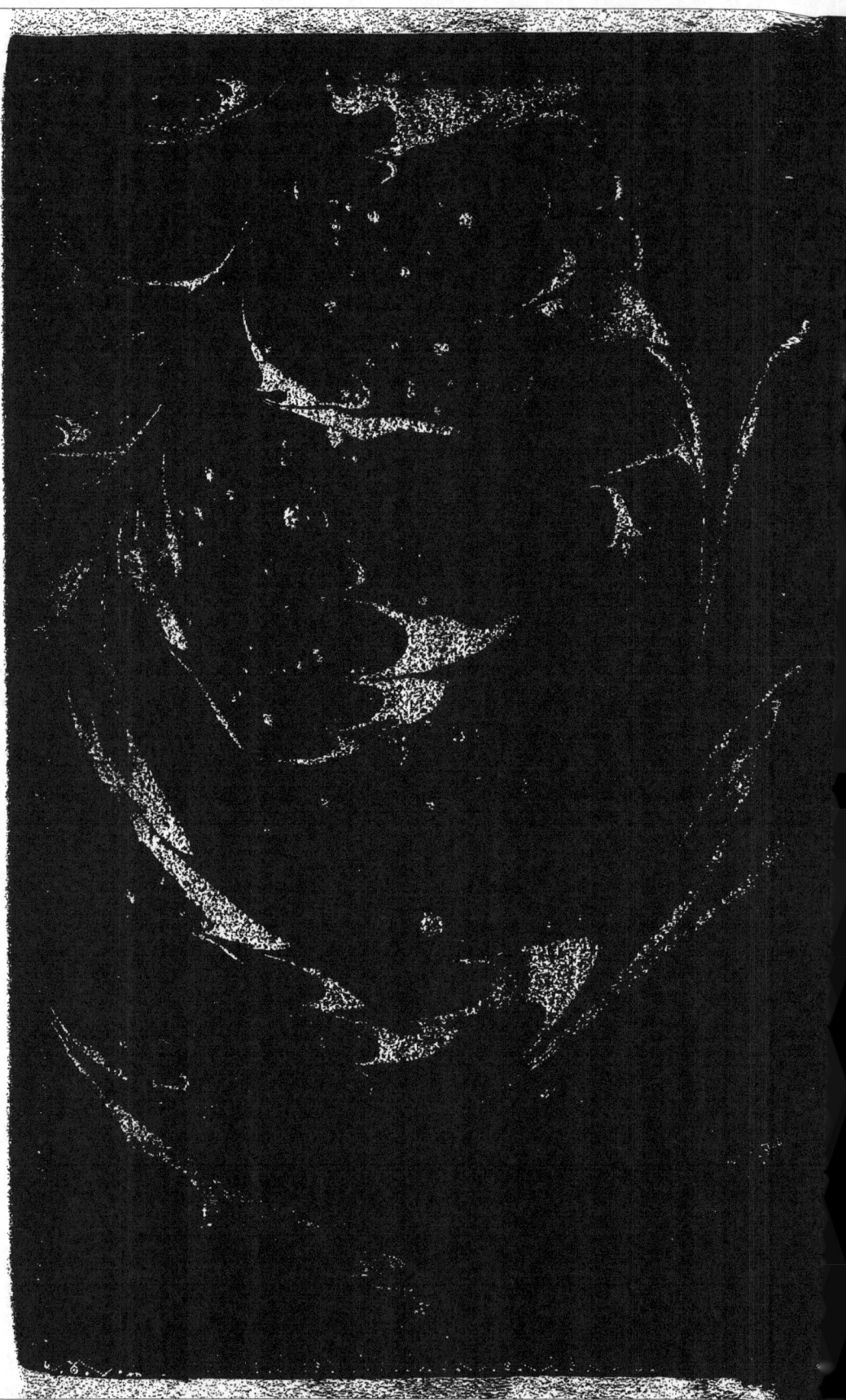

1841.
H.

CATALOGUE

DES LIVRES

DE FEU

M. LE DUC DE LA VALLIERE.

PREMIERE PARTIE.

CATALOGUE
DES LIVRES
DE LA BIBLIOTHEQUE
DE FEU
M. LE DUC DE LA VALLIERE.
PREMIERE PARTIE

CONTENANT les Manuscrits, les premieres Éditions, les Livres imprimés sur vélin & sur grand papier, les Livres rares, & précieux par leur belle conservation, les Livres d'Estampes, &c. dont la Vente se fera dans les premiers jours du mois de Décembre 1783.

PAR GUILLAUME DE BURE, FILS AÎNÉ.
TOME TROISIEME.

A PARIS,
Chez GUILLAUME DE BURE FILS AÎNÉ, Libraire, Quai des Augustins.
M. DCC. LXXXIII.

CATALOGUE
DES LIVRES
DE LA BIBLIOTHEQUE
DE FEU M. LE DUC
DE LA VALLIERE.

PREMIERE PARTIE.

HISTOIRE.

Introduction à l'Etude de l'Histoire.

4467 METHODE pour étudier l'Histoire, avec un catalogue des principaux Historiens, & des remarques sur la bonté de leurs ouvrages, & sur le choix des meilleures éditions. par M.

Tome III.   A

HISTOIRE.

l'Abbé Lenglet du Fresnoy. *Paris, Pierre Gandouin*, 1729, 4 vol. in 4. très G. P. v. f.

4468 Supplément de la Méthode pour étudier l'Histoire. par le même Abbé Lenglet du Fresnoy. *Paris, Rollin,* 1740. 2 vol in 4. très G. P. v. f.

Cet Exemplaire qui est imprimé sur très grand papier, n'a point essuyé tous les changements que le Censeur avoit obligé l'Auteur d'y faire, par des cartons, avant qu'il publiât cet Ouvrage ; quoique les endroits qui n'ont pas eu de cartons, n'y soient pas en grand nombre, on doit le regarder néanmoins comme très rare, parcequ'il est différent de presque tous les autres exemplaires ; il n'y a que celui du Censeur, feu M. de Boze, qui ait été conservé dans sa premiere forme ; du moins est-il le seul connu jusqu'à présent. Il est passé aujourd'hui dans le superbe cabinet de M. le Camus de Limare, qui a bien voulu nous communiquer la note MS. des cartons que son premier possesseur y a fait annexer. Nous la publions ici telle qu'elle s'y trouve, (en marquant par des étoiles les endroits non cartonnés de notre Exemplaire,) pour qu'on puisse dorénavant vérifier sans peine d'auttes Exemplaires, & connoître ceux qui sont plus ou moins cartonnés. Premierement, il faut remarquer qu'avant que l'Ouvrage eût été remis au Censeur, l'Auteur y avoit déja fait de lui-même, sur-tout dans le premier Volume, des changements marqués ci-après, & comme il ne vouloit pas qu'on l'ignorât, il avoit lui-même indiqué ces changements par des étoiles ajoutées aux chiffres courants des pages changées. On comprend aisément que c'étoit pour faire rechercher davantage les cartons, & les vendre séparément un bon prix ; les voici :

Les pages * 35 & 36 —— 69 & 70 * de 77 à 80. en 2 pag.

* de 93 à 96. en 2 pag. * 117 & 118. * 121 à 124. * 125 à 128. * 131 à 134. en 2 pages. * 145 & 146 ⎯ 153 & 154. * 157 & 158. * 171 & 172. * 197 à 200. en 2 pag. * 209 & 210. * 281 & 282. * 291 & 292. * 483 à 486. en 2 pag. ⎯ 521 & 522.

Cartons du premier Volume.

* pag. 7. On a ôté ce qui est dit contre le P. Hardouin.

* p. 30. On a ôté ce qui est dit contre M. de Lisle, & la réflexion sur le sieur Bourguignon d'Anville.

p. 69. On a effacé ce qui est dit du genre d'érudition des Prélats Romains.

* p. 83. On a supprimé cette réflexion : *Au moins le devons-nous croire ainsi*, &c. au sujet des enfants de Noé.

* p. 84. On a ôté ce qui est dit du motif de l'élévation de la Tour de Babel.

* p. 143. On a ôté cette réflexion sur la lutte de Jacob : *Chose rare, & qui n'est arrivée que cette fois.*

* p. 147. On a adouci ce qui est dit contre le Pere Hugo, Prémontré de Lorraine.

p. 153. On a ôté ce qui est dit du mariage de Raab avec Salmon, Prince de Juda, & l'on a changé le terme *assassina*, en parlant de la mort d'Eglon, Roi des Moabites, tué par Aod.

* p. 188. On a changé une partie de ce qui est dit à l'honneur des Juifs.

* p. 281. On a supprimé ce qui est dit contre le P. Daniel & le P. Jourdan, Jésuites.

p. 309. On a changé ce qui regarde la maniere dont fut défaite l'armée de Sennachérib.

p. 521 522. On a ôté ce qui pouvoit blesser les PP. Catrou & Rouillé, Jésuites.

* p. 558. On a adouci ce qui est dit touchant les inconvéniens de la protection que les Princes accordent à la Réligion.

Cartons du second Volume.

p. 103. On a ôté l'ironie sur les Ecclésiastiques de nos jours. lignes 9 & 10.

p. 105. On a ôté ce qui est dit des forces du Grand Turc, fondées sur la mésintelligence des Princes Chrétiens.

p. 107. On a ôté ces mots: *Pour conduire les affaires de la Réligion.* ligne 9, en remontant.

p. 115 & 116. On a modifié toute cette discussion du neu-Electorat.

p. 129. On a supprimé ce qui est dit des manifestes des Electeurs de Cologne & de Baviere.

p. 164. On a adouci ce qui est dit contre les Etats généraux, & de la trop grande considération que Léopold I. avoit pour des Visionnaires.

p. 174. On a ôté ce qui est dit de l'Empereur Léopold, pour détacher du parti de la France l'Electeur Maximilien de Baviere.

p. 185. On a ôté le mot *Infâme*, dont on qualifioit le supplice de Jean Hus & de Jérôme de Prague, auquel l'Empereur Sigismond avoit contribué.

p. 202. On a changé ce qui est dit sur la situation des Ducs de Savoye, & sur Humbert III. surnommé le Saint.

p. 216. On a adouci les termes, en parlant des Edits que Philippe II. fit publier en Flandres, sur le fait de la Réligion.

p. 229——236 & 237——238. On a ôté ce qui est dit contre le feu Pensionnaire Heinsius, & contre les Etats généraux, & on a réduit les quatre pages à deux.

HISTOIRE.

p. 251. On a changé ce qui est dit au bas de la page sur la succession à la Couronne.

p. 264. On a retranché une partie de la citation du *Haillant*, concernant St. Louis.

p. 269. On a changé une partie de ce qui est dit sur Louis XI. dans les six premieres lignes.

p. 275. On a changé ce qui est dit à l'occasion de Henri III. de la maniere dont les Rois peuvent être estimés de leurs Sujets.

p. 279. On a ôté la citation du sieur de Gomberville, sur Henri IV.

p. 280, 281, 282. On a supprimé presque tout ce qui concerne la ligue contre Henri IV. sa mort, &c. de même que ce qui est dit du Cardinal de Richelieu; & de deux feuillets on n'en a fait qu'un.

p. 285. On a adouci ce qui est dit du Cardinal de Richelieu.

p. 291, 292. On a ôté l'apostrophe qui est au bas de la page, à l'ame de Louis XIV.

p. 302. On a ôté ce qui est dit de l'intelligence de la Cour de Rome, & de celle de France.

p. 308. On a adouci ce qui est dit de l'aversion des Anglois contre les François.

p. 316, 317, 318. On a supprimé tout ce qui est dit au désavantage de l'Angleterre; & de deux feuillets on n'en a fait qu'un.

p. 338 * On a changé ce qui est dit sur l'empressement des François à servir le Roi Philippe V.

p. 342. * On a changé ce qui est dit des différends du Portugal avec la Cour de Rome.

p. 343. * On a ôté au bas de la page les termes injurieux contre M. Burman, Professeur de l'Université de Leyde.

p. 347. On a ôté ces mots, en parlant des Hollandois, *qui avoient trop de fierté.*

p. 351. On a changé ce qui est dit au haut de la page sur la hardiesse & la timidité des Papes.

p. 354. * On a changé ce qui est dit sur la maniere de gouverner du Roi Auguste.

p. 360. On a ôté ces mots : *Que font devenus les Rois de ce caractere ?* & supprimé ce qui est dit de Henri de Valois.

p. 363. On a supprimé ce qui est dit de l'usurpation de Guillaume III.

p. 371, 372. On a ôté presque tout ce qui regarde M. le Prince Eugene, & de deux feuillets on n'en a fait qu'un.

p. 455. On a ôté ce qui est dit de la République de Hollande au bas de la page.

p. 477 On a effacé ces mots : *n'est plus estimée*, en parlant de la traduction des vies des hommes Illustres de Plutarque de M. Dacier.

p. 520. On a effacé ces mots : *mais sur un mauvais sujet.*

p. 536. On a ôté ces mots : *il n'y a pas de bonne cause en Angleterre qui ne trouve des Adversaires, comme elle trouve aussi des Protecteurs.*

p. 537. On a ôté ces mots : *c'est de quoi on ne s'est gueres embarrassé*, en parlant du rétablissement du Roi de la Grande Bretagne.

Cartons du troisieme Volume.

* p. 52. On a retranché ce qui est dit du caractere des Ministres.

* p. 62. On a changé ces mots : *très dangereux.*

* p. 67. On a retranché la plaisanterie Monachale contre l'Auteur du livre intitulé : *Alberti Stadensis Abbatis Chronicon universale.*

HISTOIRE.

* p. 84. On a adouci ce qui eſt dit ſur l'Atlas du temps du P. Jean-Louis d'Amiens, Capucin.

* p. 94. On a ôté ce qui eſt dit des différends de M. Cellarius & du P. Hardouin.

* p. 98. On a ôté ce qui eſt dit du Pere Hardouin, tout au bas de la page.

* p. 106. On a ôté ce qui eſt dit ſur les Princes qui ſe mêlent d'écrire.

* p. 107. On a changé ce qui eſt dit ſur la peine qu'on a de juſtifier le Pape Honorius, de l'erreur des Monothélites.

* p. 108. On a retranché l'éloge du Journal de St. Amour au haut de la page, & ce qui eſt dit du P. Queſnel, au bas de la même page.

* p. 129. On a ſupprimé la réflexion de l'Auteur ſur le *Monaſticon Anglicanum*.

* p. 130. On a ſupprimé ces mots: *les Papes n'ont pas de plus ʒélés Défenſeurs que les Réligieux*.

p. 148, 149. On a changé preſque toutes les plaiſanteries ſur l'Ordre des Carmes.

* p. 153, 154. On a ôté la plaiſanterie ſur l'abrégé des annales de Wading, par le P. Silveſtre Caſtel, Recollet, & la Chronique des Freres Mineurs.

p. 157. On a changé ces termes: *j'en ai vu un Exemplaire avec des figures en bois, où St. François fait bien plus joyeuſement ce que Jéſus-Chriſt ne paroît faire qu'avec bien de la peine*, & ces mots: *un recueil des impiétés*.

* p. 169. On a ôté ces mots: *ces conſtitutions ſont fauſſes & ſuppoſées*.

* p. 198. On a ôté la réflexion qui eſt au bas de la page, ſur l'oiſiveté des Moines.

p. 201. On a ſupprimé ce qui eſt dit contre M. Gronovius,

HISTOIRE.

à l'occasion du livre de la description de la Grece, par Jacques Paulmier.

p. 230. On a supprimé ce qui est dit sur l'ame de Trajan, &c.

p. 248. On a supprimé ces mots : *l'a publié en entier.*

p. 299. On a substitué *enlevez* à la place de *tirez*, ou *plutôt volez*, & on a rectifié ceux-ci : *ce n'étoit point là s'y prendre bien que de voler les Protestants, pour se faire Catholique ; car l'Eglise Catholique n'a que faire de Voleurs ; il n'y en a déja que trop dans son sein.*

p. 346. On a ôté ces mots : *on aura bien de la peine à faire revivre les droits des Empereurs sur l'Italie, & de les en faire déclarer Rois.*

p. 347. On a ôté ces mots : *car à quoi les appellations aboutissent-elles ?* & ceux-ci : *& pour les Papes, la louange ne vaut plus rien après leur mort.*

p. 348. On a changé ce qui est dit des louanges données aux Papes.

* p. 355. On a changé ces mots : *mais le plus sûr est de croire tout sans rien lire, pas même ceux qui les ont justifiés.*

p. 377. On a changé ces mots : *& cependant cela ne lui a fait aucun tort.*

p. 382. On a supprimé la réflexion par où finit l'article du livre intitulé : *examen de la liberté originaire de Venise.*

* p. 428. On a ôté ces mots : *chose aujourd'hui très rare en Hollande.*

* p. 428. On a changé ce qui est dit de M. Stoup, Auteur du livre intitulé : *la réligion des Hollandois*, & ce qui est dit sur le recueil de plusieurs extraits tirés des traités, conventions, &c.

Cartons

HISTOIRE.

Cartons du quatrieme Volume.

p. 5. Dans l'article du livre intitulé : *la France, par Guillaume de Lisle.* On a ôté ces mots : *dont il ne leur a pas fait honneur.*

p. 8. On a ôté ces mots au bas de la page, en parlant de la St. Barthelemy : *Dans cette infâme journée qui sera toujours le déshonneur de notre nation.*

p. 11. On a rectifié dans l'article du livre intitulé : *Hadriani Valesii*, ce qui est dit sur les Moines.

p. 40. On a supprimé dans l'article du livre intitulé : *Abrégé chronologique de l'Histoire de France*, cette expression : *aspirer encore à celle de mauvais Auteur, c'est un titre de trop.*

p. 42. On a supprimé un article injurieux à M. de Limiers.

p. 47. On a supprimé ces mots : *le sieur Lesconvel, de qui elle vient, n'étoit pas capable d'en faire une bonne,* & changé les dix premieres lignes de la même page.

p. 69. Dans l'article de l'histoire de la Ligue de Cambray, on a changé cette expression : *il est fait principalement contre ces Républicains, dont le talent consistant dans le commerce, veulent faire les Conquérants.*

p. 75. Dans l'article de l'histoire de l'exécution de Cabrieres & de Mérindol, on a changé ces mots : *je n'ose assurer qu'il fasse beaucoup d'honneur aux Catholiques, en tout cas on le mettra avec la Saint Barthelemy.*

p. 82. Dans l'article de la Légende de Charles, Cardinal de Lorraine, &c. on a adouci ce qui est dit sur la maison de Lorraine.

p. 86. Dans l'article du livre : *successi del viaggio d'Enrico terzo*, on a supprimé ces mots : *oh que ce Prince auroit bien fait de rester en Pologne !*

Tome III. B

HISTOIRE.

p. 109. Dans l'article du livre : *Obras & relationes d'Antonio Perez*, on a supprimé ces mots : *peut-être pas autant qu'il auroit dû par honneur en faire à un si grand homme.*

p. 117. On a changé ces mots : *peut-être l'auroit-il adoré publiquement s'il étoit resté en place ; mais quoi qu'il en soit, ce n'est pas un bon livre.*

p. 125. On a adouci ce qui est dit du Cardinal de Richelieu à la fin du huitieme article.

p. 126. Dans l'article des mémoires du Cardinal de Richelieu, on a changé ces mots : *Ce n'est pas que le livre fût assez bon ni assez mauvais pour le faire brûler ; car c'en sont les deux motifs ; mais il y avoit des choses qui déplaisoient.*

p. 127. On a adouci dans le deuxieme & le quatrieme articles tout ce qui est dit contre le Cardinal de Richelieu.

p. 131, 132. On a changé ce qui est dit sur la Préface de l'histoire du Roi par Medailles.

p. 134. Dans l'histoire de la Monarchie françoise, augmentée par Thomas Corneille, on a changé tout l'article qui étoit injurieux aux Auteurs.

—— Dans l'histoire abrégée de Louis XIV on a changé ce qui est dit par rapport au Comte de Bussy.

p. 135. Dans les Mémoires & Réflexions sur les principaux événements du regne de Louis XIV on a supprimé ce qui est dit de l'Auteur.

p. 136. Dans l'article des Mémoires de M. de Pontis on a supprimé ce qui est dit contre l'Auteur.

p. 137. Dans l'article des remontrances au Roi & à la Reine en 1648, on a supprimé ces mots : *on feroit de gros volumes de remontrance si a chaque nature de dissipation & mauvaise manœuvre des Commis aux Finances, on faisoit des remontrances au Roi.*

HISTOIRE.

p. 145. Dans le recueil des maximes véritables pour l'inftruction du Roi, &c. On a ôté ce qui eft dit de l'Auteur, dans les contre-temps du fieur de Chavigny; On a fupprimé cette expreffion : *fait connoître une partie des intrigues dont fe fervoit le Cardinal de Richelieu pour intimider Louis XIII, afin de fe faifir du Gouvernement, & pour fe venger de fes ennemis.*

p. 166. On a ôté ces mots par rapport à Fréderic Maurice de la Tour d'Auvergne : *qui a été un Seigneur inquiet & remuant.*

p. 168. On a changé dans l'article du livre : *Caroli le Cointe annales ecclefiaftici francorum*, ce qui eft dit de la penfion de l'Auteur.

p. 176. On a fupprimé ces mots par rapport à M. Baudelot : *chofe rare dans un antiquaire . . . . mais il écrivoit péfamment.*

p. 178. On a changé dans le premier article ce qui eft dit de la fainte Montagne du Calvaire.

p. 186. Dans l'article des Réglemeñts pour l'Académie des médailles on a fupprimé ces mots : *croyent qu'elle a été établie en 1663, quoiqu'elle n'ait point eu d'exercice jufqu'en 1701.*

—— Dans l'hiftoire de l'Académie des Belles-lettres on a fupprimé ces mots : *il y a dans cet Ouvrage deux liftes des Académiciens qui la compofent.*

p. 189. Dans l'article de l'idée de la vie de Nicolas Choard de Buzenval, on a fupprimé ces mots : *Grand & Saint Evêque ; on n'en trouve plus de cette trempe.*

—— Dans l'article du Procès-Verbal de l'entrée folemnelle de François-Honorat-Antoine de Beauvilliers on a ôté ces mots : *Ce fage Prélat a quitté fon Evêché, parcequ'il s'ennuyoit de conduire de grands troupeaux ; il fe réduit tout-au-plus à une brebis ou deux.*

p. 190. Dans l'article du Curé de Vibraye on a ôté ces mots: *mais inquiet & extraordinaire.*

——— Dans la dissertation de Nicolas de Lestoc on a changé ce qui est dit de l'Auteur.

p. 206. Dans l'article de l'histoire de Bretagne du sieur Lobineau on a changé ce qui est dit de ceux qui avoient travaillé avant l'Auteur, & du nombre des faux titres qu'ils y avoient trouvés.

p. 211. Dans l'article du Recueil des principales écritures & pieces concernant l'exemption du Chapitre de Tours, on a substitué ce mot : *procez*, à ceux-ci : *exemptions & privileges.*

p. 256. On a changé ce qui est dit des Rois d'Angleterre touchant la guérison des écrouelles.

p. 257. Dans l'article des loix Saliques on a ôté ces mots : *peu utiles pour la succession à la couronne.*

p. 288. On a ôté ce qui est dit contre la Compagnie des Indes au bas de la page.

p. 291. On a rectifié l'article du pouvoir des Rois de la Grande Bretagne.

p. 292. Idem dans l'article de l'histoire du Parlement.

p. 298. On a changé dans l'article de Pierre de Gaverston, Favori d'Edouard second, Roi d'Angleterre, ce qui est dit des Favoris.

p. 301. On a rectifié l'article du livre intitulé : *Rex Platonicus.*

p. 305, 306. On a supprimé ce qui est dit contre l'Abbé Raguenet, Auteur de l'histoire d'Olivier Cromwel.

p. 307. On a ôté, en parlant du rétablissement du Roi d'Angleterre, ces mots : *c'est de quoi ils ne se sont gueres embarrassés.*

p. 309. Dans l'article des intérêts de l'Angleterre, mal entendus, on a changé quelques mots contre notre politique.

HISTOIRE.

p. 311. Dans l'article du livre intitulé : *Monafticon Anglicanum* on a changé ce qui eft dit touchant le rétabliffement de la Réligion en Angleterre.

p. 316. On a changé ce qui eft dit de la guérifon des écrouelles par les Rois d'Angleterre.

p. 334. On a changé la fin des réflexions mifes à l'article de la chronique de Flavius Lucius Dexter.

p. 352, 353. On a adouci ce qui eft dit du Cardinal Ximenès & du Cardinal de Richelieu.

p. 354. Dans l'article *Lud. Molina de Hifpanorum origine* On a fupprimé ces mots : *la bataille de Villa vitiofa a fait le refte, fans cela tous les manifeftes n'auroient été que du papier imprimé, & rien plus ; c'eft ce qui arrive dans ces occafions.*

p. 357. On a ôté ces mots touchant le Portugal : *peu s'en faut que la defcription ne foit plus grande que le Royaume ; il faut de la modération en tout.*

p. 363. On a changé dans l'article *pro ecclefiis lufitanicis libelli duo Ifmael. Bullialdi,* ce qui eft dit du droit que le Pape vouloit s'arroger de nommer aux Evêchés de Portugal.

p. 368. Dans l'article *Ifaaci Hedræi differtatio de jure regio Suecorum.* On a changé ce qui eft dit de la forme du gouvernement en Suede.

p. 379. Dans l'article *Vincentii Kadlubeck*, on a ôté ces mots : *eut la fimplicité.*

p. 382. On a ôté ce qui eft dit contre Henri III. au haut de la page.

p. 414. On a ôté ces mots au fujet des généalogies anciennes & modernes des Rois de France : *livre fingulier par fes impertinences.*

p. 439. On a changé l'article du Procès-verbal contenant l'examen & difcuffions des deux cartulaires de Saint Jean de Brioude.

HISTOIRE.

p. 445, 446. On a modifié ce qui est dit de l'origine de la maison de Lorraine.

p. 458. Dans l'article des actes & négociations de Muster on a imprimé ces mots : *c'est un morceau très précieux, & qui a été volé au dépôt des affaires étrangeres qui est au Louvre.*

p. 462. On a ôté ces mots : *ce sont de bonnes pieces ; mais elles ne sont pas favorables à la France.*

p. 463. On a ôté tout ce qui est dit du dépôt des dépêches qui est au Louvre ; c'est à la fin du troisieme article de cette page.

p. 468. Dans l'article de la dissertation sur le Janus des anciens, *M. de Boze* a fait ôter tout ce qui y étoit dit à sa louange, n'en voulant point de la main de l'Auteur, dont il examinoit l'Ouvrage.

GÉOGRAPHIE.

Cosmographie, ou Description de l'Univers.

4469 Description de l'Univers, contenant les différents systêmes du monde, les cartes générales & particulieres de la géographie ancienne & moderne ; les plans & profils des principales villes de la terre, &c. par Allain Manesson Mallet. *Paris, Denys Thierry,* 1683, 5 vol. in 8. m. r.

4470 La Division du Monde, contenant la déclaration des provinces & régions d'Asie, Europe & Afrique, &c. traitant de plusieurs belles matieres, par lesquelles on pourra facilement

HISTOIRE. 15

voir la defcription de la Charte Gallicane. *Paris, Alain Lotrian*, 1539, in 8. m. r.

4471 Géographie ancienne abrégée, par M. d'Anville. *Paris, Merlin*, 1769, in fol. v. f.

4472 Antonii Galatei Licienfis Philofophi & Medici, liber de fitu Japygiæ. *Bafileæ, Pet. Perna*, 1558, in 8. m. r.

4473 Le Catalogue des Villes & Cités affifes ez trois Gaules, c'eft à fçavoir ; Celtique, Belgique & Acquitaine, par Gilles Corrozet. avec un Traité des fleuves & fontaines, par Claude Champier. 1540, in 8. goth. m. r.

4474 Cours des principaux fleuves & rivieres de l'Europe, compofé & imprimé par S. M. Louis XV, Roi de France. *Paris, dans l'Imprimerie du Cabinet de S. M. dirigé par J. Collombat*, 1718, in 8. v. m.

Géographes anciens, Grecs.

4475 Geographiæ veteris fcriptores græci minores. Græcè, cum interpretatione latina, differtationibus, ac annotationibus, Henrici Dodwelli, Joannis Hudfon & Edwardi Wells. *Oxoniæ, è Theatro Sheldoniano*, 1698, 1703, 1712, *tomus quartus*. 1697, 4 vol. in 8. v. b.

4476 Dionyfius Alexandrinus de fitu orbis è græco in latinum tranflatus per Antonium Bechariam

Veronenſem. *Venetiis, per Franciſcum Renner de Hailbrun,* 1478. in 4. m. r.

Ce Volume a des ſignatures depuis a ——— e. A la fin il y a cette ſouſcription :

Impreſſum eſt hoc opuſculū Venetijs per Franciſcum renner de Hailbrun. M. CCCC. LXXVIII.

Suit un dénombrement des Royaumes & Provinces de l'Univers.

4477 Strabonis de ſitu orbis, libri XVII. græcè ex recenſione Benedicti Tyrrheni. *Venetiis, in Ædibus Aldi & Andreæ ſoceri, menſe Novembri,* 1516. in fol. m. r.

Premiere Edition.

4478 Strabonis rerum geographicarum libri XVII, græcè & latinè, cum notis Iſaaci Caſauboni & aliorum, ex recenſione Theodori Janſonii ab Almeloveen. *Amſtelædami, Joannes Wolters,* 1707. in fol. G. P. vél.

4479 Claudii Ptolomæi, de geographia libri octo, græcè. *Pariſiis, Wechelus,* 1546. in 4. v. f.

4480 Claudii Ptolomæi coſmographiæ libri octo. è græco in latinum tranſlati, & emendati à Gemiſto Philoſopho, &c. ex recenſione Domitii Calderini, cum tabulis Æneis. (*Romæ,*) anno 1478, in fol. m. r.

Ce Volume commence au verſo du premier feuillet,

par

HISTOIRE.

par une Epître Dédicatoire au Pape Sixte IV. Elle porte pour sommaire :

Claudii Ptolomei Alexandrini Philosophi Cosmographia.

Le texte commence au feuillet suivant, & sur la premiere colonne du verso du dernier feuillet il y a cette souscription en lettres capitales :

Numeros Matematicos inexplicabile ferme terre Astrorum que opus.

Claudii Ptolemaei Alexandrini Philosophi Geographiam Arnoldus Buckinck e Germania Rome Tabulis Aeneis in Picturis formatam impressit.

Sempiterno Ingenii Artificiique monumento. Anno Dominici natalis. M. CCCC. LXXVIII. VI. idus Octobris. sedente Sixto IIII. Pont. Max. Anno eius. VIII.

Sur la seconde colonne il y a le regiſtre. On trouve ensuite les cartes géographiques, qui sont au nombre de 16. Il devroit y en avoir 27. Voici celles qui sont dans cet Exemplaire. La premiere est la Mappemonde des trois parties connues dans ce temps.

10 Cartes pour l'Europe.

4 Cartes pour l'Afrique.

1 Carte pour l'Asie.

Cette partie du monde doit en avoir XII. Il manque par conséquent les XI dernieres.

Comme le passage suivant de l'Epître Dédicatoire est très curieux, nous pensons qu'on le verra ici avec plaisir :

.... *Qua in re ne librariorum inscitia tue sanctitatis aures offenderet. Domitius Calderinus Veronensis cui huius emendationis prouintia demãdata fuerat eam curã suscepit asserens cum uetustissimo greco manu Gemisti Philosophi emẽdato latinos codices se collocaturu; Magister uero*

Tom. III.   C

HISTOIRE.

Conradus Suueynheym Germanus a quo formandorū Rome librorū ars primū profecta est. Occasione hinc sumpta posteritati consulens animum primum ad hanc doctrinam capescendam applicuit. Subinde mathematicis adhibitis uiris quemodmodum tabulis eneis imprimerentur edocuit. trienn̄ioq3 in hac cura consumpto diem obiit. In cuius uigiliarū laborumq3 partem nō inferiori ingenio ac studio Arnoldus Buckinck e Germania uir apprime eruditus ad imperfectum opus succedens ne Domitii Conradiq obitu eorum uigilie emēdationesq3 sine testimonio perirent neue uirorū eruditorū censuram fugerent immense subtilitatis machinamenta examussim ad unum perfecit ....

Cet Ouvrage est le second dont les planches ont été gravées sur métal en taille-douce. Les lettres y sont frappées par des poinçons à coup de marteau, comme il est pratiqué par les Orfevres, quand ils marquent l'argenterie.

4481 Claudii Ptolomæi Alexandrini cosmographiæ libri octo. è greco in latinum translati à Jac. Angelo, & cum castigationibus Hieronymi Manfredi, Pet. Boni, Galleotti Martii, Collæ Montani, extremam manum imposuit Phil. Beroaldus. *Bononiæ, Dominicus de Lapis,* 1462. in fol. m. r. cum figuris æri incisis.

La date de cette Edition qui a des signatures, est évidemment fausse par une erreur de chiffres; nous la croyons de l'an 1482. Voici ce que M. le Baron de Heniken dit à son sujet, pag. 145 & 146 de son *Idée d'une collection d'Estampes* : Comme il est dit dans l'avertissement à la tête des tables géographiques que *Philippus Broaldus* (c'est *Beroalde*) a mis la derniere main à cette Edition, & que ce Savant

HISTOIRE. 19

naquit en 1453. Il n'a pu travailler en 1462 à l'âge de 9 ans à un tel Ouvrage. Je crois que ceux qui la mettent en 1482, ont plutôt raison, si ce n'est comme M. Breitkopf présume que l'Imprimeur a pris un I au lieu d'un L, & qu'il a voulu mettre, suivant l'ancienne maniere M. CCCC. LXLI. c'est-à-dire 1491. Il est vrai qu'il y en a qui veulent prouver par le désordre & par la difformité des caracteres, que cette Edition est antérieure aux autres; mais on ne peut jamais tirer un argument de la mauvaise impression, pour constater l'ancienneté d'un livre; cependant les Cartes Géographiques au nombre de 26, ont véritablement l'air de l'antiquité; elles sont exécutées d'une maniere bien rude, & il est évident par les trois zigzags que les Orfevres mettent ordinairement sur l'argenterie, que c'est l'ouvrage d'un tel Artiste.

4482 Cl. Ptolomæi cosmographiæ libri octo, latinè redditi à Donno Nicolao Germano, cum litteris capitalibus & tabulis geographicis depictis. *Ulmæ, per Leonardum Hol*, 1482. in fol. m. r.

4483 Ptolomæi geographia latinè reddita. cum tabulis geographicis depictis. *Romæ, arte ac impensis Petri de Turre*, 1490. in fol. m. r.

4484 Cl. Ptolomæi geographia, latinè reddita, correcta à Marco Beneventano & Joanne Costa. cum tabulis geographicis depictis. *Romæ, Evangelista Tosinus*, 1508. in fol. m. r.

4485 Claudii Ptolomæi geographia è græco in latinum translata, edita curis Jacobi Eszler &

Georgii Ubelin. *Argentinæ, Joannes Schottus,* 1513. in fol. fig. m. r.

4486 Cl. Ptolomæi geographiæ libri octo, ex Bilibaldi Pirckeymheri tralatione, sed ad græca & prisca exemplaria à Mich. Villanovano (Serveto) jam primum recogniti. *Lugduni, Trechsel,* 1535. in fol. fig. v. f.

4487 Claudii Ptolomæi Alexandrini geographicæ enarrationis libri octo. ex Bilibaldi Pirckeymheri tralatione, sed ad græca & prisca exemplaria à Michaele Villanovano (Serveto) secundo recogniti, & locis innumeris denuo castigati. *Lugduni, Hugo à Porta,* 1541. in fol. cum fig. depictis.

Géographes anciens, Latins.

4488 Pomponii Melæ cosmographia, sive orbis descriptio. *Mediolani, (Antonius Zarotus,) septimo Calendas Octobris,* 1471. in 4. m. r.

Premiere Edition.

4489 Pomponii Melæ cosmographi de situ orbis libri tres. *Venetiis, per Fr. Renner de Hailbrun,* 1478. in 4. v. f.

Ce Volume a des signatures depuis a — f. à la fin il y a cette souscription;

Impreſſum eſt hoc opuſculũ Venetijs per Franciſcum renner de Hailbrun.
.*M. CCCC. LXXVIII.*
Laus Deo.

4490 Pomponii Melæ coſmographi de ſitu orbis libri tres. *Venetiis, per Bern. Pictorem, & Erhardum Ratdolt de Auguſta, 1478.* in 4. v. m.

A la fin:

Impreſſum eſt hoc opuſculum Venetijs per Bernardũ pictorem & Erhardum ratdolt de Auguſta una cũ Petro loſtein de Langencen correctore ac ſocio. Laus Deo. M. CCCC. LXXVIII.

4491 Caii Julii Solini ad adventum Polihiſtor ſive de ſitu orbis ac mundi mirabilibus liber. ex recenſione Guillermi Tardivi. (*Pariſiis, Petrus Cæſaris, circa annum* 1472). in 4. m. r.

EDITION exécutée avec les caracteres de Pierre Cœſaris & de Jean Stol, à longues lignes au nombre de 25 ſur les pages qui ſont entieres, ſans chiffres, réclames & ſignatures. A en juger par les vers ſuivants, qui ſont imprimés au verſo du premier feuillet, ce livre eſt un des premiers qui ſoient ſortis de leurs preſſes.

Lodoicus xantonenſis epiſcopus Guillermo tardiuo anicienſi ;

Lauda et mirare hec impreſſa volumina lector !
Scripta quibus cedit pagina queq3 manu.
Venduntur paruo. nec punctũ aut littera deſit.
Vera recognoſcit tardiuus. ecce. lege ;

*Simon recomadoris angeriacus lodoici xantonenſis epiſcopi
ſecretarius Guillermo tardiuo anicienſi ;*

*Arte noua preſſos ſi cernis mente libellos !
Ingenium totiens exuperabit opus.
Nullus adhuc potuit huius contingere ſūmū.
Ars modo plura nequit. ars dedit omne ſuū.
Ni vim quis faciat nullo delebitur euo !
Que nitet incauſto littera pulchra nimis.
Viuant autores operis feliciter iſti.
Iſti ruſſangis, tardiue uiue magis;*

Ce Volume commence par 4 feuillets, dont le premier, qui n'eſt imprimé qu'au verſo, contient les deux pieces de vers que nous venons de rapporter. Les trois autres feuillets renferment la table des chapitres; le texte ſuit, & le Volume finit par cette ſouſcription :

Caii iulii ſolini ad aduentū polihiſtor ſiue de ſitu orbis ac mūdi mirabilibus liber finit ;

« Si Saumaiſe avoit connu cette Edition, qui eſt belle &
« rare, il y auroit trouvé de bonnes leçons pour ſon Edi-
« tion de Solin.

Cette note eſt de M. de Brequigny de l'Académie des Belles-Lettres; elle ſe trouve à l'article de Guillaume Tardif, Bibliotheque de la Croix du Maine, tome premier, pag. 351 & 352.

4492 Claudii Salmaſii Plinianæ exercitationes in Caii Julii Solini Polyhiſtora. Item Caii Julii Solini Polyhiſtor ex veteribus libris emendatus. *Trajecti ad Rhenum, Joannes Vande Water*, 1689. 2 v. in fol. G. P. vél.

4493 Vetera Romanorum itineraria, ſive Anto-

HISTOIRE. 23

nini Augusti itinerarium, cum notis variorum, curante Petro Wesselingio. *Amstelædami, J. Wetstenius,* 1735. in 4. G. P. v. f.

4494 Peutingeriana tabula itineraria quæ in Augusta bibliotheca Vindobonensi nunc servatur adcuratè exscripta. à Francisco Christophoro de Scheyb. *Vindobonæ, ex Typographia Trattneriana,* 1753. in fol. fig. v. f.

4495 Histoire des grands chemins de l'Empire Romain. ensemble l'éclaircissement de l'itinéraire d'Antonin & de la carte de Peutinger. par Nicolas Bergier. *Bruxelles, Jean Leonard,* 1728. 2 vol. in 4. G. P. fig. v. b.

Cartes géographiques & Atlas.

4496 Le grand Atlas, ou Cosmographie Blaviane, en laquelle est exactement décritte la terre, la mer & le ciel, & représentées dans des cartes & illustrées de descriptions (par J. Blaeu.) *Amsterdam, Jean Blaeu,* 1663. 12 vol. in fol. vél.

Avec CARTES ENLUMINÉES.

4497 Harmonia Macrocosmica seu Atlas universalis & novus, totius universi creati Cosmographiam generalem & novam exhibens. studio & labore Andreæ Cellarii. cum Tabulis geographicis depictis. *Amstelodami, Joannes Janssonius,* 1661. in fol. vél.

HISTOIRE.

4498 Atlantis majoris quinta pars, orbem maritimum feu omnium marium terrarum orbis navigationibus hodierno tempore frequentatorum defcriptionem acuratiffimè continens. *Amftelodami, Joannes Janffonius*, 1650. in fol. vél.

4499 Atlas maritime. in fol. m. r. dent.

Ce Livre eft très beau ; il eft fur vélin, & paroît avoir été exécuté au *XVI fiecle*, pour un Dauphin de France, dont on y voit les armes. Il confifte en 38 feuillets qui renferment 14 cartes maritimes peintes en or & en couleurs ; elles font fuivies de quatre tables de la déclinaifon du foleil, favoir, trois pour l'année ordinaire, & une pour l'année biffextile.

On trouve enfuite (les fommaires fupérieurement écrits en *bâtarde brifée*, & le difcours en *curfive françoife*.)

1 Régime de la déclinaifon du foleil auec les Reigles pour donner à entendre à chafcun nauigant fil eft dun cofte de lequinoxial ou de lautre.

2 Régime de leftoile du nort auec la demonftrance de fes gardes pour touteffois que Vouldras prendre la haulteur de leftoille et pour fcauoir combien tu es eflonge de lequinoxial du cofte du nord.

3 Regime pour fcauoir quantes lieues entrent en chacun des 7 cartz cy deffoubz efcriptz.

4 La praticque des marees de chafcun port et haure.

5 Une carte des vents.

4500 Arcano del mare di D. Ruberto Dudleo Duca di Nortumbria, è Conte di Warvich. *In Fiorenza*,

HISTOIRE.

Fiorenza, Giuseppe Corsini, 1661. 2 vol. in fol. v. m.

4501 Le Neptune François, ou Atlas nouveau des cartes marines. revu & mis en ordre par les sieurs Pene, Cassini & autres. *Paris, Hubert Jaillot,* 1693. in fol. v. b.

4502 Suite du Neptune François, ou Atlas nouveau des cartes marines, levées par ordre exprès des Rois de Portugal. Sous qui on a fait la découverte de l'Afrique, &c. publiées par M. d'Ablancourt. *Amsterdam, Pierre Mortier,* 1700. in fol. v. f.

4503 Le Neptune François, publié par M. Bellin. *Paris,* 1753. in fol. m. r. dent.

4504 L'Hydrographie Françoise, ou Recueil de cartes dressées au Dépôt des plans de la Marine, pour le service des vaisseaux du Roi, par le sieur Bellin. *Paris,* 1756, in fol. m. r. dent.

4505 Le petit Atlas maritime, ou Recueil de cartes & plans des quatre parties du monde. par le sieur Bellin. *Paris,* 1764. 5 v. in 4. G. P. m. r. dent.

4506 Le Neptune Oriental, ou Routier général des côtes des Indes Orientales & de la Chine, enrichi de cartes hydrographiques, par M. d'Après de Mannevillette. *Paris, Jean François Robustel,* 1745. in fol. m. r. dent.

Tome III.   D

HISTOIRE.
VOYAGES.

Traités préliminaires sur l'utilité des Voyages.

4507 De l'utilité des Voyages, & de l'avantage que la recherche des antiquités procure aux Savans. par M. Baudelot de Dairval. *Paris, Pierre Aubouin*, 1686. 2 vol. in 12. fig. m. r.

Collections de Voyages.

4508 Collectiones Peregrinationum in Indiam Orientalem & in Indiam Occidentalem XXV partibus comprehensæ, cum titulo, præfatione, & elencho capitum secundæ editionis anni 1634, & appendice regni Congo, & figuris æneis fratrum de Bry & Meriani. *Francofurti ad Moenum, Typis Jo. Wecheli, sumptibus vero Theod. de Bry*, 1590. 7 vol. in fol. m. bl.

PREMIERE EDITION.
Il y a dans la premiere partie quelques figures de la seconde Edition.

4509 Collectio Peregrinationum in Indiam Orientalem & in Indiam Occidentalem XXIV partibus comprehensa cum appendice regni Congo, & figuris æneis fratrum de Bry & Meriani. *Francofurti ad Moenum*, 1590. 7 vol. in fol. m. bl.
SECONDE EDITION à laquelle il manque la XIII partie des grands voyages.

HISTOIRE.

4510 Ejufdem operis partes VI. VII. VIII & XI. Appendix. in fol. fig. m.bl.

4511 Voyages qu'on annexe à la Collection des grands & petits Voyages. in fol. m. bl.

1 Premier livre de l'hiftoire de la navigation aux Indes Orientales, par les Hollandois. *Amfterdam, Cornille Nicolas*, 1609.

2 Le fecond Livre, Journal ou Comptoir, contenant le vrai difcours & narration hiftorique du voyage fait par huit navires d'Amfterdam, au mois de Mai 1598, &c. *Amfterdam, Corn. Nicolas*, 1609.

3 Defcription du pénible voyage fait autour de l'Univers, par Olivier du Nord. *Amfterdam, Corn. Nicolas*, 1602.

4 Vraie defcription de trois voyages de Mer très admirables, par Girard le Veer. *Amfterdam*, 1609.

5 Defcription & récit hiftorial du riche Royaume d'Or de Gunea, autrement nommé la Côte d'Or de Mina. *Amfterdam, Corn. Claeffon*, 1605.

4512 Obfervations & détails fur la Collection des grands & des petits Voyages. par M. l'Abbé d'Orléans de Rothelin. 1742. in 4. m. bl.

4513 Relations de divers Voyages curieux, qui n'ont point été publiés, & qu'on a traduit ou tiré des originaux des Voyageurs François, Efpagnols, Allemands, &c. donnés au Public par les foins de feu M. Melchifedec Thevenot. *Pa-*

ris, *Thomas Moette*, 1696. 2 vol. in fol. fig. v. f.

FIGURES COLORIÉES.

4514 Delle Navigationi & Viaggi raccolti da M. Giov. Bat. Ramusio. *In Venetia, Giunti*, 1563, 1583, 1565. 3 vol. in fol. m. cit.

EXEMPLAIRE complet & fort rare, auquel on a joint le *Viaggio di M. Cef. de Federici nell' India Orientale, &c.* retiré de l'Edition de 1606.

Voyages faits en diverfes parties de la Terre.

4515 Ce Livre eft appellé Mandeville, & fut fait & compofé par M. Jehan de Mandeville, Chevalier natif de Angleterre, de la ville de St. Alein; & parle de la terre de promiffion, c'eft à fçavoir de Jérufalem, & de plufieurs autres Ifles de mer, & les diverfes & étranges chofes qui font efdites Ifles. *Lyon, Barth. Buyer*, 1480. petit in fol. goth. v. b.

Imprimé fur 2 colonnes, contenant les fignatures a — p. On lit à la fin :

Cy finiſt ce tres playſant liure nõme Mandeuille parlãt moult autẽtiquement du pays et ĩre doultremer Jmprime a lyõ ſur le roſne Lan Mil CCCC. lxxx. le viii iour de freuier a la requeſte de Maiſtre Bartholomieu Buyer Bourgoys dudit lyon.

Il manque dans cet Exemplaire la fignature L, contenant 8 feuillets.

4516 Maître Jehan Mandeville, Chevalier natif du pays d'Angleterre; lequel parle des grandes aventures des Pays étranges, tant par mer que par terre, où il s'est trouvé; comme montagnes, bois, isles, terre nouvelle, où il a trouvé plusieurs bêtes, oiseaux, dragons, serpens, hommes sauvages, poissons & autres bêtes, ensemble la terre de promission & du saint Voyage de Hierusalem. *Paris, Jehan Bonfons*, in 4. goth. m. r.

4517 Tractato de le più Maravegliose cose e più notabile che si trovino in le parte del mondo reducte e colte sotto brevita in lo presente compendio dal Johanne de Mandavilla Anglico. *In Venetia, Nicolo de li Ferari de Pralormo,* 1491. *adi* 17 *de Novembrio.* in 4. goth. m. r.

Voyages faits en Europe.

4518 Relations historiques & curieuses de Voyages, en Allemagne, Angleterre, Hollande, Boheme, Suisse, &c. par Charles Patin. *Amsterdam, Pierre Mortier*, 1695. in 12. fig. m. r.

4519 Voyages faits en divers temps en Espagne, en Portugal, en Allemagne, en France, & ailleurs. par M. M***. *Amsterdam, George Gallet,* 1700. in 12. fig. m. r.

Voyages faits en Asie.

4520 Sanctarum Peregrinationum in montem Syon ad venerandum Christi Sepulchrum in Jerusalem, atque in montem Synaï ad divam virginem & martyrem Catharinam, opusculum Bernardi de Breydenbach. *In Civita e Moguntina, impressum per Erhardum Renwich, de Trajecto inferiori,* 1486. in fol. goth. fig. m. r.

4521 Des Saintes Pérégrinations de Jérusalem & des Lieux prochains. du mont Synaï & la glorieuse Catherine. trad. du latin de Bernard de Breydenbach, par Frere Nicole le Huen, Religieux Carme du Couvent de Ponteaux-de-Mer. *Lyon, Michel & Topie de Pymont, & Jacques Heremberck d'Alemaigne,* 1488, *le 28 de Novembre.* in fol. goth. fig. m. bl.

Ce Voyage n'est pas une traduction littérale de celui de Breydenbach, quoique la table des Chapitres soit la même. Nicole de Huen le confirme dans sa Dédicace à la Reine de France Marguerite.

De ce que j'ay veu : a mon poure entendement ferai manifesté. Du pelerinaige de la glorieuse Vierge & Martyre Saincte Katherine de ma part riens je nescripray : mais ung vénérable Seigneur de l'Eglise de Magonce, Doyen et Chambrier mon Prédécesseur au dit saint voyage en a escript : et de luy ou de son escript feray mension en ce présent traictié &c.

Les figures sont les mêmes.

HISTOIRE. 31

Premier livre françois, où l'on trouve des figures gravées sur cuivre.

4522 Le Voyage & Pélérinage d'oultremer au St. Sépulchre de la Cité sainte de Hierusalem & de Madame sainte Catherine au mont Synaï. trad. du latin de Bern. de Breydenbach, par Frere Jehan de Hersin. 1489. in fol. goth. fig. vélin verd.

4523 Le grand Voyage de Jérusalem, lequel traite des Pérégrinations de la sainte Cité ; du mont sainte Catherine de Synaï, & autres Lieux saints, trad. en françois, par Frere Nicole le Huen. *Paris, François Regnault,* 1517, in fol. goth. fig. v. f.

4524 Voyage de oultremer de Breydenbach. *Paris, Fr. Regnault,* 1522. in 4. m. r.

4525 Les quatre premiers Livres des navigations & pérégrinations orientales, de Nicolas de Nicolay. avec les figures au naturel tant d'hommes que de femmes selon la diversité des nations. *Lyon, Roville,* 1568. in fol. v. f.

4526 Les Navigations & Pérégrinations de Nic. de Nicolay. *Lyon, Roville,* 1568. in fol. v. f.

FIGURES COLORIÉES.

4527 Hac introgressus, lector, Magiæ familiæ arborem, seriem atque insignia Caroli deinde Magii equitis Hierosolymitani filiique imagines

HISTOIRE.

Postremo varios viri casus exitusque reperies anno dni M. D. LXXVIII. in fol. m. r. dent. tabis.

On a publié deux descriptions de ce magnifique MS. L'une se trouve à la tête du Catalogue des livres de M. Guyon de Sardiere, pag. xxiij. & dans la Bibliographie, N° 4271. L'autre, plus exacte & plus ample, a été faite & imprimée en 1761, par ordre de M. le Duc de la Valliere. Celle-ci consistant en 5 feuillets imprimés sur vélin, se trouve annexée à ce précieux MS. comme elle a été réimprimée dans le Catalogue de M. Gaignat, N° 2638. Nous n'en donnerons ici que le préambule.

Ce Volume, le plus précieux que je connoisse, & peut-être unique en son genre, contient quatre feuilles & demie de vélin, c'est-à-dire dix-huit pages. Il a été fait par les ordres de Charles Magius, Noble Vénitien, pour représenter les différentes aventures qui lui sont arrivées depuis que Selim, Empereur des Turcs, eut déclaré la guerre aux Vénitiens & fait attaquer l'île de Chypre. Ce Seigneur fut chargé d'en visiter les places, & de les faire réparer & approvisionner ; ensuite il fut envoyé à Rome en qualité d'Ambassadeur, pour demander du secours au Pape & le prier de vouloir bien joindre ses forces à celles de la République. Après avoir rendu compte au Sénat de sa commission, il se mit à la tête des troupes & alla se jetter dans l'île de Chypre. Malgré la plus belle défense, il ne put empêcher les Turcs de s'en emparer, & il fut fait esclave à la prise de Famagouste. Son âge & ses infirmités engagerent son maître à le vendre à des Marchands Chrétiens, qui, après bien des traverses, le ramenerent enfin dans sa patrie, où il fut reçu avec les plus grands applaudissements. Pendant ses différents voyages il avoit fait

lever

lever avec foin les plans des différentes Places, des Ports & des autres endroits où il avoit été. Sept ans après fon retour, il les fit peindre, ainfi que les principaux événemens de fa vie, par les plus habiles gens ; n'ayant rien voulu épargner pour rendre cet Ouvrage auffi parfait qu'il pouvoit l'être. J'ai cru faire une chofe agréable au Public, en lui donnant la defcription des fujets de ces divers Tableaux : ils font raffemblés fur dix-huit pages de vélin ; les cinq premieres, la quinzieme & la dix-huitieme en contiennent chacune un ; fur les pages 16 & 17 il n'y en a qu'un feul ; & fur les neuf autres, on en trouve un principal entouré par dix petits.

Ce MS. ineftimable a coûté à la vente de M. Gaignat 902 liv.

4528 Voyage au Levant, c'eft-à-dire dans les principaux endroits de l'Afie mineure, &c. enrichi de plus de 200 tailles-douces, où font repréfentées les plus célebres Villes, Pays, &c. le tout deffiné d'après nature. par Corneille le Brun. *Delft, Henry de Kroonevelt*, 1700. in fol. G. P. v. m.

4529 Le Voyage au Levant, par Corneille le Brun. *Se vend à Paris, chez Guill. Cavelier*, 1714. in fol. G. P. fig. v. f.

4530 Voyages de Corneille le Brun, par la Mofcovie, en Perfe, & aux Indes orientales. ouvrage enrichi de plus de 320 tailles douces, des plus curieufes. le tout deffiné d'après nature fur les lieux. *Amsterdam, les freres Wetstein,* 1718, 2 vol. in fol. G. P. v. m.

4531 Relation d'un Voyage du Levant, fait par ordre du Roi. par M. Pitton de Tournefort. *Paris, de l'Imprimerie Royale,* 1717; 2 vol. in 4. fig.

4532 Peregrinaçam de Fernam Mendez Pinto. em que da couta de muytas & muyto estranhas cousas que vio & ouui no Reyno de China, no da Tartaria, &c. escrita pelo mesmo Fernao Mendez Pinto. *Em Lisboa, Pedro Crasbeeck,* 1614. in fol. m. r.

4533 Opera dilettevole da intendere, nel qual si contienne doi Itinerarii in Tartaria, per alcuni Frati cioe Frate Giovani dell Ordine Minore, e Frate Simone predicatore di S. Dominico, mandati da Papa Innocentio IV. nella detta provincia de Scithia per Ambasciatori. *In Vinegia, Giovan Antonio de Nicolini de Sabio,* 1537. in 8. v. f.

4534 Voyage en Siberie, fait par ordre du Roi en 1761; contenant les mœurs, les usages des Russes, & l'état actuel de cette Puissance, &c. par M. l'Abbé Chappe d'Auteroche. *Paris, de Bure, pere,* 1768. 3 vol. in 4. Gr. Pap. m. r.

Avec des figures gravées d'après les desseins de M. le Prince, par M. Tilliard, & autres habiles Graveurs.

4535 Atlas pour servir au Voyage de Siberie de M. l'Abbé Chappe. in fol. velin vert.

4536 De Moluccis insulis, itemque aliis pluribus mirandis, quæ novissima Callellanorum navigatio Imp. Caroli V. auspicio suscepta, nuper invenit: Maximiliani Transylvani Epistola lectu per quam jucunda. *Coloniæ, Eucharius Cervicornus*, 1523. in 8. m. bl.

4537 Navigation & discourement de la Indie superieure, faicte par moi Anthoine Pigaphete Vincentin, Chevalier de Rhodes. — Description de la Sphere, par le même. in fol. m. bl.

BEAU MANUSCRIT sur vélin, exécuté peu après l'an 1522, contenant 103 feuillets écrits en *ancienne ronde bâtarde*. Il est enrichi de *tourneures* peintes en or, & de 23 figures enluminées représentant plusieurs îles.

Ramusio a publié dans son Recueil de Voyages, tom I. p. 353, édit. de 1563, celui de *Pigaphete* en Italien, traduit du François. Un anonyme du *XVI siecle*, ignorant qu'il avoit été composé originairement en françois, en a donné un abrégé dans cette langue, *extrait* suivant ses paroles, d'*Italien en François*.

Ce voyage est intéressant, & a été fait, dit *M. Rigoley de Juvigny* sur *du Verdier*, par un homme qui a donné son nom au Canal qui va de l'Amérique Orientale à la mer du Sud. Il fut du voyage de Magellan autour du monde, & a le premier parlé des Patagons. Il nous apprend dans une *conclusion* qui est à la fin de ce MS. qu'il entreprit son voyage en 1519, & qu'il le termina en 1522. à son retour il en présenta le Journal écrit de sa main à *Charles-Quint*, à

HISTOIRE.

Valladolid : arrivé en Portugal, il raconta son voyage au Roi *Jean* : en passant par la France, il fit don *d'aulcunes choses de l'autre Hémisphere* à la Reine, mere de *François I.* & il vint ensuite en Italie, où il fixa son séjour ; c'est là qu'il écrivit le présent Ouvrage qu'il dédia à *Philippe de Villers l'Isle-Adam*, Grand-Maître de Rhodes. Nous croyons notre MS. celui-là même qui lui fut présenté.

4538 Le Voyage & Navigation fait par les Espagnols ez isles de Molucques ; des isles qu'ils ont trouvées audit voyage, des Rois d'icelles, de leur gouvernement & maniere de vivre, avec plusieurs autres choses, par Antoine Pigaphetta. *Paris, Simon de Colines.* in 8. goth. v. f.

Voyages faits en Afrique.

4539 Ludovici Patritii Romani novum Itinerarium Æthiopiæ : Ægypti : utriusque Arabiæ : Persidis ; Syriæ : ac Indiæ intra & extra Gangem. in fol. m. r.

Edition sans date, sans nom de Ville ni d'Imprimeur, avec signatures & chiffres. On trouve à la fin la souscription suivante :

Operi suprema manus imposita est auspitiis cultissimi celebratissimiq; Bernardini Caruaial hispani. Epī Sabineñ. S. R. E. Cardialis cognomēto sanctæ crucis amplissimi. quo tp̄e quibus nemq̄ antea bellis : Italia crudelē z modū uexabaī.

FINIS.

HISTOIRE. 37

4540 Voyage d'Egypte & de Nubie, par M. Frederic Louis Norden, Capitaine des vaisseaux du Roi. Ouvrage enrichi de cartes & de figures dessinées sur les lieux, par l'Auteur même. *Copenhague, de l'Imprimerie de la Maison Royale des Orphelins*, 1755. 2 vol. in fol. Gr. P. m. r. dent.

Voyages faits en Amérique.

4541 Paesi novamente retrovati, & novo Mondo da Alberico Vesputio Florentino intitolato. *In Milano, con la impensa de Jo. Jacobo & Fratelli da Lignano*, 1519. in 4. v. b.

4542 Le Nouveau Monde, & navigations faites par Emeric de Vespuce, Florentin, des pays & isles nouvellement trouvés, auparavant à nous inconnus. Translaté d'italien en françois, par Mathurin du Redouet. *Paris, Galliot du Pré*, 1516. in 4. goth. v. m.

4543 Le Nouveau Monde, & navigations faites par Emeric de Vespuce, Florentin, des pays & isles nouvellement trouvés, auparavant à nous inconnus, tant en l'Ethiopie, qu'Arabie, Calichut, & plusieurs autres régions étranges. XIX.* *Paris, Jehan Janot*, in 4. goth. m. r.

* Ces chiffres qu'on trouve très souvent sur le titre & d'autres fois à la fin du Volume, indiquent le nombre des signatures qui composent la totalité de l'Ouvrage. Celui-ci finit

à la lettre *T*, qui est la dix-neuvieme lettre de l'alphabet. Les Imprimeurs du XVI siecle mettoient cette marque au lieu d'imprimer un régistre.

4544 Relation du grand Voyageur, de ce qu'il a vu de plus remarquable dans les principales parties de l'Amérique; avec les portraits des Rois, & des sujets des diverses contrées. in 8. fig. m. r.

Ce Voyage est tiré d'un autre Ouvrage; il commence à la signature C.

4545 Recueil sur Nicolas Durant. in 8. m. r.

1 Copie de quelques lettres sur la navigation du Chevalier Villegaignon ès terres de l'Amérique, avec les mœurs & façons de vivre des Sauvages du pays. *Paris, Martin le jeune.* 1558.

2 La réponse aux lettres de Nicolas Durant, dit le Chevalier de Villegaignon.

3 L'Estrille de Nicolas Durant, dit le Chevalier de Villegaignon. 1561.

4 Histoire des choses mémorables advenuës en la terre du Bresil, partie de l'Amérique Australe, sous le Gouvernement de Nicolas de Villegaignon, depuis l'an 1555 —— 1558, imprimée l'an 1561.

5 La suffisance de Maître Colas Durant, dit Chevalier de Villegaignon, pour sa retenue en l'état du Roi. 1561.

6 L'amende honorable de Nicolas Durant, surnommé le Chevalier de Villegaignon. 1561.

7 Le Levrre de Nic. Durant, dit Villegaignon.

HISTOIRE.

8 La réfutation des folles rêveries, exécrables blasphêmes, erreurs & mensonges de Nic. Durant, dit Villegaignon. par Pierre Richer. 1562.

Voyages imaginaires.

4546 Voyages & Aventures de Jacques Massé, *Bourdeaux, Jacques L'aveugle*, 1710. in 12. m. r.

4547 Aventures du sieur C. le Beau, Avocat en Parlement, ou Voyage curieux & nouveau, parmi les Sauvages de l'Amérique septentrionale, dans lequel on trouvera une description du Canada, avec une relation très particuliere des anciennes coutumes, mœurs & façons de vivre des barbares qui l'habitent. *Amsterdam, Herman Uytwerf*, 1738. 2 vol. in 8. fig. v. f.

CHRONOLOGIE.

Chronologie Technique; ou Traités Dogmatiques du Temps & de ses parties.

4548 Eusebii Cæsariensis Episcopi Chronicon: quem Hieronymus præsbiter divino ejus ingenio latinum facere curavit: & usque in Valentem Cæsarem Romano adjecit eloquio. Ex recensione C. Joannis Lucilii Hippodami. *Venetiis, Erhardus Ratdolt Augustensis*, 1483. in 4. goth. m. r.
PREMIERE EDITION.

4549 Dionysii Petavii opus de Doctrina temporum. *Lutetiæ Parisiorum, Sebastianus Cramoisy,* 1627. 3 vol. in fol. v. b.

4550 Paulina de recta Paschæ celebratione : & de die Passionis Domini nostri Jesu Christi. Autore Paulo Germano de Middelburgo, Episcopo Forosempronensi. *Forosempronii, Octavianus Petrutius,* 1513. in fol. v. éc.

4551 Thaddæi Duni, Locarnensis medici, de arte numerandi Dies mensium per Nonas, Idus & Calendas, secundum Romanorum consuetudinem, Liber. *Tiguri, Typis Gesnerianis,* 1610. in 8. m. r.

Chronologie historique, ou l'Histoire reduite & disposée par Tables, Divisions chronologiques, & par années.

4552 Chronica quæ dicitur fasciculus temporum, autore quodam devoto Carthusiensi (Wernero Rolewinck). *Coloniæ, per Arnoldum Ther Hoernen,* 1474. in fol. goth. fig. v. f.

PREMIERE EDITION.

Ce Volume commence ainsi :

Tabula breuis et vtilis sup libello qdã q̃ dicitur fasciculus tẽpor et vbi iueniĩ punctus ante numer ẽ in p̃mo latere vbi vero post in scdo latere incipit feliciter.

Cette table occupe huit feuillets ; le texte suit, & à la fin

fin il y a cette foufcription imprimée en rouge, fuivie du Monogramme de l'Artifte.

Jmpreſſa eſt hec cronica què dicitur faſciculus tēporū colonie agrippīe ſicut ab autore ſuo quodā deuoto carthuſienſi colonie edita eſt. ac ſecundū primū exemplar quod ipſe venerabilis autor pprijs cōſcripſit manibus ad finē vſq3 deductap me arnoldū ther huernē. ſub annis dñi. M. cccc. lxxiiij. De quo ſit deus benedictus in ſecula Amen.

4553 Chronica quæ faſciculus temporum dicitur, à quodam Carthuſienſi (Wernero Rolewinck) edita. *Lovanii, per Joannem Veldener, 1476.* in fol. goth. m. r.

Au commencement 8 feuillets de table. A la fin cette foufcription :

Jmpreſſa ē hec pſens cronica que faſciculus tpm diciī in florē-tiſſima vniūſitate louaniēſi. ac ſicut pprijs cuiuſdā deuoti carthuſiēſis. viri hiſtoriarū ſtudioſiſſimi manib9 a mūdi inicio vſq3 ad ſixti hui9 noīe pape q̄rti tpa ɔtexta erat. p me iohannē veldener ſūma diligētia maioriq3 impēſa nōnullis additis ymaginibu9 ad finē vſq3 deducta et ppo ſigneto ſignata. Sub āno a natiuitate dñi .M. cccc. lxxvì. q̄rto kalēdas ianuarias ſcdm ſtiluz romane curie de quo ſit deus benedictus amen.

Suivent les écuſſons de l'Imprimeur.

4554 Chronica quæ faſciculus temporum dicitur, à quodam Carthuſienſi (Wernero Rolewinck) edita. *Lovanii, per Jo. Veldener, anno 1476.* in fol. goth. v. f.

On trouve dans cet Exemplaire, outre le dernier feuillet

Tome III. F

où tient la foufcription que nous venons de rapporter, le même feuillet réimprimé auquel on a ajouté les événements arrivés depuis 1474 jufqu'en 1476. Il eft terminé par une foufcription conçue dans les mêmes termes que la premiere; mais elle eft imprimée en rouge.

4555 Fafciculus temporum à quodam Carthufienfi (Wernero Rolewinck) compilatus. (*Coloniæ*), *Nic. Gotz de Seltzftat*. in fol. goth. m. r.

On trouve à la tête 8 feuillets qui contiennent la table. On lit à la fin:

Fafciculus temporum A carthufienfe cõpilatũ Jn formã cronicis figuratum Vſq3 Jn Annum 14Λ8. A me Nicolao gotz de Seltzftat impſſum.

4556 Chronica quæ dicitur fafciculus temporum: edita per quendam Carthufienfem (Wernerum Rolewinck). *Venetiis, Erhardus Ratdolt de Augufta,* 1480, *xxiv. menfis Novembris*. in fol. goth. v. f.

4557 Chronica quæ dicitur fafciculus temporum, à quodam devoto Carthufienfi (Wernero Rolewinck) edita, ad primum ftatum reducta, cum quibufdam additionibus per Fratrem Henr. de Wirczburg de Vach. *Coloniæ Agrippinæ fuper Rhenum*, 1481. in fol. goth. v. f.

4558 Les Fleurs & manieres des temps paſſés & des faits merveilleux de Dieu tant en l'ancien Teftament comme au nouveau, & des premiers feigneurs, princes & gouverneurs temporels en

HISTOIRE. 43

cestuy monde. Translatées de latin de (Wernerus Rolewinck) en françois, par Maître Pierre Farget, Docteur en Théologie, de l'Ordre des Augustins du couvent de Lyon, l'an 1483. *Geneve, Loys M. Cruse*, 1495. in fol. goth. rel. en cart.

4559 Epithoma in sex partes juxta mundi sex ætates divisum; quod placuit Rudimentum Novitiorum intitulari. (Autore Joanne Columna, & continuata à quodam Theologo nomine Brochart). *Impressum in urbe Lubicana, per Lucam Brandis de Schafz*, 1475. 2 vol. in fol. goth. fig. en bois, m. r.

PREMIERE EDITION.

4560 La Mer des histoires, (trad. du latin de Jean de Columna & continuée par un nommé Brochart). *Lyon, Jehan Dupré*, 1491. 2 vol. in fol. fig. m. bl.

4561 La Mer des Histoires (trad. du latin de Jean Columna, & continuée par un nommé Brochart). *Paris, pour Anthoine Vérard.* 2 vol. in fol. goth. m. bl.

SUPERBE EXEMPLAIRE.

IMPRIMÉ SUR VÉLIN, avec 427 Miniatures & lettres initiales peintes en or & en couleurs.

Le premier feuillet du second Volume manque.

4562 Le Miroir historial de Vincent de Beauvais, translaté de latin en françois (par Jean de

Vignay). *Paris, Nicolas Couteau*, 1531. 5 vol. in fol. goth. v. f.

4563 Cy commence la Fleur des Histoires. Grand in fol. v. m. d. f. tr.

BEAU MANUSCRIT du *XV siecle*, sur vélin, contenant 150 feuillets. Il est écrit en *ancienne bâtarde*, sur 2 colonnes, avec des sommaires en rouge.

Cet Ouvrage, qui est un recueil d'histoires saintes doit avoir trois parties ou volumes dont on n'annonce ici que le second. Il commence à la naissance de Jésus-Christ, & il se termine par le siege de Jérusalem par Titus. Il comprend la vie de Jésus-Christ, les miracles de la Vierge, les actes des Apôtres, & une partie de l'histoire Romaine.

Jean Mansel de Hesdin son Auteur, compila l'Ouvrage au commandement de *Philippe le Bon, Duc de Bourgogne*, auquel il le présenta.

4564 Cronica Pontificum usque ad Urbanum IV, & Imperatorum usque ad Conradinum IV. Opus Fratris Martini Ordinis Fratrum Predicatorum Domini Pape Capellani & penitenciarii —— Caii Julii Solini liber de mirabilibus mundi. in fol. rel. en cart.

MANUSCRIT exécuté en Italie dans le *XV siecle*, sur papier, contenant 106 feuillets écrits en *lettres rondes*, à longues lignes. On lit à la fin du premier Ouvrage en lettres rouges :

Explicit Cronica fratris Martini ordinis predicatorũ Capellani domini pape de imperatoribus romanorum feliciter transcripta in Arce spoletana Anno dñi. M. cccc. lxvij. quarta idus Aprilis.

HISTOIRE. 45

La Préface de la Chronique de *Martinus* est conçue dans les mêmes termes que celle que *Quetif* & *Echard* ont rapportée à la pag. 364, col. 2, & pag. 365, col. 1 du premier Volume de leur Bibliotheque.

Martinus dit dans cette Préface qu'il a traité l'histoire des Papes jusqu'à *Nicolas III* inclusivement ; mais elle ne finit dans notre MS. qu'à la mort du Pape *Urbain IV.* arrivée en 1285. *Moritur Rome in die Parascene apud sanctam Sabinam & in Ecclesia sancti Petri iuxta sepulchrum Nicolai tercii sepelitur.*

La Chronique des Empereurs finit par la mort de *Thibaut II.* Roi de Navarre. *Rex etiam Navarræ qui infirmus de Affrica dicesserat in Syciliam veniens defunctus est.*

On trouve dans ce MS. l'histoire de la *Papesse Jeanne* entre celles des Papes *Léon V* & *Benoît III.* elle commence ainsi :

Post hunc leonem johannes dictus anglicus maguntinus sedit annis duobus mensibus septem diebus octo . . . .

L'Ouvrage qui suit est différent de celui-ci, & n'est pas du même Auteur.

4565 Chronica Summorum Pontificum Imperatorumque, ac de septem ætatibus mundi, ex sancto Hieronymo Eusebio aliisque eruditis excerpta, à Martino. *Taurini, Joannes Fabri,* 1477. in 4. v. b.

PREMIERE EDITION.

CE VOLUME commence par le texte ; à la fin il y a cette souscription :

Cronica martini finit : Diuo philiberto :
ac sabaudorum sub duce magnanimo

HISTOIRE.

Taurini : foris hāc preſſit : & are : Iohāes.
fabri : quem ciuem lingonis alta tulit.
Anno. M. cccc. lxxvii. Die uero. xxiii. auguſti.
Pōtificatɋ eiuſdē Sixti Anno ſexto.

4566 La Chronique Martiniane de tous les Papes qui furent jamais, & finit juſqu'au Pape Alexandre (VI) dernier décédé, par Martin de Pologne, traduite en françois, par Sebaſtien de Mamerot, avec les additions de pluſieurs Chroniqueurs, c'eſt à ſçavoir ; de Meſſire Verneron, de Caſtel & de Robert Gaguin. Le ſecond volume qui eſt de l'Hiſtoire de France, & des Rois Charles VII, Louis XI & Charles VIII, eſt compilée par Jean de Monſtereul, Prevoſt de Lille. *Paris, pour Anthoine Vérard.* 2 Tom. en 1 vol. in fol. goth. velin.

4567 La Chronique Martiniane de tous les Papes qui furent jamais, & finit juſqu'au Pape Alexandre (VI) dernier décédé, 1503, par Martin Polonois. Et avec les additions de pluſieurs Chroniqueurs : c'eſt à ſçavoir de Meſſire Verneron, monſeigneur le Chroniqueur Caſtel, Gaguin, & autres, traduite du latin en françois, par Sebaſtien de Mamerot. (*Paris, Ant. Vérard*). in fol. goth. m. r.

SUPERBE EXEMPLAIRE IMPRIMÉ SUR VÉLIN, avec 26 miniatures.

HISTOIRE. 47

Les feuillets suivants sont manuscrits. 66. le verso du 145 & le recto du 148. le verso du 178 & le recto du 179. Ce Volume finit au feuillet 182. Il y manque la seconde partie.

4568 La Chronique Martiniane de tous les Papes qui furent jamais, & finit jusqu'au Pape Alexandre dernier, décédé en l'an 1503. Trad. en partie & compilée (par Sebastien Mamerot). *Paris, Ant. Vérard.* in fol. goth. v. f.

4569 Fratris Jacobi Philippi Bergomensis Historia novissimè congesta supplementum chronicarum appellata. *Brixiæ, per Boninum de Boninis,* 1485, *Die primo Decembris.* in fol. goth. v. f.

4570 Fratris Jacobi Philippi Bergomensis Supplementum chronicarum. *Venetiis, per Bernardinum Riccium de Novaria*, 1492. in fol. goth. m. bl.

4571 Donati Bossii Causidici Chronica temporum ab orbis initio, usque ad ejus tempora. *Medioloni, Ant. Zarotus,* 1492. in fol. m. r.

On trouve à la tête du Volume un feuillet imprimé en rouge, lequel contient l'arbre généalogique des Visconti, Princes de Milan.

4572 Liber Chronicarum (per Hartman Schedel). *Nurembergæ, Ant. Koberger,* 1493. in fol. max. goth. m. r.

A la fin :

ADest nunc studiose lector finis libri Cronicarum per viam *epithomatis et breuiarij compilati opus q̃dem preclarum et a doctiſſimo quoq; comparandum. Continet ẽm geſta queccũq; digniora ſunt notatu ab initio mũdi ad hanc vſq; tẽporis noſtri calamitatem. Caſtigatũq; a viris doctiſſimis vt magis elaboratum in lucem prodiret. Ad intuitũ autem et preces prouidorũ ciuiũ Sebaldi Schreyer et Sebaſtiani kamermaiſter hunc librum dominus Anthonius koberger Nuremberge impreſſit. Adhibitis tamẽ viris mathematicis pingendiq; artẽ peritiſſimis. Michaele wolgemut (*) et wilhelmo Pleydenwurff. quarũ ſolerti acuratiſſimaq; animaduerſione tum ciuitatum tum illuſtrium virorum figure inſerte ſunt. Conſumatũ autem duodecima menſis Julii. Anno ſalutis nre. 1493.*

4573 La Salade, laquelle fait mention de tous les pays du monde (par Antoine de la Salle). *Paris, Ph. le Noir*, 1527. in fol. goth. fig. m. r.

4574 Chronica chronicarum, abregée & miſe en figures & Rondeaux. *Paris, Franç. Regnault*, (1532). in 4. goth. v. m.

4575 Hieronymi Vecchietti de anno primitivo ab exordio mundi ad annum Julianum accommodato, & de ſacrorum temporum ratione Libri octo. *Auguſtæ Vindelicorum, per Andream Aperger*, 1621. in fol. m. r.

EXEMPLAIRE complet, dans lequel on trouve le feuillet intitulé: *Compendiaria enarratio ſuper opus de anno primitivo.*

(*) Il a été le Maître d'Albert Durer.

HISTOIRE.

4576 Tables chronologiques de l'Histoire universelle, par M. l'Abbé Lenglet du Fresnoy. *Paris, Pierre Gandouin*, 1729. in fol. v. f.

4577 L'Art de vérifier les Dates des faits historiques, des chartes, des chroniques & autres anciens monumens, depuis la naissance de Notre Seigneur J. C. (Ouvrage commencé par Dom Maur d'Antine, & achevé par Dom Durand & Dom Clement). *Paris, G. Desprez,* 1770. in fol. Gr. Pap. v. f.

HISTOIRE UNIVERSELLE.

Histoire Universelle de tous les Temps & de tous les Lieux, depuis la création du Monde.

4578 Justini Historiæ ex Trogo Pompeio in epitomen reductæ. in 4. rel. en cart. avec dos de veau.

BEAU MANUSCRIT exécuté en Italie dans le XV siecle, sur vélin très blanc. Il est écrit en *ancienne bâtarde romaine*, à longues lignes, & il contient 150 feuillets, dont le premier recto est enrichi d'ornements rehaussés d'or. Les capitales y sont peintes en or & en couleurs. On trouve à la tête la Préface de Justin, commençant par ces mots : *Cum multi ex romanis*, & finissant par ceux-ci : *Industria testimonium habituro* ; mais on n'y voit pas les Prologues sur les 44 livres, lesquels suivant le Pere Montfaucon dans son *Diarium Italicum*, pag. 96, se rencontrent très rarement dans les MSS.

HISTOIRE.

4579 Juſtini Hiſtoriarum libri xliv. in 4. rel. en carton avec dos de veau.

TRÈS BEAU MANUSCRIT ſur vélin, exécuté en Italie dans le *XV ſiecle*, contenant 112 feuillets écrits en *lettres rondes* & à longues lignes. Il commence par la Préface; mais il n'y a point de prologues.

4580 Juſtini Hiſtorici in Trogi Pompeii Hiſtorias libri XLIIII. *Venetiis, per Nic. Jenſon*, 1470. in fol. m. r.

PREMIERE EDITION ET SUPERBE EXEMPLAIRE.

4581 Juſtini Epitoma in Trogi Pompeii Hiſtorias. *Romæ, Udalricus Gallus (circa 1470)* in 4. m. r.

Les Pontuſceaux de cette Edition, qui ſont en travers, prouvent qu'elle eſt in 4. & non in fol. comme elle a été annoncée diverſes fois.

4582 Juſtini Hiſtoriæ. *Mediolani, Antonius Zarothus*, 1474. in fol. m. r.

4583 Juſtini Hiſtoriæ. *Venetiis, per Philippum Condam Petri*, 1479. in fol. m. bl. dent.

4584 Juſtini Hiſtoriæ, ex recognitione Juſtiniani Romani. == Lucii Flori geſtorum Romanorum Epithoma cum Epiſtola dedicatoria Philippi Beroaldi ad Petrum Muriam Rubeum Parmenſem. in fol. v. f.

EDITION d'environ l'an 1486, ſans chiffres, réclames,

avec signatures, à longues lignes au nombre de 55 sur les pages qui sont entieres.

A la fin :

Aurea Iustini Luciq3 epithomata flori
  Aere tibi modico candide lector eme.
Contrahit iste Titi numerosa uolumina liui.
  Pompeii historias colligit ille Trogi.
Quã bene coniuncti : namq3 hic ubi desinit : ille
  Incipit : atq3 unum pene uidetur opus.
Rite recognouit opus Iustinianus ad unguem
  Romanus : Felix lector amice Vale.

F I N I S.

Suit un feuillet de Registre.

4585 Justini in Trogi Pompeii Historias libri XLIIII. = Lucii Flori Historia Romana in compendium redacta, ex recensione Philippi Beroaldi. *Mediolani, apud Minutianum*, 1502. in fol. m. r.

4586 Justini ex Trogi Pompeii Historiis externis libri XLIV. accessit de vita & moribus omnium Imperatorum S. Aurelio Victori addita Epitome. ex recensione Simonis Grinæi. *Lugduni, Johannes Frellonius*, 1568. in 12 m. bl.

4587 Justini Historiæ, cum notis Isaaci Vossii. *Lugduni Batavorum, ex Officina Elzeviriana*, 1640. in 12. m. vert.

4588 Justinus de Historiis Philippicis, & totius mundi originibus, interpretatione & notis illustravit Petrus Jofephus Cantel, in ufum Delphini. *Parifiis, Fredericus Leonard,* 1677. in 4. v. b.

4589 Les Œuvres de Juftin fur les faits & geftes de Troge Pompée, traduites de latin en françois, par Guillaume Michel, dit de Tours. *Paris, Janot,* 1538. in fol. goth. m. r.

4590 Gli libri xliiij di Juftino. in 4. rel. en carton avec dos de veau.

Très beau Manuscrit exécuté en Italie dans le *XV fiecle,* contenant 164 feuillets de vélin fort blanc. Il eft élégamment écrit en lettres de *fomme,* à longues lignes. Les intitulés des livres y font en rouge, & le premier feuillet, lequel contient la Préface de Juftin, y eft enrichi d'ornements peints en or & en couleurs.

Ce MS. a le mérite de renfermer les Prologues de Juftin, traduits en Italien.

Nous ignorons fi cette verfion de Juftin eft celle de *Hieronimo Squarciafico,* qui a été imprimée pour la premiere fois à Venife en 1477 par Jean de Colonia & Jean de Gherretzem. Elle commence ainfi :

Al principio di facti del mondo la fignoria de li huomini fu apreffo di Re liquali non erano leuati ad alteça per fauore di popoli ma per la conofciuta uirtu tra li buoni e non erano coftrecti i popoli per alcune legi ma la uolunta di re era in luogo di lege.

4591 Pauli Orofii Hiftoriographi adverfum Chriftiani nominis quærelas, libri feptem. *Au-*

gustæ, per *Johannem Schuszler*, 1471. in fol. goth. m. r.

PREMIERE EDITION.

4592 Pauli Orosii Historiæ per Æneam Wulpem castigatæ, adjutore Laurentio Brixiensi. (*Venetiis, Leonardus Achates, circa* 1475.) in fol. m. bl.

CETTE EDITION est différente de celle qui est annoncée dans la Bibliographie instructive, N° 4351. Les vers de la souscription que nous allons rapporter, font juger qu'elle a été donnée par Léonard Achates, de Bâle, Imprimeur à Venise dès 1472, d'après celle d'Hermannus Levilapis, qui parut à Vicence vers 1475.

On trouve à la tête de l'Edition dont il est ici question, un feuillet séparé qui contient ce qui suit en lettres capitales.

Scias velim humanissime lector: Aeneam VVulpem Vicentinum priorem sanctae crucis adjutore Laurentio Brixiensi historias Pauli Orosii : quae continentur hoc Codice : quam accuratissime potuit : castigasse : cui non improbando sane labori si quid ex ingenio tuo vel melius : vel aptius addendum putabis : id honore ejus integro facias : obsecro : quod est non ingrati animi officium.

On lit à la fin cette souscription :

Vt ipse titulus margine in primo docet.
Orosio nomen mihi est.
Librarior quicquid erroris fuit :
Exemit Aeneas mihi.

HISTOIRE.

Meque imprimendum tradidit non alteri.
Leonarde : q̃ soli tibi.
Leonarde nomen huius artis & decus.
Tuæque laus Basileæ.
Quodsi situm orbis : sique nostra ad tempora.
Ab orbis ipsa origine
Quisq̃ tumultus : bellaque : & cædes uelit.
Cladesque nosse : me legat.

Les Editions d'Achates sont fort rares. Il a imprimé très peu.

4593 Les Histoires de Paul Orose, traduites de latin en françois. *Paris, pour Antoine Verard,* le troisieme jour de Juin 1509. ⸗ Seneque des mots dorés des quatre Vertus, traduit de latin en françois ; dédié au Roi Charles VIII, par le Traducteur de Paul Orose. *Paris, Antoine Verard,* in fol. goth. v. f.

4594 Les Histoires de tous les Ages du Monde, par P. Orose, translatées de latin en françois. *Paris, Michel le Noir,* 1515. 2 tom. en un vol. in fol. goth. v. b.

4595 Les Histoires de Paul Orose. *Paris, Philippe le Noir,* 1526. 2 tom. en 1 vol. in fol. goth. v. f.

4596 Pii II. Pont. Max. Historia rerum ubique gestarum, cum locorum descriptione, non finita Asia minor. *Venetiis, per Johannem de Colonia sociumque ejus Johannem Manthen de*

Gherretzem, anno 1477. === Abbreviatio Pii Pont. max. supra decades Blondi, ab inclinatione Imperii usque ad tempora Johannis XXIII. Pont. Max. in fol. m. cit.

A la fin du premier Ouvrage :

Pii. ii. Ponti. maximi hiſtorie rerum ubiq3 geſtarũ prima pars finitur : & impreſſioni Venetiis dedita : per Iohannem de colonia ſociumq3 eius Iohannem manthen de Gherretzem anno milleſimo : ccccclxxvii.

Le ſecond Ouvrage eſt à longues lignes au nombre de 56 ſur les pages qui ſont entieres, ſans chiffres & réclames ; mais avec ſignatures.

4597 Abbreviatio Pii Pont. Max. Supra decades Blondi ab inclinatione imperii usque ad tempora Johannis Vicesimi Tertii Pont. Max. D. D. L. D. S. P. V. Anno MCCCCLXXXI. in fol. m. cit.

4598 Cy commencent les hiſtoires de ceulx qui regnerent après le déluge, & qui furent ceulx qui premierement habiterent ès Terres qui ſont diviſées en trois parties *. in fol. m. r.

Manuscrit du *XV ſiecle*, ſur vélin, contenant 257 feuillets écrits en *ancienne bâtarde*, à longues lignes ; les ſommaires y ſont en rouge, & les lettres *tourneures* y ſont peintes en couleurs. Il vient de la Bibliotheque de *Claude d'Urfé*, dont il porte les armes. Voici ce que l'Auteur anonyme de cette Chronique promet dans ſon Prologue :

* Et qui furent ceulx qui premierement ſe armerent pour

terres en honneur concquerir puis fera deuife comment la grant tour Babel fut affife et qui la fonda de fa grandeur et de fa largeur là où les lxxij langues furent trouuees que len tient encores en diuerfes parties du monde puis fera deuife comment le grant roy Ninus regna qui fut le premier roy en babiloine qui tant fu cremu par fa cruaulté de la royne Semiramis fa femme qui tint la terre après la mort de fon mari qui ot cuer d'homme et femblant de femme des feignouries de Mede comment elles furent mifes foubz la puiffance des Affiriens puis fera defcripte la vraie hiftoire de Thebes qui maintenant eft Ieherufalem appellee appres fera deuife du grant fiege de Troyes et qui furent ceulx qui prouesses y firent ou ceulx habiterent qui en efchapperent puis comment Dido fonda Cartage et de la grant guerre qui puiz y fut commencee de Efter et de Judich par qui fy grand joye fut rendue aux juifz puis la mort Oloferne qui bailly eftoit Nabugodonofor du grant Alixandre comment il regna qui tant concquift par la bonte de fon courage et comment ceulx tindrent les terres appres fa mort a qui il les departy puiz fera faite mention comment romme fut fondée et babiloine deftruitte des confeilz et des fenateurs de romme qui regnerent appres la mort Romulus des terres quilz conquirent par la bataille dont ilz acreurent la feignourie de rome pourquoy france fut ainfy appellée et comment ilz conquirent la franchife et qui furent les roys qui deuant perdirent la feignourie.

4599 Si comm encent les anciennes yftoires du premier roi, & des autres après, & des royalmes de toutes les parties du monde, & le commencement

mencement des emperereours, & de l'empe-
riere de Romme. grand in fol. v. f. d. f. tr.

MANUSCRIT fur vélin du *XIV fiecle*, contenant 271 feuillets écrits en *lettres de forme* fur 2 colonnes, avec les fommaires en rouge ; il eft orné de quelques miniatures & de *tourneures* peintes en or & en couleurs.

Ce MS. contient la deftruction de Thebes, celle de Troye traduite de Guy Colomna, l'hiftoire d'Enée, la fondation de Rome, les hiftoires de Philippe, d'Alexandre, d'Annibal & de Jules-Céfar.

4600 Hiftoire univerfelle, ou Bibliotheque hiftorique commençant à la création jufqu'à l'an
1339. in fol. v. f. d. f. tr.

MANUSCRIT fur vélin du *XV fiecle*, contenant 171 feuillets écrits en *ancienne bâtarde*, à longues lignes, avec les fommaires en rouge; il eft enrichi d'une miniature & d'une bordure peinte, qui décore la premiere page. Cette chronique commence par le prologue fuivant :

La caufe de faire cefte compilacion fut la grant inftance d'un
grant baron de france lequel comme il eut defire de fauoir
en quel temps auoient efte le prophete noftre feigneur &
li philofophe des payens il pria le compilateur qui lui feift
aucune euure la plus briefue qu'il pourroit par laquelle il
pourroit auoir cognoiffance aucune des chofes deffus dictes
en feurque toute la fucceffion des temps & à la naiffance
des royaumes & les faiz plus merueilleux qui font auenuz
en diuers lieux dès le commencement du monde jufques a
maintenant & faichent tuit qui cefte euure verront que le
compilateur ny a riens aioufte fe moult pou non fors que
il treuue tant en bible comme es hyftoires de frere vincent

de beauuais il lui a conuenu efcripre pour continuer fon euure ainfi comme il enquift & oy des anciens & ainfi comme il a veu auenir en fon temps car ne liure ne compilacion n'eftoient foiz fouffifamment a quoy il deuft adioufter foy fe pou non je prie tous ceulx qui cefte euure feront efcripre que ilz facent efcripre au commencement ce prologue.

4601 Chronique de Jehan de Courcy. grand in fol. m. r.

Manuscrit de la plus grande beauté, exécuté fur vélin, vers le milieu du *XV fiecle*, contenant 378 feuillets; il eft écrit en *ancienne bâtarde*, fur 2 colonnes, avec les fommaires des chapitres en rouge. Il eft enrichi de très belles *tourneures* peintes en or & en couleurs, & de fix fuperbes miniatures qui portent environ 7 pouces & demi de largeur fur plus de 6 pouces de hauteur. Les pages qu'elles décorent font ornées de bordures très-riches, chargées d'arabefques.

Les 6 miniatures de ce *MS.* font très intéreffantes. Les plus curieufes font celles qui fe trouvent au commencement des fecond, troifieme & quatrieme livres.

On voit dans la feconde *Pâris* à cheval arrivant devant Troye, fuivi de fon armée, & accompagné d'*Hélene* qu'il vient d'enlever. *Priam* revêtu d'une chappe très-riche, fort à cheval des portes de la ville, & va au devant d'eux au fon des trompettes.

La troifieme repréfente la fondation de quatre villes, favoir : Rome, Carthage, Venife & Cycambre; chaque Fondateur *Romulus, Didon, Anthénor* & *Priam* préfide aux travaux, & anime les ouviers par fa préfence.

La quatrieme offre d'un côté une vue curieufe de Babylone bâtie fuivant le coftume du xv fiecle; de l'autre côté la

HISTOIRE.

Tour de Babel élevée à une certaine hauteur, & l'Ange du Seigneur qui vient y confondre les langages. *Nembrod* y est représenté sous la forme d'un géant armé de pied en cap, & tenant de la main droite une hallebarde.

On trouve au commencement de ce MS. une préface dans laquelle l'Auteur de cette chronique se fait connoître. Il s'appelloit *Jean de Courcy* & il étoit Chevalier Normand. Se voyant en 1416 déja sur l'âge, favorisé des biens de la fortune, & cherchant le repos, il dit qu'il va s'occuper, pour éviter une vie oisive, n'étant plus capable de soutenir les travaux de Mars, d'écrire les histoires anciennes particulièrement celle de Grece dont il se propose de puiser les faits parmi les Historiens de ce pays. Il annonce qu'il rapportera souvent des traits d'histoire particuliers, & qu'il les terminera par des réflexions morales & pieuses. Il divise ensuite son ouvrage en six livres.

Il traitera au premier de la Grece comme le premier pays habité après le déluge.

Au 2, de la Fondation de Troye, & de sa destruction par les Grecs.

Au 3, des Troyens qui s'échapperent du sac de cette ville & qui fonderent plusieurs empires.

Au 4, des Assyriens & de leur puissance.

Au 5, des Macédoniens & des faits d'Alexandre.

Et au 6, de Matathias & des Machabées qui combattirent pour la loi de Dieu.

On lit à la fin de ce MS. :

En l'an de grace mil iiij^c. xxij le xxe jour du mois de Juing, fut parfait ce liure & acheuees ces compilacions en la ville de Caudebec sur Seine par lacteur nōme ou premier prologue Lequel supplie a tous les lisans et a ceulx qui le orront que se il y a faulte par son petit sens ou jnaduer-

tence côme ilz y mettent la correction et de sa simplesce le veulent excuser. Et pour ce qu'il est vieil & approuche fort la fin de ses Jours vous supplie a tous comme pour lui vueilliez prier nre seignr que le petit de temps quil a mais a viure le vueille pourueoir et tenir en sa grace & quant il lui plaira qu'il parte de ce siecle que il vueille son ame auec lui recueillir en son glorieux Regne pardurablement. Amen.

Et plus bas:

Celui qui composa ce liure ĩspassa a Caudebec le penultime jour de octobre Lan mil cccc. xxxj. priez Dieu pour lui. Amen.

On trouve ensuite ces quatre vers:

Versus homicidarum sci thome cantuarien.
Ricardus brito, necnon moruillius hugo
Willermus traxi Reginaldusque filius vrsi
Thomam martirium fecerunt subire beatum.
Anno Milleno Centeno Septuageno.

Jean de Courcy Auteur de la Chronique de son nom, étoit d'une famille très ancienne de Normandie. Nous pensons qu'il étoit troisieme fils de *Geoffroy* Sire & Baron de *Courcy* & de *Marie d'Estouteville* fille ainée de *Robert V* du nom; il eut de sa femme, dont le nom est inconnu, une fille nommée *Jeanne de Courcy*, mariée à *Gilbert de Mallemains*.

Sa Chronique porte dans un MS. du Roi, le nom de *Volume de la Bouquechardiere;* & dans un autre de M. le Prince de Condé, que nous avons vu, celui de *Traittié dit la Bouquassiere*. M. l'*Abbé le Bœuf* qui avoit aussi examiné ce dernier MS., n'a point su ce que ce nom signifioit. Les mots de *Bouquechardiere* & de *Bouquassiere* sont formés du nom de

HISTOIRE. 61

Bourg-Achard, Seigneurie dans le Diocese de Rouen, laquelle appartenoit aux Seigneurs de *Courcy*.

4602 Bibliotheque Royale, contenant la chronologie, l'histoire depuis Jesus-Christ jusqu'à présent, la Géographie, le Blason & Emaux de tous les Etats & Souverains du monde avec les colliers & croix des Ordres Militaires & de Chevalerie. in fol. m. r.

Très beau Manuscrit sur papier, exécuté après l'an 1722. Il contient 444 feuillets, & il est enrichi de 415 écussons, culs-de-lampes, vignettes &c. peints en miniature supérieurement bien.

Ce MS. paroît avoir été fait pour quelque Prince de la Maison d'Espagne; il a aussi appartenu à un Prince de la Maison de Bourbon dont les armes sont sur le plat de la couverture.

4603 Le Monde dans une noix, c'est-à-dire, un Abregé de l'Histoire universelle chronologique des événemens les plus remarquables du monde, représentés par tables & figures. Trad. de l'allemand en françois, par Matthias Cramer. *Nuremberg, Christ. Weigel.* in 4. v. f.

HISTOIRE.

Histoires Universelles de certains temps & de certains lieux, écrites par des Auteurs contemporains, &c.

4604 Guillelmi Tyrii historiarum rerum in partibus maritimis gestarum Libri XXIII. in fol. m. r.

SUPERBE ET TRÈS PRÉCIEUX MANUSCRIT sur vélin de la fin du *XV siecle*, contenant 387 feuillets écrits en *lettres rondes*, sur 2 colonnes, & décorés de grandes *tourneures* peintes en or & en couleurs. On se proposoit de l'enrichir de 22 miniatures, dont les places sont restées en blanc, & d'un égal nombre de beaux cadres, dont quatre qui ont été achevés, font regreter les autres. On voit sur beaucoup de feuillets de ce MS. les armes de *Briçonnet*, accompagnées d'une crosse, ce qui nous fait croire qu'il a été exécuté, soit pour *Robert Briçonnet*, Conseiller au Parlement en 1481, Abbé de S. Vaast d'Arras en 1488, Archevêque de Reims en 1493, & mort en 1497; soit pour *Jean Briçonnet*, Abbé de Blanche-couronne, Conseiller au Parlement de Paris en 1491, & mort en 1538.

Ce rare MS. contient l'histoire des Croisades jusqu'à l'an 1184. Cette histoire y est divisée en 23 livres, dont le dernier n'est que commencé; elle a été plusieurs fois imprimée. *Bongars* l'a insérée dans le *Gesta Dei per Francos*.

A la suite de l'Ouvrage de *Guillaume, Archevêque de Tyr*, on trouve dans ce MS. un fragment de l'histoire des Croisades faite par un Anonyme, qui dit dans la Préface avoir été lui-même témoin des faits qu'il raconte. *Bongars* l'a fait également entrer dans le *Gesta Dei per Francos*; mais la copie qu'on lui avoit envoyée n'étoit pas exacte,

HISTOIRE. 63

puisque dès le commencement il y a une erreur considérable dans la date, laquelle au lieu de 1187, porte 1177. Il est surprenant que *Bongars* ne se soit pas apperçu, par les faits, de la fausseté de cette date ; car il la répete dans sa Préface.

Dans le *Gesta Dei per Francos* ce Fragment comprend l'histoire des Croisades depuis l'an 1187 jusqu'à l'an 1190. Dans notre MS. elle ne va pas tout-à-fait si loin ; car elle finit à la page 1165 de l'imprimé, par ces mots qui sont dans la onzieme ligne avant la fin :

Concipiunt resistendi.

4605 Ci commence li Romans de Godefroi de Buillon & de Salehadin et tous les roys qui y ont este jusques a saint Loeys qui derrenierement fu et de leurs fais et de Pierre Lermite qui premiers esmut le pueple et premierement touz les sains lieus de la terre de ihrlm & de la contree dentour & sont ces croniques ordenees sus touz les fais doutremer. 2 vol. in fol. v. m. d. s. tr.

MANUSCRIT sur vélin du *XIV siecle*, divisé en 2 volumes, & contenant 355 feuillets. Il est écrit en lettres de *forme*, sur 3 colonnes, & il est orné de 107 miniatures, dont l'antiquité fait le mérite. Les sommaires y sont en rouge, & la plupart des *tourneures* peintes en or & en couleurs.

Cette Chronique finit à l'an 1261. Elle commence ainsi :

Ci poez vous sauoir les sains lieus de la terre de iherusalem en iherusalem a i saint lieu couuert dune pierre ou salemons escrit le liure de sapience. Et iluec meisme entre le temple et lautel el mabre deuant fu li sans zacharie le prophete efpanduz. jluec pres eſt la pierre ou li iuyſ uenoient chaſcun an et loignoient doile doliue. Et ploutoient....

4606 Hiſtorie univerſali de ſuoi tempi di Giovan Villani. con poſtille in margine fatte per Remigio Fiorentino. *In Venetia, Giunti*, 1559. 2 Tom. en 1 vol. in 4. m. r.

4607 Storia di Giovanni Villani, corretta, e alla ſua vera lezione ridotta, col riſcontro di Teſti antichi. *In Fiorenza, Giunti*, 1587. in 4. m. r.

4608 Hiſtoria di Matteo Villani, in quale continua l'Hiſtorie di Giovan Villani ſuo fratello, & commincia dall' anno 1348. *In Venetia, Giunti*, 1562. in 4. m. r.

4609 Iſtorie di Matteo Villani, che continua quelle di Giovanni ſuo fratello, con l'aggiunta di Filippo ſuo figliuolo, che arrivano fino all' anno 1364. *In Firenze, Giunti*, 1581. in 4. m. r.

4610 Jo. Sleidani de ſtatu religionis & reipublicæ, Carolo Quinto Cæſare, Commentarii. *Argentorati, hæredes Rihelii*, 1555. in fol. m. r.

EDITION ORIGINALE & la plus eſtimée.

4611 Les Œuvres de Jean Sleidan, qui concernent les hiſtoires qu'il a écrites (par Robert le Prevoſt). *Geneve, Creſpin*, 1566. in fol. m. r.

4612 Jacobi Auguſti Thuani (de Thou) Hiſtoria ſui temporis. *Londini, excudi curavit Samuel Buckley*, 1733. 7 vol. in fol. Gr. Pap. m. r.

HISTOIRE.

4613 Histoire Universelle de Jacques Auguste de Thou, depuis 1543 jusqu'en 1607, traduite sur l'édition latine de Londres (par l'Abbé J. B. le Mascrier, Adam, Charles le Beau, l'Abbé des Fontaines, l'Abbé Prevost & le P. Fabre. *Londres*, 1734. 16 vol. in 4. G. P. m. viol. l. r.

Avec les Portraits d'Odieuvre.

4614 Memorie Recondite dall' anno 1601, fino al 1640. di Vittorio Siri. *In Ronco*, 1676. 8 vol. in 4. v. éc.

4615 Il Mercurio overo historia de correnti tempi di D. Vittorio Siri. *In Casale, per Christoforo della Casa*; 1644.. 15 Tomes reliés en 18 vol. in 4. v. éc.

4616 Il medesimo Mercurio di D. Vittorio Siri. *In Geneva, Philippo Alberto*; 1646. Tom. 1 & 2. in 4. v. éc.

4617 Mercurio veridico, overo annali universali d'Europa del Dottor Giovan Battista Birago Avogaro. *In Venetia, Matteo Leni*, 1648. in 4. v. f.

4618 Bollo di D. Vittorio Siri, nel Mercurio veridico del Sig. Dottore Birago. *In Modona, Bartolomeo Soliani*, 1653. in 4. v. éc.

4619 Histoire des guerres & des Négociations qui précéderent le Traité de Westphalie, sous le regne de Louis XIII, composée sur les mémoi-

Tom. III. I

res du Comte d'Avaux, par le Pere Bougeant. *Paris, Jean Mariette*, 1727. 3 vol. in 4. G. P. m. r.

HISTOIRE ECCLÉSIASTIQUE.

Hiſtoire Eccléſiaſtique de l'Ancien & du Nouveau Teſtament.

4620 Sulpitii Severi Opera omnia quæ extant. *Lugduni Batavorum, ex officina Elzeviriana*, 1643. in 12. m. r.

4621 Euſebii Cæſarienſis Hiſtoria Eccleſiaſtica, è græco in latinum tranſlata per beatum Ruffinum, ex recenſione Johannis Philippi de Lignamine. *Romæ*, 1476 (*in domo J. Ph. de Lignamine, per Ulricum Han impr.*). in fol. m. r.

ÉDITION de la plus grande rareté; elle commence par une Epître de Jean Ph. de Lignamine, qui eſt curieuſe, & dont le R. P. Laire a extrait le paſſage le plus intéreſſant. Elle eſt adreſſée au Cardinal Guillaume d'Eſtouteville.

On lit à la fin du Texte cette ſouſcription :

Milleſimo. CCCC. LXXVI. Die. X. V. Maii. P. M. Sixti quarti. Anno eius Quinto completũ eſt hoc opus Romæ.

Au verſo de ce feuillet commence le regiſtre qui finit à la moitié du feuillet ſuivant.

4622 Abrégé de l'Hiſtoire Eccléſiaſtique de Fleu-

HISTOIRE.

ry, trad. de l'anglois. *Berne*, 1766. 2 vol. in 12. m. bl.

4623 Abrégé de l'Hiſtoire Eccléſiaſtique de Fleury. *Berne*, 1767. 2 vol. in 8. v. éc.

4624 Abrégé de l'Hiſtoire Eccléſiaſtique, contenant les événemens conſidérables de chaque ſiecle, avec des réflexions, par M. Racine. *Utrecht, Compagnie*, 1748. 13 vol. in 12. m. cit.

4625 Lettres d'Euſebe Philalethe à M. François Morenas ſur ſon prétendu abrégé de l'Hiſtoire Eccléſiaſtique. *Liege, Philippe Gramme*, 1755. in 12. m. cit.

4626 Le grand Tableau de l'Univers, ou l'hiſtoire des événemens de l'Egliſe, depuis la création du monde juſqu'à l'Apocalypſe de St Jean, repréſentée par des tailles-douces gravées d'après les deſſeins de Romain de Hooge, avec des explications & des remarques, par Baſnage. *Amſterdam, Lindenberg*, 1714. in fol. v. éc.

4627 Hiſtoire Catholique de notre temps, touchant l'état de la Religion Chrétienne, par F. Symon Fontaine, docteur en théologie. *Paris, Claude Fremy*, 1558. in 8. m. r.

4628 La perſécution de l'Egliſe & des Souverains Eveques, trad. du latin de Meſſire Boniface Symonnet, Abbé du Monſtier de Corne, par Octavien de Saint-Gelais. *Paris, Antoine Verard.* in 4. goth. v. m.

HISTOIRE.

Histoire Ecclésiastique, distinguée par l'ordre des Eglises & des Nations.

Histoire Ecclésiastique de France.

4629 Annales Ecclesiastici Francorum, auctore Carolo le Cointe. *Parisiis, e Typographia Regia*, 1665. 8 vol. in fol. v. b.

4629 * Nova Bibliotheca manuscriptorum librorum, historias, chronica, Sanctorum Sanctarumque vitas, translationes, miracula, stemmata genealogica, ac similia antiquitatis, præsertim Franciæ, monumenta, nunc primum ex MSS. eruta repræsentans. studio Philippi Labbe. *Parisiis, Seb. Cramoisy*, 1657. 2 vol. in fol. G. P. v. f.

4630 Ecclesiæ Gallicanæ Historiarum liber primus, autore Francisco Bosqueto. *Parisiis, Jo. Camusat*, 1633, in 8. m. r.

4631 Histoire du Syndicat d'Edmond Richer, par Edmond Richer lui-même. *Avignon, Alexandre Girard*, 1753, in 8. m. viol.

4632 Neustria Pia, seu de omnibus & singulis Abbatiis, & Prioratibus totius Normaniæ, auctore Arturo du Monstier. *Rothomagi, Berthelin*, 1663. in fol. v. f.

4633 Histoire du Prieuré Notre Dame de Belle-fontaine au Comté de Bourgogne, par Philippe Chifflet. *Anvers, de l'Imprimerie Plantinienne de Balth. Moretus*, 1631, in 4. m. r.

4634 Recueil de Pieces. in 8. goth. m. r.

1 La fondation de la Sainte Eglise & singulier Oratoire de Notre-Dame du Puy ; translaté de latin en françois, & comment le devot image fut trouvé par Hieremie le Prophete. *Paris*, (*Alain Lotrian.*)

2 Le livret des consolations contre toutes tribulations. *Paris, Alain Lotrian.*

3 Plusieurs belles nouveautés, joyeuses, profitables & honnestes, composées par Symon de Milan.

4 La mort & épigramme de Messire Pierre Regnier.

5 Le traité des eaux artificielles : avec les vertus & propriétés d'icelles. *Paris, Alain Lotrian.*

4635 Recherches des Saintes antiquités de la Vosge, province de Lorraine, revues & augmentées par Jean Ruyr. *Espinal, par Ambroise Ambroise*, 1634. in 4. m. r.

Histoire Ecclésiastique d'Allemagne, de Flandre, d'Espagne & d'Angleterre.

4636 Bavaria Sancta & Pia, a Matthæo Radero, & cum figuris Raph. Sadeler. *Monaci*, 1615. 4 tom. en 2. vol. in fol. G. P. v. f.

4637 Antonii Sanderi Chorographia Sacra Bra-

HISTOIRE.

bantiæ, imaginibus æneis illuftrata. *Hagæ Comitum, Chrift. Van Lom*, 1726. 3 vol. in fol. v. f.

4638 Summi Templi Toletani graphica defcriptio. Blafio Ortizio autore. *Toleti, Joannes Ayala*, 1549. in 8. m. bl.

4639 Compendio de la Vida y Hazanas del Cardinal Don Fray Francifco Ximenes de Cifneros : y del Oficio y Miffa Muzarabe, por Eugenio der Robles. *En Toledo, por Pedro Rodriguez*, 1604. in 4. m. r.

4640 The Hiftory and antiquities of the Cathedral Church of Canterbury, and the once-adjoining Monaftery : by M. J. Dart. *London, J. Cole*, 1726. in fol. fig. v. m.

HISTOIRE CATHOLIQUE
ET PONTIFICALE.

Hiftoire des Conciles.

4641 Hiftoria del Sacro Concilio di Trento di Miff. Ant. Milledonne Secretario Veneziano divifa in due libri nel primo de' quali da una breve idea di tutti li Concilii antecedentemente fatti. in fol. v. f.

MANUSCRIT fur papier du *XVII fiecle*, contenant 151 feuillets écrits en *ancienne bâtarde*.

4642 Hiftoria del Concilio Tridentino, nella

HISTOIRE. 71

quale si scoprono tutti gl'artificii della corte di Roma, per impedire che ne la verita di dogmi si palesasse, ne la riforma del Papato, & della chiesa si trattasse. Di Pietro Soave Polano. (Paolo Sarpi). Con prefazione di M. Ant. de Dominis. *In Londra, Gioy. Billio,* 1619. in fol. G. P. v. f.

4643 Histoire du Concile de Trente, écrite en italien par Fra-Paolo Sarpi, & traduite en françois avec des notes, par Pierre François le Courayer. *Amsterdam, J. Wetstein,* 1736. 2 vol. in 4. G. P. m. r.

4644 Histoire du Concile de Trente, écrite en italien par Fra-Paolo Sarpi, & traduite en françois par Pierre-François le Courayer. *Londres, Samuel Idle,* 1736. 2. vol. in fol. G. P. m. viol. dent. doub. de tabis. l. r.

Histoires & Vies des Papes, avec l'Histoire des Conclaves & des Cardinaux.

4645 Le Vite de Pontefici & Imperadori romani, composte da Messer Francesco Petrarcha. *Florentiæ, apud Sanctum Jacobum de Ripoli,* 1478. in fol. m. r.

Ce Volume a des signatures depuis a — r. On trouve au commencement 2 feuillets qui contiennent une table des Papes. Il manque dans cet Exemplaire le feuillet r i.

4646 Joannis Baptistæ Platinæ (Sacchi) opus de vitis summorum Pontificum. (*Venetiis*), *per Joannem de Colonia, & Joannem Mathen de Gheretzem*, 1479. in fol. m. viol doub. de m. cit. l. r.

PREMIERE EDITION.

4647 Jo. Bapt. Platinæ (Sacchi) vitæ summorum Pontificum. *Nuremberga, Coburger*, 1481. in fol. m. r.

4648 Les Généalogies, Faits & Gestes des Saints Peres, Papes, Empereurs & Rois de France, traduites du latin de Jean Platine (Sacchi). *Paris, Pierre Vidove, pour Galliot du Pré*, 1519, in fol. m. r.

SUPERBE EXEMPLAIRE IMPRIMÉ SUR VÉLIN, avec 228 miniatures qui représentent les portraits des Papes, dans les lettres Capitales.

4649 Vitæ Ducentorum & trigenta summorum Pontificum, a beato Petro, usque ad Julium secundum, authore Joanne Stella. *Basileæ, per Mich. Furter*, 1507. in 4. goth. v. m.

4650 Vitæ Romanorum Pontificum, quos Papas vocamus, summa diligentia ac fide collectæ, per D. Robertum Borns, S. Theologiæ Doctorem Anglum, Londini Anno XV. pro Christi nomine combustum, cum præfatione Mart. Lutheri. Basileæ, (1535) in 8. m. r.

HISTOIRE.

4651 Histoire des Papes, depuis Saint Pierre jusqu'à Benoît XIII, inclusivement, par François Bruys. *La Haye, Henry Scheurleer,* 1732. 5 vol in 4. G. P. m. cit.

4652 Onuphrii Panvinii, Veronensis, XXVII. Pontificum maximorum elogia & imagines accuratissimè ad vivum æneis typeis delineatæ. *Romæ, Antonius Lafrerii formeis,* 1568. in fol. rel. en cart.

4653 Speculum Romanorum Pontificum, in quo decreta cum verbo Dei pugnantia, vitæ cursus, prodigia horrenda, accurata brevitate depinguntur, per Stephanum Szegedinum. Anno 1584. in 8. v. f.

4654 Histoire de la Papesse Jeanne, fidelement tirée de la dissertation latine de M. de Spanheim, (par Jacques Lenfant). *La Haye, Jacques Vanden Kieboom,* 1736. 2 vol. in 8. fig. m. viol.

4655 La vie du Pape Alexandre VI, & de son fils Cesar Borgia, contenant les guerres de Charles VIII & Louis XII, Rois de France, & les principales révolutions arrivées en Italie depuis l'année 1492 — 1506, par Alexandre Gordon, traduite de l'Anglois. *Amsterdam, Pierre Mortier,* 1732. 2 vol. in 12. m. viol.

4656 Dialogus viri cujuspiam eruditissimi festivus sane & elegans, quo Julius II. P. M. post mortem cœli fores pulsando, ab janitore illo D. Petro intromitti nequiverit. qq. dum viveret sanctitatis nomine appellatus, totque bellis foeliciter gestis præclarus, vel dominum cœli futurum se esse sperarit. In 8. v. f.

4657 La Vie du Pape Jules II, grand ennemi du bon Roi Louis XII, Roi de France & des François gens de bien, tant Ecclésiastiques qu'autres. 1615. in 8. m. bl.

4658 Laurentii Banck Roma triumphans seu actus inaugurationum & coronationum Pontificum Romanorum, & in specie, Innocentii X. *Franekeræ, Joannes Arcerius*, 1656. in 12. fig. v. f.

4659 Josephi Stevani Valentini, de adoratione pedum Romani Pontificis, adjecta præterea ejusdem authoris disputatio de coronatione & elevatione Rom. Pontif. *Venetiis, Franc. Zillettus*, 1578. in 8. v. f.

4660 La vie du Cardinal Jean-François Commendon, écrite en latin par Antoine Maria Gratiani, & traduite en François par M. Flechier. *Paris, Sebastien Mabre Cramoisy*, 1680. in 12. m. r. doub. de m. l. r.

HISTOIRE.

Histoire Monastique, & des Ordres Religieux & Militaires.

4661 Brieve Histoire de l'Institution des Ordres Religieux, avec les figures de leurs habits, gravées par Odoart Fialetti. *Paris, Adrien Menier,* 1658. in 4. v. f.

4662 Histoire des Ordres Religieux de l'un & l'autre sexe ; avec des figures gravées par Adrien Schoonebeek. *Amsterdam Schoonebeek,* 1695. 2 vol. in 8. G. P. m. bl.

4663 Histoire des Ordres Monastiques, Religieux & Militaires, & des Congrégations séculieres de l'un & de l'autre sexe, qui ont été établies jusqu'à présent, par le Pere Helyot. *Paris, Jean-Baptiste Coignard,* 1714, 8 vol. in 4. fig. v. f.

4664 Histoire du Clergé séculier & régulier ; des Congrégations des Chanoines, &c. avec des figures qui représentent les différents habillements de ces Ordres, nouvelle édition tirée du Pere Bonanni, de M. Herman, de Schoonebeek, du Pere Helyot & autres. *Amsterdam, Pierre Brunel,* 1716. 4 vol. in 8. G. P. m. r.

4665 Recueil de tous les Costumes Religieux & Militaires, avec un abrégé historique & chronologique, enrichi de notes & de planches coloriées ; par Jacq. Charles Bar. *Paris*, 1778. 12 livraisons. in fol. br.

Histoire Particuliere des différents Ordres Monastiques.

Ordre de Saint Benoist.

4666 Histoire de l'Abbaye Royale de Saint-Germain-des-Prez, contenant la vie des Abbés qui l'ont gouvernée depuis sa fondation; les Hommes illustres qu'elle a donnés à l'Eglise, &c, enrichie de Plans & de Figures, par Dom Jacques Bouillart. *Paris, Grégoire Dupuis*, 1724. in fol. G. P. m. r.

4667 Histoire de l'Abbaye Royale de Saint-Denys en France, contenant la vie des Abbés qui l'ont gouvernée depuis onze cents ans; les Hommes illustres qu'elle a donnés à l'Eglise & à l'Etat, &c. le tout justifié par des titres authentiques, & enrichi de Plans, de Figures & d'une Carte Topographique, par Dom Michel Felibien. *Paris, Frédéric Léonard*, 1706. in fol. G. P. m. r. l. r.

4668 Li-Huns en Sang-Ters, ou Discours de l'antiquité, privileges, & prérogatives, du Monastere de Li-Huns, vulgairement Li-Hons, en Sang-Ters, situé près de Roye en Picardie, par

HISTOIRE. 77

Sebastien Rouillard. *Paris, Barbotte*, 1627. in 4. m. r.

Ordre de Saint François, &c.

4669 De Origine Seraphicæ Religionis Franciscanæ ejusque progressibus, &c. authore Fr. Francisco Gonzaga. *Romæ*, 1587. in fol. fig. v. f.

4670 De vera habitûs forma à Seraphico Patre Francisco instituta, demonstrationes XI figuris æneis expressæ, Authore Zacharia Boverio. *Coloniæ, Constantinus Munich*, 1647. in 12. m. r.

4671 Opera gentilissima & utilissima a tuti li fideli Christiani : la qual se chiama li Fioreti de miser Santo Francesco, asemilativa a la Vita & a la Passione di Giesu Christo, & tute le sue sante vestigie : e opera tuta fornita. *In Peruscia, per Magistro Steffano Arns de Homborch*, 1481, *a di* 11 *de Julio.* in 4. goth. m. r.

4672 Nuovi Fioretti del Serafico P. S. Francesco, & di molti suoi Discepoli, & seguaci; da Ottaviano Gioannini da Capugnano. *In Venetia, Sessa*, 1601. in 18. m. bl.

4673 Fr. Bartholomæi (Albizzi) de Pisis Liber Conformitatum vitæ Beati Francisci, ad vitam Dom. nostri Jesu Christi : ex recensione Fr. Francisci Zenonis. *Mediolani, per Got. Ponticum*, 1510.

in fol. relié à compartimens, doublé de m. r. & de tabis.

SUPERBE EXEMPLAIRE de l'Edition originale, qui est extrêmement Rare.

4674 Barth. (Albizzi) de Pisis Liber Conformitatum. *Mediolani, in ædibus Zanoti Castilionei*, 1513. in fol. m. à compartimens, doub. de m. r. & de tabis, l. r.

SUPERBE EXEMPLAIRE.

4675 Bath. (Albizzi) de Pisis Liber Conformitatum. *Bononiæ, Benatius*, 1590. in fol. m. r.

4676 Barth. (Albizzi) de Pisis Liber Conformitatum. *Bononiæ, Victorius Benatius*, 1620. in fol. v. f.

4677 Alcoranus Franciscanorum, id est, blasphemiarum & nugarum lerna, de stigmatisato idolo, quod Franciscum vocant, ex libro Conformitatum. (ab Eras: Albere) 1543. in 8. m. bl.

4678 Alcoranus Franciscanorum latino-gallicus, (per Conradum Badium). *Genevæ, Guil. Laimarius*, 1578. in 8. m. viol.

4679 Traduction françoise du livre des conformités de Saint François. (trad par Conrad Badius.) Nouvelle édition ornée de figures dessinées par Bernard Picart. *Amsterdam, Compagnie*, 1734. 2 vol. in 12. v. f.

HISTOIRE. 79

4680 Legende dorée, ou Sommaire de l'hiſtoire des Freres Mendians de l'Ordre de S. Dominique & de S. François. (par Nic. Vignier le fils.) *Amſterdam, Compagnie*, 1734. in 12. v. f.

4681 Traité des conformités du diſciple avec ſon maître; c'eſt-à-dire, de S. François avec Jeſus-Chriſt, en tous les myſteres de ſa naiſſance, vie, paſſion, mort, &c. Le tout recueilli par Frere Valentin Marée. *Liege*, 1658. 2 vol. in 4. m. r. dent.

LIVRE fort Rare, dans lequel on a inſéré les belles figures gravées par B. Picart, pour mettre dans le livre intitulé: *Alcoran des Cordeliers*.

4682 L'Hiſtoire des Congrégations de Auxiliis, juſtifiées contre l'auteur des queſtions importantes, &c. *Louvain, Jérôme Nempe*, 1702. in 12. m. r. doub. de m. l. r.

Hiſtoire des Ordres Militaires & de Chevalerie.

4683 Hiſtoire de tous les Ordres Militaires ou de Chevalerie, contenant leurs inſtitutions, leurs cérémonies, leurs armes & leurs deviſes, gravées en cuivre par Adrien Schoonebeek. *Amſterdam, Desbordes*, 1699. 2 vol. in 8. m. r.

4684 Hiſtoire des Ordres Militaires, ou des Chevaliers des Milices féculieres & régulieres de l'un & de l'autre ſexe, avec des figures qui repréfentent les différens habillemens de ces Ordres. Nouvelle édition tirée de l'Abbé Giuftiniani, du P. Bonanni, de M. Herman, de Schoonebeek, du P. Helyot, du P. Honoré de Sainte-Marie, & autres. *Amfterdam, Pierre Brunel,* 1721. 4 vol. in 8. Gr. Pap. m. r.

4685 Hiftoire des Chevaliers Hofpitaliers de St. Jean de Jérufalem, appellés depuis les Chevaliers de Rhodes, & aujourd'hui les Chevaliers de Malthe, par M. l'Abbé de Vertot. *Paris, Rollin,* 1726. 4 vol. in 4. Gr. Pap. v. f.

Avec de très beaux Portraits gravés par Laur. Cars.

4686 De Bello Rhodio Libri tres, authore Jacobo Fontano, Brugenfi. *Romæ, in ædibus F. Minitii Calvi,* 1524. in fol. m. bl.

4687 L'Hiftoire & prife de la noble & ancienne ville & cité de Rhodes, faite & compofée par noble & excellent Chevalier, Frere Jacques Baftard de Bourbon, & par icelui corrigée, recognue & augmentée. 1527. in fol. m. r.

Imprimé sur vélin.

Hiftoire Sainte. Actes des Martyrs, Paffions & Martyrologes.

4688 Catalogus Sanctorum & geftorum eorum ex diverfis voluminibus collectus, editus à Reverendiffimo in Chrifto Patre domino Petro de de Natalibus de Venetiis, Episcopo Equilino. *Venetiis, per Henricum de Sancto Ursio*, 1493. in fol. m. r.

4689 Agones Martyrum mensis Januarii, Libro primo contenti. (Autore Jacobo Fabro Stapulensi). in fol. m. r.

Imprimé sur vélin.

4690 De Sanctorum Martyrum cruciatibus Antonii Gallonii Liber, quo potissimum instrumenta, & modi, quibus iidem Christi Martyres olim torquebantur, accuratissimè tabellis expressa (per Ant. Tempestam) describuntur. *Romæ, ex Typographia Congregat. Oratorii*, 1594. in 4. v. f.

Vies des Saints, & des Personnages illustres en piété, tant de l'Ancien que du Nouveau Testament.

4691 Sancti Hieronymi Vitæ Sanctorum Ægyptiorum, etiam eorum qui in Scythia, Thebaida, atque Mesopotamia morati sunt; e græco in latinum translatæ. *Ulmæ, Joannes Zainer*, circa 1474. in fol. goth. m. r.

Edition sans réclames & signatures ; mais avec chiffres.

4692 Sancti Hieronymi Vitæ Patrum sanctorum Ægyptiorum, etiam eorum qui in Scythia, Thebaida, atque Mesopotamia morati sunt, &c. Nu-

Tome III. L

HISTOIRE.

remberga, *per Antonium Coburger*, 1478. in fol. goth. m. r.

4693 Le Vite de Sancti Padri per diversi eloquentissimi Doctori vulgarizate. *In Venetia, Antonio di Bartolomeo da Bologna*, 1476. in fol. goth. m. r.

Ce Volume commence par sept feuillets de tables. On lit à la fin cette souscription :

Finiscono le uite de sãcti patri cõ ogni diligẽtia impresse da maestro Antonio di Bartolomeo da Bologna : in Venetia : ne gli anni del signore corrente. M. cccc. lxxvi. regnante missere Pietro Mozenico principe di Vinietia.

4694 Jacobi de Voragine Legenda aurea Sanctorum. *Coloniæ, per Conradum Winters de Homburch, M. CCCC LXX...* in fol. m. r.

Edition sur deux colonnes avec des signatures depuis a ij — y du second alphabet. On a graté dans cet Exemplaire des chiffres de la date, de sorte qu'elle paroît être de l'an 1470 ; elle est néanmoins différente de celle donnée par le même Winters en 1476. La souscription est conçue en ces termes :

Explicit historia longobardica diligẽter impssa ac correcta cũ nõnullis scõr ac scãruz legẽdis in fine supadditis per me Conradũ winters de Homburch colonie ciuẽ Anno ãñi. M. cccclxx.:

4695 Fratris Jacobi de Voragine Legenda aurea Sanctorum. in fol. goth. v. f.

Edition d'environ l'an 1472, sans chiffres, réclames

HISTOIRE. 83

& signatures, sur 2 colonnes, dont celles qui sont entieres ont 61 lignes. Le caractere est semblable à celui de l'Edition des Sermons de Robert de Litio, annoncée N° 707.

Ce Volume commence par un feuillet qui contient le Prologue & la table des Saints. On lit au verso du dernier feuillet :

Finit aurea legëda alias historia longobardica vocitata! feliciter.

Et à la suite ces mots écrits en *ancienne bâtarde* par une main du XV siecle :

Hec vita aurea ptinet Johanni Gigaudj curato sancti julianj Cabilone empta die xxiiii nouembris anno dñi M° cccc° septuagesimo nono.

4696 Fratris Jacobi de Voragine Legenda aurea Sanctorum. in fol. goth. m. r.

EDITION très ancienne d'environ l'an 1472, sans chiffres, réclames & signatures, sur 2 colonnes, dont celles qui sont entieres ont 41 lignes.

On trouve au commencement deux feuillets qui contiennent le Prologue & la table des Saints; le premier porte ce sommaire :

Jncipit prologus sup legendas sanctorum quas ɔpilauit frater Jacobus ianuensis nacione ! de ordine fratrum predicatorum.

On lit à la fin :

Finit aurea legenda alias hystoria longobardica vocitata! Feliciter.

4697 Lombardica Historia Sanctorum, compilata à Jacobo de Voragine. in fol. goth. m. r.

EDITION aussi ancienne que les précédentes, sans chiffres, réclames & signatures, sur 2 colonnes, dont celles qui sont entieres ont 42 lignes. Elle n'a point de table des noms des Saints, & elle commence tout de suite par le Prologue auquel le texte tient. Le dernier feuillet ne contient qu'une colonne qui finit par ces mots :

Explicit lombardica hyſtoria ſanctorũ.

4698 Jacobi de Voragine aurea Legenda, aliàs Hiſtoria Longobardica vocitata. *Pariſiis, per Udalricum Gering, Mart. Crantz & Michael. Friburger, anno* 1475, *prima Septembris.* in fol. goth. m. r.

Il manque le premier feuillet de la table, qui commence par le mot *aſcendere.*

On trouve à la tête du Volume XI feuillets de tables & de Prologue, & celui qui manque doit faire le 12ᵉ

On lit à la fin la souscription suivante :

Finit aurea Legenda alias hiſtoria longobardica vocitata ! feliciter. Impreſſa Pariſius per Udalricũ gering. Martinum crancz : et Michaelem friburger. Anno domini M. cccc. lxxv. prima ſeptẽbris.

4699 Fratris Jacobi de Voragine Legenda Sanctorum. *Daventriæ, per Richardum Paffraed de Colonia, anno* 1479. in fol. goth. v. f.

A la fin :

Explicit legenda aurea cũ multis alijs pulcherrimis et pẽgrinis hyſtorijs et legẽdis ſanctor vnde cũqʒ collectis.

HISTOIRE. 85

diligēti studio et graui labore correcta Impressa et cōpleta in insigni ciuitate dauëtriēsi p Richardum passraed de colonia natū ciuez dauëtriensē. Anno domini millesimo quadringētesimo septuagesimo nono Vnde de9 sit benedictus in secula seculorum AMEN.

4700 Legenda aurea Fr. Jacobi de Voragine. *Gebennis, per Adam Steyn Schaber de Schuinfordia*, 1480. in fol. goth. v. f.

Au commencement 8 feuillets contenant le prologue & 2 tables.

A la fin :

Finit opus p̄sens. Anno domini. Mccclxxx. die vero. xxv. mensis octobris. p magistrū adam steynschaber de schuinfordia. magna cū diligencia impressum maioriq3 correctū in florentissima gebeneñ ciuitate. Reuerendissimo ac illustrissimo dño dōpno Johanne ludouici de sabaudia. feliciter supradicte ciuitatis epatum gubernante.

4701 Legenda aurea Jacobi de Voragine. 1481. in fol. goth. m. r.

Au commencement 15 feuillets contenant 2 tables & 2 prologues. A la fin cette souscription :

Lombardica historia explicit. Anno dñi. M. ccclxxxi.

4702 Legenda Sanctorum, Jacobi de Voragine. *Lovanii, in domo Joannis de Westphalia*, 1485. in fol. goth. m. r.

A la fin :

Expliciunt hystorie plurimor scōrum nouiter et laboriose ex diuerſis libris in unum collecte. impreſſe Louanii ĩ domo Johãnis de weſtfalia Anno dñi. M. CCCClxxxv. in octobri.

4703 Fratris Jacobi de Voragine Legenda Sanctorum. *Lugduni, Mathias Huſz, 1486, die 20 menſis Julii.* in fol. goth. fig. rel. en cart.

4704 Cy commence la Legende dorée de la nativité, de la vie & de la mort des Sains. in fol. m. r.

MANUSCRIT ſur vélin du *XV ſiecle*, contenant 294 feuillets. Il eſt écrit en *ancienne bâtarde*, ſur 2 colonnes, & il eſt enrichi d'une miniature.

Jacques de Voragine, ainſi nommé du lieu de ſa naiſſance, Bourg ſur la côte de Genes, compoſa cette Légende des Saints en latin dans le *XIII ſiecle.* Il mourut Dominicain vers 1298.

Frere Jean de Vignay, de l'Ordre des Freres de S. Jacques du Haut-Pas, Auteur de pluſieurs traductions dans le *XIV ſiecle*, traduiſit en françois, quelques temps après l'an 1333, l'Ouvrage de *Jacques de Voragine*, dont nous annonçons une copie. Il dit que cette traduction ſuivit celle qu'il avoit faite du *Miroir des hiſtoires du monde*, & qu'on appelloit cette Légende *dorée*, parceque, *comme l'or eſt le plus digne ſur tous autres métaux, auſſi eſt cette Légende tenue la plus noble ſur toutes autres.*

4705 La Vie des Saints, tranſlatée de latin (de Jacques de Voragine) en françois, par Frere Jehan de Vignay. *Paris, Antoine Vérard, le x de Fevrier,* 1490. in fol. goth. m. r. fig.

HISTOIRE. 87

4706 La Légende dorée, traduite en françois (de Jacques de Voragine par Jean de Vignay). *Paris, Michel Lesclenchet, pour Jehan Petit.* in fol. goth. fig. v. f.

4707 La Légende dorée, de Jacques de Voragine, traduite en françois (par Jean de Vignay). *Lyon, Jean de Vingle*, 1512. in fol. goth. m. bl.

4708 La Légende dorée, de Jacques de Voragine, traduite en françois (par Jean de Vignay). *Paris, Pierre Leber*, 1525. in fol. got. fig. v. b.

4709 Légende dorée, translatée du latin de Jacques de Voragine (par Jean de Vignay). *Paris, Jean Ruelle*, 1554. in fol. goth. fig. v. f.

4710 Le Legende di tutti li Sancti, composte per Frate Jacobo de Voragine, traducte de latino in lingua vulgare per Nicolao de Manerbi (Malermi). *In Venetia, per Manfredum de Monteferato*, 1492, *a di x Decembrio.* in fol. goth. fig. v. f.

4711 Le Legende de Sancti, composte per Frate Jacobo de Voragine, traducte de latino in lingua vulgare per Nicholao de Manerbi (Malermi). *In Milano, per Joanne Angelo Scinzenzeler*, 1511, *adi XXIII de Decembre.* in fol. m. r.

4712 Legendario delle vite de Santi : composto dal R. F. Giacobo di Voragine ; tradotto per Nicolao Manerbio (Malermi). *In Venetia,*

Domin. & Gio. Batt. Guerra, 1576. in 4. fig. veau antiqué.

4713 Viola Sanctorum. in fol. goth. m. r.

EDITION très ancienne dont le caractere est semblable à celui de la Bible, datée de 1475, que nous avons annoncée au n°. 30.

Elle est sans chiffres, réclames & signatures, à longues lignes, au nombre de 33 sur les pages qui sont entieres, non compris une ligne qui est au haut de la page, & qui renferme le nom du mois.

On lit en tête du premier feuillet :

Viola sanctor.   Januarius.

Et au bas du dernier :

Explicit viola sanctorũ.

4714 Viola Sanctorum. in fol. goth. m. r.

EDITION sans chiffres & réclames, avec signatures, à longues lignes, au nombre de 31 sur les pages qui sont entieres. Les caracteres sont absolument les mêmes que ceux du roman de Jason, n°. 4085.

Le volume commence ainsi :

J cũcta mei corporis mẽbra vterent̃ ĩ linguas, &c.

Il n'y a pas de signatures à la lettre *a* qui contient dix feuillets ; on trouve au XIe feuillet la signature *b.* la derniere est *n.* On lit à la fin ces mots :

Finit viola sanctor feliciter.

4715 Viola Sanctorum. *Argentinæ, per Johannem Prus*, 1487, *x Kal. Decembris*, in 4. goth. v. f.

4716

4716 Bonini Mombritii Sanctuarium, five Vitæ Sanctorum. (*Mediolani, circa* 1480). 2 vol. in fol. m. r.

Il manque dans cet exemplaire le dernier feuillet de la signature N, qui contient la vie de St. Nicaife; ce feuillet manque dans prefque tous les exemplaires.

4717 Acta Sanctorum quotquot toto orbe coluntur, vel à Catholicis Scriptoribus celebrantur, quæ ex Latinis & Græcis, aliarumque gentium antiquis monumentis collegit, digeffit, notis illuftravit Joannes Bollandus Soc. Jefu Theologus, fervatâ primigeniâ Scriptorum phrafi. Operam & ftudium contulit Godefridus Henfchenius, ejufdem Societatis Theologus. *Antverpiæ, apud Joannem Meurfium* 1643 *& ann. feq.* 51. vol. in fol. v. f.

CET EXEMPLAIRE eft de l'Edition originale ; il contient:

Januarius, 2 vol. opera & ftudio Joan. Bollandi & Godefr. Henfchenii.

Februarius, 3 vol. op. & ft. Joan. Bollandi & Godefr. Henfchenii.

Martius, 3 vol. op. & ft. Godefr. Henfchenii & Daniel. Papebrochii.

Aprilis, 3 vol. op. & ft. Godefr. Henfchenii & Dan. Papebrochii.

Maius, 8 vol. op. & ft. Godefr. Henfchenii, Dan. Papebrochii, Fr. Baertii & Conr. Janningi, cum Propilæo ad Acta Sanctorum hujus menfis.

Tome III, M

Junius, 7 vol. op. & ft. Godefr. Henschenii, Dan. Papebrochii, Fr. Baertii, Conr. Jauningi & J. B. Sollerii.

Julius 7 vol. op. & ft. Conr. Jauningi, Jo. B. Sollerii, Joan. Pinii, Guil. Cuperi, & Pet. Boschii.

Augustus, 6 vol. op. & ft. J. B. Sollerii, J. Pinii, Guil. Cuperi, P. Boschii, & Joan. Stiltingi.

September, 8 vol. op. & ft. Joan. Pinii, Joan. Stiltingi, Joan. Limpeni, Joan. Veldii, Const. Suyskenii, & Joan. Perieri.

October, usque ad diem septimam. 3 vol. op. & ft. Joan. Stiltingi, Const. Suyskeni, Joan. Perieri, Corn. Byei, Jacob. Buei & Jos. Ghesquieri.

Martyrologium Usuardi studio Joan. Bapt. Sollerii, 1 vol.

4718 Les Vies des saints Peres des Déserts, & des saints Solitaires d'Orient & d'Occident, avec des figures qui représentent l'austérité de leur vie, & leurs principales occupations (par Jo. Fr. Bourgoin de Villefore). *Amsterdam, Pierre Brunel*, 1714. 4 vol. in 8. Gr. Pap. m. r.

4719 L'Invocation & l'Imitation des Saints pour tous les jours de l'année. *Paris, Girard Audran*, 1687. 4 vol. in 18. fig. m. verd, doub. de m. r. dent.

4720 Historia undecim millium Virginum, breviori atque faciliori modo pulcherrimè collecta, cum nonnullis additionibus quæ in prima defuerunt. *Coloniæ, per Martinum de Werdena*. in 4. goth. v. f.

4721 La Légende des onze mille Vierges, avec

HISTOIRE. 91

plufieurs autres Saints & Saintes, par Fr. Pierre Sevin, Céleftin. *Paris, Allain Lotrian.* in 8. goth. v. m.

4722 Eloges des Perfonnes illuftres de l'Ancien Teftament, à l'ufage de M. le Duc de Bourgogogne, par Doujat. *Paris, Gab. Martin,* 1688. in 8. m. r.

FIGURES COLORIÉES.

4723 La Vita di Maria Vergine, di Meffer Pietro Aretino. in 8. m. bl.

4724 La fainte Vie & Légende du très glorieux ami de Dieu monfeigneur Saint Jofeph, époux de la très facrée Vierge Marie. *Troyes, Jean Lecoq,* 1543. in 8. goth. m. r.

4725 La Vie de monfeigneur St. Jacques. *Rouen, Jean Mauditier.* in 4. goth. rel. en cart.

4726 La Vie & Légende de M. Saint Mathias, Apôtre. *Rouen, Franç. Regnauld.* in 4. goth. rel. en cart.

4727 La Vie de la belle & clere Magdelene. in 16. m. bl.

TRÈS-BEAU MANUSCRIT fur vélin du *XVI fiecle*, contenant 108 feuillets; il eft très-bien écrit en *petites lettres rondes* dans un cadre peint, fait en forme de médaillon, & il eft enrichi de 68 jolies miniatures en camaïeu gris, rechauffées d'or, formées également en médaillon; elles portent près de 2 pouces de diametre, & elles repréfentent les principales actions de la vie de la *Magdelene*, la *Sainte*

M 2

Baume, c'est-à-dire, la sainte Caverne située sur une montagne de Provence, où elle finit ses jours & ses Reliques qu'on y conserve.

L'Auteur anonyme de cette vie de la *Magdelene*, nous y apprend qu'il l'a extraite de l'Ecriture sainte, & d'autres ouvrages, & qu'il l'a composée pour *Louise de Savoie*, mere de *François I*. Roi de France. Cette Reine lui en avoit donné l'ordre après qu'elle eut été visiter la *Sainte Baume*.

Vous l'auez veu madame, dit l'Auteur en s'adressant à cette Reine, & selon lusage romain Lan mil cinqcens & seize le second iour de ianvier après que le Roy, voustre très-humble filz heu vaincu les souycez vous prinstes la peine d'y monter & y mener la meilleure & la plus doulce petite Royne qui fut jamais en France....

Il éclaircit à la fin quelques points de la vie de la *Magdelene* que la Reine *Louise* lui propose, il rapporte aussi des vers latins sur cette Sainte faits par *Cœlius Sedulius* & *Petrarque*. Ceux de ce dernier auteur sont au nombre de 36, ils ne lui sont qu'attribués & commencent ainsi :

Dulcis amica Dei lachrymis inflectere nostris
Atque meas attende preces nostræque saluti.

4728 Questa Legenda sie de Sancto Josafat Re & fiolo de lo re auenero de India. & conuerti la india che giera pagani a la fede cristiana. ═ Queste sonno le feste che comanda el decreto che si guardeno soto pena de peccato mortale. ═ Aulcune bone opere de sancto Bernardo. ═ Quod fidelis anima est habitaculum dei et ubi deus inuenitur (en vers Italiens.) in fol. v. f.

MANUSCRIT sur vélin du *XIV siecle*, écrit en *grosses*

lettres de fomme à longues lignes avec figures coloriées fort fingulieres.

On attribue la légende de *Saint Jofaphat & de Saint Barlaam* à S. Jean de Damas ou Damafcene Religieux du Monaftere de *Saint Sabas* près de Jérufalem, mort en 760. Il l'écrivit en grec » M. Huet dit que c'eft un roman, mais » fpirituel. Il traite de l'amour, mais de l'amour de Dieu & » l'on y voit beaucoup de fang répandu, mais c'eft du fang » des martyrs. il eft écrit en forme d'hiftoire & non pas dans » les regles du roman. «

Saint Barlaam & *Saint Jofaphat* ont exifté ; ils vivoient environ l'an 383, & ils font marqués dans le martyrologe romain au 27 novembre.

La traduction latine de cette légende a été placée dans les Romans grecs, nº. 3970. l'une n'a pas été mife à la fuite de l'autre par mégarde.

4729 Recueil de Vies des Saints. in 4. goth. m. r.

1 La Vie St. Eftienne. *imp. par Robinet Macé.*

2 La Vie St. Nicolas. *Rouen. Le Foreftier.*

3 La Vie St. Martin avec les Miracles & Oraifon. *Rouen, Le Foreftier.*

4 La Vie & Légende de M. St. Laurent. *Par Robinet Macé.*

5 La Vie St. Andry.

6 La Vie de M. St. Alexis. *Rouen, Rich. Auzoult, pour Robinet Macé.*

7 La Vie de M. St. Pierre. *Rouen, Macé.*

8 La Vie St. Paul, *Rouen, Rich. Auzoult, pour Robinet Macé.*

9 La Vie S. Roch, *Rouen, Rich. Auzoult, pour Robinet Macé.*

HISTOIRE.

10 La Vie & Légende de Monseigneur St. Christophe. *Rouen, Rob. Macé.*

11 Le Trépassement & Assomption de la glorieuse & très-sacrée Vierge Marie. *Paris, Gaspard Philippe.*

4730 Abrégé de l'histoire de Saint Denys. in 4. m. r.

BEAU MANUSCRIT sur vélin du *XVI siecle*, contenant 70 feuillets écrits en *lettres rondes*, à longues lignes, avec les sommaires des Chapitres en rouge ; il est enrichi de capitales peintes en or & couleurs, & de 54 très-belles miniatures dont 34 ont environ 4 pouces & demi de hauteur sur 4 pouces de largeur & 20, un pouce & demi en quarré. Quelques-unes représentent les portraits de plusieurs Rois de France qui ont imploré l'assistance de S. Denys en certaines occasions.

Cette Histoire de S. Denys paroît être l'ouvrage d'un Bénédictin qui est figuré dans la premiere miniature offrant son livre à un Roi de France.

Outre une vie abrégée de ce Patron de la France, on y trouve encore :

1 Celle de Dagobert.

2 Pelerinages, processions, prieres & oraisons faictes à sainct denis par les tres chrestens Roys de France.

3 Prieres & oraisons faictes à S. denis par les tres chrestiens Roys de france, auant que partir pour aller en voyage ou bataille.

4 Victoires obtenués par les tres chrestiens Roys de france en leurs personnes.

5 Festes solemnelles celebrées par les tres chrestiens Roys de france en leglise & abbaye de sainct Denis.

6 Plusieurs graces rendues à S. Denis & à notre-dame de

HISTOIRE.

paris par les tres cheftiens Roys de france au retour de leurs victoires & recouurement de fanté.

7 La defignation en bref combien que en la plufpart il eft cydeffus efcript plus au long quant pourquoy & par qui le glorieux corps de S. Denis, Ruth & Eleuthere ont efté defcenduz & remys en leur volte en labbaye de faint denis en france.

On ne parle, dans cet ouvrage, des Rois de France que jufqu'à Charles VI.

4731 Monumento de los fantos Martyres Jufto, i Paftor, en la ciudad de Huefca; efcribelo el Doctor Juan Francifco Andres Cefar Augufta-no. *En Huefca, Juan Nogues*, 1644. in 8. m. r.

4732 La Vie & Légende de monfieur S. Mellon, fecond Archevêque de Rouen, tranflatée de latin en françois. *Rouen, Louis Bouvet.* in 4. got. rel. en cart.

4733 La Vita di Catherina vergine, compofta per M. Pietro Aretino. (*In Venetia*, 1540). in 8. m. r.

4734 La Vie Saint Nicolas. (*Rouen*), *J. le Foreftier.* in 4. goth. v. m.

4735 La Vie de Saint Athanafe, Patriarche d'Alexandrie, par M. Godefroy Hermant. *Paris, Antoine Dezallier*, 1679. 2 vol. in 4. m. r. doublé de m. l. r.

4736 La Vie de Saint Bafile le Grand, & celle de Saint Gregoire de Naziance, par M. Godefroy

HISTOIRE.

Hermant. *Paris, Antoine Dezallier,* 1679. 2 vol. in 4. m. r. doub. de m. l. r.

4737 La Vie de Saint Ambroise, Archevêque de Milan, par M. Godefroy Hermant. *Paris, Jean Dupuis,* 1678. in 4. m. r. doub. de m. l. r.

4738 La Vie de Saint Jean Chrisostome, Patriarche de Constantinople, par le sieur Menart, (Godefroy Hermant). *Paris, Charles Savreux,* 1664. in 4. m. r. doub. de m. l. r.

4739 Legenda Sanctissimi Servacii, Tungrensis Ecclesiæ Præsulis. *Coloniæ Arnoldus Ther Hoyrnen,* 1472. in 4. goth. v. f.

On lit à la fin cette souscription imprimée en rouge, avec les écussons de l'Imprimeur:

Explicit sanctissimi seruacij tūgrensis ecclesie presulis & consanguinei xpristi legēda de nouo stilo claro ac eleganti cōpilata Colonieq; Jmpressa ꝑ me Arnoldũ ther hoyrnen finita Anno dñi Mº ccccº lxxijº die Mercurij q̃rta mēsis Marcij.

4740 La Vie & Miracles de Monseigneur Saint Martin, translatée de latin en françois. *Imprimé à Tours par Mathieu Lateron, le septieme jour de Mai, l'an* 1496, *pour Jehan du Liege, Marchand Libraire à Tours.* in fol. petit format, goth. fig. en bois, m. r.

4741 Tractatus varii. in 4. goth. m. r.

1º Le premier traité contenant 47 feuillets, commence ainsi : *Jncipit epistola beati Eusebij. Ad sanctum damasũ portueñ eɜm*

HISTOIRE. 97

ēpm et Theodofiũ Romanorũ fenatorẽ. De morte gloriofi confefforis Jheronimi, doctoris eximij.

Il finit par ces mêmes termes.

Edition d'environ l'an 1471, fans chiffres, réclames & fignatures, à longues lignes, au nombre de 27 fur les pages qui font entières. Les caracteres font ceux de Zel de Hanau avec lefquels il a imprimé en 1467, S. *Auguftinus de fingularitate Clericorum*. n°. 475.

2°. Le fecond contenant 9 feuillets, porte ce fommaire :

Jncip. Epiftola btĩ Auguftini doctoris Eximij ad beatũ Cyrillũ fecund Jherofolomitanũ Epifcopũ de magnificētijs Eximij doctoris btĩ Jheronimi p̃sbiteri.

Il finit de même avec le mot *Explicit. . . .* au lieu d'*Incipit*. Même caractere & même juftification que le précédent.

3°. On lit au commencement du troifieme traité :

Jncipit Epl̃a Sancti Cyrilli fecundi Jherofolimitani Epifcopi. Ad beatũ auguftinũ Epm doctorem eximiũ de miraculis beati Jheronimi doctoris egregij.

Il y a à la fuite de ce traité qui fort des mêmes preffes que les deux précédents :

Epiftola beati Jheronimi. Ad Sufãnam lapfam. . . Epiftola Sct̃ Jheronimi ad Efyodor.

Le tout contient 55 feuillets.

4°. *Incipit p̃logus in librum de arte moriẽdi magiftri mathei de Cracouia facre theologie profefforis;*

A la fin :

Explicit liber vtilis de arte moriendi Mgri Mathei de Cracouia ;

Edition d'environ l'an 1471, fans chiffres, réclames &

Tome III. N

signatures, à longues lignes, au nombre de 27 sur les pages qui sont entieres, contenant 17 feuillets, exécutée avec les mêmes caracteres que celles ci-dessus L'ouvrage contenu dans ce volume est plus ample que l'*Ars moriendi* annoncé n°. 591. Il est malgré cela le même pour le fonds.

4742 Laudivius Eques Hierosolymitanus ad Franciscum Beltrandum Bachinonensem de Vita beati Hieronymi. in 4. v. f.

EDITION d'environ l'an 1472, sans chiffres, réclames & signatures, à longues lignes, au nombre de 30 sur les pages qui sont entieres ; les caracteres sont semblables à ceux des Epîtres de Phalaris annoncées n°. 4529.

On lit à la fin ces mots en lettres capitales :
Et sic est finis.

4743 La Vie de monseigneur Sainct Hierosme translatee de latin en francois : contenant troys parties la premiere parle de sa tres saincte vie, la seconde de sa tres glorieuse mort et trespassement et la tierce des grands miracles faits par luy apres sa mort. in fol. v. éc. d. s. tr.

TRÈS-BEAU MANUSCRIT sur vélin, de la fin du *XV siecle*, contenant 193 feuillets écrits en *ancienne grosse bâtarde*, à longues lignes; il est enrichi de *tourneures*, rehaussées d'or, de beaux cadres, & de 5 grandes & superbes miniatures qui ont 14 pouces de hauteur sur 8 pouces de largeur. Le sujet de la premiere est la présentation du livre, faite à *puissante Dame Katherine de Coytiuy Dame de Magni & champdolant* à laquelle le traducteur qui ne se nomme pas, adresse un *Chant royal*.

Cette Dame étoit femme d'*Antoine de Chourses*, Seigneur de Magni, qui a possédé de beaux livres ornés de miniatures; elle vivoit encore en 1494. Ses armes en losange sont sur le cinquième feuillet: l'écu parti, au 1 fascé de gueules & d'argent de 8 pieces, au 2 coupé, en chef fascé de sable & d'or de 6 pieces, en pointe de france à une barre d'or.

Il y a au commencement de ce MS. 4 feuillets dont le premier contient un sommaire, les autres la table des sommaires des chapitres, lesquels dans le corps du volume sont écrits en rouge & le chant royal.

Le sommaire du premier est conçu en ces termes en gros caracteres:

Cy dessoubz est lintitulatiõ de ce pñt liure.

Sensuit la vie mort et miracles de monsr sainct hierosme Translatee et redigee de latin en francoys A la reqste d'une bonne & noble dame. Et est vne euure singuliere & mlt deuotiese Car il est escript en sa vie que de iiij^{xx} xvj ans q̃l vesquit il ne mangea que deux foys chose qui fust cuyte Et ne print por son lict aultre gifte q̃ la terre Et si na point este imprime led liure.

4744 La Vie de Monseigneur Saint Hierosme, extraite de plusieurs Auteurs, & translatée en françois par Maître Louis Lassere. *Paris, Josse Badius, & Jehan Petit*, 1529. in 4. m. r.

IMPRIMÉ SUR VÉLIN.

4745 La Vie de Monseigneur Saint Hierosme, recognue & augmentée au double; en laquelle a inféré en brief, les Vies de Mde. Sainte Paule, & de Monseigneur Saint Louis, Roi de France, par Louis Laſſere. *Paris, Joſſe Badius*, 1530. in 4. m. bl.

IMPRIMÉ SUR VÉLIN.

4746 La Vita del glorioſo Sancto Hieronimo, Doctore excellentiſſimo. *In Tarviſio, per Michele Mançolo da Parma*, 1480. in 4. gothiq. m bl.

A la fin d'une table de 2 feuillets, il y a cette ſouſcription:

Jmpreſſo in Taruiſio per lo diligente huomo Maeſtro Michele Mançolo da Parma nel anno M ccccxxx. a di primo del meſe de Decembre. Regnante lo inclito principe de Venetia Joanne Mocenigo.

LAUS DEO.

4747 Vita, Epiſtole de Sancto Hieronimo, tradotte per Frate Matheo da Ferrara povero Jeſuato. *In Ferrara, Lorenzo di Roſſi da Valenza*, 1497. in fol. fig. m. r.

4748 La Vie & Légende de M. Saint Alexis. *Rouen, François Regnauld.* in 4. gothiq. rel. en cart.

4749 La Vie de Madame Sainte Genevieve, & les miracles qu'elle faiſoit. *Imp. par Denys Mellier.* in 4. goth. rel. en cart.

4750 La Vie de Saint Romain. in 4. goth. rel. en cart.

4751 La Vie & les Miracles de Mgr. St. Ouen.

HISTOIRE.

Rouen, François Regnauld. in 4. goth. rel. en carton.

4752 Libellus de Vita, Actibus & Miraculis Sancti Goaris Confessoris, cum officio festivitatis ejusdem Sancti, per Wadalbertum Diaconum. *Moguntiæ, impensis Joannis Gisen de Nasteden,* 1489. in 4. goth. v. f.

Ce volume a des signatures. On lit sur le premier feuillet ce titre imprimé avec les gros caracteres des Pseautiers de Schoyffer :

Legenda et miracula sancti Goaris.

Le corps de l'ouvrage est imprimé avec les caracteres du Durand de 1459, & les sommaires avec un caractere semblable pour la forme à celui du titre, mais de plus de la moitié plus petit. Les miracles du Saint sont terminés par cette souscription :

Jmpensis Johãnis gisen de Nasteden artiũ liberaliũ magistri Legenda diui Goaris confessoris eximij est Jmpressa Mogũcie Anno dñi. M. cccc. lxxxix.

4753 La Légende de Monseigneur Saint Dominique, Pere & premier Fondateur de l'Ordre des Freres Prescheurs, translatée de latin en françois par Frere Jehan Martin. *Paris, Jehan Trepperel.* in 4. goth. v. f. l. r.

4754 Legenda major beati Francisci à Sancto Bonaventura edita. *Parisiis, Simon Vostre,* 1507. in 4. goth. v. m.

4755 La Vita del glorioso Seraphico Padre messer

San Francesco compilata per messer Bonaventura Cardinale. *In Milano, Antonio Zaroto,* 1477. in fol. goth. m. r.

Cet ouvrage est imprimé sur deux colonnes, avec des signatures depuis a i —— o. Au dernier feuillet du texte il y a cette souscription :

M cccc° lxxvij adi vj del mese de februario estata impressa questa opa p̃ magistro Antonio ʒaroto da parma in milano.

On trouve à la suite la table qui occupe 4 feuillets.

4756 La Vie de Monseigneur St. François. *avec la marque de Jean Frellon.* in 8. goth. v. f.

4757 La Vie de Monseigneur Saint François. in 4. goth. v. f.

Le frontispice manque, & le 6e feuillet est MS.

4758 La Vie & Legende de M. S. François. *Rouen, François Regnauld.* in 4. goth. rel. en cart.

4759 La Vie de Monsieur St. Roch, avec les miracles & l'oraison qui se dit en temps de peste. in 4. goth. v. f.

4760 La Vie, Legende, miracles & oraisons de Monseigneur St. Roch, glorieux ami de Dieu, pour les merites & intercession duquel Dieu a octroyé à un chacun le reclamant remede contre toute pestilence. *Paris, Pierre le Caron.* in 4. goth. m. r.

4761 Divæ Catherinæ Senensis, simul & clarissimi viri Philippi Beroaldi Vita, per Joannem

Pinum. *Bononiæ, per Benedictum Hectoreum,* 1505, *die xxij Septembris.* in 4. m. r. dent.

4762 La Vie de Madame Sainte Katharine de Seine (Sienne). *Paris, rue neuve Notre-Dame, à l'écu de France (Jehan Trepperel).* in 4. goth. v. f. l. r.

4763 Legenda di Sancta Catherina da Siena. in 4.

Manuscrit sur papier du *XV siecle*, écrit en *ancienne bâtarde romaine*, à longues lignes, contenant 111 feuillets.

On apprend dans une préface que cette vie de *Ste. Catherine* fut d'abord composée en latin par *frere Thomas de Sienne*, Dominicain, à la priere de personnes savantes; qu'ensuite elle le fut par le même, en langue vulgaire, à la requisition de quelques autres personnes non lettrées; qu'enfin le frere Etienne *Marchoni de Sienne*, Chartreux, général de son Ordre, ne sachant pas que le *frere Thomas* l'avoit déja mise en italien, la traduisit de nouveau en cette langue. C'est cette derniere traduction que renferme notre MS.

4764 Bernardi Justiniani Oratoris in Beati Laurentii Patriarchæ Venetiarum vitam ad Monachos Carthusienses prohœmium incipit. *Venetiis, Jacobus de Rubeis,* 1475. in 4. m. r.

Premiere Edition.

Ce volume commence par l'intitulé ci-dessus imprimé en lettres capitales & en rouge. A la fin il y a cette souscription: *Clarissimi Oratoris Bernardi Iustiniani Opusculum De Vita Beati Laurētii Patriarchæ Venetiarum : Impressum*

HISTOIRE.

Venetiis Labore Et Industria Iacobi De Rubeis Gallici: Duce Inclyto Petro Mocenico Sexto Idus Maias. Mccclxxv.

4765 Clemens Mazze Plebanus atque Theologus, de vita sanctissimi viri Zenobii Episcopi Florentini, & ejusdem Philippi stipitis ac consortis. *In Firenze, adi* 8 *di Dicembre,* 1487. in 4. m. r.

4766 Recueil de Vies des Saints, en italien. in 4. v. f.

1 La istoria di santo Antonio Arcivescovo di Firenze, per frate Giovan Maria Tolosani. *in Firenze,* 1557.

2 La historia del beato san Martino. in ottava rima. *in Firenze,* 1558.

3 La historia di Santo Alberto. in ottava rima. *in Fiorenza,* 1576.

4 Historia & vita di santo Bernardino. in ottava rima. *in Fiorenza, Giovan Wolfio, Inglese,* 1576.

5 La historia di san Zanobi vescovo fiorentino. in ottava rima. *in Fiorenza,* 1576.

6 La historia & festa di Susanna. in ottava rima. *in Turino, Franc. de Silva.*

7 Historia di sancta Barbara vergine e martire. in ottava rima. *in Turino Franc. de Silva.*

8 La historia di santa Verdiana da castel Fiorentino. in ottava rima. *in Fiorenza, Jacopo Chiti.* 1572.

4767 La Vie de Monseigneur Saint Aulzias de Sabran, extraite par reverend M. J. Raphael. *Paris, Jean Trepperel.* in 4. goth. v. f. l. r.

4768

HISTOIRE.

4768 La Vie de Saint Ignace, Fondateur de la Compagnie de Jefus. Par le Pere Dominique Bouhours. *Paris, Sebaſt. Mabre Cramoiſy*, 1679. in 4. m. r. doub. de m. l. r.

4769 La Vie de Saint François Xavier, de la Compagnie de Jefus, Apôtre des Indes & du Japon, par le Pere Dominique Bouhours. *Paris, Sebaſt. Mabre Cramoiſy*, 1682. in 4. m. r. doub. de m. l. r.

4770 La Vie de Saint François de Borgia, par V. J. (Antoine Verjus, Jefuite). *Paris, Charles Villery*, 1672. in 4. m. r.

4771 La Vie de Dom Barthelemy des Martyrs, de l'Ordre de S. Dominique, tirée de fon hiſtoire écrite en Eſpagnol & en Portugais par cinq Auteurs, dont le premier eſt le Pere Louis de Grenade (traduite par Pierre Thomas, Sieur du Foſſé, & Iſaac Louis le Maiſtre de Sacy). *Paris, Pierre le Petit*, 1663. in 4. m. r. doub. de m. l. r.

Hiſtoire des Lieux Saints, des Egliſes, des Cimetieres, &c. des Reliques des Saints, des Saintes Images, des Miracles, &c.

4772 Roma ſotteranea opera poſtuma di Antonio Boſio Romano. *In Roma, Guglielmo Facciotti*, 1632. in fol. fig. v. b.

4773 Liber de Geſtis ac trina beatiſſimorum trium

Tome III. O

Regum translatione (à Joanne Hildeshemensi, Saxone Carmelita conscriptus.) == Super Matthæi Evangelium Alberti Magni notula de festo die Epiphaniæ. Sermo Sancti Augustini de Epiphania. (*Coloniæ*), *Joannes Guldenschaff*, 1477. in fol. goth. m. r.

Imprimé sur 2 colonnes. Le premier traité commence ainsi :

Reuerēdiſſimo in xp̄o patri ac dn̄o domino florēcio de weuelkouen diuina prouidentia monaſteriēſis eccle epiſcopo digniſſimo.

Il est terminé par cette souscription :

Liber de geſtis ac trina beatiſſimorum trium regum tn̄ſlacōne: qui gentium primicie et exemplar ſalutis ōnium fuerunt xp̄ianor ꝑ me Johānem Guldenſchaff de magūcia anno a natītate xp̄i. M. cccc. lxxvij. fideli exaracōe imp̄ſſus: finit feliciter.

Cette souscription est suivie de la table qui occupe les deux feuillets suivants.

Le second traité exécuté avec les mêmes caracteres, sur 2 colonnes dont celles qui sont entieres ont 36 lignes, porte ce sommaire :

Suꝑ mathei euāgeliū venerabilis dn̄i Alberti magni notula de feſto die epiphanie dn̄i Jncipit feliciter.

Il est suivi d'un sermon qui commence & finit ainsi :

Sermo btīſſimi Auguſtī de epiphania dn̄i incipit multum notabilis.

Comme l'Imprimeur Guldenschaff n'a jamais eu soin de

mettre à la fin de ses éditions le nom de la ville où il imprimoit, nous avons pensé d'abord que, né a Mayence, il avoit exercé son art dans cette ville ; mais depuis que nous avons découvert que le livre intitulé : *Quæstiones Evangeliorum...* n°. 198 qui porte à la fin *imprss. Coloniæ Agrippinæ*, 1478, est imprimé avec les caracteres dont il avoit coutume de se servir, nous sommes portés à croire qu'il avoit établi ses presses à Cologne : presque tous les Bibliographes l'ont regardé comme imprimeur de cette ville, sans produire cependant des livres dont les souscriptions l'assurassent incontestablement.

4774 Historia de translatione beatissimorum trium Regum. *Impres. per Johannem Guldenschaff, de Magoncia*, 1486. in 4. m. r.

Le titre ci-dessus est imprimé au commencement, sur un feuillet séparé en lettres de formes assez grosses. On lit à la fin du texte :

Liber de gestis ac trina btissior triũ regũ trãslacõe q̃ gẽtiũ p̃micie & exẽplar salutis oĩm fuerũt xp̃ianor p me johe3 guldenschaff de magõcia ãno a natĩtate xp̃i. M. cccc. lxxxvi. fideli exaracõe impssus : finit feliciter.

Suit la table qui occupe encore les 3 feuillets suivants.

4775 Le Purgatoire Saint Patrice. *Paris, Jehan Bonfons*. in 8. goth. m. r.

4776 Le Purgatoire Saint-Patrice. (*Paris, avec la marque de Jehan Trepperel*). in 4. goth. m. r.

4777 Le Mystere , comment la sainte Larme fut apportée en l'Abbaye de Vendosme, par le noble Comte Geoffroy Martel. *Tours, René Siffleau*. in 8. goth. m. r.

4778 Scelta d'alcuni miracoli, e grazie della sanctissima Nunziata di Firenze, descritti dal P. F. Gio. Angiolo Lottini. *In Firenze, Pietro Cecconcelli*, 1619. in 4. v. f.

La note suivante se trouve à la tête du volume; elle est de la main de M. Mariette.

Les planches qui entrent dans ce livre sont des premiers ouvrages de gravure de Jacques Callot, & qui ne se rencontrent pas aisément.

L'Auteur de ce livre, Fr. Jean Ange Lottini religieux Servite a été sculpteur & disciple de Montorsoli. Il mourut à Florence en 1629 âgé de 80 ans.

4779 Marci de Grandval Theologi Ecclesiæ Catholicæ, non tres Magdalenas sed unicam colentis : Apologia seu defensorium. *Parisiis, Jodocus Badius*. in 4. m. verd.

Histoire Ecclésiastique des Hérésies & des Hérétiques.

Histoire générale des Religions, Sectes & Hérésies.

4780 Cérémonies & Coutumes religieuses de tous les peuples du monde (recueillies & redigées par J. Fr. Bernard), représentées par des figures dessinées de la main de Bernard Picart : avec une explication historique, & quelques dissertations curieuses. *Amsterdam, J. Fr. Bernard,* 1723. 9 vol. in fol. Gr. Pap. m. r.

ANCIENNES EPREUVES.

4781 Superstitions anciennes & modernes : préjugés vulgaires qui ont induit les peuples à des usages & à des pratiques contraires à la Religion (par le P. le Brun, J. B. Thiers & du Tilliot, publiées par J. F. Bernard). Avec des figures qui représentent ces pratiques. *Amsterdam, J. Fr. Bernard,* 1732. 2 vol. in fol. G. P. m. r.

Histoire particuliere des Hérésies anciennes & modernes, &c.

4782 Histoire de l'Hérésie depuis l'an 1374 jusques en l'année 1631. in fol. rel. en cart.

MANUSCRIT sur papier du *XVII siecle*, contenant 114 feuillets. Il ne renferme que les deux premiers livres de l'*Histoire des Hérésies* dont Antoine Varillas est Auteur.

4783 Histoire des Flagellans, où l'on fait voir le bon & le mauvais usage des flagellations parmi les Chrétiens, par des preuves tirées de l'Ecriture Sainte, &c. traduite du latin de M. l'Abbé Boileau. *Amsterdam, François Vander Plaats,* 1701. in 12. m. viol. dent.

4784 La Examina & Processo de Frate Hieronymo

da Ferrara Savonarola facta di lui da li spectabili & prudenti homini Commissarii & Examinatori de li Signori Fiorentini per commissione de la sancta Sedia Apostolica solenemente electi & deputati come in esso fidelmente appare. (1499). in 4. m. bl.

4785 L'Histoire & Recueil de la triomphante & glorieuse victoire obtenue contre les séduits & abusés Luthériens mecreans du pays Daulsays & autres, par Anthoine Duc de Calabre, de Lorraine & de Bar. Par Nicolas Volcyre. *Paris*, 1526. in fol. goth. m. bl.

IMPRIMÉ SUR VÉLIN, avec 9 Miniatures & les lettres initiales peintes en or & en couleurs.

4786 Traité nouveau de la dégradation & exécution actuelle de Jehan Castellan, faite à Vyc en Austrasie, le xii. jour de Janvier. Avec une oraison de la foy. Par Nicole Volkir de Seroville. *Et fut achevé d'imprimer ledit livre le 25 d'Aoust* 1534. in 4. goth. v. m.

4787 Recueil de plusieurs personnes, qui ont constamment enduré la mort, pour le nom du Seigneur, depuis Jean Wicleff jusques au temps présent. *Geneve, Jean Crespin*, 1556. in 16. m. r.

4788 De Fanini Faventini, ac domini Bassanensis morte, qui nuper ob Christum in Italia Romani

HISTOIRE.

Pontificis juffu impiè occifi funt, brevis hiftoria. Francifco Nigro Baffanenfi authore. Hinc agnofcere poteris, pie lector, quid à Romanenfium Epifcoporum Concilio fit expectandum, quum, qui illud indicit Papa, talia, publicè chriftianæque caufæ præjudicia in medium proferre audeat. *Clavennæ*, 1550. in 8. v. m.

4789 Confeffion de foi, faite d'un commun accord par les Eglifes qui font difperfées en France, & s'abftiennent des idolâtries Papales. 1559. in 8. v. f.

4790 Hiftoire des perfécutions, & Martyrs de l'Eglife de Paris depuis l'an 1557 jufques au temps du Roi Charles IX. *Lyon*, 1563. in 8. v. m.

4791 Dialogue auquel font traitées plufieurs chofes avenues aux Luthériens & Huguenots de la France. *Basle*, 1573. in 8. m. r.

4792 La Vie & Doctrine de David George, (qui depuis s'eft fait appeller Jehan de Bruclz) Hollandois, & Chef des Hérétiques. Ecrite par le Recteur & Univerfité de Bafle: du mandement des Magiftrats. (Traduit du latin de Cœlius Secundas Curio). 1560. in 4. v. m.

4793 Théatre des Cruautés des Hérétiques de notre temps. (trad. du latin de Richard Verftegan). *Anvers, Adrien Hubert*, 1588. in 4. m. verd.

FIGURES COLORIÉES.

5794 Arrêts & Procès verbaux d'exécution d'iceux, contre Jean Tanquerel, Artus Defiré, François de Rosieres, & autres. in 8. m. r.

Histoire des Inquisitions.

4795 De Origine & Progressu officii sanctæ Inquisitionis, ejusque dignitate & utilitate, Libri tres. Autore Ludovico a Paramo. *Matriti, ex Typographia Regia*, 1598. in fol. v. f.

4796 De Origine & Progressu officii sanctæ Inquisitionis, ejus que dignitate & utilitate, Libri tres. Autore Ludovico a Paramo *Matriti, ex Typographia Regia*, 1598. in fol. m. r.

4797 Histoire de l'Inquisition & son origine, par Marsollier. *Cologne, Pierre Marteau*, 1693. in 12. m. n. doub. de m. r. l. r.

4798 Histoire de l'Inquisition d'Espagne, exposée par exemples pour être mieux entendue en ces derniers temps, (traduite du latin de Reginaldus Gonzalvius Montanus). 1568. in 8. m. r.

4799 Directorium Inquisitorum Fr. Nicolai Eymerici, cum Commentariis Francisci Pegnæ. *Romæ, in ædibus Populi Romani*, 1587. in fol. v. f.

HISTOIRE.

HISTOIRE PROPHANE

DES MONARCHIES ANCIENNES.

Histoire des Juifs.

4800 Flavii Josephi quæ reperiri potuerunt Opera omnia græcè & latinè, cum notis & nova versione Joannis Hudsoni & Variorum, ex recensione Sigeberti Havercampi. *Amsteladami, R. & G. Wetstenii,* 1726. 2 vol. in fol. Gr. Pap. v. f.

4801 Flavii Josephi de Bello Judaico Libri septem : & Antiquitatum Judaicarum Libri duo, è græco in latinum translati, per Rufinum & Epiphanium, ex recensione Ludovici Cendrati Veronensis. *Verona, Petrus Mauser,* 1480, *octavo Kalendas Januarii.* in fol. m. r.

4802 Flavii Josephi de Bello Judaico Libri septem, & Antiquitates Judaicæ, de græco in latinum translati per Rufinum Aquilensem. (*Venetiis*) *circa annum* 1480. in fol. v. f.

Edition sans chiffres & réclames, avec signatures, à longues lignes, au nombre de 56 sur les pages qui sont entieres; elle est terminée par une vie de Joseph adressée par *Jerome Squarzaficus,* à l'Imprimeur *Raynaldo de Novimagio.*

4803 Histoire des Juifs, écrite par Flavius Joseph, traduite sur l'original grec, par M. Arnauld d'Andilly. *Bruxelles, Eugene Henry Frick,* 1701. 5 vol. in 8. fig. m. bl.

4804 Histoire des Juifs, écrite par Flavius Joseph, sous le titre des Antiquités Judaïques, traduites par M. Arnauld d'Andilly. *Paris, Louis Roulland,* 1706. 5 vol. in 12. m. r. l. r.

4805 L'Histoire de Josephus, de la bataille Judaïque, translatée de latin en françois, (par le Traducteur de Paul Orose). *Paris, Ant. Verard,* 1492. in fol. fig. m. r.

A la fin :

Cy finiſt lhyſtoire De Joſephus de la bataille Judaique trãſlatee de latin en francoys en lhonneur de dieu et de la vierge marie et de toute la court celleſtielle. Et fut acomplie le ſeptieſme iour de decembre mil CCCC quatre vĩgʒ et douʒe : et imprime a paris pour Anthoyne verad libraire demourant ſur le pont noſtre dame a lymage ſaint Jehan leuangeliſte, ou au palays....

4806 Joseph Juif & Hebrieu, Historiographe Grec de l'Antiquité Judaïque, nouvellement translaté de latin, de Ruffin Aquileian, en vulgaire françois, par Guillaume Michel. *Paris, le xve jour du mois d'Avril,* 1534, *par Nicolas Couteau, pour Galliot du Pré*, in fol. goth. m. r.

IMPRIMÉ SUR VÉLIN, avec 9 miniatures & lettres peintes en or & en couleurs. Il y en a deux exemplaires : l'un a appartenu à *François I*, Roi de France ; & l'autre à *Claude d'Urfé*. Leurs armes sont peintes sur la première page.

4807 Egisippus de Judaico Bello & submersione ierosolimorum. —— Ad Reverend. in christo patrem & dom. dominum Petrum tituli sancti Marci presbiterum Cardinalem dignissimum Hermolai (Barbari) dei gratia episcopi Veronensis oratio contra Poetas. —— Ejusdem oratio ad Fr. Barthol. Lendenariensem. in fol. m. r.

Très Beau Manuscrit sur vélin du *XV siecle*, contenant 227 feuillets. L'écriture est en *lettres rondes* sur 2 colonnes. La premiere page est enrichie d'une belle bordure peinte & décorée des armes d'Urfé, & les lettres *tourneures* sont en or & en couleurs. L'*Anacephaleosis* ne se trouve pas dans ce MS. à la fin de l'histoire attribuée à *Hegesippe*.

Le Cardinal *Bessarion* a noté sur un MS. de cette Histoire qui lui a appartenu, & qui se trouve dans la Bibliotheque de *S. Marc* de Venise, où ses livres sont conservés:

Translatum est hoc opus de graeco in latinum per B. Ambrosium ut in quodam antiquo codice inventum est.

Le premier discours d'*Hermolaus Barbarus* est daté de *Verone* les Calendes d'Avril 1455, & le second de *Verone* les ides de Mars.

4808 Histoire du Monde sacrée & prophane, pour servir d'introduction à l'Histoire des Juifs, du Docteur Prideaux, par M. Samuel Shuckford, traduite de l'anglois par J. P. Bernard. *Leyde*, *Verbeek*, 1738. 2 vol. in 12. m. r.

4809 Histoire des Juifs & des Peuples voisins, depuis la décadence des Royaumes d'Israel &

de Juda jusqu'à la mort de Jesus - Christ, par M. Humphrey Prideaux, traduite de l'anglois. *Amsterdam, Henry du Sauzet*, 1728. 6 vol. in 12. fig. v f.

4810 Histoire des Juifs depuis Jesus-Christ jusqu'à présent, contenant les dogmes des Juifs; leur confession de foy, leurs variations, & l'histoire de leur Religion, depuis la ruine du Temple. pour servir de supplément & de continuation à l'Histoire de Joseph. (par Jacques Basnage, publiée avec des changements par M. l'Abbé Louis Ellies du Pin.) *Paris, Louis Roulland*, 1710. 7 vol. in 12. m. r. l. r.

4811 Histoire des Juifs, depuis Jesus-Christ jusqu'à présent, pour servir de continuation à l'Histoire de Joseph, par M. Basnage. *La Haye, Henry Scheurleer*, 1716. 15 vol. in 12. v. f.

4812 Les Mœurs des Israelites, par M. Fleury. *Paris, Veuve de Gervais Clouzier*, 1681. in 12. m r.

4813 La Destruction de Hierusalem. *Paris, Jacques Maillet*, 1494, le 12 Juillet. in fol. goth. m. r.

4814 Histoire de la Religion des Juifs, & de leur établissement en Espagne & autres parties de l'Europe, où ils se sont retirés après la destruction de Jérusalem, par Rabbi Moses Levi. *Amsterdam, Pierre de la Faille*, 1680. in 4. m. r.

HISTOIRE.

Histoire générale des IV Monarchies anciennes ;
des Chaldéens, des Babyloniens, &c.

4815 Historia Julia, sive Syntagma heroicum, continens historiam Chaldæorum, Assyriorum, &c. auctore Reinero Reineccio. *Helmaestadii, Kirchnerus*, 1594. 3 vol. in fol. m. r.

ÉDITION RARE, qui est la plus complete.

4816 Histoire ancienne des Egyptiens, des Carthaginois, des Assyriens, des Grecs, &c. par M. Rollin. *Paris, Veuve Estienne*, 1740. 6 vol. in 4. G. P. m. r.

4817 Cornelius Nepos, seu Historia Daretis Frigii de vastatione urbis Trojæ. — Historia Britannorum Gaufridii Monomutensis. — Merlini Mater & Prophetiæ. in 4. v. f. d. f. tr.

MANUSCRIT sur vélin du *XIII siecle*, très bien conservé, contenant 105 feuillets écrits en *lettres de forme*, à longues lignes.

L'histoire de *Dares de Phrygie* finit dans ce MS. par l'énumération des Généraux Troyens & Grecs qui se tuerent mutuellement. Ce qui ne se trouve pas dans l'Edition de cet Auteur, dite *ad usum Delphini*.

La Préface de l'histoire de *Geofroy de Monmouth* commence ainsi :

Cum mecum multa et de multis sepius animo reuoluens in hystoriam regum britannie inciderem . . . .

Les Prophéties que cet Auteur a insérées dans sa Chronique, sont celles d'*Ambroise Merlin*, qui vivoit dans le V siecle vers 480.

4818 Dictys Cretensis de Bello Trojano, & Dares Phrygius de excidio Trojæ, interpretatione & notis illustravit Anna Tanaquilli Fabri filia, in usum Delphini. *Lutetiæ Parisiorum, Roulland*, 1680. in 4. m. r.

4819 Ditte Candiotto & Darete Frigio della guerra Trojana, tradotti per Thomaso Porcacchi da Castiglione Arretino. *In Venetia, Giolito de Ferrari*, 1570. in 4. v. f.

4820 Historia destructionis Trojæ, composita per Guidonem de Columna Messanensem. in fol. goth. v. f.

EDITION d'environ l'an 1480, sur 2 colonnes, dont celles qui sont entieres ont 40 lignes, sans chiffres & réclames, avec signatures depuis a —— n. A la fin on trouve la date de la composition de cet Ouvrage:

Factũ est pñs opus Anno dñice incarnacõnis Millesimo ducentesimo octuagesimo septimo eiusdeʒ prime indictionis feliciter &c.

Suit un feuillet de table.

4821 Historia destructionis Trojæ, composita per Guidonem de Columna Messanensem. *Argentinæ*, 1486, *circa festum S. Dionysii & Sociorum*. in fol. goth. v. f.

4822 La Destruction de Thebes. —— La Destruc-

HISTOIRE. 119

tion de Troye. — Cy commence la vraye Histoire de Eneas. in fol. m. r.

SUPERBE MANUSCRIT de la fin du XV siecle, sur vélin, contenant 202 feuillets, dont 6 feuillets de table qui sont à la tête du Volume. Il est écrit en *ancienne bâtarde*, sur 2 colonnes, & enrichi de 99 belles miniatures de différentes grandeurs; les plus grandes on 7 pouces & demi de largeur, sur 7 pouces de hauteur & les plus petites 3 pouces & demi en quarré. Les sommaires y sont en rouge, & les lettres *tourneures* peintes en or & en couleurs. On voit dans la bordure qui décore le premier feuillet du corps du Volume, des armes, d'argent, au lion de gueules, armé, lampassé & couronné d'or. La famille de *Breseillac*, en Bretagne, les porte ainsi :

La miniature qui se trouve au fol. 59 de ce MS. est digne de remarque ; elle représente le mariage de *Pâris* & d'*Helene* ; la célébration s'en fait en face de l'Autel par un Moine tonsuré, revêtu d'un Surplis & d'une Etole. Il joint les mains de *Pâris* & d'*Helene*, & *Pâris* met au doigt de sa nouvelle épouse un anneau d'or.

La miniature du fol. 167 qui représente le Sac de Troye, mérite aussi de l'attention.

L'histoire de la destruction de Troye contenue dans ce MS. est la traduction de l'Ouvrage intitulé : *de Bello Trojano* que *Gui de Columna* mit en latin dans le XIII siecle, d'après celui qui est attribué à *Dictys de Crete* & *Darès de Phrygie*. Le nom du Traducteur françois nous est inconnu. Sa traduction remonte au XIV siecle, & peut-être plus haut. La destruction de Thebes qui précede l'histoire de *Columna* sert dans notre MS. comme d'une sorte d'introduction, & l'histoire d'Enée qui la suit, comme d'une continuation.

Le Volume commence ainsi ;

HISTOIRE.

Deuant ce que romme fuſt fondee commancee ne eſtoree M. CCC. ans fut le roy ninus et porta premier armes pour la conuoitiſe de conquerer &c.

4823 La Deſtruction de Thebes. ⸺ La grant & vraye Hiſtoire de Troye la Grant, laquelle hiſtoire le Roy envoya d'Eſpaine au Roy de France, Charles le Quint. in fol. m. r.

Manuscrit ſur vélin du *XV ſiecle*, contenant 125 feuillets, dont le premier eſt décoré des armes de *Claude d'Urfé*. Il eſt écrit en *ancienne bâtarde*, ſur 2 colonnes, & enrichi d'une miniature & de quelques ornements peints. Les ſommaires y ſont en rouge.

Même Ouvrage que celui contenu dans le MS. précédent; mais avec beaucoup de changements & de différences.

4824 Cy comenche Liſtoire de Thebes.⸺ Chy comenchent les Yſtoires de Troies, des Batailles, & comment elle fu deſtruite par les Grigois. in fol. v. m. d. ſ. tr.

Manuscrit ſur papier du *XV ſiecle*, contenant 246 feuillets. Il eſt écrit en *ancienne groſſe bâtarde*, à longues lignes, & décoré de figures grotesques. On lit ſur l'avant-dernier feuillet:

Chy fine le liure de la deſtruction de troies que compoſa maiſtre guy colönes Lan de graſſe mil ii^c iiij^{xx} et ſept (1287) *Eſcript par la main Jacotin de leſpluc.*

Et au dernier feuillet :

Chy fine le tres exelente et noble yſtore de troyes eſcriptes par la main Jaquotin de leſpluc en lan de grace mil quatre Cens lxix (1469) *pries pour luy.*

HISTOIRE.

Ce liure appartient a monseigneur le souuerain Bailly de flandres par achat quil en a fait de Maistre vatos Libraire demourant A Lille.

Quoique cet Ouvrage soit le même que celui des N^os précédents; il a néanmoins des changements & des différences assez considérables.

Histoire Grecque.

4825 Pausaniæ Græciæ Descriptio, græcè, ex recensione Aldi Manutii & Andreæ Asulani, adjuvante Marco Musuro, cum præfatione græca ejusdem. *Venetiis, in Ædibus Aldi & Andreæ, soceri,* 1516. in fol. m. r.

PREMIERE EDITION.

4826 Pausanias, ou Voyage historique de la Grece; traduit en françois, avec des remarques, par M. l'Abbé Gedoyn. *Paris, Didot,* 1731. 2 vol. in 4. G. P. v. f.

4827 Herodoti Historiarum Libri IX. quibus Musarum indita sunt nomina. græcè. ex recensione Aldi Manutii. *Venetiis, in domo Aldi, mense Septembri,* 1502. in fol. m. r.

PREMIERE EDITION.

4828 Herodoti Historiarum Libri IX è græco in latinum translati per Laurentium Vallam, ex re-

Tome III. Q

censione Benedicti Brognoli. *Venetiis, Jacobus Rubeus*, 1474. in fol. m. r.

PREMIERE EDITION.

Il manque dans cet Exemplaire plusieurs feuillets; il finit par ces mots du IXe livre :

Arthabazum Pharnacis &c. Page 732, ligne 6. édition de Wesseling.

L'Epître Dédicatoire occupe quatre feuillets au lieu de trois que la Bibliographie en annonce.

4829 Thucydidis Historiæ, græcè, cura Aldi Manutii. *Venetiis, in domo Aldi, mense Maio,* 1502, in fol. m. r.

PREMIERE EDITION.

4830 L'Histoire de Thucydide Athénien, de la guerre qui fut entre les Péloponésiens & Athéniens, translatée du latin de Laurent Vallé, en langue françoise, par Claude de Seyssel. *Paris, en l'hostel de Maî re Josse Badius, le xe. jour d'Aoust*, 1527. in fol. m. r.

IMPRIMÉ SUR VÉLIN.

SUPERBE EXEMPLAIRE enrichi de lettres peintes en or & en couleurs, & de deux cadres en miniature qui bordent les deux premiers feuillets. Le premier est décoré au recto & au verso des armes de Charles de Bourbon, Duc de Vendôme, qui sont de France, à une bande de gueules, chargée de trois lionceaux d'argent. La couverture est dorée aux armes de France. Aux quatre coins sont des F couronnées, ce qui porte à croire qu'il a aussi appartenu à François I.

4831 L'Histoire de Thucydide, de la guerre du

Péloponese, de la traduction de Nicolas Perrot, Sieur d'Ablancourt. *Amsterdam, Compagnie*, 1713. 3 vol. in 12. v. f.

4832 Diodori Siculi Bibliothecæ historicæ Libri qui supersunt, græcè, interprete Laurentio Rhodomano, & cum notis Variorum. Ad fidem Mss. recensuit Petrus Wesselingius. *Amstelodami, Jacobus Wetstein*, 1746. 2 vol. in fol. G. P. m. r.

4833 Diodori Siculi historiarum priscarum Libri VI. à Poggio (Bracciolino) in latinum traducti (& dedicati Nicolao V Summo Pontifici). in fol. rel. en carton avec dos de v. f. d. s. tr.

Très Beau Manuscrit exécuté en Italie dans le *XV siecle*, sur vélin, contenant 200 feuillets. Il est écrit en *lettres rondes*, à longues lignes, & enrichi d'ornements peints en or & en couleurs, lesquels décorent le premier feuillet.

Il commence par une Epître qui porte ce titre écrit en lettres capitales d'or :

Prohemium in libros Diodori Siculi quos Poggius florentinus latinos fecit ad Nicolaum . V. sũmum Pontificẽ.

On lit à la fin en capitales rouges :

Diodori Siculi Historiarum priscarum a Poggio in latinum traducti liber sextus et ultimus explicit. Deo gratias. M. cccclv.

Ces Histoires de *Diodore de Sicile* sont en VI livres, parceque le *Poggio Bracciolini* a divisé le premier livre en deux.

4834 Diodori Siculi historiarum priscarum Libri

sex, è græco in latinum traducti per Fr. Poggium. Accedit Cornelii Taciti de Situ, Moribus & Populis Germaniæ Libellus aureus. *Bononiæ*, 1472, in fol. m. r.

PREMIERE EDITION.

4835 Les trois premiers Livres de l'histoire de Diodore Sicilien, Historiographe Grec, translatez de latin en françois, par Maître Antoine Macault. *Paris, à l'enseigne du Pot cassé*, 1535. in 4. m. r.

IMPRIMÉ SUR VÉLIN.

4836 Arriani de Expeditione Alexandri Magni historiarum Libri septem; ejusdem Indica, Tactica, &c. græcè, ex Bonaventuræ Vulcanii interpretatione, ex recensione & cum notis Nicolai Blancardi, & Variorum. *Amstelodami, Waesberge*, 1668. 2 vol. in 8. v. f.

4837 Quintus Curtius Rufus de Rebus Gestis Alexandri Magni, ex recensione Pomponii. (Læti) *Romæ, Georgius Laver, circa annum* 1470. in 4. vélin.

PREMIERE EDITION. Le premier feuillet est MS.

4838 Quinti Curtii Rufi historiarum Alexandri Magni Libri novem. *Venetiis, per Vindelinum Spirensem (circa annum* 1470). in 4. m. r.

SUPERBE EXEMPLAIRE d'un livre très rare.

HISTOIRE. 125

Il n'y a aucune piece préliminaire au commencement du Volume; au verso du dernier feuillet on lit la souscription & les vers suivants:

Quinti Curcij ruffi historiarum Alexandri magni Regis Macedonum liber nonus explicit.
Loquitur lector ad Vindelinum Spirensem Artificem qui. Q. C. reddit in lucem.

Vindeline me .. prius hic redditurus in auras
Spiritus & corpus linquet inane meum.
Q tua nobilitas uirtus : atq3 inclita fama :
Pectore labatur candide amice meo.

Maittaire & d'autres Bibliographes ont eu tort d'annoncer cette Edition comme étant de format in fol.

4839 Quinti Curtii Historiæ. *Mediolani, Ant. Zarotus, operâ & impendio Joan. Legnani,* 1481, *die xxvj Martii.* in fol. m. r.

4840 Quintus Curtius de Rebus gestis Alexandri Magni. *Veronæ,* 1491, *die xviij Augusti.* in fol. v. f.

4841 Q. Curtii Rufi historiarum Libri accuratissimè editi. *Lugd. Bat. ex Offic. Elzeviriana,* 1633. in 12. m. r.

4842 Q. Curtius Rufus de rebus gestis Alexandri Magni cum supplementis Freinshemii. Interpretatione illustravit Michael le Tellier, in usum Delphini. *Parisiis, Fredericus Leonard,* 1678. in 4. v. b.

4843 Quinti Curtii de Rebus gestis Alexandri Magni Libri superstites. Cum notis Variorum, curante Henrico Snakenburg. *Delphis*, *Adrianus Beman*, 1724. 2 vol. in 4. Gf. Pap. fig. v. f.

4844 Les faictz & gestes d'Alexandre le Grant compilez de plusieurs Liures & adiointz aux histoires de Quinte Curce Rufe. in fol. m. bl.

SUPERBE MANUSCRIT du *XV siecle*, sur vélin, contenant 270 feuillets. Il est écrit en *ancienne bâtarde*, sur 2 colonnes, & enrichi de 86 miniatures, dont 74 portent 8 pouces de largeur sur 6 de hauteur; il y en a 12 qui en ont 3 & demi en quarré. Les sommaires des chapitres y sont en rouge, & les lettres *tourneures* peintes en or & en couleurs. On trouve à la tête du Volume un feuillet séparé qui contient le titre ci-dessus, écrit au milieu d'un cartouche peint de nos jours; ensuite l'Epître Dédicatoire du Traducteur, qui est adressée à Charles le Hardy, Duc de Bourgogne, dont les armes sont peintes dans la premiere *tourneure*.

Après avoir débuté dans cette Dédicace par l'énumération des qualités & titres de *Charles le Hardi*, le Traducteur se fait connoître à ce Prince, lui apprend son nom & son pays; il s'appelloit *Vasque de Lucene*, & il étoit de Portugal. Il lui dit que plus de sept ans se sont écoulés depuis qu'il a mis la premiere main à la traduction des faits d'Alexandre le Grand, qu'il avoit entreprise dans le dessein de lui offrir un modele d'héroïsme & de bravoure sur lequel il pût se conduire dans sa jeunesse; mais que ce travail, à présent qu'il est achevé, devient inutile & superflu, puisque ses vertus militaires qui ont éclaté au siege de Dinant & dans les guerres de France & de Liege, l'ont égalé au Héros qu'il vouloit lui faire connoître; il l'assure même qu'il surpasse *Alexandre* par ses vertus morales, & que, si ce Conquérant de l'Asie revenoit sur la terre, ce seroit sur sa conduite que ce Héros formeroit la sienne.

HISTOIRE.

Comme le but de son travail est manqué, il ne lui offre plus sa traduction que pour qu'il puisse y voir, éviter & détester le grand nombre de vices qui ont terni une partie de la gloire d'*Alexandre*.

Il l'avertit ensuite qu'il a suppléé au premier livre, à la fin du quatrieme, au commencement du cinquieme, & à plusieurs autres endroits de *Quinte Curce*, qui ne nous sont pas parvenus, en tirant de divers Auteurs, de *Demosthenes*, & principalement de *Justin*, de quoi remplir ces lacunes.

Quoiqu'on eût Quinte Curce en *françois, en rime, en prose, en six ou sept manieres*, il ne craint pas qu'on le blâme de le donner de nouveau, puisque cet Historien a été si corrompu & rempli de fables si ridicules, qu'au contraire sa traduction devient plus utile que si tous ces Romans n'existoient pas. Il avoue cependant que son travail ne s'est pas terminé sans beaucoup de dégoûts, & qu'il l'avoit abandonné pendant trois ans, même après avoir fait la moitié des suppléments du premier livre, parcequ'il appréhendoit que sa traduction n'essuyât le même sort que celles qu'on avoit des histoires de Tite Live & de Salluste, dont on faisoit peu de cas de son temps, & qui cependant étoient les meilleurs Historiens latins. Ces dégoûts provenoient encore de l'*imperfection & rudesse de son langaige*, attendu qu'il étoit Portugais, & que la langue françoise n'étoit point la sienne.

Cependant un Sire de *Crequi*, (vraisemblablement *Jean de Crequi*, Chevalier de la toison d'or, mort en 1473,) auquel il avoit de grandes obligations, & *Jean Duc de Calabre*, qui faisoit le plus grand cas de *Quinte Curce*, l'engagerent à continuer sa version, & à y mettre la derniere main.

Il finit par assurer le Duc de Bourgogne qu'il ne lui représente pas *Alexandre* comme un Etre romanesque, tel qu'on le trouve dans les Romans, mais tel qu'il est dépeint dans

Quinte Curce, qu'il a traduit aussi littéralement que le style serré de cet Historien le lui a permis.

Vasque de Lucene n'étoit pas un homme ordinaire; il paroît avoir été très versé dans l'histoire ancienne; outre sa traduction de Q. Curce, nous avons encore de lui une traduction de la *Cyropedie de Xenophon*, faite sur le latin, par ordre du même Duc *Charles de Bourgogne*.

Notre MS. est terminé par la conclusion du Translateur, laquelle est précédée de cette souscription écrite en rouge:

Explicit le ixe *liure de Quinte curce rufe des histoires du grãt alexandre de macedone. translate de latin en francois ou chasteau de Nieppe Lan mil iiij*^{c} *lxiij Deo gratias.*

Il faut lire mil iiij^c lxviij. c'est la véritable date; on la trouve ainsi en toutes lettres dans plusieurs MSS. du Roi; d'ailleurs *Charles le Hardy*, par ordre de qui ce MS. fut exécuté, ne succéda aux Etats de *Philippe le Bon* son pere qu'en 1467.

Parmi le nombre de miniatures qui enrichissent ce superbe manuscrit, il y en a de fort singulieres, telle est celle du fol. lxij qui représente la Ville de Tyr assiégée par *Alexandre* avec des canons. La plus curieuse & la plus intéressante de toutes est celle qui se trouve en tête de l'Epître Dédicatoire; elle témoigne que non-seulement les Ducs de Bourgogne favorisoient les hommes de lettres; mais encore recevoient avec appareil la Présentation de leurs ouvrages.

On y voit *Charles le Hardi* assis sous un dais, au haut duquel on lit en lettres d'or: *Charles par la grace de Dieu Duc de Bourgoingne*. Il est vêtu d'une longue robe cramoisie fourrée & tissue d'or. Ses pieds sont posés sur un tapis qui représente ses armes. Il reçoit d'un air affable le livre de *Quinte Curce*, couvert de velours cramoisi, que lui présente à genoux le Traducteur *Vasque de Lucene*. Les principaux Officiers de sa maison, parmi lesquels on apperçoit

trois

HISTOIRE. 129

trois Chevaliers de la toifon d'or, font préfents à cette cérémonie ; ils font tous chauffés de longues Poulaines. Un d'eux ayant ce mot *Auliue* peint en or fur fa cuiffe, porte fon bonnet fur une baguette, & un autre tient un oifeau fur le poing. A la gauche du Prince fe voit un buffet chargé de vaiffelles d'or & d'argent, & à fes pieds un chien & un finge.

4845 Quinte Curce de la Vie & des Actions d'Alexandre le Grand, de la traduction de M. de Vaugelas ; avec les fupplémens de Jean Freinshemius fur Quinte Curce, traduits par M. du Ryer. *Paris, Auguftin Courbé, 1659.* in 4. G. P. m. r. l. r.

4846 La Hiftoria d'Alexandro Magno, figliuolo di Philippo Re di Macedonia, fcritta da Quinto Curtio Ruffo, tradocta in vulgare da Pietro Candido ; della quale quefto è il terzo libro ; per che il primo, el fecondo, a tempi noftri non fi trovano. *Florentiæ, apud Sanctum Jacobum de Ripoli*, 1478. in fol. v. f.

PREMIÈRE ÉDITION.

CE VOLUME commence par la fignature *a*, & finit à la fignature D du fecond alphabet, par la foufcription fuivante qui eft en lettres capitales :

Finifce la comparatione di Caio Iulio Cefare Imperadore maximo et dalexandro magno re di Macedonia ordinata da. P. Candido. col fuo Iudicio infieme : felicemente. dall originale. Impreffum. Florentiae. apud. fanctum Iacobum. de Ripoli. Anno. M. CCCC LXXVIII.

Tome III.   R

HISTOIRE.

4847 Historia Alexandri Magni Regis Macedoniæ, de Præliis. *Argentinæ*, 1486, *finita in die Sancti Calixti Papæ & Martyris.* in fol. goth. veau fauve.

4848 Alexandro Magno Imperatore, Libro de la sua nativitate: vita, e morte, & de magnanimi facti che fece nel corso del tempo suo, & come impero tuto el mundo, con molte altre illustre & splendide cose che fece nel'imperio suo. *In Venetia, per Maestro Battista Sessa*, 1501. in 4. v. f.

Histoire Romaine.

4849 Scriptores Historiæ Romanæ Latini veteres, qui extant omnes, notis variis illustrati, à Carolo Henrico de Klettenberg & Wildeck, in unum redacti corpus, edente & accurante Bennone Casparo Haurisio, cum figuris æneis. *Heidelbergæ, Jo. Jac. Haener*, 1743. 3 vol. in fol. m. r.

4850 Dionysii Halicarnassensis Antiquitatum Romanarum Libri quotquot supersunt. græcè & latinè, ex recensione Joannis Hudsoni. *Oxoniæ, è Theatro Sheldoniano*, 1704. 2 vol. in fol. G. P. v. b.

Les pages 291——294 du tome premier sont en petit papier & encadrées.

Ce livre est très rare en grand papier; nous n'en connoissons à Paris qu'un autre Exemplaire, qui est dans le Cabinet également rare & choisi de M^r d'Hangard.

4851 Les Antiquités Romaines de Denys d'Halicarnasse, traduites en françois : avec des notes historiques, géographiques, chronologiques & critiques, par M. Bellanger. *Paris, Phil. Nicolas Lottin*, 1723. 2 vol. in 4. G. P. v. f.

4852 Titi Livii historiarum Libri qui supersunt, ex recensione Joannis Antonii Campani. *Romæ, Udalricus Gallus* (1470). 2 vol. in fol. m. r.

Quoique cette Edition ne porte point la date de l'année de son exécution, il est certain néanmoins qu'elle est de 1470 ; elle paroissoit même déja le 3 du mois d'Août de cette année, puisque Campanus qui l'a donnée en fait mention au commencement de l'Epître Dédicatoire placée à la tête de son Edition de *Quintilien*, qui vit le jour à cette date.

Il y dit au Cardinal Piccolomini :

Utinam quod nuper in livio papiensis nostri jussu conatus sum facere ut esset quam imendatissimus idem nunc hortatu suo et in quintiliano licuisset....

Le mot *nuper* fait entendre que ce Tite Live n'est antérieur au Quintilien que de quelques mois.

4853 Titi Livii Historiæ, ex recensione Joannis Antonii Campani. *Romæ, Uldaricus Gallus,* (1470). in fol. m. viol.

Tome Premier.

4854 Titi Livii Historiæ. *Venetiis, Vindelinus de Spira*, 1470. 2 vol. in fol. m. r.

Imprimé sur vélin.

HISTOIRE.

Ce Livre a été rendu à la Bibliotheque publique de Lyon, qui l'avoit prêté à M. le Duc de la Valliere.

4855 Titi Livii Historici tertiæ Decadis Libri decem. (*Venetiis, apud Vindelinum Spirenfem, circa* 1470). in fol. vél.

CE VOLUME est de l'Edition de Vindelin de Spire.

4856 Titi Livii Historiæ, cum præfatione Jo. Andreæ Episcopi Aleriensis. *Mediolani, Zarothus*, 1480. in fol. m. bl.

SUPERBE EXEMPLAIRE, dont toutes les lettres initiales sont peintes en or & en couleurs, avec la plus grande délicatesse.

4857 Titi Livii Historiæ, à Luca Porro quàm diligentissimè recognitæ. *Tarvisii, Joannes Vercellensis*, 1485. in fol. v. f.

4858 Titi Livii Historiæ. *Mediolani, apud Alexandrum Minutianum, nonis quintilibus mensis Julii*, 1505. in fol. m. r.

4859 Titus Livius duobus libris auctus. cum Lucii Flori epitome. ex recensione Ulrichi Hutteni. *Moguntiæ, in Ædibus Joannis Scheffer*, 1518. in fol. m. r.

4860 Titi Livii historiarum libri ex recensione Heinsiana. *Lugduni Batavorum, ex officina Elzeviriana*, 1634. 3 vol. in 12. m. r.

4861 Titi Livii historiarum quod extat, cum notis

Variorum, ex recensione Jacobi Gronovii. *Amstelodami, Dan. Elzevirius,* 1679. 3 vol. in 8. m. r.

4862 Titi Livii historiarum libri qui extant. interpretatione & notis illustravit, Joannes Dujatius, in usum Delphini. accessere librorum deperditorum supplementa, per Jo. Freinshemium. *Parisiis, Fred. Leonard*, 1679. 6 vol. in 4. v. b.

4863 Titi Livii historiarum ab urbe condita libri, qui supersunt, omnes, cum notis Variorum, curante Arnoldo Drakenborch. *Lugd. Bat. Samuel Luchtmans*, 1738. 7 vol. in 4. Gr. Pap. v. f.

4864 Les grands Décades de Titus Livius, translatées de latin en françois, (par Pierre Bercheure ou Berchoire.) nouvellement corrigées & amendées. & en suivant les faits dudit Titus Livius aucunes additions de plusieurs grands Historiographes si comme Orose, Salluste, Suetone & Lucain. *Paris, Guillaume Eustace*, 1514, *& François Regnault*, 1515. 3 vol. in fol. goth. m. bl.

IMPRIMÉ SUR VÉLIN, avec 51 miniatures.

Le tome premier est endommagé de pourritures dans les marges.

4865 Les Concions & harangues de Tite Live, traduites en françois par I. de Amelin. *Paris, Vascosan*, 1568. in 8. m. r.

4866 Diece libri della prima Deca di Tito Livio, tradotti di latino in lingua volgare, con epistola dedicatoria da Luca di Giovanni Bonacorfi Cartolaio Fiorentino. (*in Firenze, Luca Bonacorſi.*) in fol. m. r.

Cette Edition paroît avoir été exécutée vers 1472; elle eſt ſur 2 colonnes, dont celles qui ſont entieres ont 55 lignes. On trouve à la tête 7 feuillets qui contiennent la Dédicace & la table des Chapitres. Le texte ſuit, & le Volume finit par le Regiſtre.

4867 Le Deche di Tito Livio. *In Venetia, per Octaviano Scoto,* 1481, adi xxviij de giugno. in fol. m. r.

4868 Le Deche: cioe la prima, terza & quarta di Tito Livio vulgare hiſtoriate; con uno certo tractato de Bello Punico, compoſto da M. Leonardo Aretino. *In Venetia, per Zouane Vercelleſe,* 1493. in fol. fig. m. r.

4869 Lutii Annei Flori uiri clariſſimi factorum memorabilium ab urbe condita lib. IV. Deſcriptio italie per Dm. Franciſcum Petrarcham. in 4. rel. en carton avec dos de veau.

Manuscrit ſur vélin du *XIV ſiecle,* très bien conſervé, contenant 33 feuillets. Il eſt écrit en lettres de *ſomme*, à longues lignes, & enrichi de belles capitales peintes & rehauſſées d'or. La deſcription de l'Italie par *Petrarque* eſt d'une écriture différente de celle de *Florus*; elle conſiſte en 60 vers.

On voit au bas du premier feuillet du texte des armoiries qui ſont de gueules, à 2 bandes d'argent, accompagnées de deux étoiles de même.

HISTOIRE.

4870. L. An. Flori gestorum Romanorum epithoma. ex recensione Philippi Beroaldi. *Senis, per Sigismundum Rot de Bitz*, circa 1490. in 4. goth. v. f.

4871 L. Annæus Florus. Claudius Salmasius, addidit Lucium Ampelium. *Lugd. Bat. apud Elzevirios*, 1638. in 12. v. f.

4872 L. Annæus Florus. Claudius Salmasius, addidit Lucium Ampelium, è cod. MS. nunquam antehac editum. *Lugd. Bat. apud Elzevirios*, 1638. in 12. m. r.

4873 L. Annæi Flori rerum romanarum epitome. interpretatione & notis illustravit Anna Tanaquilli Fabri filia, in usum Delphini. *Parisiis, Fredericus Léonard*, 1674. in 4. v. b.

4874 C. Velleii Paterculi historiæ Romanæ libri duo. interpretatione & notis illustravit Robertus Riguez, in usum Delphini. *Parisiis, Fredericus Leonard*, 1675. in 4. v. f.

4875 Eutropius historiographus, & post eum Paulus Diaconus de historiis Italiæ provinciæ ac Romanorum. *Romæ*, 1471. in fol. m. r.

PREMIERE EDITION.

Elle est sortie des presses de George Laver. La justification des pages & les caractères sont semblables à ceux de son Edition de Q. Curce annoncée ci-devant N° 4837.

4876. Eutropii historiæ romanæ breviarium, notis

& emendationibus illustravit Anna Tanaquilli Fabri filia, in usum Delphini. *Parisiis, vidua Antonii Cellier*, 1683, in 4. v. b.

4877 Polybii Lycortæ historiarum libri qui supersunt græcè. Isaacus Casaubonus ex antiquis libris emendavit, latinè vertit & commentariis illustravit. *Parisiis, Drouardus*, 1609. in fol. Gr. Pap. m. r.

4878 Polybii historiarum libri qui superfunt, græcè, interprete Isaaco Casaubono. cum notis Variorum, ex recensione Jacobi Gronovii. *Amstelodami, Jo. Janssonius a Waesberge*, 1670. 5 vol. in 8. m. r. doub. de m.

4879 Nicolai Perotti Polybii historici lib. V. in fol. rel. en carton avec dos de v. f.d. s. tr.

SUPERBE ET INFINIMENT PRÉCIEUX MANUSCRIT sur vélin, exécuté en Italie dans le *XV siecle*, contenant 243 feuillets. Il est écrit en *lettres rondes*, à longues lignes, & enrichi de deux bordures peintes en miniature avec toute la délicatesse possible. Il y a de grandes & belles capitales peintes en couleurs & rehaussées d'or. Le texte est précédé de quatre feuillets qui contiennent l'Epître Dédicatoire du Traducteur au Pape *Nicolas V*. dont les armes se voient au bas du cinquieme feuillet; elles sont de gueules, à deux clefs d'or en sautoir, on y lit ces lettres écrites en or: PP. NI. QN.

Ce MS. est l'Exemplaire même qui a été offert à ce Pontife par *Nicolas Perrot*.

4880, Polybii historiarum libri superstites, è græco in latinum sermonem conversi per Nicolaum Perottum,

HISTOIRE.

Perottum, juffu Nicolai V. Pont. Maximi. *Romæ, Conradus Suueynheym & Arnoldus Pannartz*, 1473, *die jovis ultima decembris.* in fol. m. r.

PREMIERE EDITION.

CE VOLUME commence par deux feuillets qui contiennent la Dédicace de Nicolas Perot au Pape Nicolas V. Le texte fuit, & à la fin il y a les 6 vers.

Afpicis illuftris lector &c.

M. CCCC. LXXIII.

Die iouis ultima decembris.

4881 Appiani Alexandrini hiftoria romana, græcè & latinè, cum notis Variorum, ex recenfione Alexandri Tollii. *Amftelodami, Joannes Janfonius à Waesberge,* 1670. 2 vol. in 8. m. r. doub. de m. r.

4882 Appiani Alexandrini hiftoriæ, è græco in latinum tranflatæ à Petro Candido. *Venetiis, per Bernard. Pictorem & Erhardum Ratdolt de Augufta unâ cum Pet. Loflein de Langencen correctore ac focio,* 1477. in 4. Gr. Pap. m. viol.

SUPERBE EXEMPLAIRE.

4883 Crifpus Salluftius de conjuratione Catilinæ & de bello Jugurthino. in 4. rel. en carton avec dos de veau.

BEAU MANUSCRIT fur vélin exécuté en Italie dans le

XV siecle, contenant 66 feuillets écrits en *lettres rondes* & à longues lignes. La première page y est décorée d'ornements peints, & plusieurs des capitales y sont rehaussées d'or.

On lit à la fin ces vers :

Sex iugurta dies pereuntem carcere rome
Spectarunt te dira fames scelerate peremit :
Vt plutarchus ait ueri celeberrimus auctor.

4884 Crispi Sallustii de bello Catilinario & de bello Jugurthino, libri. in 4. rel. en carton avec dos de v. f. d. sur tr.

BEAU MANUSCRIT sur vélin exécuté en Italie dans le *XV siecle*, contenant 74 feuillets. L'écriture est en *ancienne bâtarde romaine*, à longues lignes, & le premier feuillet est enrichi d'ornements peints en couleurs.

4885 C. Sallustius Crispus de conjuratione Catilinæ & de bello Jugurthino. in 8, rel. en carton avec dos de veau.

TRÈS BEAU MANUSCRIT sur vélin, exécuté en Italie dans le *XV siecle*, contenant 116 feuillets, dont le premier est décoré. Il est élégamment écrit en *lettres rondes*, à longues lignes, & enrichi de capitales peintes en or & en couleurs. On lit à la fin :

Nicolaus riccius spinosus uocatus hunc librũ diligentissime scripsit.

4886 C. Sallustius Crispus de conjuratione Catilinæ & de bello Jugurthino. in 4. rel. en carton avec dos de veau, dor. f. tr.

SUPERBE MANUSCRIT sur vélin, exécuté en Italie dans

le *XV fiecle*, contenant 84 feuillets très élégamment écrits en *lett·es rondes*, à longues lignes, & enrichis de capitales peintes en or & en couleurs. Le premier feuillet de la conjuration de Catilina, & le premier de la guerre de Jugurtha y font décorés de belles miniatures, & entourés d'une bordure très curieuse.

La premiere bordure renferme les armes des Ducs de Milan, & des devises semblables à celles qui ornent le MS. annoncé au N° 2271, qui a appartenu, ainsi que celui-ci, à *Laurent de Medicis*, avant que d'être à un *Visconti*; ce que prouvent,

1° Dans le premier MS. les devises parmi lesquelles on voit celle de Côme de Medicis, qui représente trois diamants mis en œuvre en trois anneaux entrelacés, & ces lettres écrites en or à côté de la Givre : *LO. MA.* qui signifient *Lorenzo Magno*.

2° Dans le MS. que nous annonçons les mêmes devises, à l'exception des trois anneaux, & ces deux sigles L. S. (Laurentius) qui sont au haut de la seconde bordure.

4887 Caius Crispus Salluftius de conjuratione Catilinæ & de bello Jugurthino. (*Parisiis, in Sorbona, Ulricus Gering, Martinus Crantz, & Michael Friburger*), *circa annum* 1470. in 4. m. r.

ÉDITION sans chiffres, réclames & signatures, à longues lignes au nombre de 23 sur les pages qui sont entieres.

Cet Exemplaire commence par cet intitulé :

Caii Crispi Salustii, de Lucii Catilinæ coniuratione liber fœliciter incipit ;

Il y a des Exemplaires qui portent un intitulé différent de celui-ci, parceque ce premier feuillet a été réimprimé par les trois Imprimeurs eux-mêmes; ce second intitulé est conçu en ces termes :

Caii Crispi Salustii, nobilissimi ciuis ac consularis romani, de Lucii Catilinæ coniuratione liber, fœliciter incipit;

La même chose est arrivée au dernier feuillet du *Florus*, imprimé par les mêmes Artistes. On trouve dans la plupart des Exemplaires simplement ces mots à la fin:

L. *Annei Flori epitoma de Tito Liuio, finit liber quartus;*

Dans d'autres on lit:

*L. Annei Flori Epitoma de
Tito Liuio, finit liber quartus;
Robertus Gaguinus, Lucei Annei
Flori lectoribus, salutem optat;
Quos nulla in terris concluserat ora quirites
Hac flori obstrictos parua tabella capit;
Et quæque, eximia produxit Liuius arte,
Bella, duces, pompas, rite coacta tenet.
Quo uere exemplo, uobis sperate futur
Qui fama, & quæstu, fertur in astra gradum.
Post tumidos nisus, post sœua pericula sortis
Ad manes raptos, uos breuis urna teget;
Valete;*

4888 Caius Crispus Sallustius de conjuratione Catilinæ & de bello Jugurthino. (*Parisiis, per Ulricum Gering, Martinum Crantz, & Michaelem Friburger, circa annum* 1470). in 4. m. r.

EXEMPLAIRE portant le même intitulé que le précédent. Nous ne trouvons pas d'occasion plus propre que celle que nous offre cette Edition faite par *Gering, Crantz* & *Friburger*, pour publier les lettres de naturalisation que ces trois Imprimeurs Allemands obtinrent de *Louis XI* en 1474. Cette piece est intéressante pour l'histoire de l'Imprimerie de

HISTOIRE.

Paris. Les expreſſions dont on s'y eſt ſervi pour déſigner le nouvel art qu'ils avoient introduit dans le Royaume, ſont aſſez ſingulieres.

TRÉSOR DES CHARTES.

Regiſtre CXCV. N° 1321.

Février 1474.

Loys, par la grace de Dieu, Roi de France, ſavoir faiſons que nous avons receu humble ſupplication de nos bien ames michiel Friburgier, Uldaric quering et martin Granetz du païs dallemaigne contenant que ils ſont venus demourer en noſtre Royaume puis ancien temps en ca pour lexercice de leurs ars et meſtiers de faire livres de pluſieurs manieres deſcriptures en moſle et autrement et de les vendre en ceſte noſtre ville de Paris ou ils demeurent a preſent et au temps ou mieulx ils trouveront leur prouffit en eſperance de faire leur reſidence le demourant de leurs iours en noſtredit Royaume mais ils dobtent que obſtant ce quils ne ſont pas natifs de noſtredit Royaume que apres leur deces on vouſſiſt mettre empeſchement en leurs biens & les prendre de par nous ou autres comme biens aubeins et les en fruſtrer et ſemblablement leurs femes enfans et autres leurs heritiers ſaucuns en avoient sils netoient pas par nous habilites a pouvoir teſter et diſpoſer de leurs biens, requerent humblement nos grace et proviſion leur eſtre ſur ce imparties, pource eſt-il que nous ces choſes conſiderees a iceulx ſuppliaus pour ces cauſes et conſidérations et autres a ce nous mouuans avons octroye et octroyons de noſtre grace eſpéciale pleine puiſſance et auctorite royale par ces preſentes voulons et nous plaiſt quils et chacuns deulx puiſſent et leur ſoit loiſible acquerir en noſtredit Royaume tant et tels biens quils y pourront licitement acquerir et diceulx enfemble de ceulx qu'ils y ont ja acquis ordonner et difpofer par leurs teftamens ou autrement que bon leur femblera, et que leurs femes enfans et autres leurs héritiers fancuns en ont a prefent ou quils pourroient auoir le temps auenir leurs puiffent fucceder et apprehender leurs fucceffions tout ainfi et par la forme et maniere que sils eftoient ou leurs dits hoirs natifs de noftredit Royaume, et lefquels quant a ce nous auons habilites et habilirons de noftredite grace et auctorite par ces dittes prefentes fans que aucun empefchement leur foit ou puiffe leur eftre fait mis ou donne et que ne pour le temps auenir ne a aucun deulx en aucune maniere au contraire, ne que pour ce ils foient ou puiffent eftre tenus nous paier aucune finance a laquelle a quelque fomme quelle puiffe monter nous en faueur daucuns de nos principaux officiers leur auons donne et quitte donnons et quittons et à chacun deulx de noftre grace et auctorite par ces préfentes fignees de noftre main. Si donnons en mandement a nos amez et feaulx les gens de nos comptes et treforiers a noftre prevoft de Paris et a tous etc. que lefdits fupplians et chacun deulx enfemble leurs hoirs fucceffeurs et ayans caufe faffent iceulx joir et ufer de nos préfens grace don conceffion lettres et octroy paifiblement et a plein fauf pour ce leur faire etc. renoncant &c. et non obftant que ladite finance ne foit ci déclaree que defcharge nen foit levee par le changeur de noftre trefor et quelconques autres ordonnances. Donné à Paris ou mois de feurier lan de grace mil quatre cent foixante quatorze et de noftre regne le quatorzieme. Ainfi figne foubs le reply Loys, et au deffus dudit reply par le Roy vous et plufieurs autres préfens. Legous, vifa Contentor Priart.

Collationné à l'original en parchemin, étant au tréfor des Chartes du Roi, (regiftre CXCV, n°. 1321) par nous Guillaume-François-Louis Joly de Fleury, Chevalier, Confeiller ordinaire du Roi en fon Confeil d'Etat, fon Procureur-Gé-

Caij Crispi Salustij / de Lucij Catili
ne coniuratione liber Feliciť incipit

Mnis homines qui sese student prestare ce
teris ammalibz / suma ope niti decet: ne vitã
silentio trãsigãt / veluti pecora : que natura
prona atz ventri obedientia finxit. Sed no
stra omnis vis in animo et corpore sita est. animi iperio

C. Crispi Salustij de bello Ju
gurthino liber Feliciter Finit.
De morte Jugurthe disticon.
Qui cupis ignotum / Jugurthe noscere letum:
Tarpeie rupis / trusus ad ima ruit.

néral, Garde des titres, chartes, papiers & regiſtres de la Couronne. A Paris ce vingt-quatre Avril, mil ſept cent quatre-vingt un.

Signé, JOLY DE FLEURY.

Par Monſeigneur. DE LA ROUE.

4889 Cay Criſpi Saluſty, de Lucy Catiline coniurarione liber felicit. incipit. in fol. goth. m. r.

EDITION très ancienne, à longues lignes au nombre de 34 ſur les pages qui ſont entieres, ſans chiffres, réclames & ſignatures; elle commence par l'intitulé ci-deſſus; & elle finit par cette ſouſcription:

C. Criſpi Saluſty de bello Jug
urthino liber feliciter finit.

De morte Jugurthe diſticon.
Qui cupis ignotum, Jugurthe noſcere letum :
Tarpeie rupis, truſus ad ima ruit.

On trouve à la tête du Volume la note ſuivante écrite de la main de M. l'Abbé Rive.

Collatum & integrum. Vlme uti ex typis conjicere licet apud
Joan. Zainer de Reutlingen circa an. 1470.

Nous n'avons trouvé dans la Bibliotheque de M. le Duc de la Valliere aucun livre imprimé avec ces caracteres, & ſorti des preſſes de Zainer de Reutlingen. Nous avons averti ci-devant que les caracteres des N°ˢ 615 & 4301 ſont ſemblables à ceux de ce Salluſte.

4890 Caii Salluſtii opera. *Venetiis, Philippus Petri,* 1478. in fol. baſ.

CE VOLUME commence par un feuillet ſéparé, contenant la vie de Salluſte par Hier. Squarzafico; à la fin il y a cette ſouſcription:

Crispi Salusti historiographi clarissimi Catilinarii ac Iugurtini belli finis. opere & impëssa magistri Philippi petri magna : cũ diligētia : atq; arte impressi año dñi. Millesimo. ccccLxxviii die. xxii Iuni. Ioanne Monzenigo principe felicissimo imperante.

EXPLICIT INVECTIVA. M. T. C. IN SALVSTIVM.

4891 C. Crispi Sallustii de conjuratione Catilinæ liber. & de bello Jugurthino liber. *Impressum Florentiæ, apud Sanctum Iacobum de Ripoli, M. CCCC. LXXVIII.* in fol. m. r.

Ce Volume a des signatures depuis a —— f. & à la fin il y a la souscription rapportée ci-dessus, laquelle est imprimée en lettres capitales.

4892 Caii Sallustii opera. cum commentariis Laurentii Vallensis & J. Chrisostomi Brixiani. *circa* 1480, in fol. m. r.

Le texte est entouré de commentaires.

4893 Caii Sallustii opera. *circa annum* 1480 *impressa.* in fol. v f.

Edition avec signatures, sans chiffres & réclames, à longues lignes au nombre de 35 sur les pages qui sont entieres.

4894 C. Sallustii opera. *Venetiis, per Baptistam de Tortis,* 1481, *die xxiij decembris.* in fol. m. r.

4895 Sallustii opera, ex recensione Pomponii Læti. *Romæ, Eucharias Silbert, alias Franck,* 1490, *tertia nonas aprilis.* in 4. m. cit.

4896

HISTOIRE.

4896 Caii Sallustii Crispi opera. ejusdem oratio contra M. Tullium Ciceronem. M. T. Ciceronis oratio contra C. C. Sallustium. ejusdem orationes IV. contra Lucium Catilinam, &c. ex recensione Aldi Pii Manutii. *Venetiis, in Ædibus Aldi, & Andreæ Asulani,* 1509. in 8. v. m.

4897 C. Sallustii opera ex recensione Andreæ Asulani. *Venetiis, in Ædibus Aldi & Andreæ Soceri,* 1521. in 8. v. f.

4898 C. Sallustius Crispus. cum veterum historicorum fragmentis. *Lugduni Batavorum, ex Officina Elzeviriana,* 1634. in 12. v. f.

4899 Caius Sallustius Crispus. cum veterum historicorum fragmentis. *Lugd. Batav. ex Officina Elzeviriana,* 1634. in 12. m. bl.

4900 C. Sallustii Crispi quæ extant. in usum Delphini, diligenter recensuit, & notulas addidit Daniel Crispinus. *Parisiis, Fredericus Leonard,* 1674. in 4. v. b.

4901 Caii Crispi Sallustii quæ extant, ex recensione & cum adnotationibus Gottlieb Cortii. accedunt fragmenta veterum histoticorum. Constantius-Felicius Durantinus de conjuratione. Catilinæ. *Venetiis, Jo. Bapt. Pascali,* 1737. in 4°. Gr. Pap. v. f.

4902 C. Crispi Sallustii quæ extant. cum notis Variorum. accedunt Julius Exsuperantius & Porcius Latro, ut & fragmenta historicorum, cum notis

Tome III.　　　　　　　　　　　　T

A. Popmæ, &c. cura Sigeberti Havercampi. *Amstelodami, Fr. Changuion*, 1742. 2 vol. in 4. Gr. Pap. v. éc.

4903 C. Crispus Sallustius; & Lucius Annæus Florus. *Birminghamiæ, Typis Joannis Baskerville*, 1773. in 4. m. r.

4904 La Conjuracion de Catilina y la Guerra de Jugurta, por Cayo Salustio Crispo. *En Madrid, Ibarra*, 1772, in fol. mouton bl. maroq.

Cette traduction faite par son Altesse Royale, l'Infant Don Gabriel, est accompagnée du texte latin, de notes, d'une superbe carte géographique, & de très belles estampes. Elle a été imprimée par ordre & aux dépens de ce Prince. L'exécution Typographique est de la plus grande beauté, & nous ne craignons pas d'avancer que ce livre est le plus parfait qui ait paru jusqu'à présent pour l'égalité du tirage. Il est extrêmement rare, parceque le Prince s'est réservé toute l'Edition pour en faire des présents.

4905 Caii Julii Cæsaris opera. ex recensione Joannis Andreæ, Episcopi Aleriensis. *Romæ, in domo Petri de Maximis, die xii mensis Maii* 1469. in fol. m. r.

PREMIERE EDITION.

4906 Caii Julii Cæsaris opera, à Joanne Andrea, Episcopo Aleriensi, denuo recognita. *Romæ, in domo Petri de Maximis, anno* 1472, *die xxv mensis Augusti*. in fol. m. r.

HISTOIRE. 147

4907 Caii Julii Cæsaris opera, ex recensione Petri Justini Philelphi. cum indice rerum, studio Raymundi Marliani. *Mediolani, Ant. Zarothus, 1477, die vero x mensis Februarii.* in fol. m. r.

4908 Caii Julii Cæsaris opera. accedit index commentariorum Cæsaris, & earum rerum, quas ad cognitionem urbium & fluminum & locorum vir clarissimus Raymundus Marlianus invenit, atque addidit. *Mediolani, Philippus Lavagnia, 1478, sexto idus Apriles.* in fol. m. r.

4909 Caii Julii Cæsaris opera prius a Jo. Jucundo data; posterius revisa per Raymundum Marlianum. *Venetiis, per Aug. de Zannis de Portesio, 1517.* in fol. fig. m. r.

4910 Caii Julii Cæsaris quæ extant. ex emendatione Josephi Scaligeri. *Lugduni Batav. ex Officina Elzeviriana, 1635.* in 12. m. r.

ÉDITION ORIGINALE, dont la page qui devroit être numérotée 149 est cotée 153.

4911 C. Julii Cæsaris quæ extant, interpretatione & notis illustravit Joannes Goduinus, in usum Delphini. *Lutetiæ Parisiorum, Petrus le Petit, 1678.* in 4. v. f.

4912 Caii Julii Cæsaris quæ extant, cum annotationibus Samuelis Clarke. *Londini, Tonson, 1712.* in fol. fig. très Gr. Pap. v. f.

Les Exemplaires tirés sur ce très grand papier sont fort

rares ; les épreuves des figures sont de la plus grande beauté.

4913 Caii Julii Cæsaris opera, cum notis Vario-riorum. ex recensione & cum animadversionibus Franc. Oudendorpii. *Lugd. Bat. Samuel Luchtmans*, 1737. 2 vol. in 4. fig. Gr. Pap. v. b.

4914 Commentaires de Jules Cesar, de la guerre de Gaule. traduits par Robert Gaguin ; revus & vérifiés sur les vrais exemplaires latins, par Antoine du Moulin. *Lyon, Jean de Tournes*, 1555. 2 vol. in 16. m. viol. dent. l. r.

4915 Les dix livres des Commentaires de Julle Cesar. in fol. m. r.

Très beau Manuscrit sur vélin, du *XV siecle*, contenant 346 feuillets écrits en *ancienne bâtarde*, sur 2 colonnes, avec les sommaires en rouge. Il est enrichi de lettres *tourneures* peintes en or & en couleurs, & de 11 superbes miniatures qui portent 7 pouces de hauteur, sur 6 pouces de largeur. La seconde miniature représente l'intérieur d'un appartement dans lequel on voit *Aurelie* étendue sur un lit, se faisant faire l'opération Césarienne.

Il y a à la tête de ce MS. 12 feuillets qui contiennent le prologue & la table ; au bas du premier sont peintes des armes supportées par deux sauvages & autour desquelles on lit sur un rouleau cette devise, *se ie puis*. Elles sont de gueules à une bande d'argent, au lambel de trois pendants d'azur.

Vient ensuite le corps du Volume, lequel est terminé par ces mots écrits en rouge :

Et a tant fine le xe. et. Derrenier liure des commentaires de

HISTOIRE. 149

Julle cefar tranflatez en la ville de lifle lan mil iiij^c. lxxiiij (1474.)

Ces *Commentaires de Céfar* ne font qu'une traduction très imparfaite de l'Ouvrage de Céfar, connu fous ce titre. Le premier & le dernier livre comprenant les premieres & dernieres actions de ce Héros y font tirés de Tite Live, Valere Maxime, Orofe, Sallufte, Florus, Jules Celfe, Suetone, Fulgence, Lucain, Caton, Jofeph, Cicéron, & d'autres Auteurs. *Jean Duchefne*, nommé dans quelques MSS. comme Auteur de cette traduction, l'entreprit *au noble vouloir & plaifir du Duc Charles de Bourgogne.* Son début eft celui de Sallufte fur Catilina.

Homme creature de dieu raifonnable qui eft gafte par temps en oyfeufe vit comme befte brute du tout encline a bouter en fon ventre . . . .

Sur un feuillet féparé au commencement du Volume on lit ce qui fuit :

Ce Liure des Commentaires de Jules Cefar a efté prefenté au Roy Louis Quatorze en l'année 1680. enfuite fa Majefté a bien voulu honorer de ce prefent le fieur Antoine l'Aifné, fon Porte-Arquebufe ordinaire, par une marque de fa bienveillance.

Ce MS. qui vient de la vente des livres de M. le Duc de St. Aignan, faite en 1776, a coûté 530 liv.

4916 Les Commentaires de Jules Cefar, traduits en françois. grand in fol. m. bleu.

SUPERBE MANUSCRIT fur vélin du *XV fiecle*, contenant 338 feuillets. L'écriture eft en *ancienne bâtarde*, fur 2 colonnes. Les fommaires font en rouge, & les lettres *tourneures* font peintes en or & en couleurs. Il eft enrichi de miniatures rehauffées d'or, de la plus grande beauté. Il y en a 39 d'environ 4 pouces de hauteur fur 3 pouces & demi de largeur, & une grande de 9 pouces & demi de largeur, fur 8 pouces & demi de hauteur; elle décore la premiere page, & elle eft fort intéreffante.

Cet Ouvrage eft dans le même goût que le précédent, d'après lequel il paroît avoir été fait; il contient également, outre la traduction des fept livres des Commentaires de Céfar, une introduction & le récit de fa mort. L'Auteur qui ne fe nomme pas a tiré fes additions des mêmes Auteurs, & a auffi emprunté fon début de Salluste.

Tout homme a qui dieu a donne raifon et entendement fe doit fouuerainement garder quil ne gafte fon temps en oyfiueté . . .

Cette introduction a été fupprimée dans l'édition de ce livre qui fuit.

On a peint fur le dernier feuillet de ce MS. des armes fupportées par deux femmes nues. Elles font d'azur, aux deux pigeons fe béquetant d'argent, bequés & membrés de gueules, au chef de même, chargé d'une étoile d'or.

4917 Lucain, Suetone & Sallufte, traduits en françois. *Imprimé à Paris, le 22 jour de Décembre* 1490, *par Pierre le Rouge, pour Antoine Verard.* in fol. goth. fig. v. m.

A la fin:

Cy finift Lucan Suetone et Salufte en francoys Jmprime a paris Le xxij^e iour de decëbre mil iiij^c. iiij^x et x. par Pierre le Rouge Libraire du roy noftre fire pour Anthoine verard marchãt libraire demourant a Paris fur le pont noftre dame a lymage fainct Jehan leuangelifte ou au palay . . . .

4918 La Guerre des Suisses, traduite du premier livre des Commentaires de Jules Cesar, par Louis XIV, Roi de France. *Paris, de l'Imprimerie Royale*, 1651. in fol. Gr. Pap. fig. m. r.

4919 Caii Cornelii Taciti Annalium & Historiarum libri superstites. Libellus aureus de situ, moribus & populis Germaniæ, & dialogus de Oratoribus claris. (*Venetiis*), *per Johannem de Spira, circa* 1468. in fol. m. cit.

PREMIERE EDITION.

4920 Caii Cornelii Taciti libri quinque noviter inventi atque cum reliquis ejus operibus editi. cura Philippi Beroaldi junioris. *Romæ, per Stephanum Guillereti*, 1515. in fol. m. r.

PREMIERE EDITION Complete & fort Rare de ce qui est resté de Tacite.

4921 C. Cornelius Tacitus ex Justi Lipsii editione cum notis & emendationibus Hugonis Grotii. *Lugd. Batavorum, ex Officina Elzeviriana*, 1640. 2 vol in 12 m. r.

4922 C. Cornelii Taciti opera. interpretatione & notis illustravit Julianus Pichon, in usum Delphini. *Parisiis, Vidua Claudii Thiboust*, 1682. 4 vol. in 4. v. b.

4923 C. Cornelii Taciti opera recognovit, emendavit, supplementis explevit, notis, dissertationibus, tabulis geographicis illustravit Gabriel Brotier. *Paris, Delatour*, 1771, 4 vol in 4. tirés sur papier. in fol. m. r.

4924 Caii Suetonii Tranquilli de vita & moribus XII. Cæsarum libri XII. ex recensione Johannis Antonii Campani. *Romæ, in Pinea regione via Papæ (per Ulricum Han,) anno 1470, sextili mense. Pauli autem Veneti. II. Pont. Maximi anno sexto.*

PREMIERE EDITION antérieure à la suivante qui n'a paru que la septieme année du Pontificat de Paul II. tandis que celle-ci est de la sixieme année.

4925 Caii Suetonii Tranquilli de duodecim Cæsaribus liber. ex recognitione Joannis Andreæ, Episcopi Aleriensis. *Romæ, per Conradum Sueynheym & Arnoldum Pannartz, in domo Petri & Francisci de Maximis*, 1470, *Pontificatus (Pauli II,) anno VII.*

4926 Suetonii Vitæ duodecim Cæsarum, ex recensione Domitii Calderini. *Mediolani, Antonius Zarothus, impensis Joannis Legnani, die xvj Novembris* 1480. in fol. m. r.

Le premier feuillet est MS.

4927 Caii Suetonii Tranquilli XII Cæsares. Sexti Aurelii Victoris à D. Cæsare Augusto usque ad Theodosium excerpta. Eutropii de gestis Romanorum

HISTOIRE. 153

notum libri X. Pauli Diaconi libri VIII. ad hiſtoriam additi, &c. ex recenſione Joannis Baptiſtæ Egnatii. *Venetiis, in Ædibus Aldi & Andreæ Soceri, menſe maio,* 1521. in 8. m. r.

4928 Caius Suetonius Tranquillus. *Pariſiis, è Typographia Regia,* 1644. in 12, m. r.

4929 Caii Suetonii Tranquilli opera omnia, quæ extant, interpretatione & notis illuſtravit Auguſtinus Babelonius, ad uſum Delphini. *Pariſiis, Fredericus Leonard*, 1684. in 4. v. f.

4930 Caii Suetonii Tranquilli opera, & in illa commentarius Samuelis Pitiſci, in quo antiquitates romanæ ex auctoribus idoneis, græcis & latinis, perpetuo tenore explicantur. *Leovardiæ, Franciſcus Halma,* 1714. 2 vol. in 4. Gr. Pap. fig. v. f.

4931 Caius Suetonius Tranquillus cum notis Variorum, curante Petro Burmanno. *Amſtelædami, Waesbergii.* 1736. 2 vol. in 4. Gr. Pap. v. éc.

4932 Caii Suetonii Tranquilli libellus de Grammaticæ & Rhetorices Scriptoribus qui fuerint quando Romæ viguerit. ex recenſione Johannis Aloiſii Tuſcani, advocati conſiſtorialis. in 8. m. r.

CETTE ÉDITION, qui paroît avoir été exécutée vers 1472, eſt ſans chiffres, réclames & ſignatures, à longues lignes au nombre de 26 ſur les pages qui ſont entieres. Les caracteres ſont les mêmes que ceux des Éditions annoncées aux Nos 572, 2140, 4429 & 4742.

Elle commence par une Dédicace adreſſée par Aloiſius

Tome III. V

Tuscanus *domino Johãni Tituli sanctorum Nerei & Archilei presbytero Cardinali Novariẽsi.*

Le Volume finit ainsi :

Laus Deo.

4933 C. Suetonii Tranquilli de Grammaticis & Rhetoribus claris liber incipit. *Impressum Florentiae, apud Sanctum Jacobum de Ripoli,* M. CCCC. LXXVIII. in 4. v. f.

Le Volume commence par l'intitulé ci-dessus, qui est imprimé en lettres capitales, ainsi que la souscription suivante :

Impressum Florentiae apud sanctum Jacobum de Ripoli. M. CCCC LXXVIII.

4934 Herodiani libri octo de imperio post Marcum : vel de suis temporibus: Angelo Politiano interprete. *Romæ, die xx junii,* 1493. in fol. m. r.

Premiere Edition.

4935 Caius Suetonius Tranquillus de XII Cæsaribus. Ælius Spartianus. Julius Capitolinus. Ælius Lampridius. Trevellius Pollio. Flavius Vopiscus. Eutropius & Paulus Diaconus. de Regum ac Imperatorum Romanorum vita. ex recensione Boni Accursii. *Mediolani, Philippus de Lavagnia,* 1475. 2 vol. in fol. v. f.

Premiere Edition.

4936 Historiæ Augustæ scriptores, ex recensione

Joannis Baptistæ Egnatii. *Florentiæ, hæredes Philippi Juntæ*, 1519. in 8. m. r.

4937 Historiæ Augustæ scriptores, scilicet. Suetonius, Aurelius Victor, Eutropius, Paulus Diaconus, ex recensione Joannis Baptistæ Egnatii. *Venetiis, in Ædibus Aldi & Andreæ Soceri, mense maio*, 1521. 2 vol. in 8. m. r.

Imprimé sur vélin.

4938 Leon. (Brunus) Aretinus de bello Punico, (lib. II, quorum prior bellum inter Romanos & Carthaginenses primum continet, alter seditionem militis conductitii & populorum Africæ à Carthaginensibus defectionem. bellum item illyricum & gallicum. in 4. v. f. d. s. tr. avec dos de m. r.

Manuscrit sur vélin exécuté en Italie dans le *XV siecle*, contenant 45 feuillets. Il est écrit en *lettres rondes*, sur 2 colonnes.

On trouve à la fin les noms des neuf Muses, avec leurs attributs.

4939 Recollectorium ex gestis Romanorum. cum pluribus applicatis historiis: de virtutibus & vitiis mysticè ad intellectum transsumptis Dei dono in Gouda inceptum. *Per Gerardum Leeu finitum est, anno* 1480. in fol. goth. m. r.

A la fin :

Presens hoc opus ex gestis romanorũ qd fertur recollectorium.

cum pluribus applicatis hystoricis : de virtutib9 et vicijs mistice ad intellectũ transsumptis dei dono in gouda iceptum. per Gerardum leeu finitum est. Anno a natiuitate domini Millesimo quadringentesimo octuagesimo pridie q̃ bartholomei apli coleretur solemnitas.

Suit une table de 10 feuillets.

4940 Incipiunt Historie notabiles atque magis principales collecte ex gestis Romanorum & quibusdam aliis notabilibus gestis cum moralizationibus eorumdem (*Ultrajecto inferiori. Nic. Ketelaer.*) in fol. m. r.

Edition d'environ l'an 1472, sans chiffres, réclames & signatures, à longues lignes au nombre de 32 sur les pages qui sont entieres Les caracteres sont ceux avec lesquels Nicolas Ketelaer & Gerard de Leempt ont imprimé à Utrecht en 1473 *Scholastica historia*. . . . N° 112.

Le Volume commence par l'intitulé ci-dessus, & finit au bas du verso du dernier feuillet par cette ligne :

tũ multitudine celos ascendit :   Et sic est finis :

Il n'y a point de table dans cette Edition.

4941 Gesta Romanorum cum applicationibus moralisatis ac mysticis. *Hagenaw, impensis Joh. Rynman de Oringaw*, in officina *Henr. Gran*, 1508. in fol. goth. m. r.

4942 Les Gestes romaines & les statuts & ordonnances des Heraux d'armes, translatées de latin en françois, par Robert Gaguin. *Paris, Ant. Verard.* in fol. goth. m. r.

HISTOIRE. 157

4943 Histoire des Révolutions arrivées dans le gouvernement de la République romaine, par M. l'Abbé de Vertot. *La Haye, Antoine van Dole,* 1734. in 4. Gr. P. v. f.

4944 Histoires des deux Triumvirats, depuis la mort de Catilina jusqu'à celle d'Antoine, par M. de Larrey. *Amsterdam, David Mortier,* 1720, 2. vol. in 12. m. r. l. r.

4945 Fenestella de Romanorum Magistratibus. *imp. circa* 1480. in 4. v. f.

BELLE EDITION avec signatures, sans chiffres & réclames, à longues lignes au nombre de 25 sur les pages qui sont entieres.

4946 Ciceronis Consul, Senator, Senatusque Romanus, per Guillelmum Bellendenum. *Parisiis, Joannes Corbon,* 1612. in 8. m. b. l. r.

4947 Guilielmi Bellendeni, Scoti, de tribus luminibus Romanorum libri sexdecim. *Paris, du Bray,* 1634. in fol. m. bl.

4948 Les Cesars de l'Empereur Julien, traduits du grec, par feu M. le Baron de Spanheim, avec des remarques & des preuves, enrichies de plus de 300 médailles & autres anciens monumens, gravés par Bernard Picart. *Amsterdam, Franç. l'Honoré,* 1728. in 4. G. P. m. r.

4949 Cy commance la description des douze Cesars abbregee avecques leurs figures faites &

pourtraictes selon le naturel. in 4. v. m. d. f. tr.

Superbe Manuscrit sur vélin de la fin du *XV siecle*, très bien écrit en *ancienne ronde bâtarde* & à longues lignes, contenant 38 feuillets. Il est enrichi de 12 portraits en médaillons supérieurement peints en miniatures sur un fond d'azur, & portant 5 pouces de diametre.

4950 Vies des Empereurs Tite-Antonin & Marc-Aurele, par M. Gauthier de Sibert. *Paris, Musier, fils*, 1769. in-12. m. r.

4951 Romanæ historiæ compendium ab interitu Gordiani junioris usque ad Justinum tertium, per Pomponium Laetum. *Venetiis, per Bernardinum Venetum*, 1499. = Valerii Probi de interpretandis Romanorum litteris opusculum. = Ejusdem de Romanorum magistratibus libellus. = Lucii Fenestellæ de Romanorum Magistratibus liber. in 4. f.

4952 Blondi Flavii Forliviensis historiarum ab inclinatione Romanorum imperii Decades tres. *Venetiis, per Octavianum Scotum Modoetiensem*, 1483, in fol. m. r.

Premiere Edition.

4953 Urbis Romæ historia & descriptio. in fol. rel. en carton avec dos de veau.

Beau Manuscrit sur vélin exécuté en Italie dans le *XV siecle*, contenant 22 feuillets. Il est écrit en *lettres rondes*, sur 2 colonnes. Les marges de plusieurs pages en sont enrichies de desseins en arabesques très bien exécutés. Il y a au commencement ce sommaire :

IN ISTO opusculo dicitur quomodo Romulus et Remus nati sunt et educati : et postea Romulus factus est primus Romanorum Rex et conditor Romane vrbis : quomodo et quamdiu ipse et successores sui rexerunt et etiam de imperatoribus Romani imperij qualiter imperauerunt a primo Julio Cesare usque ad tempus Constantini magni imperatoris : quomodo Constantinus a lepra est curatus et a beato Siluestro baptizatus. quomodo sanctus constantinus ecclesiam romanam dotauit beato Siluestro : omnibusque suis successoribus romanis pontificibus totam Jtaliam : omnes prouintias occidentales regiones. loca. Ciuitates, Jnsulas, que circa Jtaliam sunt pio affectu dedit. De indulgentijs omnium ecclesiarum : et reliquijs que Rome existunt. De stationibus in eisdem per circulum anni.

4954 Georgii Fabricii Chemnensis Roma. ejusdem itinerum liber unus. Antiquitatis monumenta insignia per eumdem collecta. *Basileæ, Joannes Oporinus.* in 8. m. r.

4955 Opusculum de mirabilibus novæ & veteris urbis Romæ editum a Francisco Albertino. *Basileæ, Thomas Wolff*, 1519. in 4. m. r.

HISTOIRE.

Histoire Byzantine; c'est-à-dire, de l'Empire Romain transféré à Constantinople, depuis Constantin jusqu'à la prise de cette ville par les Turcs.

4956 Histoire de Théodose le Grand, par M. Flechier. *Paris, Grégoire Du Puis,* 1699. in 12, m. r. doub. de m. l. r.

4957 Corpus historiæ Byzantinæ.

Scilicet :

1 Ph. Labbe de historiæ Byzantinæ scriptoribus publicandis protrepticon, &c. *Parisiis, è typ. Regia,* 1648. in fol. G. P. m. r.

2 Procopii historiarum sui temporis libri VIII. gr. & lat. cum interp. & notis Cl. Maltreti. *Parisiis è typ. Regia,* 1662. 2 vol. in fol. G. P. m. r. dent.

3 Agathiæ scholastici de rebus gestis Imp. Justiniani, libri V. gr. & lat. cum interp. & notis Bonav. Vulcanii. *Parisiis, è typ. Regia,* 1660. in fol. G. P. m. r.

4 Chronicon Pascale à mundo condito ad Imperatorem Heraclium, gr. & lat. cum notis Car. du Fresne Dom. du Cange. *Parisiis, è typ. Regia,* 1688. in fol. G. P. m. r.

5 Georgii Syncelli chronographia, gr. & lat. cum notis Jac. Goar. *Parisiis, è typ. Regia,* 1652. in fol. G. P. m. r.

6 S. Theophanis chronographia, gr. & lat. cum notis Franc. Combefisii. *Parisiis, è typ. Regia,* 1655. in fol. G. P. m. r.

HISTOIRE.

7 Anastasii bibliothecarii historia ecclesiastica, gr. & lat. cum notis C. Annibal. Fabroti. *Parisiis, è typ. Regia,* 1649. in fol. G. P. m. r.

8 Historiæ Byzantinæ scriptores post Theophanem, gr. & lat. cum notis Fr. Combefisii. *Parisiis, è typ. Regia,* 1685. in fol. G. P. m. r.

9 Georgii Cedreni compendium historiarum, gr. & lat. cum notis Jac. Goar, & C. Annibal. Fabroti. *Parisiis, è typ. Regia,* 1647. 2 vol. in fol. G. P. m. r.

10 Constantini Manassis breviarum historicum, gr. & lat. cum notis Bern. Medonii. *Parisiis, è typ. Regia,* 1665. in fol. G. P. m. r.

11 Michaelis Glicæ annales, gr. & lat. cum notis Philippi Labbe. *Parisiis, è typ. Regia,* 1660. in fol. G. P. m. r.

12 Joannis Zonaræ annales, gr. & lat. cum notis Car. du Fresne Dom. du Cange. *Parisiis, è typ. Regia,* 1686. 2 vol. in fol. G. P. m. r.

13 Annæ Comnenæ Alexias, gr. & lat. cum notis Davidis Hoeschelii. *Parisiis, è typ. Regia,* 1651. in fol. G. P. m. r.

14 Jo. Cinnami de rebus gestis à Jo. & Manuele Comnenis libri VI. gr. & lat. cum notis Carol. du Fresne Dom. du Cange. *Parisiis, è typ. Regia,* 1670. in fol. G. P. m. r. dent.

15 Nicetæ Acominati Choniatæ historia, gr. & lat. edente Car. Annibal. Fabroto. *Parisiis, è typ. Regia,* 1647. in fol. G. P. m. r.

16 Georgi Acropolitæ historia Byzantina, gr. & lat. cum notis Th. Douzæ. *Parisiis, è typ. Regia* 1651. — Du-

Tom. III. X

cæ, Michaelis Ducæ nepotis, historia Byzantina, gr. & lat. cum notis Ismaelis Bulialdi. *Parisiis, è typ. Regia*, 1649. in fol. G. P. m. r.

17 Georgii Pachymeris historia, gr. & lat. cum notis Petri Possini. *Romæ, typ. Barberinis*, 1666 & 1669. 2 vol. in fol. G. P. m. r.

18 Jo. Cantacuseni historiarum libri IV. gr. & lat. cum notis Jac. Gretseri. *Parisiis, è typ. Regia*, 1645. 3 vol. in fol. G. P. m. r.

19 Nicephori Gregoræ historia Byzantina, gr. & lat. cum notis Jac. Boivin. *Parisiis, è typ. Regia*, 1702. 2 vol. in fol. G. P. m. r.

20 Chronicon Orientale, ex arabico versum ab Abrah. Ecchellensi. *Parisiis, è typ. Regia*, 1651. in fol. G. P. m. r.

21 Laonici Chalcocondylæ historiæ Turcarum libri X. gr. & lat. edente. C. An. Fabroto. *Parisiis, è typ. Regia*, 1650. in fol. G. P. m. r.

22 Georgii Codini Curopalatæ de officiis magnæ ecclesiæ & aulæ Constantinopolitanæ liber, gr. & lat. edente Jac. Goar. *Parisiis, è typ. Regia*, 1648. in fol. G. P. m. r.

23 Josephi Genesii & aliorum historia Byzantina, gr. & lat. *Venetiis, Pasquali*, 1733. in fol. G. P. v. f.

24 Anselmi Bandurii Imperium Orientale. *Parisiis, Coignard*, 1711. 2 vol. in fol. G. P. cum fig. m. r.

25 Caroli du Fresne Dom. du Cange historia Byzantina. *Parisiis, Moette*, 1680. in fol. G. P. m. r.

26 Constantini Porphyrogennetti libri duo de cæremoniis aulæ Byzantinæ, gr. & lat. opera J. J. Reiskii, *Lipsiæ, Gleditschius*, 1751. in fol. G. P. m. r.

HISTOIRE. 163

27 Histoire de l'Empire de Constantinople sous les Empereurs François, par G. de Ville-Hardouin, avec les notes de Ch. du Cange. *Paris, Imp. Royale*, 1657. in fol. G. P. m. r. dent.

28 S. Patris nostris Theophilacti Archiepiscopi Bulgariæ Institutio Regia, ad Porphyrogenitum Constantinum græcè, Interprete Petro Possino. *Parisiis, è typographia Regia*, 1651. in 4. m. r.

29 Oriens Christianus, in quatuor Patriachatus digestus ; quo exhibentur ecclesiæ, Patriarchæ, cæterique Præsules totius Orientis, studio & opera R. P. F. Michaelis le Quien. *Parisiis, ex typographia Regia*, 1740. 3 vol. in fol. G. P. m. r.

30 Gesta Dei per Francos, sive orientalium, & regni francorum hierosolymitani historia, ex recensione Jacobi Bongarsii. *Hanoviæ typis Wechelianis*, 1611. 3 vol. in fol. v. m.

31 Anselmi Bandurii Numismata Imperatorum romanorum. *Parisiis*, 1718. 2 vol. in fol. G. P. m. r.

32 Notitia dignitatum Imperii Romani, ex nova recensione Philippi Labbe. *Parisiis, è typographia Regia*, 1651. in 12. m. r.

4959 Caroli du Fresne, Domini du Cange Illyricum vetus & novum, sive Historia regnorum Dalmatiæ, Croatiæ, Slavoniæ, Bosniæ, Serviæ, atque Bulgariæ, locupletissimis accessionibus aucta, atque à primis temporibus, usque ad nostram continuata ætatem. *Posonii, Typis Hæredum Royeranorum, anno* 1746. in fol. v. m.

HISTOIRE.

HISTOIRE MODERNE.

Histoire d'Italie.

Description générale de toute l'Italie.

4960 Blondi Flavii Forliviensis Italiæ illustratæ Libri VIII. sive Descriptio XIV. Regionum Italiæ, edente Gaspare Blondo filio. *Romæ, in domo Jo. Ph. de Lignamine*, 1474. in fol. m. r.

PREMIERE EDITION.

On trouve a la tête du Volume 17 feuillets, dont le premier est intitulé : *Lyguria regio prima*. Ils contiennent la table des chapitres, le registre, & une Epître Dédicatoire de Gaspard Blondus à l'Evêque de Bresse, datée de Rome le 4 des ides de Décembre 1474. Le texte suit, & à la fin il y a cette souscription :

Rome ĩ domo Nobilis uiri iohannis Philippi de lignamine. Messaneñ. S. D. N. familiaris. hic liber impressus est. Anno domini MCCCCLXXIIII. Die uero lune quinta. Mensis Decembris. Pont. Sixti IIII Anno Quarto.

4961 Les Délices de l'Italie, ou description exacte de ce pays, de ses principales villes, & de toutes les raretés qu'il contient, par le Sr. de Rogissart. *Leyde, Pierre vander Aa*, 1706. 3 vol. in 8. fig. m. r.

HISTOIRE.

Histoire Générale d'Italie.

4962 Rerum Italicarum Scriptores ab anno Æræ Christianæ quingentesimo ad millesimum quingentesimum, quarum potissima pars nunc primum in lucem prodit ex Ambrosianæ, aliarumque insignium Bibliothecarum codicibus. Ludovicus Antonius Muratorius collegit & ordinavit. *Mediolani, Societas Palatina.* 1723, 24 tom. reliés en 27 vol. in fol. v. f.

4963 Rerum Italicarum Scriptores ab anno Æræ Christianæ millesimo ad millesimum sexcentesimum, quarum potissima pars nunc primum in lucem prodit, operâ & studio Josephi Mariæ Tartinii. *Florentiæ, Petrus Cayetanus Vivianus,* 1748. 2 vol. in fol. v. f.

4964 La Historia di Italia di M. Francesco Guicciardini. *In Fiorenza, Torrentino,* 1561. in fol. m. r.

EDITION la plus estimée.

4965 La Historia d'Italia di M. Franc. Guicciardini, dove si descrivono tutte le cose seguite dal 1494 per fino al 1532. riscontrate dal R. P. M. Remigio Fiorentino. *In Vinegia, Giolito de Ferrari,* 1568. in 4. m. r. l. r.

4966 Delle Rivoluzioni d'Italia libri ventiquatro, di Carlo Denina. *Torino, appresso i Fra-*

telli Reycends, 1769. 5 vol. in 4. m. r. dent.
IMPRIMÉ SUR VÉLIN.

4967 Leonardus Aretinus de Bello Italico adverſus Gothos. *Fulginei, Numeiſter, 1470.* in fol. m. r.

PREMIERE EDITION.

On trouve à la fin cette ſouſcription :

Hunc libellum Emilianus de Orfinis Fulginas & Iohannes Numeiſter theutunicus : eiuſq; ſotii feliciter impreſſerunt Fulginei in domo eiuſdē Emiliani anno domini Milleſimo quadringēteſimo ſeptuageſimo feliciter.

4968 Leonardi Aretini de Bello Italico adverſus Gothos Libri IV. *Venetiis, Nicolaus Jenſon,* 1471. in 4. m. bl.

Hiſtoire particuliere d'Italie, & premierement de Rome, & de l'Etat Eccléſiaſtique.

4969 Tableau de la Cour de Rome, dans lequel ſont repréſentés au naturel ſa politique, & ſon gouvernement politique tant ſpirituel que temporel, par le Sieur Jean Aymon. *La Haye, Charles Delo,* 1707. in 12. m. r. l. r.

4970 Hiſtoire anecdote de la Cour de Rome. La part qu'elle a eue dans l'affaire de la Succeſſion d'Eſpagne. La Situation des autres Cours d'Italie, &c. *Cologne, Jacques le Jeune,* 1704. in 8. m. verd.

4971 Benedictus Morandus Bononiensis de Laudibus urbis Bononiæ. *Bononiæ, per Ugonem de Rugeriis, anno a natali Christiane*, 1481, *die duodecima aprilis Sixto pontifice maximo rome sedente. Tempore felicis status libertatis Bononia. Sub diuo Johanne Bentiuolo Ciue primario.* in 4. goth. v. f.

4972 Desiderius Spretus Ravennatis: de Amplitudine, de Vastatione, & de Instauratione urbis Ravennæ. *Venetiis, per Mathæum Capcasam*, 1489. in 4. m. cit.

Histoire de Venise, & des différents Domaines de cette République.

4973 Bernardi Justiniani Patricii Veneti, de origine urbis Venetiarum : rebusque ejus ab ipsa ad quadringentesimum usque annum gestis historia. *Venetiis, per Bernardinum Benalium, pridie Calendas Februarii,* 1492. in fol. v. f.

4974 M. Antonii Coccii Sabellici Rerum Venetarum ab Urbe condita Libri XXXIII. *Venetiis, Andræas de Toresanis de Asula*, 1487. in fol. v. f.

4975 La Légende des Vénitiens, ou autrement leur Chronique abrégée, par laquelle est démontré le très juste fondement de la guerre contre eux, par Jehan le Maire de Belges. *Lyon, Jean de Vingle*, 1509. in 8. goth. v. m.

4976 Coriolani Cepionis Dalmatæ, Petri Moncenici Imperatoris gestorum libri tres. *Venetiis, per Bernardum Pictorem*, 1477. in 4. m. cit.

Ce Volume a des signature depuis a 2 ——— g. à la fin on lit cette souscription :

Impressum est hoc opusculum Venetijs per Bernardum pictorem & Erhardum ratdolt de Augusta una cum Petro loslein de Langencen correctore ac socio. Laus Deo. M. CCCC. LXXVII.

4977 Historia Trivigiana di Giovanni Bonifaccio. *In Trevigi, Domenico Amici*, 1591. in 4. m. r.

Histoire de Naples & de Sicile,

4978 Jo. Albini Lucani de Gestis Regum Neapolitanorum ab Arragonia, qui extant Libri IV. *Neapoli, Cachius*, 1589. in 4. v. f.

4979 Histoire des Rois de Sicile, & de Naples, des Maisons d'Anjou, par des Noulis. *Paris, Pierre Augustin le Mercier*, 1707. in 4. m. r. doub. de m.

4980 Compendio di Chronica delli successi nella città & regno di Napoli, dal governo di D. Pietro di Toledo, Vicario Generale dell' Imperador Carlo Quinto fino rebellione del Principe di Salerno : raccolta da Notar Ant. Castaldo,

principal

HISTOIRE

principàl Notaro della citta e Secretairo della, fideliffima piazza dei populo. in fol. vél.

MANUSCRIT fur papier du *XVII fiecle*, contenant 91 feuillets.

4981 Nobiliffima & vera anticha Chronica: compofta per Meffere Joanne Villano: raccolta da molti antichi : per fapere le antichitate dello Regno de Sicilia citra & ultra el faro. Trattato utiliffimo de li Bagni Neapolitani & de Puzzolo & de Ifchia. *In la inclita Citta de Neapoli*, *per M. Evangelifta di Prefenzani de Pavia*, 1526. in 4. v. f.

4982 Jacobi Philippi d'Orville Sicula, quibus Siciliæ veteris rudera, additis antiquitatum Tabulis, illuftrantur : edidit, & commentarium ad numifmata Sicula, XX tabulis æneis incifa, adjecit Petrus Burmannus Secundus. *Amftelædami*, *Gerard Tielenburg*, 1764. in fol. v. m.

4983 Annali della felice Citta di Palermo, di Don Agoftino Inveges. *In Palermo*, *Pietro dell' Ifola*, 1649. 3 vol. in fol. m. bl.

4984 Dichiarazioni della pianta dell' antiche Siracufe, e d'alcune fcelte Medaglie d'effe, e de Principi che quelle poffedettero. Defcritte da Don Vincenzo Mirabella. *In Napoli*, *Scoriggio*, 1613. in fol. m. r.

Tome III. Y

HISTOIRE.

Histoire du Grand Duché de Toscane & de Florence.

4985 De Etruriæ regionis, quæ prima in orbe Europeo habitata est, originibus, institutis, religione & moribus, & imprimis de aurei sæculi doctrina, Guillelmi Postelli commentatio. *Florentiæ*, 1551. in 4. bas.

4986 Historia Fiorentina di Messer Poggio, tradocta di lingua latina in lingua toscana da Jacopo suo figliuolo. *In Vinegia, Jacopo de Rossi*, 1476. in fol. m. r.

PREMIERE EDITION.

4987 Historia del popolo Fiorentino, composta da Messer Lionardo Aretino, in latino: & tradocta in lingua tosca da Donato Acciaioli. *In Vinegia, Jacomo de Rossi*, 1476. in fol. m. bl.

PREMIERE EDITION.

4988 Notizia della vera liberta Fiorentina considerata ne suoi giusti limiti, per l'ordine de secoli; con la sincera disamina, e confutazione delle scritture, e tesi, che in vari tempi e da nostri di sono state publicate per negare, ed impugnare i sovrani diretti delli Imperadori, e del sacro Romano imperio, sopra la citta, e lo

HISTOIRE. 171

ftato di Firenze. 1724. 3 Tom. en 2 vol. in fol.

Il y a en tête du Volume la note fuivante écrite au crayon, de la main de M. l'Abbé Rive :

Livre très Rare. On n'en a tiré que 50 Exemplaires pour les Miniftres de la Cour de Vienne.

4989 Iannotii Manetti Hiftoriæ Piftorienfis (ufque ad annum 1446) Libri III. in 4. rel. en carton.

MANUSCRIT fur papier exécuté en Italie dans le XV fiecle, contenant 93 feuillets. Il eft écrit en *ancienne bâtarde romaine*, à longues lignes.

Cette hiftoire fe trouve imprimée dans le *Rerum Italicarum Scriptores*, tom. 19.

4990 Stefano Nutio trattato in cui fi moftra l'antichità di Siena; con vari componimenti poetici fopra tale argomento. in fol. v. f. d. f. tr.

BEAU MANUSCRIT fur vélin exécuté en Italie dans le XV fiecle, contenant 59 feuillets écrits en *lettres rondes*, à longues lignes.

On trouve à la fin plufieurs pieces de vers en l'honneur de la Ville de *Sienne*.

Hiftoire de Milan, & du pays Milanois, Mantoue, &c.

4991 Hiftoria continente da l'origine di Milano tutti li gefti, fatti, e detti preclari, e le cofe memorande Milanefi, in fino al tempo di autore con somma fede in idioma italico composta per Messer Bernardino Corio. *Mediolani , apud Alexandram Minutianum ,* 1503. in fol. m. bl.

EXEMPLAIRE Rare, dans lequel le frontispice & le repertoire se trouvent.

4992 Historia continente da l'origine di Milano tutti li gesti, fatti, e detti preclari, e le cose memorande Milanesi, con il repertorio per ritrovare tutte le cose di memoria deque del presente volume. Per Messer Bern. Corio. *Mediolani , Minutianus ,* 1503. in fol. v. f.

SUPERBE EXEMPLAIRE complet d'un livre rare.

4993 Joannis Simonetæ rerum gestarum Francisci Sphortiæ Libri XXXI. *Mediolani , Antonius Zarotus , decimo Kalendas Februarias (* 1479 *)*. in fol. m. r.

PREMIERE ÉDITION.

4994 Historia delle cose facte dallo invictissimo Duca Francesco Sforza, scritta in latino da Giovanni Simoneta, & tradocta in lingua fiorentina da Christophoro Landino. *In Milano , Antonio Zarotto ,* 1490. in fol. m. r.

4995 Cremona citta fedelissima & nobilissima Colonia de Romani d'una breve historia delle piu segnalate cose di quella illustrata, & in disegno con diligenza rappresentata da M. Antonio Campi Cremonese. Aggiunovi le vere effigie de Duchi & Duchesse di Milano, dal medesimo auttore ritratte con un compendio delle vite loro. al potentissimo & felicissimo Re di Spagna Filippo II d'Austria. *In Cremona, in casa dell'istesso Auttore*, 1582, in fol. m. r.

Avec figures & de très beaux portraits dessinés par Ant. Campo, & gravés par Augustin Carrache.

Cet Exemplaire qui porte la date de 1582, & le suivant qui porte la même date ; mais changée en 1585 avec la plume, sont d'une seule & même Edition, à quelques différences près, qui consistent dans l'intitulé, comme on peut le voir dans les Dédicaces qui sont datées également du 2 Janvier 1585 ; mais dont celle adressée aux Conseillers de la ville de Cremone, n'a que 56 lignes, tandis que dans l'Exemplaire suivant elle en a 61 ; enfin dans le portrait de Philippe II. pag. 112, qui est représenté dans l'un la tête nue, & armé, & dans l'autre, coeffé d'une toque, & vêtu d'une robe.

4996 Cremona fedelissima citta & nobilissima Colonia de Romani, rappresentata in disegno col suo contado, & illustrata d'una breve historia delle cose piu notabili appartenenti ad essa', & de i rittatti naturali de Duchi & Duchesse di Milano. e compendio delle lor vite, da Antonio Campo, pittore e Cavalier Cremonese, al potentissimo e felicissimo Re di Spana Filippo II d'Auſtria. *In Cremona, in caſa dell' iſteſſo Auttore*, 1582. in fol. m. r.

La date eſt corrigée à la plume, & changée en 1585 comme dans preſque tous les Exemplaires ; celui-ci a de plus que le précédent le portrait de Philippe II. avec les armes des différents Etats dépendants de ſa couronne, lequel ſe trouve imprimé au verſo du frontiſpice, & occupe toute la page.

Cet Exemplaire vient de M. Mariette, qui l'avoit eu de ſucceſſion. On a écrit au bas de l'eſtampe qui eſt à la page 13. P. Mariette, 1667. Les épreuves des figures & des portraits ſont de la plus grande beauté.

4997 Chronica di Mantua, di Mario Equicola di Alveto. in 4. v. f.

EDITION ſinguliere à cauſe des caracteres romains anciens & informes dont on s'eſt ſervi pour l'impreſſion, que l'on juge au premier coup d'œil devoir être de 1475 à 1480. Cependant cette Edition n'eſt pas antérieure à 1521, puiſque l'on trouve à la fin deux Bulles du Pape Léon X. adreſſées à Fréderic de Gonzague, Marquis de Mantoue, leſquelles ſont datées de cette année.

Hiſtoire de Genes, &c.

4998 La Chronique de Genes & de Milan, avec la totale deſcription de toute l'Italie. *Paris, Euſtache de Brie*, 1507. in 8. goth. v. m.

HISTOIRE.

Histoire de Savoye, Piémont, Malthe, &c.

4999 Les grands Chroniques des gestes & vertueux faits des Ducs & Princes des pays de Savoye & Piedmond, par Simphorien Champier. *Paris, Jean de la Garde,* 1516. in fol. goth. fig. m. r.

5000 Epithalamia exoticis linguis reddita. in nuptiis augustorum Principum Caroli Emmanuelis Ferdinandi Subalpinæ Galliæ Principis, & Mariæ Adelaidis Clothildis, Ludovici XVI Francorum Regis sororis Epithalamia. *Parmæ, ex Regio Typographeo,* 1775. in fol. fig. v. m.

SUPERBE LIVRE pour l'exécution Typographique.

5001 Descrittione di Malta, del Commendatore Giov. Franc. Abela *In Malta, Bonacota,* 1647. in fol. v. f.

HISTOIRE DE FRANCE.

Préliminaires de l'Histoire de France.

5002 Antiquité de la nation & de la langue des Celtes, autrement appellés Gaulois. Par Dom Paul Pezron. *Paris, Gabriel Martin,* 1704. in 12. v. f.

5003 Le Recueil de l'antique préexcellence de Gaule & des Gaulois, composé par Guillaume le Rovillé. *Paris, Engilbert de Marnef*, 1545. in 8. m. r.

5004 Histoire de l'Etat & République des Druides, Eubages, Sarronides, Vacies, anciens François, Gouverneurs du pays de la Gaule, depuis le Deluge, jusqu'à la venue de Jesus-Christ en ce monde. Par P. F. Noel Talepied. *Paris, Jean Parant*, 1585. in 8. v. m.

5005 Les Illustrations de Gaule & singularités de Troye. Avec les deux Epitres de l'Amant Verd, par Jehan le Maire de Belges. *Paris, Ambroise Girault.* in fol. goth. m. r.

5006 Histoire mémorable des expéditions depuis le Déluge faites par les Gaulois ou François. A la fin est l'apologie de la Gaule contre les malevoles ecrivains qui d'icelle ont mal ou négligemment écrit. Par Guillaume Postel. *Paris, Sebastien Nivelle*, 1552. in 16. m. cit.

5007 La Loy Salique, livret de la premiere humaine vérité. Par Guillaume Postel. *Suivant la copie de* 1552. *Paris, Lamy*, 1780. in 18. m. r.

IMPRIMÉ SUR VÉLIN.

5008 De l'origine, vérité & usance de la Loi Salique fondamentale & conservatrice de la Monarchie Françoise. Par Jean Guyard. *Tours, Montr'oeil*, 1590. in 4. m. cit.

5009 Francisci Hotomani Franco-Gallia. *Francofurti*,

HISTOIRE. 177

furti, *Hæredes Wecheli*, 1586. = Ad Franc. Hotomani Franco-Galliam Antonii Matharelli Responsio. *Lutetiæ, Morellus*, 1575. in 8. m. cit.

5010 Petri Turelli Campani contra Hotomani Franco - Galliam Libellus. *Parisiis , Michael de Roigny* , 1576. in 8. m. bl.

5011 Insignia pecularia Christianissimi Francorum Regni numero viginti, seu totidem illustrissimæ Francorum Coronæ prærogativæ & præeminentiæ. Per Joannem Ferraldum. *Parisiis, Joannes Parvus.* in 8. goth. m. r.

5012 De Loco ubi victus Attila fuit olim, Dissertatio Joannis Grangierii. *Parisiis, Joannes Libert*, 1641. in 8. m. r. l r.

5013 Les Monumens de la Monarchie Françoise, qui comprennent l'Histoire de France, avec les figures de chaque regne, que l'injure des temps a épargnées. Par Dom Bernard de Montfaucon. *Paris, Jul. Michel Gandouin*, 1729. 5 vol. in fol. G. P. v. f.

Histoire Générale de France.

5014 Historiæ Francorum scriptores coætanei ab ipsius gentis origine, usque ad Regis Philippi IV dicti pulchri tempora. operâ ac studio Andreæ du Chesne. *Lutetiæ Parisiorum, Sebastianus Cramoisy*, 1636, 5 vol. in fol. Gr. Pap. v. f.

Tome III. Z

5015 Recueil des Historiens des Gaules & de la France, (par Dom Martin Bouquet, Dom Maur d'Antine, Dom Jean Baptiste & Dom Charles Haudiquier, Dom Germain Poirier & Dom Jacques Précieux). *Paris, chez les Libraires associés*, 1738 & ann. suiv. 11 vol. in fol. G. P. m. bl.

5016 Historiæ Normannorum scriptores antiqui, res ab illis per Galliam, Angliam, Apuliam & Orientem gestas explicantes, ab anno Christi 838 ad annum 1220. ex MSS. codicibus omnia ferè nunc primum edidit Andreas du Chesnius. *Lutetiæ Parisiorum*, 1629. in fol. Gr. P. v. f.

5017 Ci commence les Croniques de France. in fol. m. r.

SUPERBE MANUSCRIT sur vélin de la fin du *XIV siecle*, écrit en *lettres de forme*, sur 2 colonnes, avec les sommaires des chapitres en rouge, & des *tourneures* peintes en or & en couleurs. Il est enrichi d'arabesques & de 81 très belles miniatures. La premiere divisée en 4 tableaux, porte 9 pouces de hauteur sur plus de 6 pouces de largeur ; les autres ont trois pouces en quarré. Il consiste en 510 feuillets, dont le premier du corps est décoré des armes de *Mallet-Graville*, & dont le dernier contient deux naissances de deux enfans de *Guil. de Balsac*, & de *Louise d'Humieres* ; l'une est celle de *Henri*, le 1 Mars 1540, avec noms de Parrain & de Marraine, l'autre celle de *François*, le 23 Septembre 1541, également avec noms de Parrain & de Marraine.

Cette traduction françoise des célebres *Chroniques de S. Denis*, dont on peut lire l'histoire dans les Mémoires de

HISTOIRE. 179

l'Académie des Inscriptions, tom. XV. a été commencée l'an 1275 ; & il paroît assez vraisemblable, suivant M. de Ste.-Palaye, que *Guillaume de Nangis* en est le premier auteur; d'une part on y trouve presque mot à mot la traduction qu'il avoit donnée de sa propre chronique latine; d'autre part le prologue des chroniques de S. Denys ressemble en plusieurs endroits à celui qu'il avoit mis lui-même à tête de sa chronique françoise.

Guillaume de Nangis l'ayant menée jusqu'à l'an 1275, d'autres auteurs la continuerent jusqu'en 1380, & emprunterent leurs continuations de différens Historiens leurs contemporains; cette époque où finit notre MS. n'est pas la derniere où elle en est restée, car la premiere édition de Paris, *Pasquier Bonhomme* 1476, finit à la mort de Charles VII en 1461, & la derniere de toutes donnée par *Guill. Eustache*, en 1514, va bien plus loin, puisqu'on y lit des faits arrivés en 1513. Malgré l'avantage apparent qu'ont ces éditions d'être plus amples, les MSS. finissant en 1380, sont infiniment plus recherchés, parcequ'ils ne fourmillent pas d'autant de fautes, sur tout dans les dates, les noms propres & les noms de lieux, que les imprimés, lesquels ont été copiés sans soins les uns sur les autres.

5018 Chroniques de France, appellées chroniques de Saint Denys, depuis les Troyens jusques à la mort de Charles VII. *Paris, Pasquier Bonhomme*, 1476. 3 vol. in fol. goth. m. r.

PREMIERE EDITION.

Les trois derniers feuillets du troisieme Volume sont doubles, parcequ'ils ont été réimprimés avec quelques changemens.

Les uns portent la foufcription ainfi :

Cy finiſt le tiers volume des croniq̃s de frãce cõtenant charles .v^e. vi^e. viie. bñ ordonne par tables et par chappitres Et pareillement les deux volumes p̃cedens Fait a paris en loſtel de paſquier bonhõme lũg des quatre principaulx libraires de luniuerſite de paris ou pend pour enſeigne limage ſaint xp̃oſle le .xvi^e. iour de ianuier Lan de grace mil. .CCCC. lxxvi.

Les autres :

Cy fine le tiers et dernier volume des croniq̃s de frãce contenãt charles v^e. vi^e et vii^e. biẽ ordoonees p̃ tables et par chappitres Et pareillemẽt es deux volumes precedens ſont cõtenus les faitz et geſtes de tous les roys qui oncques furent en frãce tant payẽs coẽ creſtiẽs dignes de grant recõmãdatiõ ſelon loriginal des croniqueurs de ſaĩt denys qui dãciẽnete õt eu la charge de ce faire faictes a paris en la rue neufue de noſtre daẽ deuãt la grãt egliſe en loſtel de paſquier bonhomme lung des quatre p̃icipaulx libraires de luniuerſite de paris ou pend pour enſeigne lymage ſaint xpriſtoſle. Fait le .xvie. iour de ianuier lan mil. CCCC. lxxvi.

Le tom. I. eſt imprimé d'un caractere plus petit que les 2 autres Volumes.

5019 Les chroniques de France, dites de St. Denys. 3 vol. in fol. goth. v. m.

Le premier Volume eſt imprimé ſans date & ſans nom d'Imprimeur ; il eſt de l'Edition de Paſquier Bonhomme, en 1476, & d'un format plus petit que les deux autres qui ſont imprimés à Paris, par Jehan Maurand, pour Ant. Verard, 1493.

HISTOIRE. 181

5020 Les grands Chroniques de France. avec plusieurs incidences survenues durant les regnes des très chrétiens Rois de France, tant ez Royaumes d'Italie, d'Almaigne, d'Angleterre, d'Espagne, &c. avec la chronique de Robert Gaguin contenue à la chronique Martinienne. *Paris, Guillaume Eustace*, 1514. 3 vol. in fol. goth. reliés en velours violet.

SUPERBE EXEMPLAIRE IMPRIMÉ SUR VÉLIN, avec 50 miniatures & lettres peintes en or & en couleurs.

5021 Cronique de France par Guillaume de Nangis. in fol. m. r.

BEAU MANUSCRIT sur vélin du *XV siecle*, contenant 251 feuillets. Il est écrit de différentes mains en *ancienne bâtarde*, sur 2 colonnes, & enrichi d'une miniature qui a 8 pouces de largeur, sur 5 pouces & demi de hauteur. Les lettres *tourneures* y sont peintes, & le premier feuillet est décoré des armes de la maison *d'Urfé*.

Cette chronique commence ainsi :

Pource que moult de gent et mesmement li hault homme et li noble qui souuent viennent en leglise de monseigneur st. Denys de france ou grant partie des vaillans Roys de france gist en sepulture desirent a congnoistre eta sauoir la naissance et desfendue de leur tres haulte generacion et les merueilleux faiz qui sont raconte et publie par maintes terres des deuant diz roys de france je frere guille de nangis moine de la deuant dicte eglise de saint denis ay translate de latin en francois a la requeste de bonnes gens ce que iauoye autrefoiz fait en latin selon la forme dun arbre de la generacion desdiz Roys pour ce que cil qui latin nentendent puiſſent ſauoir et congnoiſtre dont ſi noble gent et ſi be-neureuſe lignee deſcendi.et vint.

Cette chronique, dont l'original latin n'eſt pas connu commence à la deſtruction de Troye, & finit au couronnement de *Charles VI*, en 1380. *Guillaume de Nangis* en eſt l'Auteur juſqu'au commencement du XIV ſiecle; elle a été enſuite continuée par les Copiſtes juſqu'en 1380. Celui de ce MS. a écrit à la fin: *Laiſſez ycy eſpace pour acheuer la vie de ce roy Charles VI*.

Guillaume de Nangis vivoit ſous St. Louis & *Philippe le Bel*, petit-fils de ce Prince; c'eſt tout ce qu'on ſait de ſa vie. Il a compoſé, outre la Chronique contenue dans notre MS. une vie de *S. Louis* & de *Philippe le Hardi*, écrite en latin, & une Chronique auſſi en latin, continuée depuis 1310 juſqu'en 1368, par un Moine Anonyme, & *Jean de Venette*.

5022 Compendium Roberti Gaguini ſuper Francorum geſtis: ab ipſo recognitum & auctum. *Pariſiis, Thielmannus Kerver, impenſis Durandi Gerlerii & Joannis Parvi*, 1500. in fol. m. r.

IMPRIMÉ SUR VÉLIN.

Le frontiſpice eſt MS. & très bien rétabli à la plume.

5023 La Mer des Chroniques & miroir hiſtorial de France, compoſée en latin par Frere Robert Gaguin, & traduite en françois par Pierre Deſray. *Paris, à l'enſeigne de la fleur de lys d'or*, 1536. in fol. goth. v. m.

5024 Pauli Æmilii, de rebus gestis Francorum, ad Christ. Galliarum Regem Franciscum Valesium ejus nominis primum, libri X. *Parisiis, Vascosanus*, 1539. in fol. m. viol. l. r.

SUPERBE EXEMPLAIRE de M. le Comte d'Hoym.

5025 Les très élégantes & très véridiques & copieuses annales des modérateurs des belliqueuses Gaules, depuis la désolation de la fameuse cité de Troye; jusqu'au regne du très vertueux Roi François Ier. à présent régnant. compilées par Maître Nicole Gilles. *Paris, Guillaume Busserel, pour Jehan Petit*, 1524. 2 tom. en 1 vol. in fol. goth. v. m.

5026 Les très élégantes, très véridiques & copieuses annales des très pieux & très chrétiens modérateurs des belliqueuses Gaules. depuis la triste désolation de la très inclyte & très fameuse cité de Troyes, jusqu'au règne du très vertueux Roy François à présent régnant. compilées par feu Maître Nicole Gilles, jusques au temps de très prudent & victorieux Roy Louis XI. & depuis additionnées selon les modernes Historiens, jusques en l'an 1520. *Paris*, 1525, *le vj^e. jour de décembre, par Antoine Couteau, pour Galliot du Pré*. 2 vol. in fol. goth. m. r.

SUPERBE EXEMPLAIRE IMPRIMÉ SUR VÉLIN, avec 14 miniatures & lettres peintes en or & en couleurs.

HISTOIRE.

Le premier feuillet de chaque Volume est décoré d'une bordure & des armes de Charles, Duc de Bourbon, de Vendôme, Comte de Marle, auquel l'Ouvrage est dédié.

5027 Les Chroniques de Nicole Gilles. *Paris, Galliot du Pré*, 1527. 2 tom. en 1 vol. in fol. goth. baf.

5028 Les Annales de Nicole Gilles. *Paris, Galliot du Pré*, 1547. 2 vol. in fol. m. r.

Superbe Exemplaire imprimé sur vélin, avec 65 miniatures, & toutes les lettres initiales peintes en or & en couleurs. Il y a une bordure peinte sur la première page de chaque Volume, dans lesquelles sont les armes de Claude d'Urfé.

On voit au commencement sur un feuillet séparé les armes de Charles Chabot, Baron de Jarnac, Chevalier de l'ordre de St. Michel, Vice-Amiral de Guyenne en 1544.

5029 Le Rozier historial de France, contenant deux Roziers. le premier contient plusieurs instructions & beaux enseignemens, pour Rois, Princes, &c. le second, autrement Chroniques abrégées, contient plusieurs belles rozes & boutons extraits & issus de la Maison de France d'Angleterre, &c. *Paris, le 26ᵉ. jour de Février*, 1522, *avant Pasques*. in fol. goth. m. viol.

Imprimé sur vélin, avec 288 Miniatures & les lettres initiales peintes en or & en couleurs.

5030

HISTOIRE. 185

5030 Le Rozier ou Epitome hiſtorial de France. *Paris, François Regnault*, 1528. in fol. goth. fig. v. f.

5031 Hiſtoire de France, depuis Pharamond juſqu'à maintenant. par François Eudes de Mezeray. *Paris, Guillemot*, 1643. 3 vol. in fol. m. r.

5032 Hiſtoire de France, depuis Pharamond juſqu'à maintenant. par le même François Eudes de Mezeray. *Paris, Guillemot*, 1643. 3 vol. in fol. G. P. m. r. l. r.

Superbe Exemplaire, exactement conforme à la deſcription que nous avons donnée de ce livre dans le Catalogue de feu M. Gouttard ; à l'exception de la ſignature NNiij qui n'eſt pas double

5033 Abrégé chronologique ou extrait de l'hiſtoire de France. par le ſieur de Mezeray. *Paris, Thomas Jolly*, 1668. 3 vol. in 4. m. r. à compartimens.

5034 Hiſtoire de France avant Clovis. l'origine des François, & leur établiſſement dans les Gaules, l'état de la religion, & la conduite des égliſes dans les Gaules, juſqu'au règne de Clovis. par François Eudes de Mezeray. *Amſterdam, Abraham Volfgang*, 1688. in 12. m. viol.

5035 Abrégé chronologique de l'hiſtoire de France. par Eudes de Mezeray. *Amſterdam, Abr. Wolfgang*, 1673. 8 vol. in 12. fig. m. viol.

5036 Hiſtoire de France, depuis l'établiſſement

Tome III. Aa

de la Monarchie françoise dans les Gaules, par le P. Gabriel Daniel. (édition revue par le P. Henry Griffet). *Paris, les Libraires associés*, 1755. 17 vol. in 4. G. P. m. r.

5037 Comparaison des deux histoires de M. de Mezeray & du P. Daniel, en deux dissertations par Daniel Lombard. *Amsterdam, Compagnie*, 1723. in 4. G. P. v. f.

5038 Instruction sur l'histoire de France & Romaine, par M. le Ragois. *Paris André Pralard*, 1712, in 12. m. r. doub. de m. l. r.

5039 Nouvel abrégé chronologique de l'histoire de France. par M. le Président Henault. *Paris, Prault Pere*, 1749. in 4. G. P. m. r. dent. doub. de tab. l. r.

Avec des vignettes, culs-de-lampe, &c. gravées par M. Cochin; & les portraits d'Odieuvre.

5040 Nouvel Abrégé chronologique de l'histoire de France, par le Pref. Henault. *Paris, Prault Pere*, 1752. in 4. G. P. m. r.

Avec des vignettes, &c. gravées par M. Cochin, & les portraits d'Odieuvre.

5041 Chroniques des Rois de France. *Paris*, 1491. in 4. m. r.

5042 Les Chroniques de France, abrégées. avec la génération d'Adam & de Eve & de Noé & leurs générations & les villes & cités que fonderent ceulx qui yssirent d'eulx avec les noms de tous les roys de France & combien ils ont regné & où ils gisent. *Paris, Veuve de Jehan Trepperel.* in 4. goth. m. r.

5043 La même Chronique des nobles Rois de France, & en brief les faits & gestes d'iceux. in 4. goth. v. m.

5044 La Biographie & Prosographie des Rois de France: où leurs vies sont brievement décrites & narrées en beaux, graves & élégants vers françois, (par Antoine du Verdier, Sieur de Vauprivas). *Paris, Leon Cavellat*, 1583. in 8. m. r.

5045 Les anciennes & modernes Généalogies des Rois de France, avec leurs épitaphes & effigies, par Jean Bouchet. *Poitiers, Jacq. Bouchet,* 1527. in 4. goth. m. r.

5046 Les anciennes & modernes Généalogies des Rois de France, avec leurs épitaphes & effigies. par Jean Bouchet. *Poitiers, Jacques Bouchet,* 1531. in 4. goth. v. f.

5047 Les anciennes & modernes Généalogies des Rois de France & mesmement du Roi Pharamond, avec leurs épitaphes & effigies. par Jehan Bouchet. *Paris* 1537. in 8. m. r.

HISTOIRE.

Histoire générale de France, sous des regnes particuliers.

5048 Histoire de la guerre contre les Albigeois, ou les exploits de Simon de Montfort contre ces hérétiques, traduite du latin. in fol. v. f. dor. sur tr.

MANUSCRIT sur vélin du *XIII siecle*, contenant 84 feuillets écrits en *lettres de forme*, sur 2 colonnes. Il commence ainsi:

Tres saint pere et benigne seigneur jnnocent par la grace de dieu euesque de luniuersal eglise freres humbles seriant et noient deseruiz (*indigne*) moines desvaus de sarnei ne mie tant seulement baisier ses piez mes les traces diceuls...

Ce Moine de *Vaux-Cernay*, Abbaye d'hommes de l'ordre de Citeaux dans le Diocese de Paris, se nommoit *Pierre*. Il accompagna en 1207 son Abbé qui étoit son oncle nommé *Guy*, depuis Évêque de Carcassone, dans son voyage de Languedoc, étant un des douze Abbés choisis par le Pape *Innocent III* pour convertir les Albigeois.

Pierre dans sa Dédicace dit au Pape (Innocent III) qu'il écrit d'après ce qu'il a vu de ses propres yeux, & non d'après des relations. Il fait l'énumération des erreurs dont on accusoit les Albigeois, & rapporte ensuite les événements qui se passerent en Languedoc & aux Provinces voisines depuis l'an 1206 jusqu'au départ de *Louis*, fils du Roi *Philippe Auguste* en 1218, pour continuer la guerre contre les Albigeois.

Lorsque cette histoire fut dédiée à *Innocent III*. elle n'alloit certainement pas jusqu'en 1218, puisque ce Pontife mourut deux ans auparavant, en 1216.

HISTOIRE.

Elle a été imprimée pour la derniere fois en latin dans le recueil des Historiens de France, publié par *du Chesne*.

5049 Cy commencent les Croniques que fist maistre Jehan Froissart qui parlent des nouuelles guerres de France. in fol. m. r.

Beau Manuscrit du *XV siecle*, sur vélin, contenant 466 feuillets écrits en *ancienne bâtarde*, sur 2 colonnes. Il est enrichi de *tourneures* peintes en or, & de 4 miniatures, dont celle qui est sur le premier feuillet porte 6 pouces & demi de largeur sur 4 pouces de hauteur; les 3 autres ont 3 pouces en quarré. On y voit les armes de *Mallet-Graville*, mi-parties de celles de *Balsac-Entragues*.

Des quatre livres que *Froissart* a faits, celui contenu dans ce MS. n'est que le premier; il commence par le couronnement *d'Edouard III*. Roi d'Angleterre en 1326, & par l'avénement de *Philippe de Valois* à la couronne de France en 1328, & il finit à l'an 1379 inclusivement. Il est divisé en quatre parties. *Froissart* porta en Angleterre, & presenta à la Reine *Philippe de Hainaut*, tout ce qui se lit dans ce volume, avant l'an 1360; car l'on présume qu'il profita de la paix donnée aux François & aux Anglois par la conclusion du traité de Bretigni, pour faire ce voyage. Il paroît que cette présentation eut lieu, si l'on s'en rapporte à la premiere miniature de ce MS. que nous allons décrire, tandis que *Jean II*. Roi de France étoit encore à Londres.

On voit d'un côté de cette miniature *Edouard III*. vêtu d'une robe d'écarlate semée de trois Léopards, ayant une couronne ouverte d'or sur la tête, & étant assis sous un dais, sur un *faldistoire* ou fauteuil doré, derriere lequel sont deux Hérauts d'armes. *Froissart*, vêtu d'une longue robe bleue, ayant la tête tonsurée, est à ses genoux, & lui présente son livre.

De l'autre côté la Reine *Philippe de Hainaut*, aussi couronnée & portant le même habillement que le Roi, avec cette différence que le devant en est bleu, & semé de fleurs-de-lis, présente un de ses fils au Roi *Jean II*. qui y est figuré sous une haute stature, en robe bleue Fleurdelisée, & portant une couronne d'or sur la tête.

5050 Cy commence le quart volume des Chroniques d'Angleterre. (par J. Froissart). 2 vol. in fol. m. r.

BEAU MANUSCRIT sur papier du *XV siecle*, divisé en 2 tomes, & contenant 471 feuillets. L'écriture est en *ancienne grosse bâtarde*, sur 2 colonnes. Les sommaires sont en rouge, & les *tourneures* peintes en couleurs.

Le premier feuillet du corps de l'Ouvrage est de vélin, orné d'une miniature en camaïeu, & d'un cadre d'ornements. Cette miniature porte 7 pouces en quarré.

Ce quatrieme Volume commence par le recit des fêtes qui furent faites pour l'entrée de la Reine *Isabelle de Baviere* dans Paris en 1389, & finit à la mort de *Richard II*. Roi d'Angleterre en 1400, & à l'élection de *Robert*, Empereur d'Allemagne dans la même année.

Il paroît que *Froissart* entreprit cette continuation après l'an 1392. Ce fut par ordre de *Guy de Châtillon*, Comte de Blois; ainsi qu'il le déclare dans une Préface qui est au commencement de ce Volume.

Il nous y apprend qu'il s'occupa de l'histoire dès l'âge de 20 ans; qu'il y prit toujours un singulier plaisir, & qu'il se propose de s'en occuper toute sa vie. Il se loue beaucoup du bonheur qu'il a eu d'avoir été admis en tout temps dans les Cours des Rois & des Princes, particulièrement dans celle d'*Edouard*, Roi d'Angleterre, & de la Reine *Philippe* sa femme, à laquelle, dit-il, *en ma joneffe je fuy clerc et la fervoie de biaux ditties et traitties amoureux, &c.*

5051 Chroniques de France, d'Angleterre, d'Ecoffe, d'Efpagne, de Bretaigne, &c. par Meffire Jehan Froiffart. *Paris, Authoine Verard.* 4 vol. in fol. goth. m. r.

SUPERBE EXEMPLAIRE IMPRIMÉ SUR VÉLIN, avec 218 miniatures, & les lettres initiales peintes en or & en couleurs.

5052 Les Chroniques de Meffire Jehan Froiffart. *Paris, tom. I. Ant. Verard. tom. II. François Regnault. tom. III. Ant. Verard. tom. IV. Ant. Verard,* 1518. 4 tom. en 3 vol. in fol. goth. m. r.

5053 Les Chroniques de Meffire Jehan Froiffart, lequel traite des chofes dignes de mémoire advenues, tant ez pays de France, Angleterre, Flandres, Efpagne, &c. *Paris, Jean Petit,* 1530. 4 tom. en 2 vol. in fol. goth. v. m.

5054 L'Hiftoire & Chronique de Meffire Jean Froiffart, revue & corrigée par Denys Sauvage. *Lion, Jean de Tournes,* 1559. 4 tom. en 2 vol. in fol. v. f.

5055 Hiftoire & Chronique mémorable de Meffire Jean Froiffart, revue & corrigée par Denys

HISTOIRE.

Sauvage de Fontenailles. *Paris, Pierre l'Huillier*, 1574. 4 tom. en 2 vol. in fol. v. f. l. r.

5056 Les Cronicques d'Anguerran de Monstrelet. 3 vol. in fol. m. r. dent.

MANUSCRIT TRÈS PRÉCIEUX sur vélin du commencement du *XVI siecle*, contenant 964 feuillets écrits en *ancienne bâtarde* & à longues lignes. Il est enrichi de très belles *tourneures* peintes en or & en couleurs, & de 74 superbes desseins supérieurement exécutés avec la plume au bistre, & rehaussés d'or. Ces desseins sont de différentes grandeurs, & portent presque tous les armes de *Franc. de Rochechouart*. Celui qui orne le premier feuillet du premier volume a 14 pouces de hauteur, sur 10 pouces de largeur. Il représente *Louis XII* armé de pied en cap, monté sur un Cheval, dont le caparaçon très riche est chargé de *Porcs-Epics* couronné.

Ce Monarque avoit pris cet animal pour sa devise & le support de ses armes, en mémoire de l'Ordre du *Porc-Epic*, institué en 1394 par *Louis*, Duc d'Orléans son ayeul.

Ce caparaçon & une draperie qui forme le fond du tableau, sont parsemés de fleurs-de-lis, de la lettre L couronnée, de l'initiale du nom d'*Anne de Bretagne*, femme de *Louis XII*. & de Givres jettant un enfant nu par la gueule. Ces givres désignent le Duché de Milan, dont *Louis XII* fut investi à Trente par l'Empereur *Maximilien*, deux mois avant l'entiere confection de ce MS. c'est-à-dire le 10 Juin 1510.

On voit dans une belle bordure qui décore cette page, 9 médaillons qui représentent les 9 Preux; savoir, Hector, Alexandre le Grand, Jules César, Josué, David, Judas Machabée, Artus, Charlemagne & Godefroy de Bouillon.

Le premier dessein du second volume est aussi très magnifique;

HISTOIRE.

fique ; il offre *Louis XII* décoré du collier de l'ordre de St. Michel, tenant de la main gauche le sceptre royal, & de la droite une épée nue. Il est assis sur son trône, & environné des médaillons des Empereurs Romains que l'histoire a mis au petit nombre des Princes vertueux qui ont gouverné leurs peuples avec sagesse. Ces Empereurs sont : Nerva, Trajan, Adrien, Antonin, Marc-Aurele, Constantin, Justinien, César Auguste & Titus. *Louis XII* a le visage tourné vers le médaillon de Trajan. Son trône est semé de fleurs-de-lis, & on y voit par-tout ces deux sigles L & A. & des Porcs-épics.

On lit à la fin du troisieme Volume la souscription suivante :

Cy finist le tiers volume danguerran de monstrelet des croniques de france dangleterre de bourgögne et autres pays circonuoisins suyuät celle de froissart Escriptes par moi Anthoine bardin seruiteur de monseig.^r Messire francoys de Rochechouart Cheualier seigneur de champdenier seneschal de tholouze Gouuerneur et lieutenant gñal a gennes Pour le Roy Loys dousiesme de ce nom. Son conseiller et chambellan ordinaire. Et fut acheue au palays dud. lieu de Gennes la vigille de nostre dame daoust Lan mil cinq sens et dix.

On trouve sur un feuillet séparé au commencement de ce Volume une piece de 24 vers qui est intitulée :

Georges laduanturier estant au duc philippe de bourgongne fist ses mestres pour les roys de france et dangleterre et pour ledit seign. son maistre.

Cette piece consistant en 24 vers, commence ainsi :

Bourgogne
Voulant aymer la où point ne massure.

Tome III.   B b

HISTOIRE.

5057 Les Chroniques de France, d'Angleterre, de Bourgogne, & autres pays circonvoisins, par Enguerrand de Monstrelet. additionnées jusqu'en 1498, (par Pierre Desrey). *Paris, Ant. Verard.* 3 tom. en 2 vol. in fol. goth. v. f.

5058 Les Chroniques d'Enguerrand de Monstrelet, additionnées jusqu'en 1498, (par Pierre Desrey). *Paris, Anthoine Verard.* 3 vol. in fol. goth. m. r.

SUPERBE EXEMPLAIRE IMPRIMÉ SUR VÉLIN, avec 285 miniatures. Plusieurs feuillets sont décorés des armes de Claude d'Urfé.

5059 Les Chroniques d'Enguerrand de Monstrelet, contenant les cruelles guerres civiles entre les Maisons d'Orléans & de Bourgogne, l'occupation de Paris & Normandie par les Anglois, l'expulsion d'iceux, avec les continuations jusqu'en 1516, &c. *Paris, Guillaume Chaudiere,* 1572. 3 tom. en 2 vol. in fol. G. P. v. f.

5060 Les Chroniques du très chrétien Roy Louis XI. avec plusieurs autres aventures advenues, en ce Royaume de France, comme ez pays voisins, depuis l'an 1460 — 1483, (attribuées à Jean de Troyes ou à Denys Hesselin). in fol. goth. v. f.

L'Auteur dit dans l'avertissement qu'il a commencé son Ouvrage en l'année 1460 à la 35ᵉ année de son âge. Il rapporte dans cet avertissement des choses curieuses au sujet du prix du bled & du vin &c. Voici ses paroles :

Et premièrement touchant le fait & utilité de la terre durant la ditte année de 1460. Au regard & en tant que touche le terroir & finaige du royaume de france, il y crût compettament de bleds qui furent bons & de garde & n'en fût point vendu au plus chier temps de la ditte année que *vingt quatre sols parisis le septier* mais il ny crust que bien peu de fruit. Et au fait des vignes il y eût bien peu de vin & par especial en l'isle de france, comme d'un muid de vin pour chacun arpent mais il fut bien bon, & se vendit chier le vin cru ez bons terroirs d'entour Paris, comme de dix & onze écus chacun muid.

Au sujet des supplices en usage en 1460 il rapporte qu'une femme nommée Perrecte Mauger, voleuse & receleuse fut condamnée à mourir enterrée vive devant le gibet.

5061 Le premier volume de la Thoison d'or, composé par Révérend Pere en Dieu, Guillaume (Fillastre), jadis Evêque de Tournay. auquel, sous les vertus de magnanimité & justice appartenans à l'état de noblesse, sont contenus les hauts, vertueux & magnanimes faits des très chrétiennes Maisons de France, Bourgogne, &c. *Paris, Franç. Regnault*, 1516, 2 tom. en 1 vol. in fol. goth. v. f.

5062 Le premier volume de la Thoison d'or, composé par Guillaume (Fillastre), Evêque de Tournay. *Paris Jean Petit*, 1530. 2 tom. en 1 vol. in fol. goth. v. f. l. r.

5063 Histoire & Mémoires du Maréchal de Fleurange, Prince de Sedan, ou ce qui s'est passé de plus mémorable sous les regnes des Rois Louis XII. & François I. en France, Italie, Allemagne & Pays-Bas, depuis l'an 1499, jusques en l'an 1521, (écrits par lui-même). in 4.

MANUSCRIT sur papier du *XVIII siecle*, contenant 268 feuillets.

5064 Chronologie novenaire, contenant l'histoire de la guerre, sous le regne du très chrétien Roi de France & de Navarre, Henry IV. & les choses plus mémorables advenues par tout le monde, depuis le commencement de son regne, l'an 1589, jusques à la paix faite à Vervins, en juin 1598, entre Sa Majesté très chrétienne & le Roi d'Espagne, Philippe II. par Pierre Victor Palma Cayet. *Paris, Jean Richer*, 1608. 3 vol. in 8. m. r.

5065 Chronologie septenaire de l'Histoire de la paix entre les Rois de France & d'Espagne, contenant les choses plus mémorables advenues en France, Espagne, &c. depuis le commencement de l'an 1598, jusques à la fin de 1604. divisée en sept livres par Pierre Victor Palma Cayet. *Paris, Jean Richer*, 1605. in 8. m. r.

5066 Le Mercure francois, ou la suite de l'histoire de la paix, commençant l'an 1605, pour suite

HISTOIRE. 197

du feptenaire du D. Cayer (Cayet). & finiffant au facre Louis XIII. par I. Richer. *Paris, Jean Richer*, 1613. 25 vol. in 8. m. r.

Hiftoire particulière des Rois de France jufqu'à François Premier.

5067 L'Hiftoire & Chronique de Clotaire I. & de fa très illuftre époufe Madame Ste. Radegonde. *Poitiers, Engilbert de Marnef*, 1517. in 4. goth. non relié.

5068 Hiftoire de Saint Louis, IX du nom, Roi de France, écrite par Jean Sire de Joinville. enrichie de nouvelles obfervations & differtations hiftoriques par Charles du Frefne, fieur du Cange. *Paris, Sébaftien Mabre Cramoify*, 1668. in fol. m. r.

5069 Hiftoire de Saint Louis, par Jean Sire de Joinville. Les annales de fon regne, par Guillaume de Nangis. fa vie & fes miracles, par le Confeffeur de la Reine Marguerite. le tout publié d'après les MSS. de la Bibliotheque du Roi, & accompagné d'un gloffaire. par MM. l'Abbé Sallier, Mellot & Capperonnier. *Paris, de l'Imprimerie Royale*, 1761. in fol. m. r.

5070 Dialogues entre Pierre Salmon & Charles VI, Roi de France. = Diverfes Lettres de Pierre Salmon à Charles VI, Jean Sans-peur,

Duc de Bourgogne, &c. avec les réponses. in fol. m. r.

SUPERBE ET INFINIMENT PRÉCIEUX MANUSCRIT sur vélin du *XV siecle*, contenant 121 feuillets écrits en *ancienne bâtarde*, à longues lignes, avec les sommaires en rouge. Il est enrichi de lettres *tourneures* peintes en or & en couleurs, & de 27 très curieuses miniatures, dont la plus considérable porte environ 6 pouces de hauteur, sur 4 pouces de largeur.

Voici comment l'Ecrivain annonce ce qui est renfermé dans ce MS.

Cy sensuit le prologue de lacteur de ce present liure contenant la maniere comme il presente son dit liure au Roy nostre sire. Lequel liure contient en soy trois parties desquelles trois parties la premiere partie fait mencion de certaines reponses faictes par le dit acteur sur aucunes demandes a lui faictes par le Roy nostre dit seigneur touchantes son estat & le gouvernement de sa personne: La seconde partie samblablement fait mencion de aucunes autres moult belles & contemplatiues demandes sur le fait de la diuine escripture a laugmentation tousiours de nostre foy vtiles & prouffitables pour tous catholiques faittes par le Roy nostre dit seigneur audit acteur sur lesquelles il lui fait les responses cy dedens contenues: La tierce & derreniere partie si fait mencion comment lacteur recite & ramaine a memoire par maniere depistres comme sest emploie le temps passe ou seruice de ycellui mesmes le Roy nostre sire. par quelle maniere comment et ou faisant mencion par maniere de lamentation en aucunes dicelles, daucunes memes fortunes qui lui sont suruenues par aucuns siens enuieux le temps dessus dit pendant & tout pour verite touchant lestat du Roy nostre

HISTOIRE. 199

dit feigneur & bien commun de fon Royaume, comme plus a plain eft contenu es dictes epiftres.

L'Auteur de cet ouvrage eft un nommé *Salmon* ou *Salemon*, nom qu'on y voit écrit en plufieurs endroits de ces deux manieres; il fut Secrétaire, & il eut toute la confiance de *Charles VI.* Roi de France, auquel il paroît avoir été fort attaché. Ce Monarque lui donne lui-même la qualité de fon Secrétaire dans un fauf conduit ou paffeport qu'il lui fit délivrer le 4 Octobre 1408 en l'envoyant en Italie pour pacifier les troubles de l'églife. Ce paffeport que *Salmon* nous a confervé, commence par ces mots:

Charles par la grace de Dieu Roy de france a tous lieux tenans Conneftable... falut. comme pour certaines befongnes & affaires touchans le bien & honneur de nous & de noftre Royaume nous enuoions prefentement noftre bien ame & feal fecretaire Maiftre pierre le fruictier dit Salmon par deuers noftre ame & feal confeiller & chambelland Jehan le maingre dit bouciquaut marefchal de france & gouuerneur de noftre pays de jennes & ailleurs es parties d'italie nous mandons a vous... que noftre dit fecretaire lui iiije en fa compagnee a cheual ou a pie tant par mer comme par terre.... vous laiffiez aler venir & repaffer demourer & fejourner par vos villes.... deuant le temps de ces prefentes lefquelles nous voulons durer jufqu'à un an...

Quoique l'Hiftoire faffe mention des négociations où *Salmon* nous paroît avoir été employé, nous ne voyons pas que fon nom fe trouve dans aucun endroit. La feule particularité qu'on fache de lui, c'eft qu'il donna à *Jean*, *Duc de Berry*, un très beau MS. de la cité de Dieu, de St. Auguftin, noté dans l'inventaire des livres de ce Prince, qui fut fait après fa mort, arrivée en 1416.

HISTOIRE.

L'ouvrage contenu dans notre MS. est divisé en trois parties.

Les deux premieres renferment une suite de dialogues entre le Roi *Charles VI* & son Secrétaire *Pierre Salmon*, sur les vertus, les mœurs, la conduite & les devoirs des Princes, sur une administration juste, & sur les principaux Mysteres de notre réligion. Les réponses que *Salmon* fait aux questions du Roi, & les conseils qu'il lui donne, sont pleins de sagesse, d'humanité & de piété.

La troisieme partie commence par une lettre de *Charles VI* adressée à *Salmon*, par laquelle il lui donne ordre de mettre par écrit le récit exact de la conduite qu'il a tenue envers sa personne & pour le bien du Royaume, depuis qu'il est à son service. Cette lettre est suivie de cet exposé:

Cy sensuiuent les lamentacions Salmon pour aucunes merueilles a lui auenues ou pelerinage de ce monde et les epistres pour ce par lui baillees et enuoiees a tres excellent et tres puissant prince Charles Roy de France le siziesme de ce nom aux seigneurs de son sang a pierre de lune qui lors occupoit le papat et aux seigneurs Cardinaulx & autres prelas lors estans au conseil general tenu a Pyse pour oster la diuision et le tres doulereux scisme qui estoit et longuement auoit este en leglise de dieu Lesquelles lamentacions et epistres je Salmon ay escript et jntitule en ce petit volume en lan de lincarnacion nostre seigneur Mil. quatre cens et neuf A la requeste et par le commandement du roy nostre seigneur.

Cette partie est très curieuse & intéressante, elle contient une relation des différents voyages que *Salmon* entreprit pour le service de *Charles VI*. les moyens dont il s'occupa sans cesse pour tirer ce Monarque du funeste délire qui l'affligeoit si souvent, les lettres qu'il lui écrivit à ce sujet, ainsi

HISTOIRE.

ainsi qu'à *Jean sans peur*, Duc de Bourgogne, & les réponses de l'un & de l'autre Prince. Il commence ses Mémoires par les fiançailles de *Richard II*. Roi d'Angleterre, avec *Isabelle*, fille de *Charles VI.* faites à Calais le 9 Mars 1394, vieux style, & par la célébration de ce mariage; & les termine en l'année 1409. Il dit qu'il fut choisi par la nouvelle Reine, pour l'accompagner en Angleterre. Il raconte comment dans la crainte de nuire à son maître, il éluda constamment de répondre, pendant son séjour dans ce Royaume, aux questions que lui faisoit souvent *Richard II* sur la maladie de *Charles VI* son beau-pere, dont il cherchoit à connoître la cause & la nature qu'on avoit soin de dérober à la connoissance de tout le monde. Il ajoute qu'un jour le Monarque Anglois étant dans son oratoire, lui fit serment, en mettant la main sur l'Autel, qu'il ne se proposoit que le bien du Royaume de France, en le sollicitant de le satisfaire sur ses demandes ; mais que voyant qu'il ne pouvoit rien tirer de lui, il le quitta brusquement, disant : *quil estoit comune renommee en france et aussy estoit-il en angleterre que le duc dorleans tenoit le Roy de france son frere en telle subiection* et une autre fois *quil sauoit certainement que tout le mal et la tribulation que son beau pere le roy de france auoit procedoit de monsieur le duc dorleans son frere qui le gouuernoit ainsi par art dyabolique et pour le destruire et pour estre roy et que sil il uiuoit longuement et son fait ne lui estoit rompu quil rendroit a son intention et seroit roy de france.*

Il seroit trop long de rapporter ici tout ce qui arrive de particulier à *Salmon* dans ses messages de la part de *Charles VI* & de *Jean sans peur*, Duc de Bourgogne, en Angleterre & en Italie. Il trouve dans ce dernier pays un homme qui se vantoit de guérir le Roi. On est surpris de voir que Salmon, homme de bon sens, & instruit, ajoute foi aux discours de ce Charlatan, & en donne connoissance

Tom. III.   C c

au Duc de Bourgogne, qui auſſi peu ſenſé que lui, le charge de chercher tous les moyens de l'amener en France.

Salmon reçoit pluſieurs audiences du Pape *Alexandre V*. auquel il recommande le malheureux Roi *Charles VI*. Ce Pontife accorde, à ſes inſtances, des indulgences à ceux qui prieront pour le Roi, & compoſe une Oraiſon & une Antienne particulieres pour être récitées.

La derniere piece de ce MS. eſt une lettre du Duc de Bourgogne au même Pape *Alexandre V*, par laquelle il le remercie de ce qu'il a fait pour le Roi, & le prie de lui envoyer Maître *Helye*, cet homme qui ſe vantoit de le guérir, qui n'oſoit quitter le pays ſans la permiſſion du Pape, & que le Pape ne vouloit pas laiſſer partir ſans en être auparavant requis par le Roi lui-même.

Ce MS. paroît être celui que *Salmon* préſenta à *Charles VI* après qu'il en eut reçu ordre de mettre par écrit ce qu'il contient. Tout prouve qu'il eſt l'original; la beauté de ſon exécution, le ſoin qu'on y a apporté, & qui le rend peut-être un des plus beaux qu'on ait fait dans le commencement du XV ſiecle; enfin les ſujets des miniatures dont il eſt enrichi. Il eſt convenable de décrire quelques-unes de ces miniatures qui offrent des tableaux intéreſſants, & des coſtumes du regne de *Charles VI*.

La premiere Miniature offre un appartement tendu en bleu, ſemé de fleurs-de-lys. *Charles VI* s'y voit de profil, aſſis ſur un faldiſtoire de bois, peint en verd, & placé ſous un dais qui eſt orné de Paons éployés, & au haut duquel eſt peint pluſieurs fois ce mot : *jamais*, deviſe de *Charles VI*. qui ſe lit auſſi à St. Denis ſur ſon tombeau, le long de ſes vêtements. Ce Monarque couronné d'une couronne ouverte d'or, habillé d'une robe de pourpre, par deſſus laquelle il a une dalmatique d'azur, ſemée de Fleurs-de-lis, fourrée d'hermines, & bordée d'or & de pierreries, a les pieds posés sur un coussin de la même couleur que sa dalmatique, & reçoît de ses deux mains le livre que lui présente *Salmon*, un genou en terre. Cet Auteur y est tonsuré & vêtu d'une robe violete avec un chaperon de pourpre, il lui sort de sa main droite un rouleau qui porte ces mots : *Viscera tua replebuntur volumine isto*. Derriere lui est *Jean-sans-peur*, Duc de Bourgogne, accompagné d'un Seigneur que rien ne fait connoître. Ce Prince fils de Philippe le hardi est très attentif à la présentation. Il tient sa main droite un peu élevée, avec l'index posé sur le pouce & releve de la droite la queue d'un chaperon écarlate, qui est rabattue sur ses épaules ; sa coeffe qui lui couvre entierement le derriere de la tête est noire & enrichie d'un diament ; sa ceinture est dorée, & sa robe doublée de fourrure, est chargée de rabots. C'est cet instrument qui nous fait reconnoître *Jean-sans-peur*. On sait que *Louis d'Orléans*, oncle de *Charles VI*. mortel ennemi de la maison de Bourgogne, quelque temps avant que d'être assassiné, avoit pris pour devise un bâton noueux, avec ces mots : *je l'envie*, & que le Duc de Bourgogne y avoit répondu par la devise d'un rabot avec cette inscription : *je le tiens*. Après le meurtre du Duc d'Orléans en 1407, on disoit dans Paris, le bâton noueux est plané par le rabot.

La seconde miniature n'est pas moins curieuse que la premiere, parcequ'elle nous montre *Charles VI*. presque de face, vêtu d'une robe noire à longues manches, laquelle est chargée de levriers d'or couronnés au col, & ayant la tête couverte d'un chapel noir, garni d'un diamant. Il est couché sur un lit d'écarlate, où on lit sa devise : *jamais*. Il a la tête posée sur un oreiller blanc, & appuyée sur un bras. Dans cette attitude, il semble interroger Salmon qui est à ses genoux à côté du lit. Au pied sont trois Seigneurs parmi lesquels on remarque le Duc de Bourgogne habillé comme dans la première miniature ; mais dont les vêtemens sont de couleurs différentes & sans rabots.

La miniature qui est à la tête de la seconde partie représente le même appartement. On y voit également *Charles VI* presque de face, assis sur le bord de son lit, ayant un oreiller blanc derriere la tête qu'il appuye sur un bras. Il est vêtu d'une robe noire fourrée d'hermine, au long de laquelle on lit sa devise écrite en or, & dont une des manches qui sont fort amples, est chargée d'un levrier d'or couronné au col ; il paroît interroger *Salmon* qui est à genoux devant lui. Au pied du lit sont trois officiers du Roi conversant entr'eux ; un d'eux tient une flêche d'arbalete qu'il appuye sur un de ses côtés.

On remarque dans la figure du Roi la plus grande ressemblance avec celle de la miniature précédente, ce qui prouve que l'une & l'autre représentent véritablement les traits de *Charles VI*. On est surpris d'y voir ce Monarque chaussé de longues poulaines, tandis que *Charles V.* son pere les avoit défendu sous de très grosses peines. Il paroît d'après ce qu'en dit *Juvenal des Ursins*, qu'il n'y eut que les gens dissolus qui portoient sur la fin du XIV. siecle, ces longs souliers pointus.

A la tête de la troisieme partie est une autre miniature intéressante qui offre un côté de l'Hôtel de St. Paul, Palais de *Charles VI.* & derriere cet Hôtel le haut de l'Eglise du couvent des Célestins. Le Monarque habillé à-peu-près de même que dans la premiere miniature, avec cette différence pourtant que sa robe est d'écarlate & sa dalmatique violete, y est vu, assis sur son trône, dans une grande salle. *Salmon* vêtu d'une robe d'azur lui présente de rechef, un genou en terre, son livre relié comme ci-dessus. Trois Seigneurs en conversation sont derriere lui ; l'un d'eux est reconnoissable par le grand nombre de cignes dont sa

HISTOIRE.

robe noire à longues manches, & doublée de fourrure est parsemée. C'est *Jean Duc de Berry* oncle de *Charles VI.* qui avoit pris cet oiseau avec un ours pour supports de ses armes.

A la porte en dehors de l'appartement, on voit un huissier ayant une jambe chauffée de blanc & une autre de rouge, portant une masse sur l'épaule ; dans la cour, un garde à cheval ; à la porte de la cour, une sentinelle qui reçoit deux Seigneurs qui s'y présentent, & aux environs & dans la cour même, plusieurs autres gens au service du Roy, faisant différentes fonctions. L'uniforme des gardes est verte & rouge.

Le sujet de l'antepénultieme miniature est l'audience que *Salmon* reçoit du Pape *Alexandre V.* dans sa chapelle. Ce Pontife y est sur son siege, avec une tiare à trois couronnes sur la tête, & Salmon y est introduit par un Cardinal.

La derniere de toutes représente *Jean-Sans-Peur*, habillé d'une robe noire, fourrée, tenant une petite hache dans la main & assis sous un dais d'écarlate, chargé de rabots. Salmon lui rend compte de ses négociations, en présence de deux gens du Prince, dont un habillé de verd, ayant un bonnet d'où pendent deux grelots, paroît être son fou.

On peut juger d'après les descriptions que nous venons de donner, combien ces six miniatures sont précieuses, tant pour les sujets que pour les costumes du XVe siecle qu'elles offrent avec tant de vérité. Ce M S. est d'autant plus intéressant, qu'il n'existe point de monuments où *Charles VI.* soit représenté comme dans celui-ci. Le pere Montfaucon, après de grandes recherches, n'en a découvert d'autre que celui du tombeau de ce Monarque dont il a fait graver la statue qui enrichit le tome III. pag. 180 des Monuments de la Monarchie françoise. Ce Savant Bénédictin y dit à ce sujet :

» Quoique ce regne ait été fort long, on trouve peu de
» monuments où ce Roi soit représenté en peinture ou en
» sculpture. La grande maladie qui le prit l'an douzième de
» son regne, & ne le quitta que par intervalles, & les mal-
» heurs qui accablerent le royaume pendant ce tems là,
» firent apparemment qu'on ne pensa gueres à tirer son por-
» trait ».

On ne peut disconvenir que ceux de ce MS. ne soient très véritables, puisque le portrait de la premiere miniature, & celui de la miniature de la troisieme partie, dans lesquelles *Charles VI.* est représenté de profil, se ressemblent parfaitement. On remarque aussi la plus grande ressemblance entre les portraits de la seconde miniature & de celle qui est à la tête de la seconde partie, où ce Monarque se voit presque de face.

5071 Harangue faite au nom de l'Université de Paris, par Jehan Gerson, devant le Roi Charles VI, & tout le Conseil, contenant les remontrances touchant le gouvernement du Roy & du Royaume. avec les protestations du Roy Charles VII. sur la détermination du Concile de Basle. *Paris, Gilles Corrozet*, 1561. in 8. m. r.

5072 Les Chroniques du feu Roi Charles VII. contenant les faits & gestes dudit Seigneur, lequel trouva le Royaume en grande désolation, & néamoins le laissa paisible. L'avénement de la Pucelle, faits & gestes d'icelle, &c. rédigé par feu Maître Alain (Jean) Chartier. *Paris, Franç. Regnault*, 1528. in fol. goth. m. r.

HISTOIRE.

5073 Procès criminels de Gilles de Rays, Maréchal de France, en 1440. === De Charles de Melun, Lieutenant du Roi, en 1468. === De Meſſire Louis de Luxembourg, Comte de Saint-Paul, Connétable de France, en 1475. === De Jacques de Beaune, en 1524. 2 vol. in fol. v. f.

MANUSCRIT ſur papier du *XVIII ſiecle*, proprement écrit, contenant 734 feuillets.

5074 Hiſtoire de Louis XI. par M. Duclos. *Paris, les Freres Guerin*, 1745. 4 vol. in 12. v. f.

5075 Chronique & Hiſtoire faite & compoſée par Meſſire Philippe de Commines, contenant les choſes advenues du regne de Louis XI. *Paris, Galliot du Pré*, 1524. in fol. goth. v. m.

5076 La Chronique de Philippe de Commines. *Lyon, Claude Nourry, dit le Prince*, 1528. in fol. goth. m. r.

5077 Les Mémoires de Meſſire Philippe de Commines, ſieur d'Argenton. *Leyde, chez les Elzeviers*, 1648. in 12. m. viol. doub. de m. cit. dent. l. r.

5078 Les Mémoires de Meſſire Philippe de Commines Seigneur d'Argenton, contenant les Hiſtoires des Rois Louis XI & Charles VIII. depuis l'an 1464 juſques en 1498. revus & corrigés par Denys Godefroy. *Paris, de l'Imprimerie Royale*, 1649. in fol. m. r. l. r.

5079 Mémoires de Messire Philip. de Commines, nouvelle édition, revue sur plusieurs MSS. & enrichie de notes par MM. Godefroy. augmentée par l'Abbé Lenglet du Fresnoy. *Paris, Rollin,* 1747. 4 vol. in 4. G. P. m. r. avec les portraits d'Odieuvre.

<small>On trouve dans cet Exempl. le portrait de Maurice Comte de Saxe, Maréchal de France, & la Dédicace de l'éditeur à ce Général, laquelle a été supprimée dans presque tous les exemplaires.</small>

5080 Chroniques du Roi Charles VIII. compilées & mises en forme de Mémoires, par Messire Ph. de Commines. *Paris, Engilbert de Marnef,* 1528. in fol. —— La Nef des batailles avec le chemin de l'hospital, composé par Robert de Barssat (Balsac), Seigneur d'Antresgues. *Lyon, Guill. Balzarin,* 1502. in 4. goth. v. m.

5081 Les Portraits & les Epitaphes des quatre derniers Ducs de Bourgogne de la Royale Maison de Valois. *Paris, Jean Richer,* 1587. in 8. m. r.

5082 Histoire singuliere du Roi Louis XII, de ce nom, pere du Peuple. par Claude de Seissel. *Paris, Gilles Corrozet,* 1558. in 8. m. cit.

5083 Coram Julio Secundo: Maximo Pontifice: Sacroque Cardineo collegio: pro Christianissimo Francorum Rege Ludovico XII. adversus impudentem & parum consultum calumniatorem apologia: per Reverendissimum D. D. Guillelmum Briconnetum:

HISTOIRE.

Briconnetum : Lodovienſem meritiſſimum Antiſtitem Romæ habita, 1507. *Rothomagi, Martinus Morin,* 1507. in 8. m. r.

5084 Hiſtoire de la Ligue faite à Cambray, contre la République de Veniſe. par l'Abbé Dubos. *Paris, Chaubert,* 1728. 2 vol. in 12. v. f.

5085 Le Triomphe du très chrétien Roi de France Louis, XII de ce nom, contenant l'origine & la déclination des Vénitiens avec l'armée dudit Roi, & celle deſdits Vénitiens, &c. par Simphorien Champier. *Lyon, Claude Davoſt,* 1509. in 4. goth. v. f.

5086 La victoire du Roi contre les Vénitiens. compoſé par Claude de Seyſſel. *Paris, Ant. Verard,* 1510. in 4. goth. m. r.

5087 La victoire du Roi (Louis XII). contre les Vénitiens. par Claude de Seyſſel. *Paris, le viie. jour de Mai* 1510, *pour Anthoine Verard, in* 4. goth. m. r.

IMPRIMÉ SUR VÉLIN, avec 2 miniatures & lettres initiales peintes en or & en couleurs. Le premier feuillet eſt décoré des armes de France.

Hiſtoire particuliere du regne de François I.

5088 Le couronnement du Roi François premier. voyage & conqueſte de la Duché de Milan. victoire & répulſion des uſurpateurs d'icelle. rédigé par le Moine ſans froc (Paſquier le Moine), en

Tome III. Dd

vers & en prose. *Paris, Gillet Couteau,* 1519. in 4. goth. v. f.

5089 Le Panegyrique du Chevalier sans reproche, Louis de la Tremoille. par Jean Bouchet. *Poitiers, Jacques Bouchet,* 1527. in 4. goth. v. f.

5090 La vie & les gestes du preux Chevalier Bayard, contenant plusieurs victoires par lui faites du regne des Rois de France Charles VIII, Louis XII & François premier. par Symphorien Champier. *Lyon, Olivier Arnoullet,* 1558. in 4. goth. fig. v. m.

5090* Registrum processus criminalis ac aliarum expeditionum in suprema Parlamenti curia agitatarum contra Carolum de Borbonio, factum fuit per me Nicolaum Malon, Notar. & Secret. Regis, necnon suæ dicti Parlamenti Curiæ graphiarium criminalem, anno 1527. —— Procès-verbal de l'exécution des arrêts donnés contre Messire Charles de Bourbon, Connestable de France, fait par Maître François Lanel, Conseiller en la Cour de Parlement, 1527. 2 vol. in fol. v. f.

MANUSCRIT sur papier du *XVIII siecle*, proprement écrit, contenant 738 feuillets.

5091 Double d'une Lettre écrite par un serviteur du Roi très chrétien, à un Sécretaire allemand, au sujet des querelles & différents entre l'Empereur & ledit Seigneur Roi. Par laquelle il appert évidemment lequel des deux a été aggreffeur, autant en la premiere qu'en la préfente guerre. *Paris*, 1536. in 8. v. m.

5092 Nouvelle défenfe pour les Françoys : à l'encontre de la nouvelle entreprife des ennemys, comprenant la maniere d'éviter tous poifons, avec les remedes à l'encontre d'iceux, dédié au Gentilhomme allemand qui a fait refponfe au Sécretaire allemand, fon ami, fur le différent de l'Empereur & du Roy très chrétien François premier. (par Bertrand de la Luce). *Paris, Denys Ianot*, (1537). in 8. goth. m. r.

Cette piece a été faite au fujet de l'empoifonnement du Dauphin.

Le privilege de François I. dont ce livre eft muni, commence ainfi :

Reçue avons l'humble fupplication de noftre cher & bien amé Bertrand de la Luce, Docteur en Médecine, contenant que pour obvier au péril & danger de poifon dont aucuns ennemis de nature s'en font efforcés & s'efforcent ufer en diverfes manieres, lorfquils ont vus & voient ne pouvoir parvenir à leurs damnées & mauvaifes machinations & entreprinfes, &c.

5093 Recueil de pieces. in 8. v. m.

Contenant :

1 Triumphes d'honneur faits par le commandement du Roi à l'Empereur en la ville de Poitiers, le IX Décembre 1539. enfuite l'entrée faite à Paris le premier jour de l'an enfuivant. *Gand, Pierre Céfar*, 1539.

2 Les triumphantes entrées faites par le commandement de François premier à l'Empereur Charles V. ez villes de Poitiers & Orléans, &c. *Lisle, Guillaume Hamelin.*

3 La magnifique & triumphante entrée de l'Empereur Charles V. en de la ville de Paris.

4 La proposition faite en personne de la Majesté Impériale, aux Electeurs, Princes & Etats du St. Empire, en la Cité de Reinsbourg. 1541.

5 Confirmation du droit de l'Empereur Charles V. prétendu ès Duché de Gueldre & Comté de Zutphen, 1541.

6 Du Colloque de Wormes, trad. du latin en françois. *Anvers*, 1541.

7 Justification de l'Empereur contre les Duc Electeur de Saxe & Landgrave de Hessen. *Louvain, Servais de Sassen*, 1546.

5094 Les triumphantes & honorables entrés, faites par le commandement de François premier, à la Sacrée Majesté Impériale, Charles V. ez villes de Poitiers & Orléans, l'an 1539. *Lille, Guillaume Hamelin*, 1539. in 8. m. r.

5095 La sciomachie & festins faits a Rome, au Palais de M. le Cardinal du Bellay, pour l'heureuse naissance de Monseigneur d'Orléans. extrait d'une copie des lettres écrites à M. le Cardinal de Guise, par M. François Rabelais. *Lyon, Sébastien Griphe*, 1549. in 8. v. f.

5096 Le voyage du Roi notre Sire, à sa ville de la Rochelle. *Paris, Jacques Nyvert*, 1543, in 8. goth. v. f.

5097 Procès fait à Meſſire Guillaume Poyet, Chancelier de France, ès années 1543 & 1544. in fol. v. b.

MANUSCRIT ſur papier du *XVII ſiecle*, proprement écrit, contenant 281 feüillets.

5098 Le ſiege de Metz, en 1552. par B. de Salignac. *Paris, Charles Eſtienne*, 1552. in 4.º m. r.
IMPRIMÉ SUR VÉLIN.

Hiſtoire particuliere du regne de Charles IX.

5099 Commentaires de l'état de la Religion & République ſous les Rois Henry & François ſeconds, & Charles IX. (par P. de la Place.) 1565. in 8. m. r.

5100 Diſcours merveilleux de la vie, actions & déportemens de Catherine de Médicis, Roynemere, (par Henry Eſtienne). *Sur la copie imprimée à Paris*, 1649 in 8. m. r.

Cathérine de Médicis ne faiſoit pas difficulté d'avouer qu'il y avoit bien du vrai dans ce livre, & que ſi l'on s'étoit adreſſé à elle, on auroit encore eu des choſes bien plus curieuſes. Cela n'eſt pas difficile à croire. V. *Méthode d'Hiſtoire* Tom. 12, pag. 190.

5101 Lettres du Chevalier de Villegaignon, ſur les remontrances, à la Reine, mere du Roi, touchant la religion, 1561. in 8. goth. v. m.

HISTOIRE.

5102 La réponse aux Lettres de Nic. Durant, dit le Chevalier de Villegaignon. ensemble la confutation d'une hérésie mise en avant par ledit Villegaignon, contre la souveraine puissance & authorité des Rois. in 8. m. r.

5103 L'Estrille de Nicolas Durant, dit le Chevalier de Villegaignon. 1561. in 8. v. m.

5104 Discours des premiers troubles advenus à Lyon (en 1562); avec l'apologie pour la ville de Lyon, contre le libelle faussement intitulé, la juste & sainte défense de la ville de Lyon. par Gabriel de Saconay. *Lyon, Michel Iove*, 1569. in 8. m. b.

Au verso du feuillet qui contient l'extrait du Privilege du Roi, il y a une figure fort singuliere; elle représente des Singes, dont l'un est en chaire à prêcher, un autre tire un coup de fusil contre un Crucifix, &c. &c.

5105 Recueil de pieces in 4. m. r.

Contenant:

1 Déclaration faite par M. le Prince de Condé, pour montrer les raisons qui l'ont contraint d'entreprendre la défense de l'autorité du Roi, du gouvernement de la Reine, & du repos de ce Royaume. avec la protestation sur ce requise. 1562.

2 Edit & Déclaration faite par le Roi Charles IX. sur la pacification des troubles de ce Royaume. *Paris, Eloy Gibier, pour Rob. Estienne*, 1563.

3 Réponse à l'interrogatoire qu'on dit avoir été fait à un

HISTOIRE. 215

nommé Jean de Poltrot, soi-disant Seigneur de Merey, sur la mort du feu Duc de Guyse. Par M. de Chastillon, Amiral de France, & autres. *Orléans*, 1562.

4 Discours des choses faites par M. le Prince de Condé, depuis son partement d'Orléans. 1563.

5 Discours des moyens que M. le Prince de Condé a tenus pour pacifier les troubles qui sont à présent en ce Royaume. 1562.

6 Protestation faite par la Reine d'Angleterre, par laquelle elle déclare les justes occasions qui l'ont meue de prendre la protection de la cause de Dieu, la défense du Roi & de son Royaume, contre les Auteurs des troubles qui y sont à présent. 1562.

7 Remontrance de M. le Prince de Condé, & ses associés, à la Reine, sur le jugement de rebellion donné contre eux par leurs ennemis, &c. 1562.

8 Les recusations envoyées à la Cour de Parlement de Paris, contre aucuns des Présidents & Conseillers d'icelle, par M. le Prince de Condé. 1562.

9 Sommaire, déclaration & confession de foi, faites par M. le Prince de Condé, contre les calomnies & impostures des ennemis de Dieu, du Roi & de lui. 1562.

10 Discours sur la liberté ou captivité du Roi. 1562.

11 Seconde déclaration de M. le Prince de Condé, pour faire connoître les Auteurs des troubles de ce Royaume. 1562.

5106 Sommaire recueil des choses mémorables que le Seigneur Prince de Condé a protestées & faites pour la gloire de Dieu, repos & utilité du

Royaume de France. contre les auteurs des troubles advenus depuis 1560 jusques à présent. *Imprimé nouvellement*, 1564. in 16 m. verd.

5107 Recueil des choses mémorables faites & passées pour le fait de la religion & état de ce Royaume, depuis la mort du Roy Henry II. jusqu'au commencement des troubles. *Tome I.* 1565 *& tome II. & III. Strasbourg, Pierre Estiard*, 1566. 3 vol. petit in 8. m. verd.

5108 Recueil de toutes les choses advenues, tant de par le Roy, que de par Monseigneur le Prince de Condé, Gentilshommes & autres de sa compagnie, depuis le 28 d'octobre 1567 jusques à présent. *Anvers*, 1568. in 8. m. verd.

5109 Mémoires de Condé, servant d'éclaircissement & de preuves à l'Histoire de M. de Thou, contenant ce qui s'est passé de plus considérable en Europe. avec des notes historiques, critiques & politiques, par MM. Secousse & Lenglet du Fresnoy. *Paris, Rollin*, 1743. 6 vol. in 4. G. P. v. f.

5110 Sentence redoutable & arrêts rigoureux du jugement de Dieu, à l'encontre de l'impiété des Tyrans. recueillies tant des Saintes Ecritures, comme de toutes autres Histoires. 1564. in 8. m. bl.

5111 Du grand & loyal devoir, fidélité & obéissance

sance de Mrs. de Paris envers le Roy & Couronne de France. (Pat Louis Régnier Sieur de la Planche.) 1565. in 8. m. r.

5112 Histoire de notre temps, contenant un recueil des choses mémorables passées & publiées pour le fait de la religion & état de la France, depuis l'édit de pacification, du 23 jour de mars 1568, jusqu'au jour présent. *Imprimé nouvellement*, 1570. in 8. m. verd.

5113 Généalogie & la fin des Huguenots, & découverte du Calvinisme. par Gabriel de Saconay. où est sommairement décrite l'histoire des troubles excités en France par lesdits Huguenots, jusques à présent. *Lyon, Benoist Rigaud*, 1572. in 8. m. r.

5114 Figure & exposition des portraits et dictons, contenus ez médailles de la conspiration des rebelles en France, opprimée & éteinte par le Roi Charles IX, le 24 août 1572, par Nicolas Favyer. *Paris, Jean Dallier*, 1572, in 8. m. r.

On y voit la figure de la médaille frappée à l'occasion du massacre de la S. Barthelemy. La légende est: *Virtus in rebelles*, & l'exergue: *Pietas excitavit justitiam. 24 Augusti*, 1572.

5115 La vie de Messire Gaspard de Coligny, Seigneur de Chastillon, Amiral de France. à laquelle sont ajoutés ses Mémoires sur ce qui se passa au siege de Saint-Quentin. (trad. du latin de Jean de Serres). *Leyde, Bonav. & Abraham Elzevier*, 1643. in 12. v. f.

5116 Recueil de cent vingt trois eſtampes coloriées, repréſentant l'hiſtoire des troubles au ſujet de la religion, tant en France que dans les Pays-Bas, à commencer dès l'année 1559 à 1578. in fol. oblong. m. r.

5117 Premier volume, contenant quarante Tableaux ou hiſtoires diverſes qui ſont mémorarables, touchant les guerres, maſſacres & troubles advenus en France en ces dernieres années. le tout recueilli ſelon le témoignage de ceux qui y ont été en perſonne, & qui les ont vus, leſquels ſont pourtraits à la vérité. in fol. m. r.

Il n'y a que ce Volume qui ait paru.

Ce recueil précieux ſe trouvant preſque toujours imparfait, & les planches n'étant pas toutes numerotées, nous avons cru faire plaiſir aux curieux en leur donnant l'intitulé de toutes les Eſtampes qui compoſent ce Volume.

Il y a des Exemplaires où l'on trouve après le frontiſpice un feuillet intitulé : *au Lecteur*, & commençant par ces mots : *Cognoiſſant le deſir que pluſieurs ont de ſavoir*, &c.

Il y en a d'autres auſſi où les intitulés qui ſont dans le haut des figures ont quelques différences, ce qui prouve qu'il y en a pluſieurs qui ont été réimprimées.

Ces figures ont été gravées ſur bois en 1570 par I. Periſſim & I. Tortorel.

1 La Mercuriale tenue aux Auguſtins à Paris le 10 de Juin 1559, où le Roy Henri II y fut en perſonne.

HISTOIRE.

2 Le Tournoy où le Roy Henry II. fut bleſſé à mort le dernier de Iuin 1559.

3 La mort du Roy Henry deuxieme aux tournelles à Paris, le X. Iuillet 1559.

4 Le Roi Henri II. qui eſt dans ſon lis de mort, aux tournelles a paris, le 10 juillet 1559.

Cette eſtampe eſt la même que la précédente.

5 Anne du Bourg Conſeiller du Parlement de Paris, bruſlé à S. Jean en Greve le 21 Décembre 1559.

6 L'entrepriſe d'Amboiſe, deſcouverte les 13. 14. & 15 Mars 1560.

7 L'exécution d'Amboiſe, faite le 15 Mars, 1560.

8 L'Aſſemblée des trois eſtats, tenus à Orléans au mois de Ianvier 1561.

9 Le Maſſacre fait à Cahors en Querci, le XIX. Novembre 1561.

10 Le Colloque tenu à Poiſſy, le 9 de Décembre 1561.

11 Le Maſſacre fait à Vaſſy, le premier iour de Mars 1562.

12 La prinſe de Valence en dauphiné, où M. de la Motte Gondrin Gouverneur d'icelle fut tué le 25 d'Avril. 1562.

13 Le Maſſacre fait à Sens en Bourgogne par la populace au mois d'Avril 1562, avant qu'on print les armes.

14 Le Maſſacre fait à Tours par la populace, au mois de Iuillet 1562.

15 La prinſe de la ville de Montbriſon au pays de Foreſt, au mois de Iuillet 1562.

16 La déffaite de S. Gilles en Languedoc, au mois de Septembre 1562.

HISTOIRE.

17 L'ordonnance des deux Armées de la Bataille de Dreux, donnée le 19 Décemb. 1562.

18 La I. charge de la bataille de Dreux, là où M. le Conneſtable fut prins, le 19 de Décembre 1562.

19 La deuxieme charge de la Bataille de Dreux, où M. le P. de Condé pourſuit la victoire le 19 Décemb. 1562.

20 La III. charge de la bataille de Dreux, où M. le Prince de Condé fut prins, le 19 Décembre 1562.

21 La quatrieme charge de la bataille de Dreux, où M le Mareſchal S. André fut tué le 19 Décemb. 1562.

22 La Retraite de la Bataille de Dreux, le 19 Décembre 1562.

23 Orleans aſſiegé au mois de Ianvier 1563.

24 Le Duc de Guiſe eſt bleſſé à mort le 18 Fevrier 1563.

25 La paix faite en l'iſle aux Bœufs près Orleans, le 13 Mars 1563.

26 L'exécution du Sieur Iean Poltrot dit du Meray à Paris, le 18 de Mars 1563.

27 Le Maſſacre fait à Niſmes en Languedoc le 1 d'Octobre 1567, en la nuict.

28 La Bataille de Sainct Denis, donnée la veille S. Martin, 1567.

29 La rencontre des deux armées françoiſes à Coignac près Gannat en Auvergne, le 6 Ianvier 1568.

30 La ville de Chartres aſſiégée & battue par M. le Prince de Condé, au mois de Mars 1568.

31 L'ordonnance des deux armées françoiſes entre Coignac & Chaſteau-neuf, le 13 de Mars 1569.

32 La rencontre des deux armées Françoiſes entre Cognac & Chaſteau-neuf, le 13 Mars 1569.

33 La rencontre des deux armées à la Roche en Lymofin, ou le S. Stroffy fut prins le 25 Iuing 1569.

34 Poitiers affiegé par M. les Princes le 24 de Iuillet 1569, & tout Aouft, jufques au 7 de Septembre fuivant.

35 L'ordonnance des deux armées près de Moncontour, le 3 d'Octobre 1569.

36 La defroute du camp de M. les Princes, & la défaite des Lanfquenets, à Moncontour le 3 d'Octobre 1569.

37 La furprinfe de la ville de Nifmes en Languedoc par ceux de la religion, le 15 de Novembre 1569, en la nuit.

38 S. Iean d'Angely affiegé par le Roy Charles IX. depuis le 14 d'Octobre jufques au 2 de Décembre 1569.

39 L'entreprinfe de Bourges en Berri defcouverte fur ceux de la Religion le 21 de Décembre 1569.

40 La rencontre des deux armées Françoifes faite au paffage de la riviere du rofne en Dauphiné le 28 de Mars 1570.

41 Eftampe qui porte au bas l'*Efcalade*.

Cette eftampe eft la même que celle intitulée : *l'Exécution d'Amboife, faite le 15 Mars 1560*.

Hiftoire particuliere du Regne de Henry III.

5118 Journal de Henri III. Roi de France & de Pologne : ou Mémoires pour fervir à l'hiftoire de France, par Pierre de l'Eftoile. Nouvelle édition accompagnée de remarques hiftoriques, &c. par l'Abbé Lenglet du Frefnoy. *Paris, Veuve de Pierre Gandouin*, 1744. 5 vol. in 8. m. r.

5119 Le Reveille-matin des François, & de leurs

voisins; composé par Eusebe Philadelphe cosmopolite (attribué à Nicolas Burnand ou à Théodore de Beze). *Edimbourg, Jacques James*, 1574. in 8. m. viol.

5120 La Légende de Maître Jean Poisle, Conseiller en la Cour de Parlement de Paris, contenant quelques discours de sa vie, actions & déportemens en son état, & les moyens qu'il a tenus pour s'enrichir. *Imprimé l'an de grace*, 1576. in 8. v. m.

5121 La France-Turquie, c'est-à-dire, conseils & moyens tenus par les ennemis de la Couronne de France, pour réduire le Royaume en tel état que la Tyrannie Turquesque. *Orléans, Thibaut Desmurs*, 1576. —— Lunettes de christal de roche, par lesquelles on voit clairement le chemin tenu pour subjuguer la France, à même obéissance que la Turquie, pour servir de contrepoison à l'antipharmaque du Chevalier Poncet. *Orléans, Thibaut Desmurs*, 1576. in 8. v. m.

5122 La Légende de Charles, Cardinal de Lorraine, & de ses freres, de la Maison de Guise. Par François de l'Isle. *Reims, Jacques Martin*, 1576. in 8. m. verd.

5123 Le Légende de Charles, Cardinal de Lorraine, & de ses freres. Par François de l'Isle. *Reims, Pierre Martin*, 1579. in 8. m. verd.

5124 Legende de Domp Claude de Guise, Abbé

de Cluny : contenant ſes faits & geſtes, depuis ſa nativité juſqu'à la mort du Cardinal de Lorraine : & des moyens tenus pour faire mourir le Roi Charles IX, &c. (Par Dagonneau, ou par Reynault Sieur de Vaulx.) 1581. in 8. mar. verd.

5125 Le Tocſain, contre les Maſſacreurs & auteurs des confuſions de France. *Reims, Jean Martin*, 1577. in 8. m. r.

5126 Le Tocſain, contre les Maſſacreurs & auteurs des confuſions de France. *Reims, Jean Martin*, 1579. in 8. m. r.

5127 Le Ravage & déluge des chevaux de louage, contenant la fin & conſommation de leur miſérable vie. Avec le retour de Guillot le Porcher, ſur les miſeres & calamités de ce regne préſent : par Artus Deſiré. *Paris, Guillaume Jullien*, 1578. in 8. v. f.

5128 La Conjonction des lettres & des armes des deux très illuſtres Princes Lorrains, Charles Cardinal de Lorraine, & François Duc de Guiſe. Tirée du latin de Nicolas Boucher, par Jacques Tigeou. *Reims, de Foigny*, 1579. in 4. m. r.

5129 Le Cabinet du Roi de France, dans lequel il y a trois perles précieuſes d'ineſtimable valeur. Par Nicolas Froumenteau. 1582. in 8. m. violet.

5130 Le Boute-feu des Calvinistes, depuis n'a-guere envoié en ambassade par le Roi de Navarre, à quelque partie des états de l'Empire, pour troubler la Religion & Republique : & rallumer les feux des guerres civiles, par toute la Chrestienté. Trad. de latin en françois. *Francfort*, 1584. ═ Double d'une lettre envoiée à un certain personnage, contenant le discours de ce qui se passa au cabinet du Roi de Navarre, & en sa présence : lorsque M. le Duc d'Espernon fut vers lui en l'an 1584. *Francfort*, 1585. in 8. m. r.

5131 La Déclaration de notre saint Pere le Pape Sixtus V. à l'encontre de Henry de Bourbon, soi-disant Roi de Navarre, & Henry de Bourbon prétendu Prince de Condé, hérétiques, contre leur postérité & successeurs : par laquelle tous leurs sujets sont déclarés absous, de tous sermens qu'ils leur auroient juré, fait ou promis. in 8. v. f.

5132 Moyens d'abus, entreprises & nullités, du Rescrit & Bulle du Pape Sixte V. contre Henry de Bourbon Roi de Navarre, & Henry de Bourbon Prince de Condé. (Par Pierre de Belloy). *Cologne, Herman Jobin*, 1586. in 8. m. r.

5133 La Fulminante pour feu très grand & très chrétien Prince Henry III. Roi de France & de Pologne,

HISTOIRE. 225

Pologne, contre Sixte V. foi difant Pape de Rome, & les rebelles de France. in 8. v. f.

5134 La Fulminante pour feu très grand & très chrétien Prince Henry III. Roi de France & de Pologne, contre Sixte V. foi difant Pape de Rome, & les rebelles de France. 1606, in 12. v. m.

5135 Morbi Gallos infeftantis falubris Curatio & fancta medicina: hoc eft, malorum, quæ inteftinum crudeleque Gallorum bellum inflammant, remedium. Auctore Gabriele Minutio. *Lugduni, Barth. Honoratus,* 1587. in 8. v. f.

5136 Recueil des chofes memorables advenues fous la Ligue, qui s'eft faite & élevée contre la Religion Réformée, pour l'abolir. Par Simon Goulart. 1587. 2 vol. in 8. m. r.

5137 Articles de la fainte Union des Catholiques François. 1588. in 8. v. f.

5138 Hiftoire des chofes les plus remarquables & admirables, advenues en ce Royaume de France, ez années dernieres, 1587. 88 & 89, réputées être vrais miracles de Dieu. 1590, in 8. v. m.

5139 Hiftoire au vrai du meurtre & affaffinat proditoirement commis au cabinet d'un Roi perfide & barbare, en la perfonne du Duc & du Cardinal de Guyfe. 1589, in 8. fig. m. r.

5140 Le Guyfien, ou Perfidie Tyrannique commife par Henry de Valois es perfonnes des tres

Tome III. Ff

genereux Princes Louis de Lorraine Cardinal, & Henry de Lorraine Duc de Guyse. Par Simon Belyard. *Troyes, Jean Moreau*, 1592. ⹀Charlot, Eglogue pastorelle sur les miseres de la France, & sur la très heureuse & miraculeuse délivrance de M. le Duc de Guyse. Par Simon Belyard. *Troyes, Jean Moreau*, 1592. in 8. mar. verd.

5141 La Vie & innocence des deux freres, contenant un ample discours, par lequel on pourra aisement rembarrer ceux qui tâchent à estraindre leur renom. *Paris, Antoine du Brueil*, 1589. in 8. v. m.

5142 Le Martyre des deux freres, contenant au vrai toutes les particularités des massacres & assassinats commis ez personnes du Cardinal & du Duc de Guyse, par Henry de Valois, à la face des Etats tenus à Bloys. 1589, in 8. fig. m.

5143 Le Martyre des deux freres; revu par l'Auteur, & augmenté de plusieurs choses notables. 1589, in 8. rel. en carton.

5144 Discours en forme d'Oraison funebre, sur le massacre & parricide de Mess. le Duc, & Cardinal de Guyse. *Paris, Jacques Varangue.* in 8. v. f.

Cette piece est remplie d'invectives contre Henri III. On lui donne jusqu'au nom d'Exécuteur de la haute Justice de Paris.

HISTOIRE. 227

5145 Les Mœurs, humeurs & comportemens de Henry de Valois, repréſentés au vrai depuis ſa naiſſance. (par André de Roſſant.) *Paris, Ant. le Riche*, 1589. in 8. m. bl.

5146 Apologie ou Défenſe, de la juſte revolte des François contre le Roi Henry III. traduite de latin en françois par le Seigneur de la Valée du Maine. *Paris, Jehan Hubi*, 1589. in 8. m. r.

5147 La Fatalité de St. Cloud près Paris (1674). in fol. m. r.

On trouve à la tête du Volume la note ſuivante :

Le P. Guignard, (Guyart) Jacobin eſt le véritable Auteur de cet Ouvrage, il le fit imprimer dans le temps ſous la forme in folio; quelques raiſons particulieres l'engagerent à rechercher avec ſoin le peu d'Exemplaires qu'il en avoit diſtribué, & ſupprima totalement cette Edition. Depuis, les circonſtances étant changées, il fit réimprimer ce même Ouvrage ſous la forme in 12. Cet Exemplaire in folio eſt peut-être l'unique qui exiſte; il vient du Pere Quetif, auquel le Pere Guyard ſon Ami intime en avoit fait préſent.

5148 La Fatalité de Saint Cloud près Paris. (Par Bernard Guyart). (1674). in 8. m. r.

5149 De juſta Henrici Tertii Abdicatione è Francorum regno, Libri IV. Auctore Joanne Boucher. *Pariſiis, Nicolaus Nivellius*, 1589. in 8. m. bl.

5150 La Vie & Faits notables de Henry de Valois ; maintenant toute au long, sans rien requerir, où sont contenues les trahisons, perfidies, sacrileges, &c. de cet Hypocrite, ennemi de la religion chrétienne. *Paris, Didier Millot*, 1589. in 8. fig. v. m.

5151 La Vie & Faits notables de Henry de Valois. 3e. Edition. 1589. in 8. fig. v. m.

5152 Discours aux François, sur l'admirable accident de la mort de Henry de Valois, n'aguerre Roi de France, lequel (peu avant son decez) avoit été excommunié par notre S. Pere le Pape Sixte V. pour ses perfidies & deloyautez envers Dieu, son Eglise & ses Ministres. *Paris, Guill. Bichon*, 1589. in 8. m. bl.

5153 Harangue prononcée par N. S. Pere en plein consistoire & assemblée des Cardinaux, le 11 de Septembre 1589, contenant le jugement de Sa Sainteté, touchant la mort de feu Henry de Valois, & l'Acte de Frere Jacques Clement. *Paris, Nivelle*, 1589. in 8. v. f.

5154 Le Martyre de Frere Jacques Clement, de l'Ordre de Saint Dominique, contenant au vrai toutes les particularités les plus remarquables de sa sainte résolution & très heureuse entreprise à l'encontre de Henry de Valois. *Paris, Robert le Fizilier*, 1589. in 8. v. f.

Outre la figure du supplice de Jacques Clément, gravée

HISTOIRE. 229

dans le temps, & qui manque quelquefois, on en a ajouté deux autres dans cet Exemplaire. La premiere repréfente l'affaffinat d'Henri III. & le fupplice de Clément; la feconde, la figure du Talifman magique & fuperftitieux de Cathérine de Médicis, tirée du cabinet de M. l'Abbé Fauvel qui l'a fait graver & copier très fidelement.

Ce Livret eft impie, dit M. de Fontette, cruel, déteftable, auffi-bien que fon titre.

Hiftoire particuliere du Regne de Henry IV.

5155 Journal du Regne de Henry IV. Roi de France & de Navarre. Par Pierre de l'Eftoile: avec des remarques hiftoriques & politiques, par l'Abbé Lenglet du Frefnoy. *La Haye, les Freres Vaillant*, 1741. 4 vol. in 8. m. r.

5156 Mémoires de Maximilien de Bethune, Duc de Sully, principal Miniftre de Henry le Grand, mis en ordre: avec de s remarques par M. l'Abbé de l'Éclufe. *Londres*, 1745. 3 vol. in 4. G. Pap. m. r.

Avec les portraits d'Odieuvre.

5157 Hiftoire du Roi Henry le Grand, compofée par M. Hardouin de Perefixe. *Amfterdam, Louis & Daniel Elzevier*, 1661. in 12. m. r. dent.

5158 Requête prefentée au Roi par la Reine Louife Douairiere de France, pour avoir juftice du très cruel & barbare affaffinat commis en la perfonne du feu Roi Henry III. avec le renvoi de la ditte Requête fait par Sa Majesté à sa Cour de Parlement. *Chalons, Claude Guyot*, 1590. in 8. m. bl.

5159 Anti-Sixtus. 1590. in 4. rel. en cart.

5160 Les Raisons pour lesquelles Henry de Bourbon, soi disant Roi de Navarre ne peut, & ne doit être reçu, approuvé, ne reconnu Roi de France. *Paris, Robert Nivelle*, 1591. in 8. v. f.

5161 L'Historial des Rois non Catholiques, sur un Royaume christianizé, & de la résistance continuelle des Catholiques contre leur regne. Par Alain de Laval, Sieur de Vau-Doré. *Lyon, Pierre Rous*, 1592. in 8. m. verd.

5162 L'Aveuglement des Politiques, Hérétiques, & Maheutres, lesquels veulent introduire Henry de Bourbon, jadis Roi de Navarre, à la Couronne de France, à cause de sa pretendue succession. Avec la prédiction de la destruction du Biarnois & de tous ses adhérans, (par Frere Jean Pigenat). *Paris, Thierry*, 1592. in 8. m. bl.

5163 Copie d'une Lettre écrite, & d'une Supplication faite à Henry de Bourbon, Prince de Byart : & Duc de Vendosme, Roi prétendu de France & de Navarre. Ensemble les Réponses que Sa prétendue Majesté a fait aux dittes lettres. 1591. in 8. v. f.

5164 Bulle d'excommunication, suspension, & privation de bénéfices, du Pape Gregoire XIV.

HISTOIRE. 231

contre les Ecclésiastiques qui suivent le parti de Henry de Bourbon, jadis Roi de Navarre. *Tolose, Jacques Colomiez*, 1591. in 4. rel. en cart.

5165 Satyre Menippée de la vertu du Catholicon d'Espagne, & de la tenue des Etats de Paris. (Par Pierre le Roy, Gillot, Passerat, Rapin, & Florent Chrestien). *Paris*, 1593. in 8. m. r.

PREMIERE EDITION.

5166 Les Paraboles de Cicquot, en forme d'avis, sur l'état du Roi de Navarre. *Paris, jouxte la copie imprimée à Lyon*, 1593. in 8. v. f.

5167 Histoire des Singeries de la Ligue, contenant les folles propositions & frivoles actions, usitées en faveur de l'autorité d'icelle, en la ville de Paris, depuis l'an 1590, jusques au 22 Mars 1594. Par J. V. L. (Jean de Lataille). 1596. in 8. fig. m. r.

5168 Sermons sur la simulée conversion du Roi de Navarre, prononcés en l'Eglise de Poitiers, par le Theologal ordinaire (Jean Porthaise). *Paris, Guill. Bichon*, 1594. in 8. m. verd.

Cet Exemplaire ne renferme que 3 Sermons.

5169 Cinq Sermons du R. P. F. J. Porthaise de l'Ordre St. François, Theologal de l'Eglise de Poitiers, ès quels est traité tant de la simulée conversion du Roi de Navarre, que du droit de l'abfolution eccléfiaftique, &c. *Paris, Guil-laume Bichon*, 1594. in 8. m. r.

Les pages 7 à 24 font réimprimées.

5170 Sermons de la fimulée converfion, & nullité de la prétendue abfolution de Henry de Bourbon, Prince de Bearn, à St. Denys en France, le Dimanche 25 Juillet 1593, Par Jean Boucher. *Paris, G. Chaudiere*, 1594. in 8. m. bl.

Édition Originale.

5171 Sermons de la fimulée converfion de Henry de Bourbon. Par Jean Boucher. *Jouxte la copie imprimée chez Chaudiere*, 1594. in 8. m. r.

5172 Dialogue d'entre le Maheuftre & le Manant, contenant les raifons de leurs débats & queftions en ces préfens troubles au Royaume de France. (Par Louis Morin, dit Cromé). 1594. in 8. m. bl.

5173 Les Aventures du Baron de Foenefte, par Théodore Agrippa d'Aubigné. *Cologne, les Héritiers de Pierre Marteau*, 1729. 2 vol. in 8. veau fauve.

5174 La Sexteffence diallactique & potentielle, tirée par une nouvelle façon d'alambiquer, fuivant les préceptes de la fainte Magie & invocation de (I.) Demons, Confeiller au Préfidial d'Amiens, d'Amiens. tant pour guérir l'hémorragie, plaies, tumeurs & ulceres vénériennes de la France, que pour changer & convertir les choses estimées plus nuisibles & abominables, en bonnes & utiles, dediée au Roi. *Paris, Estienne Prevosteau*, 1595. in 8. v. f.

LIVRE Rare & très singulier. L'Auteur parle ainsi dans sa Dédicace adressée à Henri IV.

..... Or ayant cette notice des merveilles de Dieu, par leurs causes, l'obligation naturelle de ma naissance en ce lieu (Amiens) m'incita au commencement de nos troubles d'en prouver sur ce royaume les effets, que je prévoyois pouvoir naître si son nom étoit invoqué dessus nous, qui fut cause que je dressai des préceptes de magie contenant une forme d'invocation de Démons pour trouver l'origine des maux de la France, & les remedes d'iceux, & en feis une briefve demonstration quintessentieuse, &c.

5175 Procedure faite contre Jehan Chastel, Ecolier étudiant au College des Jesuites, pour le parricide par lui attenté sur la personne du Roi Henry IV. & Arrêts donnés contre le parricide, & contre les Jesuites. *Paris, Jamet Mettayer*, 1595. in 8. m. r.

5176 Apologie pour Jehan Chastel Parisien, exécuté à mort, & pour les peres & Ecoliers de la Société de Jesus, bannis du Royaume de France. Par François de Verone (Jean Boucher). 1595. in 8. v. m.

Tome III. Gg

5177 Apologie pour Jehan Chaſtel. par François de Verone (Jean Boucher.) 1610. in 8. m. viol.

5178 Jeſuita ſicarius; hoc eſt, Apologia pro Joanne Caſtello Pariſienſi mortis ſupplicio affecto, & pro Patribus, ac Scholaſticis Soc. Jeſu olim Galliæ Regno exterminatis. Auctore Francisco de Verone (Joanne Boucher). *Lugduni*, 1611. in 8. m. r.

5179 Duæ Pyramides. Una nova, de perpetrato; altera vetus, inverſa, de attentato parricidio Ignatianæ Sectæ in Henrico IV. Rege Chriſtianiſſimo. Una cum aliis ejuſmodi argumenti, diverſorum Poetarum poematiis placituris, quibus cordi eſt Chriſtianiſmus incorruptus. *Lutetiæ Pariſiorum*, in 4. v. m.

5180 Lettres du Cardinal d'Oſſat, avec des notes hiſtoriques & politiques de M. Amelot de la Houſſaye. *Paris, jean Boudot*, 1698. 2 vol. in 4. m. r. dent.

5181 Lettres du Cardinal d'Oſſat; avec des notes hiſtoriques & politiques de M. Amelot de la Houſſaye. *Amſterdam, Pierre Humbert*, 1708. 5 vol. in 12. m. violet.

5182 Les Négociations de M. le Préſident Jeannin. *Jouxte la copie de Paris, chez Pierre le Petit*, 1659. 2 vol. in 12. vél.

5183 La Conſpiration, priſon, jugement, & mort du Duc de Biron. Enſemble le Traité de ma-

HISTOIRE.

riage de Henry IV. avec la Princeſſe de Florence. 1607. in 8. v. m.

5184 La Grande Diablerie de Jean Valette, dit de Nogaret, par la grace du Roi Duc d'Eſpernon, Grand Animal de France & Bourgeois d'Angouleſme, ſur ſon département de la Court. De nouveau mis en lumiere par un des Varlets du Garcon du premier tourne-broche de la cuiſine du commun dudit Sieur d'Eſpernon. *Paris*, in 8. (en vers.) = La ſanglante chemiſe de Henri le Grand. 1615. in 8.

5185 Procès, examen, confeſſions & négations du méchant & exécrable parricide Franç. Ravaillac ſur la mort de Henry le Grand, & ce qui l'a fait entreprendre le malheureux acte. *Jouxte la copie imprimée à Paris, chez Jean Richer*, 1611. in 8. m. r.

5186 Traité de l'origine des anciens Aſſaſſins Porte-couteaux : avec quelques exemples de leurs attentats & homicides ès perſonnes d'aucuns Rois, Princes & Seigneurs de la Chreſtienté. Par Denys le Bey de Batilly. *Lyon, Vincent Vaſpaze*, 1603. in 8. v. f.

5187 Traité de l'origine des anciens Aſſaſſins Porte-couteaux ; avec quelques exemples de leurs attentats & homicides ès perſonnes d'aucuns Rois, Princes, &c. par Denys le Bey de

Batilly. *Lyon, Vincent Vaspaze*, 1604. in 8. veau fauve.

5188 L'Affaffinat du Roi, ou Maximes du vieil de la Montagne Vaticane & de fes affaffins, pratiquée en la perfonne de Henry le Grand. 1614. in 8. v. m.

5189 Affaffinat du Roi, ou Maximes du viel de la Montagne. 1615. in 8. m. r.

Hiftoire particuliere du Regne de Louis XIII.

5190 Hiftoire du regne de Louis XIII. Roi de France & de Navarre. par Michel le Vaffor. *Amfterdam, Pierre Brunel*, 1700. 19 vol. in 12. fig. m. r. l. r.

5191 Mémoires pour fervir à l'hiftoire d'Anne d'Autriche, époufe de Louis XIII. par Mde. (Françoife Bertaut) de Motteville. *Amfterdam, François Changuyon*, 1750. 6 vol. in 12. v. m.

5192 Recueil de quatre-vingt-deux pieces contre le Maréchal d'Ancre & Leonora Galagaï fa femme. dans deux porte-feuilles in 8.

Contenant :

1 A Meffieurs des Etats.

2 Les actions & regrets de la Marquife d'Ancre après la prononciation de fon arreft. Et les particularitez notables de tout ce qui s'en eft enfuivy. *Paris*, 1617.

3 Action de graces des habitans de Nanterre & de Ruelle fur la mort du Marquis d'Ancre. *Paris*, 1617.

4 Actions de graces & rejouiſſances de la France ſur la mort du Marquis d'Ancre. *Paris*, 1617.

5 Allegreſſe des François, ſur la mort du Marquis d'Ancre. *Paris*, 1617.

6 L'Ancre de la paix ſur le retour de Meſſieurs les Princes, *Paris*, 1617.

7 Arreſt de la cour de Parlement, contre le Marechal d'Ancre & ſa femme, prononcé & exécuté à Paris le 8 Juillet 1617. *Paris*, 1617.

8 Arreſt de la cour de Parlement de Paris, & ſentence de Monſieur le Lieutenant civil pour la pourſuite du pillage arrivé à Paris, en la maiſon du Marechal d'Ancre, & de Raphael Corbinelli, les Jeudy & Vendredy premier & ſecond Septembre dernier. 1616.

9 Les articles du teſtament de la Marquiſe d'Ancre avant ſa mort, en la Conciergerie. *Paris*, 1617.

10 Le bon amy du Marquis d'Ancre. ſtances. *Lyon*, 1617.

11 Bref recit de tout ce qui s'eſt paſſé pour l'exécution & juſte punition de la Marquiſe d'Ancre. 1617.

12 Chapitre du procez faict à la mémoire de Conchini, nagueres Mareſchal de France, & à Leonora Galigai ſa vefue. 1617.

13 Les charmes de Conchine, deſquels ils ſe devoit ſervir pour éviter les coups de piſtolets.

14 Chef du procès fait à la mémoire de Conchino Conchini nagueres Mareſchal de France, & à Leonora Galigai ſa veufve & complices. &c.

15 La complainte du Gibet de Mont-faucon, ſur la mort du Marquis d'Ancre. *Amiens*, 1617.

16 Complaintes du ſang du grand Henry de très-heureuſe

mémoire & de tous les bons François exaucées. 1617.

17 Conchini funus & fumus. Authore Jo. Bonefonio Jo. Filio apud Barrofequanos Prætore Regio. *Parifiis*, 1617.

Piece en vers latins.

18 Concini Tumulus.

19 Conclufions civiles, de Dame Marie Bochart. A l'encontre de feu Conchino Conchini Marquis d'Ancre, de Leonora Galigay fa femme, & leurs complices, défendeurs & accufez. *Paris*, 1617.

20 Confolation à Monfeigneur le Maréchal d'Ancre, fur la mort de Mademoifelle fa fille. *Paris*, 1617.

21 Le Courrier Picard.

22 Déclaration & proteftation des Princes, contre la conjuration & tyrannie du Marefchal d'Ancre, & de fes adherens. 1617.

23 Le definement de la guerre appaifée par la mort de Concino Concini, Marquis d'Ancre. Lequel a efté carrabiné, enterré, defterré, pendu, décoyonné, démembré, traîné & brulé à Paris, ayant été trouvé atteint & convaincu de crime de leze Majefté.

24 La defcente du Marquis d'Ancre aux enfers, fon combat & fa rencontre, avec Maître Guillaume. *Paris*, 1617. (en vers.)

25 Les defirs de la France, fur la mort de Conchine. *Paris*, 1617.

26 Deftinée du Marefchal d'Ancre. par Pub. Virgile de Mantoue au neufiefme de l'Eneide. *Paris*, 1617.

27 Dialogue de la Galligaya & de Mifoquin efprit follet qui lui ameine fon mary, la rencontre du dit efprit avec

HISTOIRE. 239

l'ange gardien de Monſieur le Prince, avec les figures *Paris*, 1617.

28 Dialogue du Berger Picard, avec la Nymphe Champenoiſe, ſur la fortune & gouvernement du Marquis d'Ancre en picardie *Paris*, 1617.

29 Le diſcours de Bruſcambille, avec la deſcription de Conchini Conchino. Dédié à tous ſes amis. *Paris*, 1617.

30 Diſcours de la rejouiſſance de Meſſieurs les Princes ſur la mort & punition du Marquis d'Ancre. *Paris*, 1617.

31 Diſcours, regrets & harangue de la Marquiſe d'Ancre, depuis la conciergerie juſques ſur l'échaffaut. Enſemble la remontrance à ſon fils, avec ſon oraiſon. *Paris*, 1617.

32 La diſgrace du favory de la fortune. *Paris*, 1617.

33 L'enterrement, obſeques & funérailles de Conchine, Mareſchal d'Ancre, dedié aux Conchiniſtes *Paris*, 1617.

34 Eſco du Marquis d'Ancre reſpondant en ſa maiſon entendu par les bons françois. Enſemble l'action de grace de Maitre Guillaume. *Paris*, 1617.

35 L'évanouiſſement de Conchine faict en vers latins & françois, par I. de Bonnefons Lieutenant général au Baillage de Bar-ſur-Seine. *Paris*, 1617.

36 Extraict des regiſtres de Parlement.

37 Les feux de joye de la France : ſur la ſepulture du Marquis d'Ancre. Lequel à eſté enterré & deterré, trainé & pendu par les pieds retrainé par la ville & fauxbourgs de Paris, & ſon corps enfin reduit en cendre. *Paris*, 1617.

38 Heureux augures au Roy, de ſa victoire remportée ſur un monſtre. *Paris*, 1617.

39 Hiſtoire tragique du Marquis d'Ancre & de ſa femme. contenant un bref narré de leurs pratiques & deſſeins depuis

le traité de Loudun jufques aux jours de leur mort & exécution. *Paris*, 1617.

40 L'honteufe cheute du Marquis d'Ancre, par les prieres des bons François. Faite ce 24ᵉ jour d'Avril 1617. *Paris*, 1617. (en vers.)

41 L'horofcope du Marquis d'Ancre. fait par un bon François. *Paris*, 1617.

42 Inventaire des pieces, mémoires & inftructions du procès intenté par Piffant haut & redoutable Seigneur Meffire, Concino Coyon, Coquefredouille, Marquis d'Ancre, pretendant à l'Empire François. 1617.

43 Le joli mois de Mai, fur le retour de Meffieurs les Princes auprès de fa Majefté. Avec le libera crotefque & coyonefque du Marquis d'Ancre. *Paris*, 1617.

44 La juftice du ciel, en la mort du Marefchal & de la Marefchale d'Ancre. *Paris*, 1617.

45 Les larmes de la Marquife d'Ancre, fur la mort de fon mary. Avec les regrets de fa naiffance & déteftation de fes crimes & forfaits. *Paris*, 1617.

46 Lettre du Marefchal d'Ancre à la Majefté très chreftienne de la Royne-Mere 1616.

47 Lettre du Roy envoyée à Monfeigneur le Maréchal du Boisdauphin fur le fubjet de la mort du Maréchal d'Ancre. *Angers*, 1617.

48 Lettres écrites au Roy, par Monfieur le Marefchal d'Ancre. *Paris*, 1617.

49 Lettre efcrite au Roy par M. le Marefchal d'Ancre. *Paris*, 1617.

50 Lettre envoyée à Monfeigneur le Duc de Guyfe, par la Martegale fur la mort du Marquis d'Ancre. *Paris*, 1617.

HISTOIRE.

51 La liberté recouvrée par la mort du Marquis d'Ancre, & sa femme.

52 Maistre Guillaume au Marquis d'Ancre. 1616.

53 La Medée de la France.

54 La merveille Royalle de Louys treisiesme, Roy de France. *Paris*, 1617.

55 Les merveilles & coup d'essai de Louys le Juste. *Paris*, 1617.

56 La métamorphose du Mareschal d'Ancre par Pub. Ovide Grand-nez. au premier de ses mutations estranges. *Paris*, 1617.

57 Le Normant sourd, aveugle & muet. Ensemble un dialogue entre Jean qui fait tout & Thibaut le Natier. *Paris*, 1617.

58 L'ombre du Marquis d'Ancre à la France. 1620.

59 L'ombre du Marquis d'Ancre, apparue à Messieurs les Princes. *Paris*, 1616.

60 Oraison funebre du Marquis d'Ancre. Avec la prophetie de Barbin. *Paris*, 1617.

61 Le pasquil Picard coyonesque. 1616. (en vers)

62 Plaintes à la Royne-Mere. 1617.

Satyre Sanglante.

63 Propos dorez sur l'authorité tyrannique de Conchino Florentin, Marquis d'Ancre. *Maillet* 1617.

64 Raisons d'Etat, contre le Ministre étranger.

65 La rejouissance & remerciement des fidelles François à la Majesté du Roy, touchant la mort du Marechal d'Ancre. *Rouen*, 1617.

Tome III.   H h

HISTOIRE.

66 Remerciement au Roy de la juſtice exercée contre le Marquis d'Ancre & ſa femme. *Paris*, 1617.

67 La rencontre du Marquis & de la Marquiſe d'Ancre en l'autre monde. Enſemble leurs diſcours avec le Roy Henri le grand. *Paris*, 1617.

68 Reſponſe ſur les calomnieux propos, qu'un pedant a vomy contre un des grands de cet état.

69 Le reveil du Soldat françois au Roy. Sur la juſte punition du Marquis d'Ancre. *Paris*, 1617.

70 Le Roy hors de page, à la Royne-Mere. 1617.

71 Songe. 1616.

72 Les ſoupirs & regrets du fils du Marquis d'Ancre, ſur la mort de ſon pere, & exécution de ſa mere. *Paris*, 1617.

73 Stances au Roy ſur la mort de Conchine Marquis d'Ancre. *Paris*, 1617.

74 Stances & Quatrains dediés à Monſieur de Vitry, ſur la mort du faquin de Conchine. *Paris*, 1617.

75 Le Tedeum des Biarnois, pour la mort du Marquis d'Ancre. *Paris*, 1617.

76 Le teſtament & derniere volonté du ſieur Conchini Conchino, jadis pretendu Maréchal de France. Plus y eſt comprins un diſcours de la rencontre dudit Conchino & de Ravaillac, en forme de dialogue. *Paris*, 1617.

77 Le tombeau du Marquis d'Ancre. *Paris*, 1617.

78 La Trompette francoiſe, ou reveille-matin aux Pariſiens, pour venger l'aſſaſſinat commis par le commandement du Marquis d'Ancre, le 19 Juin. 1616.

79 La divine vengeance ſur la mort du Marquis d'Ancre: pour ſervir d'exemple à tous ceux qui entreprennent contre l'authorité des Roys. *Paris*, 1617.

80 La voix du peuple au Roy, fon Prince & bienfaiêteur. *Paris*, 1617.

5193 Recueil fur le Maréchal d'Ancre & fa femme. in 8. m. r.

Contenant:

1 Arreft de la Cour de Parlement, contre le Marefchal d'Ancre & fa femme. *Paris, Fred. Morel*, 1617.

2 Bref recit de tout ce qui s'eft paffé pour l'exécution & jufte punition de la Marquife d'Ancre. *Paris, Ab. Saugrain*, 1617.

3 Le Procès du Marquis d'Ancre. *Paris, Saugrain*, 1616.

4 Les actions & regrets de la Marquife d'Ancre après la prononciation de fon arreft. *Paris, Ab. Saugrain*, 1617.

5 Difcours, regrets & harangue de la Marquife d'Ancre, depuis la conciergerie jufques fur l'échaffaut. *Paris, Jofeph Guerreau*, 1617.

6 Les articles du teftament de la Marquife d'Ancre, avant fa mort en la conciergerie. *Paris, Jofeph Guerreau*, 1617.

7 Les foupirs & regrets du fils du Marquis d'Ancre, fur la mort de fon pere & exécution de fa mere. *Paris, Abr. Saugrain*, 1617.

8 Deftinée du Marquis d'Ancre. *Paris, Fl. Bourriquant*, 1617.

9 Efco du Marquis d'Ancre. *Paris, Guerreau*, 1617.

10 La divine vengeance fur la mort du Marquis d'Ancre. *Paris, Th. Menard*, 1617.

11 Stances au Roi fur la mort de Conchiné, Marquis d'Ancre. *Paris, Saugrain*, 1617.

12 La rencontre du Marquis & de la Marquife d'Ancre en l'autre monde. *Paris, Saugrain*, 1617.

13 La defcente du Marquis d'Ancre aux enfers, fon combat & fa rencontre avec Mtre Guillaume. *Paris, Saugrain*, 1617.

5194 Recueil de foixante-douze pieces pour & contre M. le Conneftable de Luynes. dans deux porte-feuilles in 8.

Contenant, entr'autres :

1 L'adoration du Veau d'or aux bons François : quand les mefchans reignent ruines font aux hommes. Proverbes 28 V: 12, 1620.

2 La Chronique des favoris.

3 Apologie ou reponfe à la Chronique des favoris. 1622.

4 Le confiteor de M. le Connetable qu'il a fait devant mourir. 1622. (en vers.)

5 Les contreverités de la cour avec le Dragon à trois teftes 1620. (en vers.)

6 Le Diable eftonné fur l'ombre du Marquis d'Ancre & fa femme. Adreflé à Mefficurs de Luynes. 1620.

7 Epigrame du Conneftable. Enfemble la callote de fon fecretaire. 1622.

8 Factum fur la mort de Monfieur le Connetable. 1622.

9 La fatalité du nombre de quatorze fur le decez de Monfieur le Conneftable. 1622.

10 Le favory du Roy. 1622.

11 La fulminante contre les calomniateurs. 1620.

12 Les trois Harpies. 1620.

13 Eloges du Duc de Luynes, avec l'advis au Roy par Théophile. Enfemble les repliques. 1620.

14 L'enfer eſtonné, à l'arrivée des trois Geryons. 1620. en vers.

15 L'horoſcope du Conneſtable, avec le paſſe-par-tout des favoris. 1622.

16 Le Jeu de l'Esbahy des cenſeurs étonnez. 1620.

17 Les Jeux de la cour. 1620.

18 Le Jugement de Minos, contre les trois Geryons qui pillent la France. 1620.

19 Le monſtre à cent teſtes, ou refponfe de la fortune à l'envie, pour repartie & contrepointes, au Monſtre à trois teſtes. 1620.

20 Noel nouveau fur la mort de Monfeigneur le Connetable. *Juſto dei judicio judicatus ſum.* 1622.

21 Plaifant galimatias d'un garçon & d'un Provençal nommez Jacques Chagrin & Ruffin Allegret. *Paris*, 1619.

22 Requeſte preſentée au Roy Pluton, par Conchino Conchini contre M. de Luynes. 1620.

23 Les foupirs de la Fleur-de-lys. en vers.

24 Le Tedeum chanté fur la mort de Monfieur le Conneſtable. 1622.

25 Tombeau fur la mort du Connetable. 1622. en vers.

26 Le Tombeau fur la mort du Connetable de Luynes. Enfemble les plaintes & regrets de fon épée. 1622.

5195 G. G. R. (And. Eudemon-Jean) Theologi, ad

Ludovicum XIII Galliæ & Navarræ Regem admonitio, fideliffimè & veriffimè facta : quâ breviter & nervofè demonftratur, Galliam fœdè & turpiter impium fœdus iniiffe, & injuftum bellum hoc tempore contra Catholicos moviffe, falvaque religione profequi non poffe. *Auguftæ Francorum*, 1625. ⹀ Apologeticus pro Rege Chriftianiffimo Ludovico XIII. adversùs factiofæ admonitionis calumnias, in caufa Principum fœderatorum. (Autore Rigault). *Lutetiæ Parifiorum, Bouillerot*, 1626. in 4. v. m.

5196 L'Affemblée des Notables à Paris, 1626 & 1627. in fol. v. f.

MANUSCRIT fur papier du *XVII fiecle*, bien écrit, contenant 223 feuillets.

5197 Recueil des Memoires, relations, raifonnemens, manifeftes, & difcours politiques du feu Duc de Rohan. in fol. v. f.

MANUSCRIT fur papier du *XVII fiecle*, contenant 232 feuillets.

5198 Mémoires du Duc de Rohan, fur les chofes advenues en France depuis la mort de Henry le Grand, jufqu'à la paix faite avec les Réformés au mois de Juin 1629. 1646. in 12. v. f.

5199 Ambaffade du Marechal de Baffompierre en Suiffe, l'an 1625. *Cologne, Pierre du Marteau*, 1668, 2 vol. in 12. v. f.

HISTOIRE. 247

5200 Mémoires du Marechal de Baffompierre, contenant l'hiftoire de fa vie, & de ce qui s'eft fait de plus remarquable à la Cour de France pendant quelques années. *Cologne, Pierre du Marteau*, 1665. 2 vol. in 12. m. r. doub. de m. l. r.

5201 Vie d'Armand Jean Cardinal Duc de Richelieu, principal Miniftre d'Etat fous Louis XIII. (par Jean le Clerc). *Cologne*, 1696. 2 vol. in 12. m. r.

5202 De la Souveraineté du Roy à Metz, Pays Metfin, & autres villes & pays circonvoifins: qui étoient de l'ancien Royaume d'Auftrafie ou Lorraine, contre les prétentions de l'Empire, de l'Efpagne & de la Lorraine. Par le P. Charles Herfent. *Paris, Thomas Blaife*, 1632. in 8. m. r.

5203 L'Hermite de Cordovan. 1634. in 8. m. r.

Cette piece eft contre M. le Duc d'Epernon touchant fon différend avec M. l'Archevêque de Bordeaux.

5204 Memoires de feu M. le Duc d'Orleans, contenant ce qui s'eft paffé en France de plus confidérable depuis l'an 1608 jufqu'en l'année 1636. (Redigés par Eftienne Algay de Martignac). *La Haye, Adrien Moetjens*, 1685. in 12. v. f.

5205 Memoires d'un Favori de fon Alteffe Royale

M. le Duc d'Orleans. *Leyde, Jean Sambix*, 1668. in 12. m. bl.

5206 Medicea hofpes, five defcriptio publicæ gratulationis, qua Sereniffimam Auguftiffimam que Reginam, Mariam de Medicis, excepit Senatus Populus que Amftelodamenfis. Auctore Cafpare Barlæo. *Amftelodami, Joannes Blaeu,* 1638. in fol. v. f.

Avec des figures gravées d'après C. L. Moyaert, de Jonge, &c.

5207 Memoires & inftructions pour fervir à juftifier l'innocence de Meffire Franç. Aug. de Thou. in fol. v. f.

MANUSCRIT fur papier du *XVII fiecle*, contenant 221 feuillets.

Cet Ouvrage, qui eft de M. Pierre Dupuy, fe trouve imprimé dans le tom. 7 des Œuvres de M. Jacq. Aug. de Thou, Edition de Londres, & à la fuite de la traduction de l'hiftoire de cet Auteur. Trois lettres originales de M. Fr. Aug. de Thou, adreffées après fon emprifonnement à M. Dupuy fon parent, lefquelles font placées à la fin de notre MS. le rendent très précieux & très intéreffant. La première eft datée de Terault, près de Montpellier, 16 Juin 1642; la feconde du Château de Tarafcon, 21 Juin 1642; la troifieme de Lyon, 12 Septembre 1642, jour de fa mort.

5208 Memoires & inftructions pour fervir à juftifier l'innocence de Meffire François Augufte

de

de Thou, (par Pierre Dupuy). in 4. v. m.

MANUSCRIT sur papier du *XVIII siecle*, contenant 288 feuillets.

5209 Codicilles de Louis XIII. Roi de France & de Navarre, à son très cher fils aîné successeur en ses Royaumes de France & de Navarre. 1643. 3 vol. in 18. m. r.

Histoire particuliere du Regne de Louis XIV.

5210 Memoires de Mademoiselle de Montpensier; où l'on a rempli les lacunes qui étoient dans les éditions précédentes; corrigé un grand nombre de fautes, & ajouté divers ouvrages de Melle. *Amsterdam, J. Wetstein & G. Smith,* 1735. 8 vol. in 12. v. éc.

5211 Memoires de Jean François Paul de Gondy, Cardinal de Retz, contenant ce qui s'est passé de remarquable en France pendant les premieres années du regne de Louis XIV. *Amsterdam, J. Fréderic Bernard,* 1731. 4 vol. in 8. m. r.

5212 Memoires de Gui Joly, Conseiller au Châtelet. Ouvrage qui sert de supplément aux Mémoires du Cardinal de Retz. *Amsterdam, Jean Fréderic Bernard,* 1738. 2 vol. in 8. m. r.

5213 Memoires de Mde. la Duchesse de Nemours: contenant ce qui s'est passé de plus par-

Tome III. Ii

ticulier en France pendant la guerre de Paris, jusqu'à la prison du Cardinal de Retz en 1652, avec les différents caracteres des personnes de la Cour. *Amsterdam, J. Fréderic Bernard*, 1738. in 8. m. r.

5214 Recueil de Pieces qui ont rapport au Cardinal de Retz. 2 *Porte-feuilles*, in 4. avec dos de m. r.

5215 Memoires de M. D. L. R. (M. de la Rochefoucauld), sur les brigues à la mort de Louis XIII. les guerres de Paris & de Guyenne, & la prison des Princes. *Cologne, Pierre van Dyck*, 1662. in 12. v. f.

5216 Mémoires de M. de la Rochefoucauld, sur les brigues à la mort de Louis XIII. les guerres de Paris, & de Guyenne, & la prison des Princes. *Cologne, Pierre van Dyck*, 1664. in 12. m. r. doub. de m. dent. l. r.

5217 Mémoires de M. le Comte de Rochefort, contenant ce qui s'est passé de plus particulier sous le ministere du Cardinal de Richelieu, & du Cardinal Mazarin, avec plusieurs particularités remarquables du Regne de Louis le Grand. *Cologne, Pierre Marteau*, 1688. in 12. v. m.

5218 Ecclaircissement de quelques difficultés touchant l'administration du Cardinal Mazarin.

Par de Silhon. *Paris, de l'Imprimerie Royale*, 1650. in fol. m. r. dent.

5219 Recueil de Pieces en vers & en prose, qui ont paru pendant les troubles de la fronde & qu'on nomme communément Mazarinades.

Recueil précieux commencé par M. Secousse, & continué par M. le Duc de la Valliere.

La collection des *Mazarinades* est très rare lorsqu'elle est aussi complete que celle-ci, qui est disposée par ordre alphabétique & par année dans 67 porte-feuilles bien conditionnés, avec des dos de maroquin rouge. Les pieces y sont divisées comme il suit :

Celles sans date, en portef.	6
Celles de l'année 1648	1
Celles de l'année 1649	24
Celles de l'année 1650	7
Celles de l'année 1651	10
Celles de l'année 1652	19
	67

Ces pieces pour ou contre le Cardinal Mazarin & autres Seigneurs de la Cour, sont des satyres effrenées, même des libelles diffamatoires que chaque parti repandoient dans le public contre le parti opposé ; on ne doit donc pas être surpris du style licentieux qui regne dans beaucoup de ces pieces, même dans leurs titres.

Sandricourt & Scaron sont Auteurs de la plupart de celles en vers qui sont écrites en style burlesque.

Voici le détail des plus rares & des plus singulieres par leurs titres.

1 Advertissement charitable à M. Cohon, Evêq. de Dol

HISTOIRE,

en Bretagne, & de Fraude en Guyenne. en vers.

2 L'Amufe Badaud Mazarin, ou l'intrigue des créatures du Mazarin qui font dans Paris, pratiquée Jeudi dernier pour empêcher l'effet de l'affemblée du Parlement qui devoit fe faire ce jour là.

3 La Balance d'Eftat, tragi-comédie allégorique. en vers.

4 Ballade burlefque des Partifans.

5 La parfaite defcription du Coquin du temps, métamorphofé en Partifan.

6 Le Court-Bouillon de Mazarin affaifonné par toutes les bonnes villes de France.

7 Le camouflet donné à la ville de Paris pour la reveiller de fa léthargie. *Paris*.

8 Le conftipé de la Cour, avec une prophétie burlefque.

9 Le Gouvernement préfent, ou éloge de fon éminence fatyre ou la miliade. en vers.

PIECE RARE.

10 Le jeu de Dames que M. le Prince de Condé a joué avec M. Guitault.

11 Les impiétés fanglantes du Prince de Condé.

12 Imprécation contre l'Engin du Card. Mazarin.

13 Lettre de la petite Nichon du Marais, à M. le Prince de Condé, à St. Germain.

14 Lettre de la fignora Foutakina à Meffer Julio Mazarino, touchant l'armement des Bardaches pour donner fecours à fon excellence. vers burl.

15 Le Mercure infernal.

16 Les metiers de la Cour.

HISTOIRE. 253

17 Le mouchoir pour effuyer les yeux de M. le Prince de Condé. en vers.

18 Le Nez pourry de Théophrafte Renaudot, grand Gazetier de France, & Efpion de Mazarin. en vers.

19 Les nouveaux jeux du piquet de la Cour.

20 Le pafquil des Partifans contre le Diable.

21 La pure Vérité cachée. en vers.
PIECE TRÈS RARE, contre la Reine mere.

22 Le qu'as tu vu de la Cour, ou les contre vérités.

23 Requefte burlefque préfentée à la Reine par les Chapons du Mans députés des Mançeaux fur les défordres faits par les gens de guerre en leur province. en vers.

24 La Rome ridicule caprice. en vers.

25 Le *Salve Regina* de Mazarin, & des partifans.

26 La fatyre du Parlement de Pontoyfe.

27 Le triomphe du faquinifme Cardinal Mazarin.

28 Le trique-trac de la Cour.

29 Le véritable Gilles le Niais. en vers burlefques.

30 La vieille amoureufe.

31 Les vifages qui fe démontent. en vers burlefques.

32 Advis burlefque du Cheval de Mazarin à fon Maiftre. *Paris, Veuve Mufnier*, 1649. vers.

33 Avis du Mauvais Riche à Mazarin. *Paris, Veuve Mufnier*, 1649.

34 Ambaffade burlefque des filles de joye au Cardinal. *Paris*, 1649. en vers burl.

35 Apologie du Cardinal burlefque. *Paris*, 1649.

36 Les fept arts libéraux de la Cour, en vers burlefques. *Paris*, 1649.

HISTOIRE.

37 L'Afne du Procureur reſſuſcité. en vers burleſques. *Paris*, 1649.

38 L'Aſtrologue burleſque. 1649.

39 Balade des Maltotiers. 1649.

40 Ballet ridicule des nieces de Mazarin, ou leur théâtre renverſé en France par P. D. P. Sr. de Carigny. *Paris, F. Muſnier*, 1649.

41 Le branſle Mazarin, danſé au ſouper de quelques-uns de ce parti-là, chez Renard, où de Beaufort donna le bal. *Paris*, 1649.

42 Le Cardinal Mazarin pris au trebuchet. *Paris, Louis Seveſtre*. 1649.

43 Catalogue des Partiſans, enſemble leur généalogie & extraction, vie, mœurs & fortune. 1649

44 Recueil général de toutes les chanſons Mazariniſtes & avec pluſieurs qui n'ont point été chantées. *Paris*, 1649.

45 La chaſſe aux Loups & aux Renards, ou la fin d'aiſe des Maltotiers. en vers burleſques. 1649.

46 La chemiſe ſanglante de Mazarin. en vers burl. *Paris, N. Charles*, 1649.

47 Chronologie des Reynes malheureuſes par l'inſolence de leurs favoris, ded. à la Reine Régente pour lui ſervir d'exemple & de miroir. *Paris, C. Morlot*, 1649.

48 Le Courrier plaiſant apportant de plaiſantes nouvelles dédiées aux curieux. *Paris, J. Remy*, 1649.

49 Le croteſque Careſme prenant de Jules Mazarin, par dialogue. *Paris*, 1649.

50 La Cuſtode de la Reyne qui dit tout. en vers. 1649.
Pièce très-rare contre la Reine Mere.

51 Decret infernal contre Jules Mazarin & tous les Partifans de France. *Paris, F. Noel*, 1649.

52 Le *De profundis* de Jules Mazarin, avec les regrets de sa méchante vie. *Paris*, 1649. vers.

53 La deroute des Partifans rotys, en vers burlefques. *Paris, Veuve Mufnier.* 1649.

54 Dialogue burlefque de Gilles le Niais & du Capitan Spacamon. *Paris, Theodore Pepingué* 1649.

55 Dialogue de Dame Perrette & de Jeanne la Croftée, sur les malheurs du temps & le rabais de leur métier. 1649.

56 L'Enfer, le Purgatoire & le Paradis temporel de la France. *Paris, Franc. Preuveray.* 1649.

57 Les entretiens burlefques de Me Guillaume le favetier avec sa ribaude maîtreffe Dame Ragonde. 1649. en vers.

58 Epitaphe de la vénérable boutique d'un Savetier de la rue des Prefcheurs. en vers. *Paris*, 1649.

59 L'équipage néceffaire pour aller à la chaffe aux Larrons de ce royaume. *Paris, N. Delavigne* 1649.

60 L'echelle des Partifans. en vers burlefques. 1649.

61 L'eftat déplorable des femmes d'amour de Paris, la harangue de leur Ambaffadeur envoyé au Cardinal Mazarin, & son fuccez. *Paris*, 1649.

62 La facetieufe deffaite d'un Boulanger par le Général Herfpel Rhuma & par le Colonel Brouillards. *Paris, Veuve Mufnier.* 1649.

63 La Famine ou les Putains à Cul par le fieur de la Valife, Chevalier de la Treille. *Paris, L'ygnoré* 1649. en vers.

PIECE TRÈS RARE.

64 La farce des courtisans de Pluton & leur pelerinage en son royaume. 1649. vers.

65 Sujet de la farce représentée par Mazarin, ses deux nieces & les Partisans, dansé dans la place de S. Germain-en-Laye. *Paris, Claude Morlot.* 1649.

66 Le festin burlesque du fourbe ou lamycarême de Partisans traitez à la Cour par leur protecteur & leur Chef le C. M. *Paris, Veuve André Musnier.* 1649.

67 Le celebre festin des Mouchards. vers burlesques. 1649.

68 Le fils de l'impudique & le perfide voluptueux. 1649. *Paris, Denys Langlois.*

69 La fin tragique de tous les Partisans arrivée de temps-en-temps & tirée de l'histoire de France. *Paris, Claude Huot.* 1649.

70 Les deux fripperies ou les Drilles revestus, raillerie en vers burlesques. *Paris, Denys Langlois.* 1649.

71 La gazette des Halles touchant les affaires du temps. Premiere nouvelle. *Paris, Michel Mettayer.* 1649. vers.

72 La gazette de la place Maubert, ou la suitte de la gazette des Halles touchant les affaires du temps. 2 nouvelle. *Paris, Michel Mettayer,* 1649. en vers.

73 La Gueuserie de la Cour. 1649.

74 Le funeste Hoc de Jules Mazarin, en vers burl. *Paris, N. Boisset* 1649.

75 Jules l'Apostat. 1649.

76 Les leçons de Tenebres ou les lamentations de Mazarin *Paris.* 1649.

77 Lettre burlesque à Mazarin. 1649. vers.

78 Lettre de Polichinelle à Jules Mazarin. *Paris, Jean Henault.* 1649.

HISTOIRE.

79 Liste des Empereurs & des Roys qui ont perdu la vie en leur royaume par la malice de leurs favoris & leur ministres d'estats. *Paris, Veuve And. Musnier.* 1649.

80 Les Maltotiers ou les pêcheurs en eau trouble. en vers burlesques. *Paris,* 1649.

81 Cathéchisme des Partisans, ou résolutions théologiques touchant l'imposition, levées & employ des finances dressé par demandes & reponses pour plus grande facilité par le R. P. D. P. D. S. J. 1649.

82 Le Mazarin portant la hotte dit, *j'ai bon dos, je porterai bien tout.* 1649. vers.

83 Le Card. Maz. pris au trebuchet. *Paris, Louis Sevestre,* 1649.

84 Le Ministre d'Estat flambé. vers burl. *Paris, J. Brunc,* 1649.

85 Le Monopoleur rendant gorge. *Paris, Veuve Théod. Pepingué & Est. Maucroy,* 1649.

86 La nappe renversée chez Renard. vers burl. *Paris,* 1649.

87 La Nazarde à Jules Mazarin. *Paris, chez la veuve de l'Auteur,* 1649.

88 La nocturne chasse du Lieutenant Civil. *Paris, Société Typographique,* 1649. vers burl.

89 L'Onophage ou le Mangeur d'Asne. *Paris,* 1649. vers burl.

90 L'origine des Partisans avec la purgation de Jules Mazarin & autres vers sur le temps. vers burl. *Paris,* 1649.

91 Le pact de Mazarin avec le Démon. vers burl. 1649.

92 Paris débloqué, ou les passages ouverts. vers burl. *Paris, C. Huot.* 1649.

Tom. III. Kk

HISTOIRE.

93 Le Partisan tenté du désespoir par le Démon de la maltote qui lui reproche les crimes de sa vie & cause son repentir. (Dialogue.) *Paris, Ant. Cotinet.* 1649.

94 La Passion de la Cour. *Anvers*, 1649.

95 Le grand Poete burlesque de l'escole d'Asnieres (vers burl.) *Paris, Seb. Martin.* 1649.

96 Le pot-pourry burlesque de toute l'histoire de ce temps. *Paris, P. Dupont.* 1649. (vers.)

97 La pourpre ensanglantée. 1649.

98 Le Procès-verbal de la canonisation du bienheureux Jules Mazarin, faite dans le Consistoire des partisans, par Catalan & Tabouret, séant Emery Antipape. Apotheose ironique. *Paris, Cl. Boudeville.* 1649.

99 Les propriétés diaboliques D. C. 1649. (vers.)

100 Le plaisant railleur de la Cour sur les affaires de ce temps. 1649.

101 Recueil général de toutes les chansons Mazarinistes, & avec plusieurs qui n'ont point été chantées. *Paris*, 1649.

102 Le Rieur de la Cour aux bouffons, satyriques, flatteurs à gages & compteurs de nouvelles. *Paris, J. Brunet.* 1649.

103 Le sens dessus dessous, ou le malheur universel de toutes les conditions. *Paris*, 1649. (vers)

104 Sentence burlesque. 1649. (vers.)

105 Songe burlesque de Polichinelle sur le départ de Jules Mazarin. *Paris, Veuve Musnier.* 1649. (vers.)

106 La souppe frondée, 1649. (vers burl.)

107 Le tableau du gouvernement présent, ou éloge de son Eminence, satyre de 1000 vers. nouvelle édition revue & exactement corrigée. *Paris*, 1649.
PIECE RARE.

108 La Tarentelle écrafée, ou l'imprécation de l'impie Ma-zarin. *Rouen*, 1649. (vers.)

109 Le teftament du diable d'argent avec fa mort. *Paris*, 1649. (vers.)

110 Le tombeau des Monopoleurs avec leur Epitaphe. *Paris*, 1649.

111 Triolets de la Cour. *Paris, N. Daffieu*, 1649.

112 Vers fatyriques fur les noms & vies des Partifans de Paris. 1649.

113 La vie infame de la Maltôte, déd. aux curieux par les peuples de Paris. (vers burl.) *Paris, Fr. Meunier*, 1649.

114 La Viole violée, ou le violon démanché. *Paris*, 1649.

115 Advis aux Partifans, Maltotiers, Monopoleurs & Fer-miers de ce Royaume trouvés dans le cabinet de d'Emery après fa mort. *Paris*, 1650.

116 L'apologie de l'Autruche, en vers burlefques. 1650.

117 Le Carnaval des Princes au bois de Vincennes. 1650, en vers.

118 Les compliments de la place Maubert réformés par une des plus fameufes Harangeres de Paris. 1650. en vers burlefques.

119 Les entretiens miftérieux des trois Princes en cage dans le bois de Vincennes, fous les figures du Lyon, du Re-nard & du Singe. 1650. en vers.

120 Les quarante cinq faits criminels du Card. Mazarin. 1650.

121 Le feftin des partifans advancé par le Chancelier, chef & protecteur de la Maltofte. 1650.

122 La fourberie découverte, ou le renard attrapé. 1650. en vers.

HISTOIRE.

123 Le grand duel de deux Demoiselles frondeuses. 1650.

124 Le Jeu du Dé ou la Raphle de la Cour. en vers.

125 Jodelet sur l'emprisonnement des Princes. 1650. en vers.

126 Le plaisant fretillement du temps qui court. 1650. en vers.

127 Le ramage de l'oiseau mis en cage, en vers burlesques. 1650.

128 Le Rat de la cour. 1650. en vers.

129 Le Retour du Prince de Condé dans le ventre de sa mere. 1650. en vers.

130 Le soufflet de la fortune donné au Prince de Condé. 1650. en vers.

131 Stances sur l'anagramme de Jules le Cardinal. *Lardés ce Villain.* 1650. en vers.

132 La Berne Mazarine. 1651. en vers.

133 Le Diable exorcisé ou Mazarin chassé de France. 1651. en vers.

134 Les trois masques de Boue, ou la savonette. 1651. Les trois masques, sont, le Duc d'Epernon, le Comte d'Harcourt, & le Duc d'Elbœuf.

135 La Mazarinade. *Sur la copie imprimée à Bruxelles.* 1651. en vers,
Satyre des plus effrenées.

136 La Miliade, ou l'éloge burlesque de Mazarin, pour servir de piece de Carnaval. 1651. en vers.

137 Plainte de la Noblesse françoise, faite contre les Partisans & Mange-peuples. 1651.

138 Le tableau funeste des Harpies de l'état & des tyrans du peuple. 1651.

HISTOIRE.

139 Le temperament amphibologique des Testicules de Mazarin. avec sa medecine, par Maitre Jean Chapoli, son Médecin. *Cologne.* 1651. en vers & en prose.

PIECE TRÈS RARE.

140 La tragédie de la Royauté, joué sur le Théâtre de la France, par le Cardinal Mazarin. 1651.

141 Le trou fait à la nuit, par Mazarin burlesque *Paris*, 1651. en vers.

142 L'asne rouge, dépeint avec tous ses défauts, en la personne du Cardinal Mazarin. *Paris*, 1652.

143 La Bouteille cassée attachée avec une fronde au Cul de Mazarin. *Paris*, 1652. en vers.

PIECE RARE.

144 Le caquet de la paille. 1652.

145 Le catechisme de la Cour. *Paris*, 1652.

146 La confession générale des Partisans & Maltotiers. 1652.

147 Les contrevérités de la Cour. *Paris*, 1652. en vers.

148 Création de dix Conseillers nouveaux au Parlement du Mazarin seant à Pontoise; & des dix asnes rouges qui se trouverent à l'ouverture d'iceluy, le 7 Août 1652.

149 Le Gouvernement de l'état présent où l'on voit les fourbes & tromperies de Mazarin. *Paris*, 1652. en vers.

150 Harangue en proverbes faite à la Reine. 1652.

151 L'homme effronté ou l'impudence de son impudence Mazarine. 1652.

152 Les larmes de la Roine & du Cardinal Landriguet. 1652.

153 La métamorphose de Mazarin, en la figure du Dragon notre Dame. en vers burlesques. 1652.

154 Le tombeau & l'épitaphe de Mancini fils & neveu de Mazarin. 1652. en vers.

155 Le Torche-barbe de Mazarin & du Maréchal de Turenne. en vers burlesques. 1652.

156 La vérité des proverbes de tous les grands de la Cour. 1652.

157 Virelay sur les vertus de sa faquinance. 1652.

158 Galimatias burlesque sur la vie du Cardinal Mazarin. 1652.

159 Le Thrésor des épitaphes, pour & contre le Duc. *Anvers*, 1650.

160 Extrait des Mazarinades, par M. le Duc de la Valliere. MS. dans un porte-feuille avec dos de m. r.

5220 Jugement de tout ce qui a été imprimé contre le Cardinal Mazarin, depuis le 6e. Janvier jusqu'à la Déclaration du 1er Avril 1649, par Mascurat. (Gab. Naudé). in 4. G. P. m. violet. dent. l. r.

EXEMPLAIRE complet de 718 pages.

5221 Mémoires du Comte de Brienne, Ministre & premier Secretaire d'État, contenant les événemens les plus remarquables du regne de Louis XIII. & de celui de Louis XIV. jusqu'à la mort du Cardinal Mazarin. *Amsterdam, J. Frederic Bernard*, 1719. 3 vol. in 8. m. r.

HISTOIRE.

5222 Réponse à la Requête que M. de Pranzac, Prince du Sang imaginaire, s'est persuadé avoir présenté au Roi. Par du Bouchet. *Paris, Jacquin*, 1667. in fol. m. bl.

5223 Lettres, Mémoires & Négociations de M. le Comte d'Estrades, Ambassadeur de Sa Majesté très Chrétienne auprès des Etats Généraux des Provinces-Unies des Pays-Bas, pendant les années 1663 à 1668. *Bruxelles, Henry le Jeune*, 1709. 5 vol. in 12. m. verd. l. r.

5224 Avis fidele aux véritables Hollandois, touchant ce qui s'est passé dans les villages de Bodegrave, Swammerdam, & les cruautés innouies que les François y ont exercées. 1673. in 4. v. b.

Avec des figures gravées par Romain de Hooghe.

5225 Les Soupirs de la France esclave, qui aspire après la liberté, en xv Mémoires. 1689. in 4. m. r.

5226 Les Héros de la Ligue, ou la Procession Monacale, pour la conversion des Protestans du Royaume de France. *Paris*, 1691. in 4. fig. grotesques, en maniere noire. m. r.

5227 Les Héros de la France sortans de la Barque de Caron, s'entretenans avec Mrs de Louvois, Colbert & Seignelai. *Cologne, Pierre Marteau*, 1693. in 12. fig. v. m.

5228 Le Confesseur infidele, ou Prévarications

du Pere de la Chaize, Confeſſeur du Roi, au préjudice des droits & des intérêts de Sa Majeſté. in 8. m. r.

5229 Hiſtoire du Pere la Chaize, Jeſuite & Confeſſeur du Roi Louis XIV. où l'on verra les intrigues ſecretes qu'il a eu à la Cour de France & dans toutes les Cours de l'Europe. *Cologne, Pierre Marteau,* 1694. in 12. m. r.

5230 Penſées morales de Louis XIV. Roi de France, depuis la ruine de Dieppe. *Cologne, Pierre Marteau,* 1695. in 12. v. m.

5231 Le Marquis de Louvois ſur la ſellette, criminel examiné en jugement par l'Europe, ſes interrogats, ſes réponſes, & enfin ſa ſentence portée par l'Europe. *Cologne, P. Marteau,* 1695. in 12. v. m.

5232 La France ruinée ſous le regne de Louis XIV. par qui & comment, avec les moyens de la rétablir en peu de temps. *Cologne, Pierre Marteau,* 1696. in 12. v. f.

5233 L'Art d'aſſaſſiner les Rois, enſeigné par les Jéſuites, où l'on découvre le ſecret de la derniere conſpiration formée le 3 de Septembre 1695 contre la vie de Guillaume III, Roi de la Grande Bretagne, & découverte à Withal le 2 Mars 1696. *Londres, Th. Fuller,* 1696. in 12. m. r.

5234 Carte géographique de la Cour, & autres galanteries,

galanteries, par Buffy-Rabutin. *Cologne, Pierre Marteau*, 1668. in 12. v. m.

5235 Livre d'heures du Comte de Buffy-Rabutin.

> Moi ? j'irois époufer une femme coquette ?
> J'irois, par ma conftance aux affronts endurci,
> *Me mettre au rang des Saints qu'a célébrés Buffi ?*
> BOILEAU, *Satyre* 8. *vers* 40. *& fuiv.*

Ce dernier vers de Boileau fait allufion au livre précieux dont il eft ici queftion, & a occafionné, dans fes œuvres, une note pour en expliquer le fens. Elle eft conçue en ces termes :

Le Comte de Buffy-Rabutin avoit fait un petit livre, relié proprement en maniere d'Heures, où, au lieu des Images que l'on met dans les livres de prières, étoient les portraits en miniature de quelques Hommes de la Cour dont les Femmes étoient foupçonnées de galanterie; Et, ce que dans la fuite il a lui-même condamné tout le premier, il avoit mis au bas de chaque portrait un petit difcours en forme d'oraifon ou de priere accommodé au fujet....

Cette note qu'on ne trouvera pas exacte après qu'on aura lu la defcription que nous allons donner de ce livre, eft fuivie de deux lettres de *Madame de Scuderi*, écrites à *Buffy* en Août 1674, dans lefquelles on apprend que *Louis XIV.* lorfqu'il lut les vers de *Boileau*, où il eft parlé de *Buffy-Rabutin*, demanda ce que c'étoit que les Saints qu'il avoit célébrés, & qu'on lui dit que c'étoit une badinerie un peu impie qu'il avoit faite. *Buffy* répondit aux lettres de cette Dame, qui ne les avoit écrites au Comte que pour l'animer contre *Boileau*, parceque ce Poete avoit peu ménagé fon mari dans fes fatyres, que ce vers de *Boileau* faifoit plus contre *Boileau* lui-même que contre lui, & que la métaphore étoit ridicule d'avoir dit, les Saints qu'a célébrés *Buffy*, pour dire les Cocus.

Description de ce Livre.

C'eſt un Volume in 16. relié en maroquin citron doré avec dentelles, & doublé de maroquin rouge, enrichi de la même dorure. Il y avoit autrefois des fermoirs & des clous aux quatre coins de chaque côté de la couverture. On y voit encore des marques aux endroits où ils étoient attachés.

On lit ſur le dos : PRIERES.

Le premier feuillet eſt de papier, ſur le recto eſt collé du tabis bleu.

2 de papier blanc.

3 de papier blanc, ſur lequel eſt écrit :

Le deuxe. avril 1720. j'ay remis ces heures à Made. la Marquiſe de Montataire, fille de Monſ. le Comte de Buffy Rabutin.

COUCAULT.

4, 5, 6, 7, 8. 9 de vélin blanc, entourés d'un filet d'or.

10 de vélin, ſur le verſo il y a un chiffre d'or couronné d'une couronne de Marquis. Ce chiffre eſt formé d'une R & d'un C. Ces deux lettres y ſont doubles, parcequ'elles y ſont auſſi en ſens contraire.

11 de vélin blanc, entouré d'un filet d'or.

12 de vélin, dont le recto eſt blanc, & le verſo repréſente ſous la figure de *Ste. Cecile*, le portrait d'une jeune & belle femme vue preſque de face, aſſiſe devant un clavecin, & tenant devant elle dans ſes mains un livre de muſique.

13 & 14 de vélin blanc, entourés d'un filet d'or.

15 de vélin blanc; le recto contenoit 16 lignes d'une belle écriture, qui ont été gratées, ainſi que 8 lignes au verſo.

HISTOIRE.

On y lit encore quelques mots, & à la derniere ligne.... *Ainsi-soit-il*. Au dessous il y a un chiffre d'or formé d'une L & d'une S, & couronné d'une couronne de Duc.

16 de vélin, dont le recto est en blanc, & dont le verso représente un *S. Sebastien*, vu de face, plus qu'à mi-corps; il est lié à un arbre, & percé de deux flèches; il a le visage plein & le corps robuste.

17 & 18 de vélin blanc, entourés d'un filet d'or.

19 il y avoit environ 9 lignes d'écriture sur le recto, & 8 lignes sur le verso qui ont subi le même sort que celles du feuillet 15. Nous n'avons pu y lire que ces mots qui sont contenus dans les 2, 3 & 4 lignes du verso.... *schent point d'aymer toute ma vie ce que je ne sauvrois assez aymer & qu...sursoir...* & ces autres mots qui sont dans les deux dernieres lignes... *dieu que j'auray si bien servy ainsi-soit-il*. Au dessous se voit un chiffre en or formé des mêmes lettres que celui du feuillet 10, & couronné d'une couronne de Comte.

20 de vélin blanc au recto, représentant au verso une belle & jeune femme vue de face, plus qu'à mi-corps, tenant dans ses mains la palme des Martyrs, & un panier de fleurs & de fruits. C'est ainsi qu'on représente ordinairement *Sainte Dorothée*.

21 & 22 de vélin blanc, entourés d'un filet d'or.

23 de vélin blanc au recto, représentant au verso un portrait vu presque de face, & plus qu'à mi-corps, sous la figure d'un *S. Jean-Baptiste*, ayant devant lui l'Agneau qui porte un bâton le long duquel on lit ces mots: *ecce Agnus Dei*.

24 & 25 de vélin blanc, entourés d'un filet d'or.

26 de vélin blanc au recto, représentant au verso une belle femme vue de face, plus qu'à mi-corps, avec les attributs de *Sainte Catherine*, tenant dans une de ses mains la

palme de Martyr, dans ses bras une dague, & ayant devant elle une roue.

27 & 28 de vélin blanc, entourés d'un filet d'or.

29 de vélin blanc au recto, représentant au verso *Louis XIII* vu presque de face, sous la figure de S. *Louis*. Il porte des moustaches & une longue perruque qui lui tombe sur les épaules ; sa tête est ornée d'un nimbe ; il est revêtu d'un manteau de pourpre fleurdelisé, & il tient d'une main la Main de Justice, & de l'autre le Sceptre. Sa couronne qui est celle que portent les Rois de France, est posée sur un tabouret devant lui.

30 & 31 de vélin blanc, entourés d'un filet d'or.

32 de vélin blanc au recto, représentant au verso une très belle femme vue de profil, tenant sur ses genoux un Agneau, & dans sa main la palme de Martyr. Ces attributs appartiennent à *Sainte Agnès*.

33 & 34 de vélin blanc, entourés d'un filet d'or.

35 de vélin blanc au recto, représentant au verso un S. *George* vu presque de face, plus qu'à mi-corps, ayant une longue perruque & un casque sur la tête ; il a le corps couvert d'armures, & tient d'une main une épée levée prête à frapper un Dragon qu'il saisit de l'autre main.

36, 37 & 38 de vélin blanc, entourés d'un filet d'or.

39 de papier blanc.

40 de papier blanc couvert de tabis bleu.

Nous laissons aux Amateurs le soin de deviner les personnes que *Bussy* a eues en vue en les représentant sous les figures de ces différents Saints & Saintes. Nous ajouterons seulement que ce livre est sans contredit un des plus précieux, des plus intéressants & des plus curieux que l'on puisse voir, soit à cause des portraits véritables des plus belles personnes distinguées de la Cour de *Louis XIV* qu'il renferme, soit par les anecdotes & le vers de *Boileau* qu'il a fait naître, soit enfin pour fa parfaite exécution, qui eft un chef-d'œuvre de peinture en miniature.

La premiere invention d'un pareil livre n'eft point due à *Buffy-Rabutin* ; les Seigneurs de la Cour de *Henri III* en portoient de femblables ; mais aucun ne nous eft parvenu.

5236 Caracteres fatyriques de la Cour de Louis XIV. attribués à la Bruyere. in 4. rel. en cart.

MANUSCRIT fur papier du *XVIII fiecle*, contenant 309 feuillets.

5237 Portraits de la Cour de France. *Cologne, les Héritiers de Pierre Marteau*, 1702. in 12. v. m.

5238 Nouveaux Portraits & caracteres de la Famille Royale, des Miniftres d'Etat, & des principales Perfonnes de la Cour, avec une chanfon fur plufieurs perfonnes du temps. *Villefranche, Pierre Pinceau*, 1706. in 12. v. f.

5239 Les Conqueftes amoureufes du grand Alcandre dans les Pays-Bas, avec les intrigues de fa Cour, (par Gatien de Courtilz). *Cologne, Pierre Bernard*, 1684. in 12. v. m.

5240 Le Divorce royal, ou Guerre civile dans la famille du grand Alcandre. *Cologne, Pierre Marteau*, 1692. in 12. m. r.

5241 Amours de Louis le Grand & de Mademoifelle du Tron. *Rotterdam*. 2 parties en 1 vol. in 12. m. r.

5242 Saint Germain, ou les Amours de Mde. D.

M. T. P. (de Montefpan), avec quelques autres galanteries. in 12. v. b.

5243 La Caffette ouverte de l'illuftre Criole, ou les Amours de Mde. de Maintenon. *Villefranche, David du Four*, 1691. in 12. m. r.

5244 Nouvelles Amours de Louis le Grand. *Paris, Brunet*, 1696. in 12. v. m.

5245 Scarron apparu à Mde. de Maintenon & les reproches qu'il lui fait fur fes amours. *Cologne, Jean le Blanc*, 1694. in 12. m. r.

5246 Le Tombeau des amours de L. L. G. (Louis le Grand) & fes dernieres galanteries. *Cologne, Pierre Marteau*, 1695. in 12. v. f.

5247 La Pefte du genre humain, ou la Vie de Julien l'apoftat, mife en parallele avec celle de L...... *Cologne, Pierre Marteau*, 1696. in 12. m. viol.

5248 Le Paffetemps royal de Verfailles, ou les Amours fecrettes de Mde. de Maintenon, fur de nouveaux mémoires très curieux. *Cologne, Pierre Marteau*, 1704. in 12. v. f.

5249 Recueil de Pieces & de Faits particuliers que le P. Griffet n'a pas cru devoir ni pouvoir inférer dans l'hiftoire de Louis XIII. & dans les faftes de Louis XIV. dont il eft auteur. in 4. rel. en carton.

Manuscrit fur papier du *XVIII siecle*, bien écrit, contenant 33 feuillets.

HISTOIRE. 271

5250 Portraits de Louis le Grand, fuivant fes différens âges, pour fervir à l'hiftoire des principaux évenemens de fon regne, par medailles. in 4. m. r.

5251 Medailles fur les principaux évenemens du regne de Louis le Grand, avec des explications hiftoriques, (par Fr. Charpentier, P. Tallemant, J. Racine, N. Boileau, J. de Tourreil, C. Renaudot, A. Dacier.) *Paris, de l'Imprimerie Royale*, 1702. in fol. m. r. doublé de m. verd.

On trouve dans cet Exemplaire & dans le fuivant la Préface imprimée. Louis XIV la fit fupprimer, parcequ'au lieu d'y marquer le plan & l'ordonnance de l'Ouvrage, comme c'eft l'ufage, on y faifoit l'éloge des Graveurs & autres perfonnes qui y avoient été employées. Le Roi, qui étoit plein de fens, & qui avoit l'efprit jufte, dit fort fagement, que c'étoit fon hiftoire qu'il avoit ordonnée de faire, & non celle des Graveurs. Ainfi cette préface eft très rare imprimée.

Note tirée de la Méthode pour étudier l'Hiftoire.

5252 Les Medailles de Louis XIV. *Paris, de l'Imprimerie Royale*, 1723. in fol. m. r. dent. doublé de m. verd.

EDITION la plus complete & la plus belle. Comme il y avoit des dates fauffes dans quelques médailles de la premiere édition, on les a changées dans celles-ci; on en a même fupprimé quelques-unes. Les têtes ont été gravées avec plus de foin fur les réffemblances de Louis XIV. Il s'eft fait une dépense immense pour l'impression de ce livre, où les médailles & les vignettes qui regnent autour des pages sont des meilleurs Graveurs, & le livre d'une magnificence extraordinaire pour l'impression.

Histoire particuliere du Regne de Louis XV.

5253 Memoires de la Régence de S. Al. R. M. le Duc d'Orleans, durant la minorité de Louis XV. (Par le Chevalier de Pioffens). *La Haye, Jean van Duren*, 1729. 3 vol. in 12. fig. v. f.

5254 La Vie de Philippe d'Orleans, Petit-Fils de France, Regent du Royaume, pendant la minorité de Louis XV. (attribuée au Sieur de la Hode.) *Londres*, (*Amsterdam*), *Compagnie*, 1737. 2 vol. in 12. v. f.

5255 Almanach historial pour l'année 1737, où se trouve le monument consacré à la postérité, ou memoire de la folie incroyable de la XXe année du XVIIIe. siecle; augmenté de la vie & aventures de l'incomparable Mie Margot. 1737, in 4. fig. m. r.

5256 Abregé des Mémoires pour l'établissement du crédit public. in 4. br. en cart.

Manuscrit sur papier du *XVIII siecle*, contenant 123 feuillets proprement écrits.

5257 Recueil de Chansons choisies, en vaudevilles, pour servir à l'histoire anecdote de la Cour & de
la

HISTOIRE.

la Ville, depuis 1600 jusqu'en 1756. 11 vol. in 4. m. r.

MANUSCRIT sur papier du *XVIII siecle*, contenant en tout 4036 feuillets très proprement écrits. Ce recueil est très rare, parceque c'est un des plus complets qu'on connoisse.

5258 Lettres, Memoires & Négociations particulieres du Chevalier d'Eon, Ministre Plenipotentiaire de France auprès du Roi de la Grande Bretagne. *Londres, Dixwell,* 1764, in 4. Gr. Pap. m. r.

Histoire Générale & particuliere des Villes & Provinces de France.

Histoire de la Généralité de Paris, & du Gouvernement de l'Isle de France.

5259 Le Royaume de France, & les Etats de Lorraine, par ordre alphabétique, par M. Doisy. *Paris, Quillau, Pere,* 1745. in 4. m. r. dent.

5260 Plan de Paris divisé en seize quartiers, levé par M. l'Abbé de la Grive. 1744. in fol. v. f.

5261 Plan de Paris, par l'Abbé de la Grive. in fol. m. r.

5262 Histoire de la Bastille, par Constantin de Renneville, (Gatien de Courtilz). *Amsterdam, Balthasar Lakeman,* 1724. 5 vol. in 12. fig. m. r.

Tome III.   M m

HISTOIRE.

5263 Recherches de l'antiquité de la Ville & Baillage de Chasteau-Landon, servant de deffences, contre les entreprises des Officiers du Baillage de Nemours, reduites en forme de factum. *Paris, Thomas Charpentier*, 1662. in 8. m. bl.

Gouvernement de Picardie & Artois.

5264 De Morinis & Morinorum Rebus, sylvis, paludibus, oppidis, regia Comitum prosapia ac territoriis, regioque Præsulum splendore, viis Cæsareis ac portubus, Cæsarum Domicilio: &c. auctore Jacobo Malbrancq. *Tornaci Nerviorum, Quinqué*, 1639. 3 vol. in 4. v. m.

5265 Illustrations de la Gaule Belgique, Antiquités du pays de Haynnau, & de la grand cité de Belges, extraites des livres de Jacques de Guise. *Paris, Galliot du Pré*, 1531. 2 vol. in fol. goth. m. r.

SUPERBE EXEMPLAIRE IMPRIMÉ SUR VÉLIN. Il manque le troisieme Volume.

5266 Histoire de Lille & de sa Châtellenie, (par Thiroux). *Lille, Charles-Louis Prevost*, 1730. in 12. v. m.

Gouvernement de l'Orlaénois.

5267 Les Privileges, Franchises & Libertés des

HISTOIRE.

Manans & Habitans de la ville de Montargis-le-Franc. *Montargis, Ytier Angot.* in 8. m. bl.

5268 Les Antiquités de la Ville & du Duché d'Eſtampes, avec l'hiſtoire de l'Abbaye de Morigny, par Dom Baſile Fleureau. *Paris, Jean-Baptiſte Coignard,* 1683. in 4. v. f.

Gouvernement de Touraine, Anjou, & Berry.

5269 La Décoration du Pays & Duché de Touraine, & de la Fondation d'icelle, & autres antiquités dignes de louange & de mémoire, avec pluſieurs ſingularités étant en la ditte ville, traduite par Thibault Lepleigney. 1541. in 8. m. r.

5270 Hiſtoire agrégative des annales & chroniques d'Anjou, par Jean de Bourdigné. *Angiers, Charles de Boingne,* 1529. in fol. goth. v. f.

5271 Recueil des Opuſcules de Nicolas Catherinot. 2 vol. in 4. v. m.

Les différents traités de Catherinot ſont rares & fort difficiles à raſſembler. Ce recueil contient :

1 Nic. Catharini ſcholarum Bituricarum inſcriptio. 12 pag.

2 Manuel de l'Hopital-Général de Bourges. 27 pag.

3 Manifeſte de l'Hôpital-Général de Bourges. 7 pag.

4 Généalogie de Meſſieurs Dorſannes. 8 pag. au bas de la derniere il y a. *Le reſte ſera imprimé cy après.*

5 Tombeaux domeſtiques. 4 pag.

HISTOIRE.

6 Les Avocats du Roi, Conseillers. 8 pag.

7 N. C. Fori Bituricensis inscriptio. 44. pag.

8 Le Sanctuaire de Berry. 36 pag.

9 Le Patriarcat de Bourges. 20 pag.

10 Le Nobiliaire de Berry. 8 pag.

11 L'abonnement de Poincy. 4 pag.

12 Le Necrologe de Berry. 8 pag.

13 Le Droit de Berry. 12 pag. à la fin de cette piece on trouve l'état de tout ce que Catherinot avoit fait imprimer jusqu'au 15 Juin 1682.

14 Antiquités Romaines de Berry. 8 pag.

15 Les Illustres de Berry. 12 pag.

16 La Chronographie de Berry. 8. pag.

17 La Rente de Seris. 4 pag.

18 Les Tribunaux de Bourges. 12. pag.

19 Les Patronages de Berry. 8 pag.

20 Les Eglises de Bourges. 8 pag.

21 Les Archevêques de Bourges. 8 pag.

22 Les recherches du Berry. 8 pag.

23 Annales Typographiques de Bourges. 8 pag.

24 Le Pouillé de Bourges. 16 pag.

25 Le vray avarie. 12 pag. Il y a à la fin de cette piece, *Edita postrema* 1682 —— 17 Aoust 1683.

26 La Gaule grecque. 8 pag.

27 Les Dioceses de Bourges. 8 pag.

28 Le Bullaire de Berry. 4 pag.

29 Le Diplomataire de Berry. 4 pag.

HISTOIRE. 277

30 Annales Themistiques de Berry. 4 pag.

31 Annales ecclésiastiques de Berry. 4 pag.

32 Annales académiques de Bourges. 4 pag.

33 Le Siege de Bourges. 4. pag.

34 Le Calvinisme de Berry. 4 pag.

35 Les Dominateurs de Berry. 4 pag.

36 Les Alliances de Berry. 4 pag.

37 Les Romains Berruiers. 4 pag.

38 Bourges souterrain. 8 pag.

39 Le Journal du Parlement, à M. Gueret. 4 pag.

40 Les fondateurs de Berry. 8 pag.

41 Les Philippes de Berry. 8 pag.

42 Les Paralelles de la Noblesse. 11 pag.

43 Le vray avarie. 12 pag. Cette piece est un double du N° 25.

44 Le Diplomataire de Berry. 4 pag. double du N° 29.

45 Le Nobiliaire de Berry. 8 pag. double du N° 10.

46 Manifeste pour le Seigneur de Coulons sur Oron. 8 pag.

47 Dissertation, que le Parquet de Bourges est du corps de l'Université. Lettre adressée à M. Gougnon. 8 pag. avec la réponse de M. Gougnon.

48 Que le Parquet de Bourges est du corps de l'Université. 20 pag.

49 L'Avantage sans avantage. 4 pag.

50 Factum de l'office de Receveur provincial alternatif des décimes en la généralité de Bourges. 11 pag.

51 La vie de Mademoiselle Cujas. 4 pag.

52 Traité des Martyrologes. 4 pag.

53 Factum pour Denys Catherinot, contre M. le Procureur-Général de la Cour des Aydes. 2 pag.

54 Second Factum pour le même Den. Catherinot, contre le même. 3 pag.

55 Dissertations du droit françois. 24 pag.

56 Les Doublets de la langue. 12 pag.

57 Manifeste pour le Seigneur de Coulons sur Oron. 8 pag. double du N° 46.

58 Le Prest gratuit. 92 pag.

59 Escu d'alliance. 20 pag. suivies d'un feuillet rempli de différentes armoiries.

60 Castigationes ad Hymnos Ecclesiæ. 8 pag.

61 Le mal assigné. 4 pag.

62 La Plaideuse. 4 pag.

63 La main de Scevola. 12 pag.

64 La Prévention. 8 pag.

65 Les Axiomes du droit françois. 8 pag.

66 Le petit Villebœuf. 4 pag.

67 Une table MS. d'une écriture du temps, contenant la note des opuscules de Catherinot. 13 pag.

68 Les Ducs & Duchesses de Berry. 4 pag.

69 Traité de l'Architecture. 24 pag.

70 La Réligion unique. 12 pag.

71 Traité de la peinture. 24 pag.

72 Traité des Martyrologes. 4 pag. double du N° 52.

73 Jurisconsulti exotici. 4 pag.

74 Antediluviani. 4 pag.

75 Codex Testamentorum. 4 pag.

HISTOIRE.

76 Imperium Romanum. 4 pag.

77 Chronicon Juris facti. 4 pag.

78 Gratianus recensitus. 4 pag.

79 Traité de la Marine. 26 pag. suivies d'un feuillet qui contient 6 vers intitulés : *Auctor ad Lectorem*, & daté de Bourges ce 20 Octobre 1685.

80 Commission pour le sieur Catherinot. 4 pag.

81 Traité de l'Artillerie. 16 pag.

82 Remarques sur le Testarent de M. Cujas. 4 pag.

83 La vie de Mademoiselle Cujas. 4 pag. double du N° 51.

84 Les Fastes consulaires de Bourges. 4 pag.

85 La Regale universelle. 10 pag.

86 Que les coutumes ne sont point de droit étroit. 19 pag.

87 L'Art d'imprimer. 12 pag.

Gouvernement de Bourgogne & Franche Comté.

5272 Chronicon urbis Matissanæ, (Authore Franc. Fustaillier) Philip. Bugnonius I. C. concinnavit. *Lugduni, apud Joan. Tornæsium*, 1559. in 8. m. bl.

Philibert Bugnyon n'est que l'Editeur de cet Ouvrage; l'Auteur s'appelloit François Fustaillier; c'est ce que nous apprend l'Abbé Papillon dans sa Bibliotheque des Auteurs de Bourgogne, pag. 117, 231 & 32 de la premiere partie. Il assure que cette Chronique est très rare, & qu'il n'en a jamais vu d'autre Exemplaire que celui qui lui appartenoit.

HISTOIRE.

5273 Chronique de la ville de Mascon, faite en latin (par François Fustaillier, & publiée) par Philibert Bugnyon, mise en françois par N. Edoard. *Lyon, Nicolas Edoard,* 1560. in 8. m. r.

5274 Histoire de Bresse & de Bugey, contenant ce qui sy est passé de mémorable sous les Romains, Rois de Bourgogne & d'Arles, &c. avec les fondations des Abbayes, & Prieurés & les généalogies de toutes les familles nobles, par Samuel Guichenon. *Lyon, Huguetan,* 1650. 2 vol. in fol. v. f.

Gouvernement du Lyonnois & de l'Auvergne.

5275 L'Antiquité, origine & noblesse de la très antique cité de Lyon : Ensemble de la rebeine & conjuration ou rebellion du populaire de la ditte ville contre les Conseillers de la cité & notables Marchands, à cause des bleds, faite cette présente année 1529. traduite du latin de Morien Pierchain, par Théophile du Mas. *Imprimé à l'Isle Galique ditte Lyonnoise.* in 8. goth. v. m.

5276 Les Origines de Clairmont, ville capitale d'Auvergne, par Jean Savaron. *Clairmont, Durand,* 1607. in 8. m. r.

5277 Description de la Limagne d'Auvergne en forme

HISTOIRE.

forme de dialogue, avec plusieurs médailles, statues, oracles, épitaphes, &c. traduit de l'italien de Gabriel Symeon, par Antoine Chappuys. *Lyon, Guillaume Rouille.* 1561. in 4. fig. m. bl.

Gouvernement du Périgord & du Limousin.

5278 Privileges, franchises, libertés de la ville, cité, & Banlieue de Perigueux, par Jacques Dechalup. *Périgueux, Julien Desforges*, 1662. in 8. m. r.

5279 Privileges, franchises & libertés du Vicomté de Turenne. *Paris*, 1640. in 4. m. r.

IMPRIMÉ SUR VÉLIN.

Gouvernement du Languedoc, de la Provence, & du Dauphiné.

5280 Idée de la ville de Montpellier, recherchée & présentée aux honnêtes gens. Par Pierre Gariel. *Montpellier, Daniel Pech*, 1665. in fol. m. r.

CE LIVRE est divisé en plusieurs parties, où les chiffres des pages sont interrompus. La premiere partie intitulée : *Idée de la ville de Montpellier*, contient 263 pages.

De Montpellier en particulier, 156 pages. A la page 93 il y a des figures de monnoies collées sur ce feuillet, & à la page 141 des fig. de sceaux également collées.

Suite des Guillaumes & des Seigneurs de Montpellier, commence à la page 75. finit à la page 296. avec la fig. de Guillaume, fils de Malthilde, collée sur la page 170.

De l'Eglife & des miracles de Notre-Dame de Tables. 192 pag. on y trouve un plan de la ville de Montpellier, & une carte particuliere du Diocefe.

5281 La Chorographie, ou Defcription de Provence, & l'hiftoire chronologique du même pays; par Honoré Bouche. *Aix, Charles David,* 1664. 2 vol. in fol. v. m.

5282 Hiftoire de la ville de Marfeille, contenant tout ce qui s'y eft paffé de plus mémorable depuis fa fondation, &c. par Antoine de Ruffi; revue, corrigée & augmentée par Louis-Antoine de Ruffi, fon fils. *Marfeille, Henry Martel,* 1696. in fol. G. P. m. r. l. r.

5283 Hiftoire générale de Dauphiné, par Nicolas Chorier. *Grenoble, Phil. Charuys,* 1661. 2 vol. in fol. v. m.

Mélanges de l'Hiftoire de France.

5284 Le Cérémonial François; contenant les cérémonies obfervées en France aux Sacres & Couronnemens des Rois, & Reines, & de quelques anciens Ducs de Normandie, de Bretagne, &c. recueilli par Théodore Godefroy, & mis en lumiere par Denys Godefroy. *Paris, Sebaftien Cramoify,* 1649. 2 vol. in fol. G. P. m. r.

5285 Le Recueil des triomphes & magnificences qui ont été faites au logis de M. le Duc d'Orléans, frere du Roi, étant à Fontainebleau au festin qu'il fit le Lundi gras dernierement 14 de Fevrier. *Troyes, François Trumeau.* in 8. goth. m. r.

5286 Les Portraits & figures du somptueux ordre, plaisants spectacles, &c. exhibés par les citoyens de Rouen, faits en l'entrée du très chrétien Roi de France Henry II. & Madame Catherine de Medicis la Reine, son épouse, en l'an 1550. *Rouen, Jean Dugort*, 1557. in 4. fig. m. r.

5287 La Pompeuse & magnifique Cérémonie du Sacre du Roi Louis XIV. fait à Rheims, le 7 Juin 1654. *Paris, Martin,* 1655. in fol. fig. m. r.

5288 Le Sacre de Louis XV. Roi de France & de Navarre, dans l'Eglise de Rheims, le Dimanche XXV Octobre 1722. in fol. fig. m. viol. dent.

5289 Sacre & Couronnement de Louis XVI. Roi de France & de Navarre, à Rheims, le 11 Juin 1775, enrichi d'un grand nombre de figures gravées par le sieur Patas. *Paris, Vente,* 1775. in 4. m. r.

5290 Les Ordonnances de l'Ordre de la Toison d'or. in 4. m. r.

IMPRIMÉ SUR VÉLIN.

5291 Les Ordonnances de l'Ordre de la Toison d'or. in 4. m. r.

IMPRIMÉ SUR VÉLIN.

5292 Constitutiones clarissimi atque excellentissimi Ordinis Velleris aurei, è gallico in latinum conversæ (à Nicolao Nicolai Grudio). in 4. m. r.

IMPRIMÉ SUR VÉLIN.

5293 Livre de l'Institution des Chevaliers de l'Ordre du très chretien Roy de France, institué & ordonné par Loys XI. Roy de France à Amboise le 1 Aoust 1469 de son regne le IXe avec ladionction de loffice de Preuost, maistre des Serimonies dudict ordre institué au Plessis du Parc lez Tours le xxiie decembre M. iiii^c lxxvi de son regne le xvi. in 4. m. r. dent.

SUPERBE MANUSCRIT du commencement du *XVI siecle*, contenant 36 feuillets de vélin très blanc. Il est écrit à longues lignes en *ancienne ronde bâtarde*, dont les capitales sont élégamment peintes en or & en couleurs. Il est enrichi de deux miniatures d'une beauté & d'une fraîcheur éclatantes. Celle qui est au 2 feuillet porte 8 pouces de hauteur, sur 7 pouces & demi de largeur, & représente l'Archange *St. Michel*, terrassant & foulant aux pieds le Diable. Celle du fol. 7 à-peu-près de la même grandeur, est extrêmement intéressante ; on y voit *Louis XI* assis sur son thrône, revêtu du manteau royal parsemé de fleurs-de-lis, ayant une couronne d'or sur la tête & tenant d'une main un sceptre d'or & de l'autre une main de justice. Il est environné de 20 Chevaliers de l'ordre de St. Michel, richement vêtus & portant tous le colier de l'Ordre

5294 Le Livre des Statuts & Ordonnances de

l'Ordre Saint-Michel, établi par le très chrétien Roi de France Louis XI. Inſtitution de l'office de Prevoſt & Maître des cérémonies, avec autres ſtatuts & ordonnances ſur le fait dudit Ordre. in 4. m. bl.

IMPRIMÉ SUR VÉLIN.

5295 CEs ſunt les chapitres faites et trouees pour le tres excellent Prince Monſeignour le Roy loys pour la grace de dieu Roy de Jeruſalem et de Secille Alle honneur du ſaint eſpérit trouueur et fondeur de la tres nobles compaignie du ſaint eſperit au droit deſir Encomencee le iour de la penthecouſte lan de grace M. ccc lij. in fol. m. r. dent.

INFINIMENT PRÉCIEUX MANUSCRIT ſur vélin, écrit en *lettres de forme*, à longues lignes. Il eſt enrichi de divers ornements peints en or & couleurs, & de miniatures qui repréſentent les cérémonies, les actes & les exercices preſcrits aux Chevaliers du St. Eſprit, au Droit Déſir ou du Nœud.

Ce MS. Original des Statuts de cet Ordre, a été décrit fort au long & imprimé en entier dans une brochure qui a paru en 1764, & qui ſe trouve en papier de Hollande, à la fin de ces Statuts. Voici comment M. Lefebvre qui en eſt l'Auteur y donne l'hiſtoire de ce MS.

La République de Veniſe, à ce qu'on aſſure, l'avoit jadis acquis, & le conſervoit depuis un grand nombre d'années dans le tréſor de ſes raretés; mais l'affection qu'elle portoit à *Henri III* l'ayant engagée à lui faire un préſent digne de lui, elle le lui remit, lorſque, fuyant le trône de la Polo-

gne, il paſſa, en 1574, par leur ville, pour aller prendre poſſeſſion de celui de la France qui lui étoit échu par la mort
de Charles IX, ſon frere.

La Beauté de ce MS. & le nom de ſon Auteur, iſſu du
ſang illuſtre des Rois de France, porterent *Henri* à lui donner place dans les archives de ſa couronne; & ayant, quatre
ans après, conçu le deſſein de former, pour la haute Nobleſſe
de ſes Etats, un Ordre nouveau, & qui pût ſervir de recom-
penſe au mérite & à la valeur diſtingués, il prit pour modele les ſtatuts que ce MS. comprenoit & que *Louis I.* Roi
de Jeruſalem, de Naples & de Sicile avoit compoſé pour
l'Ordre du S. Eſprit au Droit Deſir ou du Nœud, qu'il avoit
établi à Naples en 1352.

Après avoir extrait de ces anciens Statuts ce qui étoit plus
conforme aux uſages de ſon temps & à ſes vues particulieres,
Henri, par une fauſſe délicateſſe, avoit ordonné à M. de
Chiverni, ſon Chancelier, de les brûler, pour qu'il ne parût
jamais qu'il y eût puiſé; mais ce Miniſtre n'ayant pas
cru devoir obéir à un ordre qui tendoit à priver la France
d'un monument authentique de la magnificence d'un Prince
qui tiroit d'elle ſon origine, le conſerva. Il échut enſuite à
ſon fils *Philippe Hurault*, Evêque de Chartres, & après ce
Prélat, il paſſa dans la Bibliotheque de M. *René de Longueil*,
Marquis de Maiſons, Préſident à Mortier, mort en 1677,
puis dans celle de M. *Nicolas Nicolaï*, Premier Préſident
de la Chambre des Comptes de Paris. Ce Magiſtrat étant
mort 1686, ce précieux MS. diſparut tellement, que ceux
qui par tradition ſavoient les époques de ſon ancienne exiſ-
tence, n'en ont plus fait mention que comme d'une perte
réelle.

M. *Gaignat* eut le bonheur de le recouvrer, & d'en faire
l'acquiſition, & M. le Duc *de la Valliere* l'acheta à la vente

des livres de cet Amateur, à un prix très modique, si on fait attention à l'importance d'un pareil Monument.

5296 Mémoire pour servir à l'Histoire de France du quatorzieme siecle; contenant les Statuts de l'Ordre du Saint-Esprit, au droit desir ou du nœud, institué à Naples en 1352, par Louis Ier du nom, Roi de Jérusalem, &c. & renouvellé en 1579, par Henry III, Roi de France, sous le titre de l'Ordre du Saint-Esprit, par M. le Febvre. *Paris, Guillaume François De Bure le jeune,* 1764. in 4. tiré sur papier de Hollande. in fol. v. m.

5297 Les Statuts de l'Ordre du Saint-Esprit établi par Henry III, Roi de France & de Pologne, au mois de Décembre 1579. *Paris, de l'Imprimerie Royale,* 1703. in 4. m. viol.

IMPRIMÉ SUR VÉLIN.

5298 Registre du Greffe de l'Ordre du Saint-Esprit, le 29 Décembre 1579 (jusqu'en 1599). = Registre du Greffe de l'Ordre du Saint-Esprit, commencé au mesme temps que le Roi en a pris l'habit à Reims le XVIII Octobre 1610, (jusqu'en 1633) in fol. m. bl.

MANUSCRIT sur papier du *XVII siecle*, bien écrit, contenant 100 feuillets.

5299 Les Armes & Blasons des Chevaliers de

l'Ordre du Saint-Esprit, créés par Louis XIII ; par Jacques Morin, sieur de la Masserie. *Paris, Pierre Firens*, in fol. m. r.

Avec les blasons enluminés.

5300 Discours, Mémoires & Plaidoyez touchant l'origine des Ducs & Pairs de France, depuis son institution jusqu'en 1628. 3 vol. in fol. vélin.

MANUSCRIT Précieux du *XVII siecle*, sur papier, contenant 1276 feuillets.

5301 Histoire des Duchés & Comtés Pairies de France, selon leurs vérifications & le rang qu'elles ont à la Cour de Pairs, avec les Duchés simples, vérifiés au Parlement de Paris ; les Duchés vérifiés en d'autres Parlements que celui de Paris ; & les Duchés dont les lettres n'ont pas été vérifiées, par M. Pocquet de Livoniere. in fol. rel en cart.

MANUSCRIT sur papier du *XVIII siecle*, contenant 66 feuillets.

5302 Mémoires concernant les Pairs de France, avec les preuves. (par M. Lancelot) *Paris, Coustelier*, 1720. in fol. v. m.

5303 Histoire chronologique de la grande Chancellerie de France, par Abraham Tessereau. *Paris,*

HISTOIRE.

Paris, Pierre Emery, 1710. 2 vol. in fol. G. P. m. viol.

5304 Treize Livres des Parlements de France, esquels est amplement traité de leur origine & institution, & des Présidents & Conseillers, &c. par M. Bernard de la Roche Flavin. *Bourdeaux, Simon Millanges*, 1617. in fol. bas.

5305 Recueil de Pieces concernant la dissolution des Parlements, rangé par ordre chronologique & alphabétique. 27 Porte-feuilles in 8. avec des dos de m. r.

5306 Histoire de la Milice Françoise, & des changements qui s'y sont faits depuis l'établissement de la Monarchie Françoise dans les Gaules, jusqu'à la fin du regne de Louis-le-Grand, par le P. Gabriel Daniel. *Paris, Denys Mariette*, 1721. 2 vol. in 4. G. P. fig. v. f.

5307 Tables contenant l'Histoire Militaire de France, où l'on voit les motifs des guerres, les batailles & les sieges, les noms des Généraux françois & ennemis, avec les traités de paix & d'alliances, depuis Clovis jusqu'au regne de Louis XV. (par Lemau de la Jaisse.) in fol. m. viol. très Grand Papier.

Très beau Manuscrit sur papier, contenant 130 feuillets.

5308 Carte générale de la Monarchie Françoise,

Tome III.

contenant l'Histoire Militaire, depuis Clovis jusqu'à la quinzieme année du regne de Louis XV, par le sieur Lemau de la Jaisse. 1733. in fol. m. bl. dent.

5309 Figures des Monnoyes de France, par Jean Haultin. 1619. in 4. m. bl. dent.

SUPERBE EXEMPLAIRE d'un livre très rare.

5310 Recherches curieuses des Monnoyes de France, depuis le commencement de la Monarchie, par Claude Bouteroue. *Paris, Martin*, 1666, in fol. G. P. fig. m. viol.

5311 Traité historique des Monnoyes de France, avec leurs figures, depuis le commencement de la Monarchie jusqu'à présent, par M. le Blanc. *Paris, Jean Boudot*, 1690. in 4. G. P. fig. m. viol.

5312 Dissertation historique sur quelques Monnoyes de Charlemagne, de Louis le Débonnaire, de Lothaire & de leurs successeurs, frappées dans Rome, par M. le Blanc. *Paris, Jean-Baptiste Coignard*, 1689. in 4. G. P. fig. m. viol.

HISTOIRE D'ALLEMAGNE.

5313 De Translatione Imperii Romani ad Germanos. item de electione Episcoporum, quod æque ad plebem pertineat. Mathia Flacio Illyrico autore. *Basileæ, Petrus Perna*, 1566. = D. Lupoldi de Babenberg de juribus regni & Imperii Romani tractatus. *Basileæ, per Petr. Pernam.* in 8. m. r.

5314 Reginonis monachi Prumiensis annales non tam de Augustorum vitis, quam aliorum Germanorum gestis & doctè & compendiosè differentes, antè sexingentos ferè annos editi. *Moguntiæ in ædibus Jo. Schoeffer, mense Augusto*, 1521, in fol. v. b.

5315 Marsilii de Menandrino, defensor pacis, sive apologia pro Ludovico IV. Imperatore Bavaro. tractatus de translatione imperii, antè CCC prope annos scripta. *Ex Bibliopolio Comeliniano*, 1599. in 8. m. r.

5316 Aurea Bulla Caroli IV, Romanorum Imperatoris, & Regis Bohemiæ, &c. *Moguntiæ excudebat Ivo Schæffer, anno Domini*, 1549. in fol. v. f.

5317 L'intérim de Charles-Quint, & Pieces concernant la diette d'Ausbourg. in fol. mouton verd. & s. tr.

Manuscrit sur papier du *XVI siecle*, contenant 141 feuillets

HISTOIRE.

5318 L'Excuse & Réponse de l'Empereur, faite par le Seigneur Davaille, Marquis d'Al Gasto, aux Electeurs & autres Princes du Saint Empire, à l'encontre du Roi de France. *Anvers, Martin Nuyts*, 1542, in 8. v. f.

5319 Podalirii Germani cum Catone Certomio de furore Germanico diebus genialibus carnis privii dialogus, editus per Theodoricum Gresemundum Juniorem Maguntinum. in 4. goth. v. f.

EDITION sans date, nom de Ville ni d'Imprimeur, qui probablement a paru à Mayence; c'est ce que porte à croire la date de l'Epître Dédicatoire à la fin de laquelle on lit : *Moguntiæ, pridie kl. marcias anno* 1495. D'ailleurs les lettres capitales sont les mêmes que celles qui sont employées dans la souscription du Nº 1531. *Herbarius*. 1485.

5320 Chronica Hungarorum & Regum Hungariæ, cum præfatione Joannis de Thwrocz. *Impressa in civitate Brunensi*, 1488. in fol. goth. fig. en bois au simple trait. v. f.

PREMIERE EDITION.

CE VOLUME a des signatures depuis a ——— x. à la fin il y a cette souscription :

Illustrissimor hungarie regū chronica In inclita terre Morauie ciuitate Brunēsi lucubratissime impressa finit felicius. Anno salutis. M. CCCC. lxxxviij. die. xx. Martij.

5321 Citta e fortezze dell' Austria, Ungheria,

Grecia, e altre provincie, con varie affedii, efpugnationi, e vittorie ottenute dall' armi della facra lega Chriftiana contro il Turco. *In Roma, Giov. Giacomo Roffi.* in fol. fig. v. f.

5322 Mémoires pour fervir à l'Hiftoire de la Maifon de Brandebourg, par Sa Majefté le Roi de Pruffe. *Berlin, Jean Neaulme*, 1751. in 4. G. P. m. r.

HISTOIRE DES PAYS-BAS.

Hiftoire de la Flandre & du Brabant.

5323 Flandria illuftrata five defcriptio comitatus iftius per totum terrarum orbem celeberrimi, ab Antonio Sandero. *Coloniæ Agrippinæ, Cornelius ab Egmondt*, 1641. 2 vol. in fol. fig. vel.

5324 Novum ac Magnum theatrum urbium Belgicæ Regiæ, ad præfentis temporis faciem expreffum a Joanne Blaeu. 1649. 2 vol. in fol. fig. vél.

5325 Trophées facrés & prophanes du Duché de Brabant, par F. Chriftophe Butkens. *La Haye, Chretien Van Lom*, 1724. 2 vol. in fol. G. P. fig. m. r.

5326 Supplément aux Trophées tant facrés que prophanes du Duché de Brabant, par Chriftophe Butkens. *La Haye, Chretien Van Lom,* 1726. 2 vol. in fol. G. P. fig. m. r.

5327 Le grand Théâtre sacré du Duché de Brabant, contenant la description générale de toutes les Eglises, Cathédrales, &c. du Brabant. (par Jacques le Roy). *La Haye, Chrétien Van Lom,* 1729, 4. vol. in fol. fig. v. b.

5328 Antiquités de la Gaule Belgique, Royaume de France, Austrasie & Lorraine; avec l'origine des Duchés & Comtés, de l'ancien & moderne Brabant, &c. par Richard de Wassebourg. *Paris, par François Girault, pour M. Richard de Wassebourg,* 1549. in fol. v. b.

5329 Histoire de la guerre de Flandre, de Famianus Strada, traduite par Pierre du Ryer. *Suivant la copie imprimée à Paris,* 1652. 2 vol. in 8. fig. m. viol. dent. doub. de m. r. l. r.

5330 Histoire de la guerre de Flandre, de Famianus Strada, traduite par Pierre du Ryer. *Suivant la copie imprimée à Paris,* 1665. 2 vol. in 8. fig. m. cit. l. r.

5331 Le Miroir de la cruelle & horrible tyrannie Espagnole, perpétrée aux Pays-Bas, par le Tyran Duc de Albe, & autres Commandeurs de par le Roi Philippe II, (par Jean Everhardts Cloppenburg). *Amsterdam, Jean Evertsz Cloppenburg,* 1620. = Le Miroir de la tyrannie Espagnole, perpétrée aux Indes Occidentales, trad. de Dom Bartholomé de las Casas. *Amsterdam, Cloppenburg*, 1620. in 4. fig. m. r.

5332 La déduction de l'innocence de M. Philippe Baron de Montmorency, Comte de Hornes, &c. contre la malicieuse apprenhension, indue détention, injuste procédure, fausse accusation, iniques Sentences & tyrannique exécution en sa personne à grand tort, par voie de fait perpétrées. *Imprimé au mois de Septembre*, 1568. in 8. m. r.

5333 Serenissimi Principis Ferdinandi Hispaniarum Infantis Triumphalis introitus in Flandriæ Metropolim Gandavum, auctore Guilielmo Becano. *Autverpiæ, Joannes Meursius*, 1636, in fol. v. b.

Avec figures gravées d'après P. P. Rubens.

5334 Pompa introitus Ferdinandi Austriaci, Hispaniarum Infantis, &c. in urbem Autverpiam. cum inscriptionibus & commentariis Casperii Gevartii. *Anverpiæ, Joannes Meursius*, 1642. in fol. vélin.

Avec de belles figures gravées d'après P. P. Rubens, par Theod. à Tulden. Il y a un privilege qui est daté du 30 Décembre 1638.

5335 Pompa introitus Ferdinandi Austriaci, Hispaniarum Infantis, Belgarum & Burgundionum

Gubernatoris, in urbem Antverpiam XV Kal. Maii anno 1635, arcus, pegmata, icones que a Petro Paulo Rubenio, inventas & delineatas inscriptionibus & elogiis ornabat, libero que commentario illustrabat Casperius Gevartius. *Antverpiæ, veneunt exemplaria apud Theod. a Tulden, qui iconum tabulas ex Archetypis Rubenianis delineavit & Sculpsit,* 1641. in fol. m. r.

IMPRIMÉ SUR VÉLIN.

EXEMPLAIRE de la plus grande beauté, & d'une parfaite conservation, acheté 920 florins de change de Brabant, faisant environ 1994 liv. argent de France, à la vente des livres de M. Verdussen, Echevin & Libraire de la ville d'Anvers, faite en 1776. On trouve sur un feuillet séparé le portrait de Rubens tiré sur vélin; il est gravé par Paull. Pontius.

Cette Edition est la même que la précédente; il s'y trouve un I de moins dans la date qui est à la fin.

Histoire des XVII Provinces-Unies des Pays-Bas.

5336 Histoire du Stadhouderat, depuis son origine jusqu'à présent, par M. l'Abbé Raynal. 1750. 2 vol in 8. m. r. l. r.

5337 Histoire de la vie & de la mort des deux illustres freres, Corneille & Jean de Witt. *Utrecht, Guillaume Broedelet,* 1709. 2 vol. in 12. fig. m. cit.

cesse

HISTOIRE.

5338 Description de la Chambre & Lit de parade sur lequel le corps de son Altesse Royale Anne, Princesse royale de la Grande Bretagne, Princesse Douairiere d'Orange, &c. a été exposé en Février 1759, sous la direction de M. de Lage, & dessiné par M. de Swart, & gravé par S. Fokke. *La Haye, Gosse,* 1759. in fol. G. P. v. m.

HISTOIRE D'ESPAGNE.

5339 Les Délices de l'Espagne & du Portugal, où l'on voit une description exacte des Antiquités, des Provinces, des villes, &c. de ces Royaumes; le tout enrichi de figures en taille-douce, dessinées sur les lieux mêmes, par Don Juan Alvarez de Colmenar. *Leyde, Pierre Vander Aa*, 1707, 5 vol in 8. m. r. & m. verd. l. r.

5340 Annales d'Espagne & de Portugal, avec la Description des deux Royaumes, par Don Juan Alvarez de Colmenar. *Amsterdam, François l'Honoré*, 1741. 4 vol. in 4. G. P. fig. m. r.

5341 La Coronica de España dirigida a la muy Alta Princesa Serenissima Reyna Doña Ysabel Reyna de España, &c. Abreviada, por su mandado por Mosen Diego de Valera su Maestre Sala & del su Consejo. *En Tholosa*

(*de Espana*) *por Henrico Enel* , 1489. *in fol. goth. v. m.* Piqué de vers.

PREMIERE EDITION, TRÈS RARE.

CE VOLUME est imprimé sur 2 colonnes, avec des signatures. Il y a en tête 8 feuillets de table. Le texte suit, & il est terminé par une Epître à la Reine Isabelle, qui finit ainsi :

asi como en socorro puestos ocurren con tan marauillosa arte d'escreuir do tornamos en las hedades aureas Restituyendo nos por multiplicados codiçes en conosçimiēto de lo pasado presente e futuro tanto quanto ingenio humano cōseguir puede. por naçion alemanos muy espertos et continuo inuentores en esta arte de imprimir que sin error diuina dezir se puede. Delos quales alemanos es vno Henrico mayer d marauilloso ingenio et doctrina. muy esperto de copiosa memoria familiar de vuestra alteza. a hōrra del soberano et immenso dios vno en essençia et trino ē personas E a honrra de vuestro Real estado et instruçion et auiso de los de vuestros Reynos y comarcanos en la muy noble çibdad de Tholosa.

Fue impresa por el dicho Henrico Enel año del nasçimiento de nuestro saluador ihesu christo De mill et quatroçientos et ochenta et nueue años.

Deo graçias.

5342 Joannis Marianæ Hispani, e Societ. Jesu, Historiæ de rebus Hispaniæ libri XX. *Toleti, Petrus Rodericus,* 1592. in fol. v. éc.

5343 Jo. Marianæ, Historiæ de rebus Hispaniæ, libri XXV. *Toleti, Gusmanius,* 1595, 2. vol. in fol. m. bl.

CETTE EDITION qui est très Rare est la premiere de 1592, à laquelle l'Auteur ajouta cinq livres en 1595, qu'il mit à la suite des 20 premiers. Il fit imprimer de nouveaux frontifpices pour annoncer les augmentations qu'il venoit de faire à fon Ouvrage.

5344 Joannis Marianæ Hiftoriæ Hifpanicæ appendix, liber fcilicet XXI, & novem cœteri ad XXX ufque, additus & his eft fuus index. *Francofurti, Claud. Marnius,* 1606. in fol. v. éc.

5345 Laurentii Vallenfis, Hiftoriarum Ferdinandi Regis Aragoniæ libri tres. *Parifiis, Simon Colinæus,* 1521, in 4. v. f.

5346 Ælii Antonii Nebriffenfis rerum a Fernando & Elifabetha Hifpaniarum regibus geftarum decades duæ. Belli Navarienfis libri duo. Annexa infuper Archiepifcopi Roderici chronica, aliifque hiftoriis antehac non excuffis. *Apud inclytam Granatam,* 1545, *Menfe Octobri.* in fol. m. r.

5347 In Laudem Sereniffimi Ferdinandi Hifpaniarum Regis, Bethicæ & Regni Granatæ obfidio, victoria & triumphus, & de infulis in mari Indico nuper inventis. auctore Carolo Verardo. in 4. m. r.

5348 Hiftoire du Cardinal Ximenès, par M. Efprit Flechier. *Paris, Jean Aniffon,* 1693. in 4. G. P. m. r.

5349 Hiftoire du miniftere du Cardinal Ximenès, Archevêque de Tolede, & Régent d'Efpagne, par M. de Marfollier. *Paris,*

Louis Dupuis, 1739. 2 vol. in 12. m. r.

5350 Cronica de los tres ordenes y Cavallerias de Sanct Iago, Calatrava y Alcantara. Compuesta por el Licenciado Frey Francisco de Rades y Andrada *En Toledo, Juan de Ayala*. 1572. in fol. v. b.

HISTOIRE DE PORTUGAL.

5351 Histoire de Portugal, contenant les entreprises, navigations & gestes memorables des Portugallois, tant en la conqueste des Indes Orientales par eux découvertes, qu'és guerres d'Afrique & autres exploits, depuis l'an 1496. comprise en XX Livres, dont les douze premiers sont traduits du latin de Jerosme Osorius, & les huit suivans de Lopez Castagnede, & d'autres Historiens, mise en françois par S. G. S. (Simon Goulart Senlisien). *Paris, G. de la Noue*, 1587. 5 vol. in 8. m. dent.

5352 De Rebus Emmanuelis Regis Lusitaniæ virtute & auspicio gestis Libri XII. auctore Hieronymo Osorio, Episcopo Sylvensi. *Olyssipone, Antonius Gondisalvus*, 1571. in° fol. m. r.

Livre très bien écrit & fort estimé. C'est un des plus beaux morceaux d'histoire de ces derniers siecles. Les grands Rois trouvent toujours de grands Ecrivains ; cela fait honneur aux uns & aux autres.

Note de Lenglet du Fresnoy, Méthode pour étudier l'Histoire.

HISTOIRE D'ANGLETERRE.

5353 Les Délices de la Grande Bretagne & de l'Irlande, où sont exactement décrites les antiquités, les provinces, les villes, &c. par James Beeverell. Le tout enrichi de très belles figures, & cartes géographiques. *Leyde, Pierre vander Aa*, 1707. 8 vol. in 12. m. r. & m. verd. lavé reglé.

5354 Les grandes Chroniques de Bretaigne, depuis le Roy Brutus, qui la appella Bretaigne, jusqu'au temps de Cadvaladrus, dernier Roy Breton. *Caen, Michel Augier.* in fol. goth. m. r.

5355 Les Chroniques & Annales des pays d'Angleterre & Bretaigne, contenant les faits & gestes des Rois & Princes qui ont regné au dit pays, & choses dignes de mémoire, advenues durant leurs regnes depuis Brutus, jusques au trepas du feu Duc de Bretaigne, François Second. faites & rédigées par Allain Bouchard, & continuées jusqu'en l'an 1551. *Paris, par Antoine Cousteau, le xi Septembre* 1531, *pour Jehan Petit & Galliot du Pré.* in fol. goth. m. r.

IMPRIMÉ SUR VÉLIN, avec 13 miniatures & les capitales peintes en or & en couleurs. Il est décoré des armes d'Urfé.

5356 Histoire d'Angleterre, par Paul de Rapin,

Sieur de Thoyras; avec la continuation de M. Durand; & les remarques historiques & critiques de N. Tyndal, & les notes d'Etienne Whateley. *La Haye*, *Alexandre de Rogissart*, 1724. 15 vol. in 4. G. P. m. cit.

5357 Histoire de la Maison de Plantagenet, sur le trône d'Angleterre, depuis l'invasion de Jules Cesar, jusqu'à l'avenement de Henry VII. par M. David Hume, traduite de l'anglois par Mde. B. (Bellot). *Amsterdam (Paris)*, 1765. 2 vol. in 4. Gr. Pap. v. f.

5358 Histoire de la Maison de Tudor, sur le trône d'Angleterre, par M. David Hume, traduite de l'anglois par Mde B. (Bellot). *Amsterdam, (Paris)*, 1763. 2 vol. in 4. Gr. Pap. v. f.

5359 Histoire de la Maison de Stuart, sur le trône d'Angleterre, par M. Hume, trad. (par M. l'Abbé Prevost). *Londres, (Paris)* 1760. 3 vol. in 4. G. P. veau fauvé.

5360 Abregé de l'Histoire d'Angleterre, écrite sur les mémoires des plus fideles Auteurs Anglois. *La Haye, Etienne Foulque*, 1695. in 12. m. r

5361 Histoire des Révolutions d'Angleterre, depuis le commencement de la Monarchie jusqu'à présent. Par le Pere Pierre-Joseph d'Orléans. *Amsterdam, David Mortier*, 1714. 3 vol. in 12. fig. m. r. doub. de m. l. r.

5362 Fœdera, conventiones, litteræ, & cujuscumque generis acta publica, inter Reges Angliæ, & alios quofvis Imperatores, Reges, Pontifices, &c. ab anno 1101, ad noftra ufque tempora, habita aut tractata : accurantibus Thoma Rymer & Rob. Sanderfon. Ad originales cartas collata & emendata ftudio Georgii Holmes. *Hagæ Comitis, Joan. Neaulme*, 1745. 20 tom. rel. en 10 vol. in fol. Gr. Pap. v. éc.

ÉDITION la plus eftimée, parceque outre ce que contiennent les deux Editions antérieures, elle a de plus la traduction latine des Actes qui n'y étoient qu'en Anglois.

5363 Hiftoire du Parlement d'Angleterre, par M. l'Abbé Raynal. *Londres*, 1748. 2 vol. in 8. m. r. l. r.

5364 Difcours de la vie abominable, rufes, trahifons, meurtres, impoftures, empoifonnemens, paillardifes, athéifmes, & autres très indignes converfations, defquelles a ufé & ufe journellement le Mylord de Leceftre Machiavelifte, contre l'honneur de Dieu, la Majefté de la Reine d'Angleterre, &c. traduits d'anglois en françois. 1595. in 8. m. r.

5364* Hiftoire d'Olivier Cromwel, par Raguenet. *Paris, Claude Barbin*, 1691. 2 vol. in 12. m. r. dent. doub. de m. l. r.

5365 Statutz et Ordonnances du tres noble ordre de Sainct-George, nomme la Jarretiere refourmes explanes et declayrez de nouueau par tres Hault tres Excellent et tres Puiſſant Prince Henry le Huitiefme par la grace de Dieu Roy dAngleterre et de France defenſeur de la Foy et Seigneur dIrlande , &c. in 4. m. r.

Très beau Manuscrit ſur vélin , du *XVI ſiecle*, contenant 25 feuillets écrits en *ancienne bâtarde* , à longues lignes , & décorés de lettres *tourneures* peintes en or & en couleurs. Le premier feuillet verſo eſt enrichi des armes de *S. George* , écartelées de celles d'*Angleterre* , & entourées d'une jaretiere bleue , bordée d'or , & bouclée, ſur laquelle on lit la deviſe de l'ordre , *Hony ſoyt quy mall y penſe*. On y voit au deſſous les armes de *Montmorency* , entourées d'une ſemblable jaretière. Celles de *S. George* & d'*Angleterre* ornent encore deux lettres *tourneures* du ſecond feuillet.

Ce livre de ſtatuts a appartenu à *Anne*, Seigneur de *Montmorency* , Grand-Maîſtre & Marechal de France, mort en 1567 ; il avoit été fait Chevalier de l'Ordre de la Jaretiere, le 24 Octobre de l'an 1532, lors de l'entrevue de *François I*. Roi de France, & de *Henri VIII*. Roi d'Angleterre, à Boulogne ; & il en avoit reçu l'habit, les ſtatuts & les autres marques , en Avril 1533, des mains de *Jean de Wallop*, Ambaſſadeur du Roi d'Angleterre & de *Thomas Benault*, Héraut d'armes.

Les ſtatuts de ce fameux Ordre de la Jaretière, inſtitué en 1350 par *Edouard III*. furent corrigés & augmentés ſous preſque chaque regne. Ceux contenus dans notre MS. ſont du regne de *Henri VIII*. qui les publia d'abord en latin & les fit traduire, l'an 1522, avec quelques changements, en anglois & en françois par *Thomas Wriotheſley*, Heraut d'Armes de l'Ordre. Il deſtina la verſion angloiſe aux Chevaliers Anglois,

HISTOIRE. 305

Anglois, & la verſion françoiſe aux Chevaliers étrangers. Les MSS. de celle-ci ſont infiniment rares & le ſont d'autant plus qu'il n'y en a eu qu'un très petit nombre & qu'à la mort des Chevaliers ils étoient ordinairement renvoyés au chef de l'Ordre.

La note ſuivante écrite à la fin de notre MS. apprend comment il ſortit de la famille de *Montmorency*.

J'ay eſté donné par le trez Chreſtien Louis Treizieſme Roy de France & de Navarre à M. René de Chaumejan Cheuallier Marquis de Fourille Conſeiller du Roy en ſes conſeils & grand Mareſchal de ſes logis en l'annee mil ſix cens trente trois ayant eſté trouue dans la Bibliotheque de Chantilly au premier voyage que ſa Majeſté y fit pour en prendre poſſeſſion aprez la mort de Feu Haut & Puiſſant Seigneur Meſſire Henry Duc de Montmorenci Pair & Mareſchal de France Gouverneur & Lieutenant-General pour le Roy en Languedoc.

François de Montmorency, fils *d'Anne*, fait Chevalier de la Jarretiere par les mains de la Reine *Elizabeth*, étant à Londres le 24 Avril 1572, rapporta avec lui un exemplaire des mêmes ſtatuts, dont on n'a aucune connoiſſance aujourd'hui.

5366 La Proceſſion & les Cérémonies qui s'obſerverent, le Jeudi 17ᵉ jour de Juin 1725, à l'inſtallation des Chevaliers de l'illuſtre Ordre Militaire du Bain; avec les armes, les noms des Chevaliers, tels qu'ils ſont placés dans la chapelle de Henry VII. dans l'Abbaye de Weſtminſter, par Jean Pine, graveur. en anglois &

Tom. III. Qq

en françois. *Londres, par Jean Pine*, 1730. in fol. fig. m. r.

HISTOIRE DES PAYS SEPTENTRIONAUX.

Histoire Générale des Pays Septentrionaux.

5367 Historia de Gentibus Septentrionalibus, earumque diversis statibus, conditionibus, moribus, ritibus, superstitionibus, &c. Auctore Olao Magno, Archiepiscopo Upsaliensi. *Romæ, Joannes Maria de Viottis*, 1555. in fol. fig. v. f.

Auteur plein de Fables; mais utile. Cette Edition de Rome, qui est belle, est la plus estimée; elle n'est pas commune.

5368 Gothorum Sueonumque Historia, autore Joanne Magno Gotho, Archiepiscopo Upsaliensi. *Romæ, apud Joannem Mariam de Viottis, in Ædibus S. Brigittæ*, 1554. in fol. m. bl.

EDITION la plus recherchée. On accuse *Johannes Magnus* d'avoir pillé & emporté avec lui toutes les Chartes, Diplomes de son Eglise d'Upsal, & même de la Couronne, en quittant le Royaume de Suede, dans la révolution arrivée au commencement du XVI siecle, lorsque Gustave I. monta sur le trône. La Reine Christine les fit inutilement rechercher à Rome, où *Johannes Magnus* s'étoit retiré. On ne croit pas que l'Auteur ait toujours été fort exact. Les Danois se sont fortement déchaînés contre cette histoire, qui a été vivement défendue par les Suédois.

Note tirée de la *Méthode pour étudier l'Histoire*, Tom. XIV. pag. 7.

5369 Olavi Rudbeckii Atlantica. *Upsalæ, Henricus Curio*, 1675. 2 vol. in fol. fig. v. f.

Tom. I. & II.

5370 Figures pour servir à l'ouvrage de Rudbeck, intitulé Atlantica. in fol. relié en carton.

5371 Olavi Rudbeckii Atlantica, five Manheim vera Japheti posterorum sedes ac patria, ex qua non tantum Monarchæ & Reges ad totum ferè orbem reliquum regendum ac domandum, stirpesque suas in eo condendas, sed etiam Scythæ, Barbari, Asæ, &c. aliique virtute clari & celebres populi olim exierunt. 6 vol. in fol. cum fig. m. r.

Tom. I. Upsalæ excudit Henricus Curio. S. R. M. & Academiæ Upsal. bibliopola.

Alter tom. I. Upsalæ Excudit Henricus Curio S. R. M. & Academiæ Upsal. Bibliopola. Anno 1675.

Alter tom. I. Upsalæ Excudit Henricus Curio S. R. M. & Academiæ Upsal. Bibliopola. A. 1679.

Tom. II. Upsalæ excudit Henricus Curio S. R. M. & Acad. Upsal. bibliopola. Anno 1689.

Tom. III. Upsalæ typis et impensis Auth., Anno M. DCXCVIII.

Tom. IV. impress. absque anni nota, forma Atlantica, continens tabulas Tomi primi.

Ouvrage le plus beau & le plus savant qu'on ait fait sur les antiquités des pays Septentrionaux, & en particulier de la Suede; il est de la plus grande rareté, lorsqu'il est aussi complet que celui-ci.

HISTOIRE.

On trouve à la tête du premier Volume sans date, six feuillets, contenant :

1° Un feuillet qui ne renferme que ces mots :

De Viri Clariss. Olavi Rudbeckii Atlantica diversorum testimonia.

Ces *témoignages* sont placés à la fin du Volume avec un pareil feuillet en tête, de sorte que celui-ci est absolument inutile.

2° Une figure gravée sur cuivre qui représente la moitié du globe, d'où s'éleve deux arbres allégoriques.

3° Le titre imprimé.

4° Une Dédicace adressée par Rudbeck à Verelius, & un Avis au Lecteur.

Le texte commence à la page 1, & finit à la page 891. Il est suivi d'une partie de sept feuillets qui nous ont été inconnus jusqu'à présent.

Le premier porte ce sommaire :

De Viri Clarissimi Dn. Olavi Rudbeckii Atlantica diversorum testimonia.

Ces témoignages occupent les quatre feuillets suivants, dont le premier commence par ces mots :

Lectori Salutem.

Le sixieme contient seulement un errata de trois lignes, & le septieme qui est le plus important de tous, un détail des figures qui composent le Volume de forme d'Atlas. Voici ce qu'on y lit :

AD BIBLIOPEGOS.

Vniversum opus in volumina duo redigendum erit. Quorum Priori, Tabula nulla inserenda, præter unam, ex Vite et Malo compositam, quam nos operis fronti, Emblematis loco destinavimus.

HISTOIRE. 309

Posterius volumen ex Tabulis meris constabit, quarum hæc est series.

In fronte Tabula Philosophorum et poetarum veterum concessum habens, deinceps Tab. I. Tab. II. Tab. III. Tab. IV. Tab. VI.... (jusqu'à 43.) post has Tabulas Liber adhuc limbis duobus sic augendus erit, ut Tabulas Chronologicas duas prope diem edendas admittere possit.

Cet avis confirme que la figure V. doit manquer; mais il ne parle pas de la fig. 25 qui doit être double; l'une est cotée, Tab. 25, fig. 92. A. & l'autre Tab. 25 fig. 92. B.

Il y a dans ce volume de forme d'Atlas qui ne contient que des figures en 41 feuillets, une transposition que nous avons remarquée dans tous les exemplaires que nous en avons vus; elle consiste dans la figure 27 qui est cotée 29; & dans la figure 29 qui est chiffrée 27.

Tome. II.

Il y a à la tête de ce tome cinq feuillets contenant :

1° Une figure gravée sur cuivre, dont l'invention est singuliere. On lit au bas quatre vers latins qui portent en tête :

In minois regis hyperboreorum fontem diva sapientia sacrum.

2° Le titre imprimé.

3° Une dédicace à Charles, Roi de Suede, en suédois & en latin.

Quatre autres feuillets en latin & en suédois sont intitulés :

Reipubl. literariæ patribus civibusque universis. S. P.

Toutes ces pieces sont suivies d'une partie de 38 pages, qui contiennent les *Testimonia*, ou les jugements de différents Auteurs sur le Tom. I. & parmi lesquelles on a inféré ceux qui sont à la tête de ce Tome.

Vient enfuite le texte qui commence à la page 1 & finit à la page 672. chiffrée par erreur 172.

Ce Volume est terminé par un errata de 4 feuillets & un index de 36 pages chiffrées pour les deux premiers Volumes.

Ce Tom. 2. est orné de figures qui sont imprimées sur le recto & le verso de 24 feuillets, dont les pages suivent celles du texte. Ces figures sont indiquées à la fin de l'errata par un avis au Relieur ; mais on n'y observe pas que les pages 350, 542, 543 & 544, sur lesquelles des figures sont imprimées, s'y trouvent doubles.

Tom. III.

Il commence par 7 feuillets qui contiennent le titre imprimé, une Dédicace à *Charles XII.* en latin & en suédois, & une autre qui a pour sommaire :

Reipublicæ literariæ patribus civibusque universis S. P.

Ces 7 feuillets sont suivis d'une partie des 15 pages chiffrées & intitulées :

Testimoniorum ad Atlanticam Rudbeckii pars III.

Suit le texte qui comprend 762 pages ; le Volume finit par un index de 55 pages non chiffrées.

Les figures de ce Volume sont imprimées sur le recto & le verso de 24 feuillets qui ne contiennent point de discours, & dont les pages suivent celles du texte. Quelques-unes sont mal chiffrées, savoir, la page 250 qui est cotée 150, la page 522 numerotée 176, & la page 253 qui porte 169. Il y a encore d'autres figures ; mais elles sont imprimées avec le discours.

L'Exemplaire de cet Ouvrage que possédoit M. Gaignat, où il n'y avoit qu'un seul Tom. I. & dans lequel manquoit la partie de 7 feuillets, qui se trouve dans le volume sans date, fut vendu à sa vente 763. liv.

Rudbeck a fait un quatrieme volume qui n'a jamais été imprimé. Nous en connoissons un MS.

Histoire particuliere des Pays Septentrionaux, la Suede, le Dannemarck, &c.

5372 Joannis Messenii Scondia illustrata, seu Chronologia de rebus Scondiæ, hoc est, Sueciæ, Daniæ, Norvegiæ, &c. observationibus aucta à Joanne Peringskiold. *Stockholmiæ, Olavus Enæus*, 1700. 10 tom. rel. en 2 vol. in fol. v. b.

Cet Ouvrage est savant sur l'histoire des peuples du Nord, & principalement sur la Suede. Cette Edition qui est la seconde est beaucoup plus estimée que la premiere, publiée par l'Auteur. Il avoit fait encore un grand nombre d'autres Ouvrages sur l'histoire de Suede; mais il n'a pas pu les publier lui-même, ayant été arrêté & mis en prison avec son fils, pour avoir conspiré contre la Reine Christine. On dit même qu'il perdit la vie avec la liberté.

Note tirée de la *Méthode pour étudier l'Histoire*.

5373 Historiæ Regum Septentrionalium, à Snorrone Sturlonide, ante secula quinque, patrio sermone antiquo conscriptæ, deindè à Gudmundo Olavio suecicè translata, ex Mss. codicibus edidit, versione gemina, notisque brevioribus illustravit Joannes Peringskiold. *Stockholmiæ, litteris Wankiwianis*, 1697. in fol. v. b.

5374 Historia Wilkinensium, Theodorici Veronenſis, ac Niflungorum; continens Regum atque Heroum quorundam Gothicorum res geſtas, per Ruſſiam, Poloniam, &c. ex Mſſ. codicibus linguæ veteris Scandanicæ in hodiernam Suecicam, atque latinam tranſlata, operâ Joannis Peringskiold. *Stockholmis*, 1715. in fol. v. f.

5375 Monumenta Sueo-Gothica Uplandiæ partem primariam continens, cum antiquitatibus ac inſcriptionibus quæ cippis & rupibus, vel tumbis inciſæ paſſim reperiuntur; juſtâ delineatione, brevique commentario illuſtratæ, operâ Joan. Peringskioldi, ſuecicè & latinè. *Stockholmiæ, Olavus Enæus*, 1710. in fol. v. f.

5376 Monumenta Ullerakerenſia cum Upſalia nova illuſtrata, ſuecicè & latinè; operâ & ſtudio Joannis Peringskiold. *Stockholm, Joh. L. Hornn*, 1719. in fol. fig. v. f.

Tous ces différents Ouvrages ſur l'Hiſtoire du Nord ſont fort rares.

5377 Hiſtoire des Révolutions de Suede. Par M. l'Abbé de Vertot. *La Haye, Antoine van Dole*, 1734. in 4. G. P. v. f.

5378 Hiſtoire de Charles XII. Roi de Suede, traduite du ſuedois, de M. J. A. Nordberg. *La Haye, Pierre de Hondt*, 1748. 4 vol. in 4. G. P. m. violet.

5379

HISTOIRE. 313

5379 Hervarar Saga på Gammal Gotska med Olai Verelii vttolkning och notis. (Historia Hervaræ, linguâ veteri gothicâ cum interpretatione latina & annotationibus prolixis Olai Verelii). *Upsalæ, Henricus Curio*, 1672. in fol. m. bl.

Cette Histoire d'Hervara est fort Rare.

5380 Relation du Groenland, (par Isaac la Peyrere). *Paris, August. Courbé*, 1647. in 8. fig. m. r.

5381 Breviarium Equestre, seu de illustrissimo Equestri Ordine Elephantino, ejusque origine & progressu. Collectus ex Mss. Cod. Iuari Hertzholmii, in epitomen redacto à Jano Bircherodio. *Hauniæ, ex Regio Typographeo*, 1704. in fol. fig. v. f.

HISTOIRE ORIENTALE.

Histoire des Turcs.

5382 A Description of the East, and some other countries. by Richard Pococke. *London, printed for the author*, 1743. 3 vol. in fol. fig. v. b.

5383 Des Histoires orientales, & principalement des Turcs, Tartares, &c. par Guillaume Postel. *Paris, Hierosme de Marnef*, 1575. in 16. v. m.

5384 De la Republique des Turcs, & là où l'ocasion s'offrira des mœurs & loix de tous Muha-

Tome III. R r

medistes ; par Guillaume Postel. *Poitiers , Engilbert de Marnef* , 1560. in 4. m. bl.

5385 Histoire de l'état présent de l'Empire Ottoman : contenant les maximes politiques des Turcs ; les principaux points de la Religion Mahometane , &c. traduit de l'anglois de M. Ricaut , par Briot. *Paris , Sebast. Mabre Cramoisy*, 1670. in 4. m. r.

Avec des figures gravées par le Clerc.

5386 Mœurs & usages des Turcs , leur religion , leur gouvernement civil , militaire & politique , avec un abrégé de l'histoire ottomane, par M. Guer. *Paris , Coustelier*, 1746. 2 vol. in 4. Gr. Pap. m. cit.

Avec des figures gravées d'après François Boucher par Cl. Duflos.

Histoire de l'Asie.

5387 Histoire de la découverte des Indes Orientales par les Portugais, écrite par Jean de Barros , Diego de Couto , &c. 15 vol. in fol. v. f.

Contenant :

1 Asia de Joam de Barros , dos feitos que os Portugueses fizeram no descobrimento & conquista dos mares & terras do Oriente. *Em Lixboa , Germano Galharde*, 1552.

2 Decada primeira de Asia de Joao de Barros dos feitos que os Portugueses fezerao no descobrimento et conquista dos

HISTOIRE. 315

mares et terras do Oriente. *Em Lisboa, Iorge Rodriguez, 1628.*

3 Decada segunda, de Barros. *Em Lisboa, Rodriguez, 1628.*

4 Decada Terceira de Barros. *Em Lisboa, Rodriguez, 1628.*

5 Decada quarta, por Diogo do Couto. *Em Lisboa, Pedro Crasbeeck, 1602.*

6 Quarta Decada, reformada, acrescentada e illustrada com notas e taboas geographicas por Joao Baptista Lavanha. *Em Madrid, na Impressão Real, 1615.*

7 Decada quinta, por Diogo do Couto. *Em Lisboa, Pedro Crasbeeck, 1612.*

8 Decada sexta, por do Couto. *Em Lisboa, Craesbeeck, 1616.*

9 Decada setima, por do Couto. *Em Lisboa, Craesbeeck, 1616.*

10 Decada ovtava, por do Couto.
Cette partie est manuscrite.

11 La mesma Decada ovtava, por do Couto. *Lisboa, Ioam da Costa, 1673.*

12 Decada nona, por do Couto. *Manuscrite.*

13. Decada decima, por do Couto. *Manuscrite.*

14 Cinco libros da Decada Doze, da historia da India, por do Couto. *Em Paris, 1645.*

15 Decada Primeira (tredecima) do Antonio Bocarro, dos feitos dos Portugueses ne Oriente. *Manuscrite.*

Il manque les cartes géographiques dans la quattrieme Decade, le frontispice de la sixieme, & la onzieme Decade.

Cette histoire de la découverte des Indes Orientales par les Portugais, donnée par Jean de Barros, Diego de Couto & autres, est extrêmement rare lorsqu'elle est entiere ; il y en a même des Volumes qu'on ne trouve ordinairement qu'en manuscrit. L'Ouvrage a d'ailleurs une grande réputation pour la vérité historique & pour la narration.

Voyez *Méthode pour étudier l'Histoire.*

5388 S'ensuivent les fleurs des histoires de la terre d'Orient, compilées par Frere Heycon, Seigneur du Cort : & cousin germain du Roi d'Armenie, par le commandement du Pape. *Paris, Denys Janot.* in 4. goth. v. b.

5389 L'Histoire merveilleuse, plaisante & récréative du grand Empereur de Tartarie, Seigneur des Tartares. nommé le Grand Can : traduite du latin de M. Aycone, Seigneur de Courcy, par Frere Jean de Longdit. *Paris, Jehan St. Denys,* 1529, le 15 d'Avril. in fol. goth. m. cit. dent.

5390 Gesta proximè per Portugalenses in India, Æthiopia, & aliis orientalibus terris, Petri Alfonsi Malhereo industriâ & correctione impressa. *Coloniæ, per Joannem Landen,* 1507. in 4. v. f.

5391 Le premier Livre de l'histoire de l'Inde, contenant comment l'Inde a été découverte par le commandement du Roi Emmanuel : & la guerre que Capitaines Portugalois ont menée contre Samorin Roi de Calecut : fait par Fernand Lopes de Castagneda : & traduit en françois par Nicolas de Grounchy. *Paris, Michel Vascosan,* 1553. in 4. m. verd, dentelles.

5392 Histoire de l'Isle de Ceylan, écrite en portugais par le Capitaine Ribeyro, traduite en françois, (par Joachim le Grand.) *Paris, Jean Boudot,* 1701. in 12. fig. m. r.

5393 Du Royaume de Siam, par M. de la Loubere. *Paris, Veuve de Jean-Baptiste Coignard,* 1691. 2 vol. in 12. fig. G. P. m. r.

Histoire d'Afrique.

5394 Les Nouvelles de la terre de Prestre Jehan. in 4. goth. v. f.

5395 Description du Cap de Bonne Espérance, où l'on trouve tout ce qui concerne l'Histoire Naturelle du pays ; la religion, les mœurs & usages des Hottentots, & l'établissement des Hollandois. tirée des mémoires de M. Pierre Kolbe. (par M. Bertrand.) *Amsterdam, Jean Catuffe,* 1741. 3 vol. in 8. fig. v. f.

Histoire de l'Amérique.

5396 Mœurs des Sauvages Amériquains, comparées aux mœurs des premiers temps. Par le Pere Joseph - François Lafitau. *Paris, Saugrain l'Aîné*, 1724. 2 vol. in 4. fig. m. viol. dent.

5397 Las Obras del Obispo D. fray Bartolome de las Casas, o Casaus. Brevissima relacion de la destruycion de las Indias Occidentales por los Castellanos. &c. *En Sevilla, Sebastian de Trugillo*, 1552. in 4. m. r.

5398 Tyrannies & cruautés des Espagnols, perpetrées aux Indes Occidentales, qu'on dit le nouveau monde. traduites du Castillan de Don Barthelemy de las Casas, par Jacques de Miggrode : pour servir d'exemple & advertissement aux XVII Provinces du Pays-bas. *Anvers, Franc. de Ravelinghien*, 1579. in 8. v. f.

5399 Histoire admirable des horribles insolences, cruautés & tyrannies exercées par les Espagnols es Indes Occidentales. trad de Don Barth. de las Casas, par Jacques de Miggrode. 1582. in 12. m. r.

5400 Les singularités de la France Antartique, autrement nommée Amérique, & de plusieurs terres & isles découvertes de notre temps. Par André Thevet. *Anvers, Christophe Plantin*, 1558. in 8. fig. m. r.

5401 Description géographique & historique des côtes de l'Amérique Septentrionale. avec l'histoire naturelle du Pays. Par M. Denys. *Paris, Louis Billaine*, 1672. 2 vol. in 12. fig. m. verd.

HISTOIRE.

5402 Histoire de l'isle Espagnole ou de S. Domingue, écrite particulierement sur des mémoires manuscrits du P. Jean Baptiste le Pers, par le P. Pierre François Xavier de Charlevoix. *Paris, Hyppolyte Louis Guerin,* 1730. 2 vol. in 4. fig. G. P. v. f.

5403 Le Sens commun adressé aux habitans de l'Amérique. in fol. v. f. d. s. tr.

MANUSCRIT sur papier très proprement écrit en 1777, contenant 38 feuillets.

PARALIPOMENES HISTORIQUES.

Histoire Heraldique, ou la Science du Blason, de la Noblesse & des Nobles.

5404 Le Taité de la vraie Noblesse, translaté de latin en françois. *Paris, Ant. Bonnemere.* in 8. m. bl.

5405 De la primitive Institution des Rois, Héraults & Poursuivants d'Armes, par Jehan le Feron. *Paris, Meunier,* 1555. in. 4. m. r.

5406 Petri Montii de singulari certamine sive dissentione: deque veterum: recentiorumque ritu ad Carolum Hispaniarum principem, &c. Libri tres. *Impressum Mediolani, per Jo. Aug. Scinzenzeler, impensa Jo. Jac. & fratrum de Lignano,* anno 1509. in fol. m. r.

5407 Differtation fur l'origine de la Chevalerie & des anciens Tournois. == De l'hofpitalité & des plaifirs de la table chez les Grecs. == De l'origine des Saturnales. in 4.

MANUSCRIT fur papier du *XVIII fiecle*, contenant 20 feuillets.

5408 Traité du Blafon ou Armoiries, & des Ordres de bataille en Champ clos, extraits du Songe du Vergier, & de l'Arbre des batailles & autres Traités touchant les Héraults d'armes. in 4. v. m. d. f. tr.

MANUSCRIT fur papier du *XV fiecle*, contenant 115 feuillets. Il eft écrit en *ancienne bâtarde*, à longues lignes, & il eft décoré de quelques figures coloriées.

5409 Le Blafon de toutes armes & écus, très néceffaire, utile & profitable à tous nobles Seigneurs, par Sicille, Hérault à très puiffant Roi Alphonfe d'Arragon, &c. in 8. goth. v. f.

5410 Le Blafon des couleurs en armes : livrées & divifés : très utile & fubtil pour favoir & connoître d'une & chacune couleur, la vertu & propriété, par Sicille, Hérault d'armes du Roi Alphonfe d'Arragon. in 8. goth. fig. m. r.

Hiftoire

HISTOIRE.

Histoire généalogique des Maisons Souveraines, & des familles Nobles & illustres de différents Pays.

5411 Theatrum genealogicum ostentans omnes omnium ætatum familias: Monarcharum, regum, ducum, &c. a condito mundo usque ad hæc nostra tempora. ingenio & labore M. Hieronymi Henninges. *Magdeburgi Kirchnerus,* 1598. 6 vol. in fol. m. r.

5412 Genealogiæ aliquot familiarum nobilium in Saxonia: quæ vel a Comitibus vel Baronibus ortæ, quosdam Pontificiam quosdam Episcopalem dignitatem adeptos produxerunt, collectæ opera & studio M. Hieronymi Henninges. *Hamburgi, ex Officina Jacobi Wolfii.* 1590. in fol. fig. m. r.

5413 Histoire généalogique de la Royale Maison de Savoie, justifiée par titres, fondations de Monasteres, manuscrits & autres preuves authentiques, enrichie de plusieurs portraits sceaux, monnoies, sépultures & armoiries, par Samuel Guichenon. *Lyon, Guillaume Barbier,* 1660. 2 vol. in fol. v. f.

5414 Le Blason des armes, avec les armes des Princes & Seigneurs de France. *Lyon, Claude Nourry,* 1503. in 8. goth. m. bl.

HISTOIRE.

5415 Le Nobiliaire de Chevillard. in fol. très gr. format. v. m.

IMPRIMÉ SUR VÉLIN, avec les armoiries coloriées.

5416 Recueil abrégé des principales Maisons du Royaume, 1693 & 1694. 3 vol. in 4. m. r. dent.

SUPERBE MANUSCRIT sur vélin du *XVII siecle*, contenant 1069 feuillets qui sont entourés d'un filet d'or. Il est écrit très élégamment en *lettres bâtardes* & en *lettres rondes*, & il est enrichi de 197 écussons supérieurement peints à Gouache.

Le premier volume contient :

Establissement des armoiries & des surnoms, l'usage des armoiries, & comment elles sont composées, des ornemens qui accompagnent les armoiries, des couronnes, chapeaux, mîtres, timbres, lambrequins, cimiers, cris de guerre, supports, manteaux & autres marques de dignitez, de la noblesse & de ses differentes especes : de la qualité de Noble, de celles d'Escuier, de Valet, de Damoiseau & Donzel & de Chevalier : rang des Duchez & Comtés, Pairies, suivant leur ancienneté & des clauses des lettres d'érection : Ducs & Comtes, Pairs : selon leur rang sans y comprendre les Princes de la maison Royale, ceux qui ont des lettres & qui ne sont pas regrées : abrégé des maisons des Ducs & Pairs, suivant l'ordre de l'ancienneté de l'érection des Duchés, avec leurs armes.

Le second volume :

Grands officiers de la Couronne & de la maison du Roi, vivans en 1693, abrégé de leurs maisons avec leurs armes : Chevaliers & Commandeurs des Ordres du Roi suivant les promotions & vivans en 1693, abrégé de leurs maisons avec leurs armes. Gouverneurs des Provinces, vivans en 1693, abrégé de leurs maisons avec leurs armes.

Le troisieme volume :

Abrégé des maisons considérables par leur ancienneté ou par les charges & dignités, lesquelles ne sont pas comprises dans celles rapportées dans les deux précédens volumes.

5417 Armorial des principales Maisons & familles du Royaume, particulièrement de celles de Paris & de l'Isle de France; par M. Dubuisson. *Paris, H. Louis Guerin*, 1757. 2 vol. in 12. fig. m. viol.

5418 Nobiliaire de Picardie, contenant les généalogies & les titres de noblesse des Gentilshommes de cette Province. 4 vol. in fol. très Grand format. v. m.

EXEMPLAIRE ORIGINAL, TRÈS PRÉCIEUX, IMPRIMÉ SUR VÉLIN, dont toutes les généalogies sont signées de M. Bignon, avec les armoiries coloriées.

5419 Nobiliaire de Picardie, contenant les généralités d'Amiens, de Soissons, pays reconquis, & partie de l'Election de Beauvais, par M. Haudicquer de Blancourt. *Paris, Rob. J. B. de la Caille*, 1693. in 4. v. b.

Les familles supprimées dans plusieurs Exemplaires, se trouvent dans celui-ci.

HISTOIRE.

5420 Recherche de la Nobleſſe de Champagne, par M. de Caumartin. *Chalons, Jacques Seneuze*, 1673, 2 vol. in fol. Grand format. m. r.

EXEMPLAIRE très précieux IMPRIMÉ SUR VÉLIN, avec les armoiries coloriées.

5421 Hiſtoire généalogique de la Nobleſſe de Touraine, enrichie des armes en taille-douce de chaque famille, & de pluſieurs portraits des plus illuſtres qui en ſont ſortis, par le Chevalier de l'Hermite-Souliers. *Paris, Jacques Langlois*, 1665. in fol. G. P. v. f.

5422 Inventaire de l'Hiſtoire généalogique de la Nobleſſe de Touraine & Pays circonvoiſins, par le même Chevalier de l'Hermite-Souliers. *Paris, veuve Alliot*, 1669, in fol. fig. v. f.

Cette Edition eſt la même que la précédente dont elle ne diffère que par le titre & pluſieurs feuillets qui ont été réimprimés avec des changemens. Voici ce que nous y avons obſervé.

Un faux titre qui n'eſt pas dans l'exemplaire précédent. Le titre, les pag. 21 à 28. 41 & 42. 47 à 52, réimprimées.

Les pag. 133 à 136 réimprimées, doubles, & numérotées par erreur 13, 314, 311, 132.

Pag. 233 à 236 réimprimées.

Pag. 243 & 244, réimprimées, doubles & chiffrées 243 & 124.

Pag. 269 à 272 réimprimées, doubles.

Pag. 273 à 278. 297 & 298 réimprimées.

HISTOIRE. 325

Pag. 313 & 314 réimprimées, doubles; elles font transposées dans cet exemplaire & placées avant la page 245.

Pag. 315 à 318 contenant la famille *la Jaille* manquent ou ont été supprimées

Pag. 367 à 370, 451 à 452 réimprimées.

Le discours de la page 452 est supprimé. On n'y voit qu'une vignette; elle contient dans l'exemplaire portant la date de 1665, les armes & le commencement de la généalogie de la famille *Berziau*.

5423 Les Dialogues des trois États de Lorraine, sur la très joyeuse nativité du Prince Charles de Lorraine, avec la généalogie de tous les Rois & Ducs qui ont regné en Austrasie, &c. par Emond du Boullay. 1543. in fol. m. r.

A la fin du Volume il y a plusieurs pieces de vers & des généalogies MSS. du même Auteur, avec sa signature.

5424 Les Généalogies des très illustres & très puissants Princes les Ducs de Lorraine Marchis, par Emond du Boullay. *Paris, Gilles Corrozet*, 1549. in 8. v. m.

5425 Genealogia Diplomatica Augustæ Gentis Habsburgicæ, opera & studio R. P. Marquardi Herrgott. *Viennæ Austriæ, Leopoldus Joannes Kaliwoda*, 1737. 3 vol. in fol. fig. v. b.

5426 Les Généalogies & anciennes descentes des Forestiers & Comtes de Flandres, avec brieves descriptions de leurs vies & gestes, par Corn. Martin, & ornées de portraits figurés &

habits selon les façons & guises de leurs temps, par P. Balthasar. *Anvers, Balthasar*, 1578. in fol. m. r.

FIGURES COLORIÉES.

5427 Recherche des antiquités & noblesse de Flandres, contenant l'histoire généalogique des Comtes de Flandres, avec une description curieuse dudit pays, &c. par Phil. de l'Espinoy. *Douay, Wyon*, 1632. in fol. m. r.

5428 Histoire généalogique des Pays-Bas, ou Histoire de Cambray & du Cambresis, contenant ce qui s'y est passé sous les Empereurs, & les Rois de France & d'Espagne, &c. par Jean le Carpentier. *Leyde, chez l'Auteur*, 1664. 2 vol. in 4. v. f.

5429 Annales généalogiques de la maison de Lynden, embellies des figures de divers portraits, châteaux, sépultures & anciens sceaux, tirés sur leurs originaux, recueillies par Fr. Chist. Butkens. *Anvers, Cnobbart*, 1626. in fol. v. m.

5430 La véritable origine de la très ancienne & très illustre maison de Sohier. *Leyden, François Hacke*, 1661. in fol. G. P. fig. v. b.

5431 Baronagium genealogicum: or the Pedigrees of the english Peers, deduced from the earliest times, of which there are any attested accounts including, as well collateral as lineal defcents. Originally compiled from the publick records and moft authentic evidences: by William Segar, and continned to the prefent time, by Jofeph Edmonfon. (*London*) *engraved and printed for the Author*, 1764. 5 vol. in fol. G. P. cuir de Ruffie.

CET OUVRAGE eft fuperbement exécuté.

5432 Theatrum Nobilitatis Suecanæ, fabrefactum a Joanne Meffenio, Sueone. *Holmiæ Suecorum, Chriftophorus Reufnerus*, 1616. in fol. v. f.

5433 Orbis Polonus, in quo antiqua Sarmatarum Gentilitia, pervetuftæ nobilitatis Polonæ infignia, vetera & nova indigenatus meritorum præmia et arma, fpecificantur & relucent, authore Fr. Simone Okolski. *Cracoviæ, Cæfarius*, 1641, 3 vol. in fol. v. f.

ANTIQUITÉS.

Collections générales d'Antiquités.

5434 Thefaurus Græcarum Antiquitatum, in quo continentur effigies virorum ac fœminarum illuftrium quibus in Græcis aut latinis monumentis aliqua memoriæ pars datur, &c. Auctore Jacobo Gronovio. *Lugduni Batavorum*,

Petrus & Balduinus Vander Aa, 1697. 15 tom, en 12 vol. in fol. G. P. vélin.

5435 Thesaurus Antiquitatum Romanarum, in quo continentur lectissimi quique scriptores, qui superiori aut nostro sæculo romanæ Rei publicæ rationem, disciplinam, leges, &c. illustrarunt. congestus a Joanne Georgio Grævio. *Trajecti ad Rhenum, Franciscus Halma*, 1694. 12 vol. in fol. G. P. fig. vél.

5436 Novus Thesaurus Antiquitatum Romanarum, congestus ab Alberto Henrico de Sallengre. *Hagæ-Comitum Henricus du Sauzet*, 1716. 3 vol. in fol. G. P. fig. vél.

5437 Lexicon Antiquitatum Romanarum : in quo Ritus & antiquitates cum Græcis ac Romanis communes, tum Romanis peculiares, sacræ & prophanæ, publicæ & privatæ, civiles ac militares exponuntur, auctore Samuele Pitisco. *Leovardiæ, Franciscus Halma*, 1713. 2 vol. in fol. G. P. fig. velin.

5438 Utriusque Thesauri antiquitatum Romanarum Græcarumque nova supplementa congesta ab Joanne Poleno. *Venetiis, Joannes Bapt. Pasquali*, 1737. 5 vol. in fol. G. P. v. f.

5439 Inscriptiones antiquæ totius orbis Romani in absolutissimum corpus redactæ, industria Jani Gruteri: nunc curis secundis ejusdem Gruteri & notis Marquardi Gudii emendatæ & tabulis

tabulis æneis a Boiſſardo confectis illuſtratæ; denuo cura Joannis Georgii Grævii recenſitæ. *Amſtelædami, Franciſcus Halma*, 1707, 4 vol. in fol. G. P. vélin.

5440 Theſaurus antiquitatum & Hiſtoriarum Italiæ, Mari liguſtico & alpibus vicinæ; collectus cura & ſtudio Joannis Georgii Grævii, continuatus, & ad finem perductus, à Petro Burmanno. *Lugduni Batavorum Petrus Vander Aa*, 1704 — 1725, 9 tomes reliés en 17 vol. in fol. G. P. vélin.

5441 Theſaurus antiquitatum & Hiſtoriarum Siciliæ, Sardiniæ, Corſicæ, & adjacentium ſitum. digeri cœptus cura & ſtudio Joannis Georgii Grævii, cum præfationibus Petri Burmanni. *Lugduni Batavorum, Petrus Vander Aa*, 1723. 15 tom. reliés en 8 vol. in fol. G. P. fig. vélin.

5442 L'Antiquité expliquée & repréſentée en figures, par Dom Bernard de Montfaucon. *Paris, Florentin Delaulne*, 1719. 10 vol. in fol. G. P. v. m.

5443 Supplément au Livre de l'Antiquité, expliquée & repréſentée en figures, par Dom Bernard de Montfaucon. *Paris, veuve Delaune*, 1724. 5 vol. in fol. G. P. v. m.

5444 Dictionarium antiquitatum Romanarum & Græcarum in uſum Delphini, collegit, digeſfit, & sermone Gallico reddidit Petrus Danetius. *Lutetiæ Parisiorum, vidua Cl. Thiboust*, 1698. in 4. m. r. dent. l. r.

Rites & usages particuliers des différents Peuples anciens & modernes de toutes les Nations : où il est traité des choses Sacrées, Civiles, Militaires & Domestiques.

5445 Remarques historiques sur les différentes Venus selon le sentiment de quelques Auteurs. in fol. rel. en cart.

Manuscrit sur papier du *XVIII siecle*, contenant 12 desseins lavés à l'encre de la Chine.

5446 Remarques historiques sur le Dieu Priape, avec figures lavées à l'encre de la Chine, d'après les monuments antiques. in fol.

Manuscrit sur papier du *XVIII siecle*, contenant 8 feuillets.

5447 Les Oracles des douze Sibylles, extraites d'un livre antique, mis en vers latins par Jean Dorat & en vers françois par LL. Binet, avec les figures desdites Sybilles, pourtraictes au vif, par Jean Rabel. in fol. v. m.

5448 Le Trésor des Antiquités Romaines, ou sont contenues & décrites par ordre toutes les cérémonies des Romains, par M. C. E. du Boulay.

HISTOIRE.

Paris, Denys Thierry, 1650. in fol. G. P. fig. m. r.

5449 Joannis Guilielmi Stuckii antiquitatum convivialium libri tres, & sacrorum sacrificiorum gentilium descriptio. *Lugduni Batavorum, Jacobus Hackius*, 1695, in fol. G. P. vélin.

5450 Pinax iconicus antiquorum ac variorum in sepulturis rituum ex Lilio Gregorio excerptus a Clemente Baldino, cum figuris æri incisis a Petro Woeiriot. *Lugduni, Baldinus*, 1556. in 8. oblong. m. r.

5451 Funerali antichi di diversi Popoli, & nationi; descritti da Thomaso Porcacchi, con le figure in rame di Girolamo Porro. *In Venetia*, 1574. in 4. G. P. m. r.

5452 De Magistratibus Atheniensium liber, Gulielmo Postello, authore. *Parisiis, Michael Vascosan*, 1541. in 4. v. f.

5453 De Ludis Orientalibus libri duo. Auctore Thoma Hyde. *Oxonii, e Theatro Sheldoniano*, 1694, 2 vol. in 8. m. bl.

HISTOIRE.

Histoire Lapidaire, ou Inscriptions tirées des Pierres & des Marbres antiques.

5454 Novus Thesaurus veterum inscriptionum in præcipuis earumdem collectionibus prætermissarum, collectore Ludovico Antonio Muratorio. *Mediolani, in Ædibus Palatinis,* 1639. 4 vol. in fol. G. P. fig. m. r.

5455 Ad novum Thesaurum veterum inscriptionum Ludovici Antonii Muratorii supplementum, collectore Sebastiano Donato. *Lucæ, Leonardus Venturini,* 1765. 2 vol. in fol. v. f.

5456 Marmora Oxoniensia, (edita ab Humph. Prideaux, Joanne Seldeno, Th. Lydiato, &c. nova editio, cum præfatione N. Chandler.) *Oxonii, è Typographeo Clarendoniano,* 1763. in fol. forma atlantica, fig. m. r.

5457 Epigrammata antiquæ urbis. *Romæ, Jacobus Mazochius,* 1521. in fol. fig. m. r.

5458 De Diptycho Brixiano Boethii consulis epistola epigraphica, edita à Joanne Gasparo Hagenbuchio, cum æneis tabulis. *Turici, Heideggerus,* 1749. in fol. G. P. v. f.

HISTOIRE.

Histoire Métallique, ou Médailles, Monnoyes, Poids, Mesures, &c.

Introductions & Traités concernant la Science des Médailles, &c.

5459 Discorso di Messer Sebastiano Erizzo, sopra le Medaglie antiche. *In Venetia, nella Botega Valgrisiana,* 1559. in 8. fig. v. f.

5460 Discours sur les Médailles & gravures antiques, principalement Romaines. Par Ant. le Pois. *Paris, Patisson,* 1579. in 4. fig. m. cit. à compartiments, doub. de m. r. & de tabis.

SUPERBE EXEMPLAIRE dans lequel se trouvent le portrait de l'Auteur & la figure imprimée au verso du 146e feuillet qui manquent quelquefois.

5461 Dialogos de Medallas, inscriciones y otras antiguedades, ex Bibliotheca Ant. Augustini. *En Tarragona, por Felipe Mey.* 1587. in 4. m. r. dent.

On a ajouté dans cet Exemplaire les médailles qui n'avoient pas été gravées dans cette Edition, & que l'on a retirées de la traduction faite en Italien.

5462 Ezechielis Spanhemii dissertationes de præstantia & usu numismatum antiquorum. Volumen secundum, opus posthumum, ex Authoris Authographo editum; ac numismatum iconibus illuftratum, ab Ifaaco Verburgio. *Londini, Richardus Smith*, 1706. 2 vol. in fol. G. P. fig. v. m.

Traités généraux & Collections de Médailles de tout genre & de toute espece.

5463 Antiqua Numifmata Maximi moduli aurea, argentea, aerea ex mufeo Alexandri Card. Albani in Vaticanam Bibliothecam à Clemente XII. translata & à Rodulphino Venuto notis illuftrata. *Romæ, impenfis Calcographei Cameralis*, 1739. 2 vol. in fol. fig. v. m.

5464 Idée du Cabinet du Roy pour les Médailles. == Testes des 12 Cefars. deffineez fur l'antique. == Pierres antiques du Cabinet du Roy, fcripfit, pinxit & invenit N. Godonnefche. in 16. m. cit. dent. doublé de m. bl. dent.

MANUSCRIT fur vélin, très bien exécuté, contenant 21 feuillets.

5465 Numifmata Cimelii Cæfarei Regii Auftriaci Vindobonenfis quorum rariora iconifmis, cetera Catalogis exhibita juffu Mariæ Therefiæ Imperatricis. opera & ftudio Valentii du Val, P. Erafmi Froelich, & P. Jofephi Khell. *Vindobonæ, Jo. Th. Trattner*, 1755. 2 vol. in fol. v. m.

5466 Médailles de grand & moyen Bronze du Cabinet de la Reine Christine. gravées par le célebre Pietro Santes Bartholo, en 63 planches, expliquées par un Commentaire traduit du latin de Sigebert Havercamp. *La Haye, Pierre de Hondt*, 1742. in fol. G. P. m. r.

5467 Numismata antiqua in tres partes divisa. collegit olim & æri incidi vivens curavit Thomas Pembrochiæ & montis Gomerici Comes. *Prælo demum mandabantur, anno* 1746.⸺Nummi Anglici & Scotici cum aliquot numismatibus recensioribus, collegit idem Th. Pembrochiæ Comes. in 4. m. r.

5468 Numismata antiqua in tres partes divisa. collegit olim & æri incidi vivens curavit Thomas Pembrochiæ & montis Gomerici Comes. 1746.⸺Nummi Anglici & Scotici cum aliquot numismatibus recentioribus. collegit idem Thomas Pembrochiæ Comes. 2 vol. in 4. G. P. v. f.

5469 Dactyliotheca Smithiana. opera & studio Antonii Francisci Gorii. *Venetiis, J. Bapt. Pasquali*, 1767. 2 vol. in fol. m. r.

Traités sur les Médailles des Grecs, des Romains, &c.

5470 Numismata Regum Macedoniæ omnia quæ laboribus Cell. virorum Crophii, Lazii, Goltzii,

&c. ex regiis aliisque Numismatophylaziis hactenus edita sunt, additis ineditis & nondum descriptis quot quot comparare licuit, integra serie historica tabulis æneis repræsentata, digessit & notis variorum doctissimorum virorum illustrata, edidit Joan. Jacobus Gessnerus. *Tiguri, ex Officina Heideggeriana*, 1738. in fol. v. f.

5471 Thesaurus Morellianus, sive familiarum romanarum numismata omnia, diligentissimè undiquè conquisita, ad ipsorum nummorum fidem ac curatissimè delineata, & juxta ordinem Fulvii Ursini & Caroli Patini disposita ab Andrea Morellio. cum commentario perpetuo Sigeberti Havercampi. *Amstelædami, Jo. Wetstenius*, 1734, 2 vol. in fol. G. P. v. f.

5472 Thesaurus Morellianus, sive Christ. Schlegelii, Sig. Havercampi, & Ant. Franc. Gorii commentaria in XII. priorum Imperatorum Romanorum numismata aurea, argentea, &c. diligentissimè conquisita ab Andrea Morellio. cum præfatione Petri Wesselingii. *Amstelodami, Jacobus Wetstein*, 1752. 3 vol. in fol. G. P. v. f.

5473 Numismata Imperatorum Romanorum præstantiora à Julio Cæsare ad Postumum usque per Joannem Vaillant. editio plurimis rarissimis nummis aucta per Patrem Baldini. cui accessit appendix à Postumo ad Constantinum Magnum.

Romæ,

Romæ, Barbiellini, 1743. 3 vol. in 4. G. P. v. b.

5474 Explicacion de unas monedas de oro de Emperadores Romanos, que se han hallado en el Puerto de Guadarrama, donde se refieren las vidas dellas, y el origen dellas. por Doctor Juan de Quiñones. *En Madrid, Luis Sanchez*, 1620. in 4. v. f.

5475 Recueil de Médailles de Peuples & de Villes, qui n'ont point encore été publiées, ou qui sont peu connues. Par M. Pellerin. *Paris, H. L. Guerin*, 1763. 6 vol. in 4. fig. m. r.

5476 Recueil de Médailles de Rois, qui n'ont point encore été publiées, ou qui sont peu connues. Par M. Pellerin. *Paris, H. L. Guerin*, 1762. in 4. fig. m. bl.

Médailles des Monarchies Modernes.

5477 Numismata Pontificum Romanorum quæ à tempore Martini V. usque ad annum 1699, in lucem prodiere, explicata & illustrata à Patre Philippo Bonanni. *Romæ, Dom. Ant. Hercules*, 1699. 3 vol. in fol. G. P. m. r.

5478 Museo de las Medallas desconocidas españolas, publicalo D. Vincencio Juan de Lastanosa, señor de Figaruelas. *En Huesca, por Juan Nogues*, 1645. in 4. m. r.

On a joint à cet Exemplaire un très beau Portrait de l'Auteur.

5479 Œuvre du Chévalier Hedlinger, ou recueil des Médailles de ce célebre Artiste, gravées en taille douce, accompagnées d'une explication historique & critique, & précédées de la vie de l'Auteur. Par Chrétien de Mechel. *Basle*, 1776. in 4. G. P. m. r.

CET OUVRAGE est superbement exécuté.

Traités sur les Monnoies.

5480 De Monetis & re Numaria libri duo : quorum primus artem cudendæ monetæ : secundus vero quæstionum monetariarum decisiones continet. Authore & collectore Renero Budelio. *Coloniæ Agrippinæ, Jo. Gymnicus,* 1591. in 4. m. r.

5481 De Asse & partibus ejus libri quinque Guillelmi Budæi Parisiensis. *Parisiis, in Ædibus Ascensianis,* 1514. in fol. v. f.

5482 Guillielmi Budæi libri V de asse & partibus ejus. *Venetiis, in Ædibus Aldi & Andreæ Asulani soceri,* 1522. in 8. m. r.

HISTOIRE.

Divers Monuments d'Antiquités, ou Fragments, Descriptions & Traités singuliers des Edifices publics, Amphithéâtres, Obélisques, Pyramides, Sépulchres, Statues, &c.

5483 Alexandri Donati Roma vetus ac recens utriusque ædificiis illustrata. *Amstelædami, Jansonius à Waesberge*, 1695. in 4. fig. v. f.

5484 Romanæ urbis topographiæ & antiquitatum, quibus succinctè & breviter describuntur omnia quæ tam publicè quam privatim videntur animadversione digna, partes VI. Ja. Jac. Boissardo Authore. cum figuris æri incisis à Th. de Bry. 1597. 2 vol. in fol. m. r.

5485 Admiranda Romanarum antiquitatum ac veteris sculpturæ vestigia, à Petro Sancte Bartolo delineata & incisa. in quibus plurima ac præclarissima ad Romanam historiam ac veteres mores dignoscendos ob oculos proponuntur. notis Jo. Petri Bellori illustrata. *Romæ, Jo. Jac. de Rubeis.* in fol. oblong. m. r. dent.

81 Pieces.

5486 Collectanea Antiquitatum Romanarum quas centum tabulis æneis incisas & à Rodulphino Venuti notis illustratas exhibet Antonius Borioni. *Romæ, Rochus Bernabo*, 1736. in fol. v. m.

HISTOIRE.

5487 Vestigi delle antichita di Roma, Tivoli, Pozzuolo & altri luochi. *Stampati in Praga da Ægidio Sadeler, Scultore*, 1606. in 4. m. bl.

50 Pieces.

5488 Les plus beaux Monuments de Rome ancienne. ou recueil des plus beaux morceaux de l'antiquité Romaine qui existent encore : dessinés par M. Barbault, Peintre, & gravés en 128 planches. avec leur explication. *Rome, Bouchard*, 1761. in fol. m. r.

5489 Recueil de divers Monuments anciens répandus en plusieurs endroits de l'Italie, dessinés par feu M. Barbault, & gravés en 166 planches avec leur explication historique pour servir de suite aux Monuments de Rome ancienne. *Rome, Bouchard*, 1770. in fol. m. r.

5490 Le Pitture antiche d'Ercolano e contorni incise con qualche spiegazione. *Napoli, nella Regia stamperia*, 1757. 7 vol. in fol. bas.

Anciennes & très belles épreuves.

5491 Puteolanæ antiquitates. italicè & latinè. 1768. in fol. fig. m. r.

5492 Museum Etruscum exhibens insignia veterum Etruscorum monumenta æneis Tabulis nunc primum edita & illustrata observationibus An-

HISTOIRE. 341

tonii Francisci Gorii. *Florentiæ, in Ædibus Auctoris*, 1737. 3 vol. in fol. m. r.

5493 Les Ruines de Palmyre, autrement dite Tedmor au défert. (Par Robert Wood, Botra, Bouverie & Dawkins. avec les réflexions sur l'alphabet & sur la langue dont on se servoit autrefois à Palmyre. Par M. l'Abbé Barthelemy.) *Londres, Millar*, 1753. in fol. br. en cart.

57 Pieces.

5494 Les Ruines de Balbec, autrement dite Heliopolis dans la Coelosyrie. (Par Rob. Wood, Botra, Bouverie & Dawkins.) *Londres*, 1757. in fol. fig. v. m.

5495 Recueil des plus beaux Monuments de la Grece. Par M. le Roy. *Paris, Hyp. Louis Guerin*, 1758. in fol. fig. v. m.

5496 Les Ruines des plus beaux Monuments de la Grece, confidérées du côté de l'histoire & du côté de l'architecture. feconde édition corrigée & augmentée. Par M. le Roy. *Paris, Louis-François Delatour*, 1770. 2 tom. en 1 vol. in fol. fig. m. r.

5497 Ruins of Athens with remains and other valuable antiquities in Greece. *London, Robert Sayer*, 1759. in fol. fig. rel. en cart.

5498 Ruins of the Palace of the Emperor Diocletian at Spalatro in Dalmatia by R. Adam, Architect to the King. *Printed for the Author*, 1764. in fol. fig. v. m.

5499 Les Ruines de Pæstum, ou de Posidonie, dans la grande Grece. Par T. Major. traduit de l'Anglois. *Londres, T. Major,* 1768. in fol. v. f.

5500 Les Ruines de Pæstum, autrement Posidonia, ville de l'ancienne Grande Grece, au Royaume de Naples. Traduction libre de l'anglois de Th. Major, par M.*** (Dumont). *Paris, C. Ant. Jombert,* 1769. in 4. Gr. Pap. fig. rel. en cart.

5501 Sermones convivales Conradi Peutingeri: de mirandis Germaniæ antiquitatibus. *Joannes Prus in Ædibus Thiergarten Argentinæ imprimebat, Math. Schuter recognovit,* 1506. in 4. m. r.

5502 Collectanea Antiquitatum in urbe, atque agro Moguntino repertarum. *Moguntiæ in ædibus Joannis Schoeffer,* 1520. in fol. fig. rel. en carton.

5503 Collectanea Antiquitatum in urbe, atque agro Moguntino repertarum, curâ Joannis Huttichii. *Ex Ædibus Joannis Schoeffer Moguntini,* anno 1525. in fol. m. r.

Au dessous de la souscription il y a les écussons de Schoeffer.

5504 Varias Antiguedades de España, Africa,

y otras Provincias, por el Doctor Bernardo Aldrete. *En Amberes, Juan Hasrey*, 1614. in 4. v. éc.

5505 Historia utriusque belli Dacici à Trajano Cæsare gesti, ex simulacris quæ in columna ejusdem Romæ visuntur collecta. Auctore F. Alphonso Ciaccono. (Franciscus Villamena tabulas 130 plane dejectas ab interitu vindicavit). *Romæ, Jacobus Mascardus*, 1616. in fol. v. f.

5506 Raphaelis Fabretti de Columna Trajani Syntagma. Accesserunt explicatio veteris tabellæ anaglyphæ Homeri Iliadem, atque ex Stesichoro Aretino & Lesche Ilii excidium continentis. unà cum historia Belli Dacici à Trajano Cæsare gesti; auctore F. Alphonso Ciaccono. *Romæ, Antonius Gallerus*, 1690. in fol. fig. v. b.

5507 Colonna Trajana eretta dal Senato, e Popolo Romano all' Imperatore Trajano Augusto. disegnata, & intagliata da Pietro Santi Bartoli; con l'espositione latina d'Alfonso Ciaccone. *Data in luce da Gio. Giacomo de Rossi.* in fol. oblong. m. r. dent.

En 119 Pieces.

5508 Columna Antoniniana à Petro Sancti Bartholo delineata & incisa & in lucem edita, cum notis excerptis ex declarationibus Jo. Petri Bellorii. in fol. oblong. v. b.

En 75 Pieces.

5509 Arcus L. Septimii Severi Augusti Anaglypha, cum explicatione Josephi Mariæ Suaresii. *Romæ, Typis Barberinis*, 1676. in fol. v. f.

5510 Gli antichi Sepolcri, overo mausolei romani, & etruschi, trovati in Roma & in altri luoghi celebri, nelli quali si contengono molte erudite memorie : raccolti, disegnati, & intagliati da Pietro Santi Bartoli. *in Roma, Antonio de Rossi*, 1697. in fol. v. f.

110 Pieces.

5511 A Treatise on ancient painting, containing observations on the rise, progress and decline of that art among the Greeks and Romans; the whole illustrated and adorned with fifty pieces of ancient painting; by George Turnbull. *London, printed for the author*, 1740. in fol. veau éc.

5512 Recueil de Peintures antiques, imitées fidelement pour les couleurs & pour le trait, d'après les desseins coloriés faits par Pietre Santi Bartoli, avec une description par MM. le Comte de Caylus & Mariette. *Paris*, 1757. — La Mosaïque de Palestrine, expliquée par M.

M. l'Abbé Barthelemy. 1760. in fol. G. Pap. m. r.

Cet Ouvrage est de la plus grande rareté; il n'y en a eu que trente Exemplaires d'imprimés & coloriés, avec un très grand soin sous la direction de M. Mariette. Cette note est écrite de la main même de M. Mariette, à la tête de l'Exemplaire qui lui a appartenu, & qui a été acheté à sa vente par M. d'Ennery.

5513. Le Pitture antiche del sepolcro de Nasonii nella via Flaminia, disegnate, ed intagliate da Pietro Santi Bartoli, descritte, & illustrate da Giov. Pietro Bellori. *In Roma, Giov. Batt. Bussotti*, 1680. in fol. v. f.

5514 Picturæ Etruscorum in vasculis nunc primum in unum collectæ, explicationibus, & dissertationibus illustratæ à Joanne Baptista Passerio. *Romæ, Joannes Zempel*, 1767. 3 vol. in fol. br. en cart.

Figures coloriées.

5515 Galleria Giustiniana del Marchese Vincenzo Giustiniani. 2 vol. in fol. m. r.

En 322 Pieces d'anciennes Epreuves gravées d'après Sandrart & autres par Bloemart, Mellan, &c.

5516 Delle antiche Statue greche & romane, che nell' antisala della Libreria di San Marco, e in altri luoghi publici di Venezia si trovano. *In Venezia*, 1740. 2 vol. in fol. v. m.

5517 Museum Capitolinum, Philosophorum, Poetarum, Oratorum, Virorumque illustrium hermas continens, cum animadversionibus italicè primum nunc latinè editis; studio Joannis Bottarii. *Romæ, Antonius Rubeis*, 1750, 2 vol. in fol. rel. en cart.

5518 Icones & Segmenta illustrium è Marmore tabularum quæ Romæ adhuc extant à Francisco Perrier delineata, incisa, & ad antiquam formam lapideis exemplaribus passim collapsis restituta. *Paris, chez la Ve. de M. Perier*, 1645. in fol. oblong. v. f.

51 Pieces.

Pierres gravées, & Lampes sépulchrales.

5519 Le Gemme antiche figurate di Leonardo Agostini. *In Roma, appresso dell' autore*, 1657. 2 vol. in 4. m. r.

EXEMPLAIRE complet & fort rare, dans lequel on trouve quatre figures qui manquent dans presque tous les autres. Elles ne sont pas numérotées, & dans le discours où l'on donne l'explication des Estampes, il n'en est pas fait mention. Elles sont immédiatement après la figure cotée 214.

5520 Gemmarum affabrè sculptarum Thesaurus, quem suis sumptibus, nec parvo studio collegit Jo. Mart. ab Ebermayer. Digessit & recensuit Jo. Jacobus Baierus. *Norimbergæ, in Ædibus Ebermayerianis*, 1720. in fol. fig. v. f.

HISTOIRE. 347

5521 Pierres antiques gravées, sur lesquelles les Graveurs ont mis leurs noms, dessinées & gravées en cuivre sur les originaux ou d'après les empreintes, par Bernard Picart, tirées des principaux Cabinets de l'Europe, expliquées par M. Philippe Stosch, & traduites en françois par M. de Limiers. *Amsterdam, Bernard Picart*, 1724. in fol. Gr. Pap. v. f.

ANCIENNES EPREUVES.

5522 Traité des Pierres gravées par P. J. Mariette. *Paris, de l'Imprimerie de l'Auteur*, 1750. 2 vol. in fol. fig. m. r.

5523 Description des Pierres gravées du Cabinet de S. A. S. Monseigneur le Duc d'Orleans, premier Prince du Sang ; par MM. l'Abbé de la Chau, & l'Abbé le Blond. *Paris*, 1780. in fol. G. Pap. fig. br.

5524 Suite de 63 Estampes gravées par Mde. la Marquise de Pompadour, d'après les Pierres gravées de M. Guay, Graveur du Roi.═ Six autres représentant des enfants, &c. d'après Boucher. Dans un porte-feuille de m. r. dent. tabis.

Cette suite de Pierres gravées est très rare, parcequ'elle ne s'est jamais vendue, & qu'elle a été tirée à très petit nombre. Madame de Pompadour en faisoit des présents.

5525 Le antiche Lucerne sepolcrali figurate, raccolte dalle cave sotteranee, e grotte di Roma: disegnate, ed intagliate nelle loro forme da Pietro Santi Bartoli, con l'osservationi di Giov. Pietro Bellori. *In Roma, Franc. Buagni*, 1691. in fol. m. r.

Mélanges d'Antiquités, contenant des Collections mêlées, & différents Cabinets d'Antiquaires.

5526 Musei Kircheriani in Romano Soc. Jesu Collegio Ærea, notis illustrata. *Romæ, Joanes Zémpel*, 1763. 2 tom. en 1 vol. in fol. fig. m. r.

5527 Museum Florentinum exhibens insigniora vetustatis monumenta quæ Florentiæ sunt, studio Ant. Franc. Gori : scilicet, gemmæ antiquæ, statuæ antiquæ, antiqua numismata, & vite de Pittori. *Florentiæ, ex Typ. Mich. Nesteni*, 1731 & *ann. seqq.* XI vol. in fol. fig. m. r. dent.

5528 Pa. P. (Pauli Petavii) in francorum curia consiliarii antiquariæ supellectilis portiuncula. *Parisius*, 1610. == De Nithardo Caroli Magni nepote. ac tota ejusdem Nithardi prosapia, breve syntagma. per P. Petayium. *Parisius*, 1613. in fol. fig. m. r.

Imprimé sur vélin.

5529 Le Cabinet de la Bibliotheque de Sainte

HISTOIRE.

Geneviève, contenant les antiquités de la réligion des Chrétiens, des Egyptiens, des Romains, &c. par le Pere Claude du Molinet, avec des figures gravées par F. Ertinger. *Paris, Antoine Dezallier*, 1692. in fol. m. r.

HISTOIRE LITTÉRAIRE.

Histoire des Lettres, des Langues, &c. où il est traité de leur Origine & de leurs progrès.

5530 Palæographia græca, sive de ortu & progressu litterarum græcarum, & de variis omnium sæculorum scriptionis græcæ generibus, &c. opera & studio D. Bernardi de Montfaucon. *Parisiis, Ludovicus Guerin*, 1708. in fol. G. P. v. m.

5531 De re Diplomatica libri VI. cum supplemento. opera & studio Domni Joannis Mabillon. *Lutetiæ Parisiorum, Carolus Robustel*, 1709. in fol. fig. v. b.

5532 Nouveau traité de Diplomatique, où l'on établit des regles sur le discernement des titres, & l'on expose historiquement les caracteres des Bulles Pontificales & des Diplomes donnés en chaque siecle. Par deux Religieux Bénédictins. (Dom Toustaint & Dom Tassin.) *Paris, G. Desprez*, 1750. 6 vol. in 4. G. P. fig. v. f.

5533 Lexicon Diplomaticum, abbreviationes syllabarum & vocum in Diplomatibus & Codicibus à sæculo VIII. ad XVI. usque occurrentes exponens, junctis alphabetis & scripturæ speciminibus integris. studio Joannis Ludolphi Waltheri, cum præfatione Joannis Henrici Iungii. *Ulmæ, sumptibus Gaumianis*, 1756. in fol. v. f.

L'Auteur s'est proposé d'expliquer, avec clarté & avec certitude, toutes les abréviations qui ont été d'usage, soit dans les Diplomes & les Chartes, soit dans les MSS. depuis le VIII jusqu'au XVI siecle.

5534 Origines Typographicæ. Gerardo Meerman Auctore. *Hagæ Comitum, Nic. van Daalen*, 1765. 2 vol. in 4. G. P. v. f.

5535 Annales Typographici ab artis inventæ origine ad annum M. D. opera Michaelis Maittaire. *Hagæ Comitum, Isaacus Vaillant*, 1719. 7 vol. in 4. G. P. v. b.

Bibliographie, ou Histoire & description de Livres.

Prolégomenes Bibliographiques, ou Traités des Livres en général, de leur composition, utilité, usage, &c.

5536 Catalogus Codicum manuscriptorum Bibliothecæ Mediceæ Laurentianæ, varia continens opera Græcorum Patrum, &c. Angelus Maria Bandinius, ejusdem Bibliothecæ regius præfectus recensuit, illustravit, edidit. *Florentiæ, Typis Cæsareis*, 1764. 3 vol. in fol. G. P. v. f.

5537 Codices manuscripti Bibliothecæ Regii Taurinensis Athenæi per linguas digesti. recensuerunt & animadversionibus illustrarunt Josephus Pasinus, Antonius Rivautella, & Franciscus Berta. *Taurini, ex Typographia Regia*, 1749. 2 vol. in fol. G. P. v. m.

5538 Catalogue des livres manuscrits & imprimés de la Bibliotheque du Roi. (rédigé par Messieurs Mellot, l'Abbé Sallier, &c.) *Paris, de l'Imprimerie Royale*, 1739. 10 vol. in fol. v. m.

5539 Petri Lambecii commentarii de Augustissima Bibliotheca Cæsarea Vindobonensi. *Vindobonæ, Mattheus Cosmerovius*, 1665. 8 tom. reliés en 6 vol. in fol. fig. v. f.

5540 Danielis de Nessel Breviarium & supplementum commentariorum Lambecianorum. *Vindobonæ Leopoldus Voigt*, 1690. 2 vol. in fol. fig. v. f.

5541 Bibliotheca Arabico-Hispana Escurialensis sive librorum omnium MSS. quos Arabicè ab auctoribus magnam partem Arabo-Hispanis compositos Bibliotheca Cœnobii Escurialensis complectitur, recensio & explanatio, opera & studio Michaelis Casiri-Syro-Maronitæ *Matriti,*

Antonius Perez de Soto, 1760. 2 vol. in fol. m. r.

5542 Catalogue raisonné des Manuscrits conservés dans la Bibliotheque de la Ville & République de Geneve, par Jean Senebier. *Geneve, Barth. Chirol*, 1779. in 8. pap. double v. m. d. f. tr.

Catalogue très bien fait, & qui nous a été d'un grand secours, ainsi que le suivant.

5543 Catalogue raisonné des principaux Manuscrits du Cabinet de M. Jos. L. D. de Cambis. *Avignon, Louis Chambeau*, 1770. in 4. v. f. d. f. tr.

Ce Catalogue est fort rare, parcequ'il n'en a été tiré qu'un très petit nombre d'Exemplaires. Il y en a qui n'ont que 519 pages au lieu de 766 ; cela provient de ce que l'Auteur quelque temps après avoir distribué une partie de l'Edition, y ajouta les descriptions de plusieurs MSS. dont il avoit fait l'acquisition.

5544 Bibliotheque curieuse, historique & critique ou Catalogue raisonné de livres difficiles à trouver, par David Clement. *Gottingen, Jean Guillaume Schmid*, 1750. 9 vol. in 4. v. écail.

5545 Bibliographie instructive, ou Traité de la connoissance des Livres rares & singuliers, par Guillaume François de Bure le jeune. *Paris,*

HISTOIRE.

ris, *G. Fr. de Bure le jeune*, 1753. 7. in 4. Pap. d'Hollande m. r.

5546 Supplément à la Bibliographie instructive, ou Catalogue des livres du Cabinet de M. Gaignat, par Guillaume François de Bure le jeune. *Paris, G. Fr. de Bure le jeune*, 1769. 2 vol. in 4. Pap. d'Hollande. m. r.

5547 Catalogue raisonné de la collection de Livres de M. Pierre Antoine Crevenna, Négociant à Amsterdam. 1775. 6 vol. in 4. G. P. d'Hollande. v. m.

Toutes les descriptions des premieres Editions que l'on trouve dans ce Catalogue sont faites avec la plus grande exactitude.

5548 Phylobyblon disertissimi viri Richardi de Buri Dilmelmensis Episcopi, de querimoniis Librorum omnibus litterarum amatoribus perutile. (*Spiræ, per Johannem & Conradum Hiist*, 1483). in 4. goth. m. r.

Bibliographes Ecclésiastiques.

5549 Scriptorum Ecclesiasticorum Historia Literaria, a Christo nato usque ad sæculum XIV. facili methodo digesta, authore Guiliemo Cave. *Oxonii, e Theatro Scheldoniano*, 1740. 2 vol. in fol. G. P. v. f.

5550 Bibliotheca scriptorum Societatis Jesu, opus

inchoatum a Petro Ribadeneira, continuatum a Philippo Alegambe, ufque ad annum 1642; recognitum & productum ad annum 1675, a Nathanaele Sotuello. *Romæ, Jac. Ant. de Lazaris*, 1676. in fol. v. f.

Bibliographes Nationaux.

5551 Bibliotheque Hiftorique de la France, contenant le Catalogue des Ouvrages imprimés & manufcrits qui traitent de l'Hiftoire de ce Royaume, ou qui y ont rapport; avec des Notes critiques & hiftoriques : par feu Jacques le Long, nouvelle édition, revue & corrigée, &c. par M. Fevret de Fontette, (& de M. Barbeau de la Bruere.) *Paris, Jean Thomas Hériffant*, 1768. 5 vol. in fol. G. P. v. f.

5552 Bibliotheca Hifpana vetus, five Hifpanorum, qui ufquam unquamve fcripto aliquid confignaverunt, notitia. complectens fcriptores omnes qui ab Octaviani Augufti imperio ufque ad annum M. floruerunt, auctore D. Nicolao Antonio Hifpalenfi. *Romæ, Antonius de Rubeis*, 1696. 2 tom. en un vol. in fol. v. f.

5553 Bibliotheca Hifpana five Hifpanorum, qui ufquam unquamve five latina five populari five aliâ quavis lingua fcripto aliquid confignaverunt notitia ; complectens fcriptores, qui poft annum MD. ufque ad præfentem diem floruere, authore D. Nicolao Antonio Hispalensi. *Romæ, Nic. Aug. Tinassius*, 1672. 2 vol. in fol. v. b.

Bibliographes Professionaux, de Théologie, &c.

5554 Bibliotheca sacra in binos Syllabos distincta, accedunt Grammaticæ & lexica linguarum, præsertim Orientalium, quæ ad illustrandas sacras paginas aliquid adjumenti conferre possunt, labore & industria Jacobi le Long. *Parisiis, Fr. Montalant*, 1723. 2 vol. in fol. G. P. v. f.

Bibliographes Simples, ou Catalogues de Bibliotheques.

5555 Catalogue des livres du Cabinet de M. de Boze, par Gabriel Martin. *Paris, de l'Imprimerie Royale*, 1745. in fol. v. f.

5556 Catalogue des livres du Cabinet de M. Girardot de Prefond, par Guillaume-François de Bure le jeune. *Paris, Guil. Franc. du Bure le jeune*, 1757. in 8. G. P. m. cit. dent. avec les prix.

5557 Bibliotheca Telleriana, sive Catalogus librorum Bibliothecæ D. D. Caroli Mauritii Le Tellier, Archiepiscopi Ducis Remensis. *Parisiis, e Typographia Regia*, 1693. in fol. G. P. m. r.

5558 Catalogue des Livres provenants de la Bibliotheque de M. le Duc de la Valliere, par Guillaume-François de Bure le jeune. *Paris, Guill. Fr. de Bure le jeune*, 1767. 2 vol in 8. tirés sur du pap. in 4. v. m.

VIES DES HOMMES-ILLUSTRES.

Vies des Hommes Illustres, Grecs & Romains.

5559 Laertii Diogenis vitæ & sententiæ eorum qui in Philosophia probati fuerunt, e Græco in latinum translatæ a Fratre Ambrosio, ex recensione Benedicti Brognoli. *Venetiis, per Nicolaum Jenson*, 1475. in fol. m. r.

PREMIERE EDITION.

5560 El libro de la vita de Philosophi & delle loro elegantissime Sententie extracte da D. Lahertio & da altri antiquissimi auctori. *Venetiis, per Bernardinum Celerium de Luere*, 1480. in 4. vél.

PREMIERE EDITION.

CE VOLUME a des signatures depuis a 2 ——— i. à la fin de la table qui contient 2 feuillets il y a cette souscription en lettres capitales:

Impressum hoc opusculum mira arte et diligentia Venetiis per Benardinum Celerium de Luere. B. Anno. S. D. M: CCCCLXXX. Die IX Decembris inclyto duce Joanne Moncenigo.

HISTOIRE.

5561 Libro de la Vita de Philosophi & de le loro elegantissime sententie extracto da Diogene Laertio, & da altri antiquissimi Doctori. *In Milano per Magistro Cassano, stampato ad instantia di Zovanno da Legnano.* 1497. in 4. goth. m. bl.

5562 Plutarchi Vitæ parallelæ Græcorum & Romanorum; quadraginta novem, græcè. *Florentiæ, in ædibus Philippi Juntæ,* 1517. in fol. m. r.
Première Édition.

5563 Plutarchi quæ vocantur Parallela, hoc est vitæ illustrium virorum, græcè, ex recognitione Francisci Asulani. *Venetiis, in ædibus Aldi & Andreæ Soceri,* 1519. in fol. m. r.

5564 Plutarchi Opuscula Moralia, græcè, ex recensione Aldi Manutii, & Andreæ Asulani, *Venetis, in ædibus Aldi & Andreæ Asulani,* 1509. in fol.
Première Édition.

5565 Plutarchi Parallela, seu vitæ Parallelæ, græcè. (*Parisiis Henr. Stephanus,* 1572.) 3 vol. in 8. G. P. m. bl. doubl. de m. cit. dent. l. r.

5566 Plutarchi Vitæ Parallelæ, interprete Hermanno Cruserio. (*Parisiis Henr. Stephanus,* 1572.) 3 vol. in 8. m. viol. doub. de m. cit. dent. l. r.

5567 Plutarchi Vitarum comparatarum appendix: complectens & ipsa vitas excellentium quorumdam Imperatorum, sed duas tantum comparatas: & has quidem, a Donato Acciaiolo, cæteras vero, ab Æmylio Probo conscriptas. in 8. m. viol. doubl. de m. cit. dent. l. r.

5568 Plutarchi Chæronensis quæ extant Opera Moralia, græcè, ex recensione Henrici Stephani. *Parisiis, Henricus Stephanus*, 1572. 3 vol. in 8. G. P. m. bl. doub. de m. cit. dent. l. r.

5569 Plutarchi Opuscula Varia Moralia: ex diversorum interpretationibus, quarum quædam sunt Henrici Stephani, non antea editæ. cum annotationibus ejusdem H. Stephani. *Parisiis, Henricus Stephanus*, 1572. 3 vol. in 8. m. viol. doub. de m. cit. dent. l. r.

5570 Plutarchi Chæronensis Opera quæ extant omnia, græcè & latinè cum versione & notis Maussaci, & ex recensione & cum animadversionibus Joannis Rualdi. *Lutetiæ Parisiorum, Typis Regiis*, 1624. 2 vol. in fol. G. P. vél.

5571 Plutarchi illustrium Virorum Vitæ, e græco, a diversis interpretibus in latinum translatæ, & in unum collectæ a Joanne Antonio Campano. *Romæ, Udalricus Gallus, circa*, 1470. 2 vol. in fol. m. r.

PREMIERE EDITION.

HISTOIRE.

5572 Plutarchi Historiographi græci liber de viris Clarissimis : e greco sermone in latinum diversis plurimorum interpretationibus virorum illustrium translatus, collectus a Jo. Campano. 2 tom. en 1 vol. in fol. m. r.

EDITION très ancienne d'environ l'an 1471, sans chiffres, réclames & signatures, à longues lignes au nombre de 49 sur les pages qui sont entieres.

On trouve à la tête du Volume un feuillet qui contient l'Epître Dédicatoire de Campanus au Cardinal François Piccolomini, & la table des hommes Illustres avec les noms de leurs Traducteurs & le renvoi aux feuillets. Il finit au recto vers le milieu de la page qui contient 22 lignes, par cette ligne :

post Caroli mortem diligentissimi ac sanctissimeq3 reseruauit.

Les Editions des Ouvrages annoncés aux Nos 1305, 1306, 2454 & 4434 sont imprimées avec les mêmes caracteres que cette Edition des Vies de Plutarque. Nous avons cherché en vain dans la Bibliotheque de M. le Duc de la Valliere à connoître l'Imprimeur qui les a employés, & que nous avons quelque raison de croire de Venise.

Ce caractere se distingue par cette capitale R qui a une forme différente de celle que les Imprimeurs d'Italie employoient communément dans leurs caracteres ronds. Nous l'avons fait graver exactement, parceque les Editions dans laquelle on la voit sont assez importantes pour qu'on tâche de découvrir, s'il est possible, de quelles presses & de quelle Ville elles sont sorties.

5573 Plutarchi Vitæ Parallelæ, e græco in latinum versæ a diversis auctoribus, & solerti cura emendatæ. *Venetiis, Nicolaus Jenson*, 1478. die 11 Januarii. in fol. m. r.

Les lettres initiales sont peintes en or & en couleurs, & la premiere page est décorée d'une belle bordure aussi peinte. Il y manque les deux feuillets de registre. Le tiers du feuillet où commence la vie de Dion a été très bien réparé à la plume.

5574 Les Vies des Hommes illustres Grecs & Romains, comparées l'une avec l'autre par Plutarque, translatées de grec en françois par Jacques Amyot. *Paris, Michel de Vascosan*, 1559. 2 vol. in fol. m. r.

SUPERBE EXEMPLAIRE IMPRIMÉ SUR VÉLIN.

CET OUVRAGE est un des plus beaux que l'on puisse voir pour son exécution typographique.

5575 Les Vies des Hommes illustres, Grecs & Romains, comparées l'une avec l'autre par Plutarque de Cheronée, translatées de grec en françois par Jacques Amyot. *Paris, Vascosan*, 1567. 6 vol. in 8. m. r. l. r.

5576 Les Œuvres morales & meslées de Plutarque, translatées de grec en françois, par Jacques Amyot. *Paris, Vascosan*, 1574. 7 vol. in 8. m. r. l. r.

5577 Decade, contenant les vies des Empereurs, Trajanus, Adrianus, &c. extraites de plusieurs Auteurs, Grecs, Latins, & Espagnols, & mises en

HISTOIRE. 361

en françois par Antoine Allegre. *Paris*, *Vafco-fan*, 1567. in 8. m. r. l. r.

5578 La très illuftre Vie de Romulus, faicte premierement et compofee par Plutarche Cheronenfe en langaige grec, et depuys traduite en langue rommaine qui eft latine par Lappius Florentin & finablement tranflatee en noftre maternal vfaige. ⹀ La tres illuftre vie du ieune Caton dit Uticenfe noble capitaine rommain redigee de Plutarque grec en latin et tranflatee de latin en francois. in fol. m. bl.

SUPERBE MANUSCRIT fur vélin du commencement du *XVI fiecle*, contenant 218 feuillets écrits en *lettres rondes*, à longues lignes, avec les fommaires en rouge & en bleu. Il eft enrichi d'un grand nombre de *tourneures* peintes en or & en couleurs, & de 54 excellentes miniatures entourées de bordures d'or, & portant 10 pouces de hauteur fur environ 6 pouces de largeur. Les armes de la maifon de Lorraine décorent le premier feuillet. On lit fur le dernier cette devife : *A Toufiours mais*.

Cette traduction de Plutarque paroît être de *Simon Bourgouyn* ou *Bougouinc*, Valet-de-Chambre de Louis XII, & Bachelier ès loix. Le Traducteur latin s'appelloit *Lapo Birago Caftiglibnchio*.

5579 Le fecond Liure de Plutarque, de la Vie de Scipion et Pompee, tranflate de latin en françoiz (par Simon Bourgouyn). in fol. m. bl.

MANUSCRIT fur vélin du commencement du *XVI fiecle*, contenant 135 feuillets écrits à longues lignes, en

Tome III.   Z z

lettres rondes, avec des sommaires en rouge. Il est enrichi de *tourneures* élégamment peintes en or & couleurs, & de 47 miniatures fort belles qui ont presque toutes 8 pouces de hauteur sur plus de 5 pouces & demi de largeur.

5580 La Vie très jllustre du Cappitaine Hannibal Traduicte de Plutarque grec en latin. par Donat Acciole. Et du latin en langaige vulgaire gallique. Redigee par Symon bourgoing. in fol. v. s. à compart.

BEAU MANUSCRIT sur vélin du *XVI siecle*, contenant 34 feuillets écrits en *ancienne ronde bâtarde*, à longues lignes. Il est enrichi de très belles *tourneures* peintes, rehaussées d'or, & de 17 miniatures dont les plus grandes portent 7 pouces de hauteur sur 6 pouces & demi de largeur.

Cette Vie d'Annibal n'est point de Plutarque. Cet Auteur ne l'a point écrite.

5581 La prima parte delle Vite de Plutarcho traducte de latino in vulgare, in Aquila, per Baptista Alexandro Jaconello de Riete. *In Aquila, adi xvj de Septembre,* 1482, *per Adam de Rotuuil.* in fol. m. cit. l. r.

PREMIERE EDITION.

M. De Bure le jeune annonce dans sa Bibliographie instructive, N° 6089, que la souscription est suivie d'un feuillet de registre; il se trompe, il doit y en avoir deux. Le premier est intitulé :

Tabula de la prima parte delle uite de Plutarcho.

Le second :

Ragistro delli quinterni del presente uolume delle uite de plutarcho.

HISTOIRE. 363

5582 Cornelius Nepos de Vitis XXIV Illustrium Virorum.—— Verba (seu fragmenta duo) Cornelïe Graccorum matris et filie Scipionis Africani. —— Leonardi (Bruni) Aretini vita Sertorii. in 4. rel. en cart. d. s. tr.

Beau Manuscrit sur vélin exécuté en Italie dans le *XV siecle*, contenant 85 feuillets écrits en *ancienne bâtarde romaine*, à longues lignes.

Il manque le premier feuillet de ce MS. lequel contenoit la Préface de *Cornelius Nepos*, & le commencement de la vie de *Miltiade*. On y trouve à la suite de la vie de *Timoleon*, les fragments des *Rois*, sans distinction.

5583 Æmilius Probus (seu Cornelius Nepos) de Virorum excellentium Vita. *Venetiis, per Nicolaum Jenson*, 1471. in 4. m. r.

Premiere Edition.

On doit regarder cette Edition comme de format in 4. parceque les pontuseaux du papier sont en travers.

5584 Cornelius Nepos de Vita excellentium Imperatorum. Interpretatione & notis illustravit Nicolaus Courtin, in usum Delphini. *Parisiis, Fredericus Leonard*, 1675. in 4. v. b.

5585 Plinius Primus de præclarè gestis Romanorum. in 4. v. f.

Edition exécutée vers 1474, sans chiffres, réclames & signatures, à longues lignes au nombre de 24 sur les pages qui sont entieres. Les caracteres sont ceux avec lesquels Nic. Jenson a imprimé le Pline Italien en 1476.

Le Volume commence par une table qui occupe deux feuillets, & finit par la souscription suivante qui est imprimée en lettres capitales :

Explicit Plinius Primus de rebus praeclare gestis virorum illustrium Romanorum.

5586 Caii Plinii II. Oratoris Veronensis de Viris illustribus Liber, ex recensione Angeli Tiphernas. = Suetonii Tranquilli de Viris illustribus in Grammatica & Rhetorica qui Romæ floruerunt Libellus, ex recensione Joannis Aloisii Tuscani. (*Romæ*), circa 1474. in 4. v. f.

EDITION sans chiffres, réclames & signatures, à longues lignes. Le traité de Pline contient 22 feuillets, dont les pages entieres ont 30 lignes, & celui de Suétone qui est de la même Edition que celle annoncée au N° 4932, a 15 feuillets.

Les N°s 572, 2340, 4429, 4932 & 4742, sont imprimés avec les mêmes caracteres, qui sont ceux avec lesquels Jean Gensberg a imprimé en 1474 à Rome *Calderini Commentarii in Martialem*, N° 2539. On ne connoît de cet Imprimeur que peu d'Editions, dont aucunes ne sont postérieures à l'année 1474.

On lit dans une Epître Dédicatoire d'*Ange Tiphernas* à *Alexandre Justinus*, qui est à la tête du Traité des Hommes Illustres attribué à Pline, ces mots :

.... *Redeo ad Pliniũ. Qui quum a Germanis Ro. imprimendũ postularetur corrigendi operis morẽ gessi: uitãq3 eius paucis ãnotaui omnia ad te referës.*

5587 C. Plinii. Secundi. Iunioris liber. illustrium.

Viroru. incipit. *Impreſſum. Florentiae. apud. Sanctum. Iacobum. de Ripoli. M. CCCC. LXX. VIII.* in 4. v. f.

Ce Volume commence par l'intitulé, & finit par la fouscription rapportés ci-deſſus, le tout imprimé en lettres capitales.

5588 Liber de Vita ac moribus Philofophorum, Poetarumque veterum, ex multis libris tractus, necnon breviter & compendiosè per venerabilem virum magiſtrum Walterum Burley, compilatus : incipit feliciter. (*Coloniæ, per Olricum Zel de Hanau*), *circa* 1470. in 4. goth. m. r.

Edition exécutée avec les caracteres de Zel de Hanau, fans chiffres, réclames & fignatures, à longues lignes au nombre de 27 fur les pages qui font entieres.

Ce Volume commence par l'intitulé ci-deſſus, & finit par cette foufcription :

Liber de vita et moribus philofophor Definit feliciter.

On trouve à la fuite 14 feuillets de table.

5589 Perpulcher Tractatus collectus per venerabilem Walterum Burley Anglicum de Vita Philofophorum. *Coloniæ, per Arnoldum Ther Hoernen,* 1472. in 4. goth. m. r.

Premiere Edition avec date.

5590 Liber de Vita & moribus Philofophorum, per Walterum Burley. *Coloniæ, Conradus de Homborch, circa* 1475. in 4. goth. m. r.

Ce Volume commence par la table, qui occupe 14 feuillets. Le texte suit, & à la fin il y a cette souscription :

Liber de vita et moribus phorum impreſſ9 per me Conradū de homborch. Admiſſus aūt ac approbatus ab alma vniuerſitate Colonienſi deſinit feliciter.

5591 Libellus de Vita & moribus Philoſophorum & Poetarum, authore Waltero Burley. *Nurembergæ, Coburgers*, 1477. in fol. goth. v. f.

CE VOLUME commence par six feuillets qui contiennent la table des matieres & celle des Philoſophes. Le texte suit, & à la fin il y a cette souscription :

Anno domini Milleſimo quadringenteſimo ſeptuageſimo ſeptimo, pridie nonas Maij : opuſculum (phorum vita) inſigne ob legentium profectum editum. antonij Coburgers ciuis inclite Nurnbergenſium vrbis induſtria fabrefactum fideliterq3 impreſſu3 finit feliciter.

5592 Imagines Deorum & Heroum cum illorum vita. in 4. m. r.

MANUSCRIT sur vélin du *XVI siecle*, contenant 73 feuillets, il eſt écrit en *curſive romaine*, à longues lignes & il eſt enrichi de 72 portraits peints en miniatures qui paroiſſent avoir été faits pour la plupart, d'après d'anciens monuments.

Ils repréſentent : Cerès, Diane, Apollon, Mercure, Neptune, Janus, Bacchus, Paſiphaé, Hercules, Déjanire, Helene, Romulus, Numa, Arion, Horatius Coclès, Marcus-Brutus, Denys le Tyran, Philippe de Macédoine, Démoſthenes, Alexandre le Grand, Pirrhus, Agathocles, Hyeron, Hannibal, Scipion, Caius-Caſſius, Scylla, Ptholomée, Pompée, Julius-Céſar, Caton, Cicéron, Marc-Antoine, Virgile, Tulius-Tiro, Tibere, Néron, Veſpaſie, Titus,

HISTOIRE. 367

Domitia, Nervia, Trajan, Philippe-Empereur, Detius, Dioclitia, Maxence, Constantin, Justinien, Petrarque, Boccace, Mahomet, Ferdinand I. Roi de Naples, Pie III, Mathias I Roi de Hongrie, Charles le Téméraire Duc de Bourgogne, un Portrait sans nom & sans discours, Pan, Europe, le Centaure Nessus, l'Empereur Gordien, Helene mere de Constantin, Jean Nicephore, Frédéric Barberousse, Alfonse V. Roi d'Arragon, Philippe Marie Visconti Duc de Milan, Pisani, Peintre, François Sforce, Maximilien Empereur Romain, Louis XII. Anne de Bretagne, Adrien VI Pape, le Sultan Soliman II.

5593 Effigies XXIV Romanorum Imperatorum, qui à Julio Cæsare extiterunt. in fol. rel. en carton.

5594 Illustrium Virorum ut extant in urbe expressi vultus. *Romæ, Antonius Lafreri*, 1569. in fol. rel. en cart.

5595 Imagines & Elogia Virorum illustrium & eruditorum, ex antiquis lapidibus & numismatibus expressa, cum annotationibus, ex Bibliotheca Fulvi Ursini. *Romæ, Ant. Lafreri*, 1570. in fol. rel. en cart.

5596 Illustrium Imagines ex antiquis marmoribus, numismatibus & gemmis expressæ quæ extant Romæ, major pars apud Fulvium Ursinum. Theodorus Gallæus delineabat & incidebat. *Antverpiæ, ex Officina Plantiniana*, 1588. in 4. v. m.

5597 Iconographia cioe Disegni d'Imagini de famofiffimi Monarchi, Regi, Filofofi, Poeti ed Oratori dell' antichita, cavati da Giovan Angelo Canini : da fragmenti de Marmi antichi &c. data in luce con aggiunta di alcune annotationi, da Marc Antonio Canini. *In Roma, Lazari*, 1669. in fol. v. f.

5598 Images des Héros & des grands Hommes de l'antiquité, deffinées fur des médailles, des pierres antiques, & autres anciens monumens, par Jean Ange Canini, gravées par Picart le Romain. *Amsterdam, B. Picart,* 1731. in 4. Gr. Pap. v. f.

Vies des Illuftres modernes.

5599 Joahannis Bocacii de Cercaldis Hiftoriographi de cafibus Virorum illuftrium Libri IX. & Compendium de Præclaris Mulieribus. in fol. goth. m. bl.

EDITION exécutée vers l'an 1473, fans chiffres, réclames & fignatures, à longues lignes au nombre de 35 fur les pages qui font entieres.

Le Volume commence par le prologue. Le premier traité finit ainfi :

Finit liber Nonus et vltimus Iohannis Boccacij de certaldo. de cafibus virorum illuftrium.

On trouve enfuite 3 feuillets de table qui font fuivis du fecond traité, lequel finit par cette foufcription :

Explicit compendiũ Iohãnis Boccacij de Certaldo. quod de preclaris mulieribus ac famã ppetuam edidit feliciter.

5600

5600 Joannis Boccaccii de Certaldo Opus de Præclaris mulieribus. in fol. goth. m. r.

Exemplaire de l'Edition précédente, contenant les Femmes illustres seulement; il est remarquable par une date qu'il porte à la fin, & qui y a été imprimée récemment. On y lit: *MCCCCLXX*. & on a collé derriere le feuillet une bande de papier pour qu'on ne s'apperçoive pas de la foulure que l'impression de ces chiffres a occasionnée.

5601 Le Livre de Jehan Boccace des Cas des nobles Hommes & Femmes. in fol. m. r.

Très-beau Manuscrit sur vélin du milieu du *XV siecle*, contenant 322 feuillets écrits en *ancienne bâtarde*, sur 2 colonnes, avec les sommaires des chapitres en rouge, & les lettres *tourneures* peintes en couleurs, rehaussées d'or. Il est enrichi de 84 superbes miniatures dont 9 portent 7 pouces de largeur sur près de 7 pouces de hauteur, & 75 environ 3 pouces en quarré.

Il y a sur le premier feuillet le titre suivant écrit en 1712 de la main du célebre *L. Gilbert*.

Les Illustres Malheureux de Boccace Traduit du Latin en François en 1409.

On trouve ensuite avant le corps de l'ouvrage le prologue du Traducteur, celui de l'Auteur, & la table des chapitres du premier livre.

Le prologue de l'Auteur qui ne se trouve imprimé que dans l'édition de 1483, porte ce sommaire écrit en rouge.

Cest la trāstacion du p̄logue jeh Bocace ou liure des cas des nobl' hommes et fēmes commencāt en latī Exq̄rēti Et enuoie son liure a vng sien compere chlr .nomme mess̄e maguart des cheuauchās de florence Seneschal de cicille aifi.cō ⁊' appt p̄ vne epr̄e fur ce fce p le dit bocace en laquelle il blafme et reprēt toy les pnces.

Ce MS. eft terminé par cette foufcription:

Cy fine le Liure de Jehan Boccace des cas des maleureux nobles hommes et femmes tranflate de latin en francois Par moy laurens de p̄mier fait clerc du diocefe de troyes. Et fut cōpile cefte tranflacōn le xve iour dauril. Mil CCCC et neuf. Ceft affauoir le lundj apres pafques.

L'Ouvrage de Boccace contenu dans ce MS. commence par un fonge. Cet Auteur feint qu'il s'endort en méditant fur les caprices de la fortune, & fur l'origine des malheurs des hommes qui ne fe les attirent que par leurs propres fautes. Il voit venir à lui une foule de malheureux de tous les temps, décorés de noms célèbres, qui lui racontent leurs infortunes; il commence par Adam & paffant en revue les perfonnages les plus illuftres, il s'arrête à *Philippine*, plus connue fous le nom de *la Catanoife*, qui gouverna defpotiquement *Jeanne Premiere*, Reine de Naples, & qui finit fes jours dans les fupplices qu'elle s'étoit preparés.

Laurent de Premierfait dédia la traduction de ce livre à Jean, Duc de Berri, fils de Jean, Roi de France, Prince fort curieux en livres, dont il étoit Secrétaire; il l'accompagna d'une épître qui eft omife dans ce MS. & dans prefque tous ceux que l'on connoît.

Il exifte une traduction abrégée de ce livre de *Boccace*, qui a été faite par un anonyme après le milieu du XV fiecle.

5602 Le Livre de Jehan Boccace, des cas des Nobles hommes & femmes. in fol. m. bl.

Superbe Manuscrit fur vélin, exécuté après le milieu du *XV fiecle*, contenant 338 feuillets écrits en *ancienne bâtarde*, fur 2 colonnes. Les fommaires en font en

HISTOIRE. 371

rouge, & les *tourneures* en sont élégamment peintes en or & en couleurs Il est enrichi d'un grand nombre de miniatures magnifiques, qui ornent la premiere page de chaque livre, & qui représentent la fin tragique & les supplices variés des Illustres Malheureux dont il y fait mention.

Le premier livre en a 26; le second 15; le troisieme 13; les quatrieme, cinquieme & sixieme, chacun 16; le septieme 7; le huitieme 17, & le neuvieme 23, faisant en tout 149 miniatures de différentes grandeurs.

On trouve à la fin de ce Superbe Manuscrit la souscription que nous avons rapportée ci-dessus; elle est suivie de cette note :

Ce liure apartient a Jaques Dauailles chlr Seigneur Duplaisis Cappitaine De tisy et Damplepuis Bailly por monseigneur De Lineres au païs Bas et hault De Beaujoloys ainsy que les terres Dudit Seigner sestandent et comportēt.

On lit après cela une rélation des obseques, qui furent faits pour *Philbert de Beaujeu*, Seigneur de Linieres, d'Amplepuis, &c. mort le 10 Février 1540.

5603 Les Livres de Jehan Boccace de Certaldo des Cas des nobles hommes & femmes infortunés, translatés de latin en françois, par Maître Laurens de Premierfait. *Paris, Jehan Dupré,* 1483, *le XXVI jour de Février.* in fol. fig. goth. m. r.

5604 Boccace des Nobles malheureux, translaté de latin en françois. (Par Laurent de Premierfait). *Paris, Ant. Verard.* in fol. goth. v. f.

5605 Boccace des Nobles malheureux, translaté

de latin en françois (par Laurent de Premierfait) *Paris, Ant. Verard*, 1494. in fol. m. r. l. r. à compartimens.

5606 Le Livre de Jean Boccace, des Nobles malheureux, traduit du latin en françois. (par Laurent de Premierfait.) *Paris, pour Antoine Verard, le 4e jour de Novembre* 1494. in fol. m. r.

Superbe Exemplaire imprimé sur vélin, avec 10 Miniatures.

5607 Le Livre de Jehan Boccace de Certaldo, de la ruine des Nobles hommes & femmes. traduit du latin en françois. *Bruges, Colard Manſion*, 1476. in fol. goth. m. r.

Premiere Edition.

5608 Traité des Meſadventures de perſonnages ſignalés. traduit du latin de Jean Boccace, par Cl. Witart. *Petis, Nicolas Eve*, 1578. in 8. m. viol.

5609 Liber Johannis Boccacii de Certaldo de Mûlieribus Claris. *Ulmæ, Joannes Zainer de Reutlingen*, 1473. in fol. goth. fig. m. r.

Premiere Edition.

Ce Volume commence par deux feuillets qui contiennent la table des Chapitres. Le Texte ſuit, & à la fin il y a cette ſouſcription :

Liber Johãnis boccacij de certaldo de ml'ribus claris, ſũma cum diligentia amplius solito correctus , ac per Johānem cƶeiner de Reutlingen , vlme impreſſus finit feliciter. Anno dn̄i M° cccc° lxxiij.

Tous les feuillets ſont numérotés au recto dans le haut de la page, depuis I juſqu'à CXVI. à l'exception des deux feuillets de table.

Cette Edition eſt ornée de figures en bois, dont quelques-unes ſont fort ſingulieres. On y trouve au verſo du feuillet CVII. la figure de la Papeſſe Jeanne qui accouche au milieu d'une Proceſſion ; elle eſt entourée des Cardinaux qui paroiſ-ſent très étonnés.

5610 Le livre de Jean Boccace, de la Louange & Vertu des Nobles & Cleres Dames, tranſlaté de latin en françois. *Paris, Anthoine Verard, le XXVIII d'Avril,* 1493. in fol. fig. goth. v. m.

5611 Le Plaiſant Livre de Jean Boccace, auquel il traite des faits & geſtes des Illuſtres & Cleres Dames, traduit de latin en françois. *Paris, Jehan André,* 1538. in 8. goth. v. f. doublé de tabis.

5612 Opera di Meſſer Giovanni Boccaccio de Mulieribus Claris. Italicè. (da Vincenzo Bagli) *In Venetia, per Zuanne de Trino,* 1506. *adi VI de Marƶo.* in 4. fig. m. bl.

5613 Le Temple de Jehan Boccace, de la ruine d'anciens Nobles malheureux, fait par George Caſtellain ſon imitateur. L'inſtruction du jeune Prince. Le Chapelet des Princes en cinquante Rondeaux, & cinq Ballades, par le Traverſeur des voies périlleuses, (Jehan Bouchet.) L'Epître de la Royne Marie à son frere Henry, Roi d'Angleterre, composée par le même. *Paris, Galliot du Pré*, 1517. in fol. goth. v. m.

5614 De Tribus Impostoribus. *Anno M. D. IIC.* in 8. m. r.

CE VOLUME commence par le titre ci-dessus qui est imprimé au milieu du feuillet. Le texte suit; il commence à la page premiere par ces mots :

Deum esse, eum colendum esse, multi disputant, &c.

Il finit ainsi au verso de la page 46.

Testimonia eorum, qui extra Ecclesiam Judaicam vel Christianam sunt.

TANTVM:

Ce rare Volume a été acheté par M. le Duc de la Valliere 300 liv.

Voyez une note très curieuse de M. Crevenna, au sujet de cet Ouvrage, dans le Catalogue qu'il a donné des livres de sa riche Bibliotheque.

5615 Les trois Imposteurs, traduit de l'Anglois, par M. le Comte de Boulainvilliers. in 4. v. f. d. f. tr.

MANUSCRIT sur papier du *XVIII siecle*, contenant 119 feuillets.

5616 L'Europe illustre, contenant l'Histoire abrégée des Souverains, des Princes, des Prélats, &c. dans le XV siecle compris, jusqu'à présent,

HISTOIRE. 375

par M. Dreux du Radier, ouvrage enrichi de portraits gravés par les soins du sieur Odieuvre. *Paris, Odieuvre*, 1755. 6 vol. in 4. v. m.

5617 Monumenta illustrium virorum & elogia. cura ac studio Marci Zuerii Boxhornii. *Amstelodami, Joannes Janssonius*, 1638. in fol. v. f. figures.

5618 Les Hommes illustres qui ont paru en France pendant ce siecle : avec leurs portraits au naturel, par Charles Perrault. *Paris, Antoine Dezallier*, 1696. in fol. m. r.

Belles Epreuves, avec les portraits de Messieurs Arnauld & Pascal.

5619 Iconographie ou Vies des Hommes illustres du XVII siecle, écrites par M. V. avec les portraits peints par le fameux Antoine Van Dyck. *Amsterdam, Arkstée & Merkus*, 1759. 2 vol. in fol. m. r.

5620 Serie di ritratti d'Uomini illustri Toscani con gli Elogi istorici dei medesimi. *Firenze, Giuseppe Allegrini*, 1766. 3 vol. in fol. G. P. m. r.

5621 Fuggerorum & Fuggerarum quæ in familia natæ, quæve in familiam transierunt quot extant expressæ imagines. *Augusta Vindelicorum, Andreas Aperger* MDCXIIX. in fol. v. f.

5622 Recueil de soixante portraits dessinés par

HISTOIRE.

Fuefsli, & gravés en maniere noire par S. Walch, ils repréfentent les Confuls de la République de Zurich, depuis l'année 1336 — 1742 ; avec un abrégé de leurs vies, en Allemand. *Kempten*, 1756. in fol. v. f.

5623 Mémoires pour la vie du Cardinal de Bouillon — fur Mde de Guercheville. — Circonftances particulieres, dont l'enchaînement fit que le Marquis d'Arquin, pere de la Reine de Pologne, ne put obtenir d'être fait Duc. in 4. v. b.

MANUSCRIT fur papier, contenant 118 feuillets. Il paroît être du *XVII fiecle*.

5624 Vita di M. Giannozo Manetti Cavaliere ftrenuo & clariffimo cittadino Fiorentino — Oratione di Mef. Giannozo Manetti al S. Sigifmondo Pandolpho de Malatefti, quando i Fiorentini a Vada li detono il baftone. in 4. rel. en cart. d. f. tr. dos de veau.

SUPERBE MANUSCRIT fur vélin, exécuté en Italie dans le commencement du *XVI fiecle*, contenant 149 feuillets écrits en *lettres rondes*, à longues lignes. Le titre eft au milieu d'un cartouche peint en miniature, & le fecond feuillet eft enrichi d'une très belle bordure. On y voit le portrait de *Manetti*, fes armes, fa devife, &c. exécutés avec beaucoup de goût & de délicateffe.

Le volume commence par une épître dédicatoire d'*Alexander Verazzus*, à *Janoctius Manetti*, petit-fils de celui dont il lui préfente la vie. Il y déclare qu'il en ignore l'Auteur, & qu'ayan que l'ayant trouvée, même dans le MS. original, si obscurcie de fautes, il a tâché de la lui présenter sous une forme plus digne de lui & de son aïeul. Le volume est terminé par un Catalogue des Ouvrages composés par *Manetti*, beaucoup plus complet que celui qui se trouve à la fin d'une autre vie de cet Auteur composée en latin par *Naldus Naldius* & publiée par *Muratori*, dans le tom. 20 de la collection des Historiens d'Italie.

Alexander Verazzus est non seulement le Correcteur de cette vie de *Manetti*; mais encore l'Ecrivain de notre MS. C'est ce que prouvent ces mots qu'on y lit.

Idem Alexander Vaz9 escripsit MDVI.

Jannot ou *Jannotius Manetti*, natif de Florence, & disciple d'*Emanuel Chrisoloras*, mourut à Naples l'an 1459, après avoir exercé des emplois importans dans sa ville.

Vies des Hommes Illustres dans les Sciences & dans les Arts.

5625 Les vrais Pourtraits des Hommes illustres en piété & doctrine, avec les descriptions de leur vie & de leurs faits plus mémorables. trad. du latin de Théodore de Beze. (par Simon Goulart). *Geneve, Jean de Laon*, 1581. in 4. m. r.

5626 Illustrium Jureconsultorum imagines quæ inveniri potuerunt ad vivam effigiem expressæ, ex musæo Marci Mantuæ Benavidii. *Romæ, Ant. Lafrerii* 1566. in fol. rel. en car.

5627 Veterum aliquot ac recentium Medicorum

Philosophorumque icones; ex Bibliotheca Joannis Sambuci; cum ejusdem ad singulas elogiis. *Amsterodami, Guilielmus Janssonius,* 1612. in fol. v. f.

5628 Les Vies des plus célébres & anciens Poetes Provensaux, qui ont floury du temps des Comtes de Provence. Par Jean de Nostredame. *Lyon, Alexandre Marsilii,* 1575. in 8. m. verd.

5629 Bibliotheca, sive thesaurus virtutis & gloriæ: in quo continentur illustrium eruditione & doctrina virorum effigies & vitæ, summa diligentia accuratè descriptæ per Janum Jacobum Boissardum. cum figuris Joannis Theod. de Bry. *Francoforti, Guillelmus Fitzerus,* 1628. 2 vol. in 4. v. f.

5630 Icones principum, virorum doctorum, pictorum, calchographorum, statuariorum necnon amatorum pictoriæ artis numero centum, ab Antonio Van Dyck pictore ad vivum expressæ ejusque sumptibus æri incisæ. *Antverpiæ, Gillis Hendricx.* in fol. m. bl.

5631 Vita di Dante Alighieri poeta fiorentino, composta per Messer Giovanni Boccaccio. *In Roma, Francesco Priscianese,* 1544. in 8. m. r.

5632 Della vita del servo di dio P. F. Hieronimo Savonarola dell' ordine de predicatori 3 libri, scritta e raccolta (l'anno 1593) da vari autori per il molto R. P. M. fra. Serafino Razzi theo-

HISTOIRE. 379

logo Dominicano e professo del conuento di S. Marco di Firenze. in fol. rel. en cart.

MANUSCRIT sur papier de la fin du *XVI siecle*, contenant 187 feuillets.

5633 Histoire des vies & faits de quatre excellens personnages, premiers restaurateurs de l'Evangile, à sçavoir, de Martin Luther, par Philippe Melanchthon; de Jean Ecolampade, par Wolfgang Faber Capito, & Simon Grinée; de Huldrich Zuingle, par Osualdus Myconius. trad. de latin en françois. de Jehan Calvin, par Theodore de Beze. avec son testament, & le Catalogue de ses livres & écrits. *Orléans*, 1564. in 8. m. r.

Il y a une imperfection dans la vie de *Zuingle*, depuis la pag. 96 jusqu'à la fin.

5634 De Philippi Melanchthonis ortu, totius vitæ curriculo & morte, narratio diligens & accurata Joachimi Camerarii. *Lipsiæ, Ernestus Vœgelin*, 1566. in 8. m. r.

5635 Historia Michaelis Serveti. Auctore Henrico ab Allwoerden. *Helmestadii*, 1727. in 4. m. cit.

5636 Vie de M. Quinault de l'Académie françoise, avec l'origine des Opéra en France. Par Boscheron. in fol. rel. en cart.

MANUSCRIT sur papier lisiblement écrit, contenant 48 feuillets.

380 HISTOIRE.

On lit sur le feuillet du titre :

Les mêmes raisons qui en ont empêché l'impression le 13 Septembre 1722, l'empêchent encore le 24 Octobre 1723.

5637 Histoire abrégée de la vie & des Ouvrages de M. Arnauld. *Cologne*, 1695. in 8. m. r. dent.

5638 Historia Typographorum aliquot Parisiensium vitas & libros complectens. Authore Michaele Maittaire. *Londini, Christ. Bateman*, 1717. in 8. G. P. m. verd.

5639 Stephanorum historia, vitas ipsorum ac libros complectens. Authore Michaele Maittaire. *Londini, Christ. Bateman*, 1709. in 8. v. f.

5640 Le Vite de piu eccellenti pittori, scultori, & architettori, scritte, & di nuovo ampliate da M. Giorgio Vasari. *In Fiorenza, i Giunti*, 1568. 3 vol. in 4. fig. m. viol.

5641 Vita di Michel Agnolo Buonarroti raccolta per Ascanio Condivi de la Ripa Transone. *In Roma, Ant. Blado*, 1553. in 4. v. f.

Extraits Historiques.

5642 Æliani variæ historiæ. ex Heraclide de rebus publicis commentarium. Polemonis Physionomia. Adamantii Physionomia. Melampodis ex palpitationibus divinatio. de Nevis. græcè. *Romæ*, 1545. in 4. v. f.

5643 Valerii Maximi de Dictis Factisque memorabilibus veterum libri IX. *Moguntiæ, per Petrum Schoyffer de Gernshem*, 1471. in fol. goth. m. bl.

SUPERBE EXEMPLAIRE IMPRIMÉ SUR VÉLIN.

5644 Valerii Maximi dictorum factorumque memorabilium libri IX. *Venetiis, per Vindelinum de Spira*, 1471. in fol. m. bl. l. r. doub. de m. citroñ dent.

SUPERBE EXEMPLAIRE de M. le Comte d'Hoym.

5645 Valerii Maximi dictorum factorumque memorabilium libri IX. *Venetiis, per Johannem de Colonia ac Johannem Manthen de Gherretshem, anno 1474.* in 4. m. r.

CE VOLUME qui commence par une table de deux feuillets, a des signatures depuis a — s. A la fin il y a cette souscription :

Extat hic Finis Valerii maximi peroptime emendati : q̃ cura diligentiaq; puisione Impressoribus Venetiis expositus fuit per Johãnem de Colonia agripinensi ac Iohannẽ Mãthen de Gherretshem : q̃. una fideliter uiuentes eosdẽ ĩpressores ad hoc duxerũt. .M. CCCC. LXXIIII.

5646 Valerii Maximi dictorum factorumque memorabilium libri IX. accedit decimi libri Caii Titi Probi de prenomine Epithoma. & tabula super Valerium de propriis nominibus. *Parisius*,

(*Petrus Cæsaris & Joannes Stol.*) 1475. in fol. v. m.

Ce Volume commence par le texte, & à la fin de la table il y a cette souscription :

Presens Valerii maximi opus preclariſſimum ! in nobiliſſima Pariſius Anno domini M. CCCC. Lxx.V. Feliciter eſt impreſſum ;

On ne trouve pas dans la souscription le nom de l'Imprimeur ; mais il eſt aiſé de voir, par la forme des caractères, que cette Edition eſt de Pierre Cæsaris.

5647 Valerius Maximus. *Pariſiis*, (*Petrus Cæsaris*,) 1475. in fol. m. r.

Autre Exemplaire.

5648 Valerii Maximi Opera. *Bononiæ, ad petitionem Sigiſmundi de Libris*, 1476. in fol. m. cit.

Cet Exemplaire eſt rempli de notes marginales & interlinéaires.

A la fin en lettres capitales :

Explicit liber valerii maximi. impreſſum bononiae ad petitionem Sigiſmundi de Libris anno domini. .M. CCCC. LXXVI. die. XX IIII. Menſis decembris. .Laus deo Amen.

Suit un feuillet de regiſtre.

Les caractères de cette Edition font ceux d'un Valerius Flaccus, imprimé par Ugo de Rugeriis en 1474.

5649 Valerius Maximus. *Mediolani, arte & im-*

penfis Philippi Lavagniæ, 1478. in fol. m. r.

Il y a au commencement 2 feuillets de table, & à la fin cette fouscription:

Hoc opus impreſſum eſt Mediolani arte & impēſis Philippi Lauagniæ anno domini M. cccc°. Lxxviii. fecondo nonas Februarii.

A la fuite font 13 vers latins qui portent pour fommaire: *Auctor ad librum fuum.*

5650 Valerii Maximi dictorum factorumque memorabilium libri IX. *Venetiis*, 1480. in fol. v. m.

5651 Valerii Maximi Dictorum factorumque memorabilium libri IX. *Venetiis*, 1480. in fol. v. f.

5652 Valerii Maximi exemplorum memorabilium libri novem, interpretatione & notis illuſtravit Petrus Jofephus Cantel in ufum Delphini. *Parifiis, Vidua Claudii Thibouſt*, 1679. in 4. v. b.

5653 Valerii Maximi libri IX. factorum dictorumque memorabilium: cum notis variorum, ex recenfione Abrahami Torrenii. *Leidæ, Samuel Luchtmans*, 1726, 2 vol. in 4. G. P. v. f.

5654 Valere Maxime. 2 vol. in fol. m. r.

BEAU MANUSCRIT fur vélin exécuté avant le milieu du XV fiecle, écrit en *ancienne bâtarde*, fur 2 colonnes; il eſt enrichi de grandes tourneures peintes en or & en couleurs, & de très belles miniatures au nombre de 22 dans le premier volume qui contient 193 feuillets, & de 32 dans le second volume, qui est composé de 263 feuillets. Ces miniatures ont presque toutes 3 pouces de hauteur sur 2 pouces & demi de largeur, à l'exception de celle qui décore le second feuillet du premier volume; elle est partagée en 4 tableaux, & porte plus de 5 pouces de hauteur sur environ 7 pouces de largeur.

La bordure dont ce feuillet est entouré représente quelques Ménétriers du XV siecle. Les instrumens qu'ils tiennent sont un violon à 3 cordes, un orgue portatif, un psaltérion, une sorte de *guitare*, une harpe à 10 cordes.

Simon de Hesdin Frere-Servant de l'Ordre de S. Jean de Jérusalem, & Docteur en Théologie, traduisit par ordre de Charles V. les six premiers livres de *Valere-Maxime*, contenus dans ce MS. jusqu'au quatrieme chapitre du 7e livre. Il acheva le premier livre suivant notre MS. en 1373 & selon d'autres en 1380; mais ayant laissé sa traduction imparfaite, on y apprend que *Nicolas de Gonesse* Maître-ez-Arts & en Théologie, la continua & la parfit en 1401.

Jacques Coureau, Trésorier de Jean, Duc de Berry, l'avoit chargé de cette continuation de la part de ce Prince.

5655 Valere le Grand, translaté de latin en françois, par Maître Symon de Hesdin, & terminé par Nicolas de Gonesse. *Lyon, Mathieu Husz*, 1489. in fol. v. b.

5656 Valerius Maximus, translaté de latin en françois, par Maître Simon de Hesdin, & Nicolas de Gonesse. 2 vol. in fol. goth. m. r.

EDITION exécutée vers 1476, sans chiffres, réclames & signatures, sur 2 colonnes, dont celles qui sont entieres

ont

HISTOIRE.

ont 44 lignes. On trouve au commencement du premier Volume une table de 18 feuillets, & au second une autre de 14 feuillets. On voit sur le premier feuillet de cet Exemplaire des armes, qui sont fascées de gueules & d'argent de dix pieces, & acolées de deux Guimbardes.

5657 Les quatre premiers Livres de Valere le Grand, translatés de latin en françois, (par Simon de Hesdin.) Tome I. in fol. m. r.

IMPRIMÉ SUR VÉLIN, avec 4 miniatures, bordures, & lettres initiales peintes en or & en couleurs.

Le premier feuillet du texte est décoré des armes de Claude d'Urfé.

5658 Dictionnaire Historique & Critique, par M. Pierre Bayle. *Rotterdam, Michel Bohm*, 1720, 4. vol. in fol. G. P. m. r.

5659 Œuvres diverses de M. Pierre Bayle. *La Haye, Pierre Husson*, 1727. 4 vol. in fol. G. P. m. r. l. r.

5660 Recueil d'aucuns cas merveilleux advenus de nos ans, & d'aucunes choses étranges & monstrueuses advenues ez siecles passés, par Jean de Marconville. *Paris, Jean Dallier*, 1563. in 8. m. r. dent.

5661 Histoires prodigieuses extraites de plusieurs fameux Auteurs grecs & latins, sacrés & prophanes : mises en notre langue, par Pierre

Tome III.　　　　　　　　　Ccc

Boaistuau, surnommé Launay, augmentées par Fr. de Belle-Forest. *Paris, Charles Macé*, 1576. in 8. fig. m. r.

5662 Histoires prodigieuses extraites de plusieurs fameux Auteurs, Grecs & Latins, Sacrés & Prophanes, divisés en 6 tomes; le premier par P. Boaistuau; le 2 par C. de Tesserant; le 3 par Franc. de Belleforest; le 4 par Rod. Hoyer; le 5 traduit du latin de M. Arnauld Sorbin, par Fr. de Belleforest; & le 6 recueilli par I. D. M. (Jean de Marconville) de divers Auteurs anciens & modernes. *Paris, veuve de Guil. Cavellat*, 1598. 6 tom. rel. en 3. vol. in 16. fig. v. f.

5663 Histoires tragiques, extraites des Œuvres Italiennes de Bandel, & mises en langue françoise: les six premiers par Pierre Boaistuau, surnommé Launay; & les suivantes, par François de Belleforest. *Paris, Jean de Bordeaux*, 1580. 7 tomes reliés en 21 vol. in 16. m. bl.

5664 Epitomes de cent Histoires tragiques, partie extraite des Actes des Romains & autres, de l'invention de l'Auteur, ensemble quelques Poemes, par Alexandre Sylvain. *Paris, Nicolas Bonfons*, 1581. in 8. m. r.

5665 Histoire pitoyable des Parricides commis par Jacques Gentet & sa femme, envers leurs peres, meres & sœurs, en la ville de Blaye, par J. Prevost, Sieur de Gontier. *Paris, Nic.*

Rousset, 1610. ⸺ Notable Discours étrangement arrivé en la ville de Pellepontce, pays de Vivarais, le 8 Janvier 1611, de deux enfants ayant malheureusement meurtri & assassiné leur pere. *Paris*, 1611. ⸺ Discours merveillable d'un Demon amoureux, lequel a poussé une jeune Demoiselle à brûler une riche Abbaye, & couper la gorge à sa propre mere. *Rouen*, *Abraham Cousturier*, 1605. in 8. v. éc.

Livres oubliés.

5666 Prisciani opera, scilicet : de arte grammatica lib. XVI. liber Prisciani minoris : Priscianus grammaticus de præexercitamentis rhetoricæ, ex Hermogene translatis. interpretatio ex Dionysio de situ orbis. latinè. in fol. m. r.

ÉDITION à longues lignes au nombre de 40 sur les pages qui sont entieres, sans chiffres, réclames & signatures. Elle commence ainsi en lettres capitales :

Iuliano Consuli ac Patricio priscianus salutem.

On trouve à la fin un feuillet séparé qui contient le registre.

Le Rédacteur du Catalogue de la Bibliotheque de Smith, & l'Auteur de la Bibliographie, fixent cette Edition à l'an 1470, & assurent qu'elle est sortie des presses de Vindelin de Spire. Ayant comparé ses caracteres avec ceux de plusieurs livres imprimés par cet Artiste, nous n'y avons trouvé que de très grands rapports, sans une parfaite ressemblance.

5667 Sententiarum variationes & synonyma, authore Stephano Flisco. 1484. in 4. goth. v. f.

On lit à la fin :

℃ *Finis hic Stephanus fliscus de Sontino vir desertus, et mira eloquij dignitate fulgens foeliciter. Anno .Mccclxxxiiij.*

Cette souscription est suivie des écussons de l'Imprimeur. Les caracteres de cette Edition sont de deux grandeurs ; les uns & les autres sont les mêmes que Wenzler a employés dans son Edition latine de la Cité de Dieu de S. Augustin de 1479 ; mais les écussons sont différents de ceux qui se trouvent à la fin de cette Edition.

5668 Elucidarius carminum & historiarum. vel vocabularius poeticus. continens fabulas, historias, provincias, urbes, insulas, fluvios & montes illustres, editus per Torrentinum. *Parisiis, Robertus Gourmont, pro Dionysio Roce.* in 4. goth. m. r.

FIN.

TABLE
DES NOMS
DES AUTEURS, GRAVEURS,
PEINTRES, ÉCRIVAINS, &c.
ET
DES TITRES DE LEURS OUVRAGES.

A

Petr. DE ABANO.

Conciliator differentiarum Philofophorum. *Venetiis, Gab. de Tarvifio*, 1476.] 1723.

Jac. ABBADIE.

Traité de la Vérité de la Réligion Chrétienne. 810.

Nic. ABBATI, Pittore.

Le Pitture. 1911.

Giov. Franc. ABELA.

Defcrittione di Malta. 5001.

D'ABLANCOURT.

Suite du Neptune François. 4502.

A B

Perrot d'Ablancourt. *Voyez* Perrot.

Le Rabin Abognazar.

Clavicules de Salomon, MS. 1402.

Jean d'Abondance.

Moralité, Myſtere & Figure de la Paſſion de N. S. J. C. 3386.
Le joyeux Myſtere des trois Rois. MS. 3387.
Farce de la Cornette. MS. 3388.

Abraham Ecchellenſis.

Chronicon orientale. 4957 ^{20}.

Abraham, Judæus Tortuoſienſis.

Liber Serapionis. *Mediolani, Ant. Zarotus,* 1473.] 1695.

Abulmasar.

Flores. *Auguſtæ Vindelic. Erhard. Ratdolt,* 1488.] 1807.
De magnis conjonctionibus. 1808.

Accademici della Cruſca.

Vocabolario. 2221.

Donato Acciaioli.

Hiſt. del populo Fiorentino di Lion. Aretino. *In Venegia Jac. de Roſſi,* 1476.] 4987.
Duæ vitæ Illuſt. virorum. 5567.
La vie d'Annibal, trad. par Sim. Bougouinc. MS. 5580.

Bern. Accolti Aretino.

Capitoli & Strambotti. 3754, 3755.
Virginia, comedia. 3754, 3755.

Franc. Accolti d'Arezzo.

Homeliæ S. Chryſoſtomi, lat. *Roma, in S. Euſebii Monaſ-
terio,* 1470.] 398.
Phalaridis Epiſtolæ MS. 4424 ^{1}. 4425 ^{1}.
——— (*Pariſiis, Mich Friburger, &c.*) circa 1471.] 4426.
——— (*Roma, Ulr. Han.*) circa 1469.] 4427.
——— Editio anni 1473.] 4428.
——— Editio edit. circa 1474.] 4429.
Diogenis Epiſtolæ. MS. 4425 ^{4}.

Versus ad Pium II. Papam. MS. 4425 [4].

Bonus Accursius, Pisanus.

Codex Justiniani. *Nuremberga, And. Frisner,* 1475.] 1160.
Crastoni lexicon. (*Mediolani,*) *circa* 1478.] 2170.
Præfatio & correctiones in Ovidium. 2482, 2483, 2484.
Æsopi vita & Fabulæ. 5823.
Dialogus de Nobilitate. (*Colonia, Veldener,*) 1473.] 4405 [9].
Historiæ Augustæ Scriptores. *Mediolani, Phil. de Lavagnia,* 1475.] 4935.

D. *Lucas* d'Achery.

Spicilegium, sive collectio aliquot Scriptorum. 370.

Giovanne Philotheo Achillino.

Collettanee, grece, latine e vulgari. 3542.

Jac. Acontus, Trident.

Stratagemata Satanæ. 900.
Les ruses de Satan, trad. 901.

Christoval Acosta.

Tractado de las drogas. 1661.

Joseph de Acosta.

Historia natural de las Indias 1662.

Helenus Acro.

Comment. in Horatium. 2466.

Georg. Acropolita.

Historia Byzantina. 4957 [16].

Don Hernando de Acuna.

El Cavallero determinado (de Olivero de la Marche.) 2865.

Adam.

Histoire universelle de Jacq. de Thou. 4613.

R. Adam.

Ruins of the Palace of the Emperor Diocletian. 5498.

AD

ADAMANTIUS.
Physionomia. 5642.

Ant. DI ADAMO. *V.* AGOST. MAINARDO.

Jos. ADDISSON.
Le Spectateur. 1279.
The Works. 4404.

ADELARDUS, Bathoniensis.
Quæstiones naturales. (*Lovanii, Joan. de Westphalia, circa* 1480.) 1472.

ADENEZ.
Le Roman d'Ogier le Danois, en vers. MS. 2729 [3].
—— en prose. 4043 à 4045.
Le Roman de Cleomades, en vers. MS. 2733 [2]. 2734 [1].
—— en prose. 4130.
Le Roman de Pepin & de Berthe, en vers. MS. 2734 [2].
Le Roman d'Aymeri de Narbonne & de Guillaume au court nez, en vers. MS. 2735.

Guil. ADER.
Lou Gentilhome Gascoun. 3230.

ADRIANUS, Cardinalis S. Chrysogoni.
De Sermone latino. 2195.

ADRIANUS Papa VI.
Regulæ cancellariæ. 1065.

Guil. ADZEMAR, Troubadour.
5 Pieces de Poésie. MS. 2701.

Magister ÆGIDIUS, Monach. Benedict.
Carmina de urinarum Judiciis. 2627.

ÆGIDIUS, Romanus.
In libros Analecticorum Aristotelis. *Patavii, Pet. Mauser,* 1478.] 1220.
Liber de regimine Regum. MS. 1356.

―― *Romæ, Steph. Plannck*, 1482.] 1357.

Ben. Ægius, Spoletinus.

Apollodorus, latinè. 3807.

Ælianus.

De inftruendis aciebus, lat. *Romæ, Eucharius Silber*, 1487.] 2091.
―― *Bononiæ, Plato de Benedictis*. 2092.
Variæ Hiftoriæ. 5642.

Æmilius Probus. *V.* Cornelius Nepos.

Joan. Æmilius. *V. Joan.* de Milis.

Paul. Æmilius.

De rebus geftis Francorum lib. 5024.

Joann. Æneas.

Biblia, Bohemicè. 102.

Æneas Platonicus.

De immortalitate Animorum. 1382.

Æneas Sylvius Piccolomineus, Pius II. Papa.

Dialogus contra Bohemos. (*Coloniæ, Olric. Zel de Hanau circa* 1470.) 841.
Somnium de fortuna. (*editio vetus, circa* 1480.) 1304.
Tractatus ad Ladiflaum. (*Coloniæ, Zel de Hanau, circa* 1470.) 1359.
Tractatus de curialium miferia. 1475.] 1365.
―― *Editio anni* 1485.] 1366.
―― (*Parifiis*,) *Ant. Cayllaut*. 1367.
Oratio de obedientia Frederici III. Imp. 1485.] 1366.
Le Remede d'amour, trad. par des Avenelles. 1500. 2956.
De duobus Amantibus Eurialo & Lucretia opufculum. (*Coloniæ, Olr. Zel de Hanau, circa* 1470.) 3972.
―― *circa* 1476.] 3979.
―― *Anni* 1485.] 1366.
―― Trad. par Antithus. 3980.
Epiftolæ. *Mediolani, Ant. de Zarotis*, 1473.] 4444.
―― *Circa* 1472.] 4445.

—— *Colonia*, *Joan. Koelhoff.* (1478.) 4446 4447.
—— *Lovanii, Joan. de Westphalia*, 1483] 4448.
—— *Mediolani, Zarotus*, 1487.] 4449.

ÆSCHINES.

Orationes. 2236.

ÆSCHYLUS.

Tragœdiæ. 2392—2394.

ÆSOPUS.

Fabulæ, gr. lat. (*Florentiæ*, *Nerlius*, *circa* 1488.) 3823.
—— *Editio altera.* 3824.
Fabule historiate (ab Accio Zucco.) 3828.
Fables, trad. du latin de Laurent Valle, (par Guil. Tardif.) 3833.
Fables, avec fig. de Sadeler. 3827.
Apologus de Cassita apud Gellium. 3824.
Æsopus, cum Commento. *Antverpiæ*, *G. Leeu*, 1488.] 4406.
Æsopus moralisatus, 1492.] 3825.
Figures tirées des Fables d'Esope, (par Raph. du Fresne.) 3826.

Fran. ÆSTIENNE.

Remontrance sur les ornements dissolus. 607.

Thom. L'AFFICHARD.

La Rencontre Imprévue, Coméd. MS. 3465 [6].

AGATHIAS.

Lib. de rebus gestis Imp. Justiniani. 4957 [3].

Mich. AGNOLO. *V. Mich.* Agnolo FLORIO.

Leonardo AGOSTINI.

Le Gemme Antiche figurate. 5519.

Geor. AGRICOLA.

De ortu Subterranæorum. 1477.
De re Metallica. 1482.

Rod. AGRICOLA.
Boetii Opera. 1268.

Henr. Corn. AGRIPPA.
De incertitudine Scientiarum. 1393 — 1397.
De Occulta Philosophia. 1413 — 1415.
La Philosophie Occulte. 1416.
Orationes & Opuscula. 2341.
Declamatio de nobilitate fœminei sexus. 4289.

Petr. D'AILLI. *V. Petr.* DE ALLIACO.

AIMES DE VARENNES. *V.* Aimes de Varennes.

Maître ALAIN, de Lille en Flandres.
Les Paraboles. *Paris, Ant. Verard,* 1492.] 2835.
—— *Paris, Denys Janot.* 2836.

Ant. ALAMANNI.
I Sonetti. 3627, 3628.

Luigi ALAMANNI.
Poesie liriche & Egloghe. MS. 3705.
Opere. 3706.
Gyrone il Cortese. 3707.

Eraſ. ALBERE.
Alcoranus Franciscanorum. 4677.

ALBERI, Disegnatore.
Sei Paisage intagliati per il marchese di Montmirail. 1973.

ALBERTET, Troubadour.
4 Pieces de Poésie. MS. 2701.

Leon-Batt. ALBERTI.
Libri della Pittura. 1868.
De re edificatoria lib. 1046.

Franc. ALBERTINUS.
Opusculum de mirabilibus Romæ. 4955.

Bapt. DE ALBERTIS.

De amore liber. 1471.] 4251.
De amoris remedio opus. 1471.] 4252.
Hecatomphile. 4253. 4254.

Venerabilis Dom. ALBERTUS Magnus.

Super Mathæi Evangelium notula. 202.
Super officio Missæ liber. (*Coloniæ*,) *Guldenschaff.* 223.
Summa de corpore Christi (*Coloniæ*, *Guldenschaff.* 223.
De Eucharistiæ sacramento sermones. (*Coloniæ*,) Joann.
   Guldenschaff. 1477.] 223.
De virtutibus Herbarum. 1417.
Des vertus des Herbes. 1418, 1419.
Les secrets des Femmes. 1419.
Opus de Animalibus. *Mantuæ, Paul. Joan. de Butschbach,*
  1479.] 1595.

Joan. ALBERTUS.

Lexicon, græcè. 2167.

Petr. ALBIGNANUS, Trecius.

Nova Decretalium compilatio Gregorii IX. *Venetiis, Joan.*
  de Colonia, 1479.] 1051.

Eleazar ALBIN.

Natural history of Birds. 1615.
Insectorum Angliæ natur. hist. 1653.

Bern. Siegfred ALBINUS.

Tabulæ sceleti corporis humani. 1741.

Joan. ALBINUS, Lucanus.

De gestis regum Neapolitanorum ab Arragonia. 4978.

Barth. ALBIZZI DE PISIS.

Quadragesimale *Mediolani, Scinzenzeler*, 1478.] 685.
Liber Conformitatum B. Francisci. 4673 — 4676.

ALCÆUS.

Carmina. 2380.

And.

A L

And. ALCIATUS.

Emblemata. 4322.
——— Trad. par J. le Fevre. 4323, 4324.

ALCIDAMAS.

Contra dicendi Magistros. 2235.
Orationes. 2236.

ALCINOUS.

Liber de doctrina Platonis, trad. à M. Ficino. MS. 1211[1].
——— *Venetiis*, *Aldus*, 1497.] 1238, 1239.

ALCMAN.

Carmina. 2380.

Phil. D'ALCRIPE, Sieur DE NERI.

La fabrique des excellents traits de vérité. 3889.

Bern. ALDRETE.

Varias antiguedades de España. 5504.

Ulysses ALDROVANDUS.

Ornithologia. 1598[1].
De Insectis. 1598[2].
De Animalibus exanguibus. 1598[3].
De Piscibus. 1598[4].
De Anim. solidipedibus. 1598[5].
De Quadrup. bisulcis. 1598[6].
De Quadruped. digitatis. 1598[7].
De Serpentibus. 1598[8].
De Monstris. 1598[9].
Paralipomena omnium Animalium. 1598[10].
Musæum metallicum. 1598[11].
Dendrologia. 1598[12].

ALDUS. *V.* MANUTIUS.

ALEGRET, Troubadour.

1 Piece de Poésie. MS. 2701.

Franc. DE ALEGRIS.

Carmina quædam (italicè.) *Bononiæ*, *Jo. Jac. de Fontanetis de Regio*, 1495.] 3657.

B

A L

Jean d'Alembert.
Encyclopédie. 1851.

Alex. de Ales.
Super tertium Sententiarum. *Venetiis, Joan. de Colonia,* 1475.] 529.

Aletheius Demetrius. *V.* de la Metterie.

Th. Aletheus. *V. Joan.* Lyser.

Alexander ab Alexandro.
Geniales dies. 4205.

Alexander Aphrodisieus.
In Topica Aristotelis. 1221.

Alexander, Papa VI.
Regulæ Romanæ Cancellariæ. 1495.] 1064.

Alexandro di Sena.
Novella. 3548².

Fr. Guil. Alexis.
Le Dialogue du Crucifix & du Pélerin. 766.
Le grand Blason des fausses amours. *Paris, Jean Lambert,* 1493.] 2869.
—— *Paris, Guil. Nyverd.* 2870.
—— *Autre Edition.* 3348.
Le passe-temps de tout homme. 2871, 2872.
Le loyer des folles amours. 3348, 4280.

Sim. Alexius.
De origine novi Dei Missatici. 1027.

Et. Algay de Martignac.
Mémoires du Duc d'Orléans. 5204.

Alhazenus, Arabes.
Opticæ Thesaurus. 1843.
De crepusculis. 1843.
Commentarii in Vitellionem Thuringum Polonum. 1843.

A L

Jac. ALIAMET, Graveur.

Œuvre de David Teniers, gr. par lui & d'autres. 1930.
Œuvre de Vernet, gr. par lui & d'autres. 1942.

Franc. ALLÆUS. *V.* Pater Yvo.

Ph. ALLEGAMBE.

Bibliotheca Scriptorum Soc. Jesu. 5550.

Ant. ALLEGRE.

Decade contenant les vies des Empereurs. 5577.

William ALLEN.

Traité politique. 1355.

Hieron. ALLEXANDRINO.

Commento sopra Petrarcha. 3587.

Petr. DE ALLIACO, Cardin.

De reformatione Romanæ Ecclesiæ tractatus. 580.
Joann. de Sacro Bosco Sphæræ mundi opusculum. 1813;
 1814.

Henr. AB ALLWOERDEN.

Hist. Mich. Serveti. 5635.

Jac. ALMAIN.

Aurea opuscula. 660.

ALMANSOR.

Liber astrologicus. *Venetiis*, 1490.] 1696.

Theod. Jans. AB ALMELOVEEN.

Strabonis Geogr. rer. lib. 4478.

Juan ALONSO.

Diez previlegios para mugeres prenadas. 1727.

ALPHONSE II. Roi d'Arragon, Troubadour.

2 Pieces de Poésie. MS. 2701.

Alphonsus, Medicus.
Biblia Polyglotta Card. Ximenis. 2.

Alsaharavius.
Liber theoricæ medicinæ. 1693.

Don Juan Alvarez de Colmenar.
Les délices de l'Espagne. 5339.
Annales d'Espagne. 5340.

Alziarius à Cadeneto.
Statuta civitatis Avenionensis. 1200.

Mich. d'Amboise de Chevillon.
Quatre satyres de Juvenal. 2536.
La Penthaire de l'Esclave fortuné. 2948.
Les Epîtres vénériennes. 2949, 2950.
L'esclave fortuné. 2951.
Les cent épigrammes, avec la vision. 2952.
La complainte de vertu, trad. de Mantuan. 2952.
La Fable de Biblis & de Caunus, trad. d'Ovide. 2952.

Franc. d'Ambra.
I Bernardi, comedia. 3785.

Barth. Ambrosinus.
Aldrovandi quadrupedes digitat. 1598 [7].
Aldrovandi serpentes. 1598 [8].
Aldrovandi Paralipomena 1598 [10].
Aldrovandi musæum metallicum. 1598 [11].

S. Ambrosius, Mediol. Epis.
Homeliæ super Evangelia. 195*.
Opera omnia. 426.
Exameron, (*Coloniæ*,) *Joann. Guldenschaff.* 417.
Officiorum libri tres, editio vetus. 428.
Hegesippi historia in latinum transf. MS. 4807.

Ambrosius, Monachus Camaldulensis.
S. Ephraem sermones. 384.
S. Joannis Clymachi schala. MS. 405*.

Æneæ Platonici de immortalitate liber. 1382.

J. DE AMELIN.

Les Concions de Tite Live. 4865.

Nic. Abr. AMELOT de la Houssaye.

L'homme de Cour de Barth. Gracian. 1372.
Notes sur les lettres du Cardinal d'Ossat. 5180, 5181.

Le Pere Denys AMELOTTE.

N. Testament. 79.

Girolamo AMELUGHI.

La Gigantea. 3731.

F. AMINTA.

La Nanea. 3731.

Judocus AMMANNUS.

Cleri totius Romanæ Ecclesiæ subjecti. 2001.

AMMONIUS, filius Hermiæ.

De differentia dictionum. [Venetiis, Aldus, 1497.] 2166.

Luc. AMPELIUS.

Historiæ. 4871, 4872.

Ant. AMPIGOLLUS. *V. Ant.* DE RAMPIGOLLIS.

Jac. AMYOT.

Les amours de Daphnis & Chloé. 3963.
L'histoire éthiopique d'Héliodore. 3964, 3965.
Vies des hommes Illustres de Plutarque. 5574, 5575.
Œuvres morales de Plutarque. 5576.

ANACREON.

Carmina, gr. lat. 2480.
Poésies trad. par de Longepierre. 2377.
—— trad. par Moutonnet de Clairfonds. 2378.

ANASTASIUS, Bibliothecarius.

Historia Ecclesiastica. 4957[7].

Jac. DE ANCHARANO.

Confolatio peccatorum, five Belial. (*Coloniæ, Jo. Veldener, circa* 1475.) 645.
—— *Editio vetus.* 646.
—— *Vicentiæ, Henr. de S. Urfio*, 1506.] 647.
—— trad. en françois par Pierre Ferget. 648, 649.

Jean ANDRÉ, jadis More.

Confufion de la fecte de Muhamed. 838.

Joan. ANDREAS, Epifcopus Alerienfis.

Cathena S. Thomæ de Aquino, in IV evangelia. *Romæ, Sweynheym,* 1470.] 196.
Lactantii opera. *Romæ, Sweynheym & Pannartz,* 1470.] 415, 416.
—— *Romæ, Gallus,* 1474.] 418.
S. Hieronymi epiftolæ. *Romæ, Conr. Sweynheym,* 1468.] 430.
—— *Romæ, Conrad. Sweynheym,* 1470.] 431.
S. Hieronymi epiftolæ. *Romæ, in domo Petri de Maximis,* 1476 & 1468.] 436.
S. Leonis fermones. *Romæ, Conr. Sweynheym,* 1470.] 492.
—— (*Romæ, Uld. Gallus, fub finem* 1470.] 493.
—— *Editio vetus.* 494.
—— *Venetiis, Lucas Venetus,* 1482.] 495.
C. Plinii Sec. hiftoria naturalis. *Romæ, Conr. Sweynheym,* 1470.] 1446.
—— *Venetiis, Nic. Jenfon,* 1472.] 1447, 1448.
Ciceronis Epiftolæ familiares. *Romæ, Conr. Sweynheym.* 1469.] 2312.
P. Virgilii Maronis opera. *Romæ, Conradus Sweynheym.* (1469.) 2432.
Lucani Pharfalia. *Romæ, Conr. Sweynheym,* 1469.] 2508.
C. Calphurnii eclogæ XI. *Romæ, Conr. Sweynheym,* 1471.] 2514.
L. Apuleii opera. *Romæ, Sweynheym,* 1469.] 3838.
—— *In Vicentia, Henr. de Urfo,* 1488.] 3839.
Titi Livii hiftoriæ. *Mediolani, Zarothus,* 1480.] 4856.
C. Suetonius Tranquillus. *Romæ, Sweynheym,* 1470.] 4925.
Caii Julii Cæfaris, lib. V. de bello gallico. *Romæ, Sweynheym,* 1469.] 4905.
—— *Romæ, Sweynheym,* 1472.] 4906.

Joan. ANDREAS, Jurisf. Bononiensis.

Glossa ad novam compilat. decretalium. *Venetiis, Joann. de Colonia*, 1479.] 1051.
Liber sextus decretalium Bonifacii VIII. *Moguntiæ, Joan. Fust.* 1465.] 1052.
—— *Moguntiæ, Petr. Schoyffer*, 1476.] 1053.
Apparatus in constitutiones Clementis V. *Moguntiæ, Joan. Fust*, 1-60.] 1054.
—— *Moguntiæ, Petr. Schoyffer*, 1467.] 1055.
—— *Romæ, Udal. Gallus*, 1473.] 1056.
—— *Moguntiæ, Petr. Schoyffer*, 1476.] 1057.
—— *Basileæ, Mich. Wenszler*, 1478.] 1058.
Mercuriales quæstiones. 1472.] 1165.

ANDREAS, Socer Aldi Manutii *V.* ASULANUS.

Giov. Bat. ANDREINO.

L'Adamo, sacra representatione. 3793.

Publius Faust. ANDRELINUS.

Livia. 2612.
Les faits & gestes de M. le Légat, trad. par Jean Divry. 2980³.

Barth. ANEAU.

Chant natal. 3381.
Lyon Marchand, satyre françoise. 3382.
Alector, ou le Coq. 3971.

Perrin D'ANGECOURT.

23 Chansons. MS. 2719¹⁷.

ANGELUS, de Aretio. *V. An.* DE GAMBIGLIONIBUS.

Jac. ANGELUS, Florentin.

Cl. Ptolomæi Cosmographia. lat. *Bononiæ, Dom. de Lapis*, 1462. (*seu* 1482.) 4481.

Joan. ANGELUS, Bavarus.

Opus Astrolabii Plani in tabulis. *Venetiis, Joan. Emer. de Spira*, 1494.] 1850.

Le Cadet Angoulevent.

Les Satyres baftardes. 3236.

Jo. Anguila, Troubadour.

1 Piece de poefie. MS. 2701.

Charles d'Anjou, frere de S. Louis.

1 Chanfon. MS. 2719[16].

Louis II. Duc d'Anjou.

Ses Heures MSS. 284.

René d'Anjou, Roi de Sicile.

Heures latines peintes par lui-même. MSS. 285.
Le Roman de tres doulce mercy au cuer d'amours epris. MS. 2811.
La forme des tournois au temps du Roi Uterpendragon. MS. 3988.
Traité de la forme des tournois. MS. 3988.

Ant. Anpigollus V. Ant. de Rampigollis.

B. Anselmus. Archiep. Cantuar.

Opera. *Nurembergæ, Cafp. Hochfeder,* 1491.] 514.
Epiftola de Sancta Conceptione Gloriof. V. M. (*Coloniæ, Typis Guldenfchaff.*) 569.
Le Lucidaire, trad. en fr. MS. 732[7]. 1342[2].
Le troifieme livre du Lucidaire, trad. en vers françois. MS. 2709.

Anselmus, Morificanus Epifcopus.

Vaticinia. 743.

Georg. Anselmus Nepos.

Hecuba, trag. Euripidis, in lat. conv. 2401.

S. Ansgarius

Figuræ veteris & novi teftamenti. 121.

Carol.

Carol. ANTENOREUS.

Thesaurus Cornucopiæ. *Venetiis, Aldus.* 1496.] 2156.

Ant. ANTIGOLLUS *V. Ant.* DE RAMPIGOLLIS.

Dom Maur D'ANTINE *V. Dom Maur* DANTINE.

Jac. ANTIQUARIUS.

Epistolæ. 4456.

ANTISTHENES.

Orationes, gr. 2236.

ANTITHUS.

L'histoire d'Eurial & de Lucrece, trad. d'Eneas Silvius. 3980.

L'Abbate ANTONINI.

L'italia liberata da Goti, del Trissino. 3681.

ANTONIO da Sienna *V. Ant.* BETTINI.

M. ANTONIO di ser Niccolo.

Trattato di confessione. MS. 633.

ANTONINUS Augustus.

Vetera Romanorum itineraria. 4493.

S. ANTONINUS de'Forciglioni, Arch. Flor.

Postilla super Evangelium Joannis. MS. 367^{15}.
Litteræ secundum obitum Fr. Laurentii. MS. 470^5.
Summa Theologiæ. *Nurnbergæ, Ant. Coburger,* 1478.] 553.
Tractatus de Censuris Ecclesiasticis. MS. 625.
Confessionale. *Venesia, Christoph. Arnoldo,* 1473.] 634.
―― *Florentiæ, apud S. Jacobum de Ripolis,* 1477.] 635.
―― *In Firenze, Ipolito,* 1479.] 636.
―― *circa* 1490.] 554.

Marcus ANTONINUS, Imperator.

Ea quæ ad se ipsum. 1266.
Réflexions morales par André Dacier. 1267.

C

Antonius, Vicentinus.
Urbis Venetiarum prospectus celebriores. 2073.

Nic. Antonius.
Bibliotheca Hispana vetus. 5552.
Bibliotheca Hispana nova. 5553.

Jean-Bap. d'Anville.
Géographie ancienne. 4471.

Aphthonius.
Progymnasmata. 2233, 2234.
De fabula, gr. lat. 3824.

Apollodorus.
Opera Mathematica, gr. lat. 1790.

Apollodorus, Atheniensis.
Bibliotheces lib. III. 3807.

Apollonius, Grammaticus.
De constructione lib. IV. *Venetiis, Aldus, 1495.*] 2157

Apollonius, Rhodius.
Argonauticorum lib. IV. 2391.

Apollonius, Sophista.
Lexicon græcum. 2374.

Appianus, Alexandrinus.
Historia Romana, gr. & lat. 4881.
—— latinè à Petro Candido. *Venetiis, Bern. Pictor, 1477.*] 4882.

d'Après de Mannevillette.
Le Neptune Oriental. 4506.

Rufius Turcius Apronianus.
Virgilii codex antiq. distinctus & emend. 2450.

Luc. Apuleius.

Metamorphoseos liber. *Romæ, Sweynheym*, 1469.] 3838.
—— *In Vicentia, Hen. de S. Urso*, 1488.] 3839.
Opera. 3840, 3841,
L'Ane d'or, trad. par Guil. Michel. 3842, 3843.
—— italicè, trad. per Math. Maria Boiardo. 3844, 3845.
L'amour de Cupido & de Psyché, prise des 5 & 6 livres. 3211.

Seraph. Aquilano. *V. Seraph.* dell' Aquila.

Aratus.

Phænomena & fragmentum. *Venetiis, Aldus.* 1499.] 1802.

Thoinot Arbeau.

Compot & Manuel Calendrier. 1818.

Archimedes, Syracusanus.

Opera, gr. & lat. 1793.

Petr. Arcudius.

De Purgatorio igne adversus Barlaam. 601.

Ant. de Arena (de la Sable.)

De Bragardissima villa de Soleriis. 2693—2696.
Meygra entrepriza Catoliqui imperatoris. 2697, 2698.

Aretæus, Cappad.

De causis morborum lib. 1690.

Bern. Aretino. *V. Bern.* Accolti.

Franc. Aretino *V. Franc.* Accolti.

Leon. Aretino. *V. Leon.* Brunus.

Pietro Aretino.

Il Genesi. 95.
La Genese, trad. (par Jean de Vauzelles.) 96.
La passione di Giesu. 167.
La passion de Jesus Christ, (trad. par Jean de Vauzelles.) 167.

Humanità di Christo. 565.
—— trad. en fr. par (Jean de Vauzelles.) 566.
Capitoli. 3544, 3545.
Abbattimento poetico. 3704.
Quattro Comedie. 3765.
Le Astutie, scelerita ch' usano le Cortigiane. 4228.
—— trad. en françois. 4230, 4231.
—— trad. en espagnol par Fernand Xuares. 4231.
Ragionamento. 4232, 4233.
Le lettere. 4464, 4465.
La vita di Maria Vergine. 4723.
Vita di Catherina Vergine. 4733.

Phil. Argelatus.

Sigonii opera. 4366.

Messire Gautier d'Argies.

1 Chanson. MS. 2719[23].

Gonçalo Argote de Molina.

Libro de la Monteria. 2137.

Ben. Arias Montanus.

Biblia Polyglotta. 3.
Humanæ salutis monumenta. 2674.

Lud. Ariosto.

Opere. 3663.
Orlando furioso. 3664 — 3672.
—— trad. par de Mirabeau. 3673.
Le Satire. 3674.
La Lena, Comedia. 3762.
Il Negromante, Comedia. 3763.
La Comédie des Supposés, trad. (par P. de Mesmes.) 3764

Ælius Aristides.

De laudibus Athenarum. 2235.
De laudibus urbis Romæ. 2235.

Aristophanes.

Comœdiæ IX. græcè. *Venetiis, Aldus,* 1498.] 2405.
Comœdiæ XI. gr. & lat. 2406, 2407.

Aristoteles.

Metaphysicorum libr. translatio à Card. Bessarione. 1217.
Opera. 1218.
Egidius Romanus in libros Analecticorum. *Patavii, Petr. Maufer, 1478.*] 1220.
Alex. Aphrodiseus in Topica. 1221.
Joan. Grammaticus in lib. de naturali Auscultatione. 1222.
Tertius Physicorum abreviatus à Th. Bricot. *Parisiis, Wolfg. Hopil, 1494.*] 1223.
Simplicius in libros de cœlo. 1224.
Ethicorum lib. (*Mantuæ, Joan. Vurster, circa* 1472.] 1225.
Les Ethiques, trad. par Oresme. *Paris, Verard,* 1488.] 1226.
Politicorum libr. *Romæ, Eucharius Silber,* 1492.] 1227.
Politiques & œconomiques, trad. par Oresme. *Paris, Verard,* 1489.] 1228.
Petr. Victorius in libros de optimo statu civitatis. 1229.
Petr. Victorius in lib. de arte dicendi. 1230.
Trad. problematum per Th. Gazes. *Mantuæ, Joan. Vurster, circa* 1472.] 1231.
Problemes, trad. par Evrard de Conty. MS. 1232.
Livre des bonnes mœurs. MS. 1233.
Le secret des secrets. 1234.
Liber prædicamentorum. 1237.
Liber Periarmenias. 1237.
Liber Analecticorum. 1237.
Liber Topicorum. 1237.
De Animalibus, latinè. *Venetiis, Joan. de Colonia,* 1476.] 1594.
Rhetorica, gr. 2233.
Œconomicorum libr. latinè. MS. 2310.
Poetica vulgarizzata per L. Castelvetro. 2345, 2346.

Pierre DE L'Arivey.

Les Comédies facétieuses. 3402.

Piovano Arlotto.

Facétie. 3914, 3915.

Rich. Armachanus.

Defensiones curatorum. (*Lugd.*) *Joan Trechsel,* 1496.] 1092.

Ant. Arnaud.

N. Testament de Port-Royal. 71—78.
Histoire & concorde des 4 Evangelistes. 106.
Livre de S. Augustin, de la correction & de la grace. 483.
Le livre de la foy, de l'espérance & de la charité. 483.
Des mœurs de l'Eglise Catholique, trad. de S. Augustin. 484.
De la fréquente communion. 621.
La tradition de l'Eglise sur le sujet de la pénitence. 622.

Rob. Arnauld d'Andilly.

Les confessions de S. Augustin. 464.
Instructions chrétiennes. 677.
Histoire des Juifs de Joseph. 4803, 4804.

Arnobius, Afer.

Disputationes. 412.

Arnould, li Vieleux.

1 Chanson. MS. 2719².

Arouet. V. de Voltaire.

Arrianus.

Opera, græcè. 4836.

Franc. de Arsochis, Senensis.

Carmen Bucolicum, italicè. 2461.

Le Professeur Ascanius.

Icones rerum naturalium. 1659.

Asconius, Pædianus.

Explanationes in Ciceronis orationes. MS. 2306.
——— *Venetiis, Joan. de Colonia*, 1477.] 2307.
——— Editio altera. 2249.

Jo. Sim. Assemannus.

Præfationes in S. Ephraem opera. 383.

Frater Astexanus ab Asta.

Summa de casibus. *Venetiis, Joan. de Colonia,* 1478.] 668.

A T

Zach. Aston.

Biblia, Bohemicè. 102.

Lopez Astuniga.

Biblia Polyglotta Card. Ximenez. 2.

And. Asulanus.

Galeni opera, græcè. 1689.
Isocratis orationes, &c. 2235.
Cl. Claudiani opera. 2554.
L. Annæi Senecæ tragœdiæ. 2591.
Pausaniæ græciæ descriptio, græcè. 4825.
C. Sallustii opera. 4897.
Plutarchi vitæ. 5564.

Franc. Asulanus.

Plutarchi parallela. 5563.

S. Athanasius.

Opera, gr. lat. 382.

Athanasius, Constantinopolitanus.

Cratis Cynici epistolæ, lat. (*Parisiis,*) Mich. Friburger, circa 1471.] 4426.

Athenæus.

Opera Mathematica. 1790.
Deipnosophistarum lib. 4196.
—— trad. par Mich. de Marolles. 4197.

Jos. Athias.

Biblia hebraica. 14.

Tob. Athias.

Biblia en lengua espanola. 98.

Attabalippa. *V. Adr.* Banchieri.

Hieron. Avantius, Veronensis.

L. Annæi Senecæ tragœdiæ. 2591.

D'Aubenton.

Histoire naturelle. 1464.

Nic. Aubert.

1 Chant Royal impr. dans le vol. N° 2883.

P. G. Aubert, de Poitiers.

Amadis des Gaules. 4068.

Joan. Aubertus.

S. Cyrilli opera, gr. lat. 402.

Theod. Agrippa d'Aubigné.

Les Aventures du Baron de Foeneste. 5173.

Fusée Aublet.

Hist. des plantes de la Guianne. 1583.

Cl. Aubriet.

Plantes peintes à gouache. 1544, 1545.
Botanicon Parisiense Seb. Vaillant. 1572.
Recueil d'oiseaux peints. 1618.
Papillons, plantes & fleurs peints. 1677.

D'Audiguier.

Les nouvelles de Cervantes. 3955.
L'histoire éthiopique d'Heliodore. 3964.
Les travaux de Persiles, trad. de Cervantes. 4190.

Ben. Audran, Graveur.

Le Roman comique de Scaron, peint par Dumont. 1978.
Desseins, profils de quelques lieux de remarque. 1876[15].
Les sept Sacrements gravés d'après N. Poussin. 1919[1].
Figures des amours de Daphnis & Chloé. 3963.

Gerard Audran, Graveur.

Tableaux du Roi peints par le Brun. 1876[2].
Tableaux de la voûte du petit appartement de Versailles, peints par Mignard. 1876[6].

Le dôme de Seaux, gravé d'après le Brun. 1876ᵉ.
Galeria da Pietro Berrettini nel Palazzo del principe Panfilio. 1903.

Jean AUDRAN, Graveur.

Recueil de 37 estampes d'après Gillot & d'autres. 1925.

AVENANTIUS de Camerino.

Carmina de urinarum judiciis edita ab Egidio. 2627.

Albin DES AVENELLES.

Le remede d'amours d'Eneas Silvius. 2500, 2956.

Franc. D'AVESNE V. DAVESNE.

Guyot D'AUGERANT.

Ecrivain d'un MS. du Roman de Gerard de Nevers. 4107.

G. AUGIER, Troubadour.

4 Pieces de poésie. MS. 2701.

Aurelle AUGUREL.

La Chrysopée. 1768.

J. Fr. And. Cesar AUGUSTANO.

Monumento de los santos Martyres Justo y Pastor. 4731.

AUGUSTINUS, de Ancona. V. Aug. TRIUMPHUS.

Ant. AUGUSTINUS, Archiepiscop. Tarraconensis.

De emendatione Gratiani dialogi. 1059.
De nominibus propriis. 1159.
Liber de legibus 1163.
Dialogos de Medallas. 5461.

S. Aurelius AUGUSTINUS, Hipp. Episcop.

Opera 447.
De civitate dei. (In Monasterio Sublacensi, per Conrad. Sweynheym,) 1467.] 448.
—— Romæ, Conrad. Sweynheym, 1468.] 449.
—— Moguntiæ, Petr. Schoiffer, 1473.] 450.
—— Venetiis, Jenson, 1475.] 451. 452,

D

—— *Venetiis, Gabr. Petr. de Tarvisio*, 1475.] 453.
—— *Neapoli, Moravus*, 1477.] 454.
—— *Basileæ, Mich. Wenszler*, 1479.] 455.
—— *Basileæ, Joan. de Amerbach*. 1489.] 456.
La Cité de Dieu, trad. par Raoul de Praesles. *Abbeville, Jean Dupré & Pierre Gerard*, 1486.] 457, 458.
—— trad. par Pierre Lombert. 459.
Il libro de la Cita di Dio. vers 1480.] 460.
Homiliæ super Evangelia. 195*.
Sermones. MS. 469¹. 470¹.
Sermo de Epiphania, editio vetus. 202.
Sermo de Epiphania. (*Coloniæ, Joan. Guldenschaff.*) 4773.
Sermo de præsentatione B. M. V. (*Moguntiæ, Joann. Fust & P. Schoyffer.*) 461.
Sermo super Orationem Dominicam. (*Coloniæ, Zel de Hanau, circa* 1470.) 478.
Liber de animæ quantitate. (*Augustæ Vind. Zainer de Reutlingen.*) 366*⁴.
Speculum peccatoris. (*Augustæ Vind. Zainer de Reutlingen*) 366*⁶.
Confessionum libri. *Editio vetus circa* 1470.] 461.
—— *Editiones variæ*. 462, 463.
Exhortatio de observanda virginitate. MS. 470².
Liber de vera pœnitentia. MS. 470³.
Soliloquiorum lib. MS. 470⁴.
—— (*August. Vind. Zainer.*) 366*.
Les Soliloques, le Manuel & les Méditations. 480.
Livre des seuls parlers de l'ame à Dieu. MS. 732².
Enchiridion ad Laurentium. MS. 471¹.
—— (*Coloniæ, Zel de Hanau, circa* 1470.) 478.
Lib. de quæstionibus Cœlestiis. MS. 471².
De gratia & libero arbitrio. MS. 471³.
De correptione & gratia. MS. 471⁴.
De la correction & de la grace, trad. par Ant. Arnaud. 483.
De prædestinatione gratiæ. MS. 471⁵.
Opuscula varia. *Argentinæ, Mart. Flach.*, 1489.] 472.
Liber de vita beata. (*Coloniæ, Oric Zel de Hanau, circa* 1470.) 473.
Liber de honestate mulierum. (*Coloniæ, Zel de Hanau, circa* 1470.) 473.
De contemptu mundi liber. (*Coloniæ, Zel de Hanau, circa* 1470.) 473.

De communi vita clericorum. (*Coloniæ, Zel de Hanau, circa* 1470.] 473, 474.
De refurrectione futura mortuorum. *Editio vetus circa* 1480.] 474.
De fuga mulierum. (*Coloniæ, Zel de Hanau, circa* 1470.] 474.
De charitate. *Editio vetus circa* 1480.] 474.
Liber de vita chriftiana. (*Coloniæ, Zel de Hanau.*) 475.
—— (*Moguntiæ, P. Schoiffer, circa* 1470.) 476.
Liber de fingularitate Clericorum. (*Coloniæ,*) *Zel de Hanau.* 1467.] 475.
Le livre de la foi, de l'efpérance & de la charité, trad. 483.
De doctrina chriftiana liber quartus. (*Moguntiæ, Joan. Fuft, circa* 1466.) 477.
De veræ vitæ cognitione. (*Moguntiæ, Petr. Schoyffer, circa* 1470.) 481.
Les lettres traduites par Goibaud. 482.
Des mœurs de l'Eglife Catholique, trad. 484, 485.
De la véritable réligion, trad. 484, 485.
Epître fur la maniere de prier Dieu. MS. 486.
Meditationes. *Parifiis, Ant. Cayllaut.* 479.
—— *Editio altera.* 481.
Epiftola de magnificentiis B. Hieronymi. (*Coloniæ, Zel de Hanau, circa* 1471.) 4741[z].

AVICENNA.

Opera, arabicè. 1691.
—— latinè, ab Arnaldo de Villanova. 1692.

Rufus Feftus. AVIENUS, *vel* AVIANUS.

Arati phænomena. *Venetiis, Aldus,* 1499.] 1802.

AULUS Gellius. *V.* AULUS GELLIUS.

AVOST.

L'homme Marin, coméd. MS. 3459[1]. portef. VII.

Sextus AURELIUS Victor.

Hiftoria Romana, 4586, 4927, 4937.

Raymbaut D'AURENÇA, Troubadour.

11 Pieces de poéfie. MS. 2701.

Ægidius Aurifaber.

Speculum exemplorum. *Daventriæ*, 1481.] 679.
—— *Hagenaw*, 1512,] 680.

Gilles d'Avrigny, dit le Pamphille.

Le Tuteur d'amour. 3054.
La généalogie des Dieux poétiques. 3808.
La description d'Hercules de Gaule de Lucien. 3808.
Le 52e Arreſt d'amour. 4266.

Pierre Avril.

2 Chants royaux, 2 ballades, 2 rondeaux impr. dans le N° 2883.

Blaiſe d'Auriol.

Le départ d'amours. 2874 — 2876.

Nic. de Ausmo. V. de Osima.

Ausonius.

Opera, &c. *Venetiis*, 1472.] 2550.
Opera omnia. *Venetiis*, Joan. de Cereto. 1494.] 2551.

Guil. des Autelz.

Amoureux repos. 3173.
Repos du plus grand travail. 3174.

Jean d'Auton.

Les Epîtres envoyées au Roi par les Etats de France. 2985.
L'exil de Gennes la ſuperbe. 2986, 2988.
La complainte de Gennes ſur la mort de Thomaſſine Eſpinolie. MS. 2987.
L'Epitaphe parlant par la bouche de la Défunète. MS. 2787.
Regret que fait le Roi pour la mort de ſa Dame Intendio. MS. 2987.

Martial d'Auvergne. V. Martial d'Auvergne.

Joan. Conradus Axtius.

De arboribus Coniferis. 1563.

M. AYCONE, Seign. de Courcy..

Histoire de l'Empereur de Tartarie, trad. par J. de Longdit. 5389.

Jean AYMON.

Tableau de la Cour de Rome. 4969.

G. AYORA, Cordubensis.

Petrus Montis de dignoscendis hominibus. *Mediolani, Ant. Zarotus, 1492.*] 1441.

B

Aug. BABELONIUS.

C. Suetonius Tranquillus. 4929.

Nuc DE LA BACALARIA, Troubadour.

1 Piece de poésie. MS. 2701.

BACCHYLIDES.

Carmina. 2380.

And. BACCIUS.

De Thermis. 1508.
De naturali vinorum historia. 1711.

Louis BACHAUMONT.

Mémoire sur le Louvre. 1866.

C. G. BACHETUS.

Diophanti arithmeticorum libri. 1794.

Jean BACHOU.

La Philosophie naturelle du Préf. d'Espagnet. 1769.

Jean Fred. BACHSTROM.

L'art de nager. 2140.

Roger BACON.

De la pierre philosophale. 1764.

Le Miroir d'Alchymie. 1765¹.
Du pouvoir de l'art & de nature. 1763³.

Lupoldus DE BADENBERG.

De juribus Imperii Romani tractatus. 5313.

Conrad. BADIUS.

Alcoranus Franciscanorum latino-gallicus. 4678.

Judocus BADIUS Ascensius.

Summa de ecclesia Joan. de Turrecremata. *Lugd. Trechsel,* 1496.] 1073.
Interpretatio super officiis Ciceronis. 2284.
Bapt. Mantuani Parthenice Mariana. *Paris, Jean Petit,* 1499.] 2605, 2607.
Bucolica Mantuani. 2610.
Navis stultifera carmine illustrata. 2655, 2656.
La nef des folles, trad. (par Jean Droyn.) 2660, 2661.
Epistolarum Illust. virorum lib. 4431.

Fr. BAERTIUS.

Acta Sanctorum Maii & Junii. 4717.

Vincenzo BAGLI.

Opera di Boccaccio de mulieribus claris. 5612.

Jo. Jacob. BAIERUS.

Gemmarum affabrè Sculptarum thesaurus. 5520.

Jean Ant. DE BAÏF.

Chansons choisies par de Moncrif. 2720.
Etrenes de poezie fransoeze. 3187.

Lazare DE BAÏF.

Electre, trag. de Sophocles. 2397.
Hecube, trag. d'Euripide. 2402, 2403.

Roch LE BAILLIF.

Petit traité de l'antiquité de la Bretagne. 4375³ᵉ.

Jean DE BAISSEGNY.

Prophétie. MS. 1242⁴.

Guil. DE BALAUN, Troubadour.
1 Piece de poésie. MS. 2701.

Nic. BALBANI.
Trattato delle Risposte ad un Libretto di Possevino. 1031.

Giov. Bat. BALBI.
Balletti d'invenzione. 2037.

Joan. BALBI, de Janua.
Catholicon. *Moguntiæ, Joan. Fust*, 1460.] 2197—2199.
—— *Lugduni*, 1496.] 2200.

Petr. BALBUS, Pisanus.
Epitoma Alcinoi in disciplinam Platonis, lat. 3838, 3839.

BALDINUS.
Numismata Imperat. Roman. Joan. Vaillant. 5473.

Clem. BALDINUS.
Pinax iconicus antiq. in sepulturis rituum. 5450.

Bern. BALDUS, Urbinates.
Lexicon Vitruvianum. 1043.

Christo. BALISTA.
Luciani tragœdia, versibus reddita. 4240.

Hieron. BALLERINIUS.
S. Leonis Magni opera. 491.

Petr. BALLERINIUS.
S. Leonis Magni opera. 491.

Rob. DE BALSAC, Seign. d'Antragues.
L'ordre qu'un Chef de Guerre doit tenir. MS. 2104.
Le même ouvrage sous ce titre : la Nef des batailles. 5080.
La Nef des Princes. 2105, 2106.

P. BALTHASAR, Graveur.
Fig. des généalogies des Forestiers de Flandres. 5426.

Steph. BALUZIUS.

Spicilegium aliquot Scriptorum. 370.
S. Cypriani opera. 408.
Capitularia Regum Francorum. 1180.

Adrian. BANCHIERI.

La nobilità dell' afino. 4242.
La nobleffe de l'Ane. 4243.

Lauren. BANCK.

De Tyrannide Papæ. 1084.
Roma triumphans. 4658.

Vinc. DE BANDELIS.

De fingulari puritate conceptionis Salv. *Bononiæ, Ugo de Rugeriis*, 1481.] 562.
——— *Editio altera.* 563.
Libellus de veritate Conceptionis B. V. M. *Mediolani, Valdafer,* 1475.] 570.

Mat. BANDELLO.

Novelle. 3938.
Hiftoires tragiques, trad. par Boaiftuau. 5663.

Angel. Maria BANDINI.

Catalogus Codicum. MSS. Bib. Mediceæ Laurentianæ. 5536.

Anfel. BANDURI.

Imperium Orientale. 4957^{24}.
Numifmata Imperatorum Romanorum. 4957^{31}.

L'Abbé BANIER.

Differtation fur la durée du fiege de Troye. 2369.
Les Métamorphofes d'Ovide. 2493, 2494.

Maur. BAQUOY, Graveur.

Eftampes d'après Wouvermans. 1923.

Jac. Charles BAR.

Recueil de tout les coftumes Réligieux & Militaires. 4665.

D.

B A

D. BARA.
S. Hieronymi opera. 429.

BARAULT, Archevêque d'Arles.
Les clavicules de Salomon. MS. 1402.

Alvaro Alonso BARBA.
Arte de los metales. 1487.

Hermol. BARBARUS.
Annotat. in C. Plinium. 1452.
Oratio. 4345.
Orationes duæ contra poetas. MS. 4807.

Etien. BARBASAN.
Fabliaux & contes des XII. XIII. XIV & XV. siecles. 2705.

Jean BARBAULT.
Les plus beaux Edifices de Rome moderne. 2071.
Les Monuments de Rome. 5488.
Monuments d'Italie. 5489.

Jean Louis BARBEAU de la Bruyere.
Bibliotheque historique de la France. 5551.

Jean BARBEYRAC.
Sermons de Tillotson. 910.
Loix naturelles de Rich. Cumberland. 1146*.
Droit de la guerre & de la paix, trad. de Grotius. 1147.

Joan. BARCLAIUS.
Argenis. 3981.

Ant. BARDIN, Ecrivain.
Les Chronicques de Monstrelet. MS. 5056.

B. BARDON.
Saint-Jacques, tragédie. 3405.

Gab. BARELETE.
Sermones. 713.

E

Le P. *Charles François* BARGE.

Poésies. MS. 3277.
Le Sacrifice d'Abraham, trag.
Parabole des X Vierges, trag.
Représentation sur les fêtes de la Sainte Vierge.
Représentation sur les Cantiques.
Sainte Susanne, trag.
S. Julien & Sainte Basilisse, trag.
Sainte Cathérine, trag. en 5 actes.
Tous MSS. sous le N° 3277.

Elias BARIOL, Troubadour.

7 Pieces de poésie. MS. 2701.

Caspar BARLÆUS.

Medicea Hospes. 5206.

S. BARNABAS.

Opera. 364, 365.

Josuas BARNES.

Euripidis opera, gr. lat. 2400.

Jac. BARON.

Advertissement à Charles de Bourbon. 4375[1].

Lud. Franc. Jos. DE LA BARRE.

Spicilegium aliquot Scriptorum. 370.
Vetera Analecta. 371.

BARREME.

Comptes faits. 1797.

Christ. DE BARRONSO.

Le Jardin amoureux. 2961.

Jean DE BARROS.

Asia. 5387.

L'Abbé *Jean Jacq.* BARTHELEMY.

Réflexions sur l'Alphabet & la langue de Palmyre. 5493.

La Mosaïque de Palestrine. 5512.

Nic. BARTHELEMY.

Apologie du banquet sanctifié de la veille des Rois. 586.

BARTHENORA.

Mischna. 1037.

Rich. BARTHOLINUS.

De bello Norico Austriados lib. XII. 2671.

Thom. BARTHOLINUS.

De usu flagrorum in re medica. 1701.

BARTHOLOMÆUS. Angl. *V. Bart.* DE GLANVILLA.

BARTHOLOMÆUS, Brixiensis.

Additiones ad decretum Gratiani. 1048.
Decretum Gratiani, cum glossis. *Moguntiæ, Petr. Schoiffer,* 1472.] 1049.

BARTHOLOMÆUS, Episcop. Brixiens.

Præfatio in moralia B. Gregorii Papæ. *Romæ, (Simon de Luca,)* 1475.] 505.

BARTHOLOMÆUS de sancto Concordio.

Summa de casibus conscientiæ. MS. 663.
——— *Parisiis, Gering.* 664.
——— *Venetiis, Franc. de Hailbrun,* 1474.] 665.
——— *Mediolani, Pachel,* 1479.] 666.
——— *Venetiis, Fr. de Hailbrun,* 1482.] 667.

BARTHOLOMIO da li Sonnetti. *V.* ZAMBERTI de Vinetia.

Pietro-Sante BARTOLI, Intagliatore.

Parerga atque ornamenta Joan. Nannii Utinensis. 1899.
Giove che fulmina li Giganti da Giulio Romano. 1902.
Médailles du Cabinet de la Reine Christine. 5466.
Admiranda Romanar. antiquitat. vestigia. 5485.
Colonna Trajana. 5507.

Columna Antoniniana. 5508.
Gli antichi sepolcri romani. 5510.
Recueil de peintures antiques. 5512.
Le pitture antiche del sepolcro de Nasonii. 5513.
Le antiche lucerne sepolcrali figurate 5525.

Guiniforto BARZIZA.

Comento sopra l'inferno di Dante. MS. 3569.

Jacq. Phil. LE BAS, Graveur.

Œuvre de David Teniers, par lui & d'autres. 1930.
Œuvre de Vernet, gr. par lui & d'autres. 1942.
Recueil des plus belles ruines de Lisbonne. 2078.

Franc. BASAN, Auteur & Graveur.

Dictionnaire des Graveurs. 1875.
Cabinet de tableaux du Duc de Choiseul. 1898.
Recueil de 450 estampes gr. par lui & sous sa direction. 1927.
Fig. des Métamorphoses d'Ovide. 2494.

BASCHIUS.

Notæ in Petronium. 4213.

S. BASILIUS Magnus.

Liturgia, sive ritus Missæ. 226.
Opera, gr. lat. 385.
Tractatus Ethicorum. 386.
Regula de virginitate. 386.
Sermones & epistolæ nonnullæ. 386.
De liberalibus studiis liber. lat. *circa* 1480.] 388.

Bern. BASIN.

Tractatus de magicis artibus. *Parisiis*, 1483.] 1420.

Jacq. BASNAGE.

Hist. du V. & N. Testam. avec fig. de Rom. de Hooghe. 138.
Le grand tableau de l'univers. 4626.
Histoire des Juifs. 4810, 4811.

BASSAN, Peintre.

Recueil de 76 estampes d'après lui, Stradan & Sadeler. 1918.

B A

Cesare BASSANI.

Figures de l'Adamo de J. B. Andreino. 3793.

Magd. BASSEPORTE, Peintre.

Recueil de plantes. 1545.

Franc. DE BASSOMPIERRE.

Ambassade. 5199.
Mémoires. 5200.

P. BAST, Troubadour.

1 Piece de poésie. MS. 2701.

Joan. Ant. BATTARA, Ariminensis.

Rerum natur. historia P. Philip. Bonanni. 1685.

BAUDELOT de Dairval.

De l'utilité des voyages. 4507.

Estien. BAUDET, Graveur.

Le grand escalier de Versailles, gravé d'après le Brun. 1876^6.

BAUDOIN de Condé.

Histoire en vers des 3 mors & des 3 vifs. MS. 284^{14}. 2736^{22}.
Un équivoque en vers. MS. 2736^{17}.

Jean BAUHIN.

Traité des animaux ayant ailes, qui nuisent. 1650.

BAUJION.

L'entretien de Fanchon. 4373^{26}.

DE LA BAUME-LE-BLANC. *V.* DE LA VALLIERE.

Joc. DE LA BAUNE.

Jacobi Sirmondi opera. 369.

Guil. BAUR, Peintre & Graveur.

Œuvre. 1932.
Œuvre gravée par Melch. Kusell. 1933.

Nic. DE BAUVAIS, Graveur.

L'Enéide de Virgile peinte par Ant. Coypel. 1894.

Pierre BAYLE.

Dictionnaire historique. 5658.
Œuvres. 5659.

BEATIANO. *V. Agostino* BEVAZZANO.

C. LE BEAU.

Aventures. 4547.

Char. LE BEAU.

Histoire universelle de Jacq. de Thou. 4613.

Madame LE BEAU, Coloriste.

Galerie des modes & costumes françois. 2007.

P. F. Godard DE BEAUCHAMPS.

Le Jaloux, coméd. MS. 3459^3, porte-feuille VII.
Les amours d'Ismene & d'Ismenias. $3968, 4134^2$.

D. *Ant.* BEAUGENDRE.

Hildeberti opera. 515.

Seb. de Pontault, Seign. DE BEAULIEU.

Les glorieuses conquêtes de Louis XIV. 1876^{18}.
Plans, profils, &c. servant à l'histoire de Louis XIV. 1886, 1887.

Frere *Thomas* BEAULXAMIS, Carme.

Résolutions sur certains pourtraits intitulés du nom de marmite. 845.
La Marmite renversée. 846.

De La Barre DE BEAUMARCHAIS.

Le Temple des Muses. 3817, 3818.

BEAUMONT.

L'Encyclopédie Perruquiere. 2149.

N. DE BEAUSOBRE.

N. Testament. 88.

Jacq. BEAUVARLET, Graveur.

La Sultane & la confidence d'après Vanloo. 1923.
La double surprise, d'après le Guide. 1923.
La double surprise, d'après Ger. Dou. 1923.

Pierre DE BEAUVEAU.

Philostrate, trad. de Jean Boccace. MS. 3617.

Honorat DE BEAUVILLIERS, Duc de S. Aignan.

Ses heures écrites par Nic. Jarry. 318.
Quatrains françois écrits au bas des miniatures de ses heures. 318.

Hen. BEBELIUS.

Opuscula nova & florulenta. 3851.

Guil. BECANUS.

Ferdinandi Hisp. Inf. introitus in Gandavum. 5333.

Ant. BECHARIA.

Dionysius Alexand. de situ orbis. *Venetiis, Fr. de Hailbrun*, 1478.] 4476.

Venerabilis BEDA.

Homeliæ super Evangelia. 195*.

Jean, Duc de BEDFORD.

Bréviaire MS. exécuté par son ordre. 273.

James BEEVERELL.

Les délices de la grande Bretagne. 5353.

Martin LE BEGUINS, de Cambray.

1 Chanson. MS. 2719^g.

Balth. BEKKER.

Le monde enchanté. 1434.

Aimeric DE BELAUEY, Troubadour.
1 Piece de poésie. MS. 2701.

Bern. Foreſt DE BELIDOR.
Le Bombardier François. 2113.

Guil. DU BELLAI, Seign. de Langey.
Inſtructions ſur le fait de la guerre. 2102.

Joach. DU BELLAI.
Chanſons choiſies par de Moncrif. 2720.
La Courtiſanne. 4229, 4230.

Franc. BELLANGER.
Les antiquités Romaines de Denys d'Halicarnaſſe. 4851.

Barth. DE BELLATI, de Feltro.
Summa fratris Aſtexani. *Venetiis, Joan de Colonia,* 1478.] 668.

Eſt. DE LA BELLE, Graveur.
Pluſieurs têtes coëffées à la Perſienne. 1949.
Divers exercices de Cavalerie. 1949.
Divers embarquements. 1950².
Diverſe figure. 1950³.

Remy BELLEAU.
Chanſons choiſies par de Moncrif. 2720.

Fr. DE BELLE-FOREST.
Hiſt. prodigieuſes de Boaiſtuau. 5661, 5662.
Hiſtoires tragiques de Bandel. 5663.

Guillel. BELLENDENUS.
De tribus luminibus Romanorum. 4947.

Nic. BELLIN.
Le Neptune François. 4503.
L'hydrographie françoiſe. 4504.
Le petit Atlas Maritime, 4505.

Fleury

B E

Fleury DE BELLINGEN.
L'étymologie des proverbes françois. 4309.

Joan. Petr. BELLORIUS.
Psyches & amoris nuptiæ Raphaelis. 1901.
Admiranda Romanar. vestigia antiquitat. 5485.
Columna Antoniniana. 5508.
Le pitture antiche del sepolcro de Nasonii. 5513.
Le antiche lucerne sepolcrali figurate. 5525.

Madame BELLOT.
Histoire de la maison de Plantagenet, trad. de Hume. 5357.
——— De la maison de Tudor, trad. de Hume. 5358.

Pierre DE BELLOY.
Moyens d'abus... contre Henri de Bourbon. 5132.

Pierre BELON.
De la nature des Oiseaux. 1613.
Nature des poissons. 1625.
Portraits d'Oiseaux. 1660.

Jean BELOT.
Œuvres. 1833, 1834.

Pierre DE BELUTY.
Procès verbal du Clergé de France, années 1614 & 1615.] 1104.

Sim. BELYARD.
Le Guysien. 5140.
Charlot, Eglogue. 5140.

Piet. BEMBO.
Prose nelle quali si ragiona della volgar lingua. 2217.
Le rime. 3661, 3662.
Le Prose. 4401.
Delle lettere. 4463.

BEMZO da Cotignola.
Nova frotoletta contra Vinetiani. 3735⁶.

F

BE

Marc. Mant. BENAVIDIUS.

Illustrium Jureconsultorum imagines. 5626.

Joan. BENEDICTUS.

Luciani opera, gr. lat. 4337.

Petr. BENEDICTUS.

S. Ephraem Syri opera, syr. gr. lat. 383.

Marc. BENEVENTANUS.

Ptolomæi Cosmographia. 4484.

BENEVENUTO d'Imola.

Commento supra il Dante. 3561.

Domenico BENIVIENI.

Scala della vita spirituale. 733.

Girolamo BENIVIENI.

Della simplicità della vita christiana da Hieron. Savonarola. *In Firenze, Lorenzo Morgiani*, 1496.] 752[2].
Bucolica. 2461.
Commento sopra a piu sue Canzone. 3651.

Elie BENOIST.

Mélanges de remarques sur Toland. 941.

René BENOIST.

Traité des Processions des Chrétiens. 3188[2].

S. BENOIT.

Sa regle. MS. 1114.
Sermon. MS. 2738[10].

Isaac DE BENSERADE.

Métamorphoses d'Ovide, en rondeaux. 2496.

Hercole BENTIVOGLIO.

Il sogno amoroso e l'egloge. 3692.
I Fantasmi, comedia. 3769.

B E

Rich. BENTLEIUS.
Notæ in Lucanum. 2512.

Claud. BERALDUS.
Statii opera in usum Delphini. 2549.

Nic. BERALDUS.
Psalmi 71 & 130 enarratio. 3070⁴.

Christoval BERARDI.
Correctore di Dante. 3561.

Gierolamo BERARDO.
Mustellaria di Plauto. 2571.

Rigaut DE BERBEZILS, Troubadour.
8 Pieces de poësie. MS. 2701.

LE GOUZ DE LA BERCHERE.
Discours à mon neveu. 1341.

Pierre BERCHOIRE.
Les grands decades de Titus Livius. 4864.

Franc. BERGAIGNE.
Le Paradis du Dante, trad. en vers. MS. 3571.

And. da BERGAMO. V. Pietro NELLI.

Nic. BERGIER.
Histoire des grands chemins de l'Empire Romain. 4495.

Steph. BERGLERUS.
Aristophanis comœdiæ. 2407.

Jac. Phil. BERGOMENSIS. V. FORESTUS.

Guil. DE BERGUEDAN, Troubadour.
7 Pieces de poësie. MS. 2701.

Abr. BERKELIUS.

Epicteti Enchiridium. 1262.

George BERKLEY, Evêque de Cloyne.

Alciphron, ou le petit Philosophe. 852.

Franc. BERLINGHIERI.

Geographia. *In Firenze, per Nicolo Todesco, circa* 1478.] 3641.

BERNARD.

Les surprises de l'amour, ballet-opera, avec la partition. MS. 3521.

BERNARD, Comte de Treves.

La nature de l'œuf des Philosophes. 1766, 1771.
Réponse à Thom. de Boulogne. 1768.

J. B. BERNARD.

Histoire du monde, sacrée & profane de S. Shuckford. 4808.

J. Fr. BERNARD.

Cérémonies religieuses. 4780.
Superstitions anciennes & modernes. 4781.

Le petit BERNARD, Graveur.

Figures des Métamorphoses d'Ovide. 2495.

Th. BERNARD, Peintre.

Deux estampes gravées par Sadeler. 1919^5.

S. BERNARDUS.

Opuscula. MS. 367.
De consideratione lib. V. MS. 367^1.
De contemptu mundi versus. MS. 367^{14}.
Libellus de honestate vitæ. (*Colonia, Zel de Hanau, circa* 1470.) 473.
Speculum de honestate vitæ. (*Moguntiæ, Petr. Schoyffer, circa* 1475.) 520.
Opera omnia. 517.

Epistolæ. *Bruxellis,* (*apud fratres vitæ communis,*) 1481.] 518.
Epistola de festo conceptionis B. M. V. 519.
Octo puncta ad perfectionem vitæ spiritualis. *Editio vetus circa* 1470.] 520. add.
Tractatus de planctu B. M.(*Coloniæ, Zel de Hanau.*) 520.
Opus super cantica canticorum. *Paris.* 1494.] 521.
Modus benè vivendi. *Venetiis, Bern. de Benaliis,* 1492.] 522.
Le devotissimi sermoni. *In Firenze, Lorenzo Morgiani,* 1495.] 523.
Méditations. MS. 732^3.
Contemplations. MS. 732^4.
Regime de ménage. 1333^2. 3071^4.
Alcune bone opere. MS. 4728.

Dominus BERNARDUS.

Casus Longi super libros decretalium. *Parisiis, Petr. Cesaris,* 1475.] 1060.

Mathias BERNEGGERUS.

Hypobolimæa divæ Mariæ deiparæ camera. 1021.

Gillebert DE BERNEVILLE.

7 Chansons. MS. 2719^3.

Franc. BERNI.

La Cacchia d'amore. 3552.

Marc. Ant. BERNIA.

Aldrovandi pisces. 1598^4.
Aldrovandi quadrupedes solidipedes. 1598^5.
Aldrovandi quadrupedes bisulci. 1598^6.
Aldrovandi monstra. 1598^9.
Aldrovandi paralipomena. 1598^{10}.

Phil. BEROALDUS.

De re militari scriptores. *Bononiæ, Plato de Benedictis.* 1496.] 2091.
Comment. in Tibullum, &c. *Venetiis, Sim. Bevilaqua.* 1493.] 2423.
Comment. in Propertium. *Bononiæ, Benedictus Hector,* 1487.] 2429.

Le procès des trois freres, trad. par Gilb. Damalis. 3161.
Opera. 4341.
Codri opera. 4357.
Ptolomæi cosmographia. *Bononiæ*, *Dom de Lapis*, 1462.
(*seu* 1482.) 4481.
L. Flori epithoma gestorum Roman. 4584, 4585, 4870.

Phil. BEROALDUS junior.

Taciti opera. 4920.

Rob. DE BERQUEN.

Merveilles des Indes. 1504.

Petr. BERRETINUS, Pictor.

Barberinæ aulæ fornix. 1901.
Galeria nel palazzo del Principe Panfilio. 1903.

Franc. BERTA.

Codices MSS. biblioth. Regii Taurinensis. 5537.

Joan. BERTACHINUS de Firmo.

Tractatus de Episcopo. 1086.

Petr. BERTELIUS.

Diversarum nationum habitus. 1996.

Jean BERTHAUD.

Chansons choisies par de Moncrif. 2720.

BERTHOLDUS Constansien.

Ordo romanus. MS. 248.

Frater BERTHOLDUS, de Ratispona.

Epythomen libri S. August. de institutione vitæ religiosæ.
MS. 469[2].

Jean BERTIN, Grintier.

Ballade de la Confrairie de N. D. Dupuy dans le MS.
N°. 2927.

BERTRAND.

Le reveil matin. 4206[1].

Bertrand.
Description du Cap de Bonne Espérance. 5395.

Jean Bertrand.
1 Rondeau impr. dans le vol. N° 2883.

Jean de Bery.
Ballade de Notre-Dame du Puy. MS. 2927.

Rad. Besiel.
Marbodi poemata. 2631.

Basil. Beslerus.
Hortus Eystettensis. 1588.

Cardinalis Bessario.
Adversus calumniatorem Platonis lib. *Romæ, Sweynheym & Pannartz* (1469.) 1216.
—— *Editio altera.* 1217.
Correctio libror. Platonis de legibus. 1217.
Metaphysicorum Aristotelis libror. relatio. 1217.
Theophrasti Metaphysicorum lib. 1217.
Orationes de bello Turcis inferendo. (*Parisiis, Ulr. Gering*, 1471.) 2339.

Maxim. de Bethune, Duc de Sully.
Mémoires avec des remarques de l'Abbé de l'Ecluse. 5156.

Ant. Bettini da Siena.
Monte sancto di Dio. *Florentiæ, Nic. di Lorenzo*, 1477.] 763.

Agostino Bevazzano.
De le cose volgari & latine. 3700.

Guil. Beveregius.
Pandectæ Canonum SS. Apostolorum. 339.

Hadr. Beverlandus.
De peccato originali dissertatio. 942.
De stolatæ virginitatis jure lucubratio. 943.
De fornicatione cavenda admonitio. 944, 945.

Jean DU BEUIL.

Le Roman du Jouvencel. MS. 4127.
—— Paris, Ant. Verard, 1493.] 4128.

Denis LE BEY de Batilly.

Traité de l'origine des anciens assassins porte-couteaux. 5186, 5187.

Theod. BEZA Vezelius.

Confessio christianæ fidei. 872.
Confessione della fede christiana. 873.
De veris & visibilibus Ecclesiæ catholicæ notis. 874.
Harangue faite devant le Roi à Poissy en 1561.] 875.
Seconde Harangue. 875.
Epistolæ Theologicæ 876.
Histoire de la Mappemonde Papistique. 1000.
Libellus de Hæreticis. 1088.
Poemata. 2647.
Le reveil-matin des François. 5119.
Les vrais portraits des hommes illustres, (trad. par Goulart.) 5625.
Vie de Calvin. 5633.

Guil. DE BIARTZ, Troubadour.

1 Piece de poésie. MS. 2701.

Theod. BIBLIANDER.

Biblia latina. 58.
Protevangelion S. Jacobi Minoris. 168*.
Evangelica historia B. Marci. 168*.
Vita Joannis Marci. 168*.

Godefridus BIDLOO.

Anatomia humani corporis. 1739.

Gab. BIEL.

Sacri Canonis Missæ expositio. 224.
Super primum & secundum librum sententiar. Guil. Ockam. 550.

Jac. Bienvenu.

Le triumphe de Jésus-Christ, Coméd. trad. de Jean Foxus. 2684.

Gasse de la Bigne.

Des déduits de la chasse. 2127.

Bignon.

Nobiliaire de Picardie. 5418.

Frere Bigot, de Rouen, Celestin.

Traité en vers des quatre Novissimes dans le MS. N.º 2926.

Lud. Bigus Pictorius.

Opuscula christiana. *Mutinæ; Domin. Rocociola*, 1498.] 2616.
Poemata varia. 2617.

Jac. Billius Prunæus.

S. Gregorii Nazian. opera, gr. lat. 392.
S. Isidori epistolæ, gr. lat. 401.

Franç. de Billon.

Fort inexpugnable de l'honneur du sexe féminin. 1332.

Binjamin Binet.

Idée de la Théologie payenne. 1435.

Cl. Binet.

Les oracles des douze Sibylles, en vers. 5447.

Bion.

Carmina, gr. lat. 2385.
—— trad. par Moutonnet de Clairfonds. 2378.
—— trad. par de Longepierre. 2387, 2388.

Giov. Bat. Birago Avogaro.

Mercurio veridico. 4617.
Bollo di D. Vittorio Siri. 4618.

Jan. Bircherodius.

Breviarium Equestre. 5381.

B L

Bilibaldus BIRCKHEYMERUS.

De Podagræ laudibus. 4240.

Petr. BIVERUS.

Sacrum Sanctuarium Crucis. 803.

Eliz. BLACKWELL.

Curious Herbal. 1550, 1551.

J. BLAEU.

Le grand Atlas, ou Cosmographie Blaviane. 4496.
Theatrum urbium Belgicæ regiæ. 5324.

BLAISE.

Divertissement exécuté au château de la Selle en 1748, MS 3532.

BLAMONT.

Musique des fêtes de Thétis, opéra. MS. 2525.

D. *Thom.* BLAMPIN.

S. Augustini opera. 447.

LE BLANC.

Traité des monnoies de France. 5311.
—— Dissertation sur quelques monnoies de Charlemagne. 5312.

Jean LE BLANC.

Légende véritable. 3185.
Le passe-temps. 3185.

L'Abbé *Jean Bern.* LE BLANC.

Discours politiques de M. Hume. 1343.

Rich. LE BLANC.

Les livres de Hierome Cardan. 1438.

Nic. BLANCARDUS.

Ariani opera, gr. lat. 4836.

B L

Pierre BLANCHET.

Maître Pierre Pathelin. MS. 3343.
—— Diverses Editions. 3344—3348.
—— Latinè, per Alex. Connibertum. 3349, 3350.

Guil. BLANCUS.

Statuta civitatis Avenionensis. 1200.

Petr. DE BLARRORIVO.

Insigne Nanceidos opus. 2634.

Thibaut DE BLAZON OU DE BLIZON.

3 pieces de poésies Provençales. MS. 2701.
5 Chansons. MS. 2719^6.

P. Corneille BLESSEBOIS.

L'Eugenie, tragédie. 3442.
La Corneille de Mademoiselle de Scay, comédie. 3443.
Le Lion d'Angelie. 4139.
Œuvres satyriques. 4221.

Corneille BLOEMAERT, Graveur.

Figures du temple des Muses. 3816.

L'Abbé LE BLOND.

Pierres gravées du cabinet du Duc d'Orléans. 5523.

Jean LE BLOND.

Utopie, trad. de Th. Morus. 1346.

BLONDEAU ou BLONDEL, de Nesle.

14 Chansons. MS. 2719^{18}.

Franc. BLONDEL.

Recueil des IV principaux problèmes d'architecture. 2054.

Joan. BLONDEL.

Statuta curiæ sedis episcop. Eduensis. 363.

BO

Flavius Blondus.

Historiæ ab inclinat. Roman. Imperii. *Venetiis, Octav.*
  Scotus, 1483.] 4952.
Italia illustrata. *Roma, in domo Jo. Ph. de Lignamine,*
  1474.] 4960.

Gasp. Blondus.

Flavii Blondi Italia illustrata. 4960.

Bern. de Bluet d'Arberes.

Œuvres. 4379.

Pierre Boaistuau.

Histoire des amours fortunés. 4136.
Histoires prodigieuses 5661, 5662.
Histoires tragiques de Bandel. 5663.

Ant. Bocarro.

Asia. 5587.

Joan. Boccacius.

Roman du Marquis de Saluce. 1242³.
La patience Griselidis. 3974, 3975.
Novella di Gualtieri di Saluzzo, trad. in rime. 3548¹.
Historia Griseldis transl. per Fr. Petrarcham. (*Colonia, Zel*
  de Hanau, circa 1470.) 3972.
―― *Ulma, Zainer de Reuthlingen,* 1473.] 3973.
Libellus de duobus amantibus, trad. à Leon. Aretino.
  (*Paris. P. Cæsaris, circa* 1475.) 3976.
Versi a Messer Franc. Petrarcha. MS. 3557.
La vita del Dante. 3561.
Il Ninfale. MS. 3613, 3614.
Il Philostrato. MS 3615, 3616.
―― trad. en françois par Pierre de Beauvau. MS. 3617.
Amorosa visione. 3618.
Genealogiæ Deorum Gentilium lib. *Venetiis, Vind. de*
  Spira, 1472.] 3810.
―― *Regii, Barth. Bottonus,* 1481.] 3811.
La Généalogie des Dieux. 3813, 3814.
De Montibus... lib. *Venetiis,* 1473.] 3810.
―― *Regii, Barth. Bottonus,* 1481.] 3811.
―― *Venetiis, Manfredus de Strevo,* 1497.] 3812.
Il Decamerone. (*Vicentia,*) *Giov. da Reno,* 1478.] 3923.

—— *Editiones variæ.* 3924 — 3929.
—— trad. par Laurent de Premier-Fait. 3930, 3931.
—— traduction libre. 3932.
Il Philocolo. circa 1473.] 4162*.
Libro di Florio & di Bianzafiore. 4163, 4164.
—— trad. en françois (par Jacq. Vincent.) 4165.
—— trad. par Adr. Sevin. 4166.
Ameto. MS. 4167.
—— *Diverses éditions.* 4168 — 4170.
Fiammetta. MS. 4171, 4172.
L'Urbano. 4174.
La Theseide. MS. 4175.
13 Elégantes demandes d'amours. 4270.
Epistola a Pino de Rossi. 4462.
De casibus virorum illustr. & mulierum. *Editio vet. circa* 1473.] 5599, 5600.
—— trad. par Laurent de Premier-Fait. MS. 5601, 5602.
—— *Paris, Verard.* 1483.] 5603.
—— *Paris, Verard.* 5604.
—— *Paris, Verard,* 1494.] 5605, 5606.
—— trad. en françois par un anonyme. *Bruges, Colard Manson*, 1476.] 5607.
—— trad. par Cl. Witart. 5608.
De mulieribus claris. *Ulmæ, Joan. Zainer,* 1473.] 5609.
—— trad. en franç. *Paris, Ant. Verard,* 1493.] 5610.
—— *Autre édition.* 5611.
—— trad. in ling. ital. (da Vincenzo Bagli.) 5612.
Vita di Dante. 5631.

Achilles Bocchius.

Symbolicæ quæstiones. 4325, 4326.

Petr. Boddaert.

De Chaetodonte Argo. 1621.
De testitudine Cartilaginea. 1621.
De Rana Bicolore. 1621.
De Chaetodonte Diacantho. 1621.

Jean Bodiaus, ou Bodel.

Le jeu de S. Nicolas, en vers. MS. 2736^{12}.
Le Congé, en vers. MS. 2736^{44}.

Joan. BODINUS.

De abditis rerum sublimium Arcanis lib. 933.
Oratio de instituenda juventute. 2344.

Joan. BOEHM.

Traité de la triple vie de l'homme. 956.

Hermannus BOERHAAVE.

Aretæi de causis morborum lib. 1690.

BOESSET.

Musique de la mort d'Adonis. MS. 35124. portef. I.

Anitius Manlius Severinus BOETHIUS.

Libri divisionum & topicorum. 1237.
Opera. 1268.
De consolatione Philosophiæ lib. MS. 1269.
—— *Nurembergæ, Ant. Coburgers*, 1476.] 1270.
—— *Nurembergæ, Ant. Koburgers*, 1483.] 1271.
—— *Lovanii, Joan. de Westphalia*, 1487.] 1272.
—— *Venetiis*, 1273.
—— trad. par Jean de Meun. MS. 1274.
—— *Editions gothiques.* 1275, 1276.
—— (trad. en vers par Regnault de Louens.) MS. 2768.
De disciplina scholarium. *Lovanii, Joan. de Westphalia*, 1485.] 1272.
De Arithmetica libri II. 1795.

BOETHIUS.

De Diptycho Brixiano epistola. 5458.

Etien. DE LA BOETIE.

Discours de la servitude volontaire. 4378.

Mat. Maria BOIARDO.

Orlando inamorato. 3643.
Comedia de Timone. 3753.
Apulegio volgare. 3844, 3845.

L'Abbé Jacq. BOILEAU.

Histoire des Flagellans. 4783.

Nic. Boileau Despréaux.

Œuvres. 3265 — 3267.
Médailles de Louis XIV. 5251, 5252.

Guil. du Bois dit Cretin.

Palinodz. 2883.
Epître de Fauste Andrelin, trad. en vers. dans le MS. N° 2926, 3097[II].
Vers à Moulinet dans le MS. N° 2926.
Plusieurs chants royaux, ballades, &c. 2933.
Les poésies 2935.
Chants royaux. 2936.
Le débat de deux Dames sur le Passe-temps de la chasse des chiens. 2937.
Le recueil sommaire de la chronique françoise. MS. 2938.
Le cinquieme volume de la chronique françoise. MS. 2939.
Les Œuvres. 4381.

Phil. du Bois V. Phil. Goibaud.

Joan. Boisius.

Notæ in S. Clementis Romani Epistolas II. 373.

Boismortier.

Daphné, tragédie-ballet. MS. 3512[8]. portef. III.

Janus Jacobus Boissardus.

Bibliotheca, sive thesaurus virtutis. 5629.
Tabulæ Æneæ inscriptionum antiquar. Gruteri. 5439.
Romanæ urbis Topographia. 5484.
Parnassus biceps. 3815.

de Boisset, Ecuyer.

Essais de poésie. MS. 3272.

de la Boissiere, Graveur.

Médaillons antiques du cabinet du Roi. 1876[3].
Plans, profils, &c. des maisons royales. 1876[14].

Pierre Boistuau. V. Boaistuau.

Jac. BOIVIN.
Nicephori Gregoræ historia Byzantina. 4957¹⁹.

Joan. BOIVIN.
Veter. Mathematicor. opera, gr. & lat. 1790.

BOIZARD de Pontau.
L'heure du Berger, Com. MS. 3459⁴. portef. VI.

Jean BOIZARD.
Traité des monnoies. 1376, 1377.

Joan. BOLLANDUS.
Acta Sanctorum Janv. & Febr. 4717.

Dominicus BOLLANUS.
Opus in quæstionem de conceptione V. M. (*Venetiis, circa* 1474.) 571.

Boetius A BOLSWERT, Graveur.
Figures du pélerinage de Colombelle & Volontairette. 784 — 786.
Fig. de l'académie de l'épée de Thibault. 2121.

Schelte A BOLSWERT, Graveur.
35 Pieces de gravures. 1959⁶.

Urbanus BOLZANUS.
Thesaurus cornucopiæ. *Venetiis, Aldus,* 1496.] 2156.

Lud. BONACIOLUS.
Enneas muliebris, *circa* 1480.] 1724.
De confirmatione fœtus. 1725.

Giov. BONACORSI, Cartolaio Fiorent.
Epistola dedicatoria in Titum Livium. 4866.

Pater Phil. BONANNI.
Musæum Kircherianum. 1684.
Rerum naturalium historia. 1685.

Histoire

BO

Histoire du Clergé séculier & régulier, tirée de son Ouvrage. 4664.
Histoire des Ordres Militaires, tirée de son ouvrage. 4684.
Numismata Pontificum Romanorum. 5477.

Guido Ubaldo DE BONARELLI.

Filli di Sciro. 3792.

Mich. Ang. BONAROTA.

Architectura della Basilica di S. Pietro. 2068.

S. BONAVENTURA.

De modo conversandi in vita religiosa. MS. 469³.
Tractatus de confessione. 642.
Stimulus divini amoris. *Parisiis*, 1440.] 755.
Divote meditationi. 801.
Psautier de N. D. (trad. en vers par P. le Goux.) 2917. add.
Legenda B. Francisci. 4752.
— in lingua vulgare. *In Milano, Ant. Zaroto*, 1477.] 4755.

Joan. BOND.

Comment. in Horatium. 2471.

Joan. BONEFONIUS.

Conchini funus & fumus. 5192¹⁷.
L'évanouissement de Conchine. 5192³⁵.

Georg. BONELLI.

Hortus Romanus. 1587.

Juan Pablo BONET.

Reduction de las letras. 1443.

Jac. BONGARSIUS.

Gesta dei per Francos. 4957³⁰.

Giov. BONIFACCIO.

Historia Trivigiana. 4977.

BONIFACIUS VII. Papa.

Oratio. MS. 367¹⁰.

Liber sextus decretalium. *Moguntiæ, Joan. Fuſt*, 1465.] 1052.

—— *Moguntiæ, Petrus Schoyffer*, 1476.] 1053.

Jacopo Fiorino DE' BONINSEGNI da Siena.

Epiſtola & quattro egloge. 2461.

BONNART, Graveur.

Recueil de 276 eſtampes gr. par lui & autres. 1998.

Richard BONNE-ANNÉE.

1 Chant royal impr. dans le vol. N° 2883.

Honoré BONNOR.

L'arbre des batailles. 3983, 3984.

Oan. DE BONSIGNORI.

Ovidio metamorphoſeos vulgare. 2503.

Mich. BONSIGNORI.

Libro de Argentino. 3683.

Petr. BONUS.

Caſtigation. in Ptolomæum. 4481.

Anſel. Boetius DE BOOT.

Gemmarum hiſtoria. 1502.

—— trad. en françois. 1503.

P. BOQUINUS.

Apodeixis Antichriſtianiſmi. 986.

Nic. BORBONIUS.

Nugarum lib. VIII. 2646.

DE LA BORDE.

Choix de Chanſons miſes en muſique. 3540.

Nic. BOREL.

Cantiques à la gloire de Dieu. 3223.

Ant. BORIONI.
Collectanea antiquitatum Romanarum. 5486.

Bertr. DEL BORN, Troubadour.
12 Pieces de poésie. MS. 2701.

Giraut DE BORNELH, Troubadour.
57 Pieces de poésie. MS. 2701.

Rob. BORNS.
Vitæ Romanorum Pontificum. 4650.

Franc. BOROMINUS.
Opus Architectonicum. 2050.

BORRA.
Les ruines de Palmyre. 5493.
Les ruines de Balbec. 5494.

Luigi BORRA.
L'amorose rime. 3708.

Rob. DE BORRON.
Le Roman del san Graal. MS. 3989, 3993 — 3995.
——— Imprimé. 3992.
Le Roman de Merlin. MS. 3989^2. 3994, 3995.
——— Imprimé. 3996.
La vita de Merlino. *In Florentia*, 1495.] 3997.

BOSCHERON.
Histoire du théâtre françois. MS. 3300.
Vie de Quinault. MS. 5636.

Petr. BOSCHIUS.
Acta sanctorum Julii & Augusti. 4717.

Ant. BOSIO.
Roma Sotteranea. 4772.

Franc. BOSQUETUS.
Ecclesiæ Gallicanæ historiæ. 4630.

H 2

Abr. Bosse, Graveur.

Recueil de plantes 1643.
Recueil de 20 estampes. 1954.

Gieron. Bossi.

La genealogia della casa d'Austria. 3732.

Peire de Bossinhac, Troubadour.

1 Piece de poésie. MS. 2701.

Donat. Bossius.

Chronica temporum. *Mediolani, Ant. Zarotus,* 1492.] 4571.

Jac. Ben Bossuet.

Prieres Ecclésiastiques. 333.
Œuvres, (avec des discours prélimin. par l'Abbé Pérau.) 661.
Méditations sur l'Evangile. 804.

Francis van Bossuit, Sculpteur.

Cabinet de l'art de Sculpture. 2039.

Mat. Bossus Veronensis.

De instituendo sapientia animo. *Bononiæ, Plato de Benedictis,* 1495.] 1289.
Recuperationes Fesulanæ. *Bononiæ, Plato de Benedictis,* 1493.] 4351.

Pierre Boton.

Les trois visions de Childeric. 3217.

Joan. Bottarius.

Museum Capitolinum. 5517.

Allain Bouchard.

Chroniques d'Angleterre & de Bretagne. 5355.

Giov. Bouchard.

Opere varie di architectura da Giambatt. Piranesi. 2066.

Bouchardon, Peintre.

Les fêtes de Pales & Lupercales. 1923.

Hon. Bouche.

La Chorographie de Provence. 5281.

Franc. Boucher, Peintre.

Onze estampes d'après lui, Wateau, Lancret, &c. 1920⁹.
Recueil de 56 estampes gravées d'après lui & d'autres. 1922.
Recueil de 17 estampes gravées d'après lui & d'autres. 1925.
Œuvre gravé. 1940.
Dessins des fig. pour les œuvres de Moliere. 3434.
Dessins des fig. des mœurs & usages des Turcs. 5386.
Six estampes gravées par la Marquise de Pompadour. 5524.

Joan. Boucher.

De justa Henrici III. abdicatione è Franc. regno. 5149.
Sermons de la simulée conversion de Henri de Bourbon. 5170, 5171.
Apologie pour Jean Chastel. 5176, 5177.
Jesuita Sicarius. 5178.

Nic. Boucher.

Conjonction des lettres & des armes, trad. par Jacques Tigeou. 5128.

Guil. Bouchet.

Les Serées. 3878.

Jean Bouchet.

Les Regnards traversant les périlleuses voies des folles fiances de ce monde 2989 — 2991.
L'Amoureux transi sans espoir. 2992.
Les angoysses & remedes d'amours. 2993 — 2995.
Le Temple de bonne renommée. 2996.
Les élégantes Epîtres. 2997.
Le labyrinthe de fortune 2998ᵗ 2999.
Les triomphes de la noble & amoureuse Dame. 3000 — 3002.
Les exclamations & epîtres de la noble Dame amoureuse. 3003.

Le jugement poétique de l'honneur féminin. 3004.
Triomphes du Roi de France François I. 3005.
Le parc de Nobleffe. 3006.
Le Chapelet des Princes. MS. 3007.
—— Éditions. 3008, 5013.
La déploration de l'Eglife Militante. 3009, 3010.
Le nouveau monde avec l'eftrif, moralité. 3324.
Sotife à 8 perfonnages 3325.
Généalogies des Rois de France. 5045 — 5047.
Panégyrique du Chevalier fans reproche. 5089.
L'Epître de la Reine Marie à Henri, Roi d'Angleterre. 5613.

Jean DU BOUCHET.

Réponfe à la requête de M. de Pranzac. 5222.

Zach. BOVERIUS.

De vera habitus forma à S. Francifco inftituta, demonftrationes. 4670.

Guil. Hyac. BOUGEANT.

Hiftoire des négociations de Weftphalie. 4619.

Simon BOUGOUING.

L'efpinette du jeune Prince. 2885.
L'homme jufte & l'homme mondain. 3367.
Vie de Romulus & de Caton, trad. du latin. MS. 5578.
Vie de Scipion & de Pompée, trad. du lat. MS. 5579.
Vie d'Annibal, trad. de Donat Acciole. MS. 5580.

Le Préfident BOUHIER.

Supplément aux effais de Montaigne. 4378.

Dom. BOUHOURS.

Remarques fur la langue françoife. 2212.
Doutes fur la langue françoife. 2213.
La maniere de bien penfer dans les ouvrages d'efprit. 4207.
Opufcules. 4390.
Les entretiens d'Arifte & d'Eugene. 4418.
La vie de S. Ignace. 4768.
La vie de S. François Xavier. 4769.

Dom Jac. BOUILLART.

Hiftoire de l'Abbaye de S. Germain-des-Prez. 4666.

BO

Carolus Bovillus.
Opera. 4358.

Le Comte de Boulainvilliers.
Réfutation des erreurs de Spinofa. 951.
Les trois Impofteurs, trad. de l'Anglois. MS. 5615.

Cefar Egaffe du Boulay.
Le tréfor des antiquités romaines. 5448.

Emond du Boullay.
Le Combat de la chair & l'efprit. 3133.
Les dialogues des trois Etats de Lorraine. 5423, 5424.

Guy Bounay.
Hiftoire contenant le refte des faits des IV fils Aymon. 4032.
La chronique de Mabrian. 4034.

Dom *Martin* Bouquet.
Recueil des Hiftoriens de France. 5015.

Frere *Jac.* Bâtard de Bourbon.
Hiftoire de la ville de Rhodes. 4687.

Le Pere *Louis* Bourdaloue.
Sermons. 719.

Joan. Bourdelotius.
Petronii fatyricon. 4211, 4212.

Jean de Bourdigné.
Annales d'Anjou. 5270.

Sebaft. Bourdon, Graveur.
Recueil d'eftampes. 1921.

Bourgeois.
Mufique du ballet des peines & plaifirs de l'amour. MS. 3512^6. portef. VI.

Jac. BOURGEOIS.
Les amours d'Eroftrate & de Polymnefte, Comédie. 3768.

Joan. BOURGHESIUS.
Vitæ, paffionis & mortis J. Ch. myfteria. 159.

Frere *Archange* DE BOURGNEUF.
Recueil des dogmes des Cabaliftes, par Jean Pic. 1401.

D. BOURGOIN.
Le preffoir des éponges. 4375^{237}.

Jo. Franc. BOURGOIN de Villefore.
Les vies des SS. Peres des déferts. 4718.

Guil. BOURGOING.
Coutumes de Nyvernois. 1193.

Ma. No. BOUSSART.
De continentia Sacerdotum. 1090.

Claude BOUTEROUE.
Recherches des monnoies de France. 5310.

George DE LA BOUTHIERE.
Jules Obféquent des prodiges, trad. 1668.

Jean BOUTILLIER.
Somme rurale. *Abbeville, P. Gerard,* 1486.] 1195.
—— *Paris,* 1488.] 1196.

BOUVERIE.
Les ruines de Palmyre. 5493.
Les ruines de Balbec. 5494.

J. BOUVET.
L'état préfent de la Chine. 2023.

Marcus Zuerius BOXHORNIUS.
Monumenta illuftrium virorum. 5617.

BOYER

BOYER d'Aguilles.
Cabinet ou recueil d'estampes gravées par Coelmans. 1897.

Jean BOYRON.
Amadis de Gaule. 4068.

BRACCIOLINI. V. POGGIO.

Jean BRACONIER.
Poésies diverses. MS. 2926.

Th. BRADWARDINUS.
De causa Dei. 559.

BRAMANTE.
Architectura della basilica de S. Pietro. 2068.

Arnaut DE BRANCALO, Troubadour.
1 Piece de poésie. MS. 2701.

Joan. BRANDIUS.
Detestatio sceleris Ononitici. 945.

Sebast. BRANT.
De origine & conversatione bonorum Regum. 1364.
Carmina varia. *Basileæ, Bergman de Olpe,* 1498.] 2650.
Stultifera navis mortalium. *Basileæ, Bergman de Olpe,* 1497.] 2651, 2652.
—— *Basileæ, Bergman de Olpe,* 1498.] 2653.
—— *Parisiis, de Marnef,* 1498.] 2654.
Navis stultifera vario carmine illustrata. 2655, 2656.
La nef des folz du monde, en vers. *Paris, Ph. Manstener,* 1497.] 2657.
—— en prose. *Paris, Marnef,* 1499.] 2658.
Hexastichon in memorabiles Evangelistarum figuras. 2662.
Les Regnards traversant les périlleuses voies. (Par Jean Bouchet.) 2989 — 2991.

Guil. DE BRANTEGHEM.
Jesu Christi vita. 151.
La vie de N. Seigneur Jesus Christ. 152, 153.

Guil. DE BREBEUF.
La Pharsale de Lucain. 2513.

Gab. BREBIA.
Psalterium, latinè. *Mediol.* 1477.] 54.

Pierre BREBIETTE, Graveur.
Bas-reliefs. 1919^4.

Adam VAN BREEN.
Le maniement des armes de Nassau. 2120.

DE BREQUIGNY.
Ordonnances des Rois de France. 1181.

Hugues DE BRESI.
1 Chanson. 2719^{22}.

Jean BRETOG.
Tragédie françoise. 3393.

Pierre LE BRETON.
Vers donnés en étrennes à M. de Bovynville. MS. 3232.

Franc. BRETONNEAU.
Sermons de Bourdaloue. 719.

Jean BREUGEL, Peintre.
Recueil de 37 estampes gravées d'après lui & d'autres. 1925.

Le P. DU BREUIL.
La perspective pratique. 1844.

Bern. BREYDENBACH.
Peregrinationes in montem Syon. *Moguntiæ, Erhard. Renwich*, 1486.] 4520.
— trad. par Nicole le Huen. *Lyon, Michel de Pymont,* 1488.] 4521, 4523.
— trad. par Jean de Hersin. 4522, 4524.

B R

Jac. Breynius.

Exoticarum plantarum centuria. 1570.

Oronce Finé de Brianville.

Histoire sacrée en tableaux. 134.

Guil. Briconnetus.

Apologia pro Ludovico XII. 5083.

Th. Bricot.

Tertius lib. Physicor. Aristotelis abbreviatus. *Parisiis, Wolfg. Hopil.* 1494.] 1223.

de Brie.

Les Héraclides, trag. MS. 34657.

Jean de Brie.

Le vrai régime des Bergers. 1518.

de Brienne. *V. H. Aug.* de Lomenie.

S. Brigitta, de Suevia.

Revelationes. MS. 744.
— Editiones. 745, 746.
Opusculum vitæ Christi ex revelationibus S. Brigittæ compilatum. *Antverpia, Ger. Leeu,* 1489.] 747.
Pronosticatio sub futuro Ecclesiæ statu. 3832.

Briot.

Histoire de l'état de l'Empire Ottoman, trad. de Ricaut. 5385.

Brisebarre.

Branche du roman du vœu du Paon. MS. 2703.

Brochart.

Rudimentum Novitiorum. *Lubecæ, Lucas Brandis de Schafz,* 1475.] 4559.
— trad. en françois. 4560, 4561.

I 2

Vic. BRODEAU.
Les louanges de Jesus-Christ. 3110, 3111.

And. BROGIOTTUS.
Indice de caratteri. 1863.

Ben. BROGNOLUS.
Herodoti historiarum lib. IX. in latin. transf. 4828.
Diogenis Laertii vitæ in lat. transf. 5559.

Jac. BROSSARD.
L'enrolement de Tivan, Coméd. MS. 3485.

Gab. BROTIER.
C. Taciti opera. 4923.

Edward BROWN.
Fasciculus rerum expetendarum. 342.

Ant. BRUCIOLI.
Biblia tradotta in lingua toscana. 93.
Commento in tutti sacro-sancti libri del V. & N. test. 183.
Il Decamerone di Boccacio. 3928.

P. DE LA BRUERE.
Erigone, ballet. 3515^5. ^{33}.
——— MS. avec la partition. 3520.
Le Prince de Noisy, ballet. 3515^{25}. ^{39}.
——— MS. avec la partition. 3524.

BRUEYS.
Asba, trag. MS. 3459^4. Portef. II.

Vincenzo BRUGIANTINO.
Angelica innamorata. 3726, 3727.
Le cento novelle. 3933.

Ben. BRUGNOLI.
Opera philosophica. 2284.

B R

M. le Comte DE BRUHL.

Estampes grav. d'après les tableaux de son cabinet. 1914.

Nic. DE BRUIN, Graveur.

12 Pieces contenant la passion de N. S. J. C. 1957.

Gace BRULÉS.

46 Chansons. MS. 2719^1.

Le P. Pierre BRUMOI.

Le théâtre des Grecs. 2408.

LE BRUN.

Œuvres diverses en prose & en vers. MS. 4397.

Charles LE BRUN, Peintre.

Tableaux du Roi gravés par Audran & Edelinck. 1876^2.
Tapisseries du Roi gravées par le Clerc. 1876^4.
Le grand escalier de Versailles gravé par Baudet. 1876^6.
Le dôme de Seaux, gravé par Audran. 1876^6.
Tapisseries du Roi, gravées par le Clerc. 1879.
La gallerie de Versailles gravée. 1889.
Grand escalier de Versailles. 1890.
Peintures qui sont dans l'hôtel Lambert. 1891.

Corneille LE BRUN.

Voyage au Levant. 4528, 4529.
Voyage par la Moscovie. 4530.

Joan. LE BRUN de Marette.

S. Prosperi opera. 490.

Pierre LE BRUN.

Superstitions anciennes & modernes. 4781.

Filippo BRUNELLESCHI.

El libro del Birria e del gieta. *Impr. circa* 1476.] 3612.

BRUNELLUS. V. VIGELLUS.

Nuc BRUNENC, Troubadour.

5 Pieces de Poésie. MS. 2701.

Cosimo BRUNETTI.

Lettres provinciales en Italien. 657.

BRUNETTO Latini.

Le livre du trésor. MS. 1467, 1468.

Domen. BRUNI da Pistoia.

Opera. 4293.

S. BRUNO.

Opera & vita. 513.

Giov. BRUNO.

Rime nuove amorose. 3659.

Jordanus BRUNUS Nolanus.

Spaccio de la bestia trionfante. 974.
La cena de le Ceneri. 975.
De la causa principio & uno. 976.
Del infinito universo & mondi. 977.
De umbris idearum. 1387.
Ars memoriæ. 1387.
De imaginum compositione. 1388.
De specierum scrutinio. 1389.
Acrotismus 1390.
De monade numero. 1391.
De Triplici minimo. 1392.
Candelaio, comedia. 1391.
De gl' heroici furori. 4416.
Cabala del Cavalla Pegaseo. 4417.

Leon. BRUNUS Aretinus.

E magno Basilio traductio. (*Roma, Georgius Laver.*) 387.
E Xenophonte traductio de tyrannide. (*Roma, Georg. Laver.*) 387.
S. Basilii de liberalibus studiis liber. *circa* 1480.) 388.
Aristotelis Ethicorum libr. (*Mantua, Joan. Vurster, circa* 1472.] 1225.

Aristotelis œconomicorum libr. MS. 2310.
Libellus de duobus amantibus, in lat. ex Boccaccio conversf.
  (Parisiis, P. Cæsaris, circa 1475.] 3976.
—— trad. par Jean Fleury. 3977, 3978.
Epistolæ Platonis. MS. 4425.
Tractato de bello Punico. 4868.
De bello Punico. MS. 4938.
De bello Italico adversus Gothos. *Fulginei, Numeister,*
  1470.] 4967.
—— *Venetiis, Nic. Jenson,* 1471.] 4968.
Historia del populo Fiorentino. *In Venegia, Jac. de Rossi,*
  1476.] 4987.
Vita Sertorii. MS. 5582.

Bruscambille. *V.* des Lauriers.

L. Domitius Brusonius.

Facetiarum libri. 3852.

Junius Brutus. *V. Hub.* Languet.

Marc. Brutus.

Epistolæ è gr in lat. conv. per Rinuccinum. (*Parisiis,*
  Mich. Friburger, &c. circa 1471.] 4426.
—— *Editio vetus circa* 1474.] 4430

Petrus Brutus Venetus.

Contra Judæos. *Vicentiæ, Simon Papiensis,* 1489.] 826.

Jean de la Bruyere.

Les caracteres de Théophraste. 1260, 1261.
Caracteres satyriques de la Cour de Louis XIV. MS. 5236.

Franc. Bruys.

Histoire des Papes. 4651.

Fratres de Bry.

Collectiones peregrinationum in indiam orient & occident.
  4508 — 4510.

Jo. Th. de Bry, Graveur.

Parnassus biceps. 3815.

Fig. romanæ urbis Topographiæ. 5484.
Fig. thesauri virtutis Jacobi Boisardi. 5629.

George BUCHANAN.

La tragédie de Jephtée, trad. par de Vesel. 2687.

P. Fr. BUC'HOZ.

Dons de la nature. 1555.
Traité des plantes de la Lorraine. 1575, 1576.
Collection précieuse de fleurs 1585.
Centurie de planches enluminées. 1680.
——— non enluminées. 1682.
Seconde centurie des planches enluminées. 1681.
——— non enluminées. 1683.

Arnol. BUCKINCK.

Tabulæ geograph. Ptolomæi, anni 1478.] 4480.

Duke of BUCKINGHAM. V. John SHEFFIELD.

Gerard. BUCOLDIANUS.

De puella quæ sine cibo & potu vitam transigit. 1673.

Guill. BUDÉ.

De l'institution du Prince. 1361.
Ballade sur la victoire obtenue contre les Suisses par François I. MS. 3022.
De Asse lib. 5481, 5482.

Renerus BUDELIUS.

De monetis & re numaria lib. II. 5480.

Alphon. BUENHOMBRE.

Translatio libelli Samoelis Ebrei de adventu Messiæ. MS 1038.

Jacob. BUEUS.

Acta Sanctorum mens. Octobris. 4717.

George-Louis le Clerc DE BUFFON.

Histoire naturelle. 1464.
Supplément. 1465.

Histoire des Oiseaux. 1617.

Jac. DE BUGNIN.
Le congié prins du siecle séculier. 2886, 2941⁸.

Phil. BUGNONIUS.
Chronicon urbis Matissanæ, (Franc. Fustailler.) 5272.
—— trad. en françois par N. Edoard. 5273.

Pierre Paul DU BUISSON.
Armorial de France. 5417.

Ismael BULIALDUS.
Ducæ historia Byzantina. 4957¹⁶.

Henr. BULLINGERUS.
Annotation. in N. testamentum. 59.
Abrégé de la doctrine Evangélique. 993.

Georg. BULLUS.
Opera omnia. 968.

Dom. BURCHIELLO.
I sonetti. MS. 3622.
—— In Venetia, Tomaso d'Alexandria, 1477.] 3623.
—— absque anni nota. 3624.
—— Venetiis, Ant. de Strata, 1485.] 3625.
—— In Venetia, Bastiano de Verolengo, 1492.] 3626.
—— Editiones variæ. 3627, 3628.

Joan. BURCKARDUS.
Liber Pontificalis. 249.

Guil. Franc. DE BURE le jeune.
Bibliographie instructive. 5545.
Suppl. à la Bibliographie instructive. 5546.
Catalogue des livres de (M. Girardot de Prefond.) 4556.
Catalogue des livres de la Bibliotheque de M. le Duc de la Valliere. 5558.

Jean BURGKMAIR, Dessinateur.
Les Chars de triomphe. 2035.

de Buri.

Musique des fêtes de Thétis, opéra. MS. 3525.

Rich. de Buri, Episcop.

Phylobyblon. 5548.

Walterus Burley.

Liber de vita Philosophorum. (*Coloniæ, Zel de Hanau, circa* 1470.] 5588.
—— *Coloniæ, Arnold. Therhoernen.* 1472.] 5589.
—— *Coloniæ, Conradus de Homborch, circa* 1475.] 5590.
—— *Nuremberga, Coburger,* 1477.] 5591.

Joan. Burmannus.

Rumphii herbarium Amboinense. 1579.

Petr. Burmannus.

Fab. Quinctiliani opera. 2532.
Lucani Pharsalia. 2511.
C. Valerii Flacci Argonauticon lib. 2521.
Petronii Satyricon. 4214.
C. Suetonius tranquillus. 4931.
Thesaurus antiquitatum Italiæ. 5440.
Præfationes in thesaur. antiquit. Siciliæ. 5441.

Petr. Burmannus secundus.

Aristophanis comœdiæ. 2407.
Cl. Claudiani opera. 2558.
Jacobi Philippi d'Orville Sicula. 4982.

Nic. Burnand.

Le reveil matin des François. 5119.

Adamus Busius.

Dialectica Ciceronis. 2330.

Busquet.

1 Chant royal & 1 ballade impr. dans le vol. N° 2883.

Bussi d'Amboise.

Chansons choisies par de Moncrif. 2720.

B U

DE BUSSY. *V.* DE RABUTIN.

F. Chrift. BUTKENS.

Trophées du Brabant. 5325.
Suppl. aux trophées du Brabant. 5326.
Annales généal. de la maifon de Lynden. 5429.

Marc. Claude DE BUTTET.

Ode à Marguerite de France. MS. 3175.
Epithalame ou Noces du Duc de Savoye. 3176.
Les deux livres de vers. 3177.

Corn. BYEUS.

Acta Sanctorum menf. Octobris. 4717.

C

Guil. DE CABESTANH, Troubadour.

5 Pieces de poéfie. MS. 2701.

Nozils DE CADATZ, Troubadour.

1 Piece de poéfie. MS. 2701.

CADENET, Troubadour.

9 Pieces de poéfies. MS. 2701.

Efaias CÆPOLLA.

Biblia', Bohemicè. 102.

And. CÆSALPINUS.

De metallicis libri tres. 1483.
Quæftiones peripateticæ. 1728.

Caius Julius CÆSAR.

De bello gallico lib. V. *Romæ, Conr. Sweynheym,* 1469.]
   4905.
—— *Romæ, Conr. Sweynheym,* 1472.] 4906.
Opera. *Mediolani, Ant. Zarotus,* 1477.] 4907.
—— *Mediolani, Philip. Lavagnia,* 1478.] 4908.

C A

—— *Editiones variæ.* 4909 — 4913.
—— trad. par Rob. Gaguin. 4914.
—— trad. par Jean Duchesne. MS. 4915.
—— trad. par un anonyme. MS. 4916.
—— *Paris, Ant. Verard,* 1490.] 4917.
La guerre des Suisses, trad. par Louis XIV. 4918.

Germ. CÆSAR.

Arati phœnomena. *Venetiis, Aldus,* 1499.] 1802.

CAILLET.

Les SS. Amants, tragédie. MS. 3450, 3451^1.
Le mariage de Bacchus, opéra. MS. 3451^2. 3512^1. portef. II.
La Pastorale. MS. 3451^3. 3452^3.
Les mariages inopinés, comédie. MS. 3451^4. 3452^1.
La Lotterie, comédie. MS. 3451^5. 3452^{11}.
Les vacances des Ecoliers, comédie. MS. 3451^6. 3452^2.

CAISSANT.

A la tête de ce merveilleux ouvrage... 3912^{13}.
Au Roi dont j'espere qu'il soutiendra mes titres... 3912^{14}.

Joan. CAIUS Britannus.

De canibus Britannicis. 1607.

Giraut DE CALANSO, Troubadour.

10 Pieces de poésie. MS. 2701.

Domitius CALDERINUS.

Comment. in Juvenalem. *Venetiis, Bapt. de Tortis,* 1485.] 2293.
—— *Editiones variæ.* 2531, 2532.
Commentarii in Martialem. *Romæ, Joan. Gensberg,* 1474.] 2539.
—— *Venetiis, Joan. de Colonia, &c.* 1474.] 2540.
—— *Venetiis, Leon. Pachel, &c* 1483.] 2543.
Claudii Ptolomæi Cosmographia. (*Romæ,*) 1478.] 4480.
C. Suetonius tranquillus. 4926.

Elisius CALENTIUS.

Les fantastiques batailles de Rodilardus & Croacus. 2371, 2372.

Poemata. 2621.

Calixte Pape II. du nom.

Les miracles de S. Jacques de Galice. MS. 2713[45].

Zach. Calliergi.

Theocriti Idyllia. 2383.

Callimachus.

Hymni, gr. 2379.
Opera, gr. lat. 2389, 2390.

Calliopius.

Pub. Terentii comœdiæ. *Argentorati, Joann. Grunninger,* 1496.] 2577.

Callistratus.

Defcriptiones. 4336.
Vitæ Sophiftarum. 4336.

Jac. Callot, Graveur.

Recueil de 119 eftampes. 1948.
Martyrium Apoftolorum. 1949.
Les pénitents & les Pénitentes. 1949.
Les miferes de la guerre. 1950[1].
Les fantaifies. 1951[1].
Varie figure Gobbi. 1951[2].
Balli di Sfeffania. 1951[3].
Caprici di varie figure. 1950[4].
Varie figure. 1951[5].
Miferes de la guerre. 1951[6].
Vita & hift. B. M. V. 2651[7].
Le Nouveau Teftament. 1951[8].
La vie de l'Enfant Prodigue. 2951[9].
Les images de tous les Saints. 1952.
Vie de la Vierge Marie. 4334.

Aug. Calmet.

Prolegomenes de l'Ecriture Sainte. 1.
Dictionnaire de la Bible. 213.

C A

Joan. CALPHURNIUS.

Expositio in Heautontimorumenon. 2575.

T. CALPHURNIUS.

Eglogæ XI. *Romæ, Conrad. Sweynheym*, 1471.] 2514.

CALVI de la Fontaine.

Eglogue sur le retour de Bacchus. 3149.

Jean CALVIN.

La Sainte Bible. 82, 83.
Actes du Concile de Trente. 355.
Recueil de ses opuscules. 869.
Epistolæ duæ. 870.
Psychopannychie. 871.
Defensio Orthodoxæ fidei de sacra trinitate contra Servetum. 915.

CAMBERT.

Ariane & Bacchus, opera. MS. 3512^{15}. portef. I.

Jos. L. D. DE CAMBIS.

Catalogue des MS. de son cabinet. 5543.

Jos. Seb. DE CAMBOUST de Pontchateau.

N. Testament de Port-Royal. 71—78.

Rob. DE CAMBRIN.

Ballade de la Confrairie de N. D. du Puy dans le MS. N° 2927.

Joach. CAMERARIUS.

Symbolorum Centuriæ. 4327.
Ph. Melanchthonis vita. 5634.

Joan. Ant. CAMPANUS.

Euclidis elementa. *Venetiis, Erh. Ratdolt*, 1482.] 1791. 1792.
Ciceronis orationes philippicæ. *Romæ, Udalr. Gallus*, circa 1470.] 2305.

Quintiliani institutiones oratoriæ. *Romæ, Ulr. Gallus*, 1470.] 2333.
Opera. *Romæ, Silber*, 1495.] 4350.
Titus Livius. *Romæ, Gallus*, (1470.) 4852, 4853.
C. Suetonius Tranquillus. *Romæ*, 1470.] 4924.
Plutarchi vitæ. *Romæ, Gallus, circa* 1470.] 5571.
—— *Editio vetus circa* 1471.] 5572.
—— *Venetiis, Jenson*, 1478.] 5573.

Petrus CAMPER.

Demonstrationes Anatomiæ. 1742.

Ant. CAMPI Cremonese.

Cremona citta fedelissima. 4995, 4996.

Joan. DE CAMPISTRANO Ord. Min.

Contractus de matrimonio. MS. 625.
—— Summula. MS. 625.

Jean Galbert DE CAMPISTRON.

Alcibiade, trag. MS. 3459[10]. portef. I.

Ant. CANAL.

Urbis Venetiarum prospectus celebriores. 2073.

Ant. DE CANCHORIO.

Joan. Ferrariensis liber de cœlesti vita. *Venetiis, Math. Capcasa*, 1494.] 776.

Petr. CANDIDUS.

Appiani Alexand. historia, lat. 4882.
La historia d'Alexandro magno da Q. Curtio. *Florentiæ, apud S. Jacob. de Ripoli*. 1478.] 4846.

Car. du Fresne DU CANGE.

Glossarium mediæ & infimæ latinitatis. 2209.
Chronicon pascale. 4957[4].
Joan. Zonaræ annales. 4957[12].
Jo. Cinnami res gestæ à Jo. & Mich. Comnenis. 4957[14].
Historia Byzantina. 4957[25].
Illyricum vetus & novum. 4959.

Histoire de S. Louis de Joinville. 5068.

Giov. Angelo CANINI.

Iconographia 5597.
—— trad. en françois (par de Chevrieres.) 5598.

Marc. Ant. CANINI.

Iconographia. 5597.
—— trad. en françois (par de Chevrieres.) 5598.

P. C. CANOT, Graveur.

Œuvre de Jean Pillement, gr. par lui & d'autres. 1943.

Joan. CANTACUSENUS.

Historiæ. 4957[18].

Petr. Joseph. CANTEL.

Justini historiæ. 4588.
Valerius Maximus. 5652.

Guil. CANTERUS.

Euripidis tragœdiæ, lat. 2399.

Giulio Cesare CAPACIO.

Gli Apologi. 3837.

Pos DE CAPDUELH, Troubadour.

20 Pieces de poésie MS. 2701.

Matt. CAPELLA.

Opera. 4342.

Mich. DE CAPELLA.

Liber totius medicinæ Haly filii Abbas. 1694.

Guarinus CAPELLUS Sarsinas.

Macharonea. 2699.

R. P. C. DE CAPITE FONTIUM.

Varii tractatus theologiæ scholasticæ. 551.

La défense de la foi de nos ancêtres. 820.
Fidei majorum nostrorum defensio. 821, 822.

Joan. CAPITO.

Biblia, Bohemicè. 102.

Wolfgang Faber CAPITO.

Vie de Jean Ecolampade. 5633.

Jul. CAPITOLINUS.

Historia augusta. *Mediolani, Philip. de Lavagnia.* 1475.]
4935.

Bern. CAPPELLO.

Rime. 3733.

Jean CAPPERONNIER.

Histoire de S. Louis de Joinville. 5069.

Robert. CARACCIOLI de Litio.

Sermones. *Venetiis, Vendel. de Spira,* 1472.] 695.
—— *Roma, Sweynheym,* 1472.] 696.
El quadragesimale della peniten. *Trivisi, Mich. Manzolo,* 1479.] 697.
—— *Trivisi, Mich. Manzolo,* 1480.] 698.
—— *circa* 1480.] 699.
—— *In Venetia, Thomaso de Alexandria,* 1482.] 700.
Sermones sive opus de timore divinorum Judiciorum. *circa* 1475.] 701.
Spechio della fede. *Venetia, Zoanne di Lorenzo,* 1495.] 702.

Annibal CARACHE, Peintre.

Galerie du Duc de Parme, gravée par F. de Poilly. 1903.
Diverse figure intagliate da Sim. Guil. Parigino. 2004.

Joan. Jac. CARAIA de Buxeto.

Anatomia Mundini. *Bononiæ, Joan. de Noerdlingen,* 1482.] 1737.

Alfonso CARANZA.

El ajustamiento de las monedas. 1375.

L

Lud. Carbo.

Ciceronis orationes. *Venetiis, Chriſtoph. Valdarfer*, 1471.] 2298.

Caii Plinii epiſtolæ. (*Venetiis, Chriſtoph. Valdarfer,*) 1471.] 4436.

Bert. Carbonel, de Marſeille, Troubadour.

16 Pieces de poéſie & ſes Coblas eſparſas. MS. 2701.

Fr. Mich. de Carchano.

Sermonarium. *Mediolani, Scinzenzeler*, 1485.] 684.

Hyeron. Cardanus.

De rerum varietate. 1309.
De ſubtilitate lib. 1436, 1437.
—— trad par Rich. le Blanc. 1438.
Opus de ſanitate tuenda. 1705.
Opera varia. 1829.

Peire Cardinal, Troubadour.

58 Pieces de poéſie. MS. 2701.

Alonſo Carillo Lasso.

De las antiguas minas de Eſpaña. 1485.

P. Carlet. V. de Marivaux.

Annibal Caro.

Les deux freres de l'iſle de Scio, trad. par Ant. Galant. MS. 3778.

Carolus Magnus Rex Franc.

Opus contra Synodum quæ in partibus Græciæ, pro ador. imag. ſtolidè geſta eſt. 362.

Caron.

Ballade de la confrairie de N. D. du Puy dans le MS. Nº 2927.

R. P. F. R. Caron.

Remonſtrantia Hibernorum. 1102.

CA

Jean LE CARPENTIER.

Hist. généal. de Cambray. 5428.

Petr. CARPENTIER.

Glossarium domini du Cange. 2209.
Glossarium novum. 2210.

Lod. CARRACCI, Pittore.

Il Clauſtro di S. Michaele in bosco di Bologna. 1910.

Laurent CARS, Graveur.

Figures pour les œuvres de Moliere. 3434.

Gab. CARTIER.

Le livre des Marchands. 902, 905.

Barth. DE LAS CASAS.

Erudita & elegans explicatio. 1352, 1353.
Miroir de la tyrannie Espagnole. 5331.
Las obras 5397.
—— trad. par Jacq. de Miggrode. 5398, 5399.

Isaac. CASAUBONUS.

N. testamentum, græcè. 21.
Theocriti, Moschi, &c. carmina. 2385.
Strabonis res geographicæ, gr. & lat. 4478.
Polybii historiæ. 4877, 4878.

Joan. CASEARIUS.

Hortus indicus Malabaricus. 1578.

Mich. CASIRUS Syro-maronita.

Bibliotheca arabico-hispana Escurialensis. 5541.

Joan. CASSIANUS.

De incarnatione verbi libri VII. MS. 488.
Collationes SS. Patrum. *Basileæ*, 1485.] 489.

Cassini.
Le Neptune françois. 4501.

Ant. Castaldo.
Chronica delli successi nella citta & regno di Napoli. MS. 4980.

Christ. Castalio.
Novum testamentum, latinè. 59.

Castel.
Additions de la chronique Martiniane. 4566—4568.

Castel.
Poésies diverses. MS. 2926.

Frere Jean de Castel.
Le spécule des pécheurs. 2827.

Hieron. de Castellanis.
Emendationes in quæstiones Joan. Andreæ. Imp. anno 1472.] 1165.

Bern. Castello.
Figure della Gierusalemme di Tasso. 3740, 3741.

Edmun. Castellus.
Lexicon Heptaglotton. 6.

Raimon de Castelnou, Troubadour.
1 Piece de poésie. MS. 2701.

Lod. Castelvetro.
Poetica di Aristotele. 2345, 2346.
Le rime del Petrarcha sposte. 3594.

Lapo Birago Castiglionchio.
Vies de Romulus & de Caton, trad. du grec. MS. 5578.

Balth. Castiglione.
Il libro del Cortegiano. 1369, 1370.
——— trad. par Estienne Dolet. 1371.

C A

Juan Fernandez DEL CASTILLO.

Tratado de Enfayadores. 1492.

Fr. Alf. DE CASTRO.

Adverfus omnes Hærefes lib. 818.

Jean DE CASTRO.

Trois livres de chanfons. MS. 3536.

Sebaſt. Gonzalez DE CASTRO.

Declaracion del valor de la Plata. 1491.

Vincent LE CAT.

Ballade de la confrairie de N. D. du Puy dans le MS. N° 2927.

Arnaut CATALAN, Troubadour.

1 Piece de poéfie. MS 2701.

Marck CATESBY.

The natural hiſtory of Carolina. 1667.

S. CATHARINA, da Siena.

Libro de la divina providentia. *circa* 1475.] 748.
——— *In Venetia, Math. di Codeca*, 1483.] 749
Epiſtole. 750.

Nic. CATHERINOT.

Recueil des opufcules. 5271.

Dion. CATO Romanus.

Sententiæ, græcè. *Venetiis, Aldus*, 1495.] 2355.
Difticha latinè reddita, 1475.] 4301.
Les mots & Sentences dorées, trad. (par Pierre Grognet.) 2959.
Le fecond volume. 2960.

Marc. Prifcus CATO.

Lib. de re ruſtica. *Venetiis, Nic. Jenfon*, 1472.] 1509.
——— *Regii, Barth. Brufchi*, 1482.] 1510.
——— *Venetiis, Aldus.* 1511.

Val. CATULLUS Veronenf.

Carmina. MS. 2418.
Opera. *Venetiis, Joannes de Colonia*, 1475.] 2422.
―― *Venetiis, Simon Bevilaqua*, 1493.] 2423.
―― *Editiones variæ.* 2424―2428.

Domen. CAVALCHA da Vico Pifano.

Fructi della lingua. *In Firenze, circa* 1494.] 652. add.
Tractato contra il peccato della lingua. *Florentia, Nich. di Lorenzo*, 1475.] 651.
Tractato chiamato pungi lingua. *In Firenze, (Francefco di libri.)* 1494,] 652.
Specchio di croce. *circa* 1480.] 764.
―― *In Firenze, circa* 1495.] 765.

Guil. CAVE.

Scriptorum ecclefiafticorum hiftoria litteraria. 5549.

Jacomo CAVICEO.

El Peregrino. 4182.
―― trad. en françois par Fr. Daffy. 4183―4186.
Urbium dicta. 1491.] 4305.

DE CAUMARTIN.

Recherche de la Nobleffe de Champagne. 5420.

Barth. CAUSSE

Le vrai Bouclier de la foi chrétienne. 898.

Pierre Victor Palma CAYET.

Chronologie novenaire. 5064.
Chronologie feptenaire. 5065.

Ph. Anne de Tubieres DE CAYLUS.

La Comédie, impromptu. MS. 3459³. portef. III.
Les étrennes de la Saint Jean. 3906, 3907.
Les Ecoffeufes. 3908.
Recueil de ces Meffieurs. 3909.
Les Manteaux. 3910.
Mémoire de l'Académie des Colporteurs. 3911.
Recueil de peintures antiques de P. Sante Bartoli. 5512.

Elias CAYREL, Troubadour.

10 Pieces de poésie. MS. 2701.

CAZOTTE.

Olivier, poeme. 4134^{19}.

Gio. Agostino CAZZA.

Rime. 3714.

CEBES Thebanus.

Tabula, gr. lat. 1262.
Le tableau, trad. (par Gilles Corrozet.) 3116.

CECCO d'Ascoli.

Libro dicto l'Acerba. *Venetiis, Bapt. de Tortis*, 1484.] 3572.
——— *Mediolani, Ant. Zarotus*. 1484] 3573.
——— *Venetiis, Bernard. de Novaria*, 1487.] 3574.
——— *In Venetia, Marchio Sessa*. 1516.] 3575.

Geor. CEDRENUS.

Compendium historiarum. 4957^9.

And. CELLARIUS.

Harmonia Macrocosmica. 4497.

Bern. CELSANUS.

Emendationes in Ovidium. 2482.
Cl. Claudiani opera. *Vicentiæ, Jacob. Dusensis*, 1482.] 2552.

Cornelius CELSUS.

De Medicina lib. *Florentiæ, Nicolaus Laurentii filius*, 1478.] 1699.

Lud. CENDRATUS.

F. Josephi opera, lat. *Veronæ, Petr. Maufer*, 1480.] 4801.

Hieron. CENTONE.

Petrarcha castigato. 3585.

F. Cephale.
L'Ixion Hespagnol. 3216.

Coriolanns Cepio.
Petri Moncenici imperatoris gesta. *Venetiis*, *Bern. Pictor*, 1477.] 4975.

Barth. Cepolla de Verona.
Tractatus de servitutibus. *Romæ*, 1473.] 1165.

Jean Ant. du Cerceau.
Les incommodités de la grandeur, comédie. MS. 3459⁶. portef. VII.

Giovan. Piero de Cermenati.
De gli autori dell' errore della missa. 1023.

Miguel de Cervantes Saavedra.
Les nouvelles. 3955.
Les principales aventures de Dom Quichotte. 4189.
Travaux de Persilés, trad. par d'Audiguier. 4190.

Jac. de Cessoles.
Moralité du jeu des échets, trad. (par Jean le Feron.) MS. 1321.
——— trad. (par Jean de Vignay.) 1322.
——— In volgare. *In Firenza*, *Ant. Miscomini*. 1323.

R. Jac. F. Chajim.
Biblia hebraica rabbinica. 13.

Demet. Chalcondilas.
Suidæ Lexicon, gr. *Mediolani*, 1499.] 2168.
Isocratis orationes, græcè. *Mediolani*, *Henr. Germanus*, 1493.] 2237.
Homeri opera, gr. *Florentiæ*, *Nerlius*, 1488.] 2356.

Laon. Chalcocondylas.
Historia Turcarum. 4957²¹.

CH

Chambers, Architecte.
Deſſins des édifices des Chinois. 2085.

Chambray.
Parallele de l'architecture antique & moderne. 2053.

Jean Rod. de la Chambre.
Le triomphe des Dames. 4294.

Steph. Chamillart.
Prudentii opera in uſum Delphini. 2562.

Claude Champier.
Traité des fleuves. 4473.

Simphorien Champier.
La nef des Dames. 1331.
Dialogus in magicarum artium deſtructionem. 1424.
Le régime d'un jeune Prince. 2105, 2106.
La nef des Dames vertueuſes. 2929.
Chroniques des geſtes des Ducs de Savoie. 4999.
Triomphe de Louis XII. 5085.
La vie du Chevalier Bayard. 5090.

Ant. Chandieu.
Hiſtoire des perſécutions & martyrs de l'Egliſe de Paris 4790.

N. Chandler.
Præfatio in Marmora Oxonienſia. 5456.

A. Canorrier.
La légende dorée des Prêtres. 3160.

Pierre de Chantefreine de Viettes.
Sommaire des commandements de Dieu. 3188.

S. Franc. de Chantelouve.
La tragédie de feu Gaſpar de Coligny. 3396.
Tragédie de Pharaon & autres œuvres. 3327.

M

CH

L'Abbé Chappe d'Auteroche.
Voyage en Siberie. 4534.

Arnoul Chapperon.
1 Rondeau impr. dans le vol. N° 2883.

Ant. Chappuys.
Description de la Limagne d'Auvergne, trad. de G. Symeon. 5277.

Claude Chappuys.
Panégyrique recité au très Chrétien Roi François I. 3064.
Discours de la Cour. MS. 3069.

Gab. Chappuys.
Figures de la Bible en stances. 3192.
Amadis de Gaule. 4068.
Histoire de Primaleon de Grece. 4077, 4079.
Dix plaisans dialogues de Nic. Franco. 4415.

Joan. Chappuys.
Odæ Horatii. 2478.

Franc. Charbonnier.
Poésies de Cretin revues. 2935. add.

Charles, Aumonier du Dauphin.
Epître contenant le procès criminel fait à la Reine Boullant. 3108.

Charles IX. Roi de France.
La Chasse Royale. 2132.

Le P. Pierre Fr. Xav. de Charlevoix.
Histoire de S. Domingue. 5402.

Joan. Charlier. V. Joan. Gerson.

Jac. Charlot.
Amadis de Gaule. 4068.

Fr. Charpentier.

La résolution pernicieuse, coméd. MS. 3459². portef. X.
Médailles de Louis XIV. 5251, 5252.

Pierre Charron.

Les trois vérités. 823.
De la sagesse. 1293, 1294.

Alain Chartier.

Demandes d'amours. 2777⁷.
Œuvres diverses. MS. 2790, 2791.
Les faits. *Paris, Pierre le Caron, 1489.*] 2792.
Les œuvres. 2793.
Complainte contre la mort. MS. 2807.
Ballade & 5 rondeaux. MS. 2807.
La belle Dame sans mercy.. 2831². 2904¹¹.
Le débat du reveil matin. 2889³.
Le pseautier des Villains (n'est point de lui.) 2895⁴.
Bréviaire des Nobles. 2895⁵.

Jean Chartier.

Chroniques de Charles VII. 5072.

Rob. du Chastel.

2 Chansons. MS. 2719²⁵.

George Chastelain.

25 petites Pieces parmi les poésies de Meschinot. 2832—2834.
Recollection de merveilleuses avenues. 2844.
Les Epitaphes d'Hector & d'Achilles. 2933.
Le temple de Jean Boccace. 5613.

Jean du Chastelet ou de Paris.

Caton, en vers. MS. 2738¹⁹.

M. de Chastillon.

Réponse à l'interrogatoire fait à un nommé Jean de Poltrot. 5105³.

Le Marquis du Chatel.

Le Grec moderne, coméd. MS. 3471³.

Louis CHATILLON, Graveur.

Les petites conquêtes de Louis XIV. 1876[16].

Louis DE CHATILLON.

Recueil de plantes. 1543.

M. l'Abbé DE LA CHAU.

Description des pierres gravées du cabinet du Duc d'Orléans. 5523.

Geoffrey CHAUCER.

The Works. 3805.

Pier. Cl. Nivelle DE LA CHAUSSÉE.

Dom Ramir & Zaide, trag. MS. 3465[1].

Franc. CHAUVEAU, Graveur.

La vie de S. Bruno, peinte par le Sueur. 1892.

Steph. CHAUVINUS.

Lexicon Philosophicum. 1206.

Gil. DE CHAZERAT.

Stances sur la commission des eaux & forêts. MS. 3285.

CHEF-FONTAINES. *V.* DE CAPITE-FONTIUM.

Jean CHERADAME.

L'expérience de Ulric de Hutten. 1718.

DE CHERTABLON.

Maniere de se bien préparer à la mort. 595.

Nicole DE LA CHESNAYE.

La nef de santé. 3369, 3370.

And. DU CHESNE.

Historiæ Francorum Scriptores. 5014.
Historiæ Normanorum Scriptores. 5016.

Jean DU CHESNE.
Commentaires de Jules Cefar. MS. 4915.

Ant. CHEVALET.
La vie de St. Chriftofle. 3372.

Pierre LE CHEVALLIER.
1 Chant royal impr. dans le vol. N° 2883.

CHEVILLARD.
Nobiliaire. 5415.

DE CHEVRIER.
Voyage de Rogliano. 3912^{103}.

DE CHEVRIERES.
Images des Héros de Canini. 5598.

Phil. CHIFFLET.
Hiftoire de N. D. de Belle Fontaine. 4633.

Jac. DE CHISON.
2 Chanfons. MS. 2719^9.

L'Abbé DE CHOISY.
Interprétation des Pfeaumes. 68.

DE CHOLIERES.
Les contes & difcours bigarrés. 3954.

Petr. CHOLINUS.
Biblia latina. 58.

Rogerius CHONOE feu CONOWAY.
Defenfiones contra Armachanum. (*Lugd.*) *Joan. Trechfel*, 1496.] 1092.

Louis CHOQUET.
Les démontrances des figures de l'Apocalypfe. 3377.
Le myftere de l'Apocalypfe de S. Jean. 3383.

Nic. Chorier.
Histoire du Dauphiné. 5283.

Chrestien de Troyes.
Le Roman d'Erec, fils de Lancelot du Lac, en vers. MS. 2729².
Le Roman de Perceval le Galloys, en prose. 4007.

Florent Chrestien.
Le jugement de Paris. 3395.
Satyre Menipée. 5165.

Joan. Bap. Christeyn.
Jurisprudentia heroica. 1203.

Christine de Pisan ou de Pise.
La vision. MS. 1327*.
Le livre des trois vertus. MS. 1328.
L'Epître de la Déesse Othea. MS. 2783.
——— Imprimée. 2784.
Le livre de la mutation de fortune. MS. 2785.

Mich. Agn. di Christofano.
Le Bellezze del campo sancto di Pisa. 3548¹¹.

Eman. Chrysoloras.
Erotemata linguæ græcæ. 2159, 2160.

S. Joan. Chrysostomus Archiep. Const.
Liturgiæ, sive ritus missæ. 226.
Opera, gr. lat. 397.
Homeliæ super Evangelium Joannis, lat. *Romæ, (Georgius Laver, in S. Eusebii Monasterio,) circa* 1470.] 398.
Sermones XXV. lat. (*Romæ, Georgius Laver, in S. Eusebii Monasterio,) circa* 1470.] 399.
Sermones in Job, lat. (*Coloniæ, Zel de Hanau,) circa* 1468.] 400.
Exhortation à prier Dieu, trad. par Pierre Rivrain. 3132.

J. Chrysostomus Brixian. V. Jo. Chr. Soldus.

F. Alphonsus Ciacconus.

Historia utriusque belli Dacici. 5505.
Ilii exidium ex Homero. 5506.
Colonna Trajana. 5507.

M. Tullius Cicero.

Arati fragmentum. *Venetiis, Aldus,* 1499. [1802.
Opera. MS. 2243.
────── *Mediolani, Alexander Minutianus,* 1498.] 2244.
────── *Editiones variæ.* 2245—2247, 2250.
De Oratore lib. III. MS. 2251, 2252.
────── *Romæ, in Monasterio Sublacensi, circa* 1466.] 2253.
────── *Venetiis,* 1485.] 2254.
────── *Venetiis, Thom. de Blavis.* 2255.
────── *Editio altera.* 2257.
De finibus bonorum & malorum lib. (*Coloniæ, Zel de Hanau, circa* 1467.] 2258.
────── *Venetiis, Joan. de Colonia,* 1471.] 2259.
────── *Venetiis, Philip. Condam Petri,* 1480.] 2260.
De essentia mundi. MS. 2262².
Fragmentum de Academicis. MS. 2261³.
Tusculanarum lib. MS. 2261, 2262.
────── *Romæ, Ulr. Han,* 1469.] 2263.
────── *Venetiis, Nic. Jenson,* 1472.] 2264.
────── (*Parisiis, Gering, circa* 1471.) 2265.
────── *Venetiis, Phil. quondam Petri.* 2266.
────── *Venetiis, Joan. de Forlivio,* 1482.] 2267.
Quæstions Tusculanes, trad. par Dolet. 2268.
De Fato liber. *Venetiis, Vind. de Spira,* 1471.] 2269.
────── MS. 2270.
De divinatione lib. *Venetiis, Vind. de Spira,* 1471.] 2269.
De legibus lib. tres. *Venetiis, Vind de Spira,* 1471.] 2269.
────── MS. 2270.
Academicarum quæstionum liber secundus. *Venetiis, Vind. de Spira,* 1471.] 2269.
De Officiis lib. III. MS. 2271—2274.
────── *Moguntiæ, Joan. Fust,* 1465.] 2275.
────── *Moguntiæ,* 1466.] 2276.
────── *Romæ, Sweynh. & Pannartz,* 1469.] 2277.
────── *Venetiis, Vind. de Spira,* 1470.] 2778.
────── *Editio vetus circa* 1470.] 2279.

—— *Editio altera.* 2248.
Les Offices. *Lyon.* 1493,] 2287.
—— trad. par du Bois. 2288.
Opera Philosophica. (*Parisiis, Ulric. Gering,* 1471.] 2280.
—— *Venetiis, Jacobus de Fivizano,* 1477.] 2281, 2282.
—— *Venetiis, Philippus quondam Petri,* 1480.] 2283.
—— *Editiones variæ.* 2284—2286, 2294, 2295.
De senectute, &c. *circa* 1480.] 2289.
—— *Editio altera.* 2290.
De amicitia. 2291.
Paradoxa. 2275—2279.
—— *Venetiis, Bapt. de Tortis,* 1485.] 2293.
De amicitia & senectute. 2277—2279.
De la vieillesse, de l'amitié & les paradoxes, trad. par du Bois. 2292.
Somnium Scipionis. 2278, 2279.
Orationes. MS. 2296, 2297.
—— *Venetiis, Christoph. Valdarfer,* 1471.] 2298.
—— *Adam de Ambergau,* 1472.] 2299.
—— *Venetiis, Nic. Girardengus,* 1480.] 2300.
—— *Venetiis, Joan. Forliviensis,* 1483.] 2301.
—— *Bononiæ, Bened. Hectoris,* 1499.] 2302.
—— *Editiones variæ.* 2303, 2304.
Orationes Philippicæ. *Romæ, Udalr. Gallus, circa* 1470.] 2305.
Oratio pro lege Manilia. MS. 2270.
Oratio pro Milone. MS. 2270.
Oratio contra C. Sallustium. 4896.
Epistolæ ad familiares. MS. 2308—2310.
—— *Romæ, Conrad. Sweynheym,* 1467.] 2311.
—— *Romæ, Conrad. Sweynheym,* 1469.] 2312.
—— *Venetiis, Joan. de Spira,* 1469.] 2313.
—— *Mediolani, Zarothus,* 1476.] 2314.
—— 1476.] 2315.
—— *Editiones variæ.* 2317—2319.
Epîtres familiaires trad. par Dolet. 2320.
Epistole famigliari trad. da Guido Loglio. 2321.
Epistolæ ad Atticum. *Venetiis, Nic. Jenson,* 1470.] 2322.
—— *Editiones varia.* 2323—2325.
De inventione. MS. 2326.
Rhetoricorum libri. MS. 2326.
—— *Venetiis, Nic. Jenson,* 1470.] 2327.

—*Romæ,*

—— *Romæ, de Wila*, 1474.] 2328.
—— *Editio altera.* 2329.
Dialectica. 2330.

Hyac. And. CICOGNINI.

Sainte Marie Egyptienne, trag. trad. par Gueulette. MS. 3795.

CICQUOT.

Les paraboles. 5166.

Francesco CIECO.

Libro d'arme e d'amore. 3685.

Jo. CINNAMUS.

De rebus gestis à Jo. & Man. Comnenis. 4957^{14}.

Aloise CINTHIO. *V. Luigi* CINTHIO DE' FABRIZI.

Petr. CIRVELLUS DAROCENSIS.

Tract. de Sphæra mundi Joan. de Sacro-Bosco. *Parisiis*, Guido Mercator, 1498.] 1812.
—— (*Parisiis*,) Joan. Parvus. 1813.

DE CLAIRFONDS. *V.* MOUTONNET.

Episc. DE CLARAMENS. *V.* l'Evêque de CLERMONT.

Hieron. CLARICIO.

Osservationi sopra l'Ameto di Boccaccio. 4168, 4169.

Samuel CLARKE.

Traité de l'existence de Dieu, trad. par Ricotier. 813.
C. Julii Cæsaris opera. 4912.

Bened. CLAROMONTANUS.

Carmina duo. 2592^6.

Cl. CLAUDIANUS.

Opera. *Vicentiæ, Jacob. Dusensis*, 1482.] 2552.
De raptu Proserpinæ. 2553.
Opera. 2554–2558.

De raptu Proserpinæ, tragœdia heroica ab incerto Autore. (*Ultrajecti*, *Nic. Ketelaer, &c. circa* 1473.] 2676.

Char. DE CLAVESON.

Troisieme centurie des sonnets du vieil Papiste. 3231.

Nic. DE CLEMANGIS.

De lapsu & reparatione justitiæ libellus. 344.

Dom CLEMENCET.

Lettres d'Eusebe Philalethe. 4625.
Art de vérifier les dates. 4577.

S. CLEMENS Alexandrinus.

Opera, gr. lat. 374.

S. CLEMENS Romanus.

Opera. 364, 365.
Epistolæ duæ ad Corinthios. 373.

CLEMENS V. Papa.

Constitutiones. *Moguntiæ, Joan. Fust,* 1460.] 1054.
―――― *Moguntiæ, Petrus Schoiffer,* 1467.] 1055.
―――― *Roma, Udal. Gallus,* 1473.] 1056.
―――― *Moguntiæ, Petr. Schoyffer,* 1476.] 1057.
―――― *Basileæ, Mich. Wenszler,* 1478.] 1058.

CLEMENS VII. Papa.

Regulæ Cancellariæ. 1065.

CLEMENS VIII. Papa.

Biblia sacra latina. 48.
Pontificale Romanum. 250.

L'Abbé CLÉMENT.

Exercices de l'Ame. 654.

David CLÉMENT.

Bibliotheque curieuse. 5544.

Dom CLÉMENT.

L'art de vérifier les dates. 4577.

Franc. Octav. Cleophilus.

Libellus de cœtu Poetarum. 2618.

Seb. le Clerc, Graveur.

Figures de l'histoire sacrée de Brianville. 134.
Médailles & jettons de France. 1376³.
Tapisseries du Roi peintes par le Brun. 1876⁴.
Les petites conquêtes de Louis XIV. 1876¹⁶.
Tapisseries du Roi. 1879.
Figure della Gierusalemme di Tasso. 3743.
Figures de la Fillis de Scire. 3792.
Fig. de l'hist. de l'Etat de l'Empire Ottoman. 5385.

Joan. Clericus.

SS. Patrum qui temporibus apostolicis floruerunt opera. 364.
Négociations secrettes touchant la paix de Munster & d'Osnabrug. 1151.
Erasmi opera. 4364.
Vie du Cardinal de Richelieu. 5201.

L'Evêque de Clermont, Troubadour.

Demotas demantas. MS. 2701.
1 Piece de poésie. MS. 2701.

Thomas du Clevier. V Bonav. Desperiers.

Jud. Clichtoveus.

De necessitate peccati Adæ. 211.
De veneratione Sanctorum opusculum. 577.
De vita & moribus Sacerdotum. 1089.

Jean Everhardts Cloppenburg.

Miroir de la tyrannie Espagnole. 5331.

L'Evêque de Cloyne. V. George Berkley.

Jac. de Clusa. V. Jac. Junterburg.

N. Cochin, Graveur.

Plans, profils, &c. gravés d'après Beaulieu. 1886, 1887.

Charles Nic. Cochin fils, Deſſin. & Grav.

Voyage Pittoreſque d'Italie. 1873.
Œuvre de Vernet, gr. par lui & d'autres. 1942.
Fig. pour l'hiſt. de France du Préſid. Henault. 1979, 5040.
Recueil de 11 eſtampes repréſ. des catafalques. 2033.
Figures pour les œuvres de Virgile. 2456.

Jo. Cochlæus.

Commentaria de actis Mart. Lutheri. 843.

Georg. Codinus.

De officiis Aulæ CP. 4957^{22}.

Ant. Codrus.

Opera. 4357.

Jac. Coelmans, Graveur.

Recueil d'eſtampes du cabinet de Boyer d'Aguilles. 1897.

Jean le Cœur ou le Cueur.

Hiſtoire contenant le reſte des faits des IV fils Aymon. 4033.
La Chronique de Mabrian. 4034.

Carolus Coffin.

Campania vindicata. 2592^{13}.

Gautier de Coinsi.

Vie & miracles de Notre-Dame de Soiſſons, en vers. MS. 2710.
Li ſalus, en vers. MS. 2715^{29}.

Carolus le Cointe.

Annales Eccleſiaſtici Francorum. 4629.

Ch. Jo. Colbert, Evêque de Montpellier.

Inſtructions générales en forme de Catéchiſme. 669.
Catéchiſme de Montpellier. 670.

Jean Colerus.

Vie de Spinoſa. 951.

CO

des Coles.

L'enfer de Cupido. 3059.

Vincen. Colesso.

M. Valerius Martialis in usum Delphini. 2543.

F. Colignon, Graveur.

Plans, profils, &c. gravés d'après Beaulieu. 1886, 1887.

Jac. Colin.

Le procès d'Ajax & d'Ulysses, trad. d'Ovide. 2498.

Colins.

Discours sur la liberté de penser. 937.

Adrien Collaert, Graveur.

Figures du triumphus Christi. 166.
Figuræ adnotationum in Evangelia. 200.
Vita & passio ab Adr. Collart pictæ. 1956.

Pandolpfo Collenuccio.

Comedia de Jacob & de Joseph. 3782.
Dialogue de la tête & du bonnet, par Ant. Geuffroy. 4413.

Roger de Collerye.

Les œuvres poétiques. 2955.

Claude Collet de Rumilly.

L'Oraison de Mars aux Dames de la Cour. 3055.
Amadis de Gaule. 4068.
Histoire Palladienne. 4082.

Guil. Colletet.

La vie de Raymond Lulle. 2232.

Georg. Collimitius Tanstererus.

Canones artificium de applicatione astrologiæ ad medicinam. 1825.

Francis. COLLIUS.

De sanguine Christi. 568.
De animabus Paganorum. 602.

Abraham COLLORNO.

Clavicule de Salomon. MS. 1403.

Vittoria COLONNA.

Tutte le rime. 3686.

Francis. COLUCIA Verzinen.

Rei rusticæ scriptores. *Venetiis, Nic. Jenson*, 1472.] 1509.

Guil. COLUMBE.

1 Chant royal impr. dans le vol. N° 2883.

Lucius Junius Moderatus COLUMELLA.

Lib. de re rustica. *Venetiis, Nic. Jenson*, 1472.] 1509.
—— *Regii, Barth. Bruschi*, 1482.] 1510.
—— *Venetiis, Aldus.* 1511.

Fabius COLUMNA.

Phytobasanos. 1558.
Ecfrasis. 1559.
Purpura. 1559.
Notæ in hist. plantar. Mexicanarum. 1664.

Franc. COLUMNA.

Poliphili Hypnerotomachia. *Venetiis, Aldus*, 4176, 4177.
—— trad. en françois par Jean Martin. 4178.

Guido DE COLUMNA.

Historia destructionis Trojæ. *edit. circa* 1480.] 4820.
—— *Argentinæ*, 1486.] 4821.
—— trad. en françois. MS. 4822—4824.

Hyer. COLUMNA.

Q. Ennii fragmenta. 2411.

Joan. COLUMNA.

Rudimentum Novitiorum. *Lübeca*, Lucas Brandis de Schafz, 1475.] 4559.
— trad. en françois. 4560, 4561.

Franc. COMBEFISIUS.

S. Theophanis chronographia. 4957[6].
Historiæ Byzantinæ scriptores post Theophanem. 4957[8].

Jacobus COMES.

Opus epistolarum. 4453.

Petrus COMESTOR. *V.* PETRUS Comestor.

Joan. COMMELINUS.

Horti medici Amstel. plantarum descriptio. 1589.

Phil. DE COMMINES.

Chronique de Louis XI. 5075, 5076.
Mémoires contenant les regnes de Louis XI & Charles VIII. 5077 – 5080.

Anna COMNENA.

Alexias. 4957[13].

Simon DE COMPIEGNE.

Le cœur de Philosophie. 1252, 1253.

Gautier DE COMSI. *V.* Gautier DE COINSI.

L'Abbé *Et.* Bonnot DE CONDILLAC.

Recherches sur la beauté & la vertu. 1296.

Ascanio CONDIVI.

Vita di Mich. Buonarroti. 5641.

Alexander CONNIBERTUS.

Patelinus aliàs Veterator, comœdia, 3349, 3350.

Bern. CONNOR.

Evangelium Medici. 979.

C O

CONRADUS. *V. Conradus* A MURE.

Maître *Germain* CONSTANS.

Traité de la Cour des Monnoyes. 1185.

Pierre CONSTANT.

Les Abeilles & leur état royal. 3209.

Evrard DE CONTY.

Problêmes d'Aristote. MS. 1232.

Simon DE CONTY.

Ballade de la Confrairie de N. D. du Puy dans le MS. N° 2927.

D. COPPIN.

S. Athanasii opera gr. lat. 382.

Ant. DE COQUEREL.

Ballade de la Confrairie de N. D. du Puy dans le MS. N° 2927.

Guil. COQUILLART.

Poésies. MS. 2828.
—— imprimées. 2829, 2830.
Les droits nouveaux. 2831¹.
Le débat des Dames. 2831¹.
L'enqueste avec la simple & la rusée. 2831¹.

Nic. COQUINVILLIER, Evêque de Venosa.

Chants royaux. MS. 3016.

Lelio CORANI.

Gli amori d'Ismenio composti per Eustathio. 3969.

Amb. CORANUS.

Oratio de Conceptione S. V. M. *circa* 1472.] 572.

Fr. Olivier CORARD.

Le Mirouer des pécheurs. 3018, 3019.

Jean

CO

Jean CORBECHON.
Le livre des propriétés des choses. MS. 1470.

Peire DE CORBIAN, Troubadour.
2 Pieces de poésie. MS. 2701.

Jacopo CORBINELLI.
Note sopra il Driadeo di Pulci. 3630.

Petr. DE CORBOLIO.
Remedium contra Concubinas & Conjuges. 2619.

Gratien CORDERO.
Lettres Provinciales en Espagnol. 657.

Bern. CORIO.
Historia di Milano. 4991, 4992.

Joan. Jac. CORNALLUS.
Libri Christidis. MS. 2599.

Janus CORNARIUS.
Parthenii Nicæensis de amatoriis affectionibus lib. 3960.

Ant. CORNAZANUS.
De gestis Francisci Sfortiæ. MS. 3648.
Opera del arte militar. 3649, 3650.
Proverbi. 4315.

Le Sieur CORNEILLAU.
Le voyage de Viry. MS. 3242.

Pierre CORNEILLE.
Le Théâtre. 3420, 3422.
Les chef-d'œuvres. 3423.
Mascarade des enfants gâtés. 3512^5. portef. IV.

Thomas CORNEILLE.
Poemes dramatiques. 3421.

O

Cornelius Nepos.

Vitæ illustrium virorum. 5567.
—— MS. 5582.
—— *Venetiis, Nic Jenson*, 1471.] 5583.
—— Ad usum Delphini. 5584.

Cornutus *sive* Phurnutus.

De natura Deorum, gr. lat. 3824.

Paulus Coronel.

Biblia Polyglotta Card. Ximenez. 2.

Gilles Corrozet.

Le Blason du mois de Mai. 2896³.
Les Regrets de Nicolas Clereau. 3097¹⁰.
Triste élégie sur le trépas de François de Valois. 3115.
Le tableau de Cebes. 3116.
Le compte du Rossignol. 3117.
La tapisserie de l'Eglise Chrétienne. 3118.
Le Catalogue des Villes des Gaules. 4473.

Phil. di Barth. Corsini.

Sermoni di beato Leone. *In Firenze*, 1485.] 496.

Rinaldo Corso.

Espositione sopra tutte le rime della Sig. Vittoria Colonna, 3686.

Isab. Cortese.

I Secreti. 1730.

Gottlieb. Cortius.

C. Salustii opera. 4901.

Arnol. Corvinus.

Jus Canonicum. 1062.

And. Corum.

L'art de Chyromance. 1830.

Mademoiselle Cosnard.

Les filles généreuses, tragédie. MS. 3430, 3431.

Joan. Costa.
Ptolomæi cosmographia. 4484.

Pierre Coste.
Caractères de la Bruyere. 1260.
Entendement humain de Locke. 1399.
Les essais de Montaigne. 4377.
Supplément aux essais de Montaigne. 4378.

Bert. de la Coste.
Le monde désabusé. 4206³.
Ce n'est pas la mort aux rats ni aux souris. 4206⁴.

Joan. Bap. Cotelerius.
SS. Patrum qui temporibus apostolicis floruerunt opera. 364.
Notæ in S. Clementis Romani epistolas II. 373.

Jean Cotelle.
Livres de divers ornements pour plafonds. 2087.

Claudius Coteræus.
De jure & privilegiis Militum lib. 2107.

Le Châtelain de Coucy.
18 Chansons. MS. 2719¹².

La Coudrette.
Le Roman de Melusine, en vers. MS. 2782.

Pierre Franc. le Courayer.
Histoire du Concile de Trente. 4643, 4644.

Jean de Courcy.
Chronique. MS. 4601.

Jean Courtecuisse.
Seneque des quatre vertus. MS. 1250.

Gatien de Courtilz.
Les conquêtes amoureuses du grand Alcandre. 5239.
Histoire de la Bastille. 5262.

Nic. COURTIN.
Cornelii Nepotis vitæ. 5584.

Th. COURVAL-SONNET.
Les œuvres satyriques. 3238.

D. Petrus COUSTANT.
S. Hilarii opera. 425.
S. Augustini opera. 447.

Diego DE COUTO.
Asia. 5387.

Le Baron DE COUTURES.
Les œuvres de Lucrece. 2416.

William COWPER.
Myotomia reformata. 1743.

Ant. COYPEL, Peintre.
L'Enéide de Virgile, gravée par Duchange. 1894, 1895.

Char. COYPEL, Peintre & Auteur.
Estampes de l'histoire de don Quichotte, gr. par d'habiles Graveurs. 1977, 4189.
L'avantage de l'esprit, coméd. MS. 3459⁵. portef. II.
Son théatre MS. détaillé au N° 3463.

Noel Nic. COYPEL, Peintre.
Recueil de 56 estampes gravées d'après lui & d'autres. 1922

Math. DE CRACOVIA. V. MATHÆUS de Cracovia.

Mathias CRAMER.
Le monde dans une noix. 4603.

Pierre CRAMER.
Papillons exotiques. 1654.

David CRANSTON.
Additiones in aurea opuscula Jac. Almain. 660.

Joan. CRASTONUS, *seu* CRESTONUS.

Psalterium, gr. lat. *Mediol.* 1481.] 24.
Lexicon græco-latinum. (*Mediolani*, circa 1478.) 2170.

CRATES.

Epistolæ è gr. in lat. per Athanasium. *Parisiis, Mich. Friburger*, circa 1471.] 4426.

J. CRELIUS.

Ethica Aristotelica. 930.
Ethica Christiana. 930.

CREMERUS.

Testamentum. 1777.

Franc. CREMOSANUS.

Perbreve Prognosticon. MS. 1840.

Petr. DE CRESCENTIIS.

Opus Ruralium commodorum. *Lovanii, Joan. de Westphalia*, 1474.] 1512.
—— trad. en françois. 1513.
—— italicè. *Florentiæ, Nic. Laurentii Alemanus*, 1478.] 1514.

Joan. CRESTONUS. *V.* CRASTONUS.

Guil. CRETIN. *V.* DU BOIS.

Pierre Ant. CREVENNA.

Catalogue raisonné de ses livres. 5547.

Petrus CRINITUS.

Opera. 4363.

Daniel CRISPINUS.

Ovidii opera, ad usum Delphini. 2486.
C. Salustii opera. 4900.

Hier. DE CROARIA.

Acta & decreta Concilii Constantiensis. 341.

CR

Giulio Cesare DELLA CROCE.
Barcelletta nuova sopro le Putanelle piu meschine. 2592¹⁴.

DE CROISAC.
La Meliane, tragi-coméd. MS. 3484.

DE LA CROIX-CHRIST.
Soliloques de S. Augustin. 480.

Joan. CROTUS.
Epistolæ obscurorum virorum. 4432.

DE CROUSAZ.
Examen du Pyrrhonisme. 1243.

CROZAT.
Recueil d'estampes, ou Cabinet de Crozat. 1896.

Hermannus CRUSERIUS.
Plutarchi vitæ. 5566.

CRYGNON de Dieppe.
2 Chants royaux impr. dans le vol. N° 2883.

Zach. CRYSOPOLITA.
Concordia IV Evangelistarum. *Edit. anni* 1473.] 105.

Joan. CUBA.
Hortus sanitatis. *Moguntiæ, Jacob. Meydenbach,* 1491.] 1532.
—— *Absque anni indic.* 1533, 1534.
—— trad. en fr. 1535.

Jean DE CUCHERMOIS.
Histoire de Guerin Mesquin, trad. (de Tullie d'Aragon.) 4180.

Rich. CUMBERLAND.
Loix naturelles trad. par Barbeyrac. 1146*.

Cunelier.
La vie de Bertrand du Guesclin. MS. 2778.

Bern. Cungi.
Repréfentatione d'un miracolo del fagramento. 3788³.

Guil. Cuperus.
Acta Sanctorum menf. Julii & Augufti. 4717.

S. de Curi.
Zelie, ballet-opera. MS. 3522.

Cælius Secundus Curio.
Araneus, feu de providentia libellus. 860.
De amplitudine B. regni Dei libri II. 861.
Pafquillorum tomi duo. 2595.
Pafquini in eftafi. 4226.
—— trad. en françois. 4227.
La vie & doctrine de David George. 4792.

Quintus Curtius.
De rebus geftis Alexandri Magni. *Romæ, Laver, circa* 1470.] 4837.
——*Venetiis, Vind. de Spira, circa* 1470.] 4838.
——*Mediolani, Zarotus,* 1481.] 4839.
——*Verona,* 1491.] 4840.
——*Editiones variæ.* 4841—4843.
—— trad. en françois par Vafque de Lucene. MS. 4844.
—— trad. par du Ryer. 4845.
—— tradot in Volgare da Pietro Candido. *Florentiæ, apud S. Jacobum de Ripoli,* 1478.] 4846.

Pierre Cuvret ou Curet.
Corrections pour le myftere des Apôtres. 3375—3377.

Henricus Cuyckius.
Speculum concubinarium Sacerdotum. 1017.

Hercule Cynthio.
Opera che infegna cognofcere le fallace donne. 3548⁷.

C Y

S. Cyprianus.

Opufculum de Aleatoribus. MS. 367¹³.
Opera. MS. 407.
—— Edition. Benedictin. 408.
Epiftolæ. *Roma, Sweynheym,* 1471.] 409.
—— *Venetiis, de Spira,* 1471.] 410.
—— *Editio vetus.* 411.

Cyrillus.

Operis Bafilici Fabrotiani fuppl. 1171.

S. Cyrillus Alexand.

Opera, gr. lat. 402.
Opufculum de dictionibus. *Venetiis, Aldus.* 1497.]
Epiftola de miraculis B. Hieronymi. (*Colonia, Zel de Hanau, circa* 1471.] 4741³.

S. Cyrillus Arch. Hier.

Opera omnia, gr. lat. 389, 390.
Speculum fapientiæ. goth. 391.

D

André Dacier.

Vie de Pythagore. 1210.
Manuel d'Epictete. 1263, 1264.
Réflexions morales de Marc-Antonin. 1267.
Les œuvres d'Hippocrate. 1688.
Sextus Pompeius feftus ad ufum Delph. 2178.
Médailles de Louis XIV. 5251, 5252.

Anne Dacier.

Réflexions morales de Marc-Antonin. 1267.
L'Iliade & l'Odyffée d'Homere. 2368, 2369.
Les comédies de Térence. 2586.
Dictys Cretenfis & Dares Phrygius. 4818.
L. An. Flori Epitome. 4873.
Eutropii hiftoriæ romanæ Breviarium. 4876.

Dadouille.

DA

Dadouille.

Les regrets & peines des mal advisés. 3058, 3095^{13}.
Les moyens d'éviter melencolye. 3095^{14}.
La défaite des faux Monoyeurs. 3096^{3}.
Les Trompeurs trompés par Trompeurs. 3096^{4}.

Arnaut P. Dagange, Troubadour.

1 Piece de poësie. MS. 2701.

Dagoneau.

La légende de Claude de Guise. 5124.

Dalencé.

Traité des Baromètres. 1481.
Traité de l'aiman. 1495.

Gilbert Damalis.

Le procès des trois freres. 3161.

S. *Joan.* Damascenus.

Opera, gr. lat. 406.
Hymni, gr. & lat. 2560.
Liber Barlaam & Josaphat. *Editio vetus circa 1476.*] 3970.
Legenda de S. Josafat. MS. 4728.

Estien. Dame.

L'Epître du Chevalier gris envoyée à la Vierge. 3060.

Eloy Damerval.

Le livre de la deablerie. 3011, 3012.

Josse Damhoudere.

La pratique des causes criminelles. 1174.

Diane de Dammartin.

Ses Heures manuscrites. 300.

Damvilliers. *V. Pierre* Nicole.

Pierre Danche.

Les trois blasons de France. 2975^{11}.

P

DA

Ant. Danchet.
Tancrede, trag. 3515¹³.

Petr. Danetius.
Dictionn. antiquit. Romanar. 5444.

Phil. Danfrie.
Déclaration de l'usage du Graphometre. 1848.

Petr. Danhuser.
Opera B. Anselmi. *Nurembergæ, Casp. Hochfeder, 1491.*] 514.

Le Prophete Daniel.
Les songes, trad. en fr. 1335⁶.

Daniel, Monachus.
Vita S. Joannis Climaci. MS. 405¹.

Arnaut Daniel, Troubadour.
8 Pieces de poésie. MS. 2701.

Gab. Daniel.
Histoire de France. 5036.
Histoire de la milice françoise. 5306.

Jean Daniel, Organiste.
Noels nouveaux. 3081⁵.
Noels joyeux pleins de plaisir. 3081⁷.

Dante Alighieri.
Comedia. MS. 3514—3557.
—— (*Fulginei,*) *Joan. Numeister, 1472.*] 3558.
—— *Mantuæ, Magister Georgius, 1472.*] 3559.
—— *In Neapoli, 1477.*] 3560.
—— *In Venetia, Vindelin. de Spira, 1477.*] 3561.
—— *Mediolani, Lud. & Alb. Pedemontani, 1478.*] 3562.
—— *In Firenze, Nicolo de Lorenzo, 1481.*] 3563.
—— *In Bressa, Boninus de Boninis, 1487.*] 3564.
—— *In Venegia, Petro Cremonese, 1491.*] 3565.
—— *Editiones variæ.* 3566—3568.

Comento sopra l'Inferno di Dante da Barziza. MS. 3569.
Le Paradis, trad. en vers par Fr. Bergaigne. MS. 3571.
Convivio. *In Firenze, Fr. Bonacorsi*, 1490.] 3570.

Dom *Maur* DANTINE.

Glossarium domini du Cange. 2209.
L'art de vérifier les dates. 4577.
Recueil des Historiens de France. 5015.

Jean DARDRE.

Ballade de la Confrairie de N. D. du Puy dans le MS. N° 2927.

DARES Phrygius.

De excidio Trojæ. MS. 4817.
—— ad usum Delphini. 4818.
—— tradot. in ling. italiana per Tom. Porcacchi. 4819.

M. J. DART.

The history and antiquities of the Church of Canterbury. 4640.

DASSOUCY.

Airs en musique. MS. 3539.

Franc. DASSY.

Dialogue du Peregrin de Caviceo. 4183—4186.

Aug. DATUS.

Opera. 4348.

DAVAILLE, Marquis d'al Gasto.

L'excuse & réponse à l'Empereur. 5318.

DAUCOURT.

Le berceau de la France. 4134[10].

DAUDIGUIER, *V.* D'AUDIGUIER.

Franc. DAVESNE.

Harmonie de l'amour de Dieu. 960.
Les Evangiles de J. C. tragédie. 3432, 3433.

David Rex.
Pfalterium in quatuor linguis. 7.
Pfalterium Quincuplex. 8, 9.
Pfalterium, gr. lat. *Mediol.* 1481.] 24.
Pfalterium, latinè. MS. 53.
—— *Mediolani*, 1477.] 54.
—— *Editio altera.* 55.
Pfeaumes en françois. 64==67.
Pfalterium cum gloffis. MS. 187, 188.

P. Jo. David, Sociét. Jefu.
Veridicus Christianus. 736.
Occafio arrepta. 737.

R. Davinco, Troubadour.
1 Piece de Poéfie. MS. 2701.

Jean Daullé, Graveur.
Œuvre d'Hyacinthe Rigaud, gr. par lui & d'autres. 1939.

Blaife Dauriol. *V. Blaife* d'Auriol.

Jean Dauton. *V. Jean* d'Auton.

Dawkins.
Les ruines de Palmyre. 5493.
Les ruines de Balbec. 5494.

Jac. Dechalup.
Privileges de la ville de Périgueux. 5278.

Jean Decuchermois. *V. Jean* de Cuchermois.

Guil. Deheris.
Elégie de la guerre & victoire de vertu contre fortune. 3150.

D. Franç. Delfau.
S. Augustini opera. 447.

Ægidius Delfus.
Divi Apoftoli Pauli epiftolæ. 57.

DELISLE. *V.* ROMÉ Delisle.

Le Pere DELMAS.

Maxime, trag. MS. 5481.

Petr. DELPHINUS.

La vita di Merlino. *In Florentia*, 1495.] 3997.
Epistolæ. 4455.

DEMETRIUS Cretensis.

Biblia Polyglotta. Fr. Ximenez. 2.
Homeri opera, gr. *Florentiæ, Nerlius*, 1488.] 2356.

Jean DEMONS.

Sextessence Diallactique. 5174.

Claude DEMORENNE.

Les regrets & tristes lamentations du Comte de Montgomery. 3186.

DEMOSTHENES.

Orationes LXII. græcè. 2238.

Thomas DEMPSTERUS.

Aldrovandi quadrupedes bisulci. 1598^6.

Carlo DENINA.

Delle rivoluzioni d'Italia. 4966.

C. I. DENIS.

L'amour Apoticaire, coméd. MS. 3459^5. portef. II.
Le Salmigundis comique, coméd. MS. 3488.
Les travaux d'Arlequin Bacchus, coméd. MS. 3488, 3489.

Nic. DENISOT.

Les nouvelles récréations & joyeux devis. 3860.

M DENYS.

Description de l'Amérique Septent. 5401.

Le Chevalier DÉON de Beaumont.

Lettres & mémoires. 5258.

DE

David DERODON. *V. David* DE RODON.

Fr. Gil. DERT.

Somme & fin de la Sainte Ecriture. 120.
Le Solas du cours naturel de l'homme. 4414.

DESADES.

La double intrigue, coméd. MS. 3459⁶. portef. IV.

Ant. DESGODETZ.

Les édifices antiques de Rome. 2056.

Antoinette DESHOULIERES.

Poésies. 3264.

Artus DESIRÉ.

La singerie des Huguenots. 847.
Le miroer des francz Taulpins. 3134, 3137.
Le deffensoire de la foy chrestienne. 3135═3137.
Les grands jours du Parlement de Dieu. 3137.
Les combats du céleste Chrétien. 3138, 3139, 3142.
Les disputes de Guillot le Porcher. 3140, 3141.
Les terribles & merveilleux assaulx. 3143.
Les articles du traité de la paix. 3144.
Le grand chemin céleste de la maison de Dieu. 3145.
Le désordre & scandale de France. 3146.
Le moyen de voyager sûrement par les champs. 3147.
Ravage des chevaux de louage. 5127.

Jean DESLYONS.

Discours contre le paganisme des Rois de la feve. 585.

L'Abbé Regnier DESMARAIS.

Traité de la Grammaire françoise. 2211.

Jean DESMARETS de Saint-Sorlin.

Morales d'Epictete, &c. 1259.

Laurent DESMOULINS.

Le Catholicon des Maladvisés. 2934.

DE

Bonav. DESPERIERS.
Cymbalum mundi. 4408, 4409.

Louis DESPLACES, Graveur.
L'Enéide de Virgile, peinte par Ant. Coypel. 1894.

Phil. DESPORTES.
Chansons choisies par de Moncrif. 2720.

Lud. DESPREZ.
Q. Horatii opera in usum Delphini. 2472.

Pierre DESREY.
Geoffroy de Bouillon. 4067.
Chronique de Rob. Gaguin, trad. en françois. 5023.
Chroniques de Monstrelet. 5057—5059.

A. DETTONVILLE. V. Blaise PASCAL.

R. DEVAUX, Graveur.
Le portrait d'Edelinck, peint par Tortebat. 1937.

DEZALLIER d'Argenville.
La Conchyliologie. 1635, 1636.

Conteza DE DIA, Troubadour.
1 Piece de Poésie. MS. 2701.

DICTYS Cretensis.
De bello Trojano. 4818.
—— tradot. in ling. italiana per Tom. Porcacchi. 4819.

Denis DIDEROT.
Encyclopédie. 1851.

DIDYMUS.
Scholia in Homerum. 2362.
Proverbia, gr. lat. 7824.

Ab. DIEPENBECKE, Dessinateur.
Fig. de la méthode de dresser les Chevaux de Newcastle. 2122.

Jo. Georg. Nic. DIETERICUS.
Phytanthosa iconographia. 1549.

Christ. Guil. Ern. DIETRICY, Peintre.
Recueil de 56 estampes gravées d'après lui & d'autres. 1922.

Joan. Jacobus DILLENIUS.
Hortus Elthamensis. 1593.

DILLY.
La véritable Philosophie. MS. 1761.

Francesco DI DINO.
Libro che tracta di Mercatantie. *Firenze, al munistero di Fuligno*, 1481.] 1373.

DINUS.
De regulis juris. *Roma, Adam Rot*, 1472.] 1165.

DIO Chrisostomus.
Sermo de Homero. 2356.

DIODORUS Siculus.
Historiæ, gr. & lat. 4832.
—— latine, per Poggium. MS. 4833.
—— *Bononiæ*, 1472.] 4834.
—— trad. par Ant. Macault. 4835.

DIOGENES Laertius.
Vitæ Philosophorum, lat. *Venetiis, Nic. Jenson*, 1475.] 5559.
—— in lingua italiana. *Venetiis, Bern. Celerius de Luere*, 1480.] 5560.
—— *In Milano, Mag. Cassano*, 1497.] 5561.

DIOGENES Philos.
Epistolæ à Fr. Aretino, è gr. in lat. conv. MS. 4425[4].

DIONYSIUS Alexandrin.
De situ orbis, græcè. 2160, 2579.
—— lat. *Venetiis, Fr. Renner de Hailbrun*, 1478.] 4476.

DIONYSIUS

D I

Dionysius Carthusianus.
Contra Alcoranum libri. 836.

Dionysius Hallicarnassensis.
Antiquitates romanæ, gr. & lat. 4850.
—— trad. en françois par Bellanger. 4851.

Nestor Dionysius.
Onomasticon. *Mediolani, Leon. Pachel,* 1483.] 2202.

Diophantus Alexandrin.
Arithmeticorum lib. VI. gr. lat. 1794.

Bern. Divitio da Bibiena.
Calandra, comedia. 3757.

Jean Divry.
Les Enéides de Virgile, trad. par St. Gelais. 2460.
Les secrets & loix de mariage. 2979^4. 3087.
Les faits & gestes de M. le Légat, trad. de Fauste Andrelin. 2980^3. 2988^2
Les triomphes de France. 2988^1.

Denys Dodart.
Histoire des plantes. 1541, 1542.

Mathurin Dodier.
Le Concile des Muses. 3070^1.

Rembert Dodoens.
Histoire des plantes, trad. par Ch. de l'Escluse. 1540.

Henr. Dodwellus.
Geographiæ veteris scriptores græci minores. 4475.

Vincen. Doesmier.
Jac. Almain aurea opuscula recensita. 660.

Doisy.
Le Royaume de France. 5259.

Q

Lod. Dolce.

Capitoli. 3544, 3545.
Petrarcha Corretto. 3590.
Cinque primi canti di Sacripante. 3721.
Le Transformationi. 3722.
Il Capitano, comedia. 3770.
Stanze nella favola d'Adone. 3770.
Il Marito, comedia. 3771.

Estienne Dolet.

Le Chevalier Chrétien, trad. d'Erasme. 783.
Discours sur le moyen de conserver sa fidélité auprès d'un Prince. 1368.
Le Courtisan de Balth. de Castillon. 1371.
De re navali liber. 1841.
Commentarii linguæ latinæ. 2205.
Phrases & formulæ linguæ latinæ. 2206.
La manière de bien traduire une langue. 2214.
Questions Tusculanes de Cicéron. 2268.
Epîtres familieres de Cicéron. 2320.
Dialogus de imitatione Ciceroniana. 2331.
Opera varia. 2343.
Carminum lib. IV. 2639.
Fr. Valesii Gallor. Regis fata. 2640.
Faits & gestes du Roi François I. 2641—2643.
Genethliacum Claudii Doleti. 2644.
L'avant-naissance de Claude Dolet. 2645.

Lod. Domenichi.

Morgante Maggiore di Pulci corretto. 3635.

Dom. Zampieri *vulgo* Domenichino.

Picturæ in sacello sacræ ædi Crypto Ferrarensi. 1909.

Dominique (Biancolelli.)

La folie raisonnable, coméd. MS. 3459[13]. portef. V.

Louis Dominique.

Faceties & mots subtils. 3918.

Marc. Ant. de Dominis.

Prefazione all' historia del Concilio Tridentino. 4642.

Vitaliano Donati.

Hist. natur. de la mer Adriatique. 1657.

Ælius Donatus.

2 Planches gravées en bois de sa grammaire.
Pub. Terentii comœdiæ. *Tarvisii, Herm. Levilapis,* 1477.] 2575.
—— *Venetiis, Nic. Girardengus,* 1479.] 2576.
—— *Argentinæ, Joan. Gruninger,* 1499.] 2578.
Vita Terentii ex commentariis excerpta. 2573.

Alexan. Donatus.

Roma vetus & recens. 5483.

Seb. Donatus.

Ad Thesaurum vet. inscript. Muratorii suppl. 5455.

Ant. Franc. Doni.

L'Asinesca Gloria. 4244.

Nic. Donnus, *seu* Donis German.

Ptolomæi Cosmographia, lat. 4482.

Jean Dorat.

Les oracles des douze Sibylles. 5447.

Pierre Doré.

L'image de vertu. 576.
Dialogue des Chrestiens. 676.
Les voyes de Paradis. 760.
Les allumettes du feu divin. 761.
Le College de sapience. 762.
La Tourterelle de viduité. 779.

Nic. Dorigny, Delineator.

Psyches & Amoris nuptiæ Raphaelis. 1901.

Th. Dorniberg.

Tabula materiarum compendii theologicæ veritatis (Hugonis argent.) (*Spiræ, Petrus Drack, circa* 1474.] 553.

Pos Dortafam, Troubadour.

1 Piece de poésie. MS. 2701.

Bart. Dotti.

Poésie satiriche. MS. 3752.

Gerard Dou, Peintre.

La double surprise, gr. par Beauvarlet. 1923.

Louis Douet.

L'histoire du Chevalier du soleil. 4073.

Jean Doujat.

Eloges des personnes illustres de l'A. T. 4722.
Titi Livii historiæ. 4862.

Th. Douza.

Georgii Acropolitæ hist. Byzantina. 4957¹⁶.

Van Draakenstein.

Hortus Indicus Malabaricus. 1578.

Drachier d'Amorny. *V. Richard* Romany.

Arnol. Drakenborch.

Silii Italici punicorum lib. 2518.
Titi Livii historiæ. 4863.

Drevet, Graveur.

Œuvre d'Hyacinthe Rigaud, gr. par lui & autres. 1939.

Dreux du Radier.

L'Europe illustre. 5616.

Jean Droyn ou Drouin.

La nef des folles de Joce Bade. 2660, 2661.
La vie des trois Maries de Jean de Venette, réduite en prose. 2766, 2767.

Drury.

Hist. natur. des insectes. 1648.

D U

Joan. DRYANDER.
Chyromantia. 1832.

L'Abbé Jean Bapt. DUBOS.
Histoire de la Ligue de Cambray. 5084.

DUCAS Mich. Ducæ Nepos.
Historia Byzantina. 4957^{18}.

Gasp. DUCHANGE, Graveur.
L'Eneïde de Virgile, peinte par Ant. Coypel. 1894.

LE DUCHAT.
Œuvres de Fr. Rabelais. 3861, 3862.
Apologie pour Hérodote de Henri Estienne. 4219.
Les 15 joyes du Mariage (de Fr. de Rosset.) 4280.

DUCLOS.
Recueil sur la transmutation des métaux. MS. 1788.

Charles DUCLOS.
Acajou & Zirphile. 4134^{2}.
Histoire de Louis XI. 5074.

Ruberto DUDLEO Duca di Nortumbria
Arcano del Mare. 4500.

Le Pere DUEDEAU Jésuite.
Grégoire, comédie. MS. 3452^{4}.

Claude DUFLOS, Graveur.
Figures pour les œuvres de Lucrece. 2417.
Fig. des mœurs des Turcs. 5386.

DUGUÉ.
Musique de Jupiter & Europe, opéra. MS. 3526.

Jac. Joseph DUGUET.
Explication du mystere de la passion. 108.
Institution d'un Prince. 1363.

Henre Louis DUHAMEL du Monceau.
Traité des arbres fruitiers. 1566.

DUMARSAIS. *V.* DU MARSAIS.

Pierre DUMAS.

Ballade de la Confrairie de N. D. du Puy dans le MS. N° 2927.

DUMONT.

Les ruines de Pæstum, trad. de T. Major. 5500.

DUMONT, Peintre.

Le Roman comique de Scaron, gr. par Surugue, &c. 1978.

D. DUMONT ou *Antoine* LE MAISTRE.

Pseaumes de David. 64—67.

Jean DUMONT.

Corps universel diplomatique. 1148.
Suppl. au corps universel diplomatique. 1149.

Joan. DUNS SCOTUS.

Quæstiones super primo sententiarum. *Venetiis,* (*Albertus Stendal,*) 1472.] 546.
In quartum librum sententiarum. (*Nuremberga, Coburger,*) 1474.] 547.
Quodlibeta. (*Venetiis,*) *Albertus Stendal,* 1474.] 548.

Thaddæus DUNUS.

De arte numerandi dies. 4551.

Peire DURAN, Troubadour.

5 Pieces de Poésie. MS. 2701.

DURAND.

Continuation de l'histoire d'Angleterre de Rapin de Thoyras. 5356.

Adrien DURAND.

Réligion des Mahométans de Reland. 1046.

Dom DURAND.

L'art de vérifier les dates. 4577.

Gilles Durand.
Chansons choisies par de Moncrif. 2720.

Durandus, Epis. Meldensis.
De Jurisdictione Ecclesiastica. 1077.

Guil. Durandus.
Rationale divinorum officiorum. *Moguntiæ, Joan. Fust & Petr. Schoyffer*, 1459.] 214.
——— Editio vetus absque anni & loci nota. 215.
——— *Romæ, Georg. Laver*, 1477.] 216.
——— *Vicentiæ, Herm. Lichtensten*, 1478.] 217.
——— *Vicentiæ, Herm. Lichtensten*, 1480.] 218.

Piero Durante da Gualdo.
Libro d'arme e d'amore. 3697.
Del Parto della Vergine libri tre. 3698.

Const. Felicius Durantinus.
De conjuratione Catilinæ. 4901.

Joan. Steph. Durantus.
De ritibus Ecclesiæ Catholicæ. 219.

Albert Durer, Graveur.
La vie de N. Seigneur 1955.
Les Chars de Triomphe. 2035.

Raimon de Durtfort, Troubadour.
1 Piece de poésie. MS. 2701.

Louis Dutens.
La Logique. 1258.
Manuel d'Epictete. 1264.
Le Tocsin. 4225.
Leibnitii opera. 4369.

Pierre Duval.
Le Puy du souverain amour. 3112.

Guil. Duvallius.
Aristotelis opera. 1219.

Ant. van Dyck, Peintre.

44 Estampes gr. d'après lui & d'autres. 1982.
Recueil d'habillements. 1999, 2000.
Icones Principum. 5630.
Fig. de l'Iconographie. 5619.

Dynus. V. Dinus.

E

E. J.

L'instruction de Chevalerie. 2103.

E. P. C.

Le piteux remuement des Moines. 3203.

Jo. Mart. Ab. Ebermayer.

Gemmarum affabrè sculptarum thesaurus. 5520.

Eckbertus Præsbiter.

Sermones. 834.

Van Eckhout, Peintre.

44 Estampes gr. d'après lui & autres. 1982.

L'Abbé de l'Ecluse des Loges.

Mémoires de Sully. 5156.

Gerard Edelinck, Graveur.

Tableaux du Roi peints par le Brun. 1876[2].
Recopilacion de retratos originales. 1937.
Œuvre d'Hyacinthe Rigaud, gr. par lui & autres. 1939.

Jos. Edmonson.

Baronagium genealogicum. 5431.

N. Edoard.

Chronique de Mascon, trad. (de Fustaillier.) 5273.

Eduardus, Rex Angliæ.

Leges, latinè. 1204.

George

George Edwards.
Natural history of uncommon birds. 1602.
Glanures d'histoire naturelle. 1603.

Joan. Baptista Egnatius.
Historiæ augustæ scriptores. 4927, 4937.

Georg. Dionys. Ehret.
Hortus Cliffortianus. 1590.
Plantæ selectæ. 1592.

Charles Eisen, Dessinateur.
Deux dessins faits en 1756. 1924.
Les figures de la Henriade de Voltaire. 3286.
Figures du temple de Gnide. 4153.

Franc. Eisen le pere, Graveur & Peintre.
Recueil de 56 estampes gravées d'après lui & d'autres. 1922.

Augustinus Eleutherius. *V. Seb.* Franck.

Elizabeth Virgo.
Libri spirituales. 742.

Mich. de Elizalde.
Forma veræ religionis. 808.

Jean Ellis.
Essai sur l'hist. natur. des Corallines 1642.

Engrebans d'Arras.
Le jeu des eschets, en vers. MS. 2736^{33}.

Jean d'Ennetieres.
Le Chevalier sans reproche. 3245.

Q. Ennius.
Fragmenta. 2411.

Enrique Enriqués.
Correction general del dia. MS. 1409.

Cabala angelica. MS. 1409.
Expofition de conbinaciones Kavalifticas. MS. 1409.

Le Chevalier d'Eon. V. Déon.

S. Ephraem Syrus.

Opera omnia, gr. fyr. lat. 383.
Sermones tranfl. per Ambrofium Camaldulenf. 384.

Joan. Ephraimus.

Biblia, bohemicè. 102.

Bern. l'Epicié, Graveur.

Le Roman comique de Scaron, peint par Dumont. 1978.

Epictete.

Morale extraite par de Saint-Sorlin. 1259.
Enchiridium. 1262.
Le Manuel, trad. par Dacier. 1263.
——— avec une préface par L. Dutens. 1264.

S. Epiphanius.

Opera, gr. lat. 395.
Liber ad Phyfilogum, gr. lat. 396.

Epiphanius Scholafticus.

F. Jofephi opera, latinè. 4801.

Marius. Equicolus.

Apologie contre les Médifants de la nation Fr. (trad. par M. Roté.) 4256.
Chronica di Mantua. 4997.

Defiderius Erasmus.

N. Teftamentum, latinè. 58.
Enchiridion militis chriftiani. 782.
Le Chevalier Chrétien, trad. par Eft. Dolet. 783.
C. Plinii Sec. hiftoria naturalis. 1452.
Moriæ Encomium. 4238.
L'éloge de la folie, trad. par de Gueudeville. 4239.

Les faits de plusieurs gens de doctrine. 4304.
Opera. 4364.
Selectæ epistolæ. 4454.

ERHARDUS.

Ciceronis Tusculanarum quæstion. lib. (*Parisiis*, *Gering*. *circa* 1471.) 2265.

Sebast. ERIZZO.

Discorso sopra le Medaglie antiche. 5459.

Joan. Aug. ERNESTI.

Callimachi opera. 2390.

ERRARD.

Parallele de l'architecture antique & de la moderne. 2053.

Franc. ERTINGER, Graveur.

Divers sujets de l'hist. de Toulouse sur les desseins de la Fage. 1972.
Fig. du cabinet de la Bibliotheque de Sainte Genevieve. 5529.

Sibylla ERYTHEA.

Carmina. *Venetiis, Aldus,* 1495.] 2355.

DE L'ESCALE.

Champion des femmes. 4291.

George DE ESCLAVONIE.

Le Château de virginité. 777.

Charles DE L'ESCLUSE.

Histoire des plantes de R. Dodoens. 1540.

ESOPE. *V.* ÆSOPUS.

Le Président D'ESPAGNET.

La Philosophie naturelle. 1769.

Peire Espanhol, Troubadour.
1 Piece de poésie. MS. 2701.

J. DE L'Espine.
Discours du vrai sacrifice & du vrai Sacrificateur. 1029, 1030.

Phil. DE L'Espinoy.
Recherche de la Noblesse de Flandres. 5427.

Laurent L'Esprit.
Le passe-temps des Dez. 2143.

Pierre D'Esrey. *V. P.* Desray.

Nic. DES Essarts. *V. Nic.* DE Herberay.

Ant. Estienne. *V. Franc.* Æstienne.

Charles Estienne.
La comédie du Sacrifice des Professeurs nommés Intronati. 3766.
Les Abusez, coméd. 3767.

Henri Estienne. *V. Henr.* Stephanus.

Robert Estienne. *V. Robert.* Stephanus.

Pierre DE L'Estoile.
Journal du regne de Henri III. 5118.
Journal du regne de Henri IV. 5155.

Godefroi Comte D'Estrades.
Lettres & mémoires. 5223.

Jacob. Eszler.
Ptolomæi cosmographia. 4485.

Frere Jean L'Évangeliste d'Arras.
La Philomele séraphique. 3246.

Evax, Roi d'Arabie.
Lapidaire. MS. 1189^6, 1500, 1501, 2738^3.

Euclides Megarensis.

Elementor. Geomet. lib. lat. *Venetiis, Ratdolt*, 1482.] 1791, 1792.

André Eudémon-Jean.

Admonitio ad Ludovicum XIII. 4375$^{24°}$, 5195.

Euripides.

Tragœdiæ. 2398—2400.
Hecuba, lat. 2401.
Hecuba, trad. (par de Baïf.) 2402, 2403.
Iphigenie, trad. (par Thomas Sibilet.) 2404.

Eusebius Cæsariensis Episcopus.

Chronicon, lat. (à Rufino Aquileiensi.) *Venetiis, Erh. Ratdolt*, 1483.] 4548.
Historia Ecclesiastica. *Romæ, (Ulric. Han.)* 1476.] 4621.
Epistola de morte S. Hieronymi. (*Coloniæ, Zel de Hanau*, circa 1471.) 4741^1.

Eusebius Pamphilus.

Præparatio Evangelica, gr. lat. 380.
——— in latinum trad. MS. 381.

Maistre Eustache.

Le Roman d'Alexandre. MS. 2702.

Eustache le Peintre, de Rheims.

7 Chansons. MS. 2719^{14}.

Barth. Eustachius.

Tabulæ Anatomicæ. 1740.

Eustathius Archiepisc. Thessal.

Commentarii in Homerum, gr. 2358—2360.
Les amours d'Ismene & d'Ismenias, trad. (par de Beauchamps.) 3968. 4334^3.
——— tradot. per M. Lelio Corani. 3969.

Eustorg de Beaulieu.
Les divers rapports. 3131.

Eutocius Afcalonita.
Comment. in Archimedis libros. 1793.

Eutropius.
Romanæ hiftoriæ Breviarium. *Romæ, (Georg. Laver,)* 1471.] 4875.
—— *Mediolani, Phil. de Lavagna*, 1475.] 4935.
—— *Editiones variæ.* 4876, 4927, 4937.

Frere *Franc.* Eximenes.
Livre des SS. Anges. MS. 557.
—— *Geneve*, 1478.] 558.

Claude Expilli.
Cinq ballets MS. 3512^3. Portef. II.

Julius Exsuperantius.
Fragmenta Hiftoricorum. 4902.

Albertus de Eyb.
Margarita poetica. *Editio vetus.* 2228.
—— *Romæ, Udal. Gallus*, 1475.] 2229.
—— *Parifiis, (Petr. Cafaris, circa* 1475.) 2230.
—— *Editio* 1480.] 2231.

Fr. Nic. Eymericus.
Directorium Inquifitorum. 4799.

F

F.
L'horofcope véritable, coméd. MS. 3452^{10}.

Anna Faber Tanaquilli filia. *V. Anne* Dacier.

Jacobus Faber Stapulenfis.
Quincuplex Pfalterium. 8, 9.

Commentarii in epistolas B. Pauli. 204.
Richardi S. Victoris desuper divina trinitate opus. 524.
Liber trium virorum & trium spiritualium Virginum. 742.
Præfatio in libellum Ricoldi contra sectam Mahumeticam. 835.
Agones Martyrum mensis Januarii. 4689.

Joan. FABER.

Hist. plantarum Mexicanorum. 1664.

Jean FABRE.

Traité des montagnes. MS. 1787.
Palladium Spagiricum. MS. 1787.

Le P. FABRE.

Histoire universelle de Jacq. de Thou. 4613.

Raphael FABRETTUS.

De Columna Trajani Syntagma. 5506.

Pierre FABRI.

Les Epitaphes de Louis XI. dans le MS. N° 2926.

Principio FABRICII.

Allusioni sopra la vita di Gregorio XIII. 4335.

Georgius FABRICIUS Chemensis.

Roma & alia. 4954.

Pierre FABRIS.

Observations sur les Volcans de Sicile. 1480.

Luigi Cinthio DE' FABRIZI.

Libro della origine delle volgari proverbi. 4314.

Car. Annib. FABROTUS.

Basilicon libri IX. 1170.
Anastasii Historia Ecclesiastica. 4957^8.
Georg. Cedreni compendium historiarum. 4957^9.
Nicetæ historia. 4957^{15}.
Laonici Chalcocondylæ historia Turcarum. 4957^{21}.

Barth. FACIUS.

Epistola. (*Coloniæ , Veldener.* ,) 1473.] 4405³.

Christ. Barth. FAGAN.

La Grondeuse. MS. 3465⁴.

Raymond LA FAGE, Dessinateur.

Recueil de ses meilleurs desseins. 1971.
Divers sujets de l'hist. de Toulouse, gr. par Ertinger. 1972.

Noel DU FAIL de la Herissaye.

Les contes & discours d'Eutrapel. 3952.

Samon FAILLYONA. *V.* FREY.

Gaucelm FAIZIT, Troubadour.

38 Pieces de poésie. MS. 2701.

Jeremie FALCK, Graveur.

Les 12 mois de l'année peints par Sandrart. 1964.

Gio. Batt. FALDA Intagliatore.

Li Giardini di Roma. 1992.
Recueil de différentes vues de Rome. 2667.
Il nuovo splendore delle Fabriche in prospettiva di Roma. 2069.

Domen. FALUGI.

Triompho magno. 3684.

René FAME.

Lactance Firmian. 424.

Guill. FAREL.

Epître envoyée au Duc de Lorraine. 877.

Pierre FARGET.

N. Testament. *Lyon , Buyer.* 69 , 70.
Procès fait entre Belial & Jesus. 648 , 649.
Les fleurs des temps passés, (trad. de Rolewinck.) *Geneve, Louis M. Cruse* , 1495.] 4558.

Mathias

Mathias FARINATOR.

Liber Moralitatum, 1482.] 1473.

Baude FASTOUL d'Arras.

Le Congé, en vers. MS. 2736⁴°.

FAVANNE de Montcervelle.

La Conchyliologie de M. d'Argenville. 1636.

FAVIER.

Mufique du triomphe de Bacchus, MS. 3512². portef. II.

Nic. FAVYER.

Figure des pourtraits contenus ès médailles de la confpiration. 4375²⁹. 5114.

Barth. FAYE.

Coutumes de Melun. 1192.
Coutumes de Touraine. 1194.

Mar. Magd. de la Vergne DE LA FAYETTE.

Zayde. 4134⁴. 4140.
La Princeffe de Cleves. 4134⁵. 4141.
Caraccio. MS. 4142.

LE FEBVRE.

Mémoire fur les Statuts de l'ordre du S. Efprit. 5296.

Jean LE FEBVRE de Therouane.

Le refpit de la mort. 2773.
Le livre de Matheolus. MS. 2774.
—— Imprimé. 2775.
Le rebours de Matheolus. MS. 2774.
—— Imprimé. 2776, 2777¹.

M. Cef. FEDERICI.

Viaggio nell' India Orientale. 4514.

Dom Michel FELIBIEN.

Hiftoire de l'Abbaye de S. Denys. 4667.

S

Fr. de Salignac de la Mothe Fenelon.

Œuvres spirituelles. 772, 773.
Réfutation des erreurs de Spinosa. 951.
Les aventures de Telemaque. 4154—4157.

Lucius Fenestella.

De Romanorum Magistratibus. *Editio vetus circa* 1480.] 4945.
────── *Editio altera.* 4951.

S. François Ferardem.

Histoire de l'Abbaye du Mont S. Michel. 4375[III].

Raimond Feraud.

La vie de S. Honorat de Lérins, en vers provençaux. MS. 2737.

Louis Ferdinand, Graveur.

Les Vertus innocentes, dessinées par L. Tetelin. 2920[I].

Denys Feret.

Recueil de différentes pieces de poésies. 3233.
Les Premices, dites le vrai François. 3234.

Pierre Ferget. *V.* Pierre Farget.

D. P. de Fermat.

Diophanti Arithmeticorum libri. 1794.

Carolus Fernandus.

Lucii Annæi Senecæ tragœdiæ. 2589.

Jo. Michael Fernus.

Campani opera. 4350.

Jean le Feron.

De la primitive institution des Rois d'Armes. 5405.

Joan. Ferraldus.

Insignia pecularia Francor. regni. 5011.

S. Ferrand.

Musique de Zelie, ballet-opera. MS. 3522.

Ferrante Imperato.
Dell' historia naturale. 1676.

Julius Æmilius Ferrarius.
Ausonii opera. *Venetiis, Joan. de Cereto*, 1494.] 2551.

Pietro Ferrerio, Disegnatore.
Palazzi di Roma. 2070.

Zachorias Ferrerius.
Hymni novi Ecclesiastici. 2625.

Jean le Ferron, Jacobin.
Moralité du jeu des échets, trad. de Jacq. de Cessoles. MS. 1321.

M. de la Ferté, Graveur.
Divers paysages. 1974.

Etienne Fessard, Graveur.
Fables de la Fontaine. 3261.

Anne le Fevre. V. Anne Dacier.

Guy le Fevre de la Boderie.
Confusion de la secte de Muhamed, trad. de Jean André. 838.

Jean le Fevre.
Emblêmes d'Alciat. 4323, 4324.

Raoul le Fevre.
L'histoite de Jason & de Medée. 4085, 4086.
Recueil des histoires de Troyes. MS. 4087.
——— Imprimé. 4088—4090.

Feussli, Dessinateur.
Recueil de soixante portraits. 5622.

Odoart Fialetti.
Histoire de l'institution des ordres religieux. 4661.

Guil. Fichetus.

Rhetorica. (*Parisiis, Ulricus Gering, &c. circa* 1470.] 2226, 2227.
Ciceronis opera Philosophica. *Paris. Ulr. Gering.* 1471.] 2280.

Marsilius Ficinus.

Mercurii Trismegisti liber. *Tarvisii, Gerardus de Lisa*, 1471.] 1207, 1208.
—— En françois. MS. 1209.
Compendium Alcinoi. MS. 1211^1.
Speusippi liber de Platonis diffinitionibus. MS. 1211^2.
Pythagoræ aurea verba. MS. 1211^3.
Pythagoræ symbola. 1211^4.
Sopra lo amore di Platone. 1214.
Plotini opera. *Florentiæ, Ant. Miscominus,* 1492.] 1236.
Liber de voluptate. *Venetiis, Aldus,* 1497.] 1238, 1239.
Jamblicus de mysteriis Ægyptiorum. *Venetiis, Aldus,* 1497.] 1238, 1239.
De triplici vita. (*Parisiis, Guill. Wolff, circa* 1494.] 1320.
Epistolæ. *Venetiis, Math. Capcasa,* 1495.] 4450.

Simon. Fidatus da Cascia.

Expositioni sopra evangeli, (trad. da Fra. Guido.) *In Firenze, Bart. di Francesco de libri.* 1496.] 201.

Thomas Fienus.

De viribus imaginationis tractatus. 1726.

Baptista Fiera Mantuanus.

Cæna; *circa* 1490,] 1709.

Felice Figliucci.

Il Fedro di Platone. 1215.

Guil. Figuieyra, Troubadour.

8 Pieces de poésie. MS. 2701.

Ant. Fileremo Fregoso.

Opera nova. 3653.
Riso de Democrito. 3654.

Guil. FILLASTRE.

Les deux Vol. de la Toison d'or. 5061, 5062.

Jac. FILLASTRE.

2 Chants royaux impr. dans le vol. N° 2883.

Jean FILLONS. *V. Jean* DE VENETTE.

Oronce FINÉ.

Epître exhortative. 3096¹.

Symon FINETIUS.

Steph. Doleti orationes. 2343.

Agnolo FIRENZUOLA.

Le rime. 3682.
La Trinutia, comedia. 3775.
I Lucidi, comedia. 3775.
Discours de la beauté des Dames, trad. par Pallet. 4276.

Julius FIRMICUS Maternus.

Astronomicorum lib. VIII. *Venetiis, Aldus,* 1499.] 1802.
Mathefeos lib. VII. *Venetiis, Simon Papiensis,* 1497.] 1805.

Math. FLACIUS Illyricus. *V. Math.* FRANCOWITZ.

Nic. FLAMEL.

Le Sommaire philosophique. 2781.

Guil. FLAMENG.

Devote Exhortation pour avoir crainte du grand jugement. 2904⁵.

Joan. FLAMSTEDIUS.

Hist. cœlestis Britannica. 1814.
Atlas cœlestis. 1815.

Jean DE FLANDRE.

Ballade de la Confrairie de N. D. du Puy, dans le MS. N° 2927.

Esprit Flechier.

Œuvres posthumes. 662.
Festiva ad Capita Annulumque decursio. 1876¹².
Dialogue du Quiétisme. MS. 3276.
Lettres. 4460.
La vie du Cardinal Commendon, trad. de Gratiani. 4660.
Histoire de Théodose le grand. 4956.
Histoire du Cardinal Ximenes. 5348.

Le Maréchal de Fleurange.

Histoire & mémoires. MS. 5063.

Dom. *Basile* Fleureau.

Les Antiquités de la ville d'Estampes. 5268.

Claude Fleury.

Abrégé de son Histoire Ecclésiastique. 4622, 4623.
Les Mœurs des Israélites. 4812.

Jean Fleury dit Floridus.

Amours de Guisgardus & Sigismonde, trad. de l'Aretin. 3977, 3978.

Stephanus Fliscus.

Sententiarum variationes & synonyma, 1484.] 5667.

Thomas Flloyd.

Swammerdam's Book of nature. 1644.

Jeanne Flore.

Contes amoureux. 3950, 3951.

Jean de Flores.

La déplorable fin de Flamecte. 4191.

Julianus Floridus.

Lucii Apuleii opera. 3841.

Florimond. *V.* Montflory.

Mich. Agnolo Florio.

Apologia. 985.

Franciscus FLORIUS.

De Amore Camilli & Emiliæ. (*Parisiis, Petr. Cæsaris*, circa 1475.) 3976.

Lucius Annæus FLORUS.

Rerum Romanarum Epitome. MS. 4869.
—— *Senis, Sigism. Rot de Bitz*, circa 1490.] 4870.
—— *Editiones variæ.* 4584, 4585, 4859, 4871—4873, 4903.

Robertus FLUDD, *aliàs* de Fluctibus.

Opera. 1784.
Scilicet.
Utriusque Cosmi Metaphysica. 1784^1.
De naturæ Simia. 1784^2.
De supernaturali, &c. Microscomi historia. 1784^3.
De Technica Microcosmi historia. 1784^4.
De Præternaturali utriusque Mundi historia. 1784^5.
Veritatis Proscenium. 1784^6.
Anatomiæ Amphiteatrum. 1784^7.
Philosophia Sacra 1784^8.
Medicina Catholica. 1784^9.
Sophiæ cum Moria certamen. 1784^{10}.
Summum bonum. 1784^{11}.
Integrum Morborum mysterium. 1784^{12}.
ΚΑΘΟΛΙΚΟΝ Medicorum ΚΑΤΟΠΤΡΟΝ. 1784^{13}.
Pulsus. 1784^{14}.
Philosophia Moysaica. 1784^{15}.
Responsum ad Haplocrisma Spongon-Forsteri. 1784^{16}.

Le Moine DE FOISSAN, Troubadour.

4 Pieces de poésie. MS. 2701.

Simon FOKKE, Graveur.

Figures des contes de ma mere l'Oye. 4162.
Description du lit de parade d'Anne, Princesse d'Orange. 5338.

Theoph. FOLENGO.

Macaronea. 2689—2691.
—— trad. en françois. 2692.
Orlandino. 3687—3689.
La humanità del figliuolo di Dio. 3690.

Ubertus FOLIETA.
De linguæ latinæ ufu & præftantia. 2194.

Jacob FOLKEMA, Graveur.
Le monde plein de Foux, deff. par Guil. Koning. 1953.

Hugo DE FOLLIETO.
De Clauftro Animæ. MS. 367^{12}.

FOLQUET de Marcelha, Troubadour.
20 Pieces de poéfie. MS. 2701.

Guy FOLQUEYS, Troubadour.
1 Piece de poéfie. MS. 2701.

Elias FONSALADA, Troubadour.
2 Pieces de poéfie. MS. 2701.

Charles FONTAINE.
La Fontaine d'amour. 3049, 3095^{12}.
Figures du N. Teftament. 3050, 3051.

Jac. FONTAINE.
Difcours de la puiffance du Ciel. 2839.

Jean DE LA FONTAINE.
La Fontaine des Amoureux. 2779—2781.

Jean DE LA FONTAINE.
Œuvres. 3257.
Fables. 3258, 3260.
—— gravées par Feffart. 3261.
Poeme du Quinquina. 3259.
Nouvelles, en vers. 3262, 3263.
Le Florentin, comédie. MS. 3452^5.
Ouvrages de profe & de poéfie. 4387.
Œuvres pofthumes. 4388.

Simon FONTAINE.
Hiftoire Catholique de notre temps. 4627.

Robert

Robert DE FONTAINES.

Ballade de la Confrairie de N. D. du Puy dans le MS. N° 2927.

L'Abbé Fr. Guyot DES FONTAINES.

Œuvres de Virgile. 2456.
Histoire universelle de Jacq. de Thou. 4613.

Carlo FONTANA.

L'Anfiteatro Flavio. 2072.

Jacobus FONTANUS.

De Bello Rhodio libri tres. 4686.

Bernard le Bouvier DE FONTENELLE.

Œuvres diverses. 4395.

Fevret DE FONTETTE.

Bibliotheque historique de la France. 5551.

Barth. FONTIUS.

Corn. Celsi de Medicina lib. *Florentiæ, Nicolaus,* 1478.] 1699.
Comment. in Aul. Persium Flaccum. 2535.

FORABOSCO. *V. Girolamo* AMELUGHI.

Le Comte DE FORCALQUIER.

La fausse Innocente, coméd. MS. 3459^5. Portef. V.
L'heureux mensonge, coméd. MS. 3459^6. Portef. VI.
Le Jaloux de lui-même, coméd. MS. 3471^4.
L'homme du bel air, coméd. MS. 3471^5.

Jacobus Philip. FORESTUS Bergomen.

Historia. *Brixiæ, Boninus de Boninis,* 1485.] 4569.
——— *Venetiis, Bern. Riccius de Novaria,* 1492.] 4570.

Jean Hen. Sam. FORMEY.

Mélanges Philosophiques. 1257.

Georgius Forster.
Caracteres generum plantarum. 1584.

Joan. Reinoldus Forster.
Caracteres generum plantarum. 1584.

George Fossati.
Recueil de diverses Fables. 3822.

La Fosse.
Cours d'Hippiatrique. 1747.

Jean Charles de la Fosse.
Nouvelle Iconologie historique. 1872.

Le P. Toussaints Foucher.
La Fontaine d'Hélie. 738.

Fournier.
Le Chapeau de Fortunatus, parade. MS. 3505⁴.

Jean Fournier.
Les affections d'amour de Parthenius. 3961, 3962.

Pierre Sim. Fournier le jeune.
Epreuves de deux petits caracteres. 1865.

Jean Foxus.
Le Triomphe de Jesus-Christ, trad. du latin par Bienvenu. 2684.

Fraire Menor. *V.* le Monge de Foissan.

Fraisse, Graveur.
Livre de dessins Chinois. 2025, 2026.

Martin Franc.
Le Champion des Dames. 2794, 2795.
L'Estrif de fortune. 2796.

Sebast. FRANCK.

De arbore scientiæ boni & mali. 210.

Giacomo FRANCO, Intagliatore.

Habiti delle Donne Venetiane. 2003.

Nicolo FRANCO.

Dix plaisants dialogues, trad. (par G. Chappuis.) 4415.

FRANCŒUR.

Musique d'Ismene, ballet-opera. MS. 3517.
Musique du Prince de Noisy, ballet. MS. 3524.

FRANÇOIS I, Roi de France.

Recueil de ses poésies. MS. 3065.

J. C. FRANÇOIS, Graveur.

Spectacles des vertus. 1980.

Math. FRANCOWITZ, vulgò Flacius Illyricus.

Missa latina, 227.
Appendix ad Missam latinam. 228.
Sulpitii Severi historia sacra. 228.
Catalogus testium veritatis. 862, 863.
De Sectis Scriptorum Pontificiorum liber. 864.
Refutatio invectivæ Bruni 865.
De occasionibus vitandi errorem in essentia injustitiæ originalis. 866.
Antilogia Papæ. 984.
Contra Papatum Romanum. 989.
Scriptum contra Primatum Papæ. 990.
Varia Doctorum Vitorum de corrupto Ecclesiæ statu Poemata. 2597.
De translatione Imperii Romani ad Germanos. 5313.

Jacobus FRANCUS.

Tabulæ Ægyptiorum Hieroglyphicæ. 4320.

FRANGIDELPHE Escorche Messes. *V. Th.* DE BEZE.

Ant. FRASCARIA.

Anatomia Mundini. *Bononiæ , Joan. de Noerdlingen ,* 1482.] 1737.

Berengarius FREDELLUS.

Sextus liber decretalium Bonifacii VIII. 1052 , 1053.

FREDERIC, Roi de Prusse.

Mérope, opéra. MS. 3512¹. Portef. VI.
Mémoires pour servir à l'hist. de Brandebourg. 5322.

Jo. FREINSHEMIUS.

Supplementa ad Q. Curtium. 4841.
——— trad. par de Vaugelas. 4845.
Supplementa ad Titum Livium. 4862.

Raphael DU FRESNE.

Figures tirées des Fables d'Esope. 3826.

Charles Alphonse DU FRESNOY.

L'Art de Peinture. 1869.

Janus Cæcilius FREY.

Recitus super Esmeuta Païsanorum de Ruellio. 2592³.

FREZIER.

Traité des feux d'artifice. 2114.

Frederico FREZZI.

Il Quadriregio. MS. 3619.
——— *Impresso a Peruscia , Maestro Steffano Arns,* 1481.] 3620.
——— *In Venetia,* 1511..] 3621.

D. Jacob. DU FRISCHE.

S. Ambrosii opera. 426.

Pierre FRIZON.

La Sainte Bible. 60.

P. Erasmus FROELICH.

Numismata Cimelii Vindobonensis. 5465.

FR

Jean Froissart.

Chroniques de France. MS. 5049, 5050.
—— *Diverses éditions.* 5051—5055.

Fromentin.

Jonathas, trag. MS. 3476.

Sextus Julius Frontinus.

De aquis quæ in Urbem influunt libellus. 2041, 2012.
De Re Militari lib. *Romæ, Eucharius Silber,* 1487.] 2091.
—— *Bononiæ, Plato de Benedictis,* 1496.] 2092.
—— trad. par Nic. Perrot. 2093.

Nic. Froumenteau.

Le Cabinet du Roi de France. 2129.

Pierre le Fruitier dit Salmon.

Dialogues & lettres. MS. 5070.

Leonhardus Fuchsius.

Historia Stirpium. 1539.

Baptista Fulgosius.

Anteros. *Mediolani, Leon. Pachel,* 1496.] 4255, 4256.

Richard de Furnival.

Le Bestiaire d'amour. MS. 2719. IV. 2746[15].
La Réponse du Bestiaire. MS. 2736[14].
Les Conseils d'amour. MS. 2736[21].
La Puissance d'amour. MS. 2736[42].

Fuselier.

Prologue des Fêtes Grecques. 3515[6].
Cleopatre, ballet. 3515[7].
Jupiter & Europe. 3515[20].
Jupiter & Europe, opéra avec la partition. MS. 3526.

Franc. Fustaillier.

Chronicon urbis Matissanæ. 5272.
—— trad. en françois par N. Edoard. 5273.

G

G. G. R. *V. André* EUDEMON-JEAN.

GABRIAS.

Fabulæ, gr. lat. 3824.

Don GABRIEL, Infant d'Espagne.

Salluste trad. en Espagnol. 4904.

GACE.

La Conception de Notre-Dame, en vers. MS. 2738^{16}.

Frere *Jehan* GACHI de Cluses.

Trialogue nouveau. 3021.

Jacob. GAETAN, Card.

Ordo Romanus. MS. 248.

J. A. DE GAG.

Hymne de la Garonne. MS. 3093.

Robertus GAGUINUS.

De Arte Metrica. (*Parisiis*, Gering, circa 1477.) 1351.
Disceptatio seu Raptu Ducissæ Britanicæ. 2649.
Le passe-temps d'oisiveté. 2859.
La Chronique de Turpin, trad. du latin. 4026.
Epistolæ & opera. *Parisiis*, And. Bocard, 1498.] 4451.
Additions de la Chronique Martiniane. 4566—4568.
Commentaires de Jules César. 4914.
Les gestes romaines. 4942.
Chronique de France dans celle de S. Denis. 5020.
Compendium super Francorum gestis. 5022.
——— trad. par Pierre Desfray. 5023.

Stephanus DE GAIETA.

Sacramentale Neapolitanum. *Neapoli, Judocus Havenstain,* 1475.] 618.

GAILLAR.

Le Bouclier des femmes. 3181⁸.

Joan. DE GALANDIA.

Penitentiarius. 2633.

Ant. GALANT.

Les 2 freres de l'Isle de Scio, trad. d'Annibal Caro. MS. 3778.

Ant. GALATEIUS.

Liber de situ Japygiæ. 4472.

Petrus GALATINUS.

Opus de Arcanis Catholicæ veritatis. 829.

GALENUS.

Opera, græcè. 1689.

Math. GALENUS.

Exhortations à la Communion & au S. Sacrement. 735.

Theodorus GALLÆUS.

Illustrium Imagines. 5596.

GALLE, Graveur.

Académie de l'Epée de Thibault. 2121.

Remigio GALLINA, Dessinateur.

Recueil des Fêtes, Décorations & Tournois. 2036.

Alonso GALLO.

Declaration del Valor del Oro. 1490.

Aug. GALLO.

Di Lucio Vitruvio Pollione de Architectura lib. 2045.

Ant. GALLONIUS.

De Sanctorum Martyrum Cruciatibus. 4690.

Jean GALLOPEZ.

Le Pélerinage de la vie humaine de Guil. de Guilleville mis en profe. 2764.

Optatus GALLUS. V. Carolus HERSENT.

Leonard GALTER, Graveur.

Figures de l'amour de Cupido & de Pfyché. 3211.

Angelus DE GAMBIGLIONIBUS de Aretio.

Solemnis & aurea lectura. *Tholofæ*, (Joannes Teutonicus.) 1480.] 1161.
Tractatus de Criminibus. *Parifiis, Gering, &c.* 1476.] 1162.

GAN, Troubadour.

1 Piece de poéfic. MS. 2701.

Jean DU GARD.

Ballade de la Confrairie de N. D. du Puy dans le MS. N° 2927.

DE LA GARDE.

Mufique d'Æglé, ballet-opera. MS. 3518.
Mufique de Silvie, ballet. MS. 3523.
Mufique de la Toilette de Vénus, opéra. MS. 3527.

Guy DE LA GARDE.

L'hiftoire & defcription du Phœnix. 3123.

GARIDEL.

Hift. des plantes des environs d'Aix. 1573, 1574.

Pierre GARIEL.

Idée de la ville de Montpellier. 5280.

Joan. GARNERIUS.

B. Theodoreti opera, gr. lat. 403.

Jean GARNIER.

Confeffion de la foi Chrétienne. 867.

D.

G A

D. Julianus GARNIER.
S. Basilii Magni opera. 385.

GASTON Phœbus, Comte de Foix.
Des déduits de la Chasse. 2127, 2128.

Thom. GATAKERUS.
Marci Antonini eorum quæ ad seipsum lib. 1266.

Raimond GAUCELM, Troubadour.
1 Piece de poésie. MS. 2701.

Louis GAUFRIDI.
Confession. 1430^c.

GAUFRIDIUS Monomutensis.
Historia Britannorum. MS. 4817.

Lucas GAURICUS.
Omar de nativitatibus. 1827.
Trattato d'Astrologia judiciaria sopra le Nativita. 1828.

GAUTIER de Metz.
La Mappemonde. MS. 2721, 2722.
—— Imprimée à Geneve. 2911. add.
—— trad. en prose. 2723.

GAUTIER d'Espinais.
1 Chanson. MS. 2719^{10}.

Theod. GAZA.
Traductio problematum Aristotelis. *Mantuæ, Joan. Vurster,* (*circa* 1472.) 1231.
Aristotelis de animalibus lib. latinè. *Venetiis, Joan. de Colonia,* 1476.] 1594.
Introductive grammatices lib. *Venetiis, Aldus,* 1495.] 2157.
Quartus liber de constructione. 2160.

GEBHARDUS.
Defensorium Juris. *Venetiis, Joan. de Colonia,* 1472.]
  1167.

V

Thom. GECHAUFF Cognomento Venatorius.

Archimedis opera, gr. lat. 1793.

L'Abbé GEDOYN.

Pausanias. 4826.

Charles DE GEER.

Mém. pour servir à l'hist. des Insectes. 1646.

Jacquemard GELÉE ou GIELÉE.

Le nouveau Renard, en vers. MS. 2736[18].
Le livre de Maître Regnard, trad. de vers en prose (par J. Tenessax.) 3857—3859.

Gioav. Bat. GELLI.

Disputa del Simone Portio. 1672.
Les discours fantastiques de Justin Tonnelier. 3873.
I Capricci del Bottaio. 3916, 3917.

Aulus GELLIUS.

Noctes Atticæ. MS. 4198.
—— *Romæ, Sweynheym & Pannartz,* 1469.] 4199, 4200.
—— *Romæ, per eosdem,* 1472.] 4201.

V. GEMBERLEIN ou GAMBERLEIN, Graveur.

Figures du livre : Passio Christi. 164, 165.

GEMISTUS, Philosophus.

Cl. Ptolomæi Cosmographia, lat. (*Romæ,*) 1478.] 4480.

LE GENDRE.

Description de la Place de Louis XV. 2084.

Jos. GENESIUS.

Historia Byzantina. 4957[23].

Scipio GENTILI.

Annotationi sopra la Gierusalemme di Tasso. 3740.

GENTILIS de Fulgineo.

Carmina de Urinarum Judiciis edita ab Egidio. 2627.

Innocent GENTILLET.

Le Bureau du Concile de Trente. 360.

Jo. GEOMETRA.

Hortus Epigrammatum græc. moralium. 2592¹.

GEORGIUS Trapezuntius.

Eusebii Pamphili Evangelica præparatio, in lat. transl. 381.
Bessarionis correctio libr. Platonis de Legibus. 1217.
De Artificio Ciceronianæ Orationis Pro Ligario. *Venetiis, Joan. de Colonia*, 1477.] 2307.

Nicol. GERBELIUS.

N. Testamentum, græcè. 18.

Joan. GERSON (Charlier.)

Concordantiæ Evangelistarum. *Editio ed. circa* 1471.] 104.
Tractatulus de remediis contra Pusillanimitatem. (*Coloniæ, Zel de Hanau, circa* 1470.) 606.
Sermo de Conceptione Virginis Mariæ. (*Coloniæ, Joannes Guldenschaff, circa* 1475.) 606.
Conclusiones de diversis materiis. (*Coloniæ, Zel de Hanau, circa* 1470,) 606.
Forma Absolutionis Sacramentalis. (*Coloniæ, Olric. Zel de Hanau*) 619, 1300.
Tractatus de cognitione Castitatis. (*Coloniæ, Olric. Zel de Hanau, circa* 1470.) 619, 1300.
Tractatulus de Pollutione nocturna. (*Coloniæ, Olr. Zel de Hanau, circa* 1470.) 619, 1300.
Admonitio quomodo cauté legendi sunt quorumdam libri, *circa* 1472.] 659 add.
De appellatione cujusdam peccatoris, *circa* 1472.] 659. add.
Opus unionis Ecclesiæ dubium de delectatione in servitio Dei, *circa* 1472.] 659. add.
Tractatus de Simonia, *circa* 1472.] 659. add.
Tractatus varii. (*Nurembergæ, And. Frisner, circa* 1472.) 659.
Tractatus de meditatione cordis. 725. add.

Alphabetum divini amoris. (*Colonia, Zel de Hanau, circa* 1470.) 1300.
Tractatus de passionibus animæ. (*Colonia, Zel de Hanau, circa* 1470.) 1300.
Tractatus de modo vivendi. (*Colonia, Zel de Hanau, circa* 1470. | 1300.
Les regles de bien vivre. 769.
Donatus. (*Augusta Vindel. Zainer, circa* 1470.) 366*12.
—— (*Nuremberga, Fred. Creuszner, circa* 1476.) 2180.
Harangue faite devant Charles VI. 5071.

Conradus GESNER.

Historiæ Plantarum Fasciculus. 1553.
Historia Animalium. 1596.
Icones Animalium. 1597.

Joan. Math. GESNERUS.

Thesaurus linguæ latinæ Rob. Stephani. 2207.
Luciani opera. 4338.

Joan. Jacob. GESSNERUS.

Numismata Regum Macedoniæ. 5470.

Giov. And. GESUALDO.

Spositione del Petrarcha. 3592.

Casperius GEVARSIUS.

Pompa introitûs Ferdinandi Hisp. Inf. in Antverp. 5334, 5335.

Frere *Ant.* GEUFFROY.

Dialogue de la Tête & du Bonnet, trad. de Cosenucio. 4413.

Jo. GEYLER.

Navicula Fatuorum. 4237.

Jos. GHESQUIERUS.

Acta Sanctorum mens. Octobris. 4717.

Jac. DE GHEYN, Graveur.

La Passion de N. Seigneur, gr. d'après Mandere. 1957.

Bern. GIAMBOLLARI.

Adgiunta al Cyriffo Calvaneo di Luca Pulci. 3639.

Girolamo GIANNOTTI da Piftoia.

Prediche di Savonarola. trad. in vulg. 717.

Horatio GIANUTIO.

Maniera di Giuocar a Scacchi. 2144.

GIBERT.

Les armes d'Achilles, trag. MS. 3479.

GIBERT de Monftreuil.

Le Roman de Gerard de Nevers, réduit en profe. MS. 4107.
—— Imprimé. 4108.

Jacquemard GIELÉE. *V. Jacq.* GELÉE.

Pierre GIFFART, Graveur.

Médailles du Bas Empire. 1876.
Recueil de 43 eftampes repréf. des habillements des Chinois. 2024.

Claude GILBERT.

Hiftoire de Calejava. 936.

L. GILBERT, Ecrivain.

Office du S. Efprit écrit de fa main. 329.
Titre d'un Q. Curce, écrit de fa main. 4844.
Titre d'un MS. cont. les illuftres Malheureux de Boccace, écrit de fa main. 5601.

GILIBERTUS.

Sermones. *Florentiæ, Nicolaus (Laurentii filius,)* 1485.] 707.

Bern. GILLEBAULD.

La Prognoftication du fiecle advenir. 593.

Nicole GILLES.

Annales des Gaules. 5025—5028.

GILLOT.

Satyre Menippée. 5165.

Claude GILLOT, Peintre & Graveur.

6 Estampes représentant le Sabat. 1919^3.
8 Estampes, dont Arlequin Esprit Follet. 1920^2.
Recueil de trente-sept Estampes d'après lui & d'autres. 1925.
71 Estampes pour l'Edit. des Fables de la Motte. 1975.
Nouveaux dessins d'habillements à l'usage des Ballets, &c. 2010. 2011.

Frate GIOVANI dell' Ordine Minore.

Doi itinerarii in Tartaria. 4533.

Giacopo GIOVANNINI, Intagliatore.

Il Claustro di S. Michele depinto da Lod. Carracci. 1910.

Ottaviano GIOANNINI da Capugnano.

Nuovi Fioretti di S. Francesco. 4672.

Obertus GIPHANIUS.

Homeri Odyssea. 2364.

Giov. Batt. GIRALDI Cinthio.

Hercole. 3720.
Orbecche, tragedia. 3772.
De gli Hecatomithi. 3939.

GIRARD.

Œuvres de Louis de Grenade. 739.
La Guide des Pécheurs de Louis de Grenade. 740.

C. GIRARD.

L'Orphée sacré du Paradis. 3240.

Franc. GIRAULT.

Le moyen de soi enrichir. 2895^7.

Victor Giselinus.
Emendat. in Catullum, &c. 2424.

Gissey.
Emblêmes & devises du Roi. 1881.

Giulio Romano, Pittore.
Giove che fulmina li Giganti. 1902.

L'Abbé Giustiniani.
Histoire des Ordres Militaires, tirée de son ouvrage. 4684.

Barth. de Glanvilla.
Tractatus de proprietatibus rerum, 1482.] 1469.
—— trad. par Jean Corbechon. MS. 1470.
—— trad. en hollandois. *Harlem, Jacop Bellaert*, 1485.] 1471.

Gil. Fred. Baron de Gleichen.
Découvertes dans le regne vegetal. 1529.

Michael Glicas.
Annales. 4957^{11}.

Bern. Glicini. *V. Bern.* Illicinio.

F. Jacobus Goar.
Eucologion sive Rituale Græcorum. 225.
Georg. Syncelli Chronographia. 1957^{5}.
Georg. Cedreni compendium historiarum. 4957^{9}.
Georg. Codinus de officiis Aulæ CP. 4957^{22}.

Gobin.
Chansons. MSS. 3541.

Rob. Gobin.
Le livre des Loups ravissans. 2930.
Confession générale en rime. 2931.

Jac. Godard.
Petit traité contenant la déploration de toutes les prinses de Rome. 3047.

Ant. GODEAU.

Paraphrase sur les Epîtres de S. Paul. 205.
Tableaux de la pénitence. 790.

Denys GODEFROY.

Mémoires de Philippe de Commines. 5078.
Le Cérémonial françois. 5284.

Theod. GODEFROY.

Le Cérémonial françois. 5284.

Louis GODET.

Le Sacré Hélicon. 3229.

Guil. GODI, Troubadour.

1 Piece de poésie. MS. 2701.

N. GODONNESCHE.

Idée du Cabinet du Roi pour les Médailles. MS. 5464.
Les testes des XII Cesars. 5464.
Pierres antiques du Cabinet du Roi. 5464.

Joan. GODUINUS.

C. Julii Cæsaris opera. 4911.

Henricus GOETHALS à Gandavo.

Summa quæstionum. 552.

Jac. GOHORRY.

La Fontaine périlleuse. 3179, 3180.
Amadis de Gaule. 4068.

Phil. GOIBAUD du Bois.

Les Confessions de S. Augustin. 465, 466, 467.
Les lettres de S. Augustin. 482.
De la véritable Réligion, trad. de S. Augustin. 485.
Les Offices de Cicéron. 2288.
Cicéron de la Vieillesse, &c. 2292.

Jean GOLE, Graveur.

Portrait d'Adrien Van Ostade. 1934.

Jacobus GOLIUS.
Lexicon arabico-latinum. 2155.

Henry GOLTZIUS, Graveur.
12 Pieces contenant la Paſſion de N. S. J. C. 1957.

Franc. GOMAIN.
Histoire d'un martyre amoureux d'une Dame. 3178.

Mart. le Roy DE GOMBERVILLE.
Polexandre. 4158.

GOMES de Trier.
Le Jardin de recréation. 4312.

Frater GOMETIUS de Ulyxbona.
Summa fratris Aſtexani. *Venetiis, Joann. de Colonia,* 1478.] 668.

Jean Fr. Paul DE GONDY, Card. de Retz.
Mémoires. 5211.

GONNELLA.
Buffonerie. 3549e.

Fr. Franc. GONZAGA.
De origine Seraphicæ religionis Franciſcanæ. 4669.

GORDON de Percel. *V.* l'Abbé LENGLET du Fresnoy.

Alex. GORDON.
La vie du Pape Alexandre VI. 4655.

GORGIAS.
De laudibus Helenæ. 2235.

GORGOLE de Corne.
Le bon Ménager, trad. de P. de Creſcens. 1513.

X

Louis GORIN de S. Amour.

Journal de ce qui s'est passé à Rome dans l'affaire des 5 propositions. 560.

Ant. Franc. GORIUS.

Dactyliotheca Smithiana. 5469.
Comment. in XII priorum Imper. Roman. Numis. 5472.
Museum Etruscum. 5492.
Museum Florentinum. 5527.

Na. GORMONDA de Montpellier, Troubadour.

1 Piece de poésie. MS. 2701.

Guliel. GOSSELINUS Issæus.

De ratione discendæ Mathematices. 1789.

Dion. GOTHOFREDUS.

Corpus Juris Civilis. 1153.

Chretien GOUAYS.

Les Métamorphoses d'Ovide, trad. en vers. MS. 2786.

Simon GOULART.

Recueil des choses mémorables advenues sous la Ligue. 5136.
Histoire de Portugal, trad. de J. Osorius & Lopez Castagnede. 5351.
Portraits des hommes illustres, trad. de T. de Beze. 5615.

Pierrot GOUSSET, Ecrivain.

Recueil des histoires Troyennes, écrit de sa main. 4087.

Pierre LE GOUX.

Le Pseautier de Notre-Dame, en vers. 2917.

Baraut GRAAT, Dessinateur.

Cabinet de l'art de Sculpture de F. Van Bossuit. 2039.

GR

Joan. Ernestus GRABE.

Spicilegium SS. Patrum. 366.
Georg. Bulli opera. 908.

Felix DE LA GRACE.

La Chasse du Renard Pasquin. 1136.

Balth. GRACIAN.

L'homme de Cour, trad. par Amelot de la Houssaie. 1372.

Georg. GRÆVIUS.

Thesaurus antiquit. Roman. 5435.
Inscriptiones antiquæ Gruteri. 5439.
Thesaurus antiquitatum Italiæ. 5440.
Thesaurus antiquitatum Siciliæ. 5441.

DE GRAINDORGE.

Origine des Macreuses. 1619.

Bern. DE GRAMOLLACHS.

Ad inveniendum novam Lunam liber. 1819.

Joachim LE GRAND.

Histoire de Ceylan, trad. de Ribeyro. 5392.

M. LA GRANGE.

Lucrece, trad. nouvelle. 2417.

Joan. GRANGIERIUS.

De loco ubi victus Attila fuit olim. 4375^{260}. 5012.

Jacques LE GRANT. V. Jacobus MAGNUS.

Marcus DE GRANVAL.

Non tres Magdalenas sed unicam colentis apologia. 4779.

Nic. GRASSO.

Eutichia, comedia. 3758.

G R

Guiliel. GRATAROLUS.
Veræ Alchymiæ citra ænigmata. 1752.

Ant. Maria GRATIANI.
La vie du Cardinal Commendon, trad. par M. Flechier. 4660.

GRATIANUS de Clusio.
Decretum. *Argentinæ, Henr. Eggesteyn,* 1472.] 1048.
—— *Moguntiæ, Petr. Schoiffer,* 1472.] 1049.

Sulstatius GRATILIANUS.
Habiti antichi & moderni. 1997.

Ant. Franc. GRAZZINI detto il Lasca.
La guerra de' Mostri. 3731.

Simon GREBAN.
Ordre de la Monstre du mystere des Apôtres. MS. 3374.
Le triomphant mystere des actes des Apôtres. 3375—3377.

Carlo GREGORI., Intagliatore.
Azioni gloriose de gli Uomini illustri Fiorentini. 1907.

S. GREGORIUS Magnus.
Homeliæ super Evangelia. 195*.
Opera. 498.
Homeliæ, 1475.] 499.
—— *Parisiis, Friburger, Gering & Crantz,* 1475.] 500.
Homelies. MS. 501.
—— *Paris, Verard.* 1501.] 502.
Libro de le Omelie. *In Milano, Leon. Pachel,* 1479.] 503.
—— *Editio altera.* 504.
Moralia. *Romæ, (Simon de Luca,)* 1475.] 505.
—— *Parisiis, Gering. & Bercht. Renbolt,* 1495.] 506.
Morali vulgarizzati. *In Firenze, Nich. di Lorenzo,* 1486.] 507.
Dialogorum lib. (*Moguntiæ, Petrus Schoiffer.*) 508.
—— *Parisiis, Petrus Cesaris, circa* 1472.] 509.
—— *Parisiis, Gering,* 1498.] 512.

IV Livres des dialogues. MS. 501.
Dialogo vulgarizate. *Venetiis, Joan. Manthen de Gherretzem*, 1475.] 510.
Liber Pastoralis. *Editio vetus circa* 1472.] 511.
—— *Parisiis, Gering & Renbolt*, 1498.] 512.
Explanatio in septem Psalmos pœnitent. *Parisiis, Gering & Rembolt*, 1508.] 512.
Expositio super Cantica Canticorum. *Paris. Gering & Rembolt*, 1498.] 512.
Trois Sermons. MS. 2738°.

S. GREGORIUS Nazianzenus.

Opera gr. lat. 392.
Orationes lectissimæ, gr. 393.

S. GREGORIUS Epis. Nyssenus.

Opera, gr. lat. 394.

GREGORIUS IX. Papa.

Nova compilatio decretalium (à Raymundo de Pennaforti.) *Moguntiæ, Petr. Schoiffer*, 1473.] 1050.
—— *Venetiis, Joan. de Colonia*, 1479.] 1051.

GREGORIUS XIII. Papa

Corpus Juris Canonici. 1047.

Joan. GREGOROPULUS.

Epigrammata græca. 2173.

Le P. *Louis* DE GRENADE.

Œuvres, trad. par Girard. 739.
La guide des pécheurs, trad. par Girard. 740.
Rosario della sanctissima Vergine. 741.

Charles GREPT.

Le mérite à la mode, coméd. MS. 3474.

Theod. GRESEMUNDUS.

Lucubratiunculæ bonarum artium liberalium. *Moguntiæ, Petr. Fridbergensis*, 1494.] 1853.
Podalirii de furore Germanico dialogus. 5319.

Jean Bapt. Gresset.
Recueil de pieces. 4399.

Jac. Gretserus.
Jo. Cantacuseni historiæ. 4957¹⁸.

J. B. Greuze, Dessinateur.
Divers habillements gr. par Moitte. 2002.

Jac. Grezin.
Advertissements faits à l'homme par les fléaux de N. S. 3394.

Wolffgangus Griesstterus.
Barth. de las Casas elegans explicatio. 1352.

Le P. Henry Griffet.
Année du Chrétien. 262.
Histoire de France du P. Daniel. 5036.
Recueil de pieces. MS. 5249.

Gio. Fr. Grimaldi, Dessinateur.
Recueil de fêtes, décorations & tournois. 2036.

Simon Grinæus.
Joan. Ruellii veterinaria medicina. 1745.
Justini Historiæ. 4586.
Vie de Jean Ecolampade. 5633.

Pierre Gringore.
L'espoir de paix. 2841².
L'entreprise de Venise. 2841⁴.
Les regrets du Seigneur Ludovic. 2857⁷.
La Quenouille spirituelle de Jean de Lacu. 2888.
Les menus propos. 2972.
Maître Aliborum. 2922¹. 2980¹.
La Complainte de trop tard marié. 2922²⁰.
Le Château de labour. 2962, 2963.
Le Château d'amours. 2964, 2980².
Les folles entreprises. 2965, 2966.
Les abus du monde. 2967.
Les fantaisies de mere sotte. 2968, 2969.

Le même ouvrage sous ce titre: Les diverses fantaisies des hommes & des femmes. 2978.
Les dits & autorités des sages Philosophes. 2972*.
Contredits de Songe Creux. 2973, 2974.
Les cent nouveaux proverbes dorés. 2975ᵉ. 1976.
Notables, enseignements, &c. 2977.
Les faintises du monde. 2979ᵉ. 2980ᵉ.
Heures de Notre-Dame, translatées en françois. 2981.
Chants royaux. 2982.
Rondeaux au nombre de 350. 2983.
Le jeu du Prince des Sots. 3368.

L'Abbé DE LA GRIVE.

Plan de Paris divisé en seize quartiers. 5260, 5261.

Pierre GROGNET.

Le second volume des mots dorés de Caton. 2960.

Jacobus GRONOVIUS.

Titi Livii historiæ. 4861.
Polybii historiæ. 4878.
Thesaurus græcarum antiquitatum. 5434.

Nicolas LE GROS.

La Sainte Bible. 62.

Hugues GROTIUS.

Traité de la vérité de la religion chrétienne, trad. par P. le Jeune. 809.
Droit de la guerre & de la paix, trad. par Barbeyrac. 1147.
Annæi Lucani Pharsalia. 2512.
Notæ in Tacitum. 4921.

Louis GROTO d'Adrio.

Le repentir amoureux, trad. par Roland du Jardin, MS. 3789.

Nicolas DE GROUNCHY.

Histoire de l'Inde, trad. de Lopez de Castagneda. 5391.

Nic. Nicolai GRUDIUS.

Constitutiones ordinis Aurei Velleris. 5292.

Claude GRUGET.

L'Heptameron des nouvelles de Marguerite de Valois. 3945—3947.

Franç. GRUGET.

Le jeu du Dodechedron de fortune de Jean de Meun. 2758.

Janus GRUTERUS.

Ovidii opera. 2485.
Inscriptiones antiquæ. 5439.

Phil. GUADAGNOLO.

Apologia pro Christiana religione. 839.

Carlo GUALTERUZZI.

Libro di novelle. 3922.

R. GUALTHERUS.

Orthodoxa Tigurinæ Ecclesiæ Ministrorum confessio. 868.

Nic. GUALTIERUS.

Index testarum Conchyliorum. 1633, 1634.

Domnus Petrus GUARIN.

Grammatica hebraica. 2152.
Lexicon hebraicum. 2153.

Batt. GUARINI.

Il Pastor fido. 3783.

Bapt. GUARINUS.

Thesaurus Cornucopiæ. 2156.
Emanuelis Chrysoloræ Erotemata linguæ græcæ. 2159.
Catulli, Tibulli & Propertii opera. *Venetiis, Joan. de Colonia*, 1475.] 2422.

Giulio GUASTAVINI.

Annotatio sopra la Gierusalemme di Tasso. 3740.

GUAVAUDAN, Troubadour.

10 Pieces de poésie. MS. 2701.

Marco Guazzo.

Satira intitolata Miracolo d'amore. 3693.
Aſtolfo Borioſo. 3694.

Marquardus Gudius.

Notæ in inſcriptiones antiquas Gruteri. 5439.

Jean. Ant. Guer.

Mœurs & uſages des Turcs. 5386.

Martinus Guerin.

Prophetiæ & revelationes. 753.

Guil. Gueroult.

Figures de la Bible. 3184.

Claudius Guesnié.

S. Auguſtini opera. 447.

Don Ant. de Guevarre.

Epîtres dorées trad. par de Guterry. 4466.

Gueudeville.

L'éloge de la folie, trad. d'Eraſme. 4239.

Gueulette.

Parades détaillées au N° 3505.
Sainte Marie Egyptienne, trad. d'Hiac. And. Cicognini. MS. 3795.

de Guibert.

Eſſai général de Tactique. 2111.

Franceſco Guicciardini.

La hiſtoria d'Italia. 4964, 4965.

Samuel Guichenon.

Hiſtoire de Breſſe. 5274.
Hiſt. général. de la maiſon de Savoye. 5413.

Y

Le Guide, Peintre.

La double surprise, gr. par Beauvarlet, 1923.

Fra. Guido.

Expositioni sopra Evangeli facte per frate Simone da Cascia. *In Firenze*, Barth. di Francesco de Libri, 1496.] 201.

Guigo de Castro *alias* de Pinu.

Repertorium Statutorum Ord. Carthusien. 1117.

Guillaume de Bethune.

1 Chanson. MS. 2719[1].

Guillaume de Lorris.

Le Roman de la Rose. MS. 2739—2742.
—— Imprimé. 2743—2750.
—— Réduit en prose par Molinet. 2751—2753.

Guillaume IX. Comte de Poitou, Troubadour.

1 Piece de poésie. MS. 2701.

Guillaume, Evêque de Tournay. *V. Guillaume* Fillastre.

Guillaume de Tudela.

La guerre des Albigeois, en vers Provençaux. 2708.

Guillelmus, Conquestor Gallo-Normanicæ.

Leges latinæ. 1204.

Guillelmus, Epis. Lugdunensis. *V.* Peraldus.

Pernette du Guillet.

Rimes. 3121, 3122.

Franc. Guilletat.

Les propos du vrai Chrétien. 3154.
Discours chrétien sur les conspirations dressées contre l'Eglise. 3154.

G U

Guil. de Guilleville.

Le Pélerinage de la vie humaine. MS. 2759, 2763.
— Imprimé. 2760.-2762.
— Réduit en prose (par Jean Gallopez.) 2764.
Le Pélerinage de l'ame, en vers. MS. 2798.

Jacques de Guise.

Illustrations de la Gaule Belgique. 5265.

de Guterry.

Epîtres dorées de Guevarre. 4466.

Jean Guyard.

De l'origine de la Loi Salique. 5008.

Le P. *Bernard* Guyart.

La fatalité de S. Cloud. 5147, 5148.

Guygnart.

2 Chants royaux impr. dans le vol. N° 2883.

Cosma Guymier.

Decreta Basiliensia. *Lugd. Jo. de Vingle*, 1497.] 1101.

Guyot de Dijon.

1 Chanson. MS. 2719^{21}.

Guyot de Merville.

Le Médecin de l'esprit, com. MS. 3465^5.

Guyot de Provins.

Satyre intitulée : Bible, en vers. MS. 2707^1.

H

Franç. Habert.

La Chrysopée, 1763.
Le combat de Cupido. 3124.
Les trois nouvelles Déesses. 3125.
La nouvelle Pallas. 3126.
Le Temple de Chasteté. 3127.

L'histoire de Titus & Gisippus. 3128.
L'excellence de poésie. 3129.
Les divins Oracles de Zoroastres, 3130.

Nic. HABICOT.

Gigantostéologie. 1670[1].
Réponse à un discours touchant la vérité des Géants. 1670[5].
Antigigantologie. 1670[7].

Theod. HACKSPAN.

Liber Nizachon Rabbi Lipmanni. 1039.

Michael HADRIANIDES.

Petronii Satyricon. 4210.

Petrus HÆDUS.

De amoris Generibus lib. *Tarvisii, Gerardus de Flandria,*
  1492.] 4257.

Joan. Gasp. HAGENBUCHIUS.

De Diptycho Brixiano Boetii epistola. 5458.

Jo. Jac. HAID, Graveur.

Phytanthosa Iconographia. 1549.
Plantæ selectæ. 1592.
Recueil de 8 Estampes gr. en maniere noire. 1984.

Adam DE LA HALE.

7 Chansons. MS. 2719[20].
34 Chansons. MS. 2736[1].
18 Jeux-partis. MS. 2736[2].
16 Rondeaux. MS. 2736[3].
8 Motets. MS. 2736[4].
Le jeu du Pélerin, en vers. MS. 2736[5].
Le jeu de Robin & de Marion, en vers. MS. 2736[6].
Le jeu d'Adam, en vers. MS. 2736[7].
C'est du Roi de Sicile, en vers. MS. 2736[8].
Le congé d'Adam, en vers. MS. 2736[10].
Le vers de la mort. MS. 2736[11].

George HALEWIN.

Apologie pour la foi Chrétienne. 842.

HA

Hallér.
Traduction de sa Préface. 1522.

Haly Filius Abbas,
Liber totius Medicinæ. 1694.

Le Chevalier Hamilton.
Observations sur les Volcans de Sicile. 1480.

Hardouin de Perefixe.
Histoire de Henri le Grand. 5157.

Joan. Harduinus.
C. Plinii historia naturalis. 1455—1457.
Notæ in Themistii Orationes. 2240.

Mich. de Harnes.
La Chronique de Turpin. 4027.

G. Haudent.
Les faits de plusieurs gens de doctrine, trad. d'Erasme, 4304.

Haudicquer de Blancourt.
De l'art de la Verrerie. 2116.

Haudiquer de Blancourt.
Nobiliaire de Picardie. 5419.

Dom *Charles* Haudiquier.
Recueil des Historiens de France 5015.

Dom *Jean Bapt.* Haudiquier.
Recueil des Historiens de France 5015.

Sigebertus Havercampus.
F. Josephi opera. 4800.
C. Sallustii opera. 4902.
Médailles du Cabinet de la Reine Christine. 5466.
Thesaurus Morellianus. 5471.
Comment. in XII. priorum Imp. Rom. numismata. 5472.

Jean HAULTIN.

Figures des Monnoyes de France. 5309.

Caspar HAURISIUS.

Scriptores historiæ Romanæ latini veteres. 4849.

LE HAY, Graveur.

Recueil de 100 Estampes représ. différentes nations du Levant. 2019, 2020.

H. DE LA HAYE.

De la Présence du Corps du Christ en la Cene. 899.

Louis LE HAYER du Perron.

Les heureuses aventures. MS. 3418.

HEBERS.

Le Roman du Dolopatos réduit en prose. MS. 4096³.

L'Abbé HÉDELIN d'Aubignac.

Œuvres. MS. 3419.

Le Chevalier HEDLINGER.

Œuvre publié par Chrétien de Mechel. 5479.

Jean Dan. HEENER.

Histoire des Animaux. 1600.

HEGESIPPUS.

De Judaico Bello, latinè. MS. 4807.

Le Baron DE HEINEKEN.

Idée d'une collection d'Estampes. 1874.

Daniel HEINSIUS.

Theocriti, Moschi, &c. carmina. 2385.
Virgilii opera. 2445.
Q. Horatii Flacci opera. 2470.
Animadversiones in Horatium. 2470.
De Satyra Horatiana. 2470.

Terentii comœdiæ. 2579, 2580.
Pub. Ovidii Nasonis opera. 2485.
Titi Livii historiæ. 4860.

Nic. Heinsius.

Virgilii opera. 2449.
Cl. Claudiani opera. 2555, 2556.
Prudentii opera. 2561.

Laur. Heister.

Descriptio novi generis plantæ. 1580.

Lucas Helicæus.

Biblia, bohemicè. 102.

Dans Helinand.

Les vers de la mort. MS. 2738^{12}.

Heliodore.

Histoire Ethiopique, trad. par J. Amyot. 3964, 3965.
——— décrite & représentée en figures par P. Vallet. 3966.
——— tradotta da M. Leon. Ghini. 3967.

Dame Helisenne de Crenne.

Le songe. 4195.
Les Angoysses douloureuses d'amours. 4258, 4259.

Le Pere Helyot.

Histoire des ordres Monastiques. 4663.
Histoire du Clergé séculier & régulier, tirée de son ouvrage. 4664.
Histoire des Ordres Militaires, tirée de son ouvrage. 4384.

Hemerlin.

Opera. 4345.
Opuscula. *Basileæ*, 1497.] 4346.

Tiberius Hemsterhuis.

Julii Pollucis Onomasticon. 2165.
Luciani opera. 4338.

Le Président *Ch. Jean Fr.* Henault.

Le Jaloux de lui-même, coméd. MS. 3471¹.
La petite Maison, coméd. MS. 3471².
Le reveil d'Epimenide, coméd. 3472.
Abrégé chronologique de l'histoire de France. 5039, 5040.

Adrien de Henencourt.

Ballade de la Confrairie de N. D. du Puy dans le MS. N° 2927.

Hieron. Henninges.

Theatrum genealogicum. 5411.
Genealogiæ aliquot familiarum in Saxonia. 5412.

Henri III, Duc de Brabant.

1 Chanson. MS. 2719¹⁵.

Henri VIII, Roi d'Angleterre.

Statuts de l'Ordre de la Jarretiere. MS. 5365.

Henricus I, Rex Angliæ.

Leges latinæ. 1204.

Henricus à Gandavo. *V.* Goethals.

Henricus Ariminensis.

Tractatus de quatuor Virtutibus. *Spiræ, circa* 1472.] 1280.

Israel Henriet, Graveur.

Les miseres de la guerre de Callot. 1950¹. 1951⁶.
Embarquemens faits par S. della Bella. 1950².
Images de tous les Saints, gr. par Jac. Callot. 1952.

B. L. Henriquez, Graveur.

L'Echec & Mat d'après Vanloo. 1923.

Godefridus Henschenius.

Acta Sanctorum mens. Jan.—Jun. 4717.

Heraclides.

De Allegoriis apud Homerum. gr. lat. 3824.
De rebus publicis comment. 5642.

Nic.

Nic. HERBERAY, Seign. des Essarts.

Amadis des Gaules. 4068.
La Chronique de Don Flores de Grece. 4071, 4072.
L'Amant maltraité de sa Mie, trad. de l'Espagnol. 4195.

Paulus DE HEREDIA.

Quæstio utrum Virgo Maria fuerit concepta in peccato originali. *circà* 1480.] 727.
Duæ Epistolæ Neumiæ filii Haccanæ. *circà* 1480.] 827.

DE LA HERISSAYE. *V. Noel* DU FAIL.

HERMAN.

Histoire du Clergé séculier & régulier, tirée de son ouvrage. 4664.
Histoire des Ordres Militaires, tirée de son ouvrage. 4684.

HERMANNUS Nellingannensis.

Mahometis Theologia explicata. 1045.

HERMANS, Prêtre.

Les salus de Notre Dame. MS. 2710 7°.

Godefroy HERMANT.

Vie de S. Athanase. 4735.
Vie de S. Basile le Grand. 4736.
Vie de S. Ambroise. 4737.
Vie de S. Jean Chrisostôme. 4738.

HERMAS.

Liber qui appellatur : Pastor. 742.

HERMES Trismegiste

Les sept chapitres dorés. 1768.

S. HERMIAS.

Opera. 364, 365.

Jean Bapt. L'HERMITE DE SOLIERS dit Tristan.

Hist. généal. de la Noblesse de Touraine. 5421, 5422.

Z

Hermogenes.

Rhetorica. 2233, 2234.

Franciscus Hernandez.

Histor. plantarum Mexicanarum. 1664.

Hernaut.

Le Roman de Sapience, en vers. MS. 2714¹. 2730².

Herodianus.

De Numeris. *Venetiis, Aldus,* 1495.] 2157.
De Imperio post Marcum lib. *Romæ,* 1493.] 4934.

Herodotus, Halicarnasseus.

Exegis de vita Homeri. 2356, 2357.
Historiarum lib. IX. græcè. 4827.
——— translat. per Laur. Vallam. *Venetiis, Jac. Rubeus,* 1474.] 4828.

Jean Heroet de la Maisonneuve - Berryer.

Colloque social de paix. 3052, 3053.

Henricus Herp.

Speculum aureum decem Præcept. Dei. *Moguntiæ, Petrus Schoyffer,* 1474.] 186.

Marquardus Herrgott.

Genealogia diplomatica. 5425.

Carolus Hersent.

De cavendo Schismate liber. 1111.
De la Souveraineté du Roi à Metz. 5202.

Jean de Hersin.

Le Voyage de Breydenbach. 4522.

Hervara.

Saga, seu historia. 5379.

Magister Herveus Natalis.

Tractatus de potestate Papæ. 1077.

Hesiodus.

Theogonia, Scutum Herculis & Georgicon lib. *Venetiis, Aldus*, 1495.] 2359.
Opera. gr. lat. 2375.

Denis Hesselin.

Chroniques de Louis XI. 5060.

Franciscus Hesselius.

Q. Ennii fragmenta. 2411.

Hesychius.

Lexicon, græcè. 2167.

Frere Heyton, Seign. du Cort.

Les fleurs des hist. de la terre d'Orient. 5388.

Georgius Hickesius.

Linguarum veterum septent. thesaurus. 2224.

Hieronimo da Ferrara. *V. Hier.* Savonarola.

Sanctus Hieronymus.

Biblia Sacra in latinum translata. MS. 25—27.
——— *Editiones variæ.* 25—43.
Psalterium, latinè. MS. 53.
——— *Mediolani*, 1477.] 54.
Biblia Sacra cum Postillis Nic. de Lyra. 171.
Psalterium duplex, latinè, cum Glossis. MS. 187., 188.
Homeliæ super Evangelia. 195*.
Liber de Viris Illustribus. (*Augustæ Vindelic. Zainer.*) 366*[1].
De essentia Divinitatis liber. (*Augustæ, Vind. Zainer.*) 366*[2].
Opera. 429.
Epistolæ. *Romæ, Conrad. Sweynheym*, 1468.] 430.
——— *Romæ, Conrad Sweynheym*, 1470.] 431.
——— *Moguntiæ, Petrus Schoiffer*, 1470.] 432, 433, 434.
——— (*Romæ, Ulr. Han. circa* 1469.) 435.
——— *Romæ, in domo Petri de Maximis*, 1476. tom. I. 1468. tom. II. 436.

―― *Parma*, 1480.] 437, 438.
―― *Venetiis, Andr. de Torefanis de Afula*, 1488.] 439, 440.
―― *Venetiis, Bernard. de Benaliis*, 1490.] 441, 442.
Lettres trad. par Guill. Rouffel. 443.
Breviarium in Pfalmos David. MS. 444.
Expofitio fuper Pfal. XXX. MS. 445.
Liber de virginitate. goth. 446.
Epiftola de inftitutione filiæ. goth. 446.
Epiftola ad Panmachium. goth. 446.
Epiftola de inftitutione Clericorum. MS. 468°.
Epiftola ad Paulinum Præsbit. (*Colonia, Zel de Hanau, circa* 1470.] 473.
Libellus de infantia Salvatoris. *circa* 1475.] 564.
Solitudo five vitæ Patrum Eremicolarum ex Æneis Laminis incifa. 1960.
Tractatus pro confolatione infirmorum. (*Colonia, Veldener,*) 1473.] 4405².
Vitæ Sanctorum. *Ulmæ, Joan. Zainer, circa* 1474,] 4691.
―― *Nuremberga, Ant. Coburger,* 1478] 4692.
Epiftola ad Sufannam lapfam. (*Colonia, Zel de Hanau, circa* 1471.] 4741³.
Epiftola ad Efyodorum. (*Colonia, Zel de Hanau, circa* 1471.) 4741³.

Hieronymus Pragenfis.

Hiftoria & Monumenta. 854.

S. Hilarius Pictav. Epifc.

Opera omnia. 425.

Venerabilis Hildebertus.

Opera. 515.

Hildegardis.

Scivias five vifionum lib. III. 742.

John. Hill.

Natural hiftory. 1466.
Eden or Body of Gardening. 1521.
The vegetable fyftem. 1527.
The conftruction of timber. 1565.

Exotic Botany. 1571.
Swammerdam's Book of nature. 1644.

J. Hillaire de la Riviere.

Les 24 livres d'Homere reduits en tables démonſtratives figurées. 2370.

Hippocrates.

Aphoriſmi, gr. & lat. 1687.
Œuvres d'Hippocrate, trad. par Dacier. 1688.
Epiſtolæ quædam è gr. in lat. conv. (ab Alamano Rinuccino.) MS. 4425³.

Joan. Lucilius Hippodamus.

Euſebii Chronicon. 4548.

De la Hode. V. le P. la Mothe.

Charles de Hodic, Seign. de Annoc.

L'Adreſſe du Fourvoié Captif. 2954.

Humfredus Hodius.

De Bibliorum textibus originalibus. 208.

Jeremias Hoelzlinus.

Apollonii Rhodii Argonauticorum libri IV. 2391.

David Hoeschelius.

Annæ Comnenæ Alexias. 4957¹⁵.

Hoet, Deſſinateur.

Figures de la Bible de Saurin. 139.

Holbein, Deſſinateur.

Recueil d'habillements. 1999, 2000.

Hollar, Deſſinateur.

Recueil d'habillements. 1999, 2000.

Georgius Holmes.

Fœdera & acta publica Th. Rymer. 5362.

Homerus.

Opera græcè. *Florentiæ, Nerlius*, 1488.] 2356.
——— *Editiones variæ*, gr. & lat. 2357, 2358, 2361—2364.
Ilias in græcos verfus modernos tranflata à Nic. Lucano. 2365.
De Bello Trojano. *Parifiis, Ant. Denidel*, 1497.] 2366.
L'Iliade & l'Odyffée, trad. (par de la Valterie.) 2367.
——— trad. par Madame Dacier. 2368, 2369.
Les 24 livres reduits en tables démonftratives figurées par Crefpin de Paffe. 2370.
Les fantaftiques batailles de Rodilardus & Croacus. 2371, 2372.
La defcription des armes d'Achilles. 2498.

Henry Hondius, Graveur.

Les 12 mois de l'année. 1965.

Honoré.

L'Amour Vainqueur, coméd. MS. 3460. Portef. I.

Romain de Hooghe, Graveur.

Fig. de l'hift. du V. & N. Teftam. de Bafnage. 138.
Fig. des Nouvelles en vers de Jean de la Fontaine. 3262.
Figures des cent Nouvelles de Bocace. 3932.
Figures des cent Nouvelles nouvelles. 3944.
Figures du grand tableau de l'univers. 4626.

Everard. vander Hooght.

Biblia hebraica. 14.

David Hoogstratanus.

Phædri Fabulæ. 2506.

Q. Horatius Flaccus.

Carmina. MS. 2462, 2463.
——— *Venetiis, Philip. condam Petri*, 1478.] 2465.
——— (*Romæ, Georg. Laver.*) 2466.
——— *Florentiæ, Ant. Mifcominus*, 1482.] 2467.
——— *Argentinæ, Gruninger*, 1498.] 2468.
——— *Editiones variæ.* 2469 — 2477.
Odæ. 2478.

L'art Poétique. 2479.
Sententiæ. MS. 4302.

Nic. Horius.

Poemata. 2632.

Burckardus Horneck.

Compendium Theologiæ excerptum è IV libris Sentent. P. Lombardi. 528.

Staniflaus Hosius.

Dialogus de eo num calicem Laicis &c. permitti fas fit 1091.

Ant. Hotman.

Traité de la diffolution du mariage. 1094, 1095.

Franc. Hotomanus.

Franco-Gallia. 5009.

Jacob Houbraken, Deffinateur & Graveur.

Figures de la Bible de Saurin. 139.
Recueil de 21 Portraits. 1989.
Le grand Théâtre des Peintres. 1990.

Raoul de Houdanc.

Voyage d'Enfer, en vers. MS. 2711.

Amelot de la Houssaye. V. Amelot de la Houffaye.

Rob. Hoyer.

Hiftoires prodigieufes. 5662.

Hubertinus, Clericus Crefcentin.

Commentarii in Ciceronis Epiftolas famil. *Vicentiæ, Lichteften*, 1479.] 2316.

Gulielm. Huddesfort.

Matt. Lifter hift. Conchyliorum. 1632.

Joan. HUDSON.

Geographiæ veteris Scriptores græci minores. 4475.
Fl. Josephi opera, gr. & lat. 4800.
Dionysii Halicarn. antiquitates romanæ, gr. lat. 4850.

Henricus HUDSONUS.

Descriptio detectionis freti.... 4373^{11}.

Nicole LE HUEN.

Les saintes pérégrinations de Jérusalem, trad. de Breydenbach. *Lyon, Mich. de Pymont*, 1488.] 4521.
——— *Editions diverses.* 4523, 4524.

Petrus Daniel HUETIUS.

Demonstratio Evangelica. 811.
Lettre sur l'origine des Romans. 3957.

HUGHENIN de Bregilles.

Pia desideria. 4329.
L'Ame Amante de son Dieu. 4330.

Griffith HUGHES.

The natural history of Barbados. 1666.

HUGO Argentinensis.

Compendium Theologicæ veritatis. (*Spiræ, Petrus Draek, circa* 1474.) 555.

HUGO, Cardinalis.

Speculum Ecclesiæ. 581.

Hermannus HUGO.

Piece de vers sur la Sainte Hostie. MS. 3365.

HUGUES de S. Victor.

Le livre de l'Arte de l'Espouse. 516.

David HUME.

Discours politiques trad. par l'Abbé le Blanc. 1343.

Histoire

Histoire de la maison de Plantagenet, trad. (par Madame Bellot.) 5357.
—— de la maison de Tudor, trad. (par Madame Bellot.) 5358.
—— de la maison de Stuart, trad. (par l'Abbé Prévost.) 5359.

Ægidius HUNNIUS.

Calvinus Judaizans. 848.

Guliel. HUNTER.

Anatomia Uteri humani gravidi. 1744.

HUON de Villeneuve.

Le Roman de Renaud de Montauban, en vers. MS. 2730.

Joan. HUSS.

Historia & fragmenta. 854.
Opuscula. 855.

Georg. Leon. HUTH.

Pomologia. 1567.

Ulricus HUTTENUS.

Dialogi. 856, 857.
De Guaici Medicina. 1717.
—— trad. par Jean Cheradame. 1718.
Epistolæ obscurorum Virorum. 4432.
Titus Livius duobus libris auctus. 4859.

Joan. HUTTICHIUS.

Collectanea antiquitat. in urbe Mogunt. repert. 5502, 5503.

Franc. HYBERNOIS.

Miracle arrivé en la Cité de Palerme. 4375 [124].

Thomas HYDE.

De Ludis Orientalibus lib. II. 5453.

HYGINUS.

Poeticon Astronomicon de mundo. *Venetiis, Erhard. Ratdolt*, 1482.] 1806.
—— *Venetiis, Erhard. Ratdolt*, 1485.] 1807.

A a

I & J

I. D. F.
Cléophon, tragédie. 3406.

J. V. L. V. Jean DE LA TAILLE.

Le Sieur JACOB.
La Clavicule de Raymond Lulle. 2232.

Beatus JACOBUS Apostolus.
Epistolæ Canonicæ. 57.
Liturgiæ sive ritus Missæ. 226.

Divus JACOBUS Minor.
Protevangelion. 168*. 169.

JACOBUS Brixianus.
Epistolæ Petri Delphini. 4455.

Bapt. Alex. JACONELLO.
Prima parte delle vite di Plutarcho. *In Aquila, Adam de Rotwil*, 1482.] 5581.

JACOPONE da Todi.
Laude de la Beata Maria. *Firenze, Fr. Bonacorsi.* 3576.

Arnoul JACQUEMIN.
Ballade de la Confrairie de N. D. du Puy dans le MS. N° 2927.

JAMBLICHUS.
De Mysteriis Ægyptiorum. *Venetiis, Aldus*, 1497.] 1238, 1239.

Thomas JAMES.
Bellum Papale. 49.

Pierre DU JARDIN.
La mort de Henry le Grand. 4375[182].

Nicolas JARRY, Ecrivain.

Heures de Notre-Dame. MS. 318.
La Guirlande de Julie. MS. 3247, 3248.
Emblêmes & devises Chrétiennes. MS. 4317.

Conr. JAUNINGUS.

Acta Sanctorum mens. Maii — Julii. 4717.

Guido Mich. LE JAY.

Biblia Polyglotta. 4.

IBYCUS.

Carmina. 2380.

JEAN d'Arras.

L'histoire de Melusine. 4115, 4116.

JEAN de Meun.

La consolation de Boece. MS. 1274.
—— Editions gothiques. 1275, 1276.
L'Art de Chevalerie selon Vegece. *Paris, Ant. Verard, 1488.*] 2094.
Le Roman de la Rose. MS. 2739—2742.
—— Diverses éditions. 2743—2750.
—— réduit en prose par Molinet. 2751—2753.
Le Codicile. MS. 2742³.
Le Trésor. MS. 2742⁴. 2755.
—— Editions. 2756, 2757.
Le Testament. MS. 2742². 2754.
—— Editions. 2756, 2757.
Le plaisant jeu du Dodechedron de fortune. 2758.
Les remontrances de nature à l'Alchymiste. 2781.

JEAN de Monstereuil.

Additions de la Chronique Martiniane. 4566—4568.

JEAN de Paris. *V. Jean* DU CHASTELET.

JEAN de Saint-Victor.

Le livre de l'Arre de l'Epouse, d'Hugues de St. Victor. 516.

Jean de Troyes.
Chroniques de Louis XI. 5060.

Messire Jean, Prêtre de Larchant
Vie de S. Mathurin, (trad. de latin en vers françois.) 2898.

Jeanne II. Reine de Naples.
Statuts pour un lieu de débauche. MS. 1201.

Etienne Jeaurat, Graveur.
Les IV saisons d'après Vleughels. 1920.⁸

Jeliote.
Musique de la comédie de Zelisca, ballet. MS. 3516.

Jarrig Jellis.
Bened. de Spinozæ, opera posthuma. 949.

Le Prophete Jérémie.
Epître qu'il envoya à ceux qui étoient menés captifs en Babylone. 3197⁴.

Jerome de Brunswich.
Von dem Cirurgicus. *Strasbourg, Jean Gruniger.* 1397,] 1734.

Paulus Jessenius.
Biblia, Bohemicè. 102.

P. le Jeune.
Traité de la vérité de la religion chrétienne, par Hug. Grotius. 809.

S. Ignatius.
Opera. 364, 365.
Epistolæ. 365.

Ildefonsus Malacensis.
Catholica Querimonia. 1141.

Bern. Illicinio.
Commento sopra il Petrarcha. 3583—3587.

Commento sopra i triomphi del Petrarcha. 3599—3601.
Les triomphes de Fr. Petrarque commentés. MS. 3603.

Fr. DE INGENUIS.

Epistola. 4373^{12}.

Frere INNOCENT. *V.* Dom MASSON.

Don *Agostino* INVEGES.

Annali della felice citta di Palermo. 4983.

JOACHIMUS Abbas.

Vaticinia. 743.

S. JOANNES Evangel.

Historia S. Johannis Evang. ejusque visiones Apocalypticæ. 48 fig. excussa. 122.
Liber Apocalypsis cum glossis Nic. de Lyra, italicè. *circa* 1476.] 207.

JOANNES Abbas Cistercienfis.

Collectio privilegiorum Ord. Cisterciens. *Divione, Pet. Betlinger*, 1491.] 1116.

JOANNES à Deo Ord. Carthusiensis.

Decor Puellarum. *Venetiis, Nic. Jenson*, (1471.) 1329.
Gloria Mulierum. (*Venetiis, Nic. Jenson, circa* 1471.) 1330.

S. JOANNES Climacus.

Opera, gr. lat. 404.
Scala. MS. 405^1.
Liber ad Pastorem. MS. 405^2.

JOANNES Damascenus. *V. Joan.* DAMASCENUS.

JOANNES Ferrariensis Ordin. Min.

Liber de cœlesti vita. *Venetiis, Math. Capcasa,* 1494.] 776.

JOANNES Grammaticus Philoponus Alex.

In Aristotelis libros de naturali Auscultatione. 1222.
Contra Proclum de mundi æternitate. 1240.

Joannes Hildeshemensis.

Liber de gestis trium Regum. (*Coloniæ*,) *Jo. Guldenschaff.*
1477.] 4773.
— (*Coloniæ*,) *Joan. Guldenschaff*, 1486.) 4774.

Joannes de Janua. *V. Joan.* Balbi.

Joannes Papa III.

Orationes. MS. 367¹⁰.

Joannes Papa XXII.

Oratio. MS. 367¹⁰.
Constitutio execrabilis. 1054, 1055.

Joannes de Parisiis cognomento Surdus.

Tractatus de potestate Regia & Populi. 1077.

Joannes Abbas Raithensis.

Commendatio libri Joann. Climaci ad Pastorem. MS. 405³.

Joannes Tollentinus.

Rich. Suiset calculationum opus. *Papiæ, Fr. Gyrardengus*, 1498.] 1798.

Joannes Episcopus Tornacensis.

Summa Joann. de Turrecremata contra Ecclesiæ adversarios. *Romæ, Euch. Silber*, 1489.] 1072.

Joan. Jocundus.

Vitruvii Architectura. 2042.
Libri de re Rustica. 1511.
C. Julii Cæsaris opera. 4909.

Pierre de Jode, Graveur.

Une figure allégorique dess. par Otto Vœnius. 1920².
Metamorphoseon lib. Æneis formis ab Ant. Tempesta incis. 1968.

Jean Sire de Joinville.

Histoire de S. Louis. 5068, 5069.

Gab. JOLY.

Les sept Chapitres dorés d'Hermes Trismegiste. 1768.

Gui JOLY.

Mémoires. 5212.

Inigo JONES.

The Designs. 2051.

Raimon JORDA Vescoms de Sant-Antoni, Troubadour.

3 Pieces de poésie. MS. 2701.

Frater JORDANUS.

Meditationes de vita Christi. *Antverpia, Ger. Leeu*, 1485.] 158.

JORON.

Abrégé de la vie & passion de J. C. 160.

Flavius JOSEPHUS.

Opera omnia, gr. lat. 4800.
—— latinè. *Verona, Petr. Maufer*, 1480.] 4801.
—— (*Venetiis, circa* 1480.] 4802.
—— trad. par Arnauld d'Andilly. 4803, 4804.
—— trad. en françois. *Paris, Ant. Verard*, 1492.] 4805.
—— trad. par Guil. Michel. 4806.

Paulus JOVIUS.

De Piscibus marinis. 1624.
De Testaceis ac Salsamentis liber. 1624.
De Romanis Piscibus 1628.

Thibaud JOURDAIN.

Le Pot aux Roses de la Prestraille Papistique. 1016.

S. IRENÆUS, Episcop. Lugd.

Contra Hæreses libri V. gr. lat. 375.
Opera, gr. lat. 376.

Jacq. Fred. Isenflamm.

Découvertes de Gleichen, trad. 1529.

Isidorus Hispal.

Decreta & concilia generalia. 340.
Etimologiarum lib. XX. *Editio circa* 1470.] 2185.
De spirituali consolatione. (*Coloniæ, Veldener,*) 1473.] 4405[1].

Isidorus, Episcopus Palatinensis.

Liber Soliloquiorum. *Editio vetus circa* 1472.] 787.

S. Isidorus Pelusiota.

Epistolæ, gr. lat. 401.

François de l'Isle.

Légende de Charles, Cardinal de Lorraine. 5122, 5123.

Isocrates.

Orationes. 2235.
—— *Mediolani,* (*Ulr. Schinzenzeler,*) 1493.] 2237.

Jo. Jucundus. *V.* Jocundus.

Leo Judas.

Biblia Sacra latina. 58.

L'Empereur Julien.

Les Cesars, trad. par le Baron de Spanheim. 4948.

Frere Julien. *V.* Frere *Julien* Macho.

Jean de Julienne.

Œuvre d'Ant. Wateau, gravée par ses soins. 1935.

Joan. Henr. Iungius.

Præfatio in Lexicon diplomaticum Waltheri. 5533.

Junius.

Notæ in S. Clementis Romani Epistolas II. 373.

Jac.

Jac. Junterburg de Clusa.
Tract. de apparitionibus animarum. *Burgdord*, 1475.] 1431.

Ant. de Jussieu.
Pitton Tournefort institutiones. 1526.

Justinianus, Imperator.
Institutiones. 1152.
—— *Argentorati, Henr. Eggesteyn*, 1472.] 1155.
—— *Moguntiæ, Petr. Schoyffer*, 1472.] 1156.
—— *Moguntiæ, Petr. Schoyffer*, 1475.] 1157.
Codex. *Nurembergæ, And. Frisner*, 1475.] 1160.

Aug. Justinianus.
Octaplus Psalterii. 7.
Victoria Porcheti adversus Impios Hebræos. 830.
Præfatio in Æneæ Platonici librum. 1382.

Bern. Justinianus.
Opera. 4347.
Vita B. Laurentii. *Venetiis, Jacob. de Rubeis*, 1475.] 4764.
De origine urbis Venetiarum. *Venetiis, Bern. Benalius*, 1492.] 4973.

Justinus.
Historiæ ex Trogo Pompeio. MS. 4578, 4579.
—— *Venetiis, Nic. Jenson*, 1470.] 4580.
—— *Romæ, Udalr. Gallus, circa* 1470.] 4581.
—— *Mediolani, Ant. Zarotus*, 1474.] 4582.
—— *Venetiis, Phil. Condam Petri*, 1479.] 4583.
—— Editio vetus circa 1486.] 4584.
—— Editiones variæ. 4585—4588.
—— trad. en fr. par Guillaume Michel. 4589.
—— trad. in volgare. MS. 4590.

S. Justinus, Martyr.
Eversio falsorum Aristotelis Dogmatum. 968.

D. Junius Juvenalis.
Satyræ. *Venetiis, Bapt. de Tortis*, 1485.] 2293.
Carmina. MS. 2522.

—— *Editio vetus.* 2523.
—— (*Romæ*, *Georg. Laver*, *circa* 1475.) 2524.
—— *Mediolani*, *Ant. Zarotus*, 1479.] 2525.
—— *Editiones variæ.* 2526—2528.
—— *Venetiis*, *Jacob. de Fivizano*, *circa* 1472.] 2529.
—— (*Venetiis*, *Christoph. Valdarfer*, *circa* 1476.) 2530.
—— *Venetiis*, *Jacobus de Rubeis*, 1475.] 2531.
—— *Editio vetus circa* 1490.] 2532.
Quatre satyres trad. par Michel d'Amboise. 2536.
Juvenale tradotto per Georg. Summaripa, *Tarvisii*, *Mich. Manzolinus*, 1480.] 2537.

Pierre JUVERNAY.

Le Foudre foudroyant. 771.

IZARN Marques, Troubadour.

1 Piece de poésie. MS. 2701.

K

Joan. Christ. KELLER.

Icones Plantarum. 1528.
Histoire de la Mouche commune. 1651.

Thomas A KEMPIS.

De imitatione Christi, (*Augustæ Vindel.*) Zainer ex Reutlingen. 366*7.
—— MS. 4687. 723.
—— *circa* 1480.] 724.
—— *Parisiis*, *Georg. Mittelhus*, 1496.] 725.
—— *Lugd*, *Elzevier*. 726.
Le livre de l'internelle consolation ou de l'imitation. 727—730.
—— Italicè. *In Firenze*, *Ant. Mischomini*, 1493.] 731.

William KENT.

The designs of Inigo Jones. 2051.

Rob. KENTENSIS seu KETENENSIS. V. Rob. RETENENSIS.

K E

Claude DE KERQUIFINEN.

Les discours fantastiques de Justin Tonnelier de J. B. Gelli. 3873.

P. Jos. KHELL.

Numismata Cimelii Vindobonensis. 5465.

Henricus KHUNRATH.

Amphiteatrum sapientiæ. 1408.

Fr. KIGGOLARIUS.

Horti Medici Amst: plant. descriptio. 1589.

David KIMHUS.

Biblia hebraica. 11.

Jac. DE KISON. V. Jac. DE CHISON.

Jean Bapt. KLAUBER Catholicus, Graveur.

Figures dont on a orné la Bible de Sixte V. 46.

Jac. Theod. KLEIN.

Natur. dispositio Echinodermatum. 1639, 1640.

Salomon KLEINER.

Templorum Viennæ Austriæ delineatio. 2075.
Résidences mémorables d'Eugene François de Savoye. 2076.

Carolus Henr. DE KLETTENBERG.

Scriptores historiæ romanæ latini veteres. 4849.

Jo. Hieron. KNIPHOFIUS.

Botanica in originali. 1552.

Jean Herman KNOOP.

Pomologie. 1568.
Fructologie. 1568.

Christ. KNORR Von Rosenroth.

Kabbala denudata. 1041.

George Wolfgang Knorr.

Catastrophes du Globe. 1497.
Collection de Coquillages. 1638.
Délices Physiques choisies. 1679.

Pierre Kolbe.

Description du Cap de Bonne Espérance, (par Bertrand.) 5395.

Guil. Koning, Dessinateur.

Le monde plein de fous, gr. par Folkema. 1953.

Ulrich. Krausen.

Figures de la Bible. 137.

Kunckel.

Art de la Verrerie, par le Baron d'Olbach. 2117.

Melchior Kussel, Graveur.

La vie & Passion de N. S. gr. d'après Guill. Baur. 1932.
Œuvre de Guill. Baur. 1933.

Ludolphus Kusterus.

Suidæ Lexicon, gr. lat. 2169.
Aristophanis comœdiæ, gr. lat. 2406.

Melchior Kysel.

Icones Biblicæ. 135.

L

L. D***

L'Allée de la Seringue. 3273.

L. D. P.

Plusieurs poésies. MS. 3268.

L. G. Citoyen de Geneve.

Moyse, trag. MS. 3467.

LA

La naissance du Sauveur. MS. 3467².
Les Machabées, trag. MS. 3467³.

L. V.

Plaidoyé pour la défense du Prince des Sots. 3303⁴.

J. VANDE LAAR.

Hortus Cliffortianus. 1590.

Phil. LABBE.

Nova Bibliotheca. MSS. librorum. 4629*.
Historiæ Byzantinæ Scriptores. 4957¹.
Mich. Glicæ annales. 4957¹¹.
Notitia dignitatum Imperii Romani. 4957³².

Louise LABÉ.

Les Œuvres. 3155, 3156.

L. Cœlius LACTANTIUS Firmianus.

Opera. *In Monasterio Sublacensi*, 1465.] 413.
——— *Romæ, Conr. Sweynheym*, 1468.] 414.
——— *Romæ, Conr. Sweynheym* 1470.] 415, 416.
——— *Venetiis, Vindelinus de Spira*. 417.
——— *Romæ, Udalr. Gallus*. 418.
——— *Rostockii, per fratres domus viridis horti*, 1476.] 419.
——— *Venetiis, Andreas de Paltasichis*, 1478.] 420.
——— *Venetiis, Joannes de Colonia*, 1478.] 421.
——— *Venetiis, Theodorus de Ragazonibus de Asula*, 1390. (1490.) 422.
De ira Dei liber. MS. 423.
De Opificio liber. MS 423.
Nephithomon. MS. 423.
Des divines institutions. 424.

LACTANTIUS Placidus.

Statii Poemata. *Venetiis, Jacob. de Paganinis*, 1490.] 2546.

Jean DE LACU.

La Quenouille spirituelle. (mise en vers par Gringore.) 2888.

LA

Joan. DE LAET.

De Gemmis. 1502.
Pronofticatio. *Parifiis, Rich. Blandin*, 1478.] 1715.
Vitruvii Architectura. 2043.

Pomponius LÆTUS. *V.* POMPONIUS.

J. D. LAFFEMAS, Sieur du Humont.

L'ombre du Mignon de fortune. 3915^{52}.

Thomas LAFFICHARD. *V. Th.* L'AFFICHARD.

Jof. Franc. LAFITAU.

Mœurs des Sauvages Américains. 5396.

DE LAGE.

Defcription du lit de parade d'Anne, Princeffe d'Orange. 5338.

Jac. LAGNIET.

Recueil des plus illuftres Proverbes. 4313.

Gerardus DE LAIRESSE.

Tabulæ CV. Anatomicæ God. Bidloo. 1739.

Bertrant DE LAMANO. *V.* LA MANO.

Petrus LAMBECIUS.

Commentarii de Auguftiffima Bibl. Cæfarea Vindobonen. 5539.

Joffe LAMBERT.

Les actes & derniers fupplices de Nic. le Borgne, dit Buz. 3151.

Dionyfius LAMBINUS.

Plauti comœdiæ. 2569.

Le Pere Bern. LAMI.

Réfutation des erreurs de Spinofa. 951.

Joan. LAMIUS.

Meurfii opera. 4367.

LA

Giovana And. DA LAMPOGNANO.

Lamento del Duca Galeazzo Maria Duca di Milano. 3548⁵.

Ælius LAMPRIDIUS.

Hiftoria Augufta. *Mediolani, Philip. de Lavagnia*, 1475.] 4935.

Domin. LAMPSONIUS.

Typus vitæ humanæ. 2672.

Ant. LANCELOT.

Mémoires concernant les Pairs de France. 5302.

Claudius LANCELOT.

Biblia facra latina. 52.

Joan. Maria LANCISIUS.

Notæ in tabulas Euftachii. 1740.

LANCRET, Peintre.

Onze Eftampes d'après lui, Wateau, Boucher, &c. 1920⁹.

Chrift. LANDINO.

Hiftoria natur. di Plinio. *Venetiis, Nic. Jenfon*, 1476.] 1458—1461.
— *In Venefia, Bartholomio de Zani de Portefio*, 1489.] 1462.
Commentarii in Virgilium. 2440.
Interpretatio in Horatium. 2467.
Commento fopra il Dante. 3563—3565.
Difputationes Camaldulenfes. *Imp. circa* 1480.] 4353.
Iftoria delle cofe fatta da Fr. Sforza fcritta da Simoneta. 4994.

Guil. LANDRÉ.

L'hiftoire de Primaleon de Grece. 4077=4079.

LANFRANCUS de Oriano de Brixia.

Repetitio de probationibus. *Venetiis, Joan. de Colonia*, 1472.] 1167.

Henri DE LANGESTEIN, dit de Hesse.
La décrotoire de vanité. 735.

Jean LANGLOIS, Graveur.
Recueil de 276 Estampes gr. par lui & autres, 1998.

Simon Franc. LANGLOIX.
Privileges des Conseillers du Roi. 1188.

Hubertus LANGUET.
Vindiciæ contra Tyrannos. 1350.
——— trad. en françois. 1351.

LANSA de la Tierce.
Chansons MSS. 3541.

J. B. LANTIN de Damerey.
Le Roman de la Rose. 2750.

Joan. Heynlin DE LAPIDE.
Epistola ad Petr. Paul. Senilem. 2193.
Ciceronis opera Philosophica. *Paris. Ulr. Gering*, 1471.] 2280.

LAPO de Podioboniti.
Tractatus Fred. de Senis. *Papiæ, Fr. de Sancto Petro*, 1478.] 1093.

LAPPIUS. *V.* CASTIGLIONCHIO.

Petrus DE LARGELATA.
Chirurgia. *Venetiis, Bonetus Locatellus*, 1497.] 1735.

LARGILLIERE, Peintre.
45 Portraits gr. par Corn. Mart. Vermeulen. 1987.

DE LARREY.
Histoires des deux Triumvirats. 4944.

N. LASCA.
Tutti i Trionfi, &c. 3546, 3547.

Joan.

Joan. Lascaris Rhindacenus.

Planudis rhetoris Anthologia. *Florentiæ, Laur. Fr. de Alopa,* 1494.] 2353, 2354.

Louis Lassere.

Vie de S. Jérôme. 4744, 4745.

Vincencio Juan de Lastanosa.

Museo de las Medallas. 5478.

Jean de Lataille. *V. Jean* de la Taille.

Porcius Latro.

Fragmenta Historicorum. 4902.

Le Sieur de Laval.

Sentences chrétiennes tirées des Peres de l'Eglise. 368.
Sentences de S. Augustin. 487.
Sentences tirées de l'ancien & nouveau Testament. 797.

Alain de Laval de Vau-doré.

L'historial des Rois non Catholiques. 5161.

Jean Gaspar Lavater.

Traité des différentes physionomies. 1836.

Lud. Lavaterus.

De Spectris. 1432.

Laudivius.

Epistolæ Thurci. 4457.
De vita S. Hieronymi. *Editio vetus circa* 1472.] 4742.

Marc Ant. Laugier.

Essai sur la peinture. 1866.

Pierre Laujon.

Ægle, Pastorale. 3515².
——— avec la partition. MS. 3518.

Silvie, pastorale. 3515^{25}.
—— MS. 3523.
La journée galante. 3515^{36}.
La Toilette de Vénus, opéra avec la partition. MS. 3527.

DE LAUNAY.

Les jeux actiens. MS. 3512^{13}. Portef. IV.

Petrus LAUREMBERGIUS.

Pasicompse nova. 1702.

Michel LAURENT.

Recueil de décorations. MS. 3510.

LAURENTIUS, Præsbiter Pisanus.

Dialogi IV de amore. MS. 4250.

LAURENTIUS, Archiep. Upsaliensis.

Liturgia Ecclesiæ Suecanæ. 274, 275.

DE LAURIERE.

Ordonnances des Rois de France. 1181.

DES LAURIERS, dit Bruscambille.

Facétieuses Paradoxes. 3883.
Les nouvelles imaginations. 3884.
Les œuvres. 3885.
Les fantaisies. 3886.
Prédictions grotesques. 3913^{79}.
Péripathétiques résolutions. 3913^{85}.

Gothofredus Guil. LEIBNITIUS.

Opera. 4369.

Theod. LELIUS, *seu* LÆLIUS.

S. Hieronymi Epistolæ. (*Romæ, Ulr. Han, circa* 1469.) 435.
—— *Parmæ*, 1480.] 437, 438.

LEMAU de la Jaisse. *V.* LE MAU.

Jac. LENFANT.

N. Testament. 88.
Histoire de la Papesse Jeanne, trad. de M. de Spanheim. 4654.

Nic. LENGLET du Fresnoy.

Réfutation des erreurs de Spinosa. 951.
Le Roman de la Rose. 2750.
Les œuvres de Clément Marot. 3035.
De l'usage des Romans. 3958.
L'histoire justifiée contre les Romans. 3959.
Méthode pour étudier l'histoire. 4467.
Supplément à la méthode de l'histoire. 4468.
Tables Chronologiques. 4576.
Mémoires de Philippe de Commines. 5079.
Mémoires de Condé. 5109.
Journal de Henri III. par P. de l'Estoile. 5118.
Journal du regne de Henri IV. par de l'Estoile. 5155.

Levinio LENNIO.

De gli occulti miracoli. 1675.

Joan. LENSÆUS Belliolanus.

De fidelium animarum purgatorio. 599.

S. LEO Magnus.

Opera. 491.
Sermones & opuscula. *Romæ, Conrad. Sweynheym & Arn. Pannartz*, 1470.] 492.
——— (*Roma, Uldalricus Gallus, sub fine an.* 1470.] 493.
——— *Editio vetus.* 494.
——— *Venetiis, Lucas Venetus,* 1482.] 495.
——— *Italicè. In Firenze,* 1485.] 496.
Epistolæ. MS. 497.

Ottavius LEO, Peintre & Graveur.

Recueil de 26 portraits de Peintres. 1986.

LÉON III, Pape.

Manuel ou Enchiridion de prieres. 1410.

Leone Medico Ebreo.

Dialogi d'amore. 4271, 4272.

Tomaso Leoni.

Fiore di virtu. *circa* 1478.] 1283.
——— *In Firenze*, 1489.] 1284.

Omnibonus Leonicenus.

Comment. in lib. Ciceronis de Oratore. 2254, 2255.
Comment. in Ciceronis Oratorem. *Vicentiæ*, 1476.] 2256.
Ciceronis Rhetoricorum lib. *Venetiis*, Nic. Jenson, 1470.] 2327.
Quintiliani institut. Oratoriarum lib. 2334.

Lequeux. *V.* le Queux.

Tristan de Lescaigne.

Disputation entre l'homme & raison. 575.

Nicole Lescarre.

7 Chants royaux, 3 Ballades & 3 rondeaux impr. dans le vol. N° 2883.

Nathael Godofredus Leske.

Lucubratiuncula de Aculeis Echinorum Marinorum. 1639, 1640.

Thibault Lespleigney.

Promptuaire des Médecines simples. 3153.
Décoration du pays de Touraine. 5269.

Thomas de Leu, Graveur.

25 Estampes représentant la vie de St. François. 1969.

Rabbi Moses Levi.

Histoire de la religion des Juifs. 4814.

Elyas Levita.

Lexicon Chaldaicum. 2154.

Joan. Leusden.

Biblia hebraica. 14.

Libanius.

Argumenta in orationes Demosthenis. 2238.
Demosthenis vita. 2238.

Jean de Liçarrague de Briscous.

N. Testament en langue basque. 100.

Madame Liebaut.

Les miseres de la femme mariée. 3913²³.

Joan. Liechtenbergers.

Pronosticatio. 754.

Jacques le Lieur.

1 Chant royal impr. dans le vol. N° 2883.

Pierre le Lieur.

1 Chant royal impr. dans le vol. N° 2883.

Joan. Phil. de Lignamine.

Eusebii Cæsariensis historia Ecclesiastica. 4621.

Lilius Tifern.

S. Chrysostomi sermones, lat. (*Coloniæ, Zel de Hanau,*) *circa* 1468.] 400.

Limerno Pittocco. *V. Teofilo* Folengo.

de Limiers.

Pierres antiques gravées, trad. de Ph. de Stosch. 5521.

Joan. Limpenus.

Acta Sanctorum mens. Septembris. 4717.

Thomas Linacrus Britannus.

Procli Diadochi Sphæra. *Venetiis, Aldus,* 1499.] 1802.

Carolus Linnæus.

Hortus Cliffortianus. 1590.

Rabbi LIPMANNUS.

Liber Mizachon. 1039.

Lauren. LIPPIUS.

Oppianus de piscatu, in lat. transl. *In Colle, Gallus cognomento Bonus*, 1478.] 2125.

Justus LIPSIUS.

C. Taciti opera. 4921.

Nicolao DE LIRA.

Biblia vulgarizata con la espositione. 90.
Biblia sacra cum postillis. 171.
Postilla super Psalterium. *Paris. Udal. Gering*, 1483.] 189.
Devote Meditationi. 801.

Richart DE LISON.

Branche du Roman du Renard. MS. 2717ᵉ.

Martinus LISTER.

Historia Conchyliorum. 1631, 1632.

Titus LIVIUS.

Historiæ. *Romæ, Udal. Gallus,* (1470.) 4852, 4853.
——— *Venetiis, Vindelinus de Spira, circa* 1470.] 4854, 4855.
——— *Mediolani, Zarotus,* 1480.] 4856.
——— *Tarvisii, Joan. Vercellensis,* 1485.] 4857.
——— *Editiones variæ.* 4858—4863.
——— trad. en françois (par P. Berchoire.) 4864.
Les Concions & Harangues, trad. par J. de Amelin. 4865.
Diece libri della prima Deca. (*In Firenze, Luca Bonacorsi,*) *circa* 1472.] 4866.
Le Deche. *In Venetia, Octaviano Scoto,* 1481.] 4867.
——— *In Venetia, Giov. Vercellese,* 1493.] 4868.

Jac. LOCHER.

Comment. in Horatium. 2468.
Navis stultifera. *Basileæ, Bergman de Olpe,* 1497.] 2651, 2652.
Navis stultifera. *Basileæ, Bergman de Olpe,* 1498.] 2653.

LO

—— *Pariſiis, Gauf. de Marnef*, 1498.] 2654.
—— *Editiones variæ.* 2655, 2656.
La Nef des Folz. *Paris, Manſtener*, 1497.] 2657.
—— *Autre édition.* 2659.

Nic. Barth. LOCHIENSIS.

Chriſtus Xylonicus, tragœdia. 2680.

LOCKE.

Entendement humain, trad. par Coſte. 1399.

Magiſter Aquarius LODOLA.

Merlini Coccaii (Th. Folengi.) Macaronea. 2690.

Guido LOGLIO Regienſe.

Epiſtole Famigliari di Cicerone. 2321.

LOIR, Graveur.

Recueil d'Eſtampes. 1921.

Giov. Paulo LOMAZZO.

Trattato dell' arte della pittura. 1867.

Daniel LOMBARD.

Comparaiſon des hiſtoires de Mezeray & Daniel. 5037.

Petrus LOMBARDUS.

Libri IV Sententiarum. MS. 525.
—— *Venetiis, Vendelinus de Spira*, 1477.] 526.
—— *Baſileæ, Nicolaus Keſters*, 1487.] 527.
Compendium theologiæ exerptum ex libris P. Lombardi. 528.

Pierre LOMBERT.

Cité de S. Auguſtin, trad. en fr. 459.

Henri Aug. LOMENIE, Comte de Brienne.

Mémoires. 5221.

Jacques LE LONG.

Bibliotheque hiſtorique de France. 5551.
Bibliotheca ſacra. 5554.

Frere *Jean* DE LONGDIT.

Hist. de l'Empereur de Tartarie, trad. d'Aycone. 5389.

Hil. Bern. de Requeleyne de LONGEPIERRE.

Poésies d'Anacréon & de Sapho. 2377.
Idylles de Moschus, &c. trad. 2387, 2388.
Electre, trag. MS. 3459². Portef. V.

LONGUS.

Les amours de Daphnis & Chloé, trad. par Amyot. 3963.

VAN LOO, Peintre.

L'écheć & Mat, gr. par Henriquez. 1923.
La Sultane & la Confidance, gr. par Beauvarlet. 1923.

Fern. LOPEZ Castagnede.

Histoire de Portugal, (par Simon Goulart.) 5351.
Histoire de l'Inde, trad. par N. de Grouuchy. 5391.

Greg. LOPEZ.

Glossæ in concordantiam utriusque juris. 1179.

Nic. DE LOQUE.

La Pirotechnie. MS. 1750.

DU LORENT.

La Moustache des Filous arrachée. 3913²⁵.

Henr. LORITUS Glareanus.

Boetii opera. 1268.

Anne DE LORRAINE.

Ses Heures manuscrites. 300.

Charles DE LORRAINE. *V. Charles* Duc de MAYENNE.

Louis Marg. DE LORRAINE, Princesse de Conti.

Histoire des amours de Henri IV. 4143.

P.

LO

P. F. Gio. Angiolo LOTTINI.
Scelta d'alcune miracoli. 4778.

DE LA LOUBERE.
Du Royaume de Siam. 5393.

Frere *Regnault* DE LOUENS.
Boece de la confolation de la Philofophie, en vers. MS. 2768.

S. LOUIS, Roi de France.
Enfeignements donnés devant fa mort à fon aîné fils. MS. 284³.

LOUIS XI, Roi de France.
Le Rofier des guerres. 1101.

LOUIS XIII, Roi de France.
Ses Heures. 307.

LOUIS XIV, Roi de France.
La guerre des Suiffes, trad. de Cefar. 4918.

LOUIS XV, Roi de France.
Cours des principaux Fleuves de l'Europe. 4474.

Jean LOUVEAU.
Les facetieufes nuits de Straparole. 3940.

Sibrandus LUBBERTUS.
De Papa Romano. 1008.

M. *Annæus* LUCANUS.
Pharfalia. *Romæ, Conr. Sweynheym*, 1469.] 2508.
——— *Venetiis, juvenis Guerinus*, 1477.] 2509.
——— *Venetiis, Nic. Battibove*, 1486.] 2510.
——— *Editiones variæ.* 2511, 2512.
——— trad. par de Brebœuf. 2513.
Lucain, Suetone & Sallufte, ou les comm. de Cefar. *Paris, Verard*, 1490.] 4917.

Nic. Lucanus.

Homeri Ilias in græcos verfus modernos. 2365.

Luce, Seigneur du Gat.

Le Roman de Triftan. MS. 4015.
—— Imprimé. 4016, 4017.

Louis Luce.

Epreuve d'un Alphabet. 1864.

Bertrand de la Luce.

Nouvelle défenfe pour les François. 5092.

Vafque de Lucene.

Q. Curce en françois. MS. 4844.

Lucianus.

Tragœdia verfibus reddita à Balifta. 4240.
Opera. *Florentiæ*, 1496.] 4336.
—— *Editiones variæ.* 4337, 4338.
La defcription d'Hercules de Gaule, trad. de G. d'Aurigny. 3808.

Titus Lucretius Carus.

De rerum natura lib. 2412—2415.
—— trad. en fr par le Baron de Coutures. 2416.
—— trad. par M. la Grange. 2417.

Ludolphus Saxon.

Vita Chrifti, 1474.] 145.
—— en françois. 146, 147.

Ludovicus, Patritius Romanus.

Itinerarium Æthiopiæ. 4539.

Ludovicus, Xantonenfis Epifcopus.

Verfus Guill. Tardivo. 4491.

Raimond Lulle.

La Clavicule, par Jacob. 2232.

LU

Lully, Musicien.

Eglogue mise en musique. MS. 3512¹. Portef. IV.
Musique du Divertissement d'Anet. MS. 3512¹¹. Portef. III.

Paulus Lulmeus, Bergomensis.

Prologus summæ de Ecclesiastica potestate Aug. de Ancona. *Romæ, Fr. de Cinquinis,* 1479.] 1075.

Joan. Fred. Lumnius.

De extremo Dei judicio. 596.
De vicinitate extremi judicii Dei. 597.

Luneau de Bois-Jermain.

Commentaires sur les œuvres de Racine. 3441.

Folquet de Lunel, Troubadour.

4 Pieces de poésie. MS. 2701.

Ant. Luschus.

Inquisitio super XI Orationes Ciceronis. *Venetiis, Joann. de Colonia,* 1477.] 2307.
Domus pudicitiæ. 2671.

Melle. de Lussan.

Les veillées de Thessalie. 4159.

Mart. Luther.

Biblia, germanicè. 101.
Antithese de la vraie & fausse Eglise. 982.
De deux Monstres prodigieux. 992.
Præfatio in vitas Roman. Pontificum. 4650.

Jacobus de Lutiis.

Liber Pontificalis emendatus. *Romæ, Steph. Plannck,* 1497.] 249.

Jean de Luxembourg, Abbé d'Ivry.

De l'institution du Prince de Guill. Budé. 1361.

L Y

Jean Luyken.

Fig. de l'hift. du V. & N. Teftam de D. Martin. 136, 140.
Fig. des hift. les plus remarquables de la Bible. 141.

P. Luzer, Troubadour.

1 Piece de Poéfie. MS. 2701.

Bernardo Lycinio. *V. Bernardo* Illicinio.

Lycophron.

Alexandra. 2379, 2382.

Conradus Lycosthenes.

Prodigiorum chronicon. 1669.

Th. Lydiatus.

Marmora Oxonienfia. 5456.

Jacobus Lydius.

Sermonum Convivialium lib. 4281.

Joan Lyser.

Polygamia triumphatrix. 980.

Lysias.

Orationes. 2236.

M

M ***

Hiftoire des amours d'Abelard & d'Héloïfe. 3281.

M. B.

Les Eaux de Balaruc, coméd. MS. 3454[1].
Colombine, fille bifarre. MS. 3454[2].
Les Cours de Marfeille, coméd. MS. 3454[3].
La Diligence de Lyon, coméd. MS. 3454[4].

M. D. C***.

Recueil de diverfes poéfies. MS. 3458.

M A

M. L. M. D. M.
Le Roman de Melusine. 4117.

M. M.
Pélerinage de Colombelle & Volontairette, trad. en fr. 784—786.

M. V.
Iconographie. 5619.

Joan. Mabillon.
Vetera Analecta. 371.
S. Bernardi opera. 517.
De re diplomatica lib. VI. 5531.

Ant. Macault.
L'histoire de Diodore de Sicile. 4835.

Nicolo Macchiavelli.
L'Asino d'Oro. 3739.
Mandragola, Comedia. 3759-3761.

Paulus Maccius.
Emblemata. 4328.

Henri Macé.
Mots & Sentences dorés de Caton, en vers. 2959. add.

Macer Floridus.
De viribus herbarum. 1536.

Guil. de Machau.
Recueil de ses poésies. MS. 2771.
Le dit du Lyon. 2772.

Julien Macho.
N. Testament. *Lyon, Barth. Buyer.* 69, 70.
Miroir de la Redemption de l'humain lignage. *Lyon, Math. Huz*, 1482.] 125.
—— *Paris, Desprez pour Jean Petit.* 126.
Miroir de la vie humaine. trad. en fr. *Lyon, Barth. Buyer,* 1477.] 1318.

M A

R. LE MAÇON, dit la Fontaine.

Les Funérailles de Sodome. 909.

Aurelius MACROBIUS *Theodosius.*

Conviviorum dierum Saturnaliorum lib. MS. 4202.
—— Opera. *Venetiis, Nic. Jenson,* 1472.] 4203.
—— *Cum notis variorum.* 4204.

MACROPEDIUS.

L'histoire de Joseph., trad. par Ant. Tiron. 2686.

Carlo MADERNI.

Architectura della Basilica de S. Pietro. 2068.

Martinus MAGISTER, *seu* des Maîtres.

Summa de virtutibus. *Paris. Wolf. Hopil.* 1490.] 1281.

Charles MAGIUS.

Ses voyages. MS. 4527.

Pietro Paulo MAGNI.

Discorsi sopra il modo di sanguinare. 1736.

Albertus MAGNUS.

Libri XII. de Beata Maria Virgine. *Circa* 1475.] 573.
Sermones Aurei. *Coloniæ, Henr. Quentel,* 1498.] 682.
Notula super Matthæi Evangelium de festo die Epiphaniæ.
(*Coloniæ, Joan. Guldenschaff.*) 4773.

Jacobus MAGNUS.

Sophologium. *Parisiis, Gering., &c.* 1475.] 1285.
—— *Parisiis, Gering, &c.* 1477.] 1286.
—— *Lugduni, Nicol. Philippi de Benszheym.* 1287.
Livre des bonnes mœurs. 1288.

Joan. MAGNUS.

Gothorum Sueonumque historia. 5368.

Olaus MAGNUS.

Historia de Gentibus Septentrionalibus. 5367.

Olivier de Magny.

Les Amours & quelques Odes. 3114.

Guil. Magret, Troubadour.

4 Pieces de poésie. MS. 2701.

Laurent Mahelot.

Recueil de décorations. MS. 3510.

Mahomet.

Alcoran, en arabe. MS. 1042.
—— trad. par Duryer. 1043.
—— trad. en italien. 1044.
Theologia Mahometi dialogo explicata. 1045.

Rich. Maidstonus.

Sermones dormi securè. (*Coloniæ, Conrad. de Homborch.*) 705.
—— *Lugduni, Jo. Trechsel*, 1491.] 706.

David. Majerus.

Transenna de Papatu Romanensi. 1013.

Michael Maierus.

Arcana arcanissima. 1772.
Lusus serius. 1773.
Jocus severus. 1774.
Symbola aureæ mensæ. 1775.
Atalanta fugiens. 1776.
Tripus aureus. 1777.
Viatorium. 1778.
Tractatus de Volucri arborea. 1779.
Septimana Philosophica 1780.
Tractatus posthumus, sive Ulysses. 1781.
Silentium post clamores. 1781.

Guil. Maignart.

Une Ode en latin impr. dans le vol. N° 2883.

Frere *Olivier* Maillard.

La conformité des SS. Mysteres de la Messe à la Passion. 623.

La Confession générale. 637, 638.
Sermones. *Lugduni, Joan. de Wingle*, 1498.] 710, 711.
―――― *Parisiis*, *Jo. Petit*. 712.
Chanson piteuse. 1333¹⁰. 3097⁶.

MAIMOIDES.

Mischna. 1037.

Agostino MAINARDO.

Annatommia della Messa. 1024.

Amb. Jason DE MAINO.

De jure emphiteotico quæstiones. (*Paduæ*,) *Ant. Carchenus*, 1476.] 1168
―――― *Tholosæ, Joannes Teutonicus*, 1479.] 1169.
Oratio. 4341.

Thomas MAJOR, Graveur.

Œuvre de David Teniers, gr. par lui & d'autres. 1930.
Les Ruines de Pæstum. 5499, 5500.

Jean LE MAIRE de Belges.

De la différence des Schismes de l'Eglise. 2879.
L'Epître du Roi à Hector de Troye. 2932.
Le second & tiers Contes intitulés : de Cupido & d'Atropos. 2933.
La legende ou chronique des Vénitiens. 2879. add 4975.
Illustrations de Gaule. 5005.

Iean DE LA MAISONNEUVE. *V. Jean* HEROET.

Ant. LE MAISTRE.

Pseaumes de David. 64―67.
N. Testament de Port-Royal. 71―78.

Louis Isaac LE MAISTRE. *V.* SACY.

Martinus DES MAISTRES. *V. Martinus* MAGISTER.

Michael MAITTAIRE.

Corpus omnium veterum Poetarum latin. 2409.

Annales

Annales Typographici. 5535.
Historia Typograph. aliquot Parisien. 5638.
Stephanorum historja. 5639.

Phil. DE MAIZIERES.
Le songe du vieil Pélerin. MS. 1358.

Jacobus MALBRANCQ.
De Morinis & Morinorum rebus. 5264.

Phil. DE MALDEGHEM de Leyschot.
Le Petrarque en rime françoise. 3608.

Joan. MALDONATUS.
Commentarii in IV Evangelistas. 199.

Nic. MALEBRANCHE.
De la vérité de la religion. 1398.

Steph. DE MALESCOT.
De Nuptiis liber. 1173.

DE MALESIEUX.
Les amours de Ragonde, opera. 3515^{24}.

Franc. DE MALHERBE.
Les œuvres. 3163—3165.

Petr. Alfonsus MALHEREUS.
Gesta per Portugalenses in India, &c. 5390.

N. MALINGRE.
Indice des matieres de la Bible d'Olivetan. 83.

Jean MALLART.
Description de tous les ports de mer. MS. 2940.

Felix MALLEOLUS. V. HEMERLIN.

Paulus MALLEOLUS.
Emendationes in Virgilium. 2441.

Nicolo de Mallermi.

Biblia in lingua vulgare. 89—92.
Le legende di tutti li Sancti per Jacob. de Voragine. 4710—4712.

Phil. de Mallery, Graveur.

Passio Domini. N. J. C. 1959³.
Vie de la Vierge & la Passion. 1959⁴.
Porta Cœli. 1959⁴.

Allain Manesson Mallet.

Description de l'univers. 4469.

Nicolaus Malon.

Regiſtrum proceſſus criminalis contra Carolum de Borbonio. MS. 5090*.

Thomas Malouin.

Origine des Macreuſes de Graindorge. 1619.

Cl. Malterus.

Procopii hiſtoriæ. 4957².

Co. Carlo Ceſare Malvasia.

Il Clauſtro di S. Michele dipinto da Carracci, deſcritto. 1910.

Seb. de Mamerot.

La Chronique Martiniane. 4566—4567.

Conſt. Manasses.

Breviarium hiſtoricum. 4957¹⁰.

Ant. Mancinellus.

Comment. in Virgilium. 2440.

Marie Anne Mancini.

Heures latines MS. qui lui ont appartenu. 332.

Guil. de Mandagoto.

Sextus liber decretalium Bonifacii VIII. 1052, 1053.

MA

Mandere, Peintre.

Paſſion de N. S. gr. par Jacq. de Gheyn. 1957.

Jean de Mandeville.

Le Lapidaire. 1333[b].
Voyage à Jéruſalem. *Lyon, Barth. Buyer*, 1480.] 4515.
——— *Paris, Jean Bonfons*, goth. 4516.
——— en italien 4517.

Nicolao Manerbi. *V. Nic.* Mallermi.

Jannotius Manettus.

Hiſtoria Piſtorienſis. MS. 4989.

Lelio di Manfredi.

Tirante il Bianco. 4187.
Carcer d'amore, trad. (di Diego San-Pedro.) 4192.
——— trad. en françois. MS. 4193.
——— imprimé. 4194.

Hieron. Manfredus.

Caſtigation. in Ptolomæum. 4481.

Lucas Urbanus Mangeant.

S. Proſperi opera. 490.

Pierre le Mangeur. *V.* Petrus Comeſtor.

Thomas Mangey.

Philonis Judæi opera, gr. lat. 372.

Sebaſt. Manilio.

Faſiculo de Medicina. 1713.
Settanta novelle del Sabadino. 3935.
Epiſtole del Seneca. *In Venetia, Manilio*, 1494.] 4435.
Fr. Petrarchæ epiſtolæ. *Venetiis, Joan. de Gregoriis*, 1492.] 4440.

Marcus Manilius.

Aſtronomicorum lib. V. *Venetiis, Aldus*, 1499.] 1802.

Domen. Maria MANNI.

Vocabolario de gli accademici della Crusca. 2221.

Bertrant DE LA MANO, Troubadour.

2 Pieces de poésies. MS. 2701.

Jean MANSEL de Hesdin.

La fleur des histoires. MS. 4563.

Colard MANSION.

Les Métamorphoses d'Ovide moralisées. *Bruges, Colard Mansion*, 1484.] 2489.
—— *Editions diverses*. 2490—2492.

F. MANSUET.

L'heureux déguisement, tragédie. MS. 3445.

Marco Benavides MANTOVA.

Operetta del Heremita. 3936.

Jo. Bapt. MANTUANUS.

Additions au remede d'amour d'Eneas Silvius. 2500, 2956.
Opera poetica. 2601.
Opus de mundi calamitatibus. *Daventriæ, Rich. Pafroed*, 1495.) 2603.
Carmina. *Venetiis, Jacob. de Leucho*, 1499.] 2604.
Parthenice Mariana & alia carmina. *Paris. Jean Petit*, 1499.] 2605, 2607.
La Parthenice Mariane, trad. par Jacq. de Mortieres. 2606.
De calamitatibus temporum *Paris. Joan. Parvus*, 1499.] 2608.
Aureum contra impudicè scribentes opusculum. *Paris. Thielm. Kerver*, 1499.] 2609.
Bucolica. *Argentinæ, Joann. Prus*. 2610.
La Complainte de vertu, trad. par Michel d'Amboise. 2952.

Aldus Pius MANUTIUS.

Aristotelis opera, gr. 1218.
Alex. Aphrodisieus in Topica Aristotelis. 1221.
Libri de re Rustica. 1511.

Astronomi veteres. *Venetiis, Aldus*, 1499.] 1802.
Thesaurus Cornucopiæ. *Venetiis, Aldus*, 1496.] 2156.
Theodori introductivæ grammatices lib. *Venetiis, Aldus*, 1495.] 2157.
Erotemata Chrysoloræ. 2160.
Julii Pollucis Onomasticon. 2164.
Dictionnarium græcum. *Venetiis, Aldus*, 1497.] 2166.
Antiqui Rhetores græci. 2233.
In Aphthonii Progymnasmata. 2234.
Isocratis orationes, &c. 2235.
Orationes Rhetorum veterum Græcorum. 2236.
Demosthenis orationes, græcè. 2238.
Theocriti eclogæ, &c. *Venetiis, Aldus*, 1495.] 2355.
Homeri opera, gr. 2357.
Pindari opera. 2379.
Sophoclis, tragœdiæ. 2395.
Juvenalis & Persii Satyræ. 2526.
Cl. Claudiani opera. 2554.
Epistolæ diversorum Philosophorum. *Venetiis, Aldus*, 1499.] 4422, 4423.
C. Plinii epistolæ. 4438.
Pausaniæ Græciæ descriptio, græcè. 4825.
Herodoti historiarum lib. IX. græcè. 4827.
Thucydidis historiæ, græcè. 4829.
C. Sallustii opera. 4896.
Plutarchi vitæ. 5563.

Paulus Aldus Manutius.

Ciceronis opera philosophica. 2285. 2294.
Ciceronis Orationes 2303.
Ciceronis Epistolæ familiares. 2318, 2319.
Ciceronis Epistolæ. 2323, 2324.
Epistolæ. 4458.

Maître *Gautier* Map.

Le Roman de Lancelot du Lac. MS. 3989. 4003—4006.
—— *Paris, Ant. Verard*, 1494.] 3999.
—— (*Paris, Verard*,) 4000.
—— *Diverses Editions.* 4001, 4002.

Guil. de Mara.

In Chimeram conflictus. 2635.
De tribus fugiendis ventre, pluma & venere. 3853.

Damian MARAFFI.

Figure del vecchio Testamento. 3728.

D. Prudentius MARAN.

S. Basilii Magni opera. 385.
S. Cyrilli opera, gr. lat. 389, 390.
S. Cypriani opera. 408.

MARBODUS.

Opuscula. 515.
De Gemmis. 1500.
Le Lapidaire. MS. 1501, 2738³
Poemata. 2631.

Petrus DE MARCA.

De concordia Sacerdotii. 1103.

MARCEBRU, Troubadour.

13 Pieces de poésie. MS. 2701.

MARCELLINUS.

Commentarii in Hermogenis rhetorica. 2234.

Christ. MARCELLUS, Corcyrens. Archiepis.

Ritus Ecclesiastici. 220.

Prosper MARCHAND.

Cymbalum mundi. 4408, 4409.

Olivier DE LA MARCHE.

Le Miroir de mort. 2861.
Le Chevalier délibéré. MS. 2862, 2863.
—— Paris, (Ant. Verard,) 1488.] 2864.
El Cavallero determinado por don Hernando de Acuna. 2865.
Le Parement des Dames. MS. 2866.
—— Paris, Jean Trepperel, 2867.

MARCHESINUS.

Mammetractus. *Moguntiæ, Pet. Schoiffer*, 1470.] 176, 177.
—— *Venetiis, Franç. de Hailbrun*, 1476.] 178.
—— *Editio vetus absq. loci & anni nota.* 179.

M A

Francesco DE MARCHI.
Della Architettura Militare. 2089.

Nicole DE MARCHINAL.
Les trois morts & les trois vifs, en vers. MS. 2736².

MARCHONI da Siena.
Legenda di S. Catherina, trad. di Thoma da Siena. MS. 4763.

MARCIANUS.
Poema de situ orbis. 2592².

Francesco MARCOLINI da Forli.
Le ingeniose sorti. 2142.

Jean DE MARCONVILLE.
De la bonté & mauvaistié des femmes. 4296.
Recueil d'aucuns cas merveilleux. 5660. 5662.

Beatus MARCUS.
Evangelica historia. 168*.

Valentin MARÉE.
Traité des conformités du Disciple avec son Maître. 4681.

Henri DES MARETS.
Bible de la version de Geneve, revue. 87.

Samuel DES MARETS.
Bible de la version de Geneve, revue. 87.

DE MAREUIL.
Histoire coquette. 3904.

Japien MARFRIERE.
La belle Hester; tragédie. 3412.

Joan. MARIANA.
De Rege & Regis institutione. 1362.
Historiæ. 5342—5344.

P. J. Mariette.

Description du Cabinet de Crozat. 1896.
Cabinet d'Aguilles. 1897.
Description des travaux pour la Statue de Louis XV. 2115.
Recueil de peintures antiques de P. Sante Bartoli. 5512.
Traité des Pierres gravées. 5522.

de Marigny.

Traité politique. 1355.

Frate Marino de Venetia.

Biblia vulgarizata, rubricata. 90.

Mariote.

Traité de la percussion des corps. 1800.

Bart. Mariscalco.

Assetta, comedia. MS. 3796.

Carlet de Chamblain de Marivaux.

La Méprise, comédie. MS. 3457.
Le Petit-Maître corrigé, coméd. MS. 3468.

Raymundus Marlianus.

C. Julii Cæsaris opera. 4907—4909.
Index in C. Julium Cæsarem. 4907—4909.

Gellius Bern. Marmita.

Comment. in tragœdias Senecæ. 2590.

Jean Francois Marmontel.

La Bergere des Alpes. 4134[7].
L'Amitié à l'épreuve. 3134[7].
Les quatre Flacons. 4134[7].

de Marne.

Les belles Statues de Rome. 2038.

Michel de Marolles, Abbé de Villeloin.

Tableaux du Temple des Muses. 3816.
Les 15 livres des Deipnosophistes d'Athenée. 4197:

Clément

Clément MAROT.

Les livres de la Métamorphose d'Ovide. 2497.
Chansons choisies par de Moncrif. 2720.
Le Roman de la Rose, par Guil. de Lorris & Jean de Meun. 2746—2749.
1 Chant royal impr. dans le vol. N° 2883.
Recueil des œuvres. 3034—3035.
30 Pseaumes de David. MS. 3036.
Le Riche en pauvreté. 3037.
L'Enfer de Clément Marot. 3038.
Les Cantiques de la paix. 3070^5.

Jean MAROT.

Palinodz. 2883.
Recueil des œuvres. 3023.
Le magnifique Château de Richelieu. 2083.

Simeon MAROTTE de Muis.

Opera omnia. 193.

César Chesneau DU MARSAIS.

Nouvelles libertés de penser. 938.

Arnaut DE MARSAN, Troubadour.

1 Piece de poésie. MS. 2701.

Jac. MARSOLLIER.

Histoire de l'inquisition. 4797.
Histoire du Cardinal Ximenès. 5349.

Petrus MARSUS.

Interpretatio super officiis Ciceronis. 2284.
Comment. in Silium Italicum. 2516, 2517.
De crudeli Eurapontinæ urbis excidio. (*Roma, Conrad. Sweynheym, &c.*) 2600.

DE MARSYS.

Le Procès & la mort du Roi d'Angleterre. 4373^{22}.

Jean MARTEL.

L'antiquité du triomphe de Besiers. 3241.

M A

Edmundus MARTENE.
Spicilegium aliquot Scriptorum. 370.

Bernart MARTI, Troubadour.
1 Piece de poésie. MS. 2701.

MARTIAL de Paris dit d'Auvergne.
Les Vigiles de la mort de Charles VII. 2846—2849.
Louanges de la Vierge. *Paris, Simon Voſtre*, 1489.] 2850.
—— *Paris, Jean du Pré*, 1492.] 2851
—— *Paris, Simon Voſtre*. 1509.] 2852.
L'Amant rendu Cordelier. 2853.
Arrêts d'amours. 4261—4265.

M. Valerius MARTIALIS.
Epigrammata. *Venetiis, Vindel. de Spira, circa* 1470.] 2538.
—— *Roma, Joan. Gensberg*, 1474.] 2539.
—— *Venetiis, Joan. de Colonia, &c.* 1474.] 2540.
—— *Venetiis*, 1480.] 2541.
—— *Mediolani, Leonardus Pachel, &c.* 1483.] 2542.
—— ad uſum Delphini. 2543.

D. Joan. MARTIANAY.
S. Hieronymi opera. 429.

DE MARTIGNAC. *V.* ALGAY.

Corn. MARTIN.
Généalogies des Foreſtiers de Flandres. 5426.

David MARTIN.
Hiſtoire du V. & N. Teſtament. 136.

Gabriel MARTIN.
Catalogue des livres du Cabinet de M. de Boze. 5555.

Jean MARTIN, Seign. de Choyſi.
Le Papillon de Cupido. 3061.
Légende de S. Dominique. 4753.

Martin MARTIN.

Ballade de la Confrairie de N. D. du Puy dans le MS. N° 2927.

Le Pere MARTIN, Jésuite.

Recueil de poésies. 3282.

M. F. N. MARTINET.

Hist. des Dorades de la Chine. 1629.

MARTINUS.

Chronica summorum Pontificum. *Taurini, Joan. Fabri,* 1477.] 4565.

Frater MARTINUS, Ord. Fr. Præd.

Cronica Pontificum. MS. 4564.
——— trad. en fr. par Sebastien Mamerot. 4566—4568.

MARTINUS. *V. Martinus* MAGISTER.

Galeottus MARTIUS.

Refutatio in librum Georgii Alexandrini. *Venetiis, Jac. Rubeus,* 1476.] 1385.
Castigation. in Ptolomæum. 4481.

Joan. MARTYN.

Historia plantarum. 1560.

Petrus MARTYR Anglerius.

Opus Epistolarum. 4452.

Arnaut DE MARVELH, Troubadour.

26 Pieces de poésie. MS. 2701.

Mich. Tarchaniota MARULLUS.

Hymni & Epigrammata. *Florentiæ, societas Colubriæ,* 1497.] 2615.

Theophile DU MAS.

Antiquité de Lyon. 5275.

Ff 2

M A

L'Abbé J. B. LE MASCRIER.
Histoire universelle de Jacq. de Thou. 4613.

MASCURAT. V. Gab. NAUDÉ.

J. LE MASLE.
Le Temple des Vertus. MS. 3168.

Jac. MASSÉ.
Voyages & aventures. 4546.

Jean Bapt. MASSÉ, Dessinateur.
La Galerie de Versailles. 1889

Jean MASSIEUX.
La mouelle & sauce friande des saints os de l'Avent. 3190, 3191.

Jean Bapt. MASSILLON.
Sermons. 720.

Dom MASSON.
Explication des Statuts des Chartreux. 1118.

James MASSON, Graveur.
Œuvre de Jean Pillement, gr. par lui & d'autres. 1943.

MASUCCIO Salernitano.
Le cinquante novelle. *Venetiis, Bapt. de Tortis,* 1484.] 3934.

D. Renatus MASSUET.
S. Irenæi contra Hæreses lib. V. gr. lat. 375.
S. Irenæi opera, gr. lat. 376.

MATHÆUS de Cracovia.
Ars moriendi, tentamen artis typographicæ. 591.
——— *Vetus editio circa* 1480.] 592.
——— (*Colonia, Zel de Hanau, circa* 1471.] 4741^a.

Jacques MATHAM, Graveur.

Les 12 mois de l'année 965.

Ant. MATHARELLUS.

Ad Hotomani Franco-Galliam responsio. 5009.

MATHEO da Ferrara Jesuato.

Vita e epistole de S. Hieronimo. *In Ferrara, Lorenzo di Rossi*, 1497.] 4747.

MATHEUS, Graveur.

Vita Dei paræ Mariæ. 1959¹.

MATHIEU Vidame de Chartres.

4 Chansons. MS. 2719⁵.

Pierre MATHIEU.

La Guisiade. tragédie. 3403.
Troisieme édition de la Guisiade. 3404.

Franc. MATURANTIUS.

Interpretatio super officiis Ciceronis. 2284.

LE MAU de la Jaisse.

Tables contenant l'histoire Militaire de France. MS. 5307.
Carte générale de la Monarchie françoise. 5308.

François DE MAUCROY.

Ouvrages de prose & de poésie. 4387.

Jean MAUGIN, dit l'Angevin.

Le nouveau Tristan. 4018, 4019.
Palmerin d'Olive. 4076.

Pierre Louis Moreau DE MAUPERTUIS.

Lettre sur la comete. 1817.

MAURICE, Comte de Saxe.

Mes rêveries. 2110.

M A

Paulus MAUROCENUS.

Opus de æterna temporalique Christi generatione. *Patavii, Barth. Campanus Ponticurvanus*, 1473.] 825.

MAURON, Deſſinateur.

Les cris de la ville de Londres, gr. par P. Tempeſt. 2008.

Nicolas MAUROY le jeune.

Les hymnes communs de l'année. 3014.

MAXIMIANUS, Philoſophus.

Ethica ſuavis & perjocunda. (*Ultrajecti, Nic. Ketelaer, &c. circa* 1473.] 2676.

MAXIMIEN.

L'Advocat des Dames de Paris. 2944.

Charles de Lorraine, DUC DE MAYENNE.

Ses Heures Manuſcrites. 308.

Jaſo MAYNUS. *V.* DE MAINO.

Clemens MAZZE.

Vita S. Zenobii. *In Firenze*, 1487.] 4765.

Benedic. MAZZOTTA Licyenſis.

De triplici Philoſophia. MS. 1786.

Chrétien DE MECHEL, Graveur.

La Galerie électorale de Duſſeldorff. 1915.
Œuvre du Chevalier Hedlinger. 5479.

MECHTILDIS, Virgo.

Viſionum lib. V. 742.

Lauren. DE MEDICIS.

Poeſie volgari. 3642.
Repreſentatione de S. Giovanni e Paulo. 3788[5].

Bern. MEDONIUS.

Conſt. Manaſſis Breviarium hiſtoricum. 4957[1e].

Gerardus MEERMAN.

Origines Typographicæ. 5534.

Pomponius MELA.

Cofmographia. *Mediolani*, (*Ant. Zarotus*,) 1471.] 4488.
—— *Venetiis*, *de Hailbrun*, 1478.] 4489.
—— *Venetiis*, *Bern. Pictor*, 1478.] 4490.

MELAMPODES.

Ex palpitationibus divinatio. 5642.

Phil. MELANCTHON.

De deux Monftres prodigieux. 992.
Vie de Luther. 5633.

MELLOT.

Hiftoire de S. Louis de Joinville. 5069.
Catalogue des livres de la Bibliotheque du Roi. 5538.

Joseph MENABUONI, Deffinateur.

Azioni gloriofi de gli Uomini illuftri Fiorentini. 1907.

Gilles MENAGE.

Obfervations fur les poéfies de Malherbe. 3164.

Frere Guill. LE MENAND.

Vita Chrifti, trad en françois. 146, 147.

Marfilius MENANDRINUS.

Defenfor pacis. 5315.

Le Sieur MENART. V. Godefroy HERMANT.

Fr. Michael MENOTUS.

Tractatus de fœdere & pace. 650.
Sermones. 714.

Michael MERCATUS.

Metallotheca. 1484.

Mercere, Pere Hermite.
Grande clavicule de Salomon. MS. 1403.

Jacques le Mercier, Architecte.
Le magnifique Château de Richelieu, gr. par Marot. 2083.

Mere-Sotte. *V.* Gringore.

Maria Sybilla Merian.
Erucarum ortus. 1649.
Infectes de Surinam. 1655, 1656.

Mathæus Merian.
Icones Biblicæ. 131.
Collectiones peregrinationum in Indiam Orient. & Occid. 4508.

Jean Raymond Merlin.
Catéchisme extrait de celui de l'Eglise de Geneve. 907.

Merlinus Cocaius. *V. Tho.* Folengo.

Amb. Merlinus.
Prophetiæ. MS. 4817.

Jacobus Merlinus.
Decreta & concilia generalia. 340.
Origenis opera, è gr. in lat. translata. 378.
L'exposition de l'Evangile : *Missus est.* 721.

Claude Mermet.
La Boutique des Usuriers. 3913[41].

Merret.
Art de la Verrerie, trad. par le Baron d'Olbach. 2117.

Georgius Merula, Alexandrinus.
Rei Rusticæ Scriptores. *Venetiis, Nic. Jenson,* 1472.] 1509.
—— *Regii, Barth. Bruschi,* 1482.] 1510.
Enarrationes priscarum dictionum. 1511.

Enarrationes

Enarrationes satyrarum Juvenalis. *Tarvisii, Barth. de Confoloneriis*, 1478.] 2534.
Martialis Epigrammata. *Venetiis, Vindelinus de Spira, circa* 1470.] 2538.
Plauti comœdiæ. *Venetiis, Joan. de Colonia*, 1472.] 2564.
—— *Tarvisii, Paul. de Ferraria*, 1482.] 2565.
—— *Venetiis*, 1495.] 2566.

Fr. Phil. DE MESANGUY.

N. Testament 81.
Abrégé de l'ancien Testament. 119.

Jean MESCHINOT.

Poésies. MS. 2832.
—— Imprimées. *Nantes, Estienne Larcher*, 1493.] 2833.
—— *Paris, Galliot du Pré*, 1528.] 2834.

Pierre DE MESMES.

La Comédie des supposés, Coméd. de l'Ariofte. 3764.

Nicole DU MESNIL.

Un petit livre extrait sur Palladius, Galien, &c. 2799*.

Joan. MESSENIUS.

Scondia illustrata. 5372.
Theatrum nobilitatis Suecanæ. 5432.

Frater *Rob.* MESSIER.

Sermones. 715.

Joan. MESVE.

Opera. 1471.] 1719.
Il libro della consolatione delle Medicine. (*Mantuæ*) *Joan. Vurster*, 1475.] 1720.
—— *In Venetia, Piero de Zohanni di Quarengii*, 1493.] 1721.

Abate *Pietro* METASTASIO.

Poésie. 3797.
Tragédies-opéra, (trad. par Richelet.) 3798.

Julien-Offroy LA METTRIE.

Œuvres Philosophiques. 1256.
Ouvrage de Pénélope. 1733.

G. METZU, Peintre.

58 Estampes gr. en maniere noire d'après lui & d'autres. 1981.

VANDER MEULEN, Graveur.

Vues, marches, &c. servant à l'hist. de Louis XIV. 1876^{17}.

Jean DE MEUN. V. JEAN DE MEUN.

MEUNIER.

Les Modes, comédie. MS. 3452^8.

Joan. MEURSIUS.

Opera. 4367.

Franc. Eudes DE MEZERAY.

Histoire de France. 5031. 5032.
Abrégé chronologique de l'hist. de France. 5033, 5035.
L'histoire de France avant Clovis. 5034.

MICHAEL Scotus.

Tractatus de scientia physionomiæ. 1835.

Pierre MICHAULT Taillevent.

La danse des Aveugles. 2821, 2822.
Complainte sur la mort de la Comt. de Charolois dans le vol. N° 2822.
Le Doctrinal du temps présent. MS. 2823.
——— Imprimé. 2824.

Guillaume MICHEL, dit de Tours.

Œuvres de Virgile. 2455.
Les Bucoliques & les Catalectes de Virgile. 2457.
Les Géorgiques. 2458.
Les Elégies sur la mort de Madame Claude, Reine de France. 2895^7.
La Forest de conscience. 2946.

Le Siecle doré. 2947.
Le penser de royale mémoire. 3020.
Lucius Apuleius de l'Ane doré. 3842, 3843.
Les œuvres de Justin. 4589.
Histoire des Juifs de Joseph. 4806.

Jean MICHEL.

Le mystere de la Conception. 3351, 3352.
Le mystere de la Passion de J. C. 3354—3357.

VAN MIERIS, Dessinateur.

Figures pour les œuvres de Lucrece. 2416.

Jacques DE MIGGRODE.

Tyrannies des Espagnols, trad. de Barth. de las Casas. 5398, 5399.

Nicolao MIGNARD, Intagliatore.

Galeria di Pietro Berrettini. 1903.

Pierre MIGNARD, Peintre.

Tableaux du petit appartement de Versailles, gravés par Audran. 1876^6.

Nicole MIGNON.

Discours sur l'attentat à la personne du Roi. 4375^{109}.

Simon DE MILAN.

Gentillesses. 1333^{16}.

Joan. DE MILIS seu ÆMILIUS.

Repertorium Juris. *Editio edita circa* 1470.] 1175.
—— *Lovanii, Joan. de Westphalia,* 1475.] 1176.

Ant. MILLEDONNE.

Historia del sacro Concilio di Trento. MS. 4641.

Jac. MILLET.

La destruction de Troye. MS. 3332.
—— Imprimé. 3333—3337.

Barth. MINIATORE.

Formulario de Epistola vulgare. *Milano, Leon Pachel,* 1489.] 4421.

Gab. DE MINUT.

De la beauté. 4275.
Morbi Gallos infestantis salubris curatio. 5135.

Ja. MINUTIUS.

Carmina in Franciscum I. Reg. Francor. MS. 3569.

Jean Bapt. DE MIRABEAU.

Roland Furieux de l'Ariofte. 3673.
Jérusalem délivrée. 3745.

Don Vincenzo MIRABELLA.

Dichiarazioni della pianta dell' antiche Siracuse. 4984.

Raymond DE MIRAVALS, Troubadour.

35 Pieces de poésie. MS. 2701.

Noel LE MIRE, Graveur.

Les Métamorphoses d'Ovide. 2494.
Figures du Temple de Gnide. 4153.

Louis MIRÉ.

Vie de Jesus-Christ. 154, 155.

MITHRIDATES.

Marci Bruti Epistolæ, è gr. in lat. versæ à Renuccino. (*Parisiis,*) *Mich. Friburger, circa* 1471.] 4426.
—— *Editio vetus circa* 1474.] 4430.

MODESTUS.

De Vocabulis rei Militaris. *Romæ, Eucharius Silber,* 1487.] 2091.
—— *Bononiæ, Plato de Benedictis,* 1496.] 2092.
De re Militari, de Magistratibus Urbis & de Legibus. *Venetiis, Barth. Cremonensis,* 1474.] 2095.
—— *Editio circa* 1475.] 2096.

M O

Pub. Francif. MODESTUS, Ariminenfis.

Venetiados lib. XII. & Poemata. 2624.

Lucas LE MOIGNE.

Plufieurs chanfons de Noels nouveaux. 3013.

Pafquier LE MOINE, dit le Moine fans froc.

Couronnement de François I. 5088.

Hughues DE MOIRI.

Le tournoiement de l'Antechrift, en vers. MS. 2736^{2o}.

Pierre Etien. MOITTE, Graveur.

Divers habillements deff. par Greuze. 2002.

Fr. MOLA, Peintre.

44 Eftampes gr. d'après lui & d'autres. 1982.

J. B. Poquelin DE MOLIERE.

Les plaifirs de l'Ifle enchantée. 1876^{12}. 1883.
Œuvres. 3434=3436.

J. L. J. MOLIERE.

Le Pêcheur cru Norvegeois. 3912^{8o}.

Jean MOLINET, ou MOULINET.

Le Roman de la Rofe réduit en profe. 2751=2753.
Récollection des merveilleufes avenues. 2844.
Le Temple de Mars. 2844, 2933, 2979^2, 2980^5.
Les neuf Preux de gourmandife. 2922^7.
Les âges du monde, en vers dans le MS. Nº 2926.
Vers à Guill. Cretin, dans le MS. Nº 2926.

Claude DU MOLINET.

Le Cabinet de la Bibliotheque de Ste Genevieve. 5529.

Ulricus MOLITOR, de Conftantia.

De Laniis. 1421.

Boninus MOMBRITIUS.

Statii Thebaidos lib. XII. (*Mediolani*, circa 1478.) 2545d
Vitæ Sanctorum. (*Mediolani*, circa 1480.) 4716.

Franc. Augustin Paradis de Moncrif.

Nécessité de plaire. 1297, 1298.
Choix de Chansons. 2720.
Ismene, pastorale. 3515¹.
—— avec la partition. MS. 3517.
Almasis, ballet. 3515⁴.
—— avec la partition. MS. 3519.

Mondonville, Musicien.

Musique d'Erigone, ballet-opera. MS. 3520.

Jean Moniot d'Arras.

6 Chansons. MS. 2719¹³.

L'Abbé le Monnier.

Les comédies de Térence. 2587.

Bernard de la Monnoye

Préface des facécieuses nuits de Straparole. 3940.

Monostitchus.

Sententiæ. *Venetiis, Aldus,* 1495.] 2355.

Nat. de Mons, Troubadour.

6 Pieces de poésie. MS. 2701.

Enguerrand de Monstrelet.

Chroniques. MS. 5056.
—— Éditions. 5057—5059.

Gibert de Monstreuil. *V.* Gibert de Monstreuil.

Paul du Mont.

Exhortations de Mathieu Galenus, trad. 735.
L'Oreiller spirituel. 781.

Michel de Montaigne.

Les essais, avec des remarques, par Coste. 4377.

Adrien de Montalambert.

Merveilleuse histoire. 1433.

Ovidius Montalbanus.
Aldrovandi dendrologia. 1598^{12}.

Louis de Montalte. *V. Blaise* Pascal.

Guil. Montanhagol, Troubadour.
7 Pieces de poésie. MS. 2701.

Giov. Battista Montano.
Scelta de varii Tempietti antichi. 2055.

Collas Montanus.
Castigation. in Ptolomæum. 4481.

Reginaldus Gonzalvius Montanus.
Histoire de l'Inquisition d'Espagne. 4798.

Monge de Montaudo, Troubadour.
12 Pieces de poésie. MS. 2701.

Le Duc de Montausier.
La Guirlande de Julie. MS. 3247, 3248.

Montbeilard.
Histoire naturelle des Oiseaux. 1465.

Bernart Arnaut de Montcuc, Troubadour.
1 Piece de Poésie. MS. 2701.

Guido de Monte-Rocherii.
Manipulus Curatorum. *Parisiis, Cesaris,* 1473.] 613.
—— *Parisiis, Gering, Crantz & Friburger,* 1473.] 614.
—— *circa* 1470.] 615.
—— *Coloniæ, Conrad. de Homborch,* 1478.] 616.
—— *Gebennæ, Adam Steynschauwer,* 1480.] 617.

Ch. de Secondat de Montesquieu.
Le Temple de Gnide. 4134^1, 4153.
Œuvres. 4396.
Lettres Persanes. 4461.

M O

Domenico DE MONTE-UCCHIELLO.

L'Epistole d'Ovidio. MS. 2504.

D. *Bernardus* DE MONTFAUCON.

S. Athanasii opera. 382.
S. Joan. Chrysostomi opera, gr. lat. 397.
Les Monuments de la Monarchie Françoise. 5013.
L'antiquité expliquée. 5442.
Suppl. au livre de l'antiquité expliquée. 5443.
Palæographia græca. 5530.

Raoul DE MONTFIQUET.

Le Guidon des gens mariés. 1327.

Florimond MONTFLORY.

Epître familiaire de prier Dieu. 3048.

Joan. DE MONTI-REGIO.

Epythoma in almagestum Ptolomæi. *Venetiis, Joann. Hamman de Landoia,* 1496.] 804.

Petrus MONTIS.

De dignoscendis hominibus. *Mediolani, Ant. Zarotus,* 1492.] 1441.

Petrus MONTIUS.

De singulari certamine. 5406.
Opus de unius legis veritate. *Mediolani, Jo. Scinzenzeler,* 1509.] 817.
Artis Militaris collectanea. 2100.

MONTMAUR.

Analyse sur les jeux de hazard. 1799.

Il Marchese DI MONTMIRAIL, Intagliat.

Sei Peisagi disegnati per Alberi. 1973.

MONTMOREAU.

Arisbe & Marius, opéra. MS. 35127. Portef. V.

Mademoiselle

MO

Mademoiselle DE MONTPENSIER.
Mémoires. 5210.

Nic. DE MONTREUX.
Amadis de Gaule. 4068.

Guil. DE MONTSERRAT.
Tractatus de successione Regum. 1353.

MONTULAY, Graveur.
Fables de la Fontaine. 3261.

Gaspard DE MORALES.
Virtudes de las Piedras. 1505.

Benedictus MORANDUS Bononiensis.
De laudibus urbis Bononiæ. *Bononiæ, Hugo de Rugeriis,* 1481.] 4971.

Jo. Bapt. MORANDUS.
Historia Botanica. 1561.

MORBAXIANUS.
Epistola ad Clementem VI. Pap. MS. 4424^2.

MOREAU de Beaumont.
Impositions de l'Europe. 1380.

J. M. MOREAU.
Choix de Chansons mises en musique par M. de la Borde. 3540.

Andreas MORELLIUS.
Thesaurus Morellianus. 5471, 5472.

Claudius MORELLUS.
Præfatio in S. Gregorii Nyss. opera. 394.

Federicus MORELLUS.
S. Gregorii Nazian. opera, gr. lat. 392.

Hortus Epigrammatum græc. moralium. 2592^1.
Marciani Heracleotæ poema de situ orbis. 2592^2.

Ivo Morellus.

Præfatio in comœdiam Patelini. 3349.

Joan. Bapt. Morgagni.

Epistolæ. 1740.

Jac. Morin, Sieur de la Masserie.

Armes & Blasons des Chevaliers de l'ordre du S. Esprit. 5299.

Louis Morin, dit Cro

Dialogue d'entre le Maheustre & le Manant. 5172.

Simon Morin.

Ses pensées. 957.
Déclaration de Morin depuis peu délivré de la Bastille. 958, 959.
Déclaration de Morin, de sa femme, &c. 958, 959.
Abrégé de l'Arsenal de la foy. 959.

Joan. Morinus.

Biblia, gr. lat. 23.

Robertus Morison.

Plantarum Oxoniens. historia. 1524.

Pet. And. Morliano de Ymola.

Anatomia Mundini. *Bononiæ, Joan. de Noerdlingen,* 1482.] 1737.

Hieronymus Morlinus.

Novellæ LXXX. Fabulæ XX. Comœdiæ. 3937.

Phil. de Mornay.

De la vérité de le religion chrétienne. 850.

Jac. de Mortieres.

La Parthenice Mariane de Baptiste Mantuan. 2606.

Thomas MORUS.
Utopie, trad. par Jean le Blond. 1346.
The Works. 4402.

MOSCHUS.
Carmina. 2385.
—— trad. par de Longe-Pierre. 2387, 2388.
—— trad. par Moutonnet de Clairfonds. 2378.

Hieronym. MOSCOROVIUS à Moscorow.
Cathechesis Ecclesiarum. 932.

Le Pere LA MOTHE, dit de la Hode.
La vie de Philippe d'Orléans. 5254.

Ant. Houdart DE LA MOTHE.
Fables nouvelles. 3279.

Franc. LA MOTHE-LE-VAYER.
Quatre Dialogues. 4412.

Joan. MOTIS, Neapolitan.
Invectiva cœtus fœminei contra Mares. 2619.
Apologia Mulierum in Viros probosos. 2620.

DE LA MOTTE.
Issé, pastorale. 3515^{27}.

DE LA MOTTE-ROULLANT.
Les facécieux devis des cent nouvelles nouvelles. 3943.

Françoise Bertaut DE MOTTEVILLE.
Mémoires pour servir à l'hist. d'Anne d'Autriche. 5191.

Ant. DU MOULIN.
La Fontaine des Amoureux de J. de la Fontaine. 2781.
Comment. de Cesar, trad. par Gaguin. 4914.

Charles DU MOULIN.
Conseil sur le fait du Concile de Trente. 358.

MO

Pierre DU MOULIN.
Anatomie de la Messe. 1026.

Messire Pierre DE MOULINS.
1 Chanson. MS. 2719²⁴.

Guyart DES MOULINS.
Bible hystoriaus. MS. 113, 114.
—— Paris, Verard, sans date. 115, 116.

Arturus DU MOUSTIER.
Neustria pia. 4632.

MOUTONNET de Clairfonds.
Anacreon, Sapho, Bion & Moschus. 2378.

Simeon DE MUIS. V. Simeon MAROTTE.

Peire DE MULA, Troubadour.
2 Pieces de poésie. MS. 2701.

Otho Fridericus MULLER.
Icones plantarum Daniæ. 1577.
Zoologiæ Danicæ Prodromus. 1608, 1609.
Vermium Terrestrium historia. 1643.

Phil. Louis Stace MULLER.
Délices physiques choisies. 1679.

MUNDINUS.
Anatomia. Bononiæ, Joan. de Noerdlingen, 1482.] 1737.

Abraham MUNTING.
Description des plantes. 1548.

Henriette - Julie de Castelnau, Comtesse de MURAT.
Chansons choisies par de Moncrif. 2720.

Lud. Ant. MURATORIUS.
Vita Sigonii. 4366.

Rerum Italicarum Scriptores. 4961.
Novus thesaurus veterum inscriptionum. 5454.

Magister *Conradus* A MURE.

Repertorium vocabulorum exquisitorum. *Basileæ, Bertholdus, circa* 1472.] 2208.

Nuc DE MUREL, Troubadour.

1 Piece de poésie. MS. 2701.

MURILLO, Peintre.

44 Estampes gr. par lui & d'autres. 1982.

Jo. MURMELIUS.

Boetii opera. 1268.

Frere *Vincent* MUSSART.

Le fouet des Jureurs. 770.

Marcus MUSURUS.

Præfatio in Gregorii Naz. orationes. 393.
Etymologicum Magnum. *Venetiis*, 1499.] 2173.
Aristophanis comœdiæ. *Venetiis, Aldus,* 1498.] 2405.
Athenæi deipnosophistarum lib. 4196.
Pausaniæ græciæ descriptio, græcè. 4825.

Osualdus MYGONIUS.

Vie de Zuingle. 5633.

N

Rey NANFO de Castella. *V.* ALPHONSE II.

Gui'. DE NANGIS.

Chroniques de S. Denis. MS. 5017.
—— *Paris, Pasq Bonhomme,* 1476.] 5018.
——*Autres éditions.* 5019, 5020.
Chroniques de France. MS. 5021.
Annales impr. dans l'hist. de S. Louis de Joinville. 5069.

Joan. NANNIUS, Utinenfis Pictor.

Parerga atque ornamenta. 1899.

Robert NANTEUIL, Graveur.

Œuvre. 1938.

Thomas NAOGEORGUS Cogn. Kirchmeir.

Regnum Papifticum. 1666.
Satyrarum libri V ptiores. 2667.
Incendia feu Pyrgo Polinices, tragœdia. 2681.
Le Marchand converti. 3493, 3494.

Petrus DE NATALIBUS.

Catalogus Sanctorum. *Venetiis, Hen. de S. Urfio*, 1493.] 4688.

Hieron. NATALIS.

Meditationes in Evangelia. 200.

P. NATIVELLE.

Nouveau traité d'Architecture. 2052.

NATOIRE.

Les quatre faifons. 1919^6.

Georg. NATTA.

Solemnis repetitio. (*Paduæ*, Ant. Carchenus, circa 1476.) 1164.

NATTIER, Deffinateur.

La Galerie du Luxembourg, peinte par Rubens. 1893.

Gabriel NAUDÉ.

Confidérations fur les coups d'Etat. 1348.
Jugement de ce qui a été impr. contre le C. Mazarin. 5220.

NAUDOY, Troubadour.

1 Piece de poéfie. MS. 2701.

And. NAUGERIUS.

Opera. 4365.

NE

NAXOGORE.
Expérience suivant les anneaux de Platon. MS. 1753.

Michael NEANDER.
Protevangelion divi Jacobi Minoris. 169.

Ælius Ant. NEBRISSENSIS.
Biblia Polyglotta Card. Ximenez. 2.
Res gestæ Fernandi & Elisabethæ. 5346.

Francesco NEGRO Bassanese.
Tragedia intitolata : libero arbitrio. 3779.
——— trad. en françois. 3780.
Liberum arbitrium, tragœdia. 3781.

Pietro NELLI Sanese.
Il 1 & 2 libro delle Satire. 3715.
Il primo libro. 3716.

La Duchesse de NEMOURS. *V. Marie* D'ORLÉANS.

NERI.
Art de la Verrerie, trad. par le Baron d'Olbach. 2117.

Bern. NERLIUS.
Præfatio in Homeri opera.

Nic. DE NERVAL.
1 Rondeau impr. dans le vol. N° 2883.

DE NERVEZE.
Histoire pitoyable d'une jeune Demoiselle. 4375[168].

NESPERDUT, Troubadour.
1 Piece de poésie. MS. 2701.

Jean NESPIQUELIN.
La vie & légende de Sainte Reine. 2901.

Daniel DE NESSEL.
Breviarium commentariorum Lambecianor. 5540.

N E

Pierre DE NESSON.

Supplication à Notre-Dame. 2787.
—— dans le vol. N° 2822.

NEVELOS Amions.

Un dit d'amours, en vers. MS. 2736^{43}.

Joan. DE NEVIZANIS.

Silva Nuptialis. 1172.

NEUMIAS Filius Haccanæ.

Duæ Epistolæ, *circa* 1480.] 727.

Guil. DE NEWCASTLE.

Méthode & invention de dresser les Chevaux. 2112.

Herm. DE NEWENAR.

Epistolæ obscurorum virorum. 4432.

NICEPHORUS Gregoras.

Historia Byzantina. 4957^{19}.

NICETAS.

Historia. 4957^{15}.

NICODEMUS.

Gesta Salvatoris. 170.

Albertus NICOLAI.

Biblia, bohemicè. 102.

NICOLAS de Gonesse.

Valere Maxime trad. en fr. MS. 5654.
——— Lyon, Math. Husz, 1489.] 5655.
——— Edition d'environ 1476.] 5656.
——— Autre édition. 5657.

NICOLAUS de Florentia.

Antidotarium. tractatulus quid pro quo. sinonyma. *Venetiis,* Nic. Jenson, 1471.] 1722.

Nicolaus de Osima.

Supplementum summæ de casibus conscientiæ Barth. de Sancto Concordio. MS. 663.
—— *Parisiis*, *Gering*, 664.
—— *Venetiis*, *Franc. de Hailbrun*, 1474.] 665.
—— *Mediolani*, *Pachel*, 1479.] 666.
—— *Venetiis*, *Fr. de Hailbrun*, 1482.] 667.

Nicolas de Nicolay.

Les quatre premiers livres des navigations. 4525, 4526.

Pierre Nicole.

N. Testament de Port-Royal. 71—78.
Les Imaginaires. 561.
Lettres Provinciales en latin. 657.
Notes sur les lettres Provinciales. 658.

Martini Pauli Nidobeati.

Commento sopra il Dante. 3562.

Joan. Niemchanius.

Biblia, Bohemicè. 102.

Pescenius Franc. Niger.

Julii Firmici Astronomicor. lib. *Venetiis*, *Aldus*, 1499.] 1802.
Brevis Grammatica. *Venetiis*, 1480.] 2189.
De Favini Faventini morte. 4788.

Andalus de Nigro Genuensis.

Opus Astrolabii. *Imp. per Joan. Picardum*, 1475.] 1849.

Le Cardinal de Noailles.

Heures imprimées par son ordre. 257.

Fr. Pierre Nodé.

Déclamation contre les Sorciers. 1425.

Nobot.

Traduction de Pétrone. 4215.

NO

Leon. Nogaroli.

Officium Conceptionis Virginis Mariæ. MS. 279.

Claude Noirot.

L'origine des Masques. 587.

Girolamo Nomisenti. *V. Alessand* Tassoni.

Nonius Marcellus.

De proprietate Sermonis, 1471.] 2183.
—— (*Roma*, *Georg. Laver*, *circa* 1470.) 2184.

Jean vander Noot.

Abrégé des 12 livres Olympiades. 3804.

Olivier du Nord.

Description du voyage fait autour du monde. 4511³.

M. J. A. Nordberg.

Histoire de Charles XII. Roi de Suede. 5378.

Fred. Louis Norden,

Voyage d'Egypte & de Nubie. 4540.

Th. Nortonus.

Crede mihi. 1777.

Jean de Nostradamus.

Vies des plus célébres Poetes Provençaux. 5628.

Michel de Nostradamus.

Les Prophéties. 1837.

de la Noue.

Intermedes de la comédie de Zelisca, ballet. MS. 3516.

Joan. Novilleus Jonivillanus.

Poemata. MS. 2636.

des Noulis.

Histoire des Rois de Sicile. 4979.

D. Nic. le Nourri.

S. Ambrosii opera. 426.

Cornelius NOZEMAN.
Description des nids des Oiseaux. 1620.

NUCIANI.
S. Jérôme, gr. par Sadeler. 1920³.

Ben. DE NURSIA.
Compendium de pestilentia. *Editio vetus.* 1715.

Stef. NUTIO.
L'antichità di Siena. MS. 4990.]

Le Sieur DE NUYSEMENT.
Les quatrains sur les distiques de Caton. 3235.

Frater Joan. NYDER.
Manuale Confessorum. *Parisiis, Gering*, 1473.] 626.
—— *Nurembergæ, Ant. Coburger, circa* 1474.] 627, 628.
—— *Parisiis, Gering*, 1477.] 629.
—— *Parisiis, (Gering.)* 630.
Tractatus de morali lepra. *Parif. Gering*, 1473.] 626.
—— (*Nurembergæ, Ant. Coburger, circa* 1474.) 627.
—— *Parisiis, Gering*, 1477.] 629, 631.
Consolatorium timoratæ conscientiæ. *Parif. Gering*, 1478.] 632.
Tractatus de prædestinatione. (*Nurnbergæ, Ant. Coburger, circa* 1474.) 628.
De libero arbitrio. *Nurembergæ, Ant. Coburger, circa* 1474.] 628.
Formicarius. (*Coloniæ, circa* 1472.) 793.
—— (*Typis Joann. Guldenschaff.*) 794.

O

Lope OBREGON.
Confutacion del Alcoran. 837.

Jean OBRI.
Ballade de la Confrairie de N. D. du Puy dans le MS. N°. 2927.

Jules Obsequent.

Des prodiges. 1668.
De Prodigiis. 4438.

Bern. Ochino.

Dialogi sette. 920.
Dialogo del Purgatorio. 921.
Disputa. 922.
Prediche. 923.
De corporis Christi præsentia in Cœnæ Sacramento. 924.
Labirinthi. 925.
La quinta parte del Prediche. 926.
Il Catechismo. 927.
Dialogi de Messia. 928.
Apologi. 1015.

Guil. de Ockam.

Summaria capitulorum operis XC dierum. *Lugd. Joan. Trechsel*, 1495.] 1119.

Odieuvre, Graveur.

Recueil de portraits de grands hommes. 1988.
Figures de l'hist. de France du Prés. Hénault. 5040.
Figures des Mémoires de Commines. 5079.

Joan. Ogilvius.

Virgilii opera. 2447.

Fr. Simon Okolski.

Orbis Polonus. 5433.

Mademoiselle d'Ol***

Lettres Portugaises. 3287.

Gudmudus Olavius.

Hist. Regum Septent. Snorronis Sturlonidis, suecicè. 5373.

Le Baron d'Olbach.

Art de la Verrerie, trad. de Kunckel. 2117.

O L

Gottfridus OLEARIUS.

Philoſtratorum opera. 4339.

R. P. *Hieron.* AB OLEASTRO.

Commentaria in Moſi Pentatheuchum. 185.

Joac. OLHAFIUS.

De Renum Officio. 1701.

P. *Robert* OLIVETANUS.

La Sainte Bible. 82—83.

Joſ. OLIVETUS.

M. T. Ciceronis opera omnia. 2250.

OLIVIER d'Arles, Troubadour.

Coblas triadas eſparſas. MS. 2701.

Jac. OLIVIER.

Alphabet de l'imperfection des femmes. 4290.

Ant. Franc. OLIVIERO.

La Alamanna. 3734.
Carlo Quinto in Olma. 3734.

C. *Balth.* OLYMPIO da Saſſoferrato.

Aurora. 3701, 3702^1.
Olimpia. 3701, 3702^5.
Nova Phenice. 3702^2.
Gloria d'amore. 3702^3.
Pegaſea. 3702^4.
Linguaccio. 3702^6.
Parthenia. 3702^7.

OMAR.

De nativitatibus. 1827.

OMNIBONUS, Vicentinus.

Comment. in Lucanum. 2510.

Jac. OPERARIUS.

Plautus in uſum Delphini. 2570.

Joan. Bapt. Opizonus.
Galeni opera, græcè. 1689.

Oppianus.
De piscatu libri, lat. *In Colle, Gallus cognomine Bonus,* 1478.] 2125.

Publicius Optatianus *Porphyrius.*
Panegyricus. 2337.

Oratius Tubero. *V. Fr.* la Mothe-le-Vayer.

Alf. Ordognez.
Celestina, trad. (di Fernand. de Roias.) 3801, 3802.
—— trad. en françois. 3803.

Nic. Oresme.
Les Ethiques d'Aristote. *Paris, Verard,* 1488.] 126.
Politiques & économiques d'Aristote. *Paris, Verard,* 1489.] 1228.
Des remedes de l'une & l'autre fortune, trad. de Pétrarque. 1307, 1308.

Origenes, Adamantius Præsb. Alex.
Opera, gr. lat. 377.
Opera è græco in lat. translata. 378.
Contra Celsum libri VIII. latinè. 379.
Homeliæ. 1475.] 499.

Orléans, Herault d'Armes.
Le pas des armes de Sandricourt. 2119.

Charles Duc d'Orleans, Pere de Louis XII.
Recueil de poésies. MS. 2788.

Charles d'Orleans, Abbé de Rothelin.
Observations sur la collection des grands & petits voyages. 4512.

Phil. Duc d'Orléans.
Figures des amours de Daphnis & Chloé. 3963.

Marie d'Orléans-Longueville, Duchesse de Nemours.

Mémoires. 5213.

Le Pere *Pierre Jos.* d'Orléans.

Révolutions d'Angleterre. 5361.

Paulus Orosius.

Historiæ. *Augusta, Joan. Schuszler*, 1471.] 4591.
—— (*Venetiis, Leon. Achates, circa* 1475.] 4592.
—— trad. en françois. 4593—4595.

Orphæus.

Argonautica. 2520.

Alfon. Ortiz.

Breviarium dictum Mozarabes. 271.
Missale mixtum dictum Mozarabes. 272.

Blasius Ortizius.

Templi Toletani descriptio. 4638.

Jac. Phil. d'Orville.

Sicula. 4982.

Orus Apollo.

Hieroglyphica, gr. lat. 3824.

Nicolaus de Osima. *V.* Nicolaus de Osima.

Nicole Osmont.

1 Chant Royal impr. dans le vol. N° 2883.

Hieron. Osorius.

Historiarum lib. XII. 5352.
—— trad. (par Simon Goulart.) 5351.

Le Cardinal d'Ossat.

Lettres avec notes d'Amelot de la Houssaye, 5180, 5181.

Adrien VAN OSTADE, Peintre & Graveur.

Recueil de 56 estampes gravées d'après lui & d'autres. 1922.
Œuvre. 1934.
58 Estampes gr. d'après lui & d'autres. 1981.

Joan. OTHRUS.

Navicula fatuorum Jo. Geyler Keyfersbergii. 4237.

Giov. Batt. OTTONAJO.

Tutti i trionfi. 3546, 3547.

Franc. OUDENDORPIUS.

C. Julii Cæsaris opera. 4913.

Bonav. D'OVERBEKE.

Les restes de l'ancienne Rome. 2057.

Pub. OVIDIUS Naso.

Opera. (*Venetiis, Nic. Jenson,*) circa 1475.] 2481.
—— *Vicentiæ, Herm. Levilapis & Herm. Lichtenstein,* 1480.] 2482.
—— (*Venetiis,*) *Math. Capcafa,* 1489.) 2484.
—— *Venetiis, Christoph. de Pensis,* 1498.] 2484.
—— *Editiones variæ.* 2485, 2486.
Metamorphosis. 2487.
Les Métamorphoses moralisées, ou la Bible des Poetes. *Bruges, Colard Mansion,* 1484] 2489.
—— *Editions diverses.* 2490—2492.
Les Métamorphoses. 2493, 2494.
Métamorphoses moralisées & mises en vers, (par Chrétien Gouays.) MS. 2786.
La Métamorphose figurée. 2495.
Métamorphoses en rondeaux, par Benserade. 2496.
Le I. livre de la Métamorphose, par Marot. 2497.
Metamorphoseos vulgare, per J. de Bonsignore. 2503.
La Fable de Biblis & de Caunus, trad. par Mich. d'Amboise. 2952.
Le Procès d'Ajax & d'Ulysses, trad. par Colin. 2498.
Heroidum epistolæ. 2488.
Cinq Héroïdes, (trad. par Octavien de S. Gelais.] MS. 2873.

Les

Les 21 Épîtres trad. par Oct. de Saint-Gelais. 2500.
L'Epiſtole per Domenico de Monte-Ucchiello. MS. 2504.
De arte amandi, trad. en françois. 2500.
De arte amandi, in volgare. *Forentiæ, Ant. Venetus,* 1488.] 2505.
Du remède d'amour. 2501, 2502.

Ozane l'aîné.

Marine Militaire. 1842.

P

P. D. P. Sr. de Carigny.

Ballet ridicule des nieces de Mazarin. 5219⁴°.

P. L. B.

Le Vainqueur de la mort. 3256.

Pa. P. V. Paulus Petavius.

Georg. Pachymerus.

Hiſtoria. 4957¹⁷.

Paes. V. Alvarus Pelagius.

Santes ſive Sanctes Pagninus.

Biblia Sacra latina. 44, 45.

Pagny le fils.

Califto, ballet. MS. 3460⁸. Portef. I.
La défaite de l'envie. MS. 3460¹². Port. I.

Mich. a Palacios.

Objectiones. 1254.

Palæphatus.

De non credendis hiſtoriis, gr. lat. 3824.

Giov. Batt. Palatino.

Libro nel qual s'inſegna a ſcrivere ogni ſorte lettera. 1859.

L. PALERCÉE.

Babylone ou la ruine de la grande Paillarde Babylonienne. 3182, 3197¹.

Charles PALISSOT de Montenoy.

Les Philosophes. 3478.

And. PALLADIO.

Le fabriche e i disegni. 2047.

Jero. PALLANTIERI.

Del parto della Virgine libri tre da Durante da Gualdo. 3698.

J. PALLET.

Discours de la Beauté des Dames, trad. de Firenzuole. 4276.

Math. PALMERIUS.

S. Hieronymi Epistolæ. (Romæ, Ulr. Han, circa 1469.) 435.

Petrus DE PALUDE seu DE LA PALU.

Tractatus de Ecclesiastica potestate. 1077.
Articulus circa materiam Confessionum. 1077.

Elias PANDOCHEUS. V. Guliel. POSTELLUS.

PANNARD.

Le triomphe de Plutus, coméd. MS. 3459¹. Portef. XI.

Ugho PANTIERA da Pratto.

Singulari trattati. *In Firenze, Lorenzo de Morgiani*, 1492.] 796.

Onuphrius PANVINIUS Veronensis.

Circi Maximi & antiqui Imperatorum Roman. Palatii Iconogr. 2058.
XXVII Pontificum Maximorum Elogia. 4652.

PA

Daniel PAPEBROCHIUS.
Acta Sanctorum menf. Martii-Junii. 4717.

PAPIAS.
Lexicon. *Venetiis, Philip. de Pineis*, 1496.] 2201.

Dion. PAPIN.
Fasciculus differtationum. 1847.

Girolamo PARABOSCO.
Il Marinaio, comedia. 3761. 3777.
L'Hermafrodit, comedia. 3776.

Theoph. PARACELSUS.
Expofitio imaginum olim Nurembergæ repertar. 1002.
Extrait de fes Archidoxes. MS. 1754.

Claude PARADIN.
Quatrains hiftoriques d'Exode. 3157.
Quatrains hiftoriques de la Bible. 3158.
Les devifes héroïques. 3159.

Lud. A PARAMO.
De origine & progreffu Officii S. Inquifitionis. 4795, 4796.

Nicolo PARANZONE.
Commento fopra il Petrarcha. 3587, 3589.

Berenger DE PARAROLS, Troubadour.
11 Pieces de poéfie. MS. 2701.

Jac. DU PARC.
3 Chants Royaux impr. dans le vol. 2883.

Simone Guilino PARIGINO, Intagliatore.
Diverfe figure difegnate da Annibale Carracci. 2004.

PARIS, Deffinateur.
Recueil des plus belles ruines de Lisbonne, gr. par le Bas. 2078.

Bertrant DE PARIS, de Roërgue, Troubadour.
1 Piece de poéſie. MS. 2701.

Ant. PARISIUS.
Statuta civitatis Avenionenſis. 1200.

Janus PARRHASIUS.
Commentarii in Claudianum. 2553.

PARTHENIUS Nicæenſis.
De Amatoriis affectionibus lib. 3960.
—— trad. par J. Fournier. 3961, 3962.

Blaiſe PASCAL.
Lettres Provinciales. 656—658.
Penſées ſur la Religion. 812.
Traité de la Roulette. 1801.
Traité du triangle arithmétique. 1801.
Le caractere d'Epictete & de Montaigne. 4378.

PASCHALINUS Regiſelmus.
Vaticinia Joachimi & Anſelmi. 743.

Joſephus PASINUS.
Codices MSS. Biblioth. Regii Taurinenſis. 5537.

PASQUILLUS Merus Germanus.
Graviſſima proteſtationis querela. 2596[1].
Triumphus Caroli V. 2596[2].
Chronicon. 2596[3].
Defenſio umbræ Lutheri. 2596[4].
De mirifica Dei virtute. 2596[5].
De ſpurgo, fœdoque ac turpi amore. 2596[6].
Libellus de fallaci Muliercularum ſtatu. 2596[7].

Criſpin DE PASSE, Graveur.
Les Métamorphoſes d'Ovide. 1967.
Académie de l'Epée de Girard Thibault. 2121.
Fig. du Manege royal de Pluvinel. 2123.
Figures de l'hiſtoire éthiopique d'Héliodore. 3964.

Les 22 livres d'Homere, réduits en tables démonstratives. 2370.
Compendium operum Virgilianorum. 2462.
Figures du Roman des Romans. 4074.

Bern. PASSER Romanus, Dessinateur.

Figuræ adnotationum in Evangelia. 200.

Jean PASSERAT.

Chansons choisies par de Moncrif. 2720.
Satyre Menippée. 5165.

Joan. Bapt. PASSERIUS.

Picturæ Etruscorum in Vasculis. 5514.

PATAS, Graveur.

Estampe d'après Wouvermans. 1923.

PATER, Peintre.

Recueil de 56 estampes gravées d'après lui & d'autres. 1922.
Le Roman comique de Scaron, gr. par Surugue, &c. 1978.

C. Velleius PATERCULUS.

Histoiræ Romanæ lib. 4874.

Charles PATIN.

Rélations historiques des voyages. 4518.

Franc. PATRICIO.

La citta felice. 1345.

Etienne PAVILLON.

Poésies diverses. MS. 3255.
Œuvres. 4391, 4392.

Divus PAULUS, Apostol.

Epistolæ. 57.
Ses Epîtres. MS. 501.
Epistolæ cum comment. Jacobi Fabri Stapulensis. 204.
Paraphrase sur les Epîtres, par Godeau. 205.
Interpretatio Jo. Pomerani in epist. ad Romanos. 206.

Paulus Diaconus.

Opus præclarum Homeliar. & Postillar. Egreg. Doctorum. *Coloniæ, Conr. de Homborch, circa* 1475.] 195*.
Historiæ. *Romæ, (Gorg. Laver,)* 1471.] 4875.
—— *Mediolani, Philip. de Lavagnia,* 1475.] 4935.
—— *Editiones variæ.* 4927, 4937.

Paulus Germanus de Middelburgo.

Paulina de recta Paschæ celebratione. 4550.

Paulus de Sancta Maria.

Scrutinium scripturarum. *Romæ, Uldalr. Gallus, circa* 1470.] 172.
—— (*Mantuæ,*) *Joan. Schallus,* 1475.] 173.
—— *Moguntiæ, Petr. Schoffer,* 1478.] 174.
—— *Absq. loci & anni nota, circa* 1470.] 175.

Pausanias.

Græciæ descriptio, græcè. 4825.
—— trad. par l'Abbé Gedoyn. 4826.

M. J. A. le Paute.

Traité d'Horlogerie. 2146.

Jean le Pautre, Graveur.

Dessins, profils, &c. de quelques lieux remarquables. 1876[15].

Joan. Corn. de Paw.

Æschyli tragœdiæ. 2394.

Pechon de Ruby.

Dictionnaire en langue blesquin. 3891.

Guil. Peculat.

Summa vitiorum. *Coloniæ, Henr. Quentel,* 1479.] 681.

Pedegache, Dessinateur.

Recueil des plus belles ruines de Lisbonne, gr. par le Bas. 2078.

P E

Fran. PEGNA.

Comm. in directorium inquisitorum Fr. Nic. Eymerici. 4799.

Aimeric DE PEGULHAN, Troubadour.

37 Pieces de poésie. MS. 2701.

PEIRE d'Alvernhe, Troubadour.

10 Pieces de Poésie. MS. 2701.

PEIRE Remon de Tholoza, Troubadour.

5 Pieces de Poésie. MS. 2701.

PEIROLS, Troubadour.

25 Pieces de poésie. MS. 2701.

COMS DE PEITIEUS. *V.* GUILLAUME IX. Comte de Poitou.

Alvarez PELAGIUS.

De planctu Ecclesiæ. *Ulmæ, Joan. Zeiner*, 1474.] 1070.
―――― *Editio anni* 1517.] 1071.

Amb. PELARGUS.

Opuscula. 819.

Jac. Louis PELAYS.

Thrésor chimique. MS. 1750.

Le Chevalier PELEGRIN.

L'Ecole de l'hymen, coméd. MS. 3465³.

Maître PELERIN de Vermandois.

Le Chapelet de virginité. 778.

Jac. DE PELETIER.

Les nouvelles récréations & joyeux devis. 3860.

Jacobo Phil. DE PELLIBUS-NIGRIS.

Sapho Phaoni. 3753.

Conradus Pellicanus.
Biblia latina. 58.

Pellerin.
Médailles des peuples & des villes. 5475.
Médailles de Rois. 5476.

Thomas Comes Pembrochiæ.
Numismata antiqua. 5467, 5468.
Nummi Anglici & Scotici. 5467, 5468.

Nuc de Pena, Troubadour.
2 Pieces de poésie. MS. 2701.

Pene.
Le Neptune françois. 4501.

Raymundus de Pennaforti.
Decretalia Gregorii IX. ab ipso digesta. 1049, 1050.

Lucas Pennis, Graveur.
Figures qui décorent le livre des Evang. trad. d'Arabe. 16.

Frater Guilliel. Pepin.
Opusculum super Confiteor. 675.

Guliel. Peraldus.
Summa de virtutibus. *Coloniæ*, *Henr. Quentell*, 1479.] 1281.

Gab. Louis Calabre Pérau.
Œuvres de Bossuet. 661.
Description des Invalides. 1885.
Mes rêveries, ouvrage de Maurice, Comte de Saxe. 2110.

Perdigo, Troubadour.
8 Pieces de poésie. MS. 2701.

Frater Peregrinus.
Sermones. *circa* 1480.] 703.

Gometius

PE

Gometius PEREIRA.
Antoniana Margarita. 1254.
Nova veraque medicina. 1255.

Gab. PERELLE.
Plans, profils, &c. gravés d'après Beaulieu. 1886, 1887.

Fr. Ant. PEREZ.
Pentatheucum fidei. 579.

Bonav. DES PERIERS.
L'Andrie de Térence. 2588.
Traité des quatre vertus Cardinales. 2588.
Les nouvelles recréations & joyeux devis. 3860.

Joan. PERIERUS.
Acta Sanctorum mens. Septembris & Octobris. 4717.

Joan. PERINGSKIOLD.
Observat. in Messenii Scondiam illustr. 5372.
Notæ in hist. Regum Septent. Snorronis Sturlonidis. 5373.
Historia Wilkinensium. 5374.
Monumenta sueo-gothica Uplandiæ. 5376.
Monumenta Ullerakerensia. 5375.

Nic. PEROTUS.
Erudimenta grammatices. *Parisiis.* (*Cæsaris.*) 2186.
—— *Venetiis, Gab. Petr. Tarvisianus*, 1478.] 2187.
Cornucopiæ. *Parisiis, Udalr. Gering*, 1496.] 2203.
—— *Tusculani, Benacus.* 2204.
Polybii historiæ, lat. MS. 4879.
—— *Roma, Conrad. Sweynheym*, 1473.] 4880.

Carolus PERRAULT.
Festiva ad capita annulumque decursio. 1876[1].
Le Cabinet des beaux arts. 1888.
Les Fontanges, coméd. MS. 3459[14]. Portef. V.
Contes de ma mere l'Oye. 4162.
Les hommes Illustres de France. 5618.

Claude PERRAULT.
Histoire des Animaux. 1599.

Courses de têtes. 1880.
Les X livres d'Architecture de Vitruve, trad. 2044.

Pierre PERRAULT.
Le Seau enlevé du Tassoni. 3749.

Estienne PERRET.
25 Fables des animaux. 3834.

Franciscus PERRIER.
Icones illustrium è marmore tabul. quæ Romæ adhuc extant. 5518.

Guil. DE LA PERRIERE.
Le théâtre des bons Engins. 3119.
Les considérations des quatre mondes. 3120.
La Morosophie. 4331.

PERRIN.
Cantiques ou paroles de motets. MS. 3291.

Paul PERRIN.
La mort d'Adonis, opéra. MS. 3512[4]. Portef. I.
Ariane & Bacchus, opéra. MS. 3512[15]. Portef. I.

PERRINS. V. Pierre DE SAINT-CLOST.

Ægidius PERRINUS, Campanus.
Vita Francisci Philelphi. 2614.

Jacques Davi, Cardinal DU PERRON.
Chansons choisies par de Moncrif. 1720.

PERROT. V. Pierre DE SAINT-CLOST.

PERROT le jeune.
Les Pseaumes pénitenciaux. MS. 3284.

Nic. PERROT d'Ablancourt.
Les Stratagemes de Frontin. 2093.
Histoire de Thucydide. 4831.

Le P. *Jean Bapt.* LE PERS.

Hist. de S. Domingue. 5402.

Aulus PERSIUS Flaccus.

Carmina. MS. 2522.
— *Editio vetus.* 2523.
— (*Romæ, Georg. Laver, circa* 1475.) 2524.
— *Mediolani, Ant. Zarotus,* 1479.] 2525.
— *Editiones variæ.* 2526—2528.
Satyræ cum comment. Fontii. *circà* 1480.] 2535.

S. *Christ.* DE PERSONA.

S. Ath. Theophilactus in epistolas S. Pauli, è gr. in lat. translatus. *Romæ, Udal. Gallus;* 1477.] 202.
Origenis contra Celsum lib VIII. è gr. in lat. transl. 379.
Sermones S. Chrysostomi, lat. (*Romæ, in S. Eusebii Monasterio,*) *circa* 1470.] 399.

Matheol. PERUSINUS.

Tractatus de memoria. *circa* 1475.] 1858.

Giov. Battista PESCATORE, da Ravenna.

Morte di Ruggiero. 3729.
Vendetta di Ruggiero. 3730.

PESSELIER.

Iphise, ballet. MS. 3512[4]. Portef. V.

Dion. PETAVIUS.

S. Epiphanii opera, gr. lat. 295.
Notæ in Themistii orationes. 2240.
Opus de doctrina temporum. 4549.

Paul. PETAVIUS.

Antiquariæ Supellectilis Portiuncula. 5528.
De Nithardo Caroli Magni nepote Syntagma. 5528.

Jean PETIT.

La procession du Roi de France. 3097[7].

Jean PETIT d'Arras.

Les honneurs & les vertus des Dames. MS. 2736[42].

Louis PETIT.

Chansons choisies par de Moncrif, 1720.

Jacobus PETIVER.

Opera hist. natur. spectantia. 1678.

Franc. PETRARQUE.

Le Roman du Marquis de Saluce, trad. de l'italien de Boccace en latin, & de latin en franc. MS. 1242[3].
De vita solitaria. *Editio vetus circa* 1472.] 1305.
Secretum de contemptu mundi. *Vetus editio circa* 1472.] 1306.
Des remedes de l'une & l'autre fortune, (trad. par Nic. Oresme.) 1307, 1308.
Buccolicum carmen. MS. 2598.
Novem epistolæ carmine conscriptæ. MS. 2598.
Triomfi e sonetti. MS. 3577, 3578.
——— *Venetiis, Vindelinus de Spira*, 1470.] 3579.
——— *Patavii, Mart. de septem arboribus Prutenus*, 1472.] 3580.
——— (*Mediolani*,) *Ant. Zarotus*, 1473.] 3581.
——— *Venetiis, Nic. Jenson*,) 1473.] 3582.
——— *Venesia, Piero Cremoneso*, 1484.] 3583.
——— *Venesia, Pelegrino di Pasquali*, 1486. 1488,] 3584.
——— *In Venetia, Piero Veronese*, 1490.] 3585.
——— *In Milano, Uld. Scinzenzeler*, 1494.] 3586.
Opere. 3587=3594.
Triomfi. MS. 3595=3597.
——— *Parmæ, And. Portilia*, 1473.] 3598.
——— *Bononiæ*, 1475.] 3599.
——— *In Venetia, Theod. de Reynsburch*, 1478.] 3600.
——— *In Venetia, Piero Veronese*, 1492.] 3601.
——— Sine anno. 3602.
Les six triomphes commentés par Bern. Illicinio. MS. 3603.
Les triomphes. MS. 3603.
——— Impr. 3605=3607.
——— trad. par Philip. de Maldeghem. 3608.
Les six triomphes & les six visions, en distique & en sixain. MS. 3609.
Memorabilia quædam de Laura. 3582.

Historia Griseldis. (*Coloniæ, Olr. Zel de Hanau*, circa 1470.) 3972.
—— *Ulmæ, Joan. Zainer de Reutling.* 1473.] 3973.
La patience Griselidis. 3974, 3975.
Les dits facécieux, trad. du latin de Laur. Valle. 3833.
Opera, *Basileæ, Joan. de Amerbach*, 1496.] 4343.
—— *Editio altera.* 4344.
Epistolæ. *Venetiis, Joan. de Gregoriis*, 1492.] 4440.
Le vite de Pontifici Romani. *Florentiæ, apud S. Jacobum de Ripoli*, 1478.] 4645.
Descriptio Italiæ. MS. 4869.

Georgius Christ. PETRI.

Elephantographia curiosa. 1610.

Hieron. Alex. PETROBONUS.

Bentivola. 1494.] 2601.

C. PETRONIUS Arbiter.

Satyricon *Venetiis, Bern. de Vitalibus*, 1499.] 4209.
—— *Editiones variæ.* 4210=4214.
—— trad. par Nodot. 4215.

PETRUS Comestor.

Historia scholastica. MS. 109.
—— *Argentinæ, Joh. de Grenengen*, 1483.] 110.
—— *Basileæ*, 1486.] 111.
Historia Evangelica. *In trajecto inferiori, Nicol. Ketelaer*, 1473.] 112.
Bible hystoriaus. MS. 113, 114.
La Bible historiée. *Paris, Verard, sans date.* 115, 116.

Giov. Franc. PEVERONE di Cuneo.

Trattato di geometria. 1796.

Conrad. PEUTINGER.

Tabula itineraria. 4494.
Sermones de mirandis Germaniæ antiquit. 5501.

Isaac LA PEYRERE.

Præadamitæ. 952.
Son Apologie. 953.

Du rappel des Juifs. 978.
Relation du Groenland. 5380.

Le Marquis DE PEZAY.

Campagnes de Maillebois. 2108, 2109.

Le P. Dom *Paul* PEZRON.

Histoire Evangélique. 107.
Antiquité de la nation des Celtes. 5002.

Joan. And. PFEFFEL.

Icones physicæ sacræ. 142, 143.
Delineatio templorum Viennæ Austriæ. 2075.

PHÆDRUS.

Fabulæ Æsopicæ. 2506, 2507.

PHALARIS.

Epistolæ è gr. in lat. ab Aretino MS. 4424^1. 4425^2.
———— (Parisiis, Mich. Friburger, &c. circa 1471.) 4426.
———— (Romæ, Ulr. Han. circa 1479.) 4427.
———— Editio anni 1474.] 4428.
———— Editio anni 1474.] 4429.

Eusebe PHILADELPHE. *V. Nicolas* BURNAND.

Franc. PHILELPHUS.

Odæ. (Brixiæ,) 1497.] 2613.
Satyræ centum. 2614.
Commento sopra il Petrarcha. 3585—3587, 3589.
Commento sopra i triomphi di Petrarcha. 3598, 3601.
Plutarchi Apophtegmata. *Venetiis, Vind. de Spira*, 1471.]
 4298.
Epistolæ. (*Venetiis, Joan. de Spira, circa* 1472.) 4441.
———— *Editio Edit. circa* 1490.] 4442.
———— *Editio altera.* 4443.

Petrus Just. PHILELPHUS.

C. Julii Cæsaris opera. 4907.

Ant. PHILEREMO. *V. Ant.* FILEREMO.

P H

Ringmannus PHILESUS.

Paſſio Chriſti. 164, 165.

PHILIDOR.

Le mariage de la Couture avec la groſſe Cathos. MS. 3534.

Steph. And. PHILIPPE.

Titi Lucretii de rerum natura lib. 2414.
Catulli, &c. opera. 2426.

Pierre PHILIPPES, Organiſte.

Les Roſſignols ſpirituels. 3244.

Jacobus PHILIPPI.

Reformatorium vitæ. *Baſileæ, Mich. Furter,* 1444 ?
(1494) 775.

Helie PHILIPPIN.

Déclaration de la réſurrection des morts. 594.

PHILIPPUS II, Hiſp. Rex.

Biblia Polyglotta. 3.

PHILO.

Opera Mathematica. 1790.

PHILO Judæus.

Opera, gr. lat. 372.

PHILOSTRATUS.

De Fabula, gr lat. 3814.
Opera, gr & lat. 4339.
Les Images, trad. par de Vigenere. 4340.
Icones. 4336.

PHILOSTRATUS junior.

Icones. 4336.
Heroica 4336.
Opera, gr. lat. 4339.

P I

Jac. Phiniphelingus.
Disceptatio super raptu Ducissæ Britannicæ. 2649.

Phisitus Thurecensis.
Tractatus de Cometis. (*Villæ-Beronæ, Helyas Helyæ, circa* 1473.] 1816.

Phocylides.
Poema admonitorium. *Venetiis, Aldus*, 1495.] 2355.

Michel Phoque.
Les Cantiques de Salomon. MS. 3092.

Phurnutus. V. Cornutus.

Giambatista Piazzetta.
Figure della Gierusalemme di Tasso. 3742.

Gui du Faur, Seigneur de Pibrac.
Les quatrains. 3169—3171.

Jean Pic, Prince de la Mirandole.
Recueil des dogmes des Cabalistes. 1401.
Opera. *Bononiæ, Bened. Hectoris*, 1496.] 4361.
—— *Venetiis, Bernardinus Venetus*. 1498.] 4362.

Picard.
Mesure de la terre. 1800.

Bernard Picart, Graveur & Dessinateur.
Figures des discours sur le V. & N. Testament. 139.
Peintures de le Brun & le Sueur. 1891.
Œuvre. 1944.
Recueil de Lions. 1946.
Planches pour des épithalames ou nôces. 1947.
Les Métamorphoses d'Ovide. 2493.
Figures des œuvres de Boileau. 3265, 3266.
Figures du Temple des Muses. 3817, 3818.
Figures de Télémaque. 4156, 4157.
Figures de Dom Quichotte. 4189.
Figures des œuvres de Fontenelle. 4395.

Figures du livre des conformités de S. François. 4679.
Figures des cérémonies religieuses. 4780.
Fig. des Cesars de l'Empereur Julien. 4948.
Pierres antiques gravées de Stosch. 5521.
Images des Héros de Canini. 5598.

Piccolomineus. *V.* Æneas Silvius.

Alessandro Piccolomini.

Dialogo della bella creanza delle Donne. 3550, 3551.

Barth. Picernus.

Ricoldi libellus contra sectam Mahumeticam, è gr. in lat. conversus. 835.

Julianus Pichon.

C. Taciti opera. 4922.

Picot.

1 Chant royal impr. dans le vol. N° 2883.

Dr. Francis. de la Piedad.

Theatro Jesuitico. 1140.

Morien Pierchain.

L'antiquité de Lyon, trad. par Th. du Mas. 5275.

Pierre, Moine de Vaux-Cernay.

Histoire des Albigeois. MS. 5048.

S. Pierre de Luxembourg.

Le chemin de pénitence. 2723.

Nicolas Pigage, Architecte.

La galerie électorale de Dusseldorff. 1915.

Ant. Pigaphete.

Navigation & découvrement de la Indie supérieure. MS. 4537.
—— Imprimée. 4538.
Description de la sphere. MS. 4537.

Frere *Jean* PIGENAT.

L'aveuglement des Politiques. 5182.

Pontius PILATUS.

De excusatione super mortem Christi. MS. 468³.

Jean PILLEMENT.

Œuvre gr. par lui & d'autres. 1943.

PILVELIN.

Le Messagier d'amour. 4904¹. 4905.

L'Abbé *Louis Ellies* DU PIN.

Histoire des Juifs. 4810.

Jean DU PIN.

Le livre de bonne vie. *Chambery, Ant. Neyret,* 1485.] 2769.
—— *Paris, Mich. le Noir.* 2770.

Severus PINÆUS.

De virginitatis notis. 1725.

PINDARUS.

Opera, gr. 2379.
—— gr. & lat. 2380, 2381.

Udalricus PINDER.

Speculum passionis J. Ch. 164.

Joan. PINE.

Q. Horatii Flacci opera. 2473.
Procession & cérémonies de l'ordre du Bain. 5366.

Duarte PINEL.

Biblia en lengua espanola. 97.

Julie PINEL.

Appollonius, opera. MS. 3512¹⁴. Portef. I.

Ant. du Pinet.

Taxe des parties casuelles, trad. 1067.

Fremin Pinguerel.

Ballade de la Confrairie de N. D. du Puy dans le MS. N° 2927.

Joan. Pinius.

Acta Sanctorum mens. Julii—Septembris. 4717.

Fred. Pintianus.

Biblia Polyglotta Card. Ximenez. 2.

Fernam Mendez Pinto.

Peregrinaçam. 4532.

Joan. Pinus.

Divæ Catherinæ Senensis vita. 4761.

Le Chevalier de Piossins.

Mémoires de la Régence. 5253.

Giam Batista Piranesi.

Le antichita romane. 2059.
Lettere di giustificatione. 2060.
Della magnificenza de Romani. 2061.
Campus Martius. 2062.
Raccolta di varie vedute di Roma. 2063.
Le rovine del castello dell' acqua Giulia. 2064.
Antichità di Cora. 2065.
Opere varie di architettura. 2066.
Diverse maniere d'adornare i cammini. 2088.
Antichità d'Albano. 2088.
Descrizione dell' emissario del Lago Albano. 2088.

Bilibaldus Pirckeymherus.

Ptolomæi Cosmographia, lat. 4486, 4487.

Alexis Piron.

Les deux tonneaux. 3298, 3299.
Le Temple de mémoire. 3298, 3299.
Le Bâtiment de Saint Sulpice. 3299.

Aluiſio DA PIROVANO.

Vitruvio Pollione de Architectura. 2045.

Barth. DE PISIS. *V.* ALBIZZI.

Le Seigneur DE PISSY.

Ballade de la Confrairie de N. D. du Puy dans le MS. N° 2927.

PISTOLETA, Troubadour.

3 Pieces de poéſie. MS. 2701.

Franciſ. PITHOEUS.

Corpus Juris Canonici. 1047.

Petrus PITHOEUS.

Corpus Juris Canonici. 1047.

Samuel PITISCUS.

Comment. in Suetonium. 4930.
Lexicon antiquitatum Romanarum. 5437.

PITROU.

Recueil de différents projets d'architecture de charpente. 2081.

PIUS II, Papa. *V. etiam* ÆNEAS Sylvius.

Bulla retractationum. 343.
Bulla cruciata contra Turchos. (*Editio Moguntina, Joan. Fuſt.*) 1063.
Oratio contra Turcos. (*Coloniæ, Olr. Zel de Hanau, circa* 1470.) 2338.
Hiſtoria rerum ubique geſtarum. *Venetiis, Joan. de Colonia,* 1477.] 4596.
Abreviatio ſupra decades Blondi. 4596.
——— *Editio altera,* 1481.] 4597.

PIUS V, Papa.

Miſſale Romanum. 241.

Joan. Bapt. PIUS, Bononienſis.

Annotationes linguæ latinæ. 2196.

Comment. in Titum Lucretium. 2412.
Carmen ex quarto Argonauticon Apollonii. 2520.
Plauti comœdiæ. 2568.

P. DE LA PLACE.

Commentaires de l'état de la religion. 5099.

Pierre Ant. DE LA PLACE.

Jeanne d'Angleterre, trag. MS. 3465[g].

Louis Regnier, Sieur DE LA PLANCHE.

Du grand & loyal devoir. 5311.

Max. PLANUDES, Rhetor.

Anthologia epigrammatum græcor. *Florentiæ, Laur. Franc. de Alopa*, 1494.] 2353, 2354.
Æsopi vita. 3824.

Frater *Franciscus* DE PLATEA.

Opus restitutionum. *Venetiis, Barth. Cremonensis,* 1472.]
611.
——— *Coloniæ, Joan. Colhoff,* 1474.] 612.

Claude PLATIN.

Le débat de l'homme & de l'argent, trad. de l'italien. 2889[5].
Histoire de Giglan. 4008.

Joan. Bapt. PLATINA. *V.* SACCHI.

PLATO.

Opera, græcè. 1212.
——— gr. lat. 1213.
Sopra lo amore. 1214.
Il Fedro. 1215.

M. Accius PLAUTUS.

Comœdiæ. *Venetiis, Joann. de Colonia & Vind. de Spira,* 1472.] 2564.
——— *Tarvisii, Paulus de Feraria,* 1482.] 2565.
——— *Venetiis,* 1495.] 2566.

— *Venetiis, Sim. Papienſ. dict. Bevilaqua*, 1499.] 2567.
— *Editiones variæ.* 2568=2570.
La Muſtellaria per Geron. Berardo. 2571.

Le Cardin. *Armand Jean* DU PLESSIS, Duc de Richelieu.

Lettres. 4459.

Arm. Joan. DU PLESSIS, Dux de Richelieu.

Biblia latina. 51.

Caius PLINIUS ſecundus.

Hiſtoria naturalis. *Venetiis, Joan, de Spira*, 1469.] 1445.
— *Romæ, Con. Sweynheym & Pannartz*, 1470.] 1446.
— *Venetiis, Nic. Jenſon,* 1472.] 1447, 1448.
— *Romæ, Conr. Sweynheym & Pannartz*, 1473.] 1449.
— *Parmæ, Andr. Portilia*, 1481.] 1450.
— *Venetiis, Rainaldus de Novimagio*, 1483.] 1451.
— *Editio Deſid. Eraſmi.* 1452.
— *Ed. Jo. Nic. Victorii.* 1453.
— *Ed Elzeviriana.* 1454.
— *Joan. Harduini.* 1455.
— *Editiones variæ.* 1456, 1457.
— italicè. *Venetiis, Nic. Jenſon,* 1476.] 1458—1461.
— *In Veneſia, Bartolamio de Zani de Porteſio,* 1489.] 1462.
Epiſtolæ. *Venetiis, Chriſt. Valdarfer,* 1471.] 4436.
— *Romæ, Eucharius Silber,* 1490.] 4437.
— *Editio altera.* 4438.
— trad. par Louis de Sacy. 4439.
Panegyricus. 4438.
De viris illuſtribus. 4438.
— *Editio vetus circa* 1474.] 5585.
— (*Romæ, Gensberg, circa* 1474.) 5586.
— *Florentiæ, apud S. Jacobum de Ripoli,* 1478.] 5587.

PLOTINUS.

Opera. *Florentiæ, Ant. Miſcominus,* 1492.] 1236.

Ant. PLUCHE.

Spectacle de la nature. 1475.
Hiſtoire du Ciel. 1476.

Leonardus PLUKENETIUS.

Opera Botanica. 1547.

Le Pere *Charles* PLUMIER.

Plantes de l'Amérique. 1581.
Fougeres de l'Amérique. 1582.

PLUTARCHUS.

Demosthenis vita. 2238.
Vita Homeri. 2317.
Préceptes nuptiaux, trad. par Jacques de la Tapie. 3183.
Apophtegmata, gr. lat. 4297.
—— transl. à Fr. Philelpho. *Venetiis, Vind. de Spira*, 1471.] 4298.
Vitæ parallelæ Græcor. & Roman. gr. 5562, 5563, 5565=5567.
Vitæ, latinè. *Roma, Gallus, circa* 1470.] 5571.
—— *Editio vetus circa* 1471.] 5572.
—— *Venetiis, Jenson*, 1478] 5573.
Vies des hommes illustres, trad. par Amyot. 5574, 5575.
Vies de Romulus & de Caton, trad. en fr. (par Sim. Bougouinc.) MS. 5578.
Vies de Scipion & Pompée, trad. du latin.(par S. Bougouinc.) MS, 5579.
La prima parte delle vite, trad. da Jaconello. *In Aquila, Adam Rotwil*, 1482.] 5581.
Opuscula moralia, græcè. 5564, 5568, 5569.
Œuvres morales, trad. par Amyot. 5576.
Morales extraites. (par de S. Sorlin.) 1259.
Opera gr. & lat. 5570.

Ant. DE PLUVINEL.

Le Manege royal. 2123.

Andres DE POÇA.

De la antigua lengua de las Espanas. 2222.

Richard POCOCKE.

A description of the East. 5382.

POCQUET de Livoniere.

Histoire des Duchés & Comtés Pairies de France. MS. 5301.

Beltramo Poggi.
La inventione della Croce de G. C. 3784.

Jacobo Poggio.
Tractato. 1383.
Historia Fiorentina di Messer Poggio. *In Venegia, Jac. de Rossi*, 1476.] 4986.

Franciscus Poggius Bracciolini.
Facetiarum liber. (*In Monasterio S. Eusebii, circa* 1473.) 3846.
———*Circa* 1480.] 3847.
———*Editio vetus*. 3848.
———(*Parisiis, Mich. le Noir.*) 3849.
Les contes facétieux. 3850.
Dialogus in avaritiam. (*Colonia, Veldener,*) 1473.] 4405^8.
Modus epistolandi. (*Roma, Georg. Laver, circa* 1472.) 4419, 4420.
Diodori Siculi historiæ. MS. 4833.
———*Bononiæ*, 1472.] 4834.
Historia Fiorentina, trad. da Jacopo suo figliuolo. *Venegia, de Rossi*, 1476.] 4986.

Franc. de Poilly, Graveur.
Galerie du Duc de Parme, peinte par Carache. 1903.

Dom Germain Poirier.
Recueil des Historiens de France. 5015.

Ant. le Pois.
Discours sur les médailles antiques. 5460.

Polemon.
Physionomia 5641.

Joan. Polenus.
Supplementa thesauri antiquitatum rom. & græc. 5438.

Polidor.
La descente de Théophile aux enfers. 3239^6.

Poliphili.

Poliphilus.

Hypnerotomachia. (Fr. Columnæ.) *Venetiis, Aldus*, 1499.]
 4176, 4177.
— trad. en françois par Jean Martin. 4178.

Angelus Politianus.

Thesaurus Cornucopiæ. *Venetiis, Aldus*, 1496.] 2156.
La representatione della favola d'Orpheo. 3788[7].
Plusculæ. 4341.
Opera. *Venetiis, Aldus*, 1498.] 4354.
Panepistemon *Florentiæ, Miscomini*, 1491.] 4355.
Opera. 4356.
Herodianus. 4934.

Alexander Politus.

Eustathii commentarii. 2360.

Jean Pollet Lillois, Ecrivain.

Trois livres de Chansons de J. de Castro. MS. 3536.

Trevellius Pollio.

Historia augusta. *Mediolani, Philip. de Lavagnia*, 1475.]
 4935.

Joan. Pollius.

Opuscula. 2669.

Julius Pollux.

Onomasticon. 2164, 2165.

J. Polman.

Le Chancre ou couvre-sein féminin. 608.

Polybius.

Historiarum libri gr. & lat. 4877, 4878.
—— latinè, per Nic. Perottum. MS. 4879.
—— *Romæ, Conrad. Sweynheym*, 1473.] 4880.

S. Polycarpus.

Opera. 364, 365.

Joan. POMERANUS.

In D. Pauli ad Roman. epistolam interpretatio. 206.

Madame la Marquise DE POMPADOUR.

Suite de 63 estampes gravées par elle. 5524.
Six autres d'après Boucher. 5524.

Sextus POMPEIUS Festus.

De verborum significatione lib. *Mediolani, Ant. Zarothus,* 1471.] 2176.
—— *Romæ, Joan Reynhardus de Enyngen,* 1475.] 2177.
—— Ad usum Delphini. 2178.

Petrus POMPONATIUS.

De immortalitate animæ. 1384.
Opera. 4359, 4360.

Julius POMPONIUS Lætus.

Emendationes in S. Julium Frontinum. 2041.
De Magistratibus urbis & de legibus. *Venetiis, Bart. Cremon.* 1474.] 2095.
—— *Editio circa* 1475.] 2096.
M. T. Varronis de lingua latina lib. *Parmæ, (Portilia,)* 1480.] 2175.
Nonius Marcellus de proprietate sermonis. (*Romæ, Georg. Laver, circa* 1470.) 2184.
Plinii Epistolæ. 4437.
Quintus Curtius. *Romæ, Laver, circa* 1470] 4837.
Sallustii opera 4895.
Romanæ historiæ compendium. *Venetiis, Bern. Venetus,* 1499.] 4951.

Consalus PONSE de Leon.

S. Epiphanii liber ad Physiologum. 396.

Gratien DU PONT.

Les controverses des sexes masculin & féminin. 3056. 3057.

Jacobus PONTANUS.

Castigationes in Virgilium. 2444.

Joan. Jovian. Pontanus.

De fortitudine bellica & de principe. *Neapoli, Math. Moravus,* 1490.] 1301.
Opera. 4349.

Claude de Pontoux.

Figures du nouveau Testament. 3172.

Mattys Pool, Graveur.

Cabinet de l'art de sculpture de Fr. van Bossuit. 2039.

Alexandre Pope.

Préface sur Homere. 2369.
Essais sur l'homme trad. par de Silhouette. 3806.

Ausonius Popma.

C. Salustii opera. 4902.

Tomaso Porcacchi.

Ditte Candiotto & Darete Frigio. 4819.
Funerali antiqui di diversi popoli. 5451.

Porchetus de Salvaticis.

Victoria adversùs impios Hebræos. 830.

Le P. *Charles* Porée.

Agapit, tragédie. MS. 3459^3. Portef. I.
—— en latin. MS. 3459^5. Portef. I.

Alfonsus Porigius, Dessinateur.

Recueil de fêtes, décorations & tournois. 2036.

Pomponius Porphyrio.

Comment. in Horatium. 2466.

Porphyrius Philosophus.

Liber prædicabilium. 1237.
De divinis atque dæmonibus. *Venetiis, Aldus,* 1497.]
 1238, 1239.
Homericarum quæstionum liber. 2373.

P O

Conſt. Porphyrogenettus.
De cæremoniis Aulæ Byzantinæ. 4957[16].

Gilb. Porreta.
Boetii opera. 1268.

Padre Aleſſio Porri.
Vaſo di verità. 604.

Gilbertus Porritanus.
Liber ſex Principiorum. 1237.

Girolamo Porro, Intagliatore.
Figure d'Orlando furioſo. 3670, 3671.
Funerali antichi. 5451.

Lucas Porrus.
Titi Livii hiſtoriæ. 4857.

Meſſieurs du Port-Royal.
Le Jardin des racines grecques. 2163.

Joſeph Porta.
Fig. delle ingenioſe ſorti di Fr. Marcolini. 2142.

Jean Porthaise.
Sermons ſur la ſimulée converſion du Roi de Navarre. 5168, 5169.

Simon Portius.
De humana mente diſputatio. 1386.
Diſputatio. 1442.
De dolore liber. 1442.
De coloribus oculorum. 1442.
Rerum naturalium principia. 1474.
De conflagratione agri Puteolani. 1478.
Diſputa ſopra quella Fanciulla. 1672.

Petrus Possinus.
Georg. Pachymeris hiſtoria. 4957[17].
S. Theophilacti inſtitutio regia. 4957[28].

Guil. Postel.

Description de la terre Sainte. 154, 155.
Protevangelion S. Jacobi minoris. 168* 169.
Apologia pro Serveto. MS. 916.
De orbis terræ concordia. 961.
De nativitate Mediatoris. 962.
Compositio diffidiorum circa æternam veritatem. 963.
De rationibus Spiritûs Sancti. 964.
Sacrarum Apodixeon. 965.
Alcorani & Evangelistarum concordia. 966.
Liber Jezirah. 967.
Eversio falsorum Aristotelis Dogmatum. 968.
Merveilleuses victoires des femmes du monde. 969.
La doctrine du siecle doré. 970.
La Vergine Venetiana. MS. 971.
Cosmographiæ disciplinæ compendium. 972.
De universitate liber. 973, 1810.
Linguarum duodecim Alphabetum. 2151.
De Fœnicum literis. 2162.
De Etruriæ regionis originibus. 4985.
Histoire des expéditions faites par les Gaulois. 5006.
La loy Salique. 5007.
Des histoires Orientales. 5383.
De la république des Turcs. 5384.
De Magistratibus Atheniens. lib. 5452.

Joan. Potterus.

Clementis Alexand. opera gr. lat. 374.
Lycophronis Alexandra. 2382.

Pottier de Morais.

Le difficile, comédie. MS. 3453.
Henry, trag. com. MS. 3459[3]. Portef. VI.

D. Pouget.

S. Athanasii opera, gr. lat. 382.

Henry Poullain.

Traité des Monnoyes. 1378.

Nicolas Poussin, Peintre.

Les sept Sacrements gravés par B. Audran. 1919[1].

Daude DE PRADAS, Troubadour.

11 Pieces de poésie. MS. 2701.

Domenico DA PRATO.

El libro del Birria e del Gietta *Editio vetus circa* 1476.] 3612.

Galliot DU PRÉ.

Des remedes de l'une & l'autre fortune de Pétrarque. 1307. 1308.

Jean DU PRÉ, Seign. des Barres.

Le palais des nobles Dames. 2953.

Nic. Louis DU PRÉ de Saint-Maur.

Essai sur les monnoyes. 1379.

Dom *Jacques* PRÉCIEUX.

Recueil des Historiens de France. 5015.

Le P. DE PREMARE, Jésuite.

L'Orphelin de la maison de Tchao, trad. MS. 3492.

Laurent DE PREMIER-FAIT.

Œuvres de Seneque. 1249.
Le livre de la vieillesse de Cicéron. MS. 1250.
Le livre de la vraie amitié. MS. 1250.
Les cent nouvelles de Boccace. 3930, 3931.
Le livre de Jean Boccace des Nobles hommes & femmes. MS. 5601, 5602.
——— *Paris, Verard,* 1483.] 5603.
——— *Paris, Verard, sans date.* 5604.
——— *Paris, Verard,* 1494.] 5606, 5607.

Georgio Gasparo PRENNER, Intagliatore.

Illustri fatti Farnesiani. 1908.

Raoul DE PRESLES.

Cité de Dieu de S. Augustin, trad. en françois. *Abbeville, Jean du Pré & Pierre Gerard,* 1486.] 457, 458.

Le songe du Vergier. MS. 1078, 1079.
—— (Paris,) Jacq. Maillet, 1491.] 1080.
—— Paris, le petit Laurens. 1081, 1082.

L'Abbé *Ant.* Prevost d'Exiles.

Histoire du Chevalier des Grieux. 4152.
Histoire universelle de Jacq. de Thou 4613.
Hist. de la maison de Stuart, trad. de Hume. 5359.

J. Prevost Sieur de Gontier.

Hist. pitoyable des parricides commis par Gentet. 5665.

Jean le Prevost.

Ballade de la Confrairie de N. Dame du Puy. MS. 2927.

Robert le Prevost.

Les œuvres de Jean Sleidan. 4611.

Joan. Pircæus.

L. Apuleii metamorph. lib. 3840.

Humphrey Prideaux.

Histoire des Juifs. 4809.
Marmora Oxoniensia. 5456.

Jean du Prier, dit le Prieur.

Le mystere du Roi advenir. MS. 3330.

Salomon de Priezac.

Histoire des Eléphans. 1611.

Jean Bapt. le Prince, Graveur & Dessinateur.

Œuvre gr. par lui-même. 1941.
Estampes sur la Russie. 2009.
Figures du voyage en Siberie. 4534.

Priscianus.

Expositio in Theophrastum de Sensu. *Venetiis, Aldus,* 1497.]
 1238, 1239.
Opera varia. *Venetiis, impensis Marci de Comitibus,* 1476.]
 2181.

—— *Mediolani, Alexand. Minutianus*, 1503.] 2182.
Philoſtrates de Fabula. gr. lat. 4824.
Opera lat. *Editio vetus circa* 1470.] 5666.

Caius Titus Probus

De prænomine Epithoma. 5646.

Valerius Probus.

Commentarii in Virgilium. 2443.
De interpretandis Romanor. litteris. 4951.
De Romanorum Magiſtratibus. 4951.

Proclus.

In Platonicum Alcibiadem. *Venetiis, Aldus*, 1497.] 1238,
1239.

Proclus Diadochus.

Sphæra, græcè. *Venetiis, Aldus*, 1499.] 1802.

Procope.

Chanſons. MS. 3541.

Procopius.

Hiſtoriæ ſui temporis. 4957².

Les Professeurs nommés *Intronati*.

La comédie du ſacrifice trad. par C. Eſtienne 3766.
Les abuſez, coméd. par C. Eſtienne. 3767.

Chriſt. Prolianus.

Opuſculum de totius orbis diviſione. 1477.] 1809.

Sextus Aurelius Propertius.

Elegiarum lib. IV. MS. 2420, 2421.
Opera. *Venetiis, Joann. de Colonia*, 1475.] 2422.
— *Venetiis, Simon Bevilaqua*, 1493.] 2423.
— *Editiones variæ.* 2424—2427.

S. Prosper.

Opera. 490.

Prosper Aquitanicus.

Epigrammata. 2560.

Simeon

Siméon DE PROVENCHERES.

Histoire de l'inappetence d'un enfant. 4375[6].

Aurelius PRUDENTIUS.

Opera. MS. 2559.
— Editiones variæ. 2560—2562.

PSAFFIUS.

S. Irenæi fragmenta. 376.

PSELLUS.

De Dæmonibus. *Venetiis, Aldus*, 1497.] 1238, 1239.

Claudius PTOLOMÆUS.

Imagines MS. 1803.
Geographia. gr. 4479.
— latinè. (*Roma*,) 1478.] 4480.
— *Bononiæ, Dominicus de Lapis*, 1462. (1482.) 4481.
— *Ulmæ, Leonard. Hol.* 1482.] 4482.
— *Roma, Petrus de Turre*, 1490.] 4483.
— Editiones variæ. 4484—4487.

Jacobus PUBLICIUS.

Ars memorativa. (*Coloniæ, Joan. Guldenschaff.*) 1856.
— *Editio vetus circa* 1480.] 1857.

Gaubert DE PUEGSIBOT, Troubadour.

8 Pieces de poésie. MS. 2701.

Bern. PULCI.

La Bucolica di Virgilio interpretata. 2461.

Luca PULCI.

Pistole. *Editio circa* 1490.] 3638.
Cyriffo Calvaneo. 3639.

Luigi PULCI.

Stramotti & fioretti d'amore. 3548[8].
La Confessione. 3637.
Cyriffo Calvaneo. 3639.
Morgante maggiore. 3631—3636.

Il Driadeo. *Florentiæ, Ant. Barth. Mifcomini*, 1481.] 3629.
—— *In Firenze, Ant. de Francefcho Vinitiano*, 1487.] 3630.

Le P. Pulleux.

Le dépit du genre humain. MS. 4292.

Theod. Pulmannus.

Emendat. in Catullum, &c. 2424.

Jean Punt, Graveur.

Les plafonds des Jéfuites d'Anvers, peints par Rubens. 1912.
Figures pour les œuvres de Moliere. 3436.

Paris de Puteo.

Libro de re militari. (*Neapoli,*) *Sextus Rieffinger, circa* 1471.] 2099.

Pierre du Puy.

Mémoires pour fervir à juftifier l'innocence de M. de Thou, MS. 5207, 5208.

Nicolas du Puys.

1 Rondeau impr. dans le vol. N° 2883.

Pyndarus.

Homerus de bello Trojano Hexametris verfibus. *Parifiis, Ant. Denidel,* 1497.] 2366.

Guliel. Pyrrho.

Cl. Claudiani opera in ufum Delphini. 2557.

Pythagoras.

Aurea verba tranfl. à M. Ficino. MS. 1211^3.
—— *Venetiis, Aldus,* 1497.] 1238, 1239.
Symbola tranfl. à M. Ficino. MS. 1211^4.
—— *Venetiis, Aldus,* 1497.] 1238, 1239.
Aurea carmina. *Venetiis, Aldus,* 1495.] 2355.

Joan. QUENTIN.

Stimulus divini amoris Joann. Bonaventuræ. 755.
La maniere de bien vivre. 2799³.

Paschasius QUESNELLUS.

S. Leonis Magni opera recensa. 491.
Prieres Chrétiennes. 805.

Claude LE QUEUX.

Les dignes fruits de pénitence. 655.

P. Michael LE QUIEN.

S. Joannis Damasc. opera, gr. lat. 406.
Oriens Christianus. 4957²⁹.

Phil. QUINAULT.

Acis & Galathée, pastorale. 3515¹⁸.

Don Juan DE QUINONES.

Discurso contra los Gitanos. 1354.
El monte Vesuvio. 1479.
Explicacion de unas monedas. 5474.

Marc. Fabius QUINTILIANUS.

Opera. 2332.
Institutiones Oratoriæ. *Roma*, (*Ulr. Gallus*,) 1470.]
  2333.
—— *Venetiis, Nic. Jenson*, 1471.] 2334.
—— *Mediolani, Zarotus*, 1476.] 2335.
Declamationes. *Parma, Aug. Ugoletus*, 1494.] 2336.

Angelus Maria Card. QUIRINUS.

S. Ephraem Syri opera. 383.

D. Aug. QUIRINUS Rivinus.

Introductio in rem Herbariam. 1523.

R

R. D. P.
La Pogonologie ou discours des Barbes. 3875.

R. P. D. P. D. S. J. V. Pierre de Saint-Joseph.

Daniel RABEL.
Recueil de fleurs. 1556.

Jean RABEL, Peintre
Les oracles des douze Sibylles. 5447.

Maître François RABELAIS.
Les œuvres par M. le Duchat. 3861, 3862.
La vie de Gargantua. 3863—3865.
Les faits de Pantagruel. 3866.
Pantagrueline Pronostication. 3866.
Pantagruel Roi des Dipsodes. 3867, 3868.
Grandes annales du grand Gargantua. 3868, 3869.
Le tiers & le quatr livre des faits de Pantagruel. 3870.
Les songes drolatiques. 3871.
La Sciomachie. 5095.

Roger DE RABUTIN, Comte de Bussy.
Carte géographique de la Cour. 5234.
Livre d'Heures, avec portraits en miniature. 5235.

Bonav. RACINE.
Abrégé de l'histoire Ecclésiastique. 4624.

Jean RACINE.
Œuvres. 3437—3441.
Médailles de Louis XIV. 5251, 5252.

Math. RADERUS.
S. Joannis Climaci opera, gr. lat. 404.

Frey Fran. DE RADES.
Cronica de los ordenes de S. Iago, Calatrava y Alcantara. 5350.

R A

Radulphus de S. Albano.
Hift. Alexandri Magni de præliis. *Argentinæ*, 1486.] 4847.
——— italicè. 4848.

Le Ragois.
Inftruction fur l'hiftoire de France. 5038.

Raguenet.
Hift. d'Olivier Cromwel. 5364*.

Raimbaudet, Troubadour.
1 Piece de poéfie. MS. 2701.

Raimitius. *V. Alàmano, Rinuccini.*

Raimon Efcriva ou l'Ecrivain, Troubadour.
1 Piece de poéfie. MS. 2701.

Joan. Rainoldus.
De Romanæ Ecclefiæ idololatria. 1019, 1020.

Joan. Raius.
Hiftoria plantarum. 1546.
Fr. Willughbeii Ornithologia. 1614.
Fr. Willughbeii hiftoria pifcium. 1627.

Benevenutus de Rambaldis.
Liber Auguftalis. 4343.

Alphonfe de Ramberviller.
Les devots élancements du Poete Chrétien. MS. 3222.

Jean Phil. Rameau.
Mufique des furprifes de l'amour. MS. 3521.

Agoftino Ramelli.
Artificiofe machine. 1845.

Ant. de Rampigollis.
Biblia aurea. *Argent.* Jo. Gruninger, 1466. (1496.) 117, 118.
——— *Editio altera.* 127.

André Mich. DE RAMSAY.

Les voyages de Cyrus. 3819.

Giov. Bat. RAMUSIO.

Delle navigationi & viaggi raccolti. 4514.

Paulo RAMUSIO de Arimino.

Facti militari di Rob. Valturio. *In Verona, Bonin. de Boninis*, 1483.] 2098.

RAOUL de Soissons.

4 Chansons. MS 2719¹⁹.
Chansons choisies par de Moncrif. 2720.

RAOULT.

Scapin chez le Procureur. coméd. MS. 3466.

RAPHAEL d'Urbin, Peintre.

Les loges du Vatican. 1900.
Psyches & amoris nuptiæ. 1901.

M. J. RAPHAEL.

Vie de S. Aulzias de Sabran. 4767.

Le Pere *René* RAPIN.

Œuvres diverses. 4389.
Satyre Menippée. 5165.

Paul DE RAPIN, Sieur de Thoyras.

Histoire d'Angleterre. 5356.

Sim. Fr. RAVENET, Graveur.

Œuvre de Jean Pillement, gr. par lui & autres. 1943.

Nicolle RAVENIER.

1 Chant royal impr. dans le vol. N° 2883.

Joan. Bapt. RAYMUNDUS.

Quatuor Evangelia. latinè. 16.

RE

L'Abbé RAYNAL.
Histoire du Stadhouderat. 5336.
Hist. du Parlement d'Angleterre. 5363.

Serafino RAZZI.
Vita di Savonarola. MS. 5632.

REBEL, Musicien.
Musique d'Ismene, ballet opéra. MS. 3517.
Musique du Prince de Noisy, ballet. MS. 3524.

Nardus Ant. RECCHUS.
Hist. plantarum Mexicanorum. 1664.

Gilles DE REDON.
La musique angélique de *Salve Regina*. 2986, 3152.

Mathurin DU RÉDOUET.
Le nouveau monde d'Emeric de Vespuce. 4542, 4543.

Jo. Batt. DE REFRIGERIIS.
Giusto de' Conti da Roma chiamato la Bellamano. *In Venetia, Th. di Piasi*, 1492.] 3655.

Franc. Mich. REGENFUSS.
Choix de Coquillages. 1637.

REGINON Monachus Prumiensis.
Annales. 5314.

Lud. REGIUS.
Ciceronis epistolæ ad Brutum. *Romæ, Euch. Silber,* 1490.] 2325.

Raphael REGIUS.
Ovidii Metamorphosis. 2487.

Jean Fr. REGNARD.
L'isle d'Alcine, comédie. MS. 3444. 3452.

L'Abbé *Fr. Seraph.* Regnier des Marais.

Pratique de la perfection chrétienne de Rodrigues. 774.

Mathur. Regnier.

Les œuvres. 3166, 3167.

Guil. Regnouf.

Epître de S. Augustin sur la maniere de prier Dieu. MS. 486.

Reinerus Reineccius.

Historia Julia. 4815.

Thom. Reinesius.

Notæ in Petronium. 4213.

J. J. Reiskius.

Const. Porphyrogenetti lib. de cæremoniis Aulæ Byzant. 4957²⁶.

Gul. Otto Reitz.

Operis Basilici Fabrotiani suplementum. 1171.

Joan. Fred. Reitzius.

Luciani opera. 4338.

Adrien Reland.

Religion des Mahométans, (trad. par Adrien Durand.) 1046.

Jean de Rely.

Bible historiée, revue. 115, 116.

Rembrant, Peintre.

44 Estampes gr. d'après lui & autres. 1982.

M. Remigio Fiorentino.

La historia d'Italia di Fr. Guicciardini. 4965.

Remigius

Remigius Autissiodorensis.
Interpretationes nominum hebraicorum Bibliæ. 25—27.

Renard.
Poissons, Ecrevisses, &c. des Moluques. 1630.

C. Renaudot.
Médailles de Louis XIV. 5251, 5252.

Ant. Renieri da Colle.
Versi. 3703.

Const. de Renneville. V. G. de Courtilz.

Renoul.
Calisto, ballet. MS. 3512¹. Portef. III.

Rob. Retenensis.
Alcorani Epitome. 1045.

Le Cardinal de Retz. V. de Gondy.

Joan. Reuchlin.
De arte cabalistica lib. 1405.
De verbo mirifico. 1406.
Scenica progymnasmata. *Basileæ, Bergman de Olpe*, 1498.] 2678.
Sergius vel capitis caput, comœdia. 2679.
Epistolæ obscurorum virorum. 4432.

Le Sieur Reverend.
Les dits notables de Philippe de France. 4308.
Evangelium Johannis. 832.

Cassiodoro de Reyna.
Biblia en Español. 99.

Reynault Sieur de Vaulx.
Légende de Claude de Guise. 5124.

Henricus van Rheede.
Hortus Indicus Malabaricus. 1578.

Pp

Urbanus Rhegius.
Materia cogitandi de toto Missæ negotio. 1022.

Beatus Rhenanus.
Præfatio in Missam Chrysostomi à Leone Tusco versam. 227.

Innocent Rhinghier.
Cinquănte jeux divers. 2141.

Lauren. Rhodomanus.
Diodori siculi historiæ. 4832.

Franc. Rhollandellus Trivisanus.
M. T. Varronis de lingua latina lib. *Parmæ*, (*Portilia*,) 1480.] 2175.

Petrus Ribadeneira.
Bibliotheca Scriptorum Societatis Jesu. 5550.

Ribeyro.
Histoire de Ceylan, trad. (par J. le Grand.) 5392.

Peyre Bremon Ricas-novas, Troubadour.
8 Pieces de poésie. MS. 2701.

Ricaut.
Chansons MSS. 3541.
Hist. de l'état de l'Empire Ottoman, trad. par Briot. 5385.

Ant. Riccho, Neapolitano.
Opere. 3678.

Riccio Marchesiano. *V. Nicolo* Paranzone.

Barth. Riccius.
Triumphus Christi. 166.

Madame Riccoboni.
Lettres de la Comtesse de Sancerre. 4134[8].
Lettres de Mylady Catesby. 4134[11].

R I

Pierre RICHARD dit l'Oiselet.

La forteresse de la foy, trad. d'Alphonse de Spina. MS. 815.

RICHARDUS Cœnobita S. Victoris.

Desuper divina trinitate opus. 524.

RICHARDUS de Senis.

Sextus liber decretalium Bonifacii VIII. 1052, 1053.

Joan. RICHARTZHUSEN.

Joan. Reuchlin Scenica Progymnasmata, *Basileæ, Bergman de Olpe,* 1498.] 2678.

RICHELET.

Tragédies-opéra de l'Abbé Metastasio. 3798.

DE RICHELIEU. *V.* DU PLESSIS.

Edmond RICHER.

Histoire de son syndicat. 4631.

J. RICHER.

Le Mercure françois. 5066.

RICOLDUS ordin. Prædicatorum.

Libellus contra sectam Mahumeticam. 835.

RICOTIER.

Traité de l'existence de Dieu, trad. de Clarke. 813.

Jo. Cl. RIDINGERUS.

Phytanthosa iconographia. 1549.

Hyacinthe RIGAUD, Peintre.

Œuvre gr. par Drevet & autres. 1939.
45 divers portraits gr. par Corn. Mart. Vermeulen. 1987.

RIGAULT.

Apologeticus pro Ludovico XIII. 5195.

R. Rigaut, Troubadour.

1 Piece de poésie. MS. 2701.

Rob. Riguez.

C. Velleius Paterculus. 4874.

Alamano Rinuccini.

Quædam epistolæ Hippocratis. MS. 4425³.
Marci Bruti epistolæ. (*Parisiis*,) *Mich. Friburger, circa* 1471.] 4416.
—— *Editio vetus circa* 1474.] 4430.

Riolan.

Gigantologie. 1670⁶.

Giraut Riquier, Troubadour.

66 Pieces de poésie MS. 2701.

Sergius Risius.

Biblia Arabica. 15.

Fredericus Risnerus.

Vitellionis Thuringi Poloni libri X. 1843.

Risoluto.

I sonetti. 3628.

Conradus Rittershusius.

S. Isidori epistolæ, gr. lat. 401.

Ant. Rivautella.

Codices MSS. Bibliothecæ Regii Taurinensis. 5537.

Rive, Prêtre.

Notices de quatre MSS. de la Bibliotheque de M. le Duc de la Valliere. 3249.

Pierre de la Rivey.

Les facétieuses nuits de Straparole. 3940.

R. P. A. Riviere.

Calvinismus bestiarum religio. 849.

RO

de la Riviere.
Histoire du bon homme Misere. 39127[1].

Pierre Rivrain.
Exhortation à prier Dieu, de S. Jean Chrisostome. 3132.

Robert.
Trésor de l'ame, trad. en françois. *Paris, Verard.* 788.

Nic. Robert.
Recueil de plantes. 1543.

Robertus de Litio. *V.* Caraccioli.

Fr. Robertus.
Libri spirituales. 742.

Dion. Robinus.
Solemnis repetitio. 1166.

Eugenio de Robles.
Compendio de la vida del Card. Fr. Ximenes 4639.

du Roc.
Nouveaux récits. 3949.

Adzemar Rocaficha, Troubadour.
1 Piece de poésie. MS. 2701.

Jean de la Roche, Baron de Florigny.
La vie de Cathérine de Bas-Souhaits. 4286.

Bernard de la Roche-Flavin.
Treize livres des Parlements de France. 5304.

Le Comte de Rochefort.
Mémoires. 5217.

François VI, Duc de la Rochefoucauld.
Maximes. 1278.
Mémoires. 5215, 5216.

Le S. Rocquet.

La triade ou les Martyrs d'Estampes. MS. 3293.

Rodericus Simonis, Archiepiscopus Toletanus.

Chronica. 5346.

Rodericus Zamorensis. *V. Rodericus* Sancii.

David de Rodon.

La lumiere de la raison. 851.
Disputatio de supposito. 903.
La Messe trouvée dans l'Ecriture. 1033, 4375²⁶¹.
Le tombeau de la Messe. 1034, 1035.
Dispute de la Messe. 1036.

Alphonse Rodriguez.

Pratique de la perfection chrétienne, trad. par des Marais. 774.

Aug. Jo. Roesel.

Historia naturalis Ranarum. 1622.
Hist. natur. des Insectes. 1645.

Roger.

Musique d'Almasis, ballet-opéra. 3519.

Guil. Roger.

1 Chant royal impr. dans le vol. N° 2883.

Le S. de Rogissart.

Les délices de l'Italie. 4961.

Henri II. Duc de Rohan.

Mémoires. MS. 5197.
—— imprimés. 5198.

Frere *François* le Roi.

Miroir de pénitence. 643.

Fernando DE ROIAS di Montalbano.

Tragi-comedia de Califto y Melibea. 3800.
—— in Italiano Idioma (da Alfonfo Ordognez.) 3801, 2802.
Celeftine. 3803.

Louis ROILLARD.

Coutumes de Nivernois. 1193.

ROLAND du Jardin.

Le repentir amoureux (de Louis Groto.) MS. 3789.
Les Aveugles, tragi-comédie. MS. 3790.
Trois hiftoires. MS. 3790.

Wernerus ROLEWINCK de Laer.

Fafciculus temporum. *Coloniæ, Arn. Ther Hoernen,* 1474.] 4552.
—— *Lovanii, Joan. Veldener,* 1476.] 4553, 4554.
—— (*Coloniæ,*) *Nic. Gotz de Seltzftat,* 1478.] 4555.
—— *Venetiis, Erh Ratdolt,* 1480.] 4556.
—— *Editio vetus circa* 1482.] 4557.
—— trad. par Pierre Farget. *Geneve, Louis M. Crufe,* 1495.] 4558.

Guil. ROLIN.

Ses Heures manufcrites. 297.

Charles ROLLIN.

De la maniere d'enfeigner les belles-lettres. 2150.
Hiftoire ancienne. 4816.

Jules ROMAIN.

Frife faite de Stuc fur les deffins gr. par Stella. 2087.

ROMANET.

La nouveauté préférée, coméd. MS. 3473.

Richard DE ROMANY.

Le Carabinage & matoiferie Soldatefque. 3888.

de Romé de Delisle.

Description d'une collection de minéraux. 1494.
Essai de Cristallographie. 1506.

Guil. Rondelet.

Histoire des Poissons. 1626.

J. B. Rondinellus.

Statuta hospitalis Hierusalem. 1145.

Pierre Ronsard.

Chansons choisies par de Moncrif. 2720.
Les œuvres. 3162.
Palinodies sur les discours des miseres de ce temps. 3197⁵.

Daniel La Roque.

Les véritables motifs de la conversion de l'Abbé de la Trappe. 4223.

Hieron. Rorarius.

Quod animalia bruta ratione utantur melius homine. 1444.

Giraut lo Ros (le Roux,) Troubadour.

2 Pieces de poésie. MS. 2701.

Simon Rosarius.

Antithesis Christi. 1003.
Antithese des faits de Jesus-Christ. 1004.

P. de Rosnel.

Le Mercure Indien. 1493.

André de Rossant.

Mœurs & comportemens de Henri de Valois. 5145.

Franç. de Rosset.

Les nouvelles de Cervantes. 3955.
Les quinze joyes de mariage. 4278=4280.
L'histoire du Chevalier du Soleil. 4073.

Matteo

Matteo Gregorio Rossi.

Il nuovo splendore delle fabriche in prospettiva di Roma. 2069.

Mart. Rota.

Boetii opera. 1268.

Michel Roté.

Apologie de Marus Equicolus, trad. en fr. 4236.

Peire Rotgier, Troubadour.

6 Pieces de poésie. MS. 2701.

L'Abbé de Rothelin. *V. Charles* d'Orléans.

Folquet de Rotmans, Troubadour.

11 Pieces de poésie. MS. 2701.

Joan. Rouauld.

Opus D. Bernardi super Cantica Canticorum. *Paris.* 1494.] 521.

Seb. Rouillard.

Capitulaire. 1096, 1097.
La magnifique doxologie du Festu. 4248.
Les Gymnopodes. 4249.
Le Thériftre. 4373[13].
Li-Huns en Sangters. 4668.

Guil. le Rovillé.

Recueil de l'antique préexcellence de Gaule. 5003.

Richard Roussat.

Eléments d'Astronomie. 1820.

Jean Bapt. Rousseau.

Œuvres. 3280.

Dom *Guil.* Roussel.

Lettres de S. Jérôme, trad. 443.

Qq

Rousset.

Supplém. au corps diplomatique. 1149.

Phil. Jos. le Roux.

Dictionnaire comique. 2216.

Roy.

La vue, ballet. 3515^8.
Fragments des entrées du feu & de l'air. 3515^{15}.
La terre, entrée du ballet des éléments. 3515^{17}.
Les fêtes de Thétis, ballet. 3515^{30}.
—— avec la partition. MS. 3525.
Les Captifs, coméd. MS. 3460^9. Portef. I.

le Roy.

Les plus beaux monuments de la Grece. 5495, 5496.

Frere *François* le Roy.

Le dialogue de confidence en Dieu. 768.

Jacques le Roy.

Le Théâtre sacré du Duché de Brabant. 5327.

Pierre le Roy.

Satyre ménippée. 5165.

Thomas le Roy.

De quatuor novissimis, trad. en françois. *Audenarde*, (*Arnaud l'Empereur.*) 590.

Royancourt.

Aconce & Cidippe, opéra. MS. 3512^3. Portef. I.

de Royaumont. *V.* le Maistre de Sacy.

Guy de Roye.

Le doctrinal de sapience. *Lyon, Guil. le Roy,* 1485.] 1290

J. le Royer, Sieur de la Bliniere.

Œuvres. 1855.

Joan. Roze.
Aviarium seu de educandis avibus carmen. 2592 ^{11}.

Rozenac, Troubadour.
2 Pieces de poésie. MS. 2701.

Carolus Ruæus.
Virgilii opera. 2448.
Sylla, trag. MS. 3465 ^{2}.

Joan. Rualdus.
Plutarchi opera, gr. & lat. 5570.

Joan. Jac. de Rubeis.
Insignium Romæ templorum prospectus. 1992.

P. P. Rubens, Peintre.
La galerie du Luxembourg. 1893.
Les plafonds des galeries des Jésuites d'Anvers. 1912.
44 Estampes gr. d'après lui & autres. 1982.
Pompa introitus Ferd. Hisp. Inf. in Antverpiam. 5334, 5335.

Olavus Rudbeckius.
Atlantica. 5369—5371.

Jaufre Rudelh, Troubadour.
5 Pieces de poésie. MS. 2701.

D. Carolus de la Rue.
Origenis opera, gr. lat. 377.

Charles de la Rue. V. Ch. Ruæus.

D. Vincentius de la Rue.
Origenis opera, gr. lat. 377.

Joan. Ruellius.
Veterinariæ medicinæ lib. II. 1745.

Ant. de Ruffi.
Histoire de la ville de Marseille. 5282.

R U

Louis Ant. DE RUFFI fils.
Histoire de la ville de Marseille. 5282.

RUFINUS Aquileiensis.
Eusebii chronicon. *Venetiis, Erhard. Ratdolt*, 1483.] 4548.
S. Josephi opera, latinè. 4801.
—— (*Venetiis*,) *circa* 1480.] 4802.
—— trad. en françois par Guil. Michel. 4806.

Ferdinando RUGGIERI.
Studio d'architectura civile. 2086.

Magister RUGGLE.
Ignoramus, comœdia. 2682.

David RUHNKENIUS.
Operis Basilici Fabrotiani suppl. 1171.

And. RUMEL.
Codex Justiniani. *Nuremberga, And. Frisner*, 1475.] 1160.

Georg. Everhard. RUMPHIUS.
Herbarium Amboinense. 1579.
Cabinet des raretés d'Amboine. 1663.

Ant. RUSCA.
De Inferno & statu Dæmonum. 603.

Girolamo RUSCELLI.
Fiori delle rime de Poeti illustri. 3543.
Annotationi sopra Orlando furioso. 3669.
Tutte le rime della Sig. Vittoria Colonna. 3686.
Mandragola di Girolamo Ruscelli. 3761.

Giov. Ant. RUSCONI.
Della Architettura. 2048.

Richar. RUSSEL.
SS. Patrum Apostolicorum opera genuina. 365.

Girardo Rustici Placentino.

Rime. MS. 3750.

Maiftre Rusticien de Pife.

Le Roman de Giron le Courtois. MS. 3990.
—— imprimé. 4009, 4010.
Le Roman de Meliadus de Léonnoys. MS. 3990.
—— imprimé. 4011, 4012.
Le Roman du Bruth. MS. 3990.

Philippo Rusticio.

La Biblia tradotta in lingua volgare. 94.

Rustico Romano.

Canzioneri dicto il Perleone. *In Napoli, Aiolfonʒ de Cantono,* 1492.] 3658.

Rutebeuf.

Le miracle de Théophile. MS. 3315.

Palladius Rutilius.

Lib. de re ruftica. *Venetiis, Nic. Jenfon,* 1472.] 1509.
—— *Regii, Barth. Brufchi,* 1482.] 1510.
—— *Venetiis, Aldus,* 1511.

Jean Ruyr.

Recherches des faintes antiquités de la Vofge. 4635.

Galterus Ruys à Gravia.

Ritus & obfervationes antiquiffimæ circa baptifatos, &c. obfervatæ. 221.

Fred. Ruyschius.

Horti medici Amft. plant. defcriptio. 1589.

Ruzante.

Piovanna, comedia. 3773.
Tutte le opere. 3774.

André du Ryer.

L'Alcoran de Mahomet. 1043.

RY

Pierre DU RYER.

Théâtre. MS. 3417.
Hist. de Flandre, trad. de F. Strada. 5329, 5330.

Thomas RYMER.

Fœdera & acta publica. 5362.

RYNUCIUS Thettalus.

Æsopi vita & fabulæ, latinè. 3823.

S

S. G. S. *V. Simon* GOULART Senlisien.

Johanne SABADINO.

Settanta novelle. 3935.

Faustus SABÆUS.

Arnobii disputationes. 412.

Bern. Arnauld SABATA, Troubadour.

1 Piece de poésie. MS. 2701.

Marcus Ant. SABELLICUS.

Opera. 4352.
Rerum Venetarum lib. *Venetiis, Andr. de Toresanis,* 1487.] 4974.

Angelus Cneus SABINUS.

Lactantii opera. *Romæ, Udalr. Gallus,* 1474.] 418.
Paradoxa in Juvenalem. *Romæ, Sachsel de Reichenhal, &c.* 1474.] 2533.

Raymundus DE SABUNDE.

Theologia naturalis. *Daventriæ, Rich. Paffroed.* 1439.
—— Editio vetus circa 1484.] 1440.

Barth. SACCHI *vulgò* PLATINA.

De honesta voluptate lib. (*Romæ, circa* 1473.] 1703.
De honesta voluptate. *Bononiæ, per Jo. Ant. Platonidem,* 1499.] 1704.

S A

Vitæ summorum Pontificum. (*Venetiis*,) Joan. de Colonia, 1479.] 4646.
—— *Nurembergæ, Coburger*, 1481.] 4647.
—— trad. en françois. 4648.

Gabriel DE SACONAY.

Discours des premiers troubles advenus à Lyon. 5104.
Généalogie & la fin des Huguenots. 5113.

Joan. DE SACRO-BOSCO.

Sphæricum opusculum. *Venetiis, Erhard. Ratdolt*, 1482.] 1811.
—— *Parisiis, Guido Mercator*, 1498.] 1812.
—— (*Parisiis,*) *Joan. Parvus.* 1813.

Le P. DE SACY, Jésuite.

Le contraste, coméd. MS. 3460[10]. Portef. I.

Louis Isaac le Maistre DE SACY.

La Sainte Bible. 61.
N. Testament de Port-Royal. 71—78.
Hist. du V. & N. Testament. 132, 133.
La Sainte Bible avec l'explication du sens littéral & spirituel. 182.
De l'imitation de J. C. trad. de Thom. à Kempis. 728—730.
La vie de Dom Barthelemy des Martyrs. 4771.

Louis DE SACY, Avocat.

Lettres de Pline. 4439.

SADELER, Graveur.

Deux estampes gravées d'après Th. Bernard. 1919[5].
S. Jérôme, d'après Nuciani. 1920[3].
Recueil de 37 estampes d'après Gillot & autres. 1925.

Gilles SADELER.

Figures des Fables d'Esope. 3826, 3827.

Juste SADELER, Graveur.

Suite d'effigies des Patriarches. 1985.

Raph. Sadeler.

Recueil de 76 estampes d'après lui, Bassan & Stradan. 1918.

Pos Sagardia, Troubadour.

2 Pieces de poésie. MS. 2701.

Alain René le Sage.

La foire des Fées, coméd. MS. 3459^{12}. Portef. V.
Le Diable boiteux. 4161.

François de Sagon.

Le discours de la vie & mort de Guy Morin. 3043.
La complainte de trois Gentilshommes françois. 3044.
Le chant de la paix de France & d'Angleterre. 3045.
Recueil des Etrennes de Fr. Sagon. 3046.

Madame de Saint-Balmon.

La fille généreuse, tragi-comédie. MS. 3419.
La fille généreuse. MS. trag. com. 3459^{12}. Portef. V.

Pierre de Saint-Clost.

Le Roman du Renard. MS. 2717^1 & ^{16}. 2718.

Jean du Verger de Haurane, Abbé de Saint-Cyran.

Instructions chrétiennes tirées de ses lettres. 677.

Ch. de Saint Denis, Sieur de Saint-Evremond.

Œuvres mêlées. 4386.

Germ. Franc. Poullin de Saint-Foix.

Œuvres. 4400.

Mellin de Saint-Gelais.

Œuvres poétiques. 3113.

Octavien de Saint-Gelais.

Trésor de noblesse. 1360.
Œuvres de Virgile. 2455.

L'Enéide

L'Enéide de Virgile. MS. 2459
—— imprimé. 2460.
Les 21 Epîtres d'Ovide, trad. en vers. 2499, 2500.
Cinq Héroïdes d'Ovide. MS. 2873.
La chasse & le départ d'amours. 2874—2876.
Le séjour d'honneur. 2877, 2878.
Le Vergier d'honneur. 2879—2881.
La persécution de l'Eglise, trad. de Symonnet. 4628.

DE SAINT GLAIN.

Traité des cérémonies superstitieuses de Spinosa. 950.

Le Chevalier DE SAINT-JORY.

Quelques poésies. MS. 3290.

Dom *Pierre* DE SAINT-JOSEPH.

Catéchisme des partisans. 5219^{21}.

DE SAINT-MARC.

Les poésies de Malherbe. 3165.

DE SAINT-PERES.

Heures de la Sainte Vierge. 319.

Jean Yves DE SAINT-PREST.

Histoire des traités de paix. 1150.

Cesar Vichard DE SAINT-REAL.

Vie de Jesus-Christ. 161.
Œuvres. 4394.

Gaspar DE SAINT-SIMON.

Discours de la guerre spirituelle. 789.

Nuc DE SAINT-SIRE, Troubadour.

10 Pieces de poésie. MS. 2701.

Jean DE SAINT-TELIE.

Ballade de la Confrairie de N. D. du Puy dans le MS. Nº 2927.

Le P. *Honoré* de Sainte-Marie.

Histoire des ordres militaires, tirée de son ouvrage. 4684.

Claude de Sainte-Marthe.

N. Testament de Port-Royal. 71—78.
Traités de piété. 799.
Lettres sur divers sujets de piété. 800.

Fr. Claudius de Sainctes.

Liturgiæ sive Missæ SS. Patrum. 226.
Confession de la foy catholique. 875.

Ant. du Saix.

L'esperon de discipline. 3062.
Petits fatras d'un Apprentif. 3063.

Raimon de la Sala, Troubadour.

1. Piece de poésie. MS. 2701.

Salel, Abbé de S. Cheron.

Aucunes œuvres. 3114.

Hugues Salel de Casatz.

Dialogue de Jupiter & Cupido disputants de leurs puissances, impr. dans le vol. N° 2953.

Salerne.

Ornithologie. 1616.

Bart. Salicetus.

Ciceronis epistolæ ad Brutum. *Roma*, *Euch. Silber*, 1490.] 2325.

B. de Salignac.

Le siege de Metz. 5098.

Franc. de Salignac. *V. Franc.* Fenelon.

Ant. de la Salle.

L'histoire du petit Jean de Saintré. 4109.
—— extraite par M. de Tressan. 4134⁶.
La Salade, 4573.

S A

Albert. Henri DE SALLENGRE.

Histoire de P. de Montmaur. 4224.
Novus thesaurus antiquitatum Romanar. 5436.

L'Abbé Claude SALLIER.

Histoire de S. Louis de Joinville. 5069.
Catalogue des livres de la Bibliotheque du Roi. 5538.

Caius Crispus SALLUSTIUS.

Opera. MS. 4883—4886.
——— (Parisiis, Gering, circa 1470.) 4887, 4888.
——— Editio vetus circa 1470.] 4889.
——— Venetiis, Philip. Petri, 1478.] 4890.
——— Florentiæ, apud S. Jacobum de Ripoli, 1478.] 4891.
——— Editio vetus circa 1480.] 4892.
——— Editio vetus circa 1480.] 4893.
——— Venetiis, Bapt. de Tortis, 1481.] 4894.
——— Romæ, Euchar. Silbert, 1490.] 4895.
——— Editiones variæ, 4896—4903.
——— in lingua Espanola. 4904.
Lucain, Suetone & Salluste, ou les comm. de Cesar. Paris, Verard, 1490.] 4917.

Claudius SALMASIUS.

Plinianæ exercitationes in Solinum. 4492.
Lucius Ampelius. 4871. 4872.

Pierre SALMON. V. Pierre LE FRUICTIER.

SALOMON.

Clavicule. MS. 1402, 1403.
Parabolæ. MS. 3036.

Porchetus DE SALVATICIS. V. PORCHETUS de Salvaticis.

Hippolytus SALVIANUS.

Aquatilium animalium historia. 1623.

Ant. M. SALVINUS.

Notæ in Eustathium. 2360.

Jacobus SALY, Delineator.

Vasa. 2040.

Franciscus SAMBARELLA.

De excommunicationibus. (*Coloniæ , Joan. Veldener, circa* 1474.) 1100.

P. A. SAMSON.

Discours de Sidney. 1347.

SAMUEL Hebræus.

Libellus de adventu Messiæ. MS. 1038.

Rabi SAMUEL.

Rationes breves. 828.

Rodericus SANCII de Arevalo Episc. Zamorensis.

Speculum vitæ humanæ. *Romæ , Sweynheym & Pannartz,* 1468.] 1310.
—— *Augustæ, Vindel. Ginth. Zainer,* 1471.] 1311.
—— *Villa-Beronæ , Helyas Helyæ,* 1472.] 1312.
—— *Villa-Beronæ , Helyas Helyæ,* 1473.] 1313.
—— (*Parisiis, Petr. Cæsaris, circa* 1473.) 1314.
—— (*Parisiis, Petr. Cæsaris, circa* 1474.) 1315.
—— *Parisiis , Mart. Crantz,* 1475.] 1316.
—— *Bisuntii,* 1488.] 1317.
Le miroir de la vie humaine, trad. par Julien Macho. *Lyon , Barth. Buyer,* 1477.] 1318.
Libellus dictus Clipeus Monarchiæ Ecclesiæ. MS 1069.

Galeatius DE SANCTA-SOPHIA.

Opus aureum. 1714.

Marsilius DE SANCTA-SOPHIA.

Opus aureum. 1714.

Ant. SANCTARELLUS.

Tractatus de hæresi & schismate. 1087.

Joan. Ant. DE SANCTO-GEORGIO.

Commentum quarti libri decretalium. *Papiæ , Ant. de Carcano,* 1476.] 1061.

Joan. Bapt. DE SANCTO-SEVERINO.

De modo studendi tractatus. *Venetiis, Joann. de Colonia,* 1472.] 1167.

Robert SANDERSON.

Fœdera & acta publica. 5362.

Ant. SANDERUS.

Chorographia sacra Brabantiæ. 4637.
Flandria illustrata. 5323.

Joachim SANDRART, Peintre.

Les 12 mois de l'année, gr. par Suyderhoef, 1964.

Actius Syncerus SANNAZARIUS.

Poemata. 2626.
Arcadia. *Editio vetus circa* 1480.] 3660.

Diego SAN-PEDRO.

Carcer d'amore, trad. in lingua italiana da Lelio Manfredi. 4192.
— — trad. en françois. MS. 4193.
— — imprimé. 4194.
Le débat de deux Gentilshommes Espagnols. 4274.

Francesco SANSOVINO.

Capitoli. 3544, 3545.

Giuseppe SANTAFIORE.

Lode de le nobili Donne Romane. 3724.

Guil. DE SANT-LEYDIER, Troubadour.

12 Pieces de poésie. MS. 2701.

XII SAPIENTES.

Versus positi in Epitaphio Ciceronis. 2275—2279.

SAPPHUS Poetria Lesbia.

Fragmenta. 2376.
Carmina. 2380.

Poésies, trad. par de Longepierre. 2377.
—— trad. par Moutonnet de Clairfonds. 2378.

Bern. SARACENUS.

Plauti comœdiæ. *Venetiis, Sim. Bevilaqua,* 1499.] 2567.

Jean Franc. SARASIN.

Les œuvres. 4383, 4384.

Simone SARDINI.

Cerbero. 3548^{10}.

Aimeric DE SARLAT, Troubadour.

1 Piece de poésie. MS. 2701.

Paolo SARPI.

Historia del Concilio Tridentino. 4642.
—— trad. par Pierre Fr. le Courayer. 4643, 4644.

Pamphilo SASSO.

Desperata. 3548^9.
Strambotti 3675.

SAVARIC de Malleon, Troubadour.

18 Pieces de poésie. MS. 2701.

Jean SAVARON.

Traité contre les Masques. 588.
Les origines de Clairmont. 5276.

Henricus SAVILIUS.

Th. Bradwardini de causa Dei libri. 559.

Jacobus SAULAT Sieur des Marez.

Mutus liber. 1783.

Hieronimo SAVONAROLA da Ferrara.

La expositione del Psalmo LXXIX. 194.
La expositione del *Pater noster.* 194.
—— *In Firenze, Ant. Mischomini,* 1494.] 742^7.

Operetta sopra e dieci commandamenti di Dio. *In Firenze*, 1495.] 673, 752.
Libro della vita viduale. (*In Firenze, circa* 1498.] 673, 752^{15}.
Prediche. *In Firenze*, (*Barth. di Francesco di libri*,) 1496.] 716.
Prediche trad. di ling. lat. in ling. volg. da Gianotti da Pistoia. 717, 718.
Compendio di revelatione. *In Firenze, Franc. Buonnaccorsi*, 1495.] 751, 752^1.
Libro della simplicità della vita christiana. *Firenze, Lorenzo Morgiani*, 1496.] 752^2.
Trattato della humanità. (*In Firenze.*) 752^3.
—— *In Firenze, Ant. Mischomini*, 1492.] 795.
Sermones della oratione. *In Firenze, Ant. Mischomini*, 1492.] 752^4.
—— (*In Firenze.*) 758.
Della Oratione mentale. (*In Firenze.*) 752^5. 758.
Operetta del amore di Jesu. (*In Firenze.*) 752^6.
—— *In Firenze. Ant Mischomini*, 1492.] 757.
La espositione del psalmo 79. *In Firenze*, 1496.] 752^8.
Predica dell' arte del ben morire. (*In Firenze*,) 1496.] 752^{10}.
Trattato del Sacramento della Messa. (*In Firenze, circa* 1498.] 752^{11}.
Epistola à tutti li electi di Dio. (*In Firenze, circa* 1498.) 752^{12}.
Epistola contra sententiam excommunicationis. (*In Firenze, circa* 1498.] 752^{13}.
Trattato contra li Astrologi. (*In Firenze, circa* 1498.) 752^{14}.
Prophetiæ & revelationes. 753.
Sermone della oratione. *In Firenze, Ant. Mischomini*, 1492.] 759.
Libro della verità della fede Christ. *circa* 1490.] 807.

Jacques SAURIN.

Discours sur le V. & N. Testament. 139.

G. SAUROMANUS.

De religione ac communi concordia. 2342.

Denys SAUVAGE.

Chroniques de Froissart. 5054, 5055.

DE SAUVIGNY.

Hist. des Dorades de la Chine. 1629.

Joseph SCALIGER.

N. Testamentum, græcè. 21.
Theocriti, Moschi, &c. carmina 2385.
Ovidii opera. 2485.
C. Julii Cæsaris opera. 4910.

Julius Cæsar SCALIGER.

Lacrimæ in obitum ducis à Longavilla. 2628.

Camillo SCALIGERI. *V. Adriano* BANCHIERI.

Godfr. SCALKEN, Peintre.

58 estampes gr. d'après lui & autres. 1981.

Ottavio Bertolli SCAMOZZI.

Le fabriche di Andrea Palladio. 2047.

Gasparo SCÀRUFFI.

L'Alitinonfo. 1374.

Paul SCARRON.

Les œuvres. 4385.

Innocente Alessandri SCATTAGLIA.

Descrizioni de gli animali. 1601.

Pietro SCATTAGLIA.

Descrizioni de gli animali. 1601.

Jac. Christ. SCHAEFFER.

Fungorum icones. 1569.
Elementa entomologica. 1647.
Icones insectorum. 1652.

Hans SCHAEUFELEIN ou Scheufelin, Graveur.

Figures dont on a orné une Bible allemande. 101.
Figures du *Speculum passionis Domini*. 163.
Figures de la vie de Jesus-Christ. 156.

Hartman SCHEDEL.

Liber chronicarum. *Nurembergæ, Ant. Koberger*, 1493.]
4572.

SCHEFFER.

Notæ in Petronium. 4213.

Joan. Jacobus SCHEUCHZER.

Physica sacra. 142.
Physique sacrée. 143.

Francis. Christ. DE SCHEYB.

Peutingeriana tabula itineraria. 4494.

Joan. Alb. SCHLOSSER.

Epistola de Lacerta Amboinensi. 1621.

D. Cas. Christ. SCHMIEDEL.

Fossilium metalla. 1498.
Icones plantarum. 1528.
Conr. Gesner hist. plantar. fasciculus. 1553.

Georg. Fred. SCHMIDT, Graveur.

Œuvre d'Hyacinthe Rigaud, gr. par lui & autres. 1939.

Adrien SCHOONEBEECK, Graveur.

Histoire des ordres religieux. 4662.
Histoire du Clergé séculier & régulier, tirée de son ouvrage. 4664.
Fig. de l'histoire des ordres militaires. 4683.
Histoire des ordres militaires, tirée de son ouvrage. 4684.

Andreas SCHOTTUS.

S. Isidori epistolæ, gr. lat. 401.
L. Ann. Senecæ opera. 1247.

Jean Chrétien Daniel SCHREBERS.

Description des Chiendents. 1562.

Cornelius SCHREVELIUS.

Homeri opera. 2362.
Hesiodi opera. 2375.
Juvenalis & Persii satyræ. 2527.

Pedro VAN SCHUPPEN, Grabador.

Recopilacion de retratos y estampas. 1929.

Corn. SCHUT, Peintre.

8 vues d'Eglises gravées d'après N. Visscher. 1919².

Caspar SCHUUENCKFELDIUS.

De cursu verbi Dei epistola. 919.

Hartmannus SCOPPERUS.

Panoplia omnium illiberalium artium. 1854.
Opus de admirabili fallacia vulpeculæ. 2668.

Joan. SCOTUS. V. Joan. DUNS.

Petrus SCRIVERIUS.

Domini Baudii amores. 2673.

Albertus SEBA.

Lucupletissimi rer. natur. thesauri descriptio. 1686.

Denys Fr. SECOUSSE.

Ordonnances des Rois de France. 1181.
Mémoires de Condé. 5109.

William SEGAR.

Baronagium genealogicum. 5431.

Jean Regn. DE SEGRAIS.

Zayde. 4134⁴. 4140.
La Princesse de Cleves. 4134⁵. 4141.

S E

François DE SEGUSIE.

Contredits d'un libelle intitulé : Hist. notable du P. Henry. 1135.

L'Abbé *Joseph* SEGUY.

Œuvres de Rousseau. 3280.

Claude DE SEISSEL.

Seneque des mots dorés. 1251.
Histoire de Louis XII. 5082.

Joan. SELDENUS.

Opera. 4368.
Marmora Oxoniensia. 5456.

Joan Michael SELIGMANN.

Hortus nitidissimus. 1557.

Godofredus SELLIUS.

Historia natur. teredinis. 1641.

Richard DE SEMILLI.

7 Chansons. MS. 2719⁴.

Nathanael SENDELIUS.

Historia Succinorum. 1496.

Jean SENEBIER.

Catalogue des MSS. de la Bibliotheque de Geneve. 5542.

Lucius Ann. SENECA.

De quatuor virtutibus lib. *Editio vetus.* 428.
Des quatre vertus. (trad. par Jean Courtecuisse.) MS. 1250.
——— trad. par des Perriers. 2588.
Proverbia. *circa* 1470.] 4303.
Des mots dorés, trad. par le traduct. d'Orose. 4593.
Des mots dorés, par Cl. de Seissel. 1251.
Opera. *Neapoli, Moravus,* 1475.] 1244.
——— *Tarvisii, Bernard. de Colonia,* 1478.] 1245.
——— *Lugd. Bat. Elzevier.* 1247.

Sf 2

— cum notis variorum. 1248.
— en françois 1249.
Morale extraite. (par de S. Sorlin.) 1259.
Tragœdiæ 2589.
—— *Venetiis, Lazarus Isoarda de Saviliano*, 1492.] 2590.
—— *Editio altera* 2591.
De remediis fortuitorum. (*Colonia, Veldener*,) 1473.] 4405⁴.
Epistolæ. *Roma, Arnoldus Pannartz*, 1475.] 4433.
—— *Editio vetus* 4434.
—— in vulgare, per Sebastiano Manilio. *Venet. Manilio,* 1494] 4425.
Epître à Lucille. 2777².

Le Grand SENECHAL de Normandie.

Le livre de la Chasse. 2131.

Petrus Paulus SENILIS.

Laurentii Vallæ elegantiarum latinæ linguæ lib. (*Parisiis, Gering, circa* 1471.) 2193.

Fredericus DE SENIS.

Tractatus super permutatione Beneficiorum. *Papiæ, Fr. de Sancto Petro*, 1478.] 1093.

SERAPHIN.

Les trois Contes intitulés : de Cupido & Atropos. 2933.

SERAPHINO dell' Aquila.

Opere. 3652.
Strambotti. 3675.
Strambotti novi. 3713⁵.

SERAPIO.

Liber agregatus in medicinis simplicibus. *Mediolani, Ant. Zarotus*, 1473.] 1695.

SERCALMON, Troubadour.

1 Piece de poésie. MS. 2701.

Ambroys SERGENT.

Traité contre la peste. 1716.

S E

Jo. SERRANUS.
Platonis opera gr. & lat. 1213.

Jean DE SERRES.
Vie de Gaspard de Coligny, (trad. du latin.) 5115.

Mich. SERVETUS aliàs Revès.
Biblia latina. 44, 45.
De trinitatis erroribus lib. VII & dialogorum lib. II. 911.
Libri quidam operis cuj titulus : Christianismi restitutio. MS. 912.
Christianismi restitutio. 913, 914.
Syruporum universa ratio. 1748.
Ptolomæi geographia. 4486, 4487.

SERVIUS Maurus Honoratus.
Comment. in Virgilium. 2435—2440, 2442, 2443.

Oliverius SERVIUS.
Ægidius Roman. de regimine Regum. *Roma, Steph. Planck, 1482.*] 1357.

Namanieu DE SESCAS, Troubadour.
4 Pieces de poésie. MS. 2701.

Adrien SEVIN.
Le Philocope, trad. de Boccace. 4166.

Pierre SEVIN.
La légende des onze mille Vierges. 4721.

Barth. SEUTERUS.
Phytanthosa iconographia. 1549.

SEXETTUS.
Celsi de medicina lib. *Florentiæ, Nicolaus, 1478.*] 1699.

Claude DE SEYSSEL.
L'histoire de Thucydide. 4830.
La victoire de Louis XII contre les Vénitiens. 5086, 5087.

John SHEFFIELD.

The Works. 4403.

Samuel SHUCKFORD.

Histoire du monde, sacrée & profane. 4808.

Gauthier DE SIBERT.

Vies de Tite Antonin & Marc Aurele. 4950.

Thomas SIBILET.

L'Iphigenie d'Euripide. 2404.

SICILLE, Hérault d'Armes.

Le blason de toutes les armes. 5409, 5410.

Algernon SIDNEY.

Discours sur le gouvern. trad. par Samson. 1347

SIDONIUS Apollinaris.

Poema aureum & epistolæ. *Mediolani, Ulder. Scinzenzeler,* 1498.] 2563.

Carolus SIGONIUS.

Opera. 4366.

Jean DE SILHON.

Eclaircissement de l'administ. du Card. Mazarin. 5218.

Estien. DE SILHOUETTE.

Essai sur l'homme de Pope. 3806.

Caius SILIUS Italicus.

Punicorum libri XVII. *Roma, Conradus Sweynheym,* 1471.] 2514.
—— (*Venetiis, Jacob. de Paganinis,* 1490.] 2517.
—— *Editio altera.* 2518.

SILLANUS de Nigris de Papia.

Nonus liber Almansoris. 1696.

Feliciano DE SILVA.

Chronicon de el principe Florisel de Niquea. 4188.

Mathæus SILVATICUS.

Liber Cibalis Pandectarum. *Neapoli*, 1474.] 1708.

Phil. SILVIUS.

Catullus, &c. in usum Delphini. 2425.

Georgius SIMLER.

Joan. Reuchlin Sergius vel capitis caput, comœdia. 2679.

SIMMIUS.

Carmina. 2385.

SIMON Angeriacus.

Versus Guill. Tardivo. 4491.

SIMON da Cassia *V. Simon* FIDATUS.

SIMON de Hesdin.

Valere Maxime, trad. en fr. MS. 5654.
—— *Lyon*, Math. Husz, 1489.] 5655.
—— *Edition d'environ* 1476.] 5656.
——*Autre édition.* 5657.

SIMON Januensis.

Liber Serapionis. 1695.

SIMON de Millan.

Plusieurs belles nouveautés joyeuses. 3095^{16}. 4634^{3}.

Richard SIMON.

N. Testament. 80.
Histoire critique du V. Testament. 209.

Frater SIMON de Ulmo.

Dialogus Simphoriani Champerii. 1424.

Frate SIMONE, Predicatore di S. Domenico.

Doi itinerarii in Tartaria. 4533.

Joan. SIMONETA.

Res gestæ Fr. Sphortiæ. *Mediolani, Zarotus,* (1479.) 4993.
—— tradot da Christop. Landino. *In Milano, Zarotto,* 1490.] 4994.

SIMONIDES.

Carmina. 2380.

SIMPLICIUS.

In libros Aristotelis de cœlo. 1224.
Les Commentaires. 1263.

Ant. SINIBALDUS.

Scriptor Breviarii Divi Hieronymi in Psalmos. 444.

Pierre DE LA SIPPADE.

L'histoire de Paris & de Vienne. *Anvers, Ger. Leeu,* 1487.] 4110.
—— *Autres éditions.* 4111—4113.

SIPTABINA Pisano.

Itinerario Asiatico. 3691.

Vittorio SIRI.

Memorie recondite. 4614.
Il Mercurio. 4615, 4616.

Jacobus SIRMONDUS.

Opera varia. 369.
B. Theodoreti opera, gr. lat. 403.

Tobia SIRTI.

Gli statuti della cità di Lucca. 1202.

SIXTUS V, Papa.

Biblia sacta latina. 46, 47, 48.
Declaratio contra Henricum Borbonium. 4375[5°].
—— en françois. 4375[46].

Joan. SKENAEUS.

Scotiæ veteres leges. 1105.

Joan.

S L

Joan. Sleidanus.
De statu religionis & reipublicæ. 4610.
—— trad. (par Rob. le Prevost.) 4611.

Jonas Slichtingius.
De uno Deo contra Novatores. 931.

Hans Sloane.
Voyage to the Islands Madera, &c. 1665.

Slodtz, Dessinateur.
Recueil de 11 estampes repres. des catafalques, &c. 2033.

Thomas Smith, Peintre.
Recueil de 40 vues du Pic de Derby, gr. par Vivares & autres. 1994.

Henricus Snakenburg.
Q. Curtius. 4843.

Snorro Sturlonides.
Historiæ Regum Septentrional. suecicè. 5373.

Pietro Soave Polano. V. Paolo Sarpi.

Faustus Socinus.
Animad. in assertiones theologicæ de trino & uno Deo. 917.
Fragmenta duorum Scriptorum. 918.

Socrates.
Morale extraite, (par de Saint-Sorlin. 1259.

J. Chrysost. Soldus.
Comment. in C. Sallustium. 4892.

Caius Julius Solinus.
De situ orbis. (Par. Petr. Cæsaris, circa 1472.) 4491.
—— Editio altera. 4492.
Liber de mirabilibus mundi. MS. 4564.

T t

Virgile Solis, Graveur.

Figures dont on a orné une Bible allemande. 101.

Joan. Bapt. Sollerius.

Martyrologium Ufuardi. 4717.
Acta Sanctorum menf. Junii—Augufti. 4717.

G. de Solonhan, Troubadour.

1 Piece de poéfie. MS. 2701.

Ant. de Sommaize.

Le grand Dictionnaire des Prétieufes. 2215.

Sopater.

Commentarii in Hermogenis rhetorica. 2234.

Sophocles.

Tragœdiæ. 2395.
Commentarii in tragœdias Sophoclis. 2396.
Electre, trad. (par Lazare de Baïf.) 2397.

Arnaud Sorbin.

Oraifon funebre de Jacq. de Levis. 4375[37].
Oraifon funebre de Paul de Cauffade. 4375[38].
Hiftoires prodigieufes, trad. par Belle-Foreft. 5662.

Sordel, Troubadour.

6 Pieces de poéfie. MS. 2701.

Giov. Batt. Soria.

Scelta di varii tempietti antichi da G. B. Montano. 2055.

Nathanael Sotuellus.

Bibliotheca Scriptorum Societatis Jefu. 5550.

J. G. Souflot, Architecte.

Plan de l'Eglife de Sainte Genevieve. 2082.

Souverain.

Le Platonifme dévoilé. 935.

Ezechiel Spanhemius.

Callimachi opera. 2389.
Histoire de la Papesse Jeanne. (par Jacq. Lenfant.) 4654.
Les Cesars de l'Empereur Julien. 4948.
Dissert. de præstantia numismatum antiq. 5462.

Filippi Baron de Spannaghel.

Notizia della vera libertà Fiorentina. (*In Milano.*) 4988.

Ælius Spartianus.

Historia augusta. *Mediolani, Philip. de Lavagnia,* 1475.]
  4935.

Julius Sperberus.

Kabalisticæ præcationes. 1411.

Speusippus.

Liber de Platonis definitionibus, transl. à M. Ficino. MS.
  1211^2.
—— *Venetiis, Aldus,* 1497.] 1238, 1239.

Alphonsus de Spina.

Fortalitium fidei. (*circa* 1472.) 814.
—— trad. en françois (par Pierre Richard dit l'Oiselet.)
  MS. 815.

Benedict. de Spinosa.

Tractatus theologico politicus. 948.
Opera posthuma. 949.
Traité des cérémonies superstitieuses. 950.

Desiderius Spretus.

De amplitudine urbis Ravennæ. *Venetiis, Math. Capcasa,*
  1489.] 4972.

Jacobus Springer.

Malleus maleficarum. *Imp.* (*circa* 1487.) 1422.
—— gothiq. 1423.

Hieron. Squarzafico.

Vita di Joan. Boccaccio. 4163.
Vita C. Sallustii. 4890.

Madame DE STAAL.

La Mode, coméd. MS. 3471⁶.

Thomas STANLEIUS.

Æschyli tragœdiæ, gr. lat. 2393. 2394.

Publius Papinus STATIUS.

Thebaidos & Achilleidos lib. *Editio vetus.* 2544.
Thebaidos lib. XII. (*Mediolani, circa* 1478.) 2545.
Poemata. *Venetiis, Jacob. de Paganinis,* 1490.] 2546.
Libri Sylvarum. *Venetiis, Joan. de Colonia,* 1475.] 2422.
Achilleidos lib. *Parisiis, Alexand. Aliate,* 1497.] 2547.
Opera. 2548, 2549.

Aug. VAN STAVEREN.

Auctores Mythographi latini. 3809.

Richard STEELE.

Le Spectateur. 1279.

Jacques STELLA, Dessinateur.

Les jeux de l'enfance, gravés par Claudine Stella. 1926.
Pastorales. 1926.

Joan. STELLA.

Vitæ 230 summorum Pontificum. 4649.

Antoinette Bouzonnet STELLA, Graveur.

Frise faite de Stuc sur les dessins de Jules Romain. 2087.

Claudine Bouzonnet STELLA, Graveur.

Les jeux & plaisirs de l'enfance inventés par Jacq. Stella. 1926.

Francesco STELLUTI.

Trattato del legno fossile. 1499.

STEPHANO de Capua.

Spechio della fede de Fra. Roberto Carazola. *In Venetia,* 1495.] 702.

STEPHANUS.

Liber Haly filii Abbas. 1695.

STEPHANUS.

Operis Basilici Fabrotiani suppl. 1171.

Henricus STEPHANUS.

Platonis opera. 1213.
Medicæ artis principes. 1697.
Thesaurus linguæ græcæ. 2171.
Glossaria duo. 2172.
Poetæ græci principes. 2352.
Apologie pour Hérodote. 4218, 4219.
Comicorum Græcorum sententiæ. 4300.
Discours merveilleux de la vie de Cathérine de Médicis. 5100.
Plutarchi opera, græcè. 5568, 5569.

Rob. STEPHANUS.

N. Testamentum, græcè. 20, 21.
Thesaurus linguæ latinæ. 2207.
Ciceronis orationes. 2304.

STESICHORUS.

Carmina. 2380.

Tomaso STIGLIANI.

Rime. 3747.

André STOCH, Graveur.

Les 12 mois de l'année. 1965.

Philippe STOSCH.

Pierres antiques gravées. 5521.

STRABO.

De situ orbis, gr. 4477.
— gr. & lat. 4478.

Famianus STRADA.

Histoire de la guerre de Flandre, (trad. par P. du Ryer.) 5329. 5330.

Jean STRADAN, Peintre.

Recueil de 76 estampes d'après lui, Bassan & Sadeler. 1918.

Robert STRANGE, Engraver.

A collection of prints 1916.

Jean François SIRAPAROLE.

Les facétieuses nuits. 3940.

Zanobi DE STRATA.

Morali de S. Gregorio Papa. *In Firenze*, *Nich. di Lorenzo*, 1486.] 507.

Jac. Ludovicus STREBÆUS.

Comment. in Ciceronis lib. de Oratore. 2257.

Joan. Guil. STUCKIUS.

Antiquitates conviviales. 5449.

Joan. STURMIUS.

Præfatio in phrases Steph. Doleti. 2206.

Jos. Maria SUARESIUS.

Arcus L. Septimi Severi Augusti Anaglypha. 5509.

Nic. SUDORIUS.

Pindari opera, gr. lat. 2381.

Caius SUETONIUS Tranquillus.

Lib. de grammaticæ & rhetorices scriptoribus. *Editio vetus circa* 1472.] 4932, 5586.
—— *Florentiæ, apud S. Jacobum de Ripoli*, 1478.] 4933.
De claris grammaticis. *Venetiis, Barth. Cremonen.* 1474. [2095.
—— *Editio altera.* 4438.
Vitæ duodecim Cæsarum. *Romæ*, (*Ulric. Han*,) 1470.] 4924.
—— *Romæ, Conrad. Sweynheym*, 1470.] 4925.
—— *Mediolani, Ph. de Lavagna*. 1475.] 4935.
—— *Mediolani, Zarotus*, 1480.] 4926.
—— *Editiones variæ.* 4927—4931.

Lucain, Suetone & Salluste, ou les comm. de Cesar. *Paris, Verard*, 1490.] 4917.
Historia romana. 4936.

Eustache LE SUEUR.

Peintures qui sont dans l'Hôtel Lambert. 1891.
La vie de S. Bruno, gravée par Chauveau. 1892.

SUIDAS.

Lexicon. *Mediolani*, 1499.] 2168.
—— *Editio Kusteri*. 2169.
Dialogus quidam Christiani cum Judæo de Christo. 169.

Richardus SUISETH Anglicus.

Calculationum opus aureum. *Papiæ, Franc. Gyrardengus*, 1498.] 1798.

SULPITIUS Severus.

Historia sacra. 228.
Opera omnia. 4620.

Joan. SULPITIUS Verulanus.

Vitruvii architectura. *Editio vetus inter an.* 1484—1492.] 2041.
Veteres de re militari Scriptores. *Roma, Eucharius Silber*, 1487.] 2091.

Georgius SUMMARIPA Veronese.

Juvenale tradotto in terza rima. *Tarvisii, Mich Manzolinus*, 1480.] 2537.

Valerius SUPERCHIUS.

Emendationes in Ovidium. 2484.

Angelus Cato SUPINAS de Benevento.

Math. Silvatici liber Cibalis. *Neapoli*, 1474.] 1708.

Guiliel. SURENHUSIUS.

Mischna. 1037.

SURIREY de Saint-Remy.

Mémoires d'Artillerie. 2112.

Louis Surugue, Graveur.

L'Enéide de Virgile, trad. par Ant. Coypel. 1894.
Œuvre de David Teniers, gr. par lui & autres. 1938.
Le Roman comique de Scarron, peint par Dumont. 1978.

Hubertus Sussanæus.

Connubium adverbiorum Ciceronianorum. 2106.

Math. Sutlivius.

De Turco Papismo. 1009.
De Missa Papistica 1032.

Jonas Suyderhoef, Graveur.

Les 12 mois de l'année, peints par Sandrart. 1964.

Const. Suyskenius.

Acta sanctorum mens. Septembris & Octobris. 4717.

John Swammerdam.

The book of nature. 1644.

De Swart, Dessinateur.

Description du lit de parade d'Anne, Princesse d'Orange. 5338.

Jonathan Swift.

Le conte du Tonneau. 4222.

Arnoldus Syen.

Hortus Indicus Malabaricus. 1578.

Alex. Sylvain.

Epitomes de cent histoires tragiques. 5664.

Nic. Charles Sylvestre, Graveur.

Dessins, profils, &c. de quelques lieux de remarques. 1876[15].

Rodolphus Sylvestrius.

Cardani opus de sanitate tuenda. 1705.

Gab.

S Y

Gab. SYMEON.

Les devises héroïques. 3159.
Description de la limagne d'Auvergne, trad. par A. Chappuys. 5277.

Boniface SYMONNET.

La persécution de l'Eglise, trad. par Oct. de Saint-Gelais. 4628.

Ben. Curtius SYMPHORIANUS.

Aresta amorum. (Martialis d'Auvergne.) 4261, 4262.

Georgius SYNCELLUS.

Chronographia. 4957^5.

SYNESIUS.

De somniis. *Venetiis, Aldus*, 1497.] 1238, 1239.

SYRIANUS.

Commentarii in Hermogenis rhetorica. 2234.

Publius SYRUS.

Sententiæ. 2507.

Stephanus SZEGEDINUS.

Speculum Romanorum Pontificum. 4653.

T

T**

L'Horoscope véritable, coméd. MS. 3486.

T G.

Le Brocanteur. MS. 3452^7. 3456.

TABARIN.

Recueil des œuvres & fantaisies. 3892—3894.
Les œuvres & questions. 3912^{76}.

Réponse au livre intitulé : la tromperie des Charlatans découverte. 3913^{87}.
Les arrêts admirables. 3913^{56}.

Caius Corn. Tacitus.

Batavorum cum Romanis bellum fig. Æneis expressum. 1961.
De situ, moribus & populis Germaniæ. 4834.
Opera (*Venetiis,*) *Joan. de Spira, circa* 1468.] 4919.
—— *Editiones varia.* 4920—4923.

Vincent Tagereau.

Discours sur l'impuissance de l'homme. 1098.

Pierre Taherye.

Monologue seul du Pélerin passant. MS. 3304^{57}.

Jac. Tahureau.

Les dialogues. 4410.

Jean de la Taille.

Histoire des singeries de la ligue. 5167.

Taillevent, Cuisinier du Roi de France.

Le livre de cuisine. 1710.

P. F. Noel Talepied.

Histoire de l'état des Druides. 5004.

P. Tallemant.

Médailles de Louis XIV. 5251, 5252.

Joan. de Tambaco.

De consolatione theologiæ lib. XIV. *circa* 1475.] 556.

Pierre Tanjé, Graveur.

Fig. pour les œuvres de Racine. 3440.

Jac. DE LA TAPIE.

Préceptes nuptiaux de Plutarque. 3183.

Jacq. Nic. TARDIEU, Graveur.

Œuvre de David Teniers, gr. par lui & autres. 1930.

Nic. Henri TARDIEU, Graveur.

L'Enéide de Virgile, peinte par Ant. Coypel. 1894.
Recueil de 140 estampes. 1958.

TARDIF.

Recueil de différents projets d'architecture de charpente. 2081.

Guil. TARDIF.

Le livre de l'art de la Faulconnerie. 2133—2135.
Grammatica. *Impr. circa* 1480.] 2190.
Fables d'Esope, trad. du latin de L. Valle. 3833.
Solinus de situ orbis. (*Parisiis, Petr. Cæsaris, circa* 1472.] 4491.

Jos. Maria TARTINIUS.

Rerum italicarum Scriptores. 4963.

Guil. TASSERIE.

1 Chant royal & 1 Ballade impr. dans le vol. N° 2883.
Le triomphe des Normands, en vers dans le MS. N° 2926.

Dom TASSIN.

Nouveau traité de diplomatique. 5532.

Bern. TASSO.

L'Amadigi. 3713.

Torquato TASSO.

La Gierusalemme liberata. 3740—3744.
——— trad. par M. de Mirabeau. 3745.
La Gerusalemme conquistata. 3746.
Aminta. 3786.

Alessandro Tassoni.

La Secchia rapita. 3749.
La tenda Rossa. 4208.

Jean Tastost.

Monologue. 996.

Jac. Tavanthus.

Regula B. Augustini. 1121.

Franc. Taurellius.

Pandectarum libri. 1158.

Guil. DE LA Taysonniere.

Sourdine royale. 2941⁷.
L'attiffet des Demoiselles. 3181.

Guil. Telin.

Bref sommaire des sept vertus. 4376.

Mich. LE Tellier.

Q. Curtius ad usum Delphini. 4842.

Ant. Tempeste, Graveur.

Figures qui ornent le livre des 4 Evangiles. 16.
Metamorphoseon Ovidii 1968.
Fig. de la Jérusalem délivrée. 3741.
Figuræ libri de SS. Martyrum cruciatibus. 4690.

P. Tempeste, Graveur.

Les cris de la ville de Londres, dess. par Mauron. 2008.

Ant. DE Tempo.

Commento sopra il Petrarcha. 3587, 3589.

Jean Tenessax.

Le livre de Maître Regnard, trad. en prose de Jacq. Gielée. 3857—3859.

David TENIERS, Peintre.

Œuvre gr. par le Bas & autres. 1930.
58 Estampes gr. d'après lui & d'autres. 1981.

TERENTIANUS Maurus.

De litteris, syllabis & metris Horatii. 2480.

Joan. TERENTIUS.

Hist. plantarum mexicanorum. 1664.

Publius TERENTIUS.

Comœdiæ sex. MS. 2572.
——— (Venetiis, Christ. Valdarfer, 1472.) 2573.
——— circa 1475.] 2574.
——— Tarvisii, Herm. Levilapis, 1477.] 2575.
——— Venetiis, Nic. Girardengus, 1479.] 2576.
——— Argentorati, Joann. Gruninger, 1496.] 2577.
——— Argentina, Joan. Gruninger, 1499.] 2578.
——— Editiones variæ. 2579—2583.
Térence en françois. 2584, 2585.
Les comédies, trad. par Madame Dacier. 2586.
——— trad. par l'Abbé le Monnier. 2587.
L'Andrie, trad. par Bonav. des Perriers. 2588.

Guido TERZAGO.

Commento sopra il Dante. 3562.

C. DE TESSERANT.

Histoires prodigieuses. 5662.

Abraham TESSEREAU.

Histoire de la grande Chancellerie de France. 5303.

Louis TESTELIN, Dessinateur.

Les vertus innocentes gravées par Ferdinand. 1920[1].

THALELÆUS.

Operis Basilici Fabrotiani suppl. 1171.

THARRÆUS.

Proverbia, gr. lat. 3824.

Themistius.

Orationes, græcè & lat. 2240.

Theocritus.

Eclogæ, genus & de inventione Bucolicorum, græcè. *Venetiis, Aldus, 1495.*] 2355.
Carmina. 2383—2385.
Les Idylles, trad. par de Longepierre. 1386.

B. Theodoretus.

Opera, gr. lat. 403.

Theodorus.

Operis Basilici Fabrotiani suppl. 1171.

Theodorus. *V. Theod.* Gaza.

Theodorus Thessaloniensis.

Ælianus de instruendis Aciebus, lat. *Roma, Eucharius Silber, 1487.*] 2091.
—— *Bononiæ, Plato de Benedictis, 1496.*] 2092.

S. Theodorus.

Epistolæ. 369.

Theodosius Magnus.

Gesta Salvatoris secundum Nicodemum inventa in Jerusalem. 170.

Theognis.

Sententiæ, gr. *Venetiis, Aldus, 1495.*] 2355.

Theon, Rhetor.

De modo declamandi libellus. 2225.

S. Theophanes.

Chronographia. 4957^6.

Théophraste d'Érèse.

Les caractères, trad. par de la Bruyere. 1260, 1261.

Theophrastus.

Metaphysicorum lib. 1217.
De Lapidibus. 1502.

Theophylactus, Arch. Bulgariæ.

In Evangelia, græcè. 195.
In epistolas S. Pauli è gr. in lat. translat. à F. Christoph. de Persona *Romæ, Udal. Gallus*, 1477.] 203.
Institutio Regia. 4957.

Jac. Theramo. *V. Jac.* de Ancharano.

Thevenot.

L'art de nager, 2139.

Melchisedec Thevenot.

Relations de divers voyages. 4513.

And. Thevet.

Singularités de la France Antartique. 5400.

Joan. de Theutonia.

Apparatus ad decretum Gratiani. 1048.

Ant. Thibaldeo.

Opere. 3644—3647.

Girard Thibault.

Académie de l'Epée. 2121.

Guil. Thibault.

3 Chants royaux, 1 Ballade & 2 Rondeaux impr. dans le vol. Nº 2883.

Thibaut VI, Comte de Champagne & Roi de Navarre.

60 Chansons. MS. 2719.
Chansons choisies par de Moncrif. 2720.

Thierry de Soissons.

4 Chansons. MS. 2719⁷.

Jean Bapt. Thiers.

Factum contre le Chapitre de Chartres. 1112.
La Sauce Robert. 1113.
Superstitions anciennes & modernes. 4781.

Thionville.

Clavicule de Salomon. MS. 1403.

Ant. Thiron.

Le miroir des enfants ingrats, moralité. 3310.

Thiroux.

Histoire de Lille. 5266.

Frate Thoma da Siena.

Legenda di S. Catherina da Siena, trad. da Marchoni da Siena. MS. 4763.

S. Thomas de Aquino.

Cathena in IV Evangelia. *Roma, in domo de Maximis,* 1470.] 196.
—— *Nuremberga, Anton. Coberger,* 1475.] 197.
Summa de articulis fidei. (*Augustꞏ Vind. Zainer de Reutlingen.*) 366*.
—— (*Colonia, Olric. Zel de Hanau, circa* 1470.) 531.
Expositio quarti libri Sententiarum. *Moguntia, Petrus Schoiffer,* 1469.] 530.
Summa theologiæ. *Basilea,* 1485.] 532.
Prima pars secundæ partis summæ. *Venetiis, Franc. de Hailbrun,* 1478.] 533.
Tertia pars summæ. *Venetiis, Bernardinus de Tridino,* 1486.] 534.
Secunda secundæ, 1472.] 535.
Secundus liber secundæ partis. *Venetiis,* 1479.] 536.
Duodecim quodlibeta. (*Romæ, in S. Eusebii Monasterio, per Georg. Laver, circa* 1470.) 537.
—— *Colonia, Arnold. Ther Hoernen,* 1471.] 538, 539.
—— *Ulma, Johan. Zainer de Rutlingen,* 1475.] 540.
—— *Venetiis,*

— *Venetiis, Annibal Parmensis & Marinus Saracenus*, 1486.] 541.
Modus procedendi in sermones. (*Colonia, Arn. Ther Hoernen*, circa 1471.) 539, 542, 543.
Summa collationum. (*Colonia, Arnold. Ther Hoernen,*) 1472.] 542.
Les enseignements. 544.
Le Quartenaire. 545.
Liber de veritate catholicæ fidei. *Roma, Arn. Pannartz*, 1473.] 833.
In Aristotelis politicorum lib. *Roma, Eucharius Silber*, 1492.] 1227.
Expositio in Boetium. *Nurnberga, Ant. Coburgers*, 1476.] 1270.
— *Nuremberga, Ant. Koburgers*, 1483.] 1271.

Thomas Cantipratensis.

Bonum universale de proprietatibus Apum. circa 1472.] 1085.

Thomas à Jesu.

De procuranda Salute omnium gentium. 824.

Thomas de Kent.

Le Roman d'Alexandre. MS. 2702.

Thomas Magister.

Alphabetum græcum. 2158.

Thomas Montis S. Agnetis. *V. Th.* A Kempis.

Thomas Phorcensis.

Hexastichon Seb. Brant. 2662.

Pierre Thomas Sieur du Fossé.

La vie de dom Barthelemy des Martyrs. 4771.

Henri Simon Thomassin, Graveur.

L'Enéide de Virgile, peinte par Ant. Coypel. 1894.

Phil. Thomassin, Graveur.

Figures des statuta hospitalis Hierusalem, 1145.

Sim. Thomassin, Graveur.

Recueil de statues, &c. 1877.
Recueil de grouppes, thermes, &c. 1878.

George Thomson.

La chasse de la Bête Romaine. 1010, 1011.

Christ. de Thou.

Coutumes de Melun. 1192.
Coutumes de Touraine. 1194.

Franc. Aug. de Thou.

3 Lettres originales. MS. 5207.

Jac. Aug. Thuanus.

Historia sui temporis. 4612.
—— trad. en françois (par l'Abbé le Mascrier, &c.) 4613.

Thucydides.

Historiæ, græcè. 4829.
—— trad. par Claude de Seyssel. 4830.
—— trad par Nic. Perrot d'Ablancourt. 4831.

Lauritz de Turach.

Le Vitruve Danois. 2079.

Thurcus.

Epistolæ. 4457.

Joan. de Thwrocz.

Chronica Hungarorum. *In civitate Brunensi*, 1488.] 5320.

Ant. de Tibaldi.

La Disperata. 3548¹º.

Pellegrino Tibaldi, Pittore.

Le Pitture. 1911.

Albus Tibullus.

Elegiarum lib. IV. MS. 2419.

Opera. *Venetiis*, Joan. de Colonia, 1475.] 2422.
—— *Venetiis*, Simon Bevilaqua, 1493.] 2423.
—— *Editiones variæ.* 2424=2427.

Jacques TIGEOU.

Conjonction des lettres & des armes, trad. de Boucher. 5128.

Guil. DE TIGNONVILLE.

Dits moraux des Philosophes. 1241.
Les dits des Philosophes. MS. 4299.

Jean Bapt. TILLIARD, Graveur.

Figures du voyage en Siberie. 4534.

DU TILLIOT.

Hist. de la fête des foux, dans les superstitions anciennes & modernes. 4781.

Jean TILLOTSON.

Sermons trad. par Barbeyrac. 910.

Angelus TIPHERNAS.

Plinius de viris illustribus. (*Roma*, Gensberg, *circa* 1474.) 5586.

Ant. TIRON.

L'histoire de l'Enfant prodigue. 2686.
L'histoire de Joseph, trad. de Macropedius. 2686.
Amadis de Gaule. 4068.

Joan. TOLANDUS.

Pantheisticon. 939.
Adeisidæmon. 940.

Adrianus TOLLIUS.

Gemmarum historia. 1502.
—— trad. en françois. 1503.

Alexander TOLLIUS.

Appiani Alexandrini historia. 4881.

Giovan Maria Tolosani.

Istoria di S. Antonino, Arch. di Firenze. 4766¹.

Card. *Joan.* de Torquemada.

Expositio super toto Psalterio. *Romæ, Udal. Gallus*, 1470.] 190.
—— *Moguntiæ, Petr. Schoyffer*, 1474.] 191.
—— *Moguntiæ, Petr. Schoyffer*, 1476.] 192.
Quæstiones Evangeliorum. *Colonia Agrippina*, 1478.] 198.
Sermones. *Basileæ, Eberh. Fromolt*, 1481.] 686.
Summa contra Ecclesiæ adversarios. *Romæ, Euchar. Silber, aliàs Franck*, 1489.] 1072.
—— *Lugduni, Joan. Trechsel*, 1496.] 1073.
Expositio super regulam B. Benedicti. *Parif. Pet. Levet*, 1491.] 1115.

Don *Franc.* Torreblanca Villalpandus.

Epitomes delictorum. 1426.

Abraham Torrenius.

Valerius Maximus. 5653.

Torrentinus.

Elucidarius carminum. 5668.

Franc. Tortebat, Peintre.

Portrait d'Edelinck, gr. par R. Devaux. 1937.

Jean. Tortellius Arretinus.

De Orthographia. *Vicentiæ, Steph. Koblinger*, 1479.] 2161.

Geoffroy Tory.

Champfleury. 1860.
L'art de la vraie proportion des lettres attiques. 1861.

Henri du Tour.

Moralité de paix & de guerre. 3392.

Maurice de la Tour d'Auvergne.

Heures latines MSS. qui lui ont appartenu. 332.

TO

Geoffroy DE LA TOUR-LANDRY.
Le Chevalier de la Tour. MS. 1338.
—— Imprimé. 1339.

Innocent TOURMENTE.
2 Chants royaux impr. dans le vol. N° 2883.

Jos. Pitton DE TOURNEFORT.
Elémens de Botanique. 1525, 1526.
Institutiones rei herbariæ. 1526.
Relation d'un voyage du Levant. 4531.

Nic. LE TOURNEUX.
Hist. de la vie de N. S. J. Ch. 162.
Année Chrétienne. 261.

Jacques Girard DE TOURNUS.
De la pierre philosophale de Rog. Bacon. 1764.
Miroir d'Alchymie de Rog. Bacon. 1765[1].
L'Elixir des Philosophes. 1765[2].
Du pouvoir de l'art de Rog. Bacon. 1765[3].
Des choses merveilleuses. 1765[4].

Jacques DE TOURREIL.
Œuvres. 2239.
Médailles de Louis XIV. 5251, 5252.

Franc. Vincent TOUSSAINT.
Les mœurs. 1299.

Le P. TOUSSAINTS Foucher. *V.* le P. *Toussaints* FOUCHER.

Dom TOUSTAINT.
Nouveau traité de diplomatique. 5532.

D. *Ant. Aug.* TOUTTÉE.
S. Cyrilli opera, gr. lat. 389, 390.

Jo. God. TRAMPE.
Jo. Hier. Kniphofii botanica in originali. 1552.

LE TRAVERSEUR des voyes périlleuses. *V. Jean* BOUCHET.

M. le Comte DE TRESSAN.

Histoire du Petit Jean de Saintré. 4134⁶.
Hist. de Gérard, Comte de Nevers. 4134¹².

Christ. Jac. TREW.

Herbarium Blackwellianum. 1551.
Conr. Gesner historia plantarum. 1553.
Hortus nitidissimus. 1557.
Plantæ selectæ. 1592.

Joan. Maria TRICÆLIUS.

Præfatio in Chrysoloræ Erotemata linguæ græcæ. 2159.

TRICASSO da Ceresari.

Chyromantia. 1831.

Raphael TRICHET du Fresne.

Vita di Lionardo da Vinci. 1868.

Mercurius TRISMEGISTUS.

Liber de potestate Dei. *Tarvisii, Gerardus de Lisa,* 1471.]
    1207, 1208.
——— en françois. MS. 1209.

Salomon TRISMOSIN.

La Toyson d'or. 1770.

Giov. Geor. TRISSINO.

Dialogo intitulato il Castellano. 2218.
Epistola delle lettere aggiunte nella ling. italiana. 2219.
La grammatichetta. 2220.
La poetica. 2348, 2349.
La quinta & la sesta divisione della poetica. 2348, 2349.
Rime. 3679.
La Italia liberata da Goti. 3680, 3681.
La Sophonisba, tragedia. 3756.

Nic. Triveth.

Comment. in S. Augustini lib. de civitate Dei, *Moguntiæ*, *Schoyffer*, 1473.] 450.
—— *Basileæ*, *Mich. Wenszler*, 1479.] 455.
—— (*Basileæ*,) *Joan. de Amerbach*, 1489.] 456.

Aug. Triumphus de Ancona.

Summa de ecclesiastica potestate. *Augustæ*, (*Joan Schuszler*.) 1473.] 1074.
—— *Romæ*, *Franc. de Cinquinis*, 1479.] 1075.
—— *Editio vetus circa* 1480.] 1076.

Trogus Pompeius. V. Justinus.

Abrahamus Trommius.

Concordantiæ græcæ. 212.

Ant. Tronbeta.

Quæstiones super primo sententiarum Joan. Duns Scoti. *Venetiis*, (*Albertus Stendal*,) 1472.] 546.

Jean Trotier.

Traité en vers composé lorsqu'il y eut division entre le Roi & autres du sang. dans le le MS. N° 2926.
Description du Château d'Amboise, en vers dans le MS. N° 2926.
Ballade dans le MS. N° 2926.

Archange Tuccaro.

Trois dialogues de l'exercice de Sauter. 2138.

Signora Tullia d'Aragona.

Il Guerino Meschino. 3723, 4179.
—— trad. en françois par J. de Cuchermois. 4180.

Francesco del Tuppo.

La vita di Esopo historiata. 3829.

N. Turbot.

3 Chants royaux & 1 Rondeau impr. dans le vol. 2883.

T U

Petrus Turellus.
Contra Hotomani Franco-Galliam libell. 5010.

George Turnbull.
A treatise on ancient Painting. 5511.

Adrianus Turnebus.
Æschyli tragœdiæ. 2392.

Cardinal. Joan. de Turrecremata. V. Torquemada.

Julius. M. Turrius.
De felicitate. 1302.

Joan. Aloisius Tuscanus.
Modestus de re Militari. *Venetiis, Barthol. Cremonensis,* 1474.] 2095.
C. Suetonius Tranquillus. *Editio vetus circa* 1472.] 4932, 5586.

Petrus de Tusignano.
Receptæ super nono Almanzoris. 1696.

N. Tyndal.
Remarques sur l'histoire de Rapin Thoyras. 5356.

Guil. Tyrius.
Historiæ. MS. 4604.

Bened. Tyrrhenus.
Strabonis de situ orbis lib. XVII. gr. 4477.

Isaacus Tzetzes.
Comment. in Lycophronis Alexandra. 2382.

V & U

Joan. VAILLANT.
Numismata Imperator. Romanor. 5473.

Sebast. VAILLANT.
Botanicon Parisiense. 1572.

Valentius DU VAL.
Numismata Cimelii Vindobonensis. 5465.

DE LA VALÉE.
Apologie de la révolte des François contre Henri III. 5146.

Frere *Basile* VALENTIN.
Les douze clefs de Philosophie. 1766.
Conclusions de tous ses traités. MS. 1767.
Practica. 1777.

Theodose VALENTINIEN.
Histoire de l'Amant ressuscité de la mort d'amour. 4260.

Jos. Stephanus VALENTINUS.
De adoratione pedum Romani Pontificis. 4659.

Cypriano DE VALERA.
Dos tratados del Papa y de su autoridad. 1007.

Mosen Diego DE VALERA.
La Coronica de Espana. *En Tholosa, Henr. Mayer,* 1489.] 5341.

Caius VALERIUS Flaccus.
Argonauticon lib. *Bononiæ, Ugo Rugerius,* 1474] 2519.
—— Editiones variæ. 2520, 2521.

VALERIUS Maximus.
Dicta memorabilia. *Moguntiæ, Pet. Schoyffer,* 1471.] 5643.

—— *Venetiis, Vind. de Spira*, 1471.] 5644.
—— *Venetiis, Joan. de Colonia*, 1474.] 5645.
—— *Parisiis,* (*Petrus Cæsaris,*) 1475.] 5646, 5647.
—— *Bononiæ,* (*Hugo de Rugeriis,*) 1476.] 5648.
—— *Mediolani, Phil, de Lavagnia,* 1478.] 5649.
—— *Venetiis,* 1480.] 5650, 5651.
—— *Editiones variæ.* 5652, 5653.
—— trad. par Simon de Hesdin & Nic. de Gonesse. MS. 5654.
—— *Lyon, Math. Husz,* 1489.] 5655.
—— vers 1476.] 5656.
—— *Autre édition.* 5657.

Laurentius VALLA.

De elegantia linguæ latinæ lib. *Roma,* (*Ulricus Gallus,*) 1471.] 2191.
—— *Venetiis, Nic. Jenson,* 1471.] 2192.
—— (*Parisiis, Gering, circa* 1471.] 2193.
Plauti comœdiæ. *Venetiis, Sim. Bevilaqua,* 1499.] 2567.
Fables d'Ésope, (trad. du latin par Guill. Tardif.) 3833.
Les dits facétieux de Petrarque. 3833.
Dialogus de libero arbitrio. (*Coloniæ, Veldener,*) 1473.] 4405.
Herodoti historiarum lib. IX. latinè. 4828.
Histoire de Thucydide, trad. par Claude de Seyssel. 4830.
Comment. in C. Sallustium. 4892.
Historiæ Ferdinandi, Regis Aragoniæ. 5345.

Emanuel DE VALLE de Moura.

De incantationibus. 1427.

Geoffroy VALLÉE.

La béatitude des Chrétiens, ou le fléau de la foy. 954, 955.

P. VALLET.

Les aventures de Théagenes, représent. par fig. 3966.

DE LA VALLETERIE.

L'Iliade & l'Odyssée d'Homere, trad. 2367.
Epicemasie de M. le Duc de Guise. 3189.

Hieron. DE VALLIBUS Patavinus.

Poemata. 2622.

Louis Cesar DUC DE LA VALLIERE.

Deux Romances. 2720.
Bibliotheque du théâtre françois. 3301.
Catalogue des ballets & opéra qui sont dans sa bibliotheque. 3511.
Extrait des Mazarinades. MS. 5219^{260}.

DU VALLIUS. *V.* DUVALLIUS.

Nic. VALLOIS.

Les cinq livres. MS. 1758.

Marguerite DE VALOIS, Reine de Navarre.

Marguerite de la Marguerite des Princesses. 3067.
Débat d'amour, ou le Coche. MS. 3068.
Le théâtre. 3389.
L'Heptameron, remis en ordre par Cl. Gruget. 3945—3947.

Thomas VALOIS.

Comment. in S. August. lib. de civitate Dei. *Moguntiæ, Petr. Schoiffer,* 1473.] 450.
—— *Basileæ, Mich. Wenßler,* 1479.] 455.
—— (*Basileæ,*) *Joan. de Amerbach,* 1489.] 456.
Métamorphoses d'Ovide moralisées. *Bruges, Colard Mansion,* 1484.] 2489.
—— *Diverses éditions.* 2490—2492.

Rob. VALTURIUS.

De re militari lib. *Venetiis, Joannes ex Verona,* 1472.] 2097.
—— tradot. per Paulo Ramusio. *In Verona, Bonin de Boninis,* 1483.] 2098.

Bart. VALVERDIUS.

Ignis purgatorius post hanc vitam. 600.

Julius Cæsar VANINUS.

Amphiteatrum æternæ providentiæ. 934.
De admirandis naturæ arcanis. 934.

V A

Valentinus Vannius.
De Missa integra historia. 1028.

Raymbaud de Vaquieiras, Troubadour.
17 Pieces de poésies. MS. 2701.

Valerandus Varanius.
De gestis Joannæ Virginis egregiæ bellatricis lib. IV. 2637.

Aimes ou Aimons de Varennes.
Le Roman de Florimont, en vers. MS. 2706.

Alexandre Varet.
Factum pour les Religieuses de Ste Catherine. 1120.

Alphonsus de Vargas.
Relatio ad Reges. 1139.

Bern. Perez de Vargas.
De re metallica. 1486.

Jérôme de Vargas.
Biblia en lengua espanola. 97.

Ant. Varillas.
Histoire de l'hérésie. MS. 4782.

Guil. Varillo.
Repertorium super quodlibeta Scoti. (Paduæ.) Impr. per Matheum Cerdonis de Vindesgretz. 549.

Varin.
Les épines du mariage. 3226.

Marcus Terentius Varro.
Lib. de re rustica. Venetiis, Nic. Jenson, 1472.] 1509.
—— Regii, Barth. Bruschi, 1482.] 1510.
—— Venetiis, Aldus. 1511.
De lingua latina. (Romæ, Georg. Sachsel, circa 1473.) 2174.
—— Parmæ, (Portilia,) 1480.] 2175.

V A

Georg. VASARI.

Vite de' piu eccellenti Pittori. 5640.

Estienne LE VASSEUR.

Ballade de la Confrairie de N. D. du Puy dans le MS. N° 2927.

Michel LE VASSOR.

Histoire du regne de Louis XIII. 5190.

Franc. VATABLUS.

Biblia hebraica. 11.

VATEL.

La suite des œuvres poétiques. MS. 3283.

VATIN.

Discours du jeu d'amour. 4373[33].

Le Maréchal de VAUBAN.

De l'attaque des places. 2090.

Claude DE VAUGELAS.

Q. Curce en françois. 4845.

Jean DE VAUZELLES.

La Genese. trad. d'Aretin. 96.
La Passion de J. Ch. trad. de P. Aretin. 168.
Humanité de Jesus-Christ, trad. d'Aretin. 566.

Angelus DE UBALDIS, de Perusio.

Disputationes. *Venetiis, Joann. de Colonia,* 1472.] 1167.

Georg. UBELIN.

Ptolomæi cosmographia. 4485.

Fazio de gli UBERTI.

Dita mundi. *In Vicentia, Leonard. de Basilea,* 1474.] 3610.
—— *In Venetia, Christ. di Pensa,* 1501.] 3611.

Joan. UBERTINUS de Cabalis.
Onus Ecclesiæ. 582—584.

Alardus UCHTMANNUS.
Vox clamantis in deserto. 946.

Hieron. VECCHIETTUS.
De anno primitivo. 4575.

Cesare VECELLIO.
Habiti antichi & moderni. 1997.

Girard LE VEER.
Description de 3 voyages de mer très admirables. 4511ª.

Flavius VEGETIUS.
De re militari lib. *Romæ, Eucharius Silber,* 1487.] 2091.
—— *Bononiæ, Plato de Benedictis,* 1496.] 2092.
L'art de la Chevalerie, trad par Jean de Meun. *Paris, Ant. Verard,* 1488.] 2094.

Maffeus VEGIUS.
Disceptatio terræ, solis & auri, &c. *Mediolani, Guil. Siguerre,* 1497.] 2611.
Dialogus de Alithia & Philalithe. (*Coloniæ, Veldener,*) 1473.] 4405⁶.
Dialogus de felicitate & miseria. (*Coloniæ, Veldener,*) 1473.] 4405⁷.

Joan. VELDIUS.
Acta Sanctorum mens. Septembris. 4717.

Ulrichus VELENUS.
Libellus quo probatur Petrum Romam non venisse. 987.

Alessandro VELLUTELLO.
Espositione sopra il Dante. 3568.

Jean FILLONS DE VENETTE.
Le livre des trois mariés. MS. 2765.
—— réduit en prose par Jean Drouin. 2766, 2767.

Nic. VENETTE.
Génération de l'homme. 1700.

Franc. Georg. VENETUS.
De harmonia mundi. 1381.

Joan. Franc. VENETUS.
Liber Thom. de Aquino de veritate catholicæ fidei. *Roma, Arn. Pannartz*, 1475.] 833.

Bernart DE VENTADORN, Troubadour.
35 Pieces de poéfie. MS. 2701.

Franc. VENTURINUS.
Rudimenta grammatices. *Florentiæ, Mifchomini*, 1482.] 2188.

Rodulphinus VENUTUS.
Antiqua numifmata. 5463.
Collectanea antiquitatum Romanar. 5486.

Bern. DE VENZAC, Troubadour.
1 Piece de poéfie. MS. 2701.

Carolus. VERARDUS.
Regni Granatæ obfidio. 5347.

Job VERATIUS.
Conciones & orationes ex hift. lat. excerptæ. 2241, 2242.

Alexander VERAZZUS.
Vita di M. Giannozo Manetti. MS. 5624.

Ifaac VERBURGIUS.
Spanhemii differt. de ufu numifm. antiq. 5462.

Jean DE VERDELLAY.
L'art de Chyromance de Mtre And. Corum. 1830.

Marth. VERDIER de la Blaquiere.
Délices phyfiques de Knorr, trad. 1679.

Ant. DU VERDIER de Vauprivas.

Le Roman des Romans. 4074.
La Biographie des Rois de France. 5044.

Giov. Mario VERDIZOTTI.

Cento favole morali. 3821.

Olaus VERELIUS.

Hervarar Saga, seu hist. Hervaræ. 5379.

Joan. VERGARA.

Biblia Polyglotta Card. Ximenez. 2.

DU VERGER.

Œuvres mêlées. MS. 3292.

Petrus Paulus VERGERIUS.

De ingenuis moribus opus, *circa* 1475.] 1295.

Petr. Paul. VERGERIUS junior.

Concilium non modo Tridentinum sed omne Papisticum fugiendum esse. 356.
Decreto fatto in Trento d'intorno alla communione. 357.
Primus tomus operum. 999.
Il Vergerio a Papa Giulio terzo. 858.
Postremus Catalogus Hæreticorum. 859.

Polydore VERGILE.

Trois livres sur les prodiges, trad. 1668.

Ant. VERJUS.

Vie de S. François de Borgia. 4770.

Corn. Martinus VERMEULEN, Graveur.

45 Portraits gr. d'après Largilliere, &c. 1987.

Franc. DE VERNASSAL.

Histoire de Primaléon de grece. 4077, 4079.

Messire VERNERON.

Additions de la Chronique Martiniane. 4566—4568.

Joseph

V E

Joseph Vernet, Peintre.
Œuvre gr. par Cochin & autres. 1942.

François de Verone. V. Jean Boucher.

Richard Verstegan.
Théâtre des cruautés des Hérétiques. 4793.

L'abbé René Aubert de Vertot.
Histoire des Chevaliers de Malthe. 4685.
Révolutions romaines. 4943.
Hist. des révolutions de Suede. 5277.

Louis Vervin.
L'Enfer des Chiquaneurs. 4375^{205}.

Andreas Vesalius.
Humani corporis fabrica. 1738.

Gasparo Vesconte.
Poema de dui amanti Paulo e Daria. *In Milano, Ph. Montegatio*, 1495.] 3656.

Claude de Vesel.
La tragédie de Jephtée, trad. de Buchanan. 2687.

Alberico Vesputio.
Paesi novamenti retrovati. 4541.
—— trad. par Mathurin du Redouet. 4542, 4543.

Nicolle le Vestu.
2 Chants royaux, 1 Rondeau & 1 Ballade impr. dans le vol. N° 2883.

Ladislaus Vetesius.
Oratio ad Papam Sixtum IV. *Editio vetus circa* 1476.] 2340.

Franc. de Vezelise.
Histoire miraculeuse envoyée à And. de Ste. Marie. 4375^{14}.

VI

Thadæus Ugoletus.

Quintiliani declamationes. *Parma, Aug. Ugoletus,* 1494.] 2336.

Math. Ugonius.

Sinodia Ugonia. 337.

Uguetinus.

Opus de visione sua terribili. 742.

Vianen, Graveur.

Fig. tabularum Phædri Hoogstratani. 2506.

Joseph. Vicecomes.

Observationes Ecclesiasticæ. 222.

Aurelius Victor. *V.* Aurelius Victor.

Jo. Nic. Victorius.

C. Plinii historia naturalis. 1453.

Petrus Victorius.

In libros Aristotelis de optimo statu civitatis. 1229.
In ejusdem libros de arte dicendi. 1230.
M. T. Ciceronis opera. 2245, 2246.
Comment. in I. libr. Aristotelis de arte Poetarum. 2347.

L. Victruvius Pollio.

De architectura lib. *Editio edita circa* 1484—1492.] 2041.
Iidem libri. 2042, 2043.
—— trad. par Perrault. 2044.
—— tradotti per Aug. Gallo Comense. 2045.

Marcus Hieron. Vida.

Dialogi de Reipublicæ dignitate. 1344.
De arte poetica lib. III. 2350.
Christiados lib. sex. 2629.

Raimond Vidal de Bezaudun, Troubadour.

3 Pieces de poésie. MS. 2701.

V I

Peire VIDAL de Tholoza, Troubadour.

Pieces de poésie. MS. 2701.

Joseph VIEN, Deſſinateur & Graveur.

Caravane du Sultan à la Mecque, & autres pieces. 1945.

Brunellus VIGELLUS.

Speculum Stultorum. *Colonia*, 1499.] 2663.

Blaiſe DE VIGENERE.

Les images des deux Philoſtrates. 4340.

Franc. VIGERIUS.

Euſebii Pamphili demonſtratio Evangelica. 380.

Frere *G.* VIGERIUS.

Pharaon Tragédie de Chantelouve. 3397.

Jean DE VIGNAY.

Epîtres & Evangiles, trad. en fr. MS. 263, 264.
Moralité du jeu des échets, trad. de Jacq. de Ceſſoles. 1322.
Le miroir hiſtorial de Vincent de Beauvâis. 4562.
La vie des Saints, trad de Jacq. de Voragine. MS. 4704.
—— impr. 4705—4709.

Andry DE LA VIGNE.

Le Pater noſter des Genevois. 1334[4].
Chanſons choiſies par de Moncrif. 2720.
Le Vergier d'honneur. 2879—2881.
LesBallades de bruit commun ſur les alliances des Rois, &c. 2882.
Palinods. 2883.
Le Pate noſtre des Genevois impr. dans le vol. N° 2928.
Atollite portas en ballades ſur la prinſe de Gennes, impr. dans le vol. N° 2928.

Nicolas VIGNIER le fils.

Légende dorée des freres Mendians de l'ordre de S. Dominique. 4680.

Peire DEL VILAR, Troubadour.
1 Piece de poésie. MS. 2701.

Franciscus VILIERIUS.
De statu primitivæ Ecclesiæ. 983.

Joan. Arphe DE VILLAFANE.
Quilatador de la Plata. 1488, 1489.

Pierre VILLAIN.
Ballade de la Confrairie de N. D. dans le MS. N° 2927.

Franc. VILLAMENA.
Tabulæ historiæ utriusque belli dacici. 5505.

Giov. VILLANI.
Istorie universali de suoi tempi. 4606, 4607.

Matteo VILLANI.
Istorie che continua quelle di Giov. 4608, 4609.

Giov. VILLANO.
Anticha chronica. 4981.

Arnaldus DE VILLANOVA.
Avicennæ canon medicinæ. 1692.
Regimen sanitatis Salernitanum, (1480.) 1706.
— *Parisiis, Felix Balligault*, 1493.] 1707.

Mich. VILLANOVANUS. *V. Mich.* SERVETUS.

DE VILLEFORE. *V. Fr.* BOURGOIN de Villefore.

DE VILLEGAIGNON.
Lettres sur les remontrances touchant la religion. 5101.

G. DE VILLE-HARDOUIN.
Histoire de l'empire de C. P. 4957^{27}.

VILLE-TOUSTAIN.
Tragédie de la naissance du monde. 3410.

VI

Villevault.
Ordonnances des Rois de France. 1181.

Hubert Phil. de Villiers.
Cinquante jeux divers. 2141.

Joan. Bapt. Casp. d'Anse de Villoison.
Apollonii Sophistæ Lexicon græcum. 2374.

François Villon.
Chansons choisies par de Moncrif. 2720.
Les œuvres. 2812, 2813.
Le grand testament 1814, 2815.
Le recueil des repues franches. 2814, 2816, 2904^{ie}.
Le petit codicille. 2815.

Maestre Vincen de Tholoza.
Sermo. MS. 722.

Vincent de Beauvais.
Le miroir historial, (trad. par J. de Vignay.) 4562.

Jacques Vincent.
L'histoire de Flores & Blanchefleur de Boccace. 4165.

Jac. Vincent, du Crest Arnauld.
L'histoire de Palmerin d'Angleterre. 4080, 4081.

Athanasius Vincentius. *V. Joan.* Lyser.

Divus Vincentius, Confessor.
Prognosticon de Antichristo. 605.

Lionardo da Vinci.
Trattato della pittura. 1868.

Phil. Vingboons.
Œuvres d'architecture. 2077.

Carolus de Vintimille Arch. Paris.
Breviarium Parisiense. 252.

Missel de Paris, impr. par son ordre. 258.
Missel de Paris, latin & françois. 259.

Jacques VIOLE.

Coutumes de Melun. 1192.
Coutumes de Touraine. 1194.

Pierre VIRET.

Disputations chrétiennes. 878, 881.
Seconde partie. 879.
Troisieme partie. 880.
Dialogues du désordre qui est au monde. 882.
De communicatione fidelium. 883.
L'office des morts. 884.
De vero verbi Dei ministerio. 885.
De origine ministerii verbi Dei. 886.
Traité de l'usage de la salutation angélique. 887.
De fatti de veri successori di Giesu Cristo. 888.
Des actes des Apôtres de Jesus-Christ. 889.
Dialogues du combat des hommes. 890.
Métamorphose chrétienne. 891.
De l'institution des heures canoniques. 892.
L'intérim fait par dialogues. 893.
Réponse aux questions proposée par Jean Ropitel. 894.
Le monde a l'empire. 895.
La vraie & fausse religion. 896.
La physique papale. 991.
Satyres chrestiennes de la cuisine Papale. 3495.

Publius VIRGILIUS Maro.

Catalecta. 2410.
Opera quædam. MS. 2430, 2431.
Opera omnia. *Roma, Conradus Sweynheym,* (1469.) 2432.
—— *Editio vetus circa* 1470.] 2433.
—— *Venetiis, Leonard. Achates,* 1473.] 2434.
—— *Mediolani,* (*Ant. Zarotus,*) 1475.] 2435. 2436.
—— *Brixiæ, Jac. Britannicus,* 1485.] 2437.
—— *Venetiis, Ant. Bartholomæi,* 1486.] 2438.
—— *Florentiæ,* 1487.] 2439.
—— *Venetiis,* 1494.] 2440.
—— *Parisiis, Udalr. Gering,* 1498.] 2441.
—— *Editio vetus circa* 1490.] 2442.

—— *Editiones variæ.* 2443—2453.
—— trad. par de St. Gelais. 2455.
—— trad. par l'Abbé des Fontaines. 2456.
Les Bucoliques, trad. par Guill. Michel dit de Tours. 2457.
Les Géorgiques, trad. par Guil. Michel dit de Tours. 2458.
L'Enéïde, trad. par Octav. de S. Gelais. MS. 2459, 2460
La Bucolica per Bern. Pulci. 2461.

Pierre VIRGIN.

Le pélerinage de la vie humaine de Guil. de Guilleville 2760—2762.

Ponticus VIRUNIUS.

Præfatio in Chryſoloræ Erotemata linguæ græcæ. 2159.
Vita Chryſoloræ. 2159.

Corn. DE VISCHER, Graveur.

Recueil de 56 eſtampes gravées d'après Eiſen & autres. 1922.
Les 12 mois de l'année deſſ. par Wildens. 1965.

Nic. VISSCHER, Graveur.

8 vues d'Egliſes gravées d'après Schut. 1919².

Rob. DE LA VISSCHERYE.

Les actes & dernier ſupplice de Nic. le Borgne dit Buz. 3151.

Janus VITALIS Panormitanus.

In divos Archangelos hymni. 2623.

VITELLIO.

Opera. 1843.

Franc. VIVARES, Graveur.

Recueil de 40 vues du Pic de Derby, peintes par Th. Smith. 1994.

VIVIAN le Charpentier.

1 Ballade impr. dans le vol. N° 2883.

Lorenzo VIVUOLI.

Prediche di frate Hieronimo Savonarola raccolte. *In Firenze*, (*Barth. di Franceſco di Libri*,) 1496.] 716.

Vleughels, Peintre.
Les IV saisons, gr. par Jeaurat. 1920[8].

Janus Ulitius.
Venatio novantiqua. 2126,

Phil. Ulstadius.
Cœlum Philosophorum 1782.

Otto Vœnius, Dessinateur & Graveur.
Une figure allégorique gr. par P. Jode. 1920[8].
Batavorum cum Romanis bellum à Corn. Tacito olim descriptum. 1961.
Emblêmes sur l'amour divin. 4330.

Vincent de Voiture.
Les œuvres. 4382.

Jo. Volkelius.
De vera religione libri V. 929.

Nicole Volkyr ou Vollryr de Seronville.
Chronique des Empereurs d'Austrasie. 3015.
Histoire de la victoire obtenue contre les Luthériens. 4785.
Traité de la dégradation de Jean Castellan. 4786.

Volscus.
Nonius Marcellus de proprietate sermonis. (*Romæ, Laver, circa* 1470.) 2184.

François Marie Arouet de Voltaire.
La Henriade. 3286.
Théâtre de P. Corneille, avec des commentaires. 3422.
Adélaïde du Guesclin, tragédie. MS. 3459[2]. Portef. I. 3462.
Eriphile, trag. MS. 3459[3]. Portef. V.
Contes & Romans. 4134[13]. 4135.

Flavius Vopiscus.
Historia Augusta. *Mediolani, Philip. de Lavagnia,* 1475.] 4935.

Jacobus de Voragine.
Sermones aurei. *Editio vetus circa* 1480.] 683.

Legenda

Legenda aurea Sanctorum. *Coloniæ, Conr. Winters de Homburch*, 147...] 4694.
———— *Editiones veteres circa* 1472.] 4695—4697.
———— *Parisiis, Gering,* 1475.] 4698.
———— *Daventriæ, Rich. Paffraet,* 1479.] 4699.
———— *Gebennis, Adam Steynschaber,* 1480.] 4700.
———— *Edit. anni* 1481.] 4701.
———— *Lovanii, Joan de Westphalia,* 1485.] 4702.
———— *Lugduni, Mathias Husz,* 1486.] 4703.
———— trad. en fr. par Jean de Vignay. MS. 4704.
———— impr. 4705—4709.
———— trad. in lingua vulgare per Nic. de Malermi. 4710—4712.

Adolphus Vorstius.

Aphorismi Hippocratis. 1687.

Martin de Vos, Dessinateur.

Figuræ adnotationum in Evangelia. 200.
S. Jérôme, S. Christophe & la flagellation, gravés par Ant. Wierx. 1920⁵.
S. Michel, gravé par Ant. Wierx. 1920⁶.
Vita & passio Jesu Christi in æs ab Adr. Collart. 1956.

A. Vosmaer.

Description de différents animaux. 1604.

Isaacus Vossius.

Observationes in Catullum. 2428.
Justini historiæ. 4587.

Jean Vostet.

Almanach des Laboureurs. 1818.

Louis Urevin.

L'enfer des Chiquaneurs. 4375[173].

Anne Comte d'Urfé.

Poésies. MS. 3218.

John Urry.

The Works of Chaucer. 3805.

Fulvius Ursinus.

Antonii Augustini liber de legibus. 1163.
Imagines virorum illustrium. 5595, 5596.

U T

Abraham Usque.
Biblia en lengua efpanola. 98.

Usuardus.
Martyrologium. 4717.

Math. Uterquey.
La Pyrotechnie. MS. 1750.

Joan. Corn. Uterverius.
Aldrovandi pifces. 1598⁴.
Aldrovandi quadrupedes folidipedes. 1598⁵.
Aldrovandi quadrupedes bifulci. 1598⁶.

Leon. Math. de Utino.
Sermones de Sanctis, 1471.] 687.
—— (*Colonia* , *Veldener, circa* 1474.) 688.
—— *Editio vetus.* 689.
—— (*Colonia,*) 1473.] 690.
—— *Venetiis* , *Jo. de Colonia* , 1475.] 691.
—— *Nurenbergæ* , *Ant. Coburger,* 1478.]692.
Sermones de legibus. *Ulmæ* , *Joan. Zainer,* 1478.] 693.
—— *Parifiis* , *Gering.* (1478.) 694.
Dialogo di S. Gregorio Papa , vulgar. *Venetiis* , *Joann. de Gherretzem* , 1475.] 510.

Bonav. Vulcanius.
Arriani opera. 4836.
Agathiæ res geftæ imp. Juftiniani. 4957³.

Gui d'Uysselh , Troubadour.
8 Pieces de poéfie. MS. 2701.

W

Jo. Chrift. Wagenseilius.
Tela ignea Satanæ. 1040.

S. Walch , Graveur.
Recueil de foixante portraits deffinés par Feufsli. 5622.

Thomas Waldensis.
Doctrinale. 840.

Thomas WALEYS. *V. Thom.* VALLOIS.

Joan. Ludolph. WALTHER.

Lexicon Diplomaticum. 5533.

Brianus WALTONUS.

Biblia Polyglotta. 5.

WANDALBERTUS, Diaconus.

Libellus de vita S. Goaris. *Moguntiæ, impenſ. Joan. Giſen,* 1489.] 4752.

Rich. DE WASSEBOURG.

Antiquités de la Gaule Belgique. 5328.

Ant. WATEAU, Peintre.

Onze eſtampes d'après lui, Lancret, Boucher, &c. 1920°.
Œuvre gravé par les ſoins de M. de Julienne. 1935.
Etudes. 1936.

Claude Henry WATELET.

L'art de peindre. 1870, 1871.

Ant. WATERLO, Peintre.

Recueil des payſages. 1970.

Jo. Guil. WEINMANNUS.

Phytanthoſa iconographia. 1549.

F. E. WEIROTTER, Peintre & Graveur.

Œuvre. 1928.

J. M. WEIS, Graveur.

Repréſentat. des fêtes données par la ville de Strasbourg pour la convaleſcence du Roi. 2030.

Edwardus WELLS.

Geographiæ veteris ſcriptores græci minores. 4475.

Joan. WENDELSTINUS.

Canones Apoſtolorum. 338.

Guil. WENDROCK. *V. Pierre* NICOLE.

Abrahamus WERNERUS.

Oratio de confectione Cereviſiæ. 1712.

W E

Wernherius, Abbas Monasterii S. Blasii.

Liber in libros deflorationum SS. Patrum super Evangelia. Basileæ, 1494.] 708.

Mart. Wescombe.

Fabulæ Pontificiæ dissipatæ. 1014.

Petr. Wesselingius.

Vetera Romanorum itineraria. 4493.
Diodori siculi historiæ. 4832.
Præfatio in Thesaurum Morellianum. 5472.

Arn. Henr. Westerhovius.

Terentii comœdiæ. 2581.

Georg. Wetter.

Biblia, bohemicè. 102.

Estienne Whateley.

Notes sur Rapin de Thoyras. 5356.

Joan. Whitus, Anglus.

Diacosio Martyrion. 2675.

Joan. Wiclefus.

Dialogorum libri IV. 853

Jan. Albertus Widmestadius.

Notationes falsarum, impiarumque opinionum. 1045.

Ant. Jean Jérome Wierix, seu Wierx.

Figures des annotationes in Evangelia. 200.

Ant. Wierix, Graveur.

S. Jérôme. 1920[4].
S. Jérôme, St. Christophe & la flagellation, dessinés par de Vos. 1920[5].
La mort d'Abel. 1920[6].
S. Michel, dess. par de Vos. 1920[7].
Porta Cœli. 1959[4].

Jean Wildens, Dessinateur.

Les 12 mois de l'année, gr. par H. Hondius. 1965.

W I

David Wilkins.
Leges Anglo-Saxonicæ. 1204.
Seldeni opera. 4368.

Jean George Wille, Graveur.
Œuvre d'Hyacinthe Rigaud, gr. par lui & autres. 1939.

Franc. Willughbeius.
Ornithologia. 1614.
Historia piscium. 1627.

Erhardus Windsberg.
Epigramma ad Mich. Friburger... 4426.

Georg. Simon Winterus.
Tractatio de re equaria. 1746.

Henr. de Wirczburg de Vach.
Additiones in fasciculum temporum. 4557.

Wolfgangus Wissenburgius.
Præfatio antilogiæ Papæ. 984

Jacob de Wit, Dessinateur.
Les plafonds des Jésuites d'Anvers, peints par Rubens. 1912.

Claude Wittart.
Mésadventures de personnages signalés, trad. de Boccace. 5608.

Petrus Woeiriot.
Fig. Pinacis Iconici antiq. in sepulturis rituum. 5450.

Petrus Wolfart.
Hist. natur. Hassiæ inferioris. 1658.

Jo. Christ. Wolfius.
Sapphus Poetriæ Lesbiæ fragmenta. 2376.

Robert Wood.
Les ruines de Palmire. 5493.
Les ruines de Balbec. 5494.

Guil. Woollett, Graveur.
Œuvre de Jean Pillement, gr. par lui & autres. 1943.

Olaius Wormius.
De Renum officio. 1701.

Henr. Wotton.
S. Clementis Romani ad Corinthios epistolæ duæ. 373.
Vitruvii architectura. 2043.

Phil. Wouvermans, Peintre.
Deux estampes gravées d'après lui par Patas & Baquoy. 1923.
Œuvre gravé d'après ses tableaux. 1931.

Thomas Wriothesley.
Statuts de l'ordre de la jaretiere, trad. du latin. MS. 5365.

Æneas Wulpes.
Pauli Orosii historiæ. 4592.

Franc. Wydon.
Heures de Notre-Dame, dédiées à Claude d'Urfé. MS. 317.

X

Xenocrates.
Liber de morte. *Venetiis*, *Aldus*, 1497.] 1238, 1239.

Xenophon.
Traductio de Tyrannide. (*Roma*, *Georg. Laver.*) 387.

Card. *Franc.* Ximenes.
Biblia Polyglotta. 2.
Breviarium dictum Mozarabes. 271.
Missale mixtum dictum Mozarabes. 272.

Rodericus Ximenes. *V.* Rodericus Simonis.

Sebast. Ximenez.
Concordantiæ utriusque juris. 1179.

Fernan Xuares.
Coloquio de las Damas de Pedro Aretino. 4231.

Y

Efcudier (Ecuier) DE LA YLHA, Troubadour.
1 Piece de poéfie. MS. 2701.

P. YMBERT, Troubadour.
1 Piece de poéfie. MS. 2701.

YSIDORUS Hifp. *V*. ISIDORUS Hifp.

Pater YVO, Capucinus.
Aftrologiæ nova methodus. 1821.
—— trad. en françois. MS. 1822.
Differtation fur le livre du deftin. MS. 1822.
Deftin de l'univers. MS. 1822.

Z

Francifcus ZABECHARIUS.
Elegiarum liber. 2648.

Barth. ZAMBERTUS Venetus.
Comœdia quam lepidiffima, Dolotechne. 2677.
Carte de mare Egeo. MS. 3695.
—— *Edizione*. 3696.

A. ZAMERIEL. *V. Ant.* DE CHANDIEU.

Alph. ZAMORA.
Biblia Polyglotta Card. Ximenes. 2.

Bafilius ZANCHIUS.
Poemata. 2630.

Giam Pietro ZANOTTI.
Le pitture di Pellegrino Tibaldi. 1911.

Fr. Francif. ZENO.
Barth. Albizzi liber conformitatum. 4673.

Baro Joan. ZEROTINIUS.
Biblia, bohemicè. 102.

Fabre DU ZEST, Troubadour.
1 Piece de poéfie. MS. 2701.

P. Franc. ZINUS.
S. Gregorii Nyff. opera, gr. lat. 394.

Joan. ZONARAS.
Annales. 4957^{12}.

Vittorio ZONCA.
Novo teatro di machine. 1846.

ZOROASTRE.
Traité des chofes naturelles & furnaturelles. 1404.

ZORZI.
La vita di Merlino. *In Florentia*, 1495.] 3997.

Ottaviano ZUCCARI, Pittore.
Illuftri fatti Farnefiani. 1908.

Taddeo Frederico ZUCCARI, Pittore.
Illuftri fatti Farnefiani. 1908.

Accio ZUCCO.
Fabule de Efopo hiftoriate. 3828.

F I N.

SECONDE

SECONDE TABLE,

CONTENANT

LES TITRES DES LIVRES

SANS NOMS D'AUTEURS.

A

Abbaye de dévotion & de charité. MS. 2721.
Abbé Libertin. MS. 4151.
Abcès de N. d'Espernon percé. 4375[177].
Abigail, tragédie. MS. 3449.
Abrégé de l'hist. d'Angleterre. 5360.
    de l'hist. de l'A. & N. Testament. 129.
    de l'histoire Ecclésiastique de Fleury. 4622, 4623.
    des Mémoires pour l'établ. du crédit pub. MS. 5256.
Abus du monde. (Par Pierre Gringore.) 2967.
Abusé en Court. *Edition ancienne.* 2825.
────── *Vienne, Pierre Schenck,* 1484.] 2826.
Acatis, ballet. MS. 3512[1]. Portef. I.
Achab, tragédie. MS. 3407.
Aconce & Cidippe, opéra. MS. 3512[2]. Portef. I.
Acta & decreta Concilii Constantiensis. (Ex edit. Hier. de Croaria.) 341.
Actes de la séance des Etats Généraux de France en 1588.] 4573[5].
Actions de graces de la France sur la mort du Marquis d'Ancre. 5192[4].
    de graces des habitants de Nanterre sur la mort d'Ancre. 5192[3].

A D

Actions & regrets de la Marquise d'Ancre. 5192^2. 5193^4.
Adiator, tragédie. MS. 3426.
Adieu du drolifique & sensifique Arlequin. 2912^{13}.
    du plaideur à son argent. 2922^{47}. 3913^1. 3913^{100}.
    facétieux. 3913^{60}.
    plaintif du Maréchal de Marillac. 4375^{250}.
Admonitio ad Ludovicum XIII. (Aut. Eudémon-Jean.) 4375^{240}.
Adonis, ballet. 3515^{12}.
Adoration du veau d'or aux bons François. 5194^1.
Adrastus, tragédie latine. MS. 2683.
Æsopus moralisatus, 1492.] 3825.
Affiges des grands Opérateurs de Mirlinde. 3912^1.
Affliction des Dames de Paris. 4375^{214}.
Agathocle, tragéd. MS. 3459^6. Portef. I.
Ages, (les) coméd. MS. 3459^7. Portef. I.
Ages du monde, &c. MS. 2738^2.
Agnus Dei de quelle maniere ils ont été faits. 1333^4.
Agones Martyrum mensis Januarii. (Aut. Jac. Fabro Stapul.) 4689.
Agrippa Posthumus, tragéd. MS. 3459^8. Portef. I.
Aigle qui a fait la poule devant le Coq à Landrecy. 2922^{14}.
Aimable Comtesse, comédie. MS. 3447.
Aisnée fille de fortune. MS. 2868.
Alceste, opéra tragica. MS. 3799^7.
Alchymia (de) Opuscula veter. Philosophorum. 1751.
Alchymie dévoilée. MS. 1763.
Alcibiade Fanciullo. MS. 4234.
—— Edition originale. 4235.
Alcibiade, trag. (Par Campistron.) MS. 3459^{10}. Portef. I.
Alciphron. (Par George Berkley, Evêque de Cloyne.) 852.
Alcorano di Macometto. 1044.
Alcoranus Franciscanorum ex libro Conformitatum. (Ab, Erasf. Albere.) 4677.
Alcoranus Franciscanorum latino - gallicus. (Per Conr. Badium.) 4678, 4679.
Alector, ou le Coq. (Par Barth. Aneau.) 3971.
Alexandro Magno Imperatore. 4848.
Allée de la Seringue. Par L. D ***. 3273.
Allégresse sur la mort du Marquis d'Ancre. 5192^5.
Allegrezze del mondo, melodrama. MS. 3799^5.

A M

Almanach bacchique 3913$_2$.
Almanach des abufez. 4375^{149}.
      hiftorial pour l'année 1737. 5255.
      merveilleux. 3913^3.
Alphabeta & caracteres diverfarum gentium. MS. 1861.
Altercatio Synagogæ & Ecclefiæ. 831.
Altobello. 3737.
Amant Cochemar, parade. MS. 3505^{38}.
Amant maltraité de fa mie, trad. (Par Nic. de Herberay.) 4195.
Amant rendu Cordelier. (Attribué à Martial d'Auvergne.) 2853.
Amant rendu par force au Couvent de triftefle. 2853. add.
Amante aimable, coméd. MS. 3459^1. Portef. II.
Amante romanefque, coméd. MS. 3459^2. Portef. II.
Amants brouillés, paftorale. MS. 3512^6. Portef. I.
Ambaffade des filles de joie au Cardinal. 5219^{34}.
Amende honorable de Nic. Durant. 4375^{18}. 4545^6.
Amour Apothicaire. (Par C. I. Denis.) MS. 3459^3. Port. II.
Amour de Cupido & de Pfyché prife de Lucius Apulcius. 3211.
Amour défarmé, ballet. MS. 3514^1.
      & Bacchus aux enfers, ballet. MS. 3512^8. Portef. I.
      & Eucharis, ballet. MS. 3512^{10}. Portef. I.
      vainqueur, paftorale. MS. 3512^{12}. Portef. I.
      vengé, paftorale, coméd. MS. 3512^{13}. Portef. I. 3460^2. Portef. I. 3528.
Amoureux traité que N. S. J. C. a fait au S. Sacrement de l'Autel. 620.
Amours d'Anne d'Autriche. 4145.
      de Henri IV. 4144.
      de Louis-le-Grand. 5241.
      de Pan, paftorale. MS. 3460^1. Portef. III. 3512^4. Portef. VI.
Amufe badaud Mazarin. 5219^2.
Amufements du foir. 3515^{37}.
Anathématifation contre les Vénitiens. 1334^5.
Anatomia della Meffa. (da Agoftino Mainardo.) 1024.
――― *In latinum verfa.* 1025.
Anatomie d'un nez à la mode. 3897. 3913^4.
Ancien Teftament. *Lyon*, *Barth. Buyer. Sans date, fur 2 col.* 63.

Anciennes histoires du premier Roi & des autres après.
MS. 4599.
Ancre de la paix. 5192^6.
Andromede, tragédie. MS. 3428.
Angoysses & remedes d'amours. (par Jean Bouchet.)
2993 — 2995.
Année Chrétienne. (par M. le Tourneux.) 261.
Anti-caquet de l'accouchée. 4283^6.
Anti-Joseph. 3181^6.
Anti-Sixtus. 5159.
Antiche Statue che nell' antisala della Libraria di S. Marco
si trovano. 5516.
Antifor di Barosia. 3748.
Antithese de N. S J. C & du Pape de Rome. 3237.
Antithese des faits de Jesus-Christ. 1004.
Antithesis Christi. (edita à Rosario.) 1003.
Antro dell' Eternità, melodrama. MS. 3799^6.
Apocalypsis Bohemica. 2670.
Apodixeon Sacrarum. (aut. Guil. Postello) 965.
Apologeticus pro Lodovico XIII. (aut. Rigault.) 5195.
Apologia piorum qui sub Zuingliani & Calviniani nomi-
nis invidia injuriam patiuntur. 904.
Apologia pro Societate Jesu ex Bohemia proscripta. 1137.
Apologie de Guillot Gorju. 3913^{106}.
      de la frivolité. 3912^2.
      de l'Autruche. 5219^{116}.
      des Chambrieres. 3095^3.
      du Cardinal burlesque. 5219^{35}.
      pour la Chronique des Favoris. 5194^3.
      pour Théophile. 3239^1.
Apologue nouveau du débat d'Eole & Neptune. 3836.
Apostoiles (c'est-à-dire Papes) de Rome. MS. 2738^2.
Apparition d'un phantosme à Théophile. 3239^2.
Appel des trois Dames contre la belle Sanssy. 2873^7.
Archi-Sot, écho satyrique. 3913^{53}.
Ariane, ou le mariage de Bacchus, opéra. MS. 3512^{16}.
Portef. I.
Arlequin à la guinguette, parade. MS. 3506^2.
      deserteur, coméd. MS. 3504^1. Portef. I.
      favori de la fortune, coméd. MS. 3504^2. Portef. I.
      Gentilhomme par hasard, divert. MS. 3504^3.
Portef. I.
Arlequin Grand-Turc, divert. MS. 3504^4. Portef I.

Arlequin Grand-Visir, coméd. MS. 3504⁵. Portef. I.
    jouet des fées, coméd. MS. 3504⁶. Portef. I.
    Médecin malgré lui, coméd. par M. D. C***. MS. 3458³.
Arlequin Opérateur, coméd. MS. 3504⁷. Portef. I.
    Prince & Paysan, divert. MS. 3504⁸. Portef. I.
    rival de son Maître, opéra-com. MS. 3504⁹. Portef. I.
Arrêt de la louange de la Dame Sanssy. MS. 2873⁸.
    contre J. Tanquerel. 4375¹⁰⁷. 4794.
    contre les châtrés. 4287¹². 4375¹⁷⁸.
    d'amour donné à l'encontre des maris. 3913⁴⁹.
    de la Cour de Parlement contre Théophile. 3239².
    du Parlement à l'encontre de Simon Morin. 957, 958.
    du Parlement contre ceux qui persistent à la suite de Henri de Bourbon. 4375⁹⁴.
Arrêt du Parlement contre ceux qui tiennent le parti de Henri de Bourbon. 4375⁶⁵.
Arrêt du Parlement contre Gilles Garnier. 4375³⁰.
    du Parlement contre Henri de Bourbon. 4375⁶⁵.
    du Parlement contre J. Chastel. 4375¹⁰⁶.
    du Parlement contre le livre int. Opt. Galli de cavendo schismate, &c. liber. 1111.
Arrêt du Parlement contre le Maréchal Duc de Biron. 4375¹¹⁰.
Arrêt du Parlement contre le M. d'Ancre. 5192⁷. 5193¹.
Arrêt du Parlement contre le pillage en la maison du M. d'Ancre. 5192⁸.
Arrêt du Parlement contre Ravaillac. 4375¹³¹.
    du Parlement de Provence contre Gaufridi. 1410⁷.
    du Parlement de reconnoître pour Roi Charles X. 4375⁷. 4375⁹⁰.
Arrêt du Parlement de Rouen contre Henri de Bourbon. 4375⁹⁷.
Arrêt du Parlement par lequel est enjoint de reconnoître Charles X. 4375⁸⁰.
Arrêt du Royaume de la Basoche. 3503¹.
Arrêts contre Jean Tanquerel, &c. 4375¹⁰⁷. 4794.
    d'amours de Martial d'Auvergne. 4261 — 4265.
    de Tabarin. 3913⁹⁶.
    des Pairs de France contre les meurtriers des Guyses. 4375⁵⁸.
Arrêts & Ordonnances Royaux de la Cour des Cieux. 996.

Arrivée d'un plaideur dans la rue de la Huchette. 3912^3.
Ars memorativa. (Jacobi Publicii.) *Colonia*, Joann. Guldensch. ff.) 1856.
—— *Editio vetus circa* 1480.] 1857.
Ars moriendi. (per Magiftr. Mathæum de Cracovia.) Tentamen artis typographicæ. 591.
—— *Editio vetus circa* 1480.] 592.
Art d'affaffiner les Rois. 5233.
    de graver le fer. MS. 2147.
    de la Porcelaine tel qu'il eft pratiqué à la Chine. 2118.
    de vérifier les dates. (par Dom. Maure d'Antine.) 4577.
    & Science de bien parler & de foi taire. 2904^4.
    & Science de Rhétorique. 3312.
    & Science de Rhétorique. *Paris. Ant. Verard.* 1493.] 2840.
—— *Tholose*, Jean Guerlins. 2841^1.
Arte (de) rigmatizandi. 2619.
Articles de la ligue de quelques Catholiques. 4375^{34}.
    de la fainte Union des Catholiques François 5137.
    des privileges accordés aux femmes. 4287^9.
    du teftament de la Marq. d'Ancre. 5192^9. 5193^6.
    pour propofer aux Etats de faire paffer en loi fondamentale. 4375^{54}.
Artis cabalifticæ Scriptores. 1400.
Afinefca gloria. (del Doni.) 4244.
Afne. (l') 3912^5.
    du Procureur reffucité. 5219^{37}.
    rouge. 5219^{42}.
    ruant. 3912^4.
Afneffe (l') parodie de l'afne. 3912^6.
Affaffinat du Roi, ou Maximes du Vieil de la Montagne. 5188, 5189.
Affemblée des Notables de Paris en 1626 & 1627. MS. 5196.
Affomption de la Vierge Marie, myftere. 3305.
Atrée, opéra. MS. 3512^{17}. Portef. I. 3512^5. Portef. II.
Aftrologue burlefque. 5219^{38}.
Athéifme de Henry de Valois. 4375^1.
Athenaïs, trag. MS. 3460^2. Portef. I.
Atlantis majoris quinta pars. 4493.
Atlas maritime. MS. 4499.
Attalante & Hippomene, ballet. MS. 3512^{18}. Portef. I.
Atteftation de la nativité de l'Antechrift. 4375^{215}.

A V

Avare faftueux, coméd. MS. 3459⁹. Portef. I.
Auctoritates utriufque Teftamenti. *Editio vetus.* 180.
Auctoritez. MS. 2738⁴.
Auditorium monachale. MS. 367¹¹.
Ave-Maria des Efpagnols. 3071¹⁴.
Avénement de Louis XII à Milan. 2921.
Aventure de Phelidor. 3912⁷.
Aventures de Théophile. 3239⁴.
        du Courtifan grotefque. 3912⁸.
        extravagantes du Courtifan grotefque. 3902.
        fatyriques de Florinde. 4160.
Avertimenti à quelli che amano le Cortegiane. 2592¹⁵.
Avertiffement à M. Cohon. 5219¹.
        à MM. Dupuy. 3205.
        aux Chrétiens qu'ils ne doivent aucune obéiffance à Henry de Valois. 4375⁶⁰.
Avertiffement contre les piperies des pipeurs. 4375⁴⁵. 4411.
        des cruautez du Tyran de la France. 4375⁶³.
        fur le fait du Concile de Trente. 359.
        fur l'hérétique déclaration de Henri d'Albret. 4375⁶².
Avertiffements faits à l'homme par les fléaux de N. S. (par Grezin.) 3394.
Avertiffements ez trois Etats du monde. 1324.
Aveugle-né. MS. 3360⁴. Portef. I.
Aveugle, (l') parade. MS. 3505³⁴.
Aveuglement des politiques. (par frere Jean Pigenat.) 5162.
Augufta ducale Bafilica dell' Evangelifta San Marco di Venezia. 1904.
Avis aux François contre Henri de Bourbon. 4375⁶⁴.
    aux partifans de ce Royaume. 5219¹¹⁵.
    burlefque du cheval de Mazarin. 5219³².
    de Colin à Margot. 2922³².
    du mauvais riche à Mazarin. 5219³³.
    fidele aux Hollandois. 5224.
Avocat des Dames de Paris. (par Maximien.) 2944.
Aurea Bulla Caroli IV, Roman. Imp. 5316.
Axiane, tragédie. 3408².
Azioni gloriofe de gli Uomini illuftri Fiorentini. 1907.

B

Baillieux des ordures du monde. 3613⁵.
Bâillon mis à la langue de M. Santeuil. 2592⁴.
Bal de Charonne, coméd. MS. 3459⁶. Portef. II.
Balance d'eſtat. 5219³.
Baliverneries d'Eutrapel. 3953.
Balla, le burleſque des partiſans. 5219⁴.
Ballade des maltôtiers. 5219³⁹.
Ballades, chants royaux & autres poéſies. MS. 3017.
Ballades de la Confrérie de Notre Dame du Puy. MS. 2927.
Ballet comique de la Reine. MS. 3514¹⁰.
    de la félicité. MS. 3512¹⁰. Portef. IV.
    de ſix Chevaliers. MS. 3512⁵. Portef. III.
    des amants captifs. MS. 3512⁷. Portef. I.
    des faux Rois. MS. 3512⁸. Portef. IV.
    des fées. MS. 3512⁹. Portef. IV.
Ballets au nombre de ſoixante & huit. MS. 3512⁴. Port. II.
Ballets en nombre. 3512¹⁵. Portef. IV. 3512¹¹. Portef. VI. 3512¹¹. Portef. VII.
Ballets & maſcarades. MS. 3512⁹. Portef. V.
Banniſſement de l'eſpérance des Chambrieres de Paris. 3913⁶.
Banquet des Chambrieres. 3095¹.
Banquet du bois. 2777³.
Banquiers, (les) coméd. MS. 3459⁷. Portef. II.
Baptême de M. le Dauphin de France. 3071⁹.
Bataglie de lo innamoramento del Re Carlo. 3725.
Bâtiment de Saint Sulpice. (par Piron.) 3299.
Belle Dame ſans mercy. (par Alain Chartier.) 2904¹¹.
Belles manieres, (les) parade. MS. 3460⁵. Portef. I.
Benedicite (uno) Dominus & uno reficiat. 2688²⁵.
Bénédiction du Pape. 3071¹⁰.
Béquilles du Diable boiteux. 3912⁹.
Bergers, coméd. MS. 3459⁸. Portef. II.
Berne Mazarine. 5219¹/².
Beſtiaire d'amours 2808.
Biblia Anglica. 103
Biblia Arabica. 15.
Biblia Bohemica. 102.
Biblia Germanica. 101.
Biblia Græca & Latina. 23.

Biblia

Biblia Hebraïca. 10 — 14.
Biblia Hispanica. 97 — 99.
Biblia Italica. (da Nicol. Mallermi.) anni 1471 *in Kalende de Octobrio.* 89.
—— *In Venetia. Maestro Ant. Bolognese.* 1477.] 90.
—— *In Venetia Giovane Rosso.* 1487.] 91.
—— *Per Luc. Ant. Junta.* 92.
Biblia Latina. MS. 25 ——————— 27.
—— *Moguntiæ, Fust & Schoiffer.* 1462.] 28.
—— *Venetiis, Fr. de Hailbrun.* 1475.] 29.
—— *Absque loci & nominis Typogh. nota.* 30.
—— *Placentia, Joan. Petr. de Ferratis.* 1475.] 31.
—— *Parisiis, Gering, Crantz & Friburger.* 1476.] 32.
—— *Venetiis, Nic. Jenson.* 1476.] 33.
—— *Venetiis, Franc. de Hailbrun & Nic. de Frankfordia.* 1476.] 34.
—— *Nuremberga, Ant. Coburger.* 1477.] 35.
—— *Venetiis, Th. de Reynsburch.* 1478.] 36, 37.
—— *Venetiis, Nic. Jenson.* 1479.] 38.
—— *Venetiis, Franc. de Hailbrun.* 1480.] 39, 40.
—— *Circa* 1480. *Absque anni, loci & Typogr. nominis nota.* 41.
—— *Venetiis, Leonard. Wild de Ratisbona.* 1481.] 42.
—— 1482. *Absque loci & nomin. Typogr. nota.* 43.
—— Cum postillis Nic. de Lyra. 171.
—— Cum notis Mich. Serveti. 44, 45.
—— Sixti V Papæ. 46, 47, 48.
—— Clementis VIII Papæ. 48.
—— Dicta *des Evêques.* 50.
—— Ducis de Richelieu. 51.
—— Claudii Lancelot. 52.
—— Per Theologos Tigurinos. 58.
Biblia polyglotta. 2 — 5.
Bible abrégée. MS. 1189[7].
Bible revue par les Pasteurs de Geneve. 84 — 87.
Bibles Françoises Catholiques. 60 = 63.
Bibliotheca Telleriana. (aut. Philip. Dubois.) 5557.
Bibliotheque du Théâtre François. (par M. le Duc de la Valliere.) 1301.
Bibliotheque imaginaire de livrets. 4375[152].
Bibliotheque Royale. MS. 4602.
Bien advisé mal advisé, mystere. 3309.
Bigarrures de Maître Guillaume. 1922[33].

Bignets du Gros-Guillaume. 3913⁷.
Bilboquet. (le) 3912¹⁰.
Biographie des Rois de France. (par du Verdier.) 5044.
Blanc & noir, parade. MS. 3505³⁹.
Blanque des filles d'amour. 3913⁶⁸.
Blanque des Filous du Royaume de Coquetterie. 3913¹¹⁷.
Blason des armes des Seigneurs de France. 5414.
  des barbes de maintenant. 3913⁸.
  des fausses amours. (par Guil. Alexis.) 2869.
2370. 3348. 4280.
Blason du mois de May. (par Gilles Corrozet.) 2896³.
Blason du Platellet. 3197⁶.
Boîte de Pandore, coméd. MS. 3460⁶. Portef. I.
Bon amy du Marquis d'Ancre. 5192¹⁹.
Bon (du) Ange & du mauvais, en vers. MS. 2738¹³.
Bon Gascon ressuscité. 4375²⁹.
Bonhomme Cassandre aux Indes, parade. MS. 3505⁴⁰.
Bons arbres de la Paulme. MS. 2721.
Bouffon de la Cour. 3905.
Boulevard de jour. 3912¹¹.
Bourgeoise Madame, coméd. MS. 3459⁹. Portef II.
Boutade hasardeuse de deux morfondus. 4287⁶.
Boute-feu des Calvinistes. 5130.
Bouteille cassée. 5219¹⁴³.
Branle du Diable aveugle. 3912¹².
Bransle Mazarin. 5219⁴¹.
Bravade d'amour. 2922³⁰.
Bref discours de conjuration de ceux de la maison de Guise. 4375²².
Bref récit de ce qui s'est passé pour l'exécution de la Marq. d'Ancre. 5192¹¹. 5193².
Breviaire de Paris. 253.
Breviarium Argentinense. *Argentinæ, Joan. Reynardus, aliàs Gruninger.* 1489.] 268.
Breviarium Cameracense. *Parif. Udal. Gering & Berth. Renbolt.* 1497.] 266.
Breviarium Fratrum Minorum. MS. 279.
Breviarium Maguntinense. *Moguntiæ. Petrus Scheffer.* 1509.] 270.
Breviarium Mozarabes, studio Alfonsi Ortiz. ■.
Breviarium Parisiense. MS. 251.
Breviarium Parisiense Caroli de Ventimille autoritate editum. 252.

Breviarium Romanum. MS. 229.
Breviarium Romanum. 230, 231, 232, 233.
Breviarium secundum usum Sarum sive Ecclesiæ Sarisburiensis. MS. 273.
Breviarium Ordinis Vallis umbrosæ. MS. 276.
British Zoology. 1605, 1606.
Brocanteur, (le) comédie par T. G. MS. 3452^7. 3456.
Brotekolocas, tragi-coméd. MS. 3459^{10}. Portef. II.
Bucherons, (les) ballet. 3515^{29}.
Bulla cruciata Pii Papæ II. (*Editio Moguntina Joan. Fust.*) 1063.
Bulle de Sixte V contre Henry de Valois. 4375^{69} & ^{92}.
Bulle d'excommunication contre les Ecclesiastiques qui suivent le parti de Henri de Bourbon. 5164.
Bulles de Grégoire XIV contre Henri de Bourbon. 4375^{94}.
Buovo d'Antona. 3640.

C

Cabinet de Vulcan. 4375^{142}.
Cabinet du Roi. 1876.
Calisto & Melibea. *V*. Celestina.
Calypso, opéra. MS. 3460^7. Portef. I.
Camouflet donné à la Ville de Paris. 5219^7.
Campagnard, (le) comédie. MS. 3427.
Canones & Decreta Concilii Tridentini. 347. 351.
Canones Societatis Jesu. 1128, 1129.
Canticum Canticorum. MS. 3036^6.
Cantione doe per li frati de Augustino contra li disciplinati in Ast. 2688^{14}.
Canzona delli mulactieri. 3549^4.
Capitulo contra speranza. 3549^9.
Caquet de l'accouchée. 4283^1.
    de la paille. 5219^{44}.
    des bonnes Chambrieres. 3095^8.
    des femmes du fauxbourg Montmartre. 4283^{12}.
    des Lavandieres. 3095^2.
    des Poissonnieres. 4283^{13}.
Carabinade des mangeurs de bonnes gens. 4373^{143}.
Caracata & Caracataqué, parade. MS. 3505^{36}.
Caracteres dramatiques, ou Portraits divers du Théâtre Anglois. 2015.

C A

Cardinal Mazarin pris au trébuchet. 5219⁴² & ⁸³.
Carnaval des Princes au bois de Vincennes 5219¹¹⁷.
Carnaval (lou) dou Rey René, coméd. MS. 3490.
Carnevalada d'ol Carota Fuchi. 3549⁷.
Carquois d'amour. 2922⁴⁵.
Carrousel fait par le Roi, &c. 1876¹⁰.
Cartels depuis le XV⁵. siecle. 3530.
Casaque du Savoyard. 2922⁵¹.
Cassette ouverte de l'illustre Créole. 5243.
Catalogue des ballets & opéra qui sont dans la Bibl. de M. le Duc de la Valliere. 3511.
Catalogue des livres de la Biblioth. du Roi. 5538, 5539.
Catalogue des partisans. 5219⁴³.
Catalogus plantarum Londini. 1591.
Catéchisme de la Cour. 5219¹⁴⁵.
   des Courtisans. 3922¹⁵.
   des Maltôtiers, 3912¹⁶.
   des Normands. 3912¹⁷.
   du Concile de Trente. 353.
Cato moralizatus. *Lugd. Jo. de Vingle.* 1497.].1265.
Ceinture de Vénus, intermede. MS. 3512³. Portef. III.
Célebre festin des Mouchards. 5219⁶⁷.
Celestina, tragi-comedia. (di Fern. de Roias. 3800.)
—— In Italiano idioma. (da Alfonso Ordognez.) 3801, 3802
—— En François. 3803.
Cent nouvelles nouvelles. 3941 —— 3944.
Cent quarante Rondeaux. MS. 3078.
Cérémonies religieuses de tous les peuples du monde. 4780.
Certaines Clauses faites à la louange de la Vierge, en vers, dans le MS. N°. 2926.
Changement de la Cour. 2922⁵⁹.
Chanson nouvelle sur le chant de Hari, hari l'asne hari bouriquet. 3197¹.
Chansons faites dans le XVII⁰. siecle. MS. 3537.
   joyeuses de Noël. 3081².
   saintes pour vous ébattre. 3081³.
   spirituelles. MS. 1114.
Chant de la paix de France & d'Angleterre. (par Fr. Sagon.) 3045.
Chapelet de Jesus & de la Vierge Marie 2851⁶.
Chapelet des Princes. (par Jean Bouchet.) MS. 3007.
—— *Imprimé.* 3008.

Chapitre du procès fait à la mémoire de Conchini. 5192^{12}.
Chapitres de l'Ordre du S. Esprit institué par Louis d'Anjou. MS. 5295.
Charmes de Conchine. 5192^{11}.
Charte de la Ville d'Amiens. MS. 1189^{1}.
Chasse au renard. 4375^{216}.
    au vieil grognart de l'antiquité. 4375^{198}.
    aux loups & aux renards. 5219^{45}.
    du cerf, en vers. MS. 2736^{24}.
    royale des Parpaillaux: 4375^{199}.
Chaste Isabelle, (la) parade. MS. 3505^{48}.
Chastes amours d'Hélène de Marthe. 4138.
Château d'amours. (par Pierre Gringore.) 2964. 2980^{2}.
    de labour? (par Pierre Gringore.) 2962, 2963.
    périlleux. MS. 732^{1}.
Châtelaine du vergier 2919.
Chef du procès fait à la mémoire de Conchino Conchini. 5192^{14}.
Chemin de l'hôpital. 3071^{8}.
Chemise sanglante de Henry IV. 4375^{155}.
Chemise sanglante de Mazarin. 5219^{46}.
Chevalier aux Dames. 2908.
Chevalier de la Tour. (par Geoffroy de la Tour-Landry.) MS. 1338.
—— *Paris. Guill. Eustache.* 1514.] 1339.
Chevalier Genin. MS 2843.
Chevalier sans reproche. (par Jean d'Ennetières.) 3245.
Chimeres monarchiques de la Ligue. 4375^{98}.
Choses prodigieuses arrivées à Ferrare. 4375^{26}.
Christiade. (la) MS. 3275.
Chronica Chronicarum en rondeaux. 4574.
Chronica quæ dicitur fasciculus temporum. (aut. Wernero Rolewinck.) *Coloniæ. Arn. Ther Hoernen.* 1474.] 4552
—— *Lovanii. Joan. Veldener.* 1476.] 4553, 4554.
—— (*Coloniæ*) *Nic. Gotz de Seltzstat.* 1478.] 4555.
—— *Venetiis, Erh. Ratdolt.* 1480.] 4556.
—— *Editio vetus, circa* 1482.] 4557.
—— Trad. par Pierre Farget. *Geneve. Louis Mª Cruse.* 1495.] 4558.
Chronique de Clériadus. 4025.
    de Florimond. 4094.
    de Genes & de Milan. 4998.
    de Louis XI. (par Jean de Troyes, ou Denis Hesselin.) 5060.

Chronique de Mabrian. (trad. par Guy Bounay & J. le Cueur.) 4034.
Chronique de S. Denis. MS. 5017.
    de Tournay. MS. 4099.
    de Turpin. (trad. du latin par R. Gaguin.) 4026.
——— (Trad. par Michel de Harnes.) 4027.
Chronique des favoris. 5194^2.
    des Luthériens. 3200, 3201.
    des Rois de France. MS. 11898^8.
Chroniques de Judas Machabeus. 4065.
Chroniques des Rois de France. 5041 — 5043.
Chronologie des Reines malheureuses 5219^{47}.
Cinquante-deuxieme Arreſt d'amour. (par Gilles d'Avrigny.) 4266.
Citta e fortezze dell' Auſtria, &c. 5321.
Clairvoyant de Fontainebleau. 4375^{217}.
Cléophon, tragédie par I. D. F. 3406.
Clericis (de) præſertim Epiſcopis. 4375^{70}.
Cocatrix, trag. MS. 3505^{42}.
Codicilles de Louis XIII. 5209.
Cœur de philoſophie trad. (par Simon de Compiegne.) 1252, 1253.
Cointiſe, (de) en vers. MS. 2736^{35}.
Collectanea antiquitatum in urbe Mogunt. repertar. 5502, 5503.
Collectio Orationum Concilio Tridentino habitarum. 354.
Collection de modes d'habits. 2018.
Collection des Ouvrages imprimés par ordre de Mgr. Comte d'Artois. 4134.
Collectiones peregrinationum in Indiam Orient. & in Indiam Occident. 4508 — 4510.
Colloque de Wormes. 5093^6.
Colombine fille bizarre, comédie (par M. B.) MS. 3454^2.
Comedia de l'homo e de ſoy cinque ſentimenti. 2688^2.
Comédie admirable intitulée la Merveille. 3408^5.
    bourgeoiſe. MS. 3459^2. Portef. III.
    de Seigne Peyre & Seigne Joan. 3400.
    du Pape malade, trag. 3494.
    particuliere. MS. 3459^4. Portef. III.
Commandemens de Dieu & du Diable. 2912.
Comment Dieu forma Adam. MS. 2736^{15}.

Commentaires de l'etat de la religion. (Par P. de la Place.) 5099.

Compendium theologicæ veritatis. (Hugonis Argentin.) *Spira, Petrus Drack, circa* 1474] 555.

Complainte de Dame Chrétienté fur la mort de Charles VIII. 2911. add.

Complainte de France. 2857³.

Complainte de Genes fur la mort de Thomaffine Efpinolle. (par J. d'Auton.) MS. 2987.

Complainte de la France fur les démérites de Jean Louis de Nogaret. 2922²⁵.

Complainte de l'ame damnée. 2915.
    de l'ame dampnée. 2802.
    de la riviere de Seine. 3096⁹.
    de M. le Cul contre les inventeurs des Vertugalles. 3193.

Complainte de trop tôt marié. 2904². 2922³.
    des Efpagnols faite à l'Empereur. 3097⁸.
    du commun à l'encontre des ufuriers. 3096⁷.
    du commun peuple. 3913⁴⁸.
    du Crucifix. (en vers.) 284¹⁵.
    du gibet de Montfaucon fur la mort du Marquis d'Ancre. 5192¹⁵.

Complainte du nouveau marié. 2777⁶. 2992².
    du fang du grand Henry. 5192¹⁶.
    & épitaphes du Roi de la Bafoche. 2889¹

Complainte & chanfon de la grande paillarde Babylonienne. 3198.

Complainte & regrets de Gafpard de Colligny. 2922²².

Complainte faite à Madame Marguerite Archiducheffe d'Autriche. 3070¹¹.

Complainte que fait l'amant à fa Dame. 2853.

Complexions amoureufes des femmes de ce temps. 4287¹.

Compliments de la Place Maubert. 5219¹¹⁸.

Compte du Roffignol. (par Gilles Corrozet.) 3117.

Conchini Tumulus. 5192¹⁸.

Conclufio Facultatis Theologicæ Parif. in Malagola & Sanctarellum. 1087.

Conclufions civiles de Dame Marie Bochart. 5192¹⁹.

Conclufions de la Meffe. 1029.

Concordance des 4 Evangéliftes. (par Loys Miré.) 155.

Conditions des femmes. 2979⁶.

Conférence d'Antitus, Panurge & Guèridon. 3901. 3913⁹.

Conférence de Messieurs les Savetiers. 2913[10].
Conférence des Servantes de Paris. 3913[116].
Confesseur infidele. 5228.
Confession de foi faite par les Eglises qui sont en France. 4789.
Confession de la belle fille, en vers, dans le vol. N°. 2822.
        des Financiers au Roy. 4375[226].
        des partisans de Mazarin. 5219[146].
Confiance des Cocus, (la) parade. MS. 3505[17].
Confiant, (le) coméd. MS. 3459[5]. 3459[6]. Portef. III.
Confident (le) intéressé, coméd. MS. 3459[7]. Portef. III.
Confirmation du droit de Charles V. ès Duché de Gueldre. 5093[5].
Confiteor de M. le Connétable. 5194[4].
Confusible retraite du Roi François I. 3106.
Congié prins du siecle séculier. (par Jacq. de Bugnin.) 2886. 2941[8].
Conquête de Charlemagne des Espaignes. 4028, 4029.
        de Grece, par Phil. de Madien. 4119.
        de l'Empire de Trébisonde. 4035.
Conquêtes amoureuses du grand Alcandre. (par G. de Courtilz) 5239.
Consaus ou Conseils d'amour. MS. 2736[21].
Conseglo in favore de doe sorelle spose. 2688[12].
Consolation au M. d'Ancre sur la mort de sa fille. 5192[20].
Conspiration, prison, jugement & mort du Duc de Biron. 5183.
Constipé de la Cour. 5219[8].
Constitutiones Ordinis aurei Velleris. (à Nic. Nicolai Grudio.) 5292.
Constitutiones Societatis Jesu. 1122 ——— 1124.
Contenance de la table. 2889[2]. 2916.
Contenu de l'assemblée des Dames. 3913[69].
Contes dévots, en vers françois. MS. 2713 —— 2716.
Continuation des grands jours interrompus d'Antitus. 3900.
Contrat d'échange de Sedan. 4373[28].
Contre-vérités de la Cour. 3913[88]. 5194[5]. 5219[147].
Controverses des sexes masculin & féminin. (par Gratien du Pont.) 3057, 3056.
Conversion de S. Paul, mystere. MS. 3331[5].
Copia Bullæ Concilii Basilien. de Conceptione B. M. V. (typis Guldenschaff.) 569.

                                    Copie

Copie de lettres sur la navigation du Ch. Villegaignon. 4545[1].
Copie des lettres nouvelles du Camp du Roy. 3071[11].
    des lettres touchant la prise de la Goulette. 4373[1].
    d'une lettre de Constantinople de la victoire du Sophy contre le Grand-Turc. 3070[6].
Copie d'une lettre écrite à Henri de Bourbon. 5163.
Copie d'un placard affiché par ceux de Paris. 4373[7].
Coq-à-l'asne envoyé à la Cour. 2922[35].
    ou l'éloge de Martin Zebre. 4375[273].
    ou pot aux roses découvert. 2922[38].
    sur le mariage d'un Courtisan grotesque. 3913[89].
Corbeau de la Cour. 2922[36]. 4375[200].
Coridon, pastorale. MS. 3512[6]. Portef. III.
Corneille (la) déplumée. 2922[37]. 4376[202].
Corps (du) & de l'ame, en vers. MS. 2736[16].
Corpus Juris Canonici. 1047.
Corpus Juris Civilis. 1153, 1154.
Cortona nuovamente convertita, poema. MS. 3751.
Courier (le) de Milan, parade. MS. 3505[43].
    général de la mi-Carême. 3913[115].
    Picard. 5192[21].
    plaisant. 5219[48].
Couronnement de François I. (par Pasquier le Moine.) 5088.
Cours (les) de Marseille, coméd. (par M. B.) MS. 3454[3].
Court bouillon de Mazarin. 5219[6].
Court bouillon des rebelles. 4375[201].
Courtois (du) d'honneur, en vers. MS. 2736[37].
Coutumes d'Auvergne. 1190.
Coutumes de la Ville d'Amiens. MS. 1189[3].
Cracher noir, parade. MS. 3505[3].
Crainte du grand Jugement. 2914.
Création de dix Conseillers nouveaux. 5219[48].
Credo, en vers, dans le MS. N°. 2926.
Cri d'un honnête homme. 1099.
Criséis, opéra. MS. 3512[7]. Portef III.
Critique des Pieces & des Ouvrages qui ont rapport au Théâtre. 3302.
Crotesque Caresme. 5219[49].
Cruauté perpétrée contre J. Puget. 4375[132].
Cruel assiégement de la Ville de Gais. 3401[1].

C*

Cry des monnoies. 3070^7.
Cry & proclamation pour jouer le myſtere des Actes des Apôtres. MS. 3378.
Curieux (le) impertinent, coméd. MS. 3506^3.
Cuſtode de la Reine. 5219^{50}.
Cyclope (le) difgracié, parade. MS. 3505^{37}.

D

Danaüs, trag.-com. MS. 3504^1. Portef. II.
Danger de ſe marier. 3913^{11}.
Danſe des aveugles. (par Michault Taillevent.) 2821, 2822.
Danſe Macabre. MS. 2801.
—— Paris. Guyot Marchant. 1486.] 2802.
—— Paris. . . . 2803.
—— Paris. Guyot Marchant. 1490.] 2802.
—— Paris. Guyot Marchant. 1491.] 2805.
—— Paris. Groulleau. 1550.] 2806.
Daphné, opéra. MS. 3460^{11}. Portef. I.
Débat d'amour, ou le Coche. (par Marguerite Reine de Navarre.) MS. 3068.
Débat de deux Gentilshommes Eſpagnols. (trad. de Diego San Pedro.) 4274.
Débat de la Demoiſelle & de la Bourgeoiſe. 2831^3.
  de l'Hiver & de l'Eté. 2895^2. 2902^2.
  de l'homme & de la femme. 2896^2.
  de l'homme & de l'argent. (trad. de l'Italien par frere Claude Platin.) 2889^5.
Débat de l'homme mondain & du Religieux dans le vol. N°. 2822. 2860.
Débat du corps & de l'ame. 1802. 2805. 2797.
  du vieil & du jeune. 2895^1. 2896^1.
  du vin & de l'eau. 2902^4. 2904^3.
  entre la noire & la tannée. MS. 2837.
Débats de Gringalet & de Guillot Gorgeu. 3896. 3013^{119}.
Deciſiones novæ Dominorum Auditorum de Rota. *Coloniæ.* 1477.] 1068.
Déclaration de Henry IV qui ſe confeſſe être Tyran. 4375^2.
  de la Meſſe. 905.
  de Sixte V à l'encontre de Henri de Bourbon. 4375^{46}. 5131.

DE

Déclaration des Princes contre la conjuration du M. d'Ancre. 5192^{22}.
Déclaration du Roi de la cause de la mort de l'Amiral. 4375^{27}.
Déclaration du Roi sur l'attentat du Duc de Mayenne. 4575^{71}.
Déclaration du Roi de Navarre sur la venue de l'Armée en France. 4375^{51}.
Déclaration du Roi de Navarre sur les calomnies publiées contre lui. 4375^{47}.
Déclaration faite par M. le Prince de Condé. 5105^{1}.
Declarationes in Constitutiones Societatis Jesu. 1122.
Decor Puellarum. (*Venetiis*, *Nic. Jenson.* 1471.] 1329.
Découverte du style impudique des Courtisannes. 3913^{78}.
Décret infernal contre Mazarin. 5219^{51}.
Déduction de l'innocence de Phil. de Montmorency. 5332.
Défense des Romans, coméd. MS. 3459^{4}. Portef. X.
Défense du Prince des Sots. 3303^{2}.
Défenses de ceux du College de Clermont. 1134.
Definement de la guerre appaisée par la mort de Concino Concini. 5192^{23}.
Déjeûné des Halles. 3912^{18}.
Déluge des Huguenots avec leur Tombeau. 2922^{23}.
Demandes d'amours. (attribuées à Alain Chartier.) 2777^{7}. 3913^{12}.
Démêlé survenu à la sortie de l'Opéra. 3912^{19}.
Déménagement, (le) coméd. MS. 3459^{1}. Portef. IV.
Démétrius, trag. MS. 3459^{2}. Portef. IV. 3460^{13}. Portef. I.
Démon des Villageois. 3912^{20}.
Départ & renoncement d'amour. 2891.
Déploration de l'Eglise militante. (par Jean Bouchet.) 3009, 3010.
Déploration de Robin. 2941^{2}.
Déploration sur le trépas de Fr. Picard. 2941^{6}.
Dépôt, (le) coméd. MS. 3459^{3}. Portef. IV.
De-profundis de Mazarin. 5219^{52}.
De-profundis des amoureux. 2922^{12}.
Dépucellage de la Ville de Tournay. 2922^{4}.
Député de la Cour du triomphe. 3912^{21}.
Derelais, (les) ou le Purgatoire des Bouchers. 3913^{35}.
Derniere après-dînée du caquet de l'accouchée. 4283^{4}.
Derniere & certaine journée du caquet de l'accouchée. 4283^{5}.

C 2 *

Dernieres heures de M. du Pleſſis-Mornay. 4375[227].
    Œuvres de Théophile. 3239[5].
    Paroles de l'accouchée. 4283[7].
Déroute des Partiſans rôtis. 5219[53].
Déſaſtre d'un déluge advenu au fauxb. S. Marcel. 4375[39].
Deſcente des Parpaillaux aux Enfers. 4375[203].
Deſcente du Marquis d'Ancre aux Enfers. 5192[24]. 5193[13].
Deſcription de la Carte Gallicane. 3070[10].
    de l'Egliſe des Invalides. 1884.
    de l'entrée faite à la Reine Gyllette. 3912[22,23]. 3913[42].
Deſcription de tous les Ports de mer. (par Jean Mallart.) MS. 2940.
Deſcription des 12 Céſars. MS. 4949.
Deſcription des fêtes données par la Ville de Paris à l'occaſion du mariage de Madame Louiſe-Eliſabeth de France. 2027.
Deſcription du Cheval. 1612.
    du Labyrinthe de Verſailles. 1876[7].
    du Royaume d'or de Gunéa. 4511[5].
    philoſophale des bêtes. 3227.
Deſcrizione di tutte le feſte fatte in Firenze l'an. 1567. 5535[.]
Déſeſpoir de Zanicorneto. 3913[22].
Deſirs de la France ſur la mort de Conchine. 5192[25].
Déſordres des Hôtels de Gêvres & de Soiſſons, comédie. MS. 3470.
Deſſert des mal ſouppés. 3880.
Deſſin du ballet de Mgr. de Vendôme. MS. 3514[8].
Deſtinée du Maréchal d'Ancre. 5192[26]. 5193[8].
Deſtruction avec la déſolation des filles de Huleu. 2895[6].
    de Hieruſalem. 4813.
    de Thebes. MS. 4822 — 4824.
    de Troyes. (trad. de Gui Columna.) MS. 4822 — 4824.
Deſtruction du Duc de Guiſe à Vaſſi. 4375[20].
Deucalion & Pirrha, opéra. MS. 3512[9]. Portef. VI.
Deviſe des armes des Chevaliers de la table ronde. 3986, 3987.
Deulerie, trag. MS. 3460[14]. Portef. I.
Dévoilement des vérités fondamentales de la pierre philoſophale MS. 1756.
Deux Chanſons ſpirituelles. 3182
   Epitres des Brebis au mauvais Paſteur. 3094.

Deux (les) Fripperies. 5219⁷⁰.
    (les) Pierrots, coméd. MS. 3460³. Portef. III.
    Plaidoyers d'entre M. Procès & M. de Bon-accord, 4241.
Deux (les) Tonneaux. (par Alexis Piron.) 3298, 3299.
Deux (les) Veuves, coméd. MS. 3459³. Portef. XI.
Diable d'argent. 3912²⁴.
    (le) étonné sur l'ombre du Marq. d'Ancre. 5194⁶.
    exorcisé. 5219¹³³.
    Procureur. 3912²⁵.
Dialogi decem variorum Autorum. (*Coloniæ, Veldener.*) 1473.] 4405.
Dialogisme de l'Empire de la France, &c. 3215.
Dialogo della bella Creanza delle donne. (da Aless. Piccolomini.) 3550, 3551.
Dialogue burlesque de Gilles le niais. 5219⁵⁴.
    de confidence en Dieu. (par Frere François le Roy.) 768.
Dialogue de Dame Perette 5219⁵⁵.
    de Gabrielle d'Estrées. 4375³.
    de la France mourante. 4375²¹⁸.
    de la Galligaya & Misoquin. 5192²⁷.
    d'entre le Maheustre & le Manant. (par L. Morin.) 5172.
Dialogue de Placebo pour un homme seul. MS. 3304².
Dialogue de plusieurs Laquais touchant les conditions de ce temps. 2922⁵⁶.
Dialogue de Théophile à une sienne Maîtresse. 3239⁷.
Dialogue des choses advenues aux Luthériens & Huguenots de la France. 4791.
Dialogue des festins. 3897.
    des vaillants faits d'armes de Bolorospe. 3879.
    du Berger Picard. 5192²⁸.
    entre Cartouche & Mandrin. 3912²⁶.
    entre le gris & le noir. MS. 2842.
    fort plaisant de deux Marchands. 4411.
    nouveau à trois personnages. 3105.
Dialogus creaturarum. *Goudæ. Gerard. Leeu.* 1482.] 3831.
—— *Parisiis, Joan. Parvus.* 1510.] 3832.
Dialogus de nobilitate. (Aut. Accursio.) *Coloniæ, Veldener.* 1473.] 4405⁹.
Dialogus in quo Antonius consolatur Bernardum. (*Coloniæ, Veldener.*) 1473.] 4405¹⁰.

Dialogus linguæ & ventris. 2638.
Dialogus viri cujuspiam festivus & elegans. 4656.
Diane & Endimion, opéra MS. 3512^9. Portef. III.
Diccionario de la Lengua Castellana. 2223.
Différence du Roi & du Tyran. 4375^{72}.
Différents des Chappons & des Coqs. 3913^{13}.
Difficile, (le) coméd. (par M. Portier de Morais.) MS. 3453.
Dignes fruits de pénitence dans un pécheur vraiment converti. (par Cl. Lequeux.) 655.
Diligence de Lyon, comédie. (par M. B.) MS. 3454^4.
Directorium humanæ vitæ. 3830.
Disciples & amis de Marot contre Sagon, &c. 3042.
Discours à mon neveu, (par le Gouz de la Berchere.) 1341.
   admirable d'un Magicien. 4375^{219}.
   aux François sur la mort de Henri de Valois. 5152.
   contre l'Inquisition d'Espagne. 4375^{21}.
   de Bruscambille. 5192^{29}.
   de deux filles qui ont été brûlées. 4375^{121}.
   de deux Savoyards. 3913^{51}.
   de la cruauté commise par un enfant. 4375^{116}.
   de la Marquise d'Ancre. 5192^{31}. 5193^5.
   de la réjouissance des Princes sur la mort du Marquis d'Ancre. 5192^{30}.
Discours de la vie abominable de Mylord de Leceftre. 5364.
   de la vie & mort de Théophile. 3239^8.
   de l'origine des mœurs des Charlatans. 3913^{93}.
   de Maître Jean Joufflu. 3913^{66}.
   de 3 Espagnols Sorciers. 4375^{133}.
   des choses faites par M. le Prin. de Condé. 5105^4.
   des dissentions de la Papauté. 1006.
   des meurtres commis par un nommé Cristerman. 4375^{42}.
Discours de M. le Prince de Condé pour pacifier les troubles. 5105^5.
Discours des possédés. 4375^{117}.
   du Curé de Bersy. 3913^{14}.
   d'un Démon amoureux. 5665.
   d'un grand déluge. 4375^{40}.
   d'un insigne Voleur. 4375^{127}.
   d'un monstre né près Francfort. 4375^{115}.
   d'un Soldat François. 4375^{126}.
   d'un Sorcier. 4375^{129}.
   d'un Usurier. 4375^{118}.

D I

Discours d'une cruauté commise par une Demoiselle. 3913^{47}.
Discours d'une fille qui a produit un monstre. 1671^{7}.
 effroyable d'une fille enlevée. 4375^{113}.
 & dernier propos du Duc de Guyse. 4375^{74}.
 & Mémoires touchant les Ducs & Pairs de France. MS. 5300.
Discours facétieux des finesses de Crouftelle. 4375^{204}.
Discours facétieux des fignes vus au Ciel par un aveugle. 3913^{57}.
Discours merveilleux de la vie de Catherine de Medicis. (par H. Eftienne.) 5100.
Discours merveilleux d'un Capitaine. 1430^{3}.
 nouveau fur la Mode. 9181^{3}.
 par lequel il est monftré qu'il n'eft loifible au Sujet de médire de fon Roi. 4275^{99}.
Discours pitoyables de la femme mariée. 3913^{83}.
 plaifant d'un Paoureux. 3912^{29}.
 prodigieux de trois Espagnols Sorciers. 1430^{1}. 4375^{243}.
Discours qu'a tenu Henri de Valois à Jean d'Efpernon. 4375^{73}.
Discours fur la Cour de François I. (par Cl. Chappuys.) MS. 3069.
Discours fur la liberté du Roi. 5105^{10}.
 fur la mort du Maréchal d'Effiat. 4375^{251}.
 fur le débordement du Rhofne. 4375^{23}.
 fur le droit prétendu de Guyfe fur la Couronne de France. 4375^{44} & ^{48}.
Discours fur le maffacre du Duc & Card. de Guyfe. 5144.
Discours fur le moyen de conferver fa fidélité auprès d'un Prince (par Etienne Dolet.) 1368.
Discours fur le naufrage au pays de Poitou. 4375^{122}.
 fur le procès criminel fait à une Sorciere. 1430^{8}.
 fur le fecret du Sieur Manfredé. 4375^{259}.
 fur le Sieur de Cuille qui fe dit avoir été mort. 4375^{114}.
Discours fur le tremblement de Ferrare. 4375^{24}.
 fur les jumelles jointes. 1671^{6}.
 fur l'origine des Fabliaux. MS. 2700.
 touchant la vérité des Géants. 1670^{4}.
 tragique de Nicolas Salcedo. 4375^{43}.
 véritable de Touffainct le Tra. 4375^{179}.

Discours véritable d'un Juif errant. 1671¹. 4375¹²⁸.
Disense de bonne aventure. 3912²⁸.
Disgrace des Favoris 4375²²⁸.
Disgrace du Favori de la fortune. 5192³².
Dispute d'un asne contre Fr. Anselme. 4246.
Dispute sur la pierre des Philosophes. MS. 1757.
Disputes de Guillot le Porcher. (par Artus Désiré.) 3140; 3141.
Disputation entre l'esprit d'un homme & un Prieur des Freres Prêcheurs. MS 598.
Disputation de Frere Anselme avec les animaux. 4245.
Dissertation sur l'antiquité de Chaillot. 4375²⁷¹.
Dissertation sur l'origine de la Chevalerie. MS. 5407.
Dit de la Brebis desrobée, en vers. MS. 2736³².
    de la Lampe, en vers. MS. 2736³¹.
    des douze Sibiles. 3777². 2894.
    des Pays joyeux. 2975¹⁰. 2979⁶.
    du Faucon, en vers. MS. 2736³⁴.
    du Pré, en vers. MS. 2736³⁶.
    du vrai Anel, en vers. MS. 2736³⁰.
Dits d'amours & ventes. 2853. add. 2919.
    de Salomon avec les réponses de Marcon. 3346. 4407.
    des bêtes aussi des oiseaux. 2979².
    & autorités des Sages. (par Pierre Gringore.) 2972*.
    magnifiques touchant la mort de l'Amir. de Colligny. 4375²⁸.
Dits moraux des Philosophes. (trad. par Guill. de Tignonville.) MS 1241. 4299.
Divan ridicule. 4375²⁶⁴.
Diverses fantaisies des hommes. (par Pierre Gringore.) 2978.
Diversorum veterum Poetarum in Priapum lusus. 2410.
Divertissement d'Anet. MS. 3512¹¹. Portef. III.
Divertissement pour la Cour avec la partition. MS. 3533.
Divertissements, (les) coméd. MS. 3459⁵. Portef. IV.
Divertissements de Versailles en 1674. MS. 3512¹⁰. Portef. III.
Divertissements & Ballets MS. 3512¹². Portef III.
Divine vengeance sur la mort du Marquis d'Ancre. 5192⁷⁹. 5193¹⁰.
Division du monde. 4470.
Divorce royal. 5240.

                                     Divote

Divote Meditationi sopra la Passione del Nostro Signore. 801.
Diurnale Parisiense. 254.
Dix Commandements de l'école, en vers. MS. 2707².
    Commandements, en vers. MS. 2738²¹.
    Commandements joyeux. 2979⁶.
    Manieres de peines d'enfer, en vers. MS. 2738²³.
Docteur dupé, par M. D. C***. MS. 3458.
Docteur en malice, trad. (par Jean Teneffax.) 3857—3859.
Doctrina, vita & passio Jesu Christi. 156.
Doctrinal des bons Serviteurs. 2841⁸. 2975⁸. 3071⁶.
    des Filles 2841⁹. 2922. 2979⁵.
    des nouveaux mariés. 2904¹⁰.
    des nouvelles mariées. *Lantenac, Jean Cres.* 1491] 2904³.
Doctrine de Caresme-prenant. 3881.
    du pere au fils. 3071⁵. 3097³.
    des Sages. 2945.
Doigt mouillé, parade. MS. 3505⁴⁴.
Don Johan, coméd. MS. 3504². Portef. II.
Donat en 2 planches de bois. 2179.
Donatus. (*Augusta Vind. Zainer ex Reutlingen. circa* 1470.) 366*¹².
—— (*Nurnberga, Fred. Creuszner. circa* 1476.) 2180.
Dos tratados del Papa & y de su autoridad. (por Cypr. de Valera.) 1007.
Double des lettres des verds-Gallands. 2896⁶.
    des lettres envoyées à Passevent. 2941⁵.
    d'une lettre conten. le discours de ce qui se passa au Cabinet du Roi de Navarre en 1584.] 5130.
Double d'une lettre par un Serviteur du Roi. 5091.
Douloureuse Quérimonie de Blés. 2975¹³.
Doutes sur la Langue Françoise. (par le P. Bouhours.) 2213.
Douze Vendredis blancs. 1333².
Drogues nouvelles pour les Constipés. 3913⁵⁴.
Droguiste du temps aux Dames. 2922⁴⁸.
Droit des Magistrats sur leurs Sujets. 1349.
Droit du Card. de Bourbon à la Couronne de France. 4375⁷⁵.
Droits nouveaux établis sur les femmes. 2922⁶. 2980⁶.
Droits nouveaux & Arrêts d'amours. 4267.
Drusian dal Leone. 3738.
Duæ Pyramides. 5179.
Duplique faite pour le Seig. Arlequin. 3913⁴⁴.

E

E

Eaux de Balaruc, coméd. MS. (par M. B.) 3454^1.
Ecclesiastes. MS. 3036^5.
Echelle des Partisans. 5219^{60}.
Ecloppé infernal. 3912^{27}.
Ecosseuses (les) (par M. de Caylus.) 3908.
Ecriteaux des Fêtes Parisiennes, parade. MS. 3506^4.
Ecriteaux pour les plaideurs des scenes muettes. MS. 3506^5.
Edit de Charles IX sur la pacification des troubles. 5105^2.
Edit perpétuel de Roi Caresme. 3913^{15}.
Edouard I, trag. MS. 3480.
Effigies XXIV Roman. Imperatorum. 5593.
Effroyable bataille sur la Ville de Geneve. 4375^{187}.
Egine. 3515^{31}.
Eglogues sacrées. MS. 3269.
Election & Cérémonies observées à la réception de Sixte V. 3188.
Electre. opéra. MS. 3512^2 & ^{3}. Portef. IV.
Elégantes Epitres extraites du panégyrique du Chevalier sans reproche. (par Jean Bouchet.) 2997.
Elègia d'una Giovane Nobile in Bologna. 3548^4.
Elégie à la Roine de Navarre. MS. 3399^4.
Elégie satyrique sur la mort de Gaspar de Coligny. 2922^{24}.
Elégies sur la mort de Mad. Claude jadis Reine de France. (par Guillaume Michel dit de Tours.) 2895^7.
Elite des malcontents de la Cour. 4375^{220}.
Eloge de la Goutte. 3912^{31}.
   de l'Ane. 3912^{30}.
   de quelque chose. 3912^{32}.
   de rien. 3912^{33}.
   des Paysans. 3912^{34}.
   du mensonge. 3912^{35}.
   prononcé par la Folie. 3912^{36}.
Eloges du Duc de Luynes. 5194^{13}.
Embarras du Jubilé. 3912^{37}.
Emblêmes & Devises Chrétiennes. MS. 4317, 4318.
   Proverbes, &c. MS. 4316.
   sacrés. 4333.
Empereur, (l') dans la lune, com. MS. 3504^3 Portef. II.
Empereurs de Rome. MS. 2738^2.
Enchantements de la fée Biscaroux. MS. 3469^1. Portef. II.

EN

Endimion, pastorale. MS. 3512⁴. Portef. IV.
Enfant prodigue, divert. MS. 3504⁴. Portef. II.
Enfant sag. à trois ans. 1333¹. 1334¹.
Enfer (l') étonné à l'arrivée des 3 Geryons. 5194¹⁴.
Enfer temporel de la France. 5219⁵⁶.
Enlevement de Proserpine, en vers. MS. 2809.
Enlevements, (les) ballet. MS. 3460². Portef. II.
Enone, pastorale. MS. 3512⁶. Portef. IV.
Enseignement en vers. MS. 2738²⁵.
Enseignemens des Philosophes. MS. 1242².
Enterrement de Conchini. 5192³¹.
Entrée de la Reine à Rouen. 1334³.
    de Louis XII à Rouen. 1334².
    de Louis XII en Paris. 2857⁵.
    de Marie d'Angleterre à Paris. 1333¹⁵.
    du ballet des Fêtes Grecques. 3515²².
    faite à Paris par l'Archiduc d'Autriche. 2857⁶.
    magnifique de Mardi-gras. 4373²⁵.
Entreprise de Venise. (par Pierre Gringore.) 2841⁴.
Entreprise du Comte d'Essex. 4375¹¹⁹.
Entretien des bonnes Compagnies. par Desfontaines. 3912³⁸.
Entretiens burlesques de M⁶. Guillaume. 5219⁵⁷.
    de la Truche. 3912³⁹.
    mystérieux des trois Princes. 5219¹¹⁹.
Epigrammata antiquæ urbis. 5457.
Epigrammata in Eduardum Leum. 2665.
Epigramme du Connétable de Luynes. 5194⁷.
Epinette du jeune Prince. (par S. Bougouinc.) 2885.
Epiniciorum Pegmata sacra. 2670.
Epistola B. M. V. ad S. Ignatium. MS. 468⁴.
Epistola Luciferi missa Clementi Papæ VI. 988.
Epistolæ obscurorum virorum. 4432.
Epistole des Prisonniers de Paris. 5096².
Epistole e Lectioni Evangeli di tutto l'anno. *Editio vetus, circa* 1472.] 246.
—— *In Venetia, Thomaso d'Alexandria.* 1472.] 247.
Epitaphe de Charles VII. MS. 2790²⁰.
    de feu Madame de Balsac. MS. 2873⁶.
    de Jean Trotier. 2857¹⁰.
    de Jean Trotier dans le MS. N°. 2926.
    de la boutique d'un Savetier. 5219⁵⁸.
    de la Ligue. 4375¹⁰⁰.

Epitaphe de Simon des Montz, en vers, dans le MS. 2926.
───── de Simon Marmyon, Peintre, dans le MS. N°: 2926.
Epitaphes de Louis XI & Charles VIII. 2857^1.
Epitaphes en rondeaux de la Duchesse de Bretaigne. 2975^{14}.
Epithalamia in Nuptiis Caroli-Emm. Ferdinandi & Mariæ Adelaïdis Clothildis. 5000.
Epitre de la Déesse Othea. (par Christine de Pise.) MS. 2983.
───── Edition 2784.
Epitre des enfants de Paris envoyée aux enfants de Rouen. 3096^8.
Epitre du Camp de Monseigneur d'Alençon. 3071^{11}.
Epitre du Chevalier gris envoyée à la Vierge. (par Etienne Dame.) 3060.
Epitre du Roi à Hector de Troye. (par Jean le Maire.) 2932.
Epitre que Jérémie envoya à ceux qui étoient menés captifs en Babylone. 3197^4.
Epitres & Evangiles. MS. 263, 264.
Epitres vénériennes de l'esclave fortuné. (par Michel d'Amboise.) 2949, 2950.
Epouvantable vision des fantômes advenus en Angoumois. 4375^{123}.
Epouvantables tremblements de terre. 4375^{41}.
Equipage pour aller à la chasse aux larrons. 5219^{59}.
Erreurs du peuple commun qui prognostiquent la famine de l'an 1521.] 3071^7.
Errores Judæorum extracti ex Talmut. (*Augustæ Vind. Zainer ex Reutlingen*) 366*^{8}.
Eructavit, en vers. MS. 2738^{21}.
Eruditorium pœnitentiale. 644.
Esclave fortuné. (par Michel d'Amboise.) 2951.
Esco du Marquis d'Ancre. 5192^{34}. 5193^9.
Esilio d'amore, melodrama. MS. 3799^1.
Espoir de paix. (par Pierre Gringore.) 2841^2.
Esprit de propriété, coméd. MS. 3459^4. Portef. V.
Essais de Mathurine. 4283^{15}.
Estimeur du monde. MS. 284^2.
Estrille de Nic. Durant. 4375^{19}. 4545^3. 5103.
Etablissement d'un Conseil général de la sainte Union. 4373^8.
Etat de l'homme dans le péché originel. 947.
───── déplorable des femmes d'amour. 5219^{62}.
───── présent des Princes de l'Europe. 4373^{31}.

Et cætera (les) de du Pleſſis. 624.
Étonnement de la Cour. 4375^{206}.
Etrange ruſe d'un Filoux habillé en femme. 3913^{16}.
Etranges Prophéties ſur les mondanités des femmes. 2922^{52}.
Etranges tromperies de quelques Charlatans. 3912^{40}.
Etrennes à Meſſieurs les Ribauteurs. 3913^{120}.
   badines. 3912^{41}.
   de Herpinot. 3912^{42}.
   de la Saint-Jean. (par le Comte de Caylus.) 3906, 3907.
Evangelia feſtiva & dominicalia. MS. 244, 245.
Evangelia totius anni. MS. 243.
Evangiles des Connoilles. 3855, 3856.
Eventail ſatyrique fait par le nouveau Théophile. 3239^9.
Europe, nouveau plan de cette tragédie. MS. 3512^7. Portef. IV.
Examen de la vie des Juifs. 4373^{32}.
   de Théophile. 3239^{10}.
   des Alchymiſtes. MS. 1757.
Examen iis omnibus qui in Soc. Jeſu admitti petent proponendum. 1122.
Examen ſur la cabale des Freres de la Roſe-croix. 4375^{229}.
Examina & proceſſo de frate Hier. Savonarola. 4784.
Excerpta exempla ex diverſis libris. MS. 367^{17}.
Exempla quæ dicitur formula honeſtæ vitæ. MS. 367^5.
Exempla ſacræ Scripturæ. *Editio vetus, circa* 1480.] 181.
Exemplaire pour bien écrire la lettre françoiſe. 1862.
Exemple des Dames & Damoiſelles 2827.
Exercice militaire fait par les femmes de la Rochelle. 4375^{193}.
Exercitia ſpiritualia Societatis Jeſu. 1133.
Exhortation des mondains. 2827.
Exhortation pour attaquer Henri de Valois. 4375^4.
Exilés, (des) ballet. MS 3512^9. Portef. I.
Expédition d'Ecoſſe, trag. coméd. 3503.
Explication de l'œuvre de Philalette. MS. 1759.
Expoſition du Pater noſter. MS. 2738^7.
Extaſe propinatoire de Maître Guillaume. 3913^{27}.
Extrait des Fabliaux de l'Abbaye de S. Germain-des-Prés. MS. 2700.
Extrait des regiſtres de Parlement touchant le M. d'Ancre. 5192^{14}.
Extraits de Fabliaux de la Bibliotheque du Roi. MS. 2700.
Extrême-Onction de la marmite papale. 994.

F

Facetie, motti & burle de diversi Signori. 3783.
Facétieuse aventure de deux Bourgeois. 3912^{43}.
Facétieuse défaite d'un Boulanger. 5219^{62}.
Factum contre Simon Morin. 958.
       de Théophile. 3239^{11}.
       pour les Religieuses de Ste. Catherine. (par Alex. Varet.) 2120.
Factum sur la mort du Connétable de Luynes. 5194^{8}.
Facultés données par Grégoire XIV au Nonce Laudriano. 4375^{55}.
Faintaisies du monde. (par Pierre Gringore.) 1777^{4}. 2979^{2}. 2980^{7}.
Faits de Christ & du Pape. 982.
       de Geoffroy à la grant-dent. 4118.
       de Jourdain de Blaves. 4054.
       des Apôtres. MS. 501.
       du preux Hector. 4064.
       merveilleux de Virgile. 4091, 4092.
Famine, (la) ou les Putains à cul. 5219^{63}.
Fanaticorum bellum civile in Gebennis ortum. 2592^{12}.
Fanfares & corvées abbadesques. 3882.
Fantaisie nouvelle. 3912^{44}.
Fantaisies plaisantes du chappeau à Tabarin. 3913^{18}.
Farce de deux amoureux. MS. 3304^{34}.
Farce de deux galants & une femme nommée Santé. MS. 3304^{12}.
Farce de deux Gentilshommes, le Meûnier, &c. MS. 3304^{26}.
Farce de deux Savetiers. MS. 3314.
       de deux Soupiers de mouille, &c. MS. 3304^{64}.
       de Jean de Lagny, Badin, &c. MS. 3304^{30}.
       de l'Abbesse, de Sœur de bon cœur, &c. MS. 5304^{37}.
       de la femme & de Badin son mari. MS. 3306^{49}.
       de la jeune fille, la mariée, &c. MS. 3304^{59}.
       de la mere de ville, & Varlet le garde-pot, &c. MS. 3304^{27}.
Farce de la mere du badin, du voisin, &c. MS. 3304^{45}.
       de la mere & du fils qui veut être Prêtre. MS. 3304^{56}.
       de la mere, la fille, le témoin, &c. MS. 3304^{21}.

Farce de l'aventureux & Guermonfet, &c. MS. 3304⁵⁴.
 de Lucas, Sergent boiteux & borgne, &c. MS. 3304⁵¹.
 de Mᵉ. Pierre Patelin. (par Pierre Blanchet.) MS. 3343.
—— Imprimée. 3344 — 3348.
Farce de Marchebeau, Galop, &c. MS. 3304⁶⁶.
 de Meſſire Jean, la mere de Jacquet, &c. MS. 3304²⁸.
 de la Réformereſſe, &c. MS. 3304⁸.
 de Robinet, badin, &c. MS. 3304⁵³.
 de Science, ſon Clerc, Aſnerie & ſon Clerc. MS. 3304⁴⁸.
Farce de trois Brus & de deux Hermites. MS. 3304³⁶.
Farce de trois Commeres & d'un Vendeur de livres. MS. 3304³⁹.
Farce de trois Gallants & Phelipot. MS. 3304⁷⁰.
 de trois Galants, le monde & l'ordre. MS. 3304¹⁵.
 des Bâtards de Caux. MS. 3304⁴⁶.
 des Courtiſans de Pluton. 5219⁶⁴.
 des langues eſmoulues pour avoir parlé du drap d'or de S. Vivien. MS. 3304⁶³.
Farce des poures Diables. MS. 3304¹⁶.
 des Veaux. MS. 3304³³.
 du Bateleur, ſon Varlet, &c. MS. 3304⁶⁸.
 du Maître d'école, la mere & les 3 Ecoliers MS. 3304⁶⁷.
Farce du Marchand de pommes, &c. MS. 3304⁶⁹.
 du Médecin, du badin, &c. MS. 3304³⁸.
 du métier marchandiſe, &c. MS. 3304⁷¹.
 du Meûnier de qui le Diable emporte l'ame en enfer. MS. 3362.
Farce du Poulier. MS. 3304.
 du Rapporteur. MS. 3304²⁹.
 du retrait, du mari, &c. MS. 3304⁵².
 du Savetier, Marquet, &c. MS. 3304⁷².
 du Troqueur de maris. MS. 3304⁵⁸.
 du vieil & du jeune amoureux. MS. 3304⁹.
 d'un aveugle & ſon varlet, & une Tripiere. MS. 3304¹³.
Farce d'un Couturier & ſon varlet, &c. MS. 3304¹⁹.
 d'un Gentilhomme & ſon Page. MS. 3304¹⁰.
 d'un ſourd, ſon varlet & l'ivrogne. MS. 3304²⁰.
 d'un Vendeur de livres & de deux femmes. MS. 3304¹⁵.
Farce joyeuſe de Poncette & de l'amoureux tranſi. 3401³.

Farce joyeuse & profitable à un chacun. 3401⁵.
  morale de trois Pélerins. MS. 3304⁶⁵.
  morale & joyeuse des Sobre-Sots. MS. 3304⁶².
  nouvelle de Frere Phillibert. MS. 3304⁶¹.
  nouvelle du Meunier & du Gentilhomme. 3416.
  nouvelle qui est très bonne & fort joyeuse. 3415.
  sur un trait qu'a joué un Porteur d'eau le jour de ses nôces. 3401⁶.
Farsa de Gina & de Relucha doe Matrone repolite 2688⁴.
  de la dona chi se credir havere una roba de veluto. 2688⁵.
Farsa de Nicolao Spranga Caligario. 2688⁶.
  de Nicora & de Sibrina. 2688⁹.
  de Peron & Cheyrina iugalli 2688⁷.
  de Zohan Zauatino & de Beatrix soa mogliere. 2688³.
  del Bracho & del Milaneiso inamorato in Ast. 2688¹⁰.
  del Franzoso alogiato a lostario del Lombardo. 2688¹¹.
Farsa del Lanternero. 2688⁸.
Fasciculus temporum. *V.* Wernerus Rolewinck, dans la Table des noms.
Fat, (le) coméd. MS. 3459⁶. Portef. III.
Fatalité de S. Cloud. (par le P. Guyart.) 5147. 5148.
Fatalité du nombre de quatorze. 5194⁹.
Faulcete (la) trayson. 2909.
Favory du Roy. 5194¹⁰.
Fausse (la) innocente, coméd. (par le Comte de Forçalquier.) MS. 3459⁵. Portef. V.
Fausse (la) ressuscitée, tragi-coméd. MS. 3459¹⁰. Port. II.
Fauste & Crispe, trag. MS. 3459⁷. Portef. V.
Faux (le) bonheur, coméd. MS. 3459⁸. Portef. V.
Faux visage découvert. 4375⁷⁶.
Fée (la) du Taureau, coméd. MS. 3459⁷. Portef. I.
Femme honnête-homme, coméd. MS. 3459⁹. Portef. V.
Feste che comanda el decreto che si gardano soto pena de peccato mortale. MS. 4728.
Festin burlesque du fourbe. 5219⁶⁶.
Festin des Partisans. 5219¹²¹.
Fête de Chantilly donnée à Mgr. MS. 3531.
Fête de l'amour, ballet. MS. 3512¹¹. Portef. I.
Fêtes à l'occasion du mariage du Roi en 1725. MS. 3512¹³. Portef. IV.
Fêtes de la paix, ballet. MS. 3512¹². Portef. IV.

Fêtes

Fêtes publiques données par la Ville de Paris à l'occasion du mariage de M. le Dauphin en 1745. 2028, 2029.
Fêtes Thessaliennes, opéra. MS. 3512^{14}. Portef. IV.
Feux de joie de la France sur la sépulture du M. d'Ancre. 5192^{37}.
Fiametta. (di Giov. Boccaccio.) MS 4171, 4172.
Figure des six degrés de charité selon la figure de Salomon. MS. 284^{13}.
Figures cabalistiques. MS. 1411.
  d'architecture dessinées & lavées. 2049.
  de l'Apocalypse de S. Jean. 3202.
  de la mort. 3075.
  du V. & N. Testament. 128.
  du N. Testament. (par Ch. Fontaine.) 3050, 3051.
  emblématiques. MS. 4319.
  enlum. du N. Testament. MS. 144.
  représentant des mords de chevaux. 2124.
Fille (la) généreuse, tragi-coméd. (par Madame de Saint-Balmon.) MS. 3429. 3459^{11}. Portef. V.
Filles (les) généreuses. (par Madem. Cosnard.) MS. 3430, 3431.
Fils de l'impudique voluptueux. 5219^{68}.
Fin tragique de tous les Partisans. 5219^{69}.
Fiore di virtu. (da Tomaso Leoni.) *circa* 1478.] 1283.
—— *In Firenze*, 1489.] 1284.
Fiore novello molto devoto. *Venetiis, Bapt. de Tortis.* 1482.] 184.
Fioretti de Santo Francesco. *In Peruscia, Steffano Arns de Homborch.* 1481.] 4671.
Fioretti di Palladini di Franza. 3735^{4}.
Fléau des Putains. 3913^{62}.
Fleur des batailles Doolin de Mayence. 4030.
  des Commandements de Dieu. 674.
  des histoires (trad. par Jean Mansel.) MS. 4563.
  & triomphe de 105 Rondeaux. 3102.
Fleurs de poésie françoise. 4253, 4254.
Flouret, (le) en vers. MS. 2798.
—— *Rennes*. 1485.] 2799^{1}.
—— *Goth. Sans date.* 2800.
Flûte de Robin. 3913^{19}.
Flux dissenterique des bourses financieres. 4375^{20}.
Folie sainte de l'amant loyal. 4137.
Folles entreprises. (par Pierre Gringore.) 2965, 2966.

E *

Fondation de l'Eglise de N. D. du Puy. 4634[1].
Fontaine d'amour. (par Ch. de la Fontaine.) 3049. 3095[11].
— de Jouvence, ballet. MS. 3512[5]. Portef. V.
— des devis amoureux. 3196.
— jaillissante. MS. 3109.
Forme qu'on tenoit des Tournois au temps du Roi Uterpendragon. (par René. d'Anjou.) MS. 3988.
Formula honestæ vitæ. MS. 397[5].
Formulaire fort récréatif fait par Bredin le Cocu. 2876, 3877.
Fors & Costumos de Béarn. 1191.
Fortalitium fidei. (per Alph. de Spina.) *circa* 1472.] 814.
—— Trad. en françois (par Pierre Richard dit l'Oiselet.) MS. 815.
Forteresse de la foy. (trad. d'Alphonse de Spina par Pierre Richard dit l'Oiselet) MS. 815.
Foucade aux Etats. 4375[154].
Fourberie découverte. 5219[122].
Fourberies de Vénus. 3912[45].
Fragmenta quædam vetustiss. exempl. libri Geneseos Biblioth. Rob. Cottoni. 17.
Fragments. 3515[19].
Franc (le) Taupin. 3475[144].
France galante. 4147.
— ruinée sous le regne de Louis XIV. 5232.
— -Turquie. 5121.
Fricassée Huguenotte. 4375[194]. [207].
Frottola di diversi Autori Fiorentini. 3549[1].
— di dua Fattori di Monache. 3549[3].
— d'un Padre che haveva dua figliuoli. 3549[2].
Frotula de le donne. 2688[13].
Fuggerorum & Fuggerarum imagines. 4621.
Fulminante contre les calomniateurs. 5194[11].
Fulminante pour feu Henri III, Roi de France. 5133, 5134.
Funérailles de la Ligue de Normandie. 4375[101].
Funeste hoc de Jules Mazarin. 5219[74].

G

Galien Réthoré. 4050.
Galimatias burlesque sur la vie de Mazarin. 5219^{158}.
Galimatias des oreilles coupées. 4373^{19}.
Galleria Giustiniana. 5515.
Gazette de la Place Maubert. 5219^{72}.
    des Enfers. 4375^{266}.
    des Halles. 5219^{71}.
    infernale. 2922^{55}.
    sur la culbute des Coyons. 3913^{76}.
Gendres (les) dupés, coméd. MS. 3459^{1}. Portef. VI.
Généalogie de Christ. 3086.
    de la maison d'Urfé. MS. 3218^{5}.
    des Dieux poétiques. (par G. d'Avrigny.) 3808.
Generale Concilium Tridentinum. 345.
Generibus (de) ebriosorum. 3854.
Gentilshommes champêtres habillés à l'antique, ballet. MS. 3514^{7}.
Gercelle, allégorie. 3912^{46}.
Gesta Romanorum. *V.* Recollectorium ex gestis Romanor.
Gestes des Solliciteurs. 3085.
Gigantomachie. 1670^{2}. 4375^{1384}.
Gioia del Cielo, melodrama. MS. 3799^{2}.
Girouflier des Dames. 2777^{2}. 2893.
Glaive du Géant Goliath. 1005.
Gloire de l'harmonie, divert. MS. 3512^{1}. Portef. V.
Gloria mulierum. (*Venetiis, Nic. Jenson, circa* 1471.) 1330.
Gonaxa, coméd. MS. 3459^{1}. Portef. VI,
Gouvernement de l'état présent. 5219^{149}.
Gouvernement du ménage selon la doctrine de S. Bernard. 3071^{4}.
Gouvernement présent, ou éloge de Son Eminence. 3252. 5219^{9}.
Graces à Dieu pour la justice faite du cruel Tyran de la France. 4375^{77}.
Gran teatro di Venezia. 1993.
Grand Atlas, ou Cosmographie Blaviane. 4496.
    ballet d'Hercule. MS. 3512^{2}. Portef. V.
    Compost des Bergers. 1516, 1517.

E 2 *

Grand Courier. 4373^{27}.
    Duel de deux Demoiselles. 5219^{123}.
    (du) & loyal devoir. (par le Sr. de la Planche.) 5115.
    Poëte burlesque. 5219^{95}.
    Purgatoire des Prisonniers. 3913^{43}.
    Nauffraige des Folz de ce monde. 2659.
    regret du Capitaine Ragot. 3096^{5}.
    Théâtre sacré du Brabant. (par le Roy.) 5327.
Grant Diablerie. (par Eloy Damerval.) 3011, 3012.
Grant triomphe & honneur des Dames de Paris. 2896^{5}.
Grande Confrairie des saouls d'ouvrer. 3095^{15}. 3913^{201}.
    cruauté arrivée dans la Ville du Mans. 4375^{4}.
    cruauté d'un Gentilhomme d'Arras. 4375^{174}.
    diablerie de Jean Vallette. 4375^{72}. 5184.
    division entre les femmes & les filles de Montpellier. 4375^{208}.
Grande prise que les Bretons ont fait sur mer. 3096^{12}.
    pronostication des Laboureurs. 1515.
    propriété des Bottes 4375^{163}.
    trahison & volerie du Roi Guillot. 3206.
Grandes Chroniques de Bretaigne. 5354.
Grandes & récréatives prognostications. 3874. 2912^{47}. 3913^{21}.
Grands & merveilleux faits du Seigneur Nemo. 2975^{4}. 3070^{2}.
Grands graces de France. 2942.
    jours d'Antitus. 3899.
    jours tenus à Paris par M. Muet. 3898.
    Noëls nouveaux. 3082.
    regrets de Mademoiselle du Palais. 3096^{11}.
Grosse enuvaraye Messine. 3913^{70}.
Grotte, Labyrinthe, &c. de Versailles. 1876^{1}.
Guerino mesquino. (di Tullia d'Aragona.) 4179.
—— Trad. en françois (par J. de Cuchermois.) 4180.
Guerra de mostri. (di Ant. Fr. Grazzini.) 3731.
Guerre des Singes. 4375^{139}.
Guerre horrende d'Italia. 3712.
Gueuserie de la Cour. 5219^{73}.
Guirlande de Julie. MS. 3247, 3248.
Guisiade, (la) poëme. 3210.

H

Habillements du Grand-Mogol. 2021.
Haine (la) inutile, coméd. MS. 3459^2. Portef. VI.
Harangue d'Alexandre le Forgeron. 4375^{145}.
        de Henri III. 4373^6.
        de la Goutte. 3912^{49}.
        de Turlupin le fouffreteux. 4375^{155}.
        du Pape touchant la mort de Henri de Valois. 5153.
Harangue du Sieur Miftanguet. 3913^{71}.
Harangue en proverbes faite à la Reine. 5219^{150}.
Harangues fur la mort de divers animaux. 3920.
Hellebore pour nos mal-contents. 4375^{252}.
Henry, tragi-coméd. (par Pottier de Morais.) MS. 3459^3. Portef. VI.
Herbarius, germanicè. *Moguntiæ, Petr. Schoyffer.* 1485.] 1531.
Herbarum imagines vivæ. 1537.
Herbolario volgare. 1538.
Hercule à Troye, ballet. MS. 3480.
Hermaphrodite de ce temps. 4375^5.
Hermite (l') de Cordovan. 5203.
Héros de la France fortant de la barque de Caron. 5227.
Héros de la Ligue. 5226.
Heur & gain d'une Chambriere. 3095^9.
Heure (l') du Berger, coméd. (par Boizard de Pontau.) MS. 3459^4. Portef. VI.
Heures à l'ufage de Metz. 265.
        à l'ufage de Rome. 281, 282.
        de Notre Dame. MS. 317, 318.
        de Sainte Reigne. 2901.
        imprimées. (par l'ordre du Card. de Noailles.) 257.
        manufcrites. *V.* Preces piæ.
        pour Marie de Montholon. MS. 309.
Heureufes aventures. (par Louis le Hayer du Perron.) MS. 3418.
Heureux augures au Roi de fa victoire remportée fur un monftre. 5192^{38}.
Heureux (l') échange, coméd. MS. 2459^5. Portef. VI.
Heureux (l') menfonge, coméd. (par le C. de Forcalquier.) MS. 3459^6. Portef. VI.

Heureux (l') prodigue, coméd. (par l'Abbé Hédelin d'Aubignac.) MS. 3419.
Hippolito e Leonora. 3735^9.
Hirlande, trag. MS. 2459^7. Portef. VI.
Historia Alexandri Magni de proeliis. (Radulpho de S. Albano Trib.) *Argentinæ.* 1486.] 4847.
Historia del B. S. Martino. 4766^2.
 di Ginevra & Diomede. 3735^8.
 di Lionbruno. 3735^7.
 di li Signori famosi. 3548^{12}.
 di Paris & Vienna. 4114.
 di Piramo e Tisbe. 3735^2.
 di S. Alberto. 4766^3.
 di S. Barbara. 4766^7.
 di S. Bernardino. 4766^4.
 di S. Lucia. 3788^4.
 di S. Verdiana. 4766^8.
 di S. Zanobi. 4766^5.
 di Susanna. 4766^6.
 e favola d'Orfeo. 3735^1.
 e la Guerra del Populo Genovese. 3718^4.
 S. Johannis Evangelistæ, ejusque visiones Apocalypticæ, 48 figuris excussæ. 122.
Historia undecim millium Virginum. 4720.
Historiæ Byzantinæ Scriptores post Theophanem. 4957^8.
Historiæ veteris & novi Testamenti 40 fig. excussæ. 121.
Historiarum. V. instrumenti icones. 130.
Histoire admirable d'un Gentilhomme Portugais. 1430^5.
 anecdote de la Cour de Rome. 4970.
 d'Alexandre-le-Grand. 4066.
 de Berinus. 4103.
 de Bertrand du Guesclin. 4062.
 de Calejava. (par Claude Gilbert.) 936.
 de Clamades. (par Adenès.) 4130.
 de deux Bourgeois de Charleville qui ont été étranglés par le Diable. 4375^{256}.
Histoire de Florent & Lyon. 4093.
 de Gérard d'Euphrate. 4041; 4042.
 de Gerileon d'Angleterre. 4059.
 de Guerin de Montglave. 4039, 4040.
 de Guillaume de Palerne. 4095.
 de Joseph, en vers. MS. 2738^{18}.
 de la Bastille. (par G. de Courtilz.) 5262.

H I

  de l'Académie Royale de Musique: MS. 3508.
  de la Marquise, fille de Saluste. 4132.
  de l'amour parfaite de Guisgardus & Sigismonde. 3101.
Histoire de la vie de Corn. & Jean de Witt. 5337.
  de la vie de Guillery. 3912⁴⁹.
  de la vie de M. Arnauld. 5637.
  de la vie du Comte de Somerset. 4375¹⁶⁴.
  de l'enfant prodigue, moralité. 3311, 3312.
  de Lille. (par Thiroux.) 5266.
  de l'Inquisition d'Espagne. (par Reginald. Gonzal. Montanus.) 4798.
Histoire de Maugist d'Aygremont. 4037, 4038.
  de Melusine. (par J. d'Arras.) 4115, 4116.
  de Melusine, par M. L. M. D. M. 4117.
  de Meurvin. 4046.
  d'Eneas. MS. 4822.
  de notre temps. 5112.
  de Ponthus. 4060, 4061.
  de Perceforest. 4097, 4098.
  de Philandre. 4133.
  de Pierre de Provence. 4120—4123.
  de Sainte Susanne, moralité. 3327.
  de Theseus. MS. 4175.
  de Theseus de Coulogne. 4051, 4052.
  de tout ce qui s'est passé à la mort de M. de Montmorency. 4375²⁵⁴.
Histoire de tout ce qui s'est passé à la mort du Marquis d'Ancre, trag. 3497². 3499.
Histoire de Valentin & Orson. 4053.
Histoire des amours d'Abélard & Heloïse, par M. M ✱ ✱ ✱. 3281.
Histoire des amours de Grégoire VII. 4146.
  des amours de Henri IV. 4143.
  des amours de Henri IV. (par Louise de Lorraine.) 4143.
Histoire des amours feintes de Lais & Lamia, trad. (de P. Arétin.) 4229, 4230.
Histoire des amours du P. la Chaize. 4148.
Histoire des choses advenues en Brésil sous le gouvern. de N. Durant. 4545⁴.
Histoire des choses advenues en France en 1587, 88, 89.] 5138.

Histoire des Congrégations de auxiliis. 4682.
  des crimes horribles commis par 2 Moines. 4373^{38}.
  des eaux rouges tombées à Sens. 4375^{167}.
  des Juifs. (par Basnage.) 4810, 4811.
  des Ordres militaires, avec fig. par Adr. Schoonebeek. 4683.
Histoire des Ordres militaires tirée de divers Auteurs. 4684.
Histoire des Ordres religieux, avec fig. par Adr. Schoonebeek. 4662.
Histoire des persécutions & Martyrs de l'Eglise de Paris. (par Ant. Chandieu.) 4790.
Histoire des III morts & des III vifs. (par Baudoin de Condé.) MS. 184^{14}.
Histoire du Chevalier doré. 4104, 4105.
Histoire du Chevalier Paris. (par Pierre de la Sippade.) Anvers, Gérard Leeu. 1487.] 4110.
—— *Autres Editions.* 4111 —— 4113.
Histoire du Clergé séculier & régulier tirée de divers Auteurs. 4664.
Histoire du meurtre commis au Cabinet d'un Roi perfide. 5139.
Histoire du mouvement de l'apogée. MS. 1823.
  d'un épouvantable cas arrivé à Naples. 4375^{31}.
  d'un enfant, lequel a meurtri son pere. 4375^{32}.
  d'un homme qui ne boit ni ne mange. 4375^{175}.
  d'un jeune homme qui a été pendu 3 fois. 4375^{248}.
  d'un Provençal, lequel ne boit ni ne mange. 1671^{3}.
  d'une femme décédée & revenue. 4375^{176}.
  d'une fille qui a été 4 ans sans manger. 1671^{2}.
  du P. la Chaise. 5229.
  du Petit Jean de Saintré. (par Ant. de la Salle.) 4109.
Histoire du V. & N. Testament. (par David Martin.) 136.
  épouvantable de deux Magiciens. 1430^{2}. 4375^{t}.
  & Chronique de Clotaire I. 5067.
  & Concorde des 4 Evangélistes. (par Ant. Arnauld.) 106.
Histoire & tragédie du mauvais riche. 3414.
  générale du Pont-neuf. 3912^{50}.
  horrible d'un homme plusqu'enragé. 4375^{180}.
  joyeuse de M. de Basse-Ville. 3913^{61}.
  lamentable de Gilles de Châteaubrient. 4373^{29}.
  merveilleuse du Château de Vicestre. 4129.

Histoire miraculeuse de la Ste. Hostie. 4375[112].
— miraculeuse de trois Soldats. 4375[35].
— notable d'un Jésuite qui a été brûlé à Anvers. 1135.
— plaisante de la jalousie de Jennain sur la grossesse de Prigne sa femme. 2922[28].
Histoire plaisante des faicts d'Arlequin. 3913[45].
— prodigieuse d'un Gentilhomme. 1430[4].
— prodigieuse d'un incube. 4375[169].
— prodigieuse d'un Ours. 4375[146].
— romaine de la belle Cleriende. 2984.
— tragédienne. 3413.
— tragique de la constance d'une Dame. 4375[7].
— tragique du Marquis d'Ancre. 5192[39].
— universelle. MS. 4600.
Histoires de ceux qui régnerent après le déluge. MS. 4598.
Homere danseur de corde. 4375[262].
Homme (l') effronté. 5219[151].
— inconnu. 3912[51].
— juste & l'homme mondain. (par Simon Bougouinc.) 3367.
Homme (l') marin, coméd. (par Avost.) MS. 3459[1]. Portef. VII.
Homme (l') pécheur, moralité. 3316, 3317.
Honneur des Prêtres. 2958, 2957.
Honnine, (de la) en vers. MS. 2736[27].
Honteuse chûte du Marquis d'Ancre. 5192[40].
Honteux (du) Menestrel, en vers. MS. 2736[29].
Hôpital d'amour. (par un jeune Clerc de Tournai.) MS. 2790[16].
Horæ Beatæ Mariæ Virginis. 311 — 316.
Horoscope du Connestable. 5194[15].
— du Marquis d'Ancre. 5192[41].
— véritable, coméd. par F. MS. 3452[10]. 3486.
Hortus sanitatis. (aut. Joan. Cuba.) *Moguntiæ, Jacob. Meydenbach.* 1491.] 1532.
—— Sine anno. 1533, 1534.
—— Trad. en françois. 1535.
Hospitalité (de l') & des plaisirs de la table chez les Grecs. MS. 5407.
Humanité de J. C. trad. d'Arétin. (par J. de Vauzelles.) 566.
Humeur (l') coméd. MS. 3459[2]. Portef. VII.
Hymnes en françois. 2943.
Hypocondriaques de la Cour. 4375[231].

F *

I & J

Jaloux, (le) coméd. (par de Beauchamps.) MS. 3459^3. Portef. VII.
Jardin amoureux. MS. 732^5.
　　de l'honneste amour. 3912^{52}.
　　de plaisance & fleur de Rhétorique. 2838, 2839.
　　des fleurs pour les ames dévotes. 767.
Jardinier (le) de Chaillot, coméd. MS. 3459^4. Portef. VII.
Icones lignorum. 1564.
Icones Principum, Aut. Vandyck. 5630.
Idée de la Théologie Payenne. (par Benj. Binet.) 1435.
Idée d'une collection d'estampes. (par le Baron de Heiniken.) 1874.
Idolopeie, c'est-à-dire fiction ou fieintife de image. 3207.
Je vous prends sans verd. 3912^{53}.
Jean de Dardanelles, parodie. MS. 3504^5. Portef. II.
Jeu de la Prime joué par les Potentats de l'Europe. MS. 3250.
Jeu de l'esbahy des Censeurs étonnés. 5194^{26}.
　　de Mars. 3390.
　　de piquet de la Cour. 4375^{262}.
　　de Dames. 5219^{10}.
　　des eschets, en vers. MS. 2736^{33}.
　　du dé. 5219^{124}.
　　du Prince des Sots. (par Pierre Gringore.) 3368.
Jeux de la Cour. 3713^{91}. 5194^{17}.
Illumination, (l') coméd. 3459^5. Portef. VII.
Illustrium Jurisconfultorum imagines. 5626.
Illustrium virorum ut extant in Roma expressi vultus. 5594.
Imagines Deorum & Heroum. MS. 5592.
Imagines & elogia virorum illustrium. 5595.
Imperfection des femmes. 3912^{54}.
Imperfection des hommes. 3912^{55}.
Imperfections d'humaine condition, en vers, dans le MS. N°. 2926.
Impiétés sanglantes du Prince de Condé. 5219^{11}.
Imposture découverte des os humains supposés. 1670^3.
Imprécation contre l'engin de Mazarin. 5219^{12}.
Inconstance (l') justifiée, coméd. MS. 3459^7. Portef. VII.
Infantia Jesu Christi, en 12 gravures. 1759^2.
Infantia Salvatoris, italicè. 3709.

IN

Informatio devota & utilis Religioforum. MS. 367[3].
Innamoramento de Melon e Berta. 3718[2].
Infignes obligations des Rois de France envers le Parlement. 4373[15].
Inftitution de l'Ordre de S. Michel. MS. 5293.
——— Impr. 5294.
Inftitution de l'Ordre des Chevaliers de la joie. 4375[265].
Inftruction à l'ufage des grandes filles. 3912[56].
      de Chevalerie par E J. 2103.
      du jeune Prince. 5613.
      fur le fait de la guerre. (par Guil. du Bellay.) 2102.
Inftruction fur les difpofitions qu'on doit apporter aux Sacrements. 653.
Interim de Charles-Quint. MS. 5317.
Interrogation de Madem. de Coman. 4375[165].
Interrogatoire de Maître Urbain Grandier. 4375[255].
Interprétation du monftre, ou énigme d'Italie. 4321.
Invectiva in Fortunam, dans le MS. N°. 2926.
Inventaire bachique, venite potemus. MS. 3304[32].
Inventaire des pieces du procés de Concino. 5192[42].
Invention de traiter l'a••••r aux Dames. 4187[2].
Invocation & imitation des SS. 4719.
Jodelet fur l'emprifonnement des Princes. 5219[125].
Joies & douleurs de la Vierge. 2918.
Joli mois de Mai. 5192[43].
Jofias, trag. MS. 3459[1]. Portef. VIII.
• Journée du Chrétien. 806.
Jours & heures périlleux de l'année. 1333[3].
Jours heureux & périlleux de l'année. 3097[1].
Joyeufe farce à trois perfonnages. 3401[2].
Ifabelle double, parade. MS. 3505[45] & [48].
Ifabelle Précepteur, parade. MS. 3460[3]. Portef. II.
Ifle (l') de la Coquetterie, coméd. 3459[3]. Portef. VIII.
Ifle (l') des Jaloux, ballet. MS. 3512[3]. Portef. V.
Jugement de Minos contre les 3 Geryons. 5194[18].
      de Paris. (par Florent Chreftien.) 3395.
      donné par Mathault. 3913[67].
Jules l'Apoftat. 5219[75].
Julie & Ovide, trag. MS. 3460[4]. Portef. II.
Jupiter Gallicus. 2592[10].
Jurifprudentia heroïca. (authore Chrifteyn.) 1203
Jufte Châtiment de Dieu. 4373[16].

Justice du Ciel en la mort du M. d'Ancre. 5192⁵⁴.
Justification de Charles V contre l'Electeur de Saxe. 5093⁷.
Justinien, les instituts. 2920.

K

Kabbala denudata. (transl. ex hebr. à Christ. Knorr von Rosenroth.) 1041.
Koran de Mahomet. MS. 1042.

L

Lamentations du Jugement, en vers. 2799².
Lamento del Duca Alessandro de Medici. 3548⁵.
Laodice inconstante. MS. 4150.
Lapidaire. (par Evax.) MS. 1189⁶. 2738³.
Larmes de la Marquise d'Ancre. 5192⁴⁵.
Larmes de la Reine. 5219¹⁵².
Las d'amour divine. 2⁹92.
Latitudinarius orthodoxus. 98.
Lavinie, trag. MS. 3460⁵. Portef. II.
Laz d'amour divin, moralité. 3320.
Léandre Ambassadeur, parade. MS. 3460⁶. Portef. II.
    Fiacre, parade MS 3505⁴⁶.
    Magicien, parade. MS. 3505⁵¹.
Leaulté des femmes. 1922⁷.
Leçons de ténebres. 5219⁷⁶.
Légal Testamentaire du Prince des Sots. 3303³.
Legenda de S. Josafat. MS. 4728.
Legenda S. Servatii Coloniæ, Arnol. Therhoyrnen. 1472.] 47:9.
Légende de Claude de Guise. (par Dagonneau ou Regnault.) 5124.
Légende de Maître Jean Poisle. 5120.
Légende dorée des Freres mendiants de l'Ordre de S. Dominique. (par Nic. Vignier.) 4680.
Légende du Gascon. 475²⁶⁵.
Lettre à Madame de ***. 3912⁵⁷.
    burlesque à Mazarin. 5219⁷⁷.
    consolatoire. 3912⁵⁸.
    de la Martegale sur la mort du M. d'Ancre. 592⁵⁶.

Lettre d'escornifierie. 3897.
  de Guillaume sans peur. 4375[156].
  de la petite Nichon. 5219[13].
  de la Signora Foutakina. 5219[14].
  de Polichinelle à Jules Mazarin. 5219[78].
  du Courier de l'autre monde. 4375[157].
  du M. d'Ancre à la Reine mere. 5192[46].
  d'un Cavalier à sa Maîtresse. 4373[17].
  d'un Courtisan à la plus illustre Coquette. 4373[18].
  d'un Perroquet. 4375[147].
  du Roi sur la mort du M. d'Ancre. 5192[47].
  galante pour régler la vie des Chats 3912[60].
  ridiculo-physique du Doct. Gorgi-Rhumius. 3912[61].
  sur la mort d'un Serin. 3912[59].
Lettres de la Grenouillere. 3912[62].
  d'Eusebe Philalethe. (par Dom Clemencet) 4625.
  d'un Ecclésiastique sur le serment de fidélité à Henri IV. 4373[10].
Lettres écrites au Roi par le M. d'Ancre. 5192[48] & [49].
Lettres nouvelles de Milan, avec les regrets du Seigneur Ludovic. (par Gringore.) 2857[87].
Lettres Portugaises par Mlle. d'Ol***. 3287.
Leurre de Nic. Durant. 4545[7].
Libellus dans modum legendi abbreviaturas. *Editio vetus.* 1177.
Libellus de venerabili Sacramento. 642.
Liber Barlaam & Josaphat. *Editio vetus, circa* 1476.] 3970.
Liber Chronicarum. (per Hartman Schedel.) *Nurembergæ, Ant. Koberger.* 1493.] 4572.
Liber de arte moriendi. (*Augusta Vind. Zainer ex Reutlingen.*) 366*[11].
Liber de gestis trium Regum. (à Joanne Hildeshemensi.) *Coloniæ, Joan. Guldenschaff.* 1477.] 4773.
—— *Coloniæ, Joan. Guldenschaff.* 1486.] 4774.
Liber de quatuor instinctibus, divino, angelico, diabolico & humano. MS. 123.
Liber horarum Canonicarum secundum Breviarium Argentinense. 1478.] 269.
Liber Proverbiorum quem Hebræi Misle appellant. MS. 3036[2].
Liber qui dicitur bonum universale de proprietatibus Apum. (aut. Th. Cantipratensi.) *Circa* 1472.] 1085.
Liber Sapientiæ. MS. 3036[7].

Liber ufuum Cifterciensis Ordinis. 278.
Libera Coyonesque du Marquis d'Ancre. 5192^{43}.
Liberté recouvrée par la mort du M. d'Ancre. 5192^{51}.
Libretto de la Doctrina Christiana. (*In Veneẑia, Chriſtop. Arnoldo, circa* 1473.) 634.
Libro di mirandi facti di Paladini. 3677.
Life & Colin, paſtorale. MS. 3512^{6}. Portef. V.
Liſte de différents Ballets anciens. MS. 3512 Portef. IX.
Liſte des Empereurs qui ont perdu la vie par la malice de leurs Favoris 5219^{79}.
Litigatio manſcaron contra genus humanum. (*Auguſta Vind. Zainer ex Reutlingen.*) 366*^{10}.
Litteræ apoſtolicæ pro Societate Jeſu. 1122. 1130.
Liturgia Succanæ Eccleſiæ 274, 275.
Livre contenant ſecrets de chymie. MS. 1732.
Livre d'amours de Pamphile & de Galathée. *Paris, Ant. Verard.* 1494] 2854.
— — *Paris, Jean de Marnef.* 1545.] 2855.
Livre de Baudoyn, Comte de Flandres. *Lyon, Buyer.* 1478.] 4100.
— — *Chamberry, Ant. Neyret.* 1484.] 4101.
— — *Lyon, Arnouillet.* 4102.
Livre d'Egliſe latin-françois 155.
    de figures ponctuées. 2148.
    de Jeſus hiſtorié par perſonnages. MS. 148.
    de la chaſſe du grand Sénéchal de Normandie. 2131.
    de la loi au Juif. MS 672^{2}.
    de la loi au Chreſtien. MS. 672^{3}.
    de la loi au Sarrazin. 672^{2}.
    de Maître Renard mis de vers en proſe. (par J. Teneſſax.) 3857 — 3859.
Livre de Moralités. MS. 1189^{5}.
    de Sageſſe. 1292.
    des Commandements de doctrine d'enfants. MS. 672^{1}.
Livre des Connoilles. 3855, 3856.
Livre des fortunes & infortunes de toutes créatures. MS. 1816.
Livre des Marchands. (par Gab. Cartier.) 905.
    des Prêtres 2957, 2958.
    des trois fils de Rois. 4106.
    des viſions fantaſtiques. 3148.
    du Faulcon des Dames. 2136.

LO

Livre du Gentil & des trois Sages. MS. 672^2.
    du Roi Modus. *Chambery, Ant. Neyret.* 1486.] 2129.
—— *Paris, Jean Janot.* 2130.
Livre proposé par l'Empereur (Charles V) pour entrer en voie de concorde. MS. 844.
Livre qui guérit de tous maux. 2975^{12}.
Livret des consolations. 4634^2.
Loco (de) ubi victus Attila fuit olim. (aut. J. Grangierio.) 4375^{200}.
Lode de la Pelata. 3921.
Lorgnette du Diable. 3912^{63}.
Lot (le) de la Lotterie, coméd. MS. 3487.
Louange des Rois de France. 2928.
Louange & beauté des Dames. 2896^4.
Louanges de S. Jean l'Evangéliste par un Maître en divinité de l'Ordre des Freres Prêcheurs. MS. 578.
Louanges des benoîts Saints & Saintes de Paradis. 3080.
Louanges des Dames. 3912^{64}.
Loyauté des femmes. 2841^3.
Loyer des folles amours. (par Guil. Cretin, & non par G. Alexis.) 4280.
Lucidaire. (trad. de S. Anselme.) MS. 7327^7. 1242^1.
Lucidaire. (trad. en vers de S. Anselme.) MS. 2709.
Lucidario. (*Florentia, Barth. de Fr. de Libri, circa* 1490.) 1335, 1336.
—— *In Milano, Uld. Scinzenzeler.* 1499.) 1337.
Lumiere des Chrétiens. 3073.
Lunette d'approche du Diable borgne. 3912^{65}.
Lunettes à tous âges. 4375^{158}.
Lunettes de cryſtal de roche. 5121.
Luxembourg apparu à Louis XIV. 3500, 3501.
Lyon Marchand, satyre françoise. (par Barth. Aneau.) 3382.
Lyre (la) enchantée, ballet. 3515^{12}.
—— Avec la partition. MS. 3521
Lysimachus, trag. MS. 3459^2. Portef. VIII.

M

Macharronea contra Macharroneam, Bassani. 2688¹.
Magicienne (la) étrangere, trag. 3497². 3499.
Magie des Favoris. 4375⁹.
Magistratibus (de) urbis. (aut. Pomponio Læto.) 2095, 2096.
Magnificentie del Prete Janni. 3718¹.
Magnifique entrée de Charles-Quint en la Ville de Paris. 5093³.
Maison (la) culbutée, coméd. MS. 3459⁴. Portef. VIII.
Maître Aliborum. (attribué à Gringore.) 2922¹. 2980¹.
    Guillaume, au Marquis d'Ancre. 5192⁵².
    Hambrelin, serviteur de Maître Aliborum. 3095¹⁰.
    Pierre Patelin. (par Pierre Blanchet.) MS. 3343.
—— Impr. 3344 — 3348.
Malheurs qui adviendront aux Catholiques faisant paix avec l'hérétique. 4375⁹³.
Malice des femmes. 2979⁹.
Maltôte des Cuisinieres. 2922⁵⁷. 3913⁴².
Maltôtiers. (les) 5219⁸⁰.
Mammotrectus. (aut. Marchesino.) *Moguntiæ, Petrus Schoiffer*. 1470.] 176, 177.
—— *Venetiis, Franc. de Hailbrun*. 1476.] 178.
—— *Editio sine anni & loci nota*. 179.
Mandement de Lucifer à l'Antechrist Pape de Rome. 996. 1029.
Mandement des Gendarmes François aux Espagnols. 3096¹³.
Maniere de enter & planter. 1333¹².
Maniere de bien traduire une langue. (par Est. Dolet.) 2214.
Maniere de lire l'Evangile. 905.
Maniere & façon qu'on tient en baillant le S. Baptême. 905.
Manifeste de la Sainte Ligue. 4375⁴⁹.
Manne terrestre. MS. 3296.
Manteaux. (les) (par M. de Caylus.) 3910.
Mappemonde. (par Gautier de Metz.) MS. 2721, 2722.
   —— Imprimée. 2911.
   —— En prose. 2723.
Marchand (le) arrive sur les affaires de ce temps. 3912⁶⁷.
Marchand (le) converti, trag. (par Th. Naogeorgus.) 3493, 3494.

M A

Marchand (le) de merde, parade. MS. 3505^{50}.
Marchandife fpirituelle. 769.
Maréchal de Bouflers prifonnier dans le Château de Namur. 4149.
Maréchal de Luxembourg au lit de la mort, tragi-coméd. 3500.
Marguerite de la Marguerite des Princeffes, Reine de Navarre. (conten. les poéfies de Marg. de Valois.) 3067.
Marguerite des vertus. 3088.
Mariage de Belfégor. 3912^{66}.
    de Phrynée. MS. 4398.
    des quatre Fils-Aymon. 4032.
    (le) imprévu, coméd. MS. 3425.
    par contre-lettre, coméd. MS. 3459^5. Port. VIII.
Mariages (les) affortis, coméd. MS. 3459^6. Portef. VIII.
Marial de la Mere de vie. 574.
Marianne, trag. MS. 3459^7. Portef. VIII. 3460^7 Port. II.
Marie Stuart, trag. MS. 3448.
Marmora Oxonienfia. 5456.
Marquis-Comteffe, (le) coméd. MS. 3459^8. Portef. VIII.
Marquis de Louvois fur la fellette 5231.
Martiloge des faulces langues, en vers. 2799^6.
Martin l'Afne aux Parifiens falut. 4375^{10}.
Martyre de frere Jacques Clément. 5154.
    de S. Honoffre. MS. 2810.
    de S. Hyppolite. 3321.
    des deux freres. 5142.
Mafcarades depuis le XVe. fiecle. 3530.
Mafque defcouvert du Biernois. 4375^{79}.
Matinées de la Cour. 4375$^{8\nu}$.
Matrone (la) d'Ephefe, coméd. MS. 3504^6. Portef. II.
Matrones, (les) ballet. MS. 3514^3.
Mazarin portant la hotte. 5219^{82}.
Mazarinade. (la) 5219^{135}.
Mazarinades, recueil nombreux. 5219.
Méchanceté des filles. 3912^{68}.
Mécontentement arrivé aux Dames d'amour. 3913^{192}.
Médailles de Louis XIV. 5251, 5252.
Médailles fur la Régence. 4375^{269}.
Médecin (le) de village, coméd. MS. 3459^1. Portef. IX.
Médecin empirique de la France. 4375^{232}.
Medicina de l'anima. 3717.
Medicina mea folùm compofita ex noftris. MS. 1755.

G *

Médecine pour les Chevaux. 1333[11].
Médée de la France. 5192[53].
Medicæ artis Principes. 1697.
Medici antiqui omnes. 1698.
Méditation pour chacune heure du jour. 802.
Méditations. MS. 275;8[11].
Mélange de pieces galantes & comiques. MS. 3295.
Méléagre, opéra. MS. 3512[8]. Portef. V.
Mémoire pour l'ane de Jacques Feron. 3912[69].
Mémoire sur le Louvre. (par M. de Bachaumont.) 1866.
Mémoires concernant les impositions. (par Moreau de Beaumont.) 1380.
Mémoires concernant les Pairs de France. (par M. Lancelot.) 5302.
Mémoires de Condé. 5107 — 5109.
Mémoires de l'Académie des Colporteurs. (par M. de Caylus.) 3911.
Mémoires de la Régence. (par le Chev. de Piossins.) 5253.
Mémoires du Duc d'Orléans. (par Algay de Martignac.) 5204.
Mémoires d'un Favori. 5205.
Mémoires pour la vie du Cardinal de Bouillon. MS. 5623.
Memoria mortis. MS. 367[4].
Méprise, (la) coméd. (par de Marivaux.) MS. 3457.
Mer des Histoires. (trad. de Columna.) 4560, 4561.
Mercier inventif. 3408[7].
Mercure infernal. 5219[15].
Merito Schernito, melodrama. MS. 3799[8].
Merveille arrivée à Londres d'un Serpent né dans le cœur d'un Gentilhomme. 4375[258].
Merveille royale de Louis-le-Juste. 5192[54].
Merveilles du Salmigondis de l'alloyau. 3913[103].
Merveilleuse tourmente de mer en la Ville d'Anvers. 4375[25].
Messagier d'amours. (par Pilvelin.) 2904[1]. 2905.
Messe trouvée dans l'Ecriture. (par David de Rodon.) 1033. 4375[261].
Métamorphose de Mazarin. 5219[153].
   du Cul d'Iris. (par M. Pavillon.) MS. 3255.
   du M. d'Ancre. 5192[56].
Métamorphoses de Melpomene, en fig. 2014.
Métempsycose de Théophile. 3239[12].
Métiers de la Cour. 5219[16].
Miaou. 3912[7].

Microcosme contenant divers tableaux de la vie humaine, en fig. 1963.
Mignonnette, canevas françois. 3515^{35}.
Miliade. 5219^{136}.
Mine éventée des Dames de courtoisie de Paris. 3913^{84}.
Ministre d'estat flambé. 5219^{84}.
Mirabilis liber. 753.
Miracle arrivé à Palerme. 4375^{137}.
  de Théophile, moralité. (par Rutebeuf.) MS. 3315.
  d'un enfant ressuscité. 4375^{181}.
  d'une femme qui a accouché d'un veau. 1671^5.
  notable fait en la Ville de Paris. 2895^3.
Miraculeuse résurrection d'un enfant mort. 4375^{188}.
Miroir de justice en allemand. 769*.
  de l'ame, en prose. 2797.
  de la Tyrannie Espagnole. (par J. Everh. Cloppenburg.) 5331.
Miroir de mort. (par Olivier de la Marche.) 1861.
  de prudence. 4306, 4307.
  de très chrestienne Princesse Marguerite de France, Reine de Navarre. 3066.
Miroir des Moines, en vers, dans le MS. N°. 2926.
  des pécheurs. (par Olivier Conrad.) 3018, 3019.
  des plus belles Courtisannes de ce temps, en fig. 2016.
Miroir du monde. (par Gautier de Metz.) 2911. add.
Miroir & exemple moral des enfants ingrats, moralité. (par Ant. Thyron.) 3310.
Misere des Clercs des Procureurs. 1922^{16}.
Missæ ac missalis anatomia. (è Ling. Italiana in Lat. versa.) 1025.
Missale Cameracense. *Paris. Joan. Hygman.* 1495.] 267.
  mixtum dictum Mozarabes. 272.
  Ordinis Cisterciensis. 277.
  Ordinis S. Joannis Hierosolymitani. 280.
  Romanum. MS. 238.
—— *Mediol. Ant. Zarotus.* 1476.] 239.
—— *Editiones variæ.* 240 — 242.
Missel de Paris imprimé par l'ordre (de M. de Vintimille.) 258, 259.
Missus est translaté en rime. 2841^5, 3097^4.
Mode qui court à présent. 3181^2, 3912^{72}, 3913^{24}.
Modo e la via di consolar gl'infermi. 3717.

Modus & ratio de divine contemplation. 734.
Mœurs, humeurs, ... de Henri de Valois. (par de Rossant.) 5145.
Moluccis (de) Insulis. 4536.
Monitoire de Grégoire XIV contre Henri de Bourbon. 4375^{96}.
Monologue des nouveaux Sots de la joyeuse bande. 2902^{5}.
Monologue de la fille bateliere. MS. 3304^{1}.
Monologue de l'amoureux qui demeura trois heures à une fenêtre pendu par les bras. MS. 3076.
Monologue de mémoire. MS. 3304^{6}.
Monopoleur rendant gorge. 5219^{85}.
Monopoliez ennemis de la France. 4375^{195}.
Monsieur Nigaudinet, coméd. MS. par M. D. C***. 3458^{1}.
Monstre à cent testes. 5194^{19}.
Monstre de la Cour. 4375^{244}.
Montmorenciade. (la) 4375^{11}.
Moral de l'affligé, ignorance & cognoissance. MS. 3304^{60}.
    de l'homme fragile, concupiscence, &c. MS. 3304^{50}.
    de tout le monde. MS. 3306^{47}.
    du fidele, du Ministre, &c. MS. 3304^{35}.
    joyeux du ventre, les jambes, le cœur & le chef. MS. 3304^{31}.
Moralité à 6 personnages, Savoir, Aucun, Cognoissance, &c. MS. 3343.
Moralité de chacun, plusieurs, &c. MS. 3304^{41}.
Moralité de la bataille des Géants contre les Dieux. MS. 3366. 3399^{2}.
Moralité de la maladie de Chrestienté. 3373.
    de la prinse de Calais. MS. 3304^{8}.
    de la vendition de Joseph. 3328.
    de Lazare, Marthe, sœur du Lazare, &c. MS. 3304^{40}.
Moralité de l'Eglise & du commun. MS. 3304^{14}.
    de l'Eglise, noblesse & pauvreté. MS. 3304^{22}.
    de l'envie, état & simplesse. MS. 3304^{11}.
    de Mars & de Justice. MS. 3391.
    de Mundus, Caro, Demonia. MS. 3364.
    de nature, loi de rigueur, &c. MS. 3304^{44}.
    des quatre âges. MS. 3304^{17}.
    des trois mariés, en vers. MS. 2738^{17}.
    d'hérésie, frere simonie, &c. MS. 3304^{55}.

M O

Moralité du cœur & des cinq sens. MS. 3315.
    du mauvais riche & du ladre. 3322.
    du Ministre de l'Eglise, noblesse, &c. MS. 3304^{23}.
    du petit & du grand. MS. 3343.
    du porteur de patience. MS. 3304^{24}.
    faite au College de Navarre en 1426. MS. 3315.
    sur la France. MS. 3366. 3399^{3}.
    sur la Passion de N. S. J. C. MS. 3365.
Moralités. MS. 1114.
Moralitez. MS. 2738^{5}.
Moro d'Heliseo heivodo inglese. 1303.
Mort de la France. 4375^{222}.
Mort de l'aveugle & du boiteux, moralité. MS. 3362.
Mouchoir pour essuyer les yeux du Prince de Condé. 5219^{17}.
Moyens d'abus contre Henri de Bourbon. (par P. de Belloy.) 5132.
Muet, (le) parade. MS. 3505^{33}.
Musei Kircheriani in Romano Soc. Jesu Collegio Ærea. 5526.
Musicien (le) renversé. 2922^{49}.
Musique de la Taverne. 3913^{26}.
Mustapha, trag. MS. 3459^{2}. Portef. IX. 3460^{8}. Portef. II. 3469.
Mutation de fortune. (par Christine de Pise.) MS. 2785.
Mutus liber. (aut. Jac. Saulat Sieur des Maretz.) 1783.
Mystere comment la sainte Larme fut apportée en l'Abbaye de Vendôme. 4777.
Mystere de Conception. (par Jean Michel.) 3351, 3352.
Mystere de la Passion de J. C. (par Jean Michel.) 3354 — 3357.
Mystere de la Sainte Hostie. 3318.
    de la Sainte Larme. 2922^{9}.
    de la vengeance de Jérusalem. 3360, 3361.
    de la vengeance de N. S. J. C. 3358. 3359.
    de l'institution de l'Ordre des Freres Prêcheurs. 3319.
Mystere de Mgr. S. Martin. MS. 3362.
    de Mgrs. S. Pierre & S. Paul. 3326.
    de Notre Dame. 3384.
    de S. Denys. MS. 3331^{8}.
    des miracles de Ste. Geneviefve. 3331^{9}.
    du vieil Testament. 3363.

MY

Myſtere là où France ſe repréſente en forme d'un perſonnage à Charles VII, en vers, dans le MS. N°. 2926.
Myſtere, ou jeu des trois Rois. MS. 3331².
Myſtere, ou Paſſion de S. Eſtienne. MS. 3331⁶.
Mythographi Latini Auctores. 3809.

N

Naiſſance de l'an nouveau. 3912⁷³.
    de l'Antechriſt. 4375²²⁵.
    de la rebellion. 4375¹⁷⁰.
    des plaiſirs. MS. 3460⁹. Portef. II.
    d'un monſtre. 4373¹⁹.
    d'un monſtre ayant face humaine. 4375²⁴⁹.
Nanea. (del F. Aminta.) 3731.
Nappe renverſée chez Renard. 5219⁸⁶.
Narciſſe, ballet. MS. 3460¹⁰. Portef. II.
Nativité de N. S. J. C. myſtere. MS. 3331².
——— Impr. 3353.
Nativité, vie, paſſion, mort & réſurrection de N. Sauveur. 157.
Nature, qualité & propriété des plantes. MS. 1530.
Navigation du Compagnon de la bouteille. 3872.
Nazarde à Jules Mazarin. 5219⁸⁷.
Nef de ſanté. (par Nicole de la Cheſnaye) 3369, 3370.
Négociations du Préſident Jeannin. 5182.
Négociations touchant la paix de Munſter. (par Jean le Clerc.) 1151.
Ne trompez plus perſonne. 4206².
Neuf Preux de gourmandiſe. (par Molinet.) 2841³. 1921⁷.
Nez pourry de Théophraſte Renaudot. 5219¹⁸.
Nymphes, (les) ballet. MS. 3512². Portef. VI.
Nobiliaire de Picardie. 5418.
Nobiliſſima Compagnia delli Briganti della Baſtina. 3919.
Noce (la) de Vénus, opéra. MS. 3512⁷. Portef. VII.
——— En muſique. MS. 3529.
Nocturne chaſſe du Lieutenant-Civil. 5219⁸⁸.
Noël ſur la mort du Connétable de Luynes. 5194²⁰.
Noëls faits en 1593 & 1594. MS. 3219.
    nouveaux. 3081¹. 3081⁴.
    nouveaux faits ſous le titre du plat d'argent. 3081⁸.
    nouvellement faits. 2841¹⁰.

Nombre des ans & des âges des Saints, &c. 2738².
Nombre des Rois Chrétiens, en vers, dans le MS. N°. 2926.
Noms, armes & blasons des Chevaliers de la table ronde. MS. 3985.
Noms de ceux qui ont joué la vie de Mgr. S. Martin. MS. 3362.
Nonchalant, (le) coméd. MS. 3460¹¹. Portef. II.
Normant sourd, aveugle & muet. 5192⁵⁷.
Notable discours de 2 enfants qui ont assassiné leur pere. 5665.
Notizia della vera liberta fiorentina. (del Filippi Baron de Spannaghel.) 4988.
Novella della figliuola del Mercatante. 3548³.
Novella di Gualtieri di Saluzzo, in rime. 3548¹.
Nouveau prodige arrivé à Metz. 4375²¹⁰.
— remue-mesnage de la Cour. 4375¹⁸⁵.
— Testament. *Lyon, Barth. Buyer. vers* 1477. *Edit. à 2 col.* 69.
—— Edition à longues lignes. 70.
Nouveau Testament par MM. de Port-Royal. 71 — 78.
— Testament. (par Denys Amelotte.) 79.
— Testament par Richard Simon. 80.
— Traité de Diplomatique. (par D. Toustaint & D. Tassin.) 5532.
Nouveaux jeux du piquet de la Cour. 5219¹⁹.
Nouveaux portraits de la famille royale. 5238.
Nouvelle défense pour les François. (par Bert. de la Luce.) 5092.
Nouvelles amours de Louis-le-Grand. 5244.
Nouvelles Complaintes de tous états touchant la mort de Georges d'Amboise, en vers, dans le MS. N°. 2926.
Nouvelles de la terre de Prestre Jehan. 5394.
— diverses du temps. 3912⁷⁴.
— venues d'Orient. 4457.
Nouvelliste (le) muet, coméd. MS. 3459³. Portef. IX.
Nouvellistes du Luxembourg. 3912⁷⁵.
Novum Testamentum, græcè. 18 — 22.
Novum Testamentum, latinè. 56. 59.
Nuit, (la) ou Léandre & Héro. 3515³⁸.

O

Obscurorum (ex) virorum salibus cribratus Dialogus. 4216.
Octavie, trag. MS. 3460^{12}. Portef. II.
Oculi Phyllidis in astra metamorphosis. 2692^9.
Ode historiale de la bataille de St. Gille. 3197^2.
Œuvres de l'Acteur en langue françoise. 2688^{16}.
Office de la nuit, de laudes & de prime, latin-franç. 256.
 de la quinzaine de Pâques. 260.
 de la Vierge. 326; 327.
 de l'Ordre du St. Esprit. 330.
 du S. Esprit. MS. 329.
Officieux (l') intéressé, coméd. MS. 3459^4. Portef. IX.
Officium Beatæ Mariæ Virginis. MS. 320 —— 324.
—— Impress. 325.
Officium cum Missa Stæ. Syndonis Sudarium Christi vulgariter nuncupatæ. 331.
Olimpe, opéra. MS. 3512^3. Portef. VI.
Ombre du Marquis d'Ancre à la France. 5192^{58}.
Ombre du Marquis d'Ancre apparue aux Princes. 5192^{59}.
Onophage, (l') ou le mangeur d'asne. 5219^{89}.
Onus Ecclesiæ. (Joannis Ubertini de Cabalis Episcop. Chemens.) 582 — 584.
Opéra, Ballets, &c. imparf. MS. 3512. Portef. VIII.
Opérateur (l') Chinois, ballet. 3515^{14}.
Opposition du Roi de Navarre contre l'excommunication de Sixte V. 4373^4.
Opusculum vitæ & passionis Christi. *Antuerpiæ, Gerard. Leeu.* 1489.] 747.
Oraison funebre de Carême prenant. 3913^{97}.
 funebre de Christophe Scheling. 4375^{274}.
 funebre du Marquis d'Ancre. 5192^{60}.
Oratio ad B. Virginem, metricè. MS. 4424^3.
 ad vultum sanctum, metricè. MS. 367^7.
 dominica, metricè. MS. 367^6.
Orationes II ad B. Virginem. MS. 367^9. 468^5.
Oratiuncula quæ dicenda fuit in præsentia Regis & Reginæ Romanorum. 1494.] 2664.
Ordo Romanus. MS. 248.
Ordonnance du Tournoi, &c. faite à l'entrevue des Rois de France & d'Angleterre. 2857^{12}.
Ordonnances de l'Ordre de la Toison d'or. 5290, 5291.
 —— In

OR

—— In latinum verſæ. (à Nic. Nicolai Grudio.) 5292.
Ordonnances eccléſiaſtiques de l'Egliſe de Geneve. 906.
        générales d'amour. 4268, 4269.
        royaux publiées par Louis XII. 2857^9.
        royaux ſur le fait de la juſtice. 1183.
        ſur le fait des maſques. 4266.
        ſur les finances. MS. 1184.
Ordre de Chevalerie 3982.
Ordre de Chevalerie des Cocus réformés. 3912^{77}, 3913$^{27, 101}$, 4375^{254}.
Ordre de la monſtre du myſtere des Actes des Apôtres. (par Greban.) MS. 3374.
Ordre du Sacre de Catherine de Médicis. 4373^3.
    du Sacre de François de Valois. 1333^7.
    du Tournoi du Couronnement de Henri II. 4373^2.
Oreilles de l'ane d'or. 3912^{78}.
Origine de la Ligue. 4375^{102}.
    de la Maiſon de Lorraine. 4375^{80}.
    des Partiſans. 5219^{90}.
    des Romans, ballet. MS. 3512^1. Portef. VII.
    des Saturnales. MS. 5407.
    & commencement de cette Mappemonde papiſtique. 1001.
Oublieux, (l') coméd. MS. 3459^5. Portef. IX.]
Ouverture des jours gras. 3912^{79}.

P

Pact de Mazarin avec le Démon. 5219^{91}.
Padre Pettacioli inviato dall' Innocentio XI in Cortona, poema. MS. 3751.
Palinods, Chants royaux, &c. de N. D. du Puy. 2883.
Pamphilia. MS. 4173.
Panégyrique de Jacq. Math. Reinart. 4375^{272}.
Panégyrique récité à François I à ſon retour de Provence. 3070^8.
Panurge, ballet. MS. 3460^2. Portef. III. |
Papimanie de France. 1110.
Parabolæ Salomonis. MS. 3036^3.
Paraboles de Cicquot. 5166.
Paradis (le) terreſtre, ballet. MS. 3512^5. Portef. VI.
Paradoxe ou déclamation des Cornes. 3913^{28}.

H *

Paradoxes. 1197.
Paraphrases des leçons de Job. MS. 3294.
Parfait Macquereau. 4387[3].
Parfaite description du Coquin du temps. 5219[5].
Paris débloqué. 5219[92].
Parodie de Pirame & Thisbé. MS. 3504[7]. Portef. II.
Partisan tenté du désespoir. 5219[93].
Parva christianæ pietatis officia. 310.
Pasquil des Partisans contre le Diable. 5219[20].
      du Duc de Rohan. 2922[40].
      du rencontre des Cocus. 3913[98].
      ou Coq-à-l'asne de Cour. 3913[75].
      ou Coq-à-l'asne de M. Guillaume. 3913[73].
      Picard coyonesque. 3913[74]. 5192[61].
Pasquille nouvelle sur les amours de Lucas & Claudine. 2922[17].
Pasquillorum tomi duo. (collectore Cœlio Secundo Curione.) 2595.
Pasquin de Cour. 2922[34].
Pasquin François. 2922[31].
Pasquino in estasi. (aut. Cœlio Secundo Curione.) 4226.
—— Trad. en françois. 4227.
Passe-temps du Prieur de Busy, en vers, dans le MS. N°. 2926.
Passe-par-tout des Ponts Bretons. 2922[42], [43].
      du caquet des caquets. 4283[8].
      du Mardi-gras. 3913[29].
Passeport des bons buveurs. 3897. 3913[30].
Passe-temps de tout homme. (par Guil. Alexis.) 2871, 2872.
      & le songe du triste. 3072.
      royal de Versailles. 5248.
Passion de la Cour. 5219[94].
      de N. S. en vers burlesques. 3253. 4373[20].
      de N. S. J. C. exposée selon les Docteurs. MS. 284[12].
      de N. S. J. C. mystere. MS. 3331[4].
Passione del N. S. J. C. 3710.
Pastorale sur la naissance de J. C. MS. 3459[6]. Portef. IX.
Pater noster de M. Colbert. 2922[54].
Pater noster des Flamands. 3071[13].
Patience de Griselidis, trad. (de Pétrarque.) 3974, 3975.
      de Job. 4375[166].
      de Job, mystere. 3338 — 3342.
Paysan (le) & la Paysanne parvenus, coméd. MS. 3459. Portef. IX.

P E

Pazzia d'Orlando, melodrama. MS. 3799^9.
Pédant, (le) pantomime. 3515^5.
Peine & misere des Garçons Chirurgiens. 3913^{31}.
Peines (les) & les plaisirs de l'amour, ballet. MS. 3512^6. Portef. VI.
Peines & tourments de l'enfer, en vers. MS. 2738^{26}.
Pélerin de paix MS. 2887.
Pélerin des Antipodes. 4375^{189}.
Pélerinage de Colombelle & Volontairette, avec fig. (de Boetius à Bolswert.) trad. en fr. 784 — 786.
Pénitence de Théophile. 3229^{13}.
Pensées morales de Louis XIV. 5230.
Penser de royale mémoire. (par Guillaume Michel.) 3020.
Penthaire de l'esclave fortuné. (par Michel d'Amboise.) 2948.
Penthée, opéra. MS. 3512^7. Portef. VI.
Perles d'élite recueillies des Pseaumes de David. 3208.
Persiflés, trag. MS. 3505^{52}.
Perspective pratique. (par le P. du Breuil.) 1844.
Peste du genre humain. 5247.
Pet à vingt ongles, parade. MS. 3505^2.
Pétard d'éloquence de Guil. le Jeune 4375^{12}. ^{196}.
Petit Compost. 1519.
Petit Maître (le) corrigé, coméd. (par P. Carlet.) MS. 3468.
Petit Traité contenant la déploration de toutes les prinses de Rome. (par Jacq. Godard.) 3047.
Petit Traité enseignant qu'est-ce que vraie noblesse. 3090.
Petits fatras d'un apprentif. (par Ant. du Saix.) 3063.
Phébus des déduits de la Chasse. (par Gaston Phœbus.) 2127, 2128.
Philander Philanax. 1138.
Philémon & Baucis. 3515^{16}.
Philomele. MS. 3512^8. Portef. VI.
Philosophie naturelle. (par le Prés. d'Espagnet.) 1769.
Phrénétiques amours de M. J. Tripon. 2722^{29}.
Piæ animæ christianæ exercitia. MS. 332.
Piece de Cabinet découverte. 4373^{21}.
Piece galante. 3912^{82}.
Piteux remuement des Moines par E. P. C. 3203.
Piteuse désolation du Monastere des Cordeliers de Meaux. 3096^{10}.
Pitture antiche d'Ercolano. 5490.

Pitture del Salone del Palazzo di Firenze. 1906.
Plaidoyé pour la défense du Prince des Sots par L. V. 3303^4.
Plaidoyé sur la Principauté des Sots. 3303^7.
Plaidoyer sur le caquet d'une femme. 4283^{14}.
Plaidoyers plaisants. 3912^{83}.
Plainte de la Noblesse Françoise. 5219^{137}.
Plainte du commun à l'encontre des Taverniers, Boulangers. 2941^3.
Plaintes à la Royne mere. 5192^{62}.
Plaintes de Thirsis sur la mort de son ami Théophile. 3239^{14}.
Plaintes des mal mariés. 3913^{56}.
    du Diable. 3912^{84}.
    faites au Roi contre les Carrosses. 4375^{257}.
    sur le trépas de Jean Braconnier, en vers, dans le MS. N°. 2926.
Plaisant Contrat de mariage. 3913^{104}.
    fretillement du temps qui court. 5219^{126}.
    galimatias d'un garçon. 5194^{21}.
    railleur de la Cour. 5219^{100}.
Plaisantes Ephemerides pour six années. 3912^{85}.
    idées du Sieur Mistanguet. 3887.
    ruses de trois Bourgeois de Paris. 3913^{105}.
Plaisir (le) de Chalendré, opéra. MS. 3512^4. Portef. III.
Plaisirs de l'Isle enchantée, (par Moliere.) 1876^{12}. 1882, 1883.
Plans, coupes, &c. de l'Académie des Sciences de S. Petersbourg. 2080.
Plans, élévations de l'Hôtel des Invalides. 1876^{13}.
    élévations & vues de Versailles. 1876^5.
    élévations, &c. du Louvre. 1876^4.
Plans & dessins des décorations ord. par la Ville de Paris pour la paix de 1749.] 2032.
Pleurs de Madame de Guyse. 4375^{55}.
Plusieurs Oraisons, en prose. MS. 2789.
    Poésies Françoises par L. D. P. MS. 3268.
    Traités par aucuns nouveaux Poëtes du différent de Marot, &c. 3040, 3041.
Poemata & effigies trium fratrum Belgarum. 2672.
Poésies contre les Alchymistes. MS. 3271.
    diverses. MS. 3289.
    diverses du XVIIIe. siecle. MS. 3288.

Poésies & Rondeaux des douze Dames de Rhétorique. MS. 2807.
Poetæ Græci principes. 2352.
Poetarum diversorum in Priapum lusus. 4210, 4211.
Poëte ivrogne. 3897.
Pogonologie, ou discours des barbes. 3875.
Polymachie des Marmitons. 3195.
Pompeuse cérémonie du Sacre de Louis XIV. 5287.
Pontificale Romanum. 249, 250.
Ponts-Bretons 2922^{41}. 4375^{235}.
Portraits de la Cour de France. 5237.
    de Louis-le-Grand. 5250.
    des quatre derniers Ducs de Bourgogne. 5081.
    & figures des Spectacles faits à Lyon en 1550.] 5286.
Pot aux-roses découvert. 3913^{72}.
Pot pourri burlesque. 5219^{96}.
Poupée démasquée. 4375^{190}.
Pourpre ensanglantée. 5219^{97}.
Poursuite de la chasse aux larrons. 4375^{236}.
Preces piæ. MS. 283 —— 308.
Pratique abrégée des jugements astrologiques. MS. 1822.
Pratiques de piété pour honorer le S. Sacrement. 798.
Pré d'espoir de l'amant. 2889.
Prédictions crotesques de Bruscambille. 3913^{79}.
Premier livre de l'hist. de la navigation aux Indes Orientales. 4511^{1}.
Premier recueil des œuvres de la Muse cosmopolite. 3079.
Premiere harangue de l'admirable Crocheteur de Paris. 4375^{135}.
Prieres du matin & du soir. 335.
    en vers à Nostre Dame. MS. 2789.
    qui se disent au salut de la Chapelle du Roi. 328.
Prinse de Pavie par M. d'Anguien. 3097^{9}.
Prinse du Capitaine Guillery. 4375^{125}.
Prise du Royaume de Naples. 2857^{2}.
Privileges de l'Archiconfrairie des cervelles émouquées. 3912^{87}.
Privileges de la Ville de Montargis-le-franc. 5267.
    des enfants sans soucy. 3912^{86}.
    des Notaires & Secrétaires du Roi. MS. 1186, 1187.
Privileges du Vicomté de Turenne. 5279.

Privileges & fidélités des châtrés. 2913[86]. 4287[11].
Probationes N. Testamenti ex V. Testamento. (*Augusta Vind. Zainer ex Reutlingen.*) 366*[9].
✽ Procédés sur le grand œuvre. MS. 1760.
Procédure faite contre Jean Chastel. 5175.
Procédure faite contre les filles de joie. 4287[4].
Procès criminel de Charles de Melun. MS. 5073.
      criminel de Gilles de Rays. 5073.
      criminel de Jacques de Beaune. MS. 5073.
      criminel de Louis de Luxembourg. MS. 5073.
      criminel d'un Marcassin. 2922[26].
      de Ravaillac. 5185.
      des Savetiers savatans. 3913[107].
      du Marquis d'Ancre. 5193[3].
      d'un moulin à vent de la porte S. Antoine. 3913[94].
      entre les mal-contents & Jacq. Bonhomme. 4375[148].
      fait à Guillaume Poyet. MS. 5097.
      qu'a fait miséricorde contre justice. 3385.
      sur la vie de Carême prenant. 3913[58, 65].
      verbal de la canonisation de Jules Mazarin. 5219[98].
Procès-verbal de l'assemblée du Clergé de France, années 1614 & 1615.] 1104.
—— Année 1635.] 1105.
—— Année 1645.] 1106.
—— Années 1655 & 1656.] 1107.
—— Année 1670.] 1108.
—— Année 1675.] 1109.
Procès-verbal de l'exécution des Arrêts donnés contre Charles de Bourbon. MS. 5090*.
Procès-verbal de Nicolas Poulain. 4375[56].
Procès-verbal d'exécution de mort de Simon Morin. 957, 958.
Procès-verbal fait au Pere J. Testefort. 1199.
Procession du Roi de France. (par Jean Petit.) 3097[7].
Procris, opéra. MS. 3512[10]. Portef. VI.
Prodige d'un enfant monstrueux. 1671[8].
Prodige merveilleux apparu en 1597 en la grand mer sur la Cité de Théodosie. 4375[108].
Prodiges apparus au Pays d'Anjou. 4375[33].
Projet d'un établissement d'une Maison de charité. MS. 1342.
Prologue de l'Ecole du monde. MS. 3459[1]. Portef. V.
      de l'entrée de Charles VIII faite à Rouen. 2856.

Prologue de l'Opérateur. MS. 3505^1.
        fait par un Messager Savoyard. 3401^4.
        pour la Comédie de la répétition. MS. 3459^1.
  Portef. X.
Prologues non tant superlifiques que drolatiques. 3890.
Promenades de la Guinguette. 3912^{88}.
Promenades printanieres de A. L. T. M. C. 1729.
*Prométhée, coméd. MS. 3459^8. Portef. IX.
Promptuarium exemplorum Discipuli. (*Coloniæ*, circa 1473.) 678.
Pronosticatio in latino rara & priùs non audita. 1824.
Pronostication de M^e. Albert Songecreux Bifscain. 1838.
        des Pronostications. 3913^{64}.
        nouvelle. 2975^3. 3095^5.
Propos dorez sur Conchino. 5192^{63}.
Proposition faite aux Electeurs à Reinsbourg.1541.] 5093^4.
Propriétés diaboliques D· C. (du Card Mazarin.) 5219^{99}.
Protestation faite par la Reine d'Angleterre. 5105^6.
Proverbes communs, 4310.
Proverbes dorés. (par Pierre Gringore.) 2975^1. 2976.
Prouesses de Huon de Bordeaux. 4048, 4049.
Prouesses & vaillances d'Hercules. 4083, 4084.
Psalmorum Codex *Moguntiæ, Petr. Schoiffer* 1502.] 235.
Psalmorum liber cum aliquot Canticis. 236.
Psalterium cum glossis. MS. 188.
       gr. lat. *Mediol.* 1481.] 24.
       duplex, latinè cum glossis. MS. 187.
       latinè. MS. 53.
       latinè. *Mediol.* 1477.] 54.
       latinè. 55.
       octo linguis. 7.
       quincuplex. 8, 9.
       secundùm consuetudinem Curiæ Romanæ. 234.
Pseaumes des Courtisans. 4375^{191}.
Pseautier de Notre Dame. (par Pierre le Goux.) 2917.
       des Courtisans. 4375^{211}.
       des Villains. (attribué mal-à-propos à Alain Chartier.) 2895^4.
Pseautier distribué selon l'ordre des Heures Canoniales. 237.
Publication des joûtes publiées à Paris en 1514.] 1333^{14}.
Puissance d'amour. (par Richard de Furnival.) MS. 2736^{41}.
Punition du jugement de Dieu contre Ant. Sauctive. 4375^{142}.

P U

Pure vérité cachée. 5219[21].
Purgatoire d'amours. 3089.
Purgatoire de S. Patrice. MS. 732[6].
——— Diverses Editions. 4775, 4776.
Purgatoire des hommes mariés. 4375[13].
Purgatoire des prisonniers. 2922[18].
Puteolanæ Antiquitates. 5491.
Puy du souverain amour. (par Pierre Duval.) 3112.
Pytis, pastorale. MS. 3460[4]. Portef. III.

Q

Quadragésimal spirituel. 791, 792.
Quadreria medicea. 1905.
Quarante-cinq faits criminels du Card. Mazarin. 5219[120].
Quarante Tableaux touchant les troubles de la Ligue. 5117.
Qu'as-tu vu de la Cour? 2922[19]. 5219[22].
Quatre (les) âges en récréation, ballet. 3515[28].
Quatre (les) Evangélistes, en vers. MS. 2736[19].
Quatuor Evangelia, arabicè. 16.
Quatuor Novissimorum liber. (*Parisiis*, *Petrus Cæsaris*, circa 1472.) 589.
Quatuor (de) Novissimis, trad. en vers & en prose. (par Thom. le Roy.) *Audenardæ*. (*Arnaud l'Empereur.*) 590.
Que dit-on de la Cour? 4375[212].
Querelle arrivée entre Tabarin & Francisquine. 3913[95].
——— de Gautier-Garguille. 3913[32].
——— d'entre Jean Pousse & sa cousine. 3913[99].
——— entre Tabarin & Francisquine. 3913[55]. 4287[7].
Question si la voix du peuple est la voix de Dieu. 4373[23].
Questions diverses en trois livres. 4273.
Questions énigmatiques. 3913[118].
Quinze joies de mariage. (Fr. de Rosset.) 4278—4280.
——— marques pour connoître les faux C... 3913[92].
——— Oraisons de Ste. Brigide. 3097[5].
——— Signes descendus en Angleterre. 2975[7].
Quiproquo (le) coméd. MS. 3459[9]. Portef. IX.
Quòd fidelis anima est habitaculum Dei. MS. 4728.

Radicalis

R A

R

Radicalis attestatio fidei orthodoxæ. *Nurembergæ, Fred. Creufzner.* 1477.] 816.
Raison pourquoi les femmes ne portent barbe. 3913[55].
Raisons d'état contre le Ministre étranger. 5192[64].
Raisons pour lesquelles Henri de Bourbon ne peut être Roi de France. 5160.
Raisons pour lesquelles le Roi s'est servi du Roi de Navarre. 4373[7].
Ramage de l'oiseau mis en cage. 5219[127].
Rappel des Juifs. (par la Peyrere.) 978.
Rapport fait des pucellages estropiés. 3913[77].
Rasoir des rasez. 997.
Rat de la Cour. 5219[128].
Ratio atque institutio studiorum Societatis Jesu. 1131; 1132.
Reali di Franza *Venetia.* 1499.] 4181.
Recette pour la toux du Renard de la France. 4375[86].
Recherches de l'antiquité de Chasteau-Landon. 5263.
Recherches sur la beauté & la vertu. (par l'Abbé de Condillac.) 1296.
Récit de ce qui s'est passé à la mort de Marillac. 4375[253].
Récit de la conqueste de la Bretagne Armorique, en vers. MS. 2726.
Récit de la fin malheureuse d'un Usurier. 4373[24].
— du ballet de la foire de S. Germain. MS. 3514[9].
— du ballet des Singes. MS. 3514[5].
Recollectorium ex gestis Romanorum. *Gouda, Ger. Leeu.* 1480.] 4939.
—— (*Ultrajecto inferiori, Nic. Ketelaer. circa* 1472.) 4940.
—— *Editio altera.* 4941.
Récompense du Tyran de la France. 4375[81].
Récréation, devis & mignardise amoureuse. 3091.
Recueil abrégé des principales Maisons de France. MS. 5416.
Recueil de Ballets & Opéras depuis l'origine jusqu'à présent. 3513.
Recueil de Cartels, &c. pour le combat de la barriere fait en 1605. MS. 3512[2]. Portef. III.
Recueil de ces Messieurs, (par M. de Caylus,) 3909.

I *

Recueil de Chansons pour servir à l'hist. anecdote de la Cour. MS. 5257.
Recueil de Contes dévots, en vers françois. MS. 2713 — 2716.
Recueil de 273 Portraits tant de la Cour de France que des Pays étrangers. 2006.
Recueil de différentes pieces de poésie italienne. 3553.
Recueil de différentes pieces de poésie latine, depuis 1547 — 1776.] 2593.
Recueil de différentes pieces de poésie latine. *Sans date d'année.* 2594.
Recueil de différentes Satyres sur le Cardinal de Richelieu. MS. 3250.
Recueil d'Edits. 1182.
Recueil de diverses Poésies par M. D. C * * *. MS. 3458.
Recueil de diverses Poésies des plus excellents Auteurs du XVIIe. siecle. MS. 3221.
Recueil d'Estampes d'après les Tableaux de la Galerie de Dresde. 1913.
Recueil d'Estampes représ. la vie de l'homme. 1962.
Recueil d'Estampes représ. les habillements militaires des Corses. 2005.
Recueil de 30 Estampes représ. les 4 Eléments, &c. 1966.
Recueil de 123 Estampes repr. l'hist. des troubles de France. 5116.
Recueil de 66 Estampes gr. en maniere noire. 1983.
Recueil de 72 pieces pour & contre le Connétable de Luynes. 5194.
Recueil de 80 Estampes satyriques. 1976.
Recueil de 100 Estampes représ. différentes Nations du Levant. 2019, 2020.
Recueil de 278 Estampes représ. des modes diverses. 2013.
  d'expériences d'Alchymie. MS. 1756.
  de facéties. 3912.
Recueil de Farces & de Moralités MS. au nombre de 73, détaillées au N°. 3304.
Recueil de Figures dessinées & coloriées à la Chine. 1520.
  de 45 Fig. peintes à la Chine. 1022.
  de 48 Fig. peintes en Turquie. 2017.
Recueil de 50 Fig. peintes à gouache, représ. différents habillements de théâtre. 2042.
Recueil de Fleurs peintes à la Chine. 1586.
  de la Chevauchée. 3912⁶⁹.

Recueil de la malice des femmes. 3181[7].
  de Lettres en vers depuis la mort du Sr. Loret. 3254.
  de Mazarinades. 5219.
Recueil de personnes qui ont enduré la mort pour le nom du Seigneur 4787.
Recueil de pieces concernant la dissolution des Parlements. 5305.
Recueil de pieces concernant le Cardinal de Richelieu. MS. 3251.
Recueil de pieces concernant Polichinelle. MS. 3507.
Recueil de pieces contre le Maréchal d'Ancre. 5192.
Recueil de pieces de poésie françoise. Sans date d'années. 2924.
Recueil de pieces de poésie françoise depuis 1544 — 1779.] 2923.
Recueil de pieces de vers en latin & en françois. 2925.
  de pieces diverses. 4374, 4375.
  de pieces fugitives satyriques. MS. 4217.
  de pieces MS. sur différents sujets. 4370, 4371.
  —— Imprimées. 4372, 4373, 4374.
Recueil de pieces morales. MS. 1277.
  de pieces pour & contre le Cid de P. Corneille. 3424.
  de pieces pour & contre le Poëte Théophile. 3239.
  de pieces pour & contre Voltaire. 4398*.
  de pieces qui ont rapport à la famille de Calas. 1198.
  de pieces qui ont rapport au Card. de Retz. 5214.
  de pieces sur les affaires des Jésuites. 1143.
Recueil de pieces sur les affaires des Jésuites de Portugal. 1142.
Recueil de pieces sur Melle. Petit de l'Opéra. 3912[81].
Recueil de plusieurs Farces au nombre de 7, détaillées N°. 3313.
Recueil de poésies des Troubadours. MS. 2701.
  de poésies françoises du XVIIe. siecle. MS. 3270.
  de poésies du XVIIIe. siecle. MS. 3297.
  de prieres & de pratiques. 334.
  de quelques pieces nouvelles. 4393.
  de recettes & de secrets médicinales. MS. 1731.
  de secrets de Chymie. MS. 1749.
  de toutes les pieces de Théophile. 3239[16].
Recueil de Tragédies & de Comédies représentées dans différents Colleges. 3461.

Recueil de Traités de Mathématique de l'Acad. Roy. des Sciences. 1800.
Recueil de Vaudevilles historiques. MS. 3538.
Recueil de vers latins & vulgaires sur le trépas de feu M. le Dauphin. 2107.
Recueil de vers latins de plusieurs Poëtes sur le trépas de feu M. le Dauphin. 3070.
Recueil des actes faits aux hauts jours de Conardie. 3103.
  des Chansons Mazarinistes. 5219^{44}. ^{101}.
  des choses advenues depuis 1567 — 1568.] 5108.
  des choses faites pour le fait de la religion. 5107.
Recueil des Comédies & Ballets représ. sur le théâtre des petits appart. 3515.
Recueil des épitaphes faites sur Théophile. 3239^{15}.
  des exemples de la malice des femmes. 4375^{14}.
  des histoires de Troye abregé. 3336.
Recueil des histoires des repues franches. (par Fr. Villon.) 2904^{12}.
Recueil des Historiens de France. 5015.
Recueil des Mascarades faites à Paris en 1607.] 3228.
Recueil des pieces qui ont remporté le prix sur le Puy de l'Immaculée Conception. 3220.
Recueil des plaisantes Nouvelles recueillies de plusieurs Auteurs. 3948.
Recueil des plus excellents ballets dansés en 1612. MS. 3514.
Recueil des triomphes qui ont été faits au logis du Duc d'Orléans. 5285.
Recueil d'habits en usage en Europe, &c. 1995.
  général des caquets de l'accouchée. 4282.
  sur le Maréchal d'Ancre. 5193.
  sur Nicolas Durant. 4545.
Récusations envoyées au Parlement de Paris. 5105^{8}.
Réflexions contre la Comédie. MS. 610.
Réflexions sur les femmes. MS. 4295.
Réformation des Tavernes & Cabarets. 3194.
Réformation des Dames de Paris. 2941^{2}. 2975^{5}.
Reformatorium vitæ. (aut. Jacobo Philippi.) *Basileæ, Mich. Furter.* 1444. (1494.) 775.
Réfutation des folles rêveries de Nic. Durant. 4545^{2}.
Regimine (de) Rusticorum libellus. *Lovanii, Joan. de Westphalia.* (circa 1480.) 1325.

— (Coloniæ, Henr. Quentell, circa 1480, ut ex typis conjicere fas sit.) 1326.
Regiftre du Greffe de l'Ordre du Saint-Efprit. MS. 5298.
Regle de S. Benoît. MS. 1114.
Réglement fur les Savetiers-Cordonniers. 3913^{112}.
Regles de la Cabale des Filoux. 3913^{54}.
Regnier le renard. 3835.
Regrets avec la Chanfon de Charles de Bourbon. 2975^2.
Regrets d'amours faits par un amant dit le Déconforté. 3101.
Regrets de France fur le trépas du Duc de Joyeufe. 4375^{58}.
   de Madame de Guife. 4375^{57}.
   de Madame de Nemours. 4375^{87}.
   de Picardie & Courtray. 2889^6.
   des filles de joie de Paris. 3913^{33}. 4287^5.
   du loyal amoureux. 2980^4.
Regrets & Complainte de Nicolas Clereau. (par Gilles Corrozet.) 3097^{10}.
Regrets facétieux du S. Thomaffin. 4147.
Regrets fur la mort d'un Ane Ligueur. 4375^{103}.
Regulæ Societatis Jefu. 1125 - 1127.
Réjouiffance des femmes fur la défenfe des tavernes. 3181^4.
Réjouiffance fur la mort du M. d'Ancre. 5192^{65}.
Réjouiffances faites à Bruxelles pour la prife de Bude. 2034.
Relatio nuperi itineris profcriptorum Jefuitarum. 1137.
Relation de la Fête de Verfailles. 1876^{12}.
   de la Fête de Verfailles le 18 Juillet 1668.] 1883.
   de la promotion de l'illuftre S. Martin. 3912^{55}.
   de l'arrivée du Roi au Havre-de-grace. 2031.
   du grand Voyageur. 4544.
   du Groenland. (par If. la Peyrere.) 5380.
   du Siege de beauté. 3912^{98}.
   d'un voyage de Paris à Rouen. 3912^{94}.
Relations de différents Pays nouvellement découverts. 3912^{93}.
Relevement de l'accouchée. 4283^9.
Remarques & obfervations fur le Concile de Trente. MS. 352.
Remarques hiftoriques fur le Dieu Priape. MS. 5446.
   hiftoriques fur les différentes Vénus. MS. 5445.
   fur les Cornes. MS. 4284.
Remede pour la Goutte, en vers, dans le MS. N°. 2926.
Remede très utile contre la pefte. 2975^6.

Remembrance de la mort. 2913.
Remerciment au Roi de la justice exercée contre le M. d'Ancre. 5192^{66}.
Remerciment des Catholiques unis. 4375^{88}.
Remontrance à une Compagnie de venir voir jouer farces & moralités. MS. 3304^{73}.
Remontrance au peuple de France pour tous états. 3199.
Remontrance au Roi pour l'abrogation de la Confrairie de la Passion. 3303^{5}.
Remontrance de M. le Prince de Condé. 5105^{7}.
Remontrance sur les ornements dissolus. (par F. Estienne.) 607.
Remontrances faites au Roi Louis XI. 2857^{11}.
Remors de mort, en vers, dans le MS. N°. 2916.
Renard pris au trébuchet. 4375^{270}.
Renart le nouvel. (par Jacquemars Giélée.) MS. 2736^{18}.
—— (Mis en prose par Jean Teneffax.) 3857—3859.
Rencontre de Gautier Garguille avec Tabarin. 3913^{107}.
    de M. d'Espernon & de Ravaillac. 4375^{159}.
    de Théophile & du Pere Coton. 3239^{17}.
    de trois Astrologues judiciaires. 3913^{188}.
    de Turlupin. 3913^{114}.
    des Cocus. 3913^{59}.
Rencontre du Marquis & de la Marquise d'Ancre en l'autre monde. 5192^{67}. 5193^{12}.
Rencontres à tous propos. 4311.
    & imaginations de Rabelais. 4375^{185}.
    facétieux du Baron Gratelard. 3913^{36}.
    fantaisies, &c. du Baron Gratelard. 3895.
Renversement de la morale chrétienne. 1018.
Repentance du mariage de Robin. (par B. de Gourmont.) 2941^{4}.
Réplique à ceux de la Ligue touchant la loi salique. 4375^{53}.
Réplique à la réponse du Poëte Angoulvent. 3225.
Réplique des Bourgeois de Mezieres contre le Comte de Nansot. 3071^{2}.
Réponse à certaines calomnies. . . . 3780.
    à l'éloge du mensonge. 3912^{90}.
    au libelle int. Admonition à Louis XIII. 4375^{241}.
Réponse aux Lettres de Nic. Durant de Villegaignon. 4545^{2}. 5101.
Réponse de Dame Friquette. 4375^{160}.
Réponse de la Vertugalle au Cul. 3193.

R E

Réponse de quelques mal-contents du Châtelet aux grands jours de M. Muet. 3898.
Réponse des Dames au caquet de l'accouchée. 4283[10].
       des Servantes aux langues calomnieuses. 3913[113].
       sur les calomnieux propos d'un Pédant. 5192[68].
Réponses di-gestes de Arlequin au Poëte. 3913[46].
Repos du plus grand travail. (par Guil. des Autelz.) 3174.
Representatione d'Abrahamo. 3787.
       dell' Abbataccio. 3788[2].
       di Carnasciale. 3549[5].
       di Salomone. 3788[1].
       di S. Panutio. 3788[6].
Reproches de S. Pierre & des deux larrons à Judas. 3253.
Requête burlesque. 5219[23].
       du sexe masculin contre le sexe féminin. 3057.
       présentée à Pluton par Conchino. 5194[22].
       présentée au Parlement par Madame de Guyse. 4375[89].
Requête présentée au Roi par la Reine Louise Douairiere de France. 5158.
Résolution de ny trop tôt ny trop tard marié. 2922[8].
Restaurateur des Constipez. 4375[197].
Restauration (la) du Parnasse, coméd. MS. 3459[3]. Port. X.
Résurrection de N. S. J. C. mystere. MS. 3331[.]
Retour (le) d'Arlequin à la foire, divert. MS. 3506[6].
       (le) d'Astrée, prologue. 3515[10].
       (le) de Jacques II à Paris, coméd. 3502.
       du Prince de Condé dans le ventre de sa mere. 5219[129].
Réveil du Soldat François au Roi. 5192[69].
Réveille-matin des Couards. 4375[113].
Réveille-matin des François. (attribué à N. Burnand ou à Th. de Beze.) 5119.
Revelatio majestatis divinæ. MS. 1762.
Révélation du S. Prophete Esdras. 1333[5].
Rêveries d'un Bourgeois de Paris. 4375[224].
Revue des Troupes d'amour. 3912[51].
Rieur de la Cour. 5219[102].
Rillons (les) rillettes, coméd. MS. 3504[8]. Portef. II.
Rinaldo appassionato. 3736.
Rocquentins de la Cour. 4375[15].
Roi (le) détrôné, trag. MS. 3483.
   hors de page. 4375[171]. 5192[70].

RO

Roi (du) qui racheta le larron, en vers. MS. 2736^{26}.
Rois (les) de France. MS. 2738^{1}.
Rôle des préſentations faites aux grands jours de l'éloquence françoiſe. 3912^{96}.
Roman comment la mort de N. S. fut vengée, en vers. MS. 2714^{2}.
Roman d'Alexandre. MS. 2701.
Roman d'Artus le petit. MS. 4022.
—— Impr. Paris. 4023, 4024.
Roman d'Auberi le Bourguignon, en vers. MS. 2731.
Roman d'Aymeri de Narbonne & de Guillaume au court nez, (par Adenez) en vers. MS. 2735.
Roman d'Ayol & de Mirabel, en vers. MS. 2732^{3}.
Roman d'Erec, fils de Lancelot du Lac, en vers. MS. 2729^{2}.
Roman de Berinus. 4103.
  de Beufves de Hantonne. 4058.
  de Buſtalus. MS. 4099.
Roman de Caſſiodorus, Empereur de Conſtantinople. MS. 4096^{5}.
Roman de Cléomades par Adenez, en vers. MS. 2733^{2}, 2734^{1}.
—— (Trad. de vers d'Adenez, en proſe.) 4130.
Roman de Clériadus. 4025.
  de Fier-à-bras. Lyon, Guil. le Roy. 1486.] 4047.
  de Florimont, en vers. MS. 2706.
  de Florimont, en proſe. 4094.
  de Garin de Montglave, en vers. MS. 2729^{1}.
  de Garin le Loherens, en vers. MS. 2727.
   Suite de ce Roman, en vers. MS. 2728.
Roman de Gérard Comte de Nevers. (Trad. en proſe de Gibert de Monſtreuil.) MS. 4107.
—— Impr. 4108.
Roman de Gérard de Nevers. (Extrait par M. de Treſſan.) 4134^{12}.
Roman de Gérard d'Euphrate. 4041, 4042.
  de Gériléon d'Angleterre. 4059.
  de Giron le Courtois. MS. 3990.
—— Impr. 4009, 4010.
Roman de Godefroi de Bouillon. MS. 4605.
  de Guerin de Montglave, en proſe. 4039, 4040.
  de la guerre des Albigeois. MS. 2708.
  de Guion de Auſtone, en vers. MS. 2732^{1}.

            Roman

R O

Roman de Gui de Warvich. 4126.
  de Huon de Bordeaux. 4048, 4049.
Roman de Jason & Médée. (par Raoul le Fevre.) 4085,
 4086.
Roman de Jourdain de Blaves. 4054.
  de Julien de S. Gilles, en vers. MS. 2732².
  de Karles le cauve, en vers. MS. 2724.
Roman del San Graal. (par Robert de Borron.) MS. 3989¹.
 3993.— 3995.
——— *Impr.* 3992.
Roman de la belle Hélaine. 4131.
Roman de la mort que nostre Sire ot a homme, en vers.
 MS. 2738²⁰.
Roman de Lancelot du Lac. (par Maistre Gautier Map.)
 MS. 3989³. 4003 ——— 4006.
——— *Paris, Verard.* 1494.] 3999.
——— (*Paris. Verard.*) 4000.
——— *Diverses Editions.* 4001, 4002.
Roman de Laurens, fils de Marques de Rome. MS. 4096⁴.
  de l'Empereur de Fiseus. MS. 4096³.
  de Mabrian. (Trad. par J. le Cueur & Guy Bou-
 nay.) 4034.
Roman de Marques de Rome. MS. 4096².
  de Maugist d'Aygremont. 4037, 4038.
  de Meliadus de Léonnoys. (par Rusticien de Pise)
 MS. 3990.
——— *Impr.* 4011, 4012.
Roman de Meliadus dit le Chevalier de la Croix. 4013,
 4014.
Roman de Melusine par M. L. M. D. M. 4117.
Roman de Merlin. (par Robert de Borron.) MS. 3989².
 3994, 3995.
——— *Impr.* 3996.
Roman de Meurvin. 4046.
  de Milles & Amys. 4055 — 4057.
  de moralités. MS. 1241¹.
  de Pelyarmenus de Rome. MS. 4096⁶.
  de Pepin & de Berthe, (par Adenez) en vers. MS.
 2734².
Roman de Perceforest. 4097, 4098.
Roman de Perceval le Galloys. (trad. de Chrétien de
 Troyes.) 4007.
Roman de Ponthus. 4060, 4061.

        K *

Roman de Regnault de Montauban, en vers. MS. 2730¹.
      de Regnault de Montauban, en profe. 4036.
      de Robert le Diable, en vers. MS. 2732⁴. 2733¹.
      de Robert le Diable, en profe. 4124, 4125.
      de Sapience, en vers. MS. 2714¹. 2730².
      de Theseus de Coulogne. 4051, 4052.
      de très douce mercy au cuer d'amours épris. (par René d'Anjou.) MS. 2811.

Roman de Triftan de Léonnois. (par Luce Sire du Gat.) MS. 4015.
— — Impr. 4016, 4017.

Roman de Valentin & Orfon. 4053.
      de Yfaïe le trifte. 4020, 4021.
      des quatre Fils-Aymon. *Lyon*. 1493.] 4031.
— — *Rouen*. 4032.

Roman des fept Sages de Rome. MS. 672³.
Roman d'Ogier le Danois. (trad. d'Adenez.) 4043 — 4045.

Roman du Bruth. (par Rufticien de Pife.) MS. 3990.
      d'Ogier le Danois, en vers. MS. 2729³.
      du dernier des enfants de Caffiodorus. MS. 4096⁷.
      du Dolopatos, ou des fept Sages. MS. 4096¹.
      du Jouvencel. (par Jean du Beuil.) MS. 4127.
— — *Paris*, *Ant. Verard*. 1493.] 4128.

Roman du Marquis de Saluce. (trad. de Boccace.) MS. 1242³.

Roman du Renard. MS. 2717, 2718.
      du Reftor du Paon. MS. 2703, 2704.
      du Roi Artus-le-Grand. *Rouen, Gaillard le Bourgeois*. 1488.] 3998.

Roman du vœu du Paon. MS. 2703, 2704.
Roman d'Yaumont, d'Agoulant & d'Afpremont, en vers. MS. 2715.
Rome ridicule, caprice. 5219²⁴.
Rondeaux au nombre de 350. (attribués à P. Gringore.) 2983.
Rondeaux nouveaux au nombre de cent trois. 3077.
Rofier hiftorial de France. 5029, 5030.
Rotta di Babilonia. 3717¹.
Routier de la mer. 1333⁹.
Royalifte François. 4375.¹⁷².
Rudimentum Novitiorum. (aut. Joan. Columna.) *Lubeca, Lucas Brandis de Schaʳʑ.* 1475.] 4559.

R U

―――― Trad. en françois. 4560, 4561.
Rues & Eglises de Paris. 2895^8.
Ruines de Balbec. (par Wood, Borra, Bowerie & Dawkins.) 5494.
Ruines de Palmyre. (par Wood, Borra, Bowerie & Dawkins.) 5493.
Ruins of Athens. 5497.
Ruse des Flatteurs découverte. 4375^{242}.
Ruses découvertes sur les Chambrieres. 4287^8.

S

Sacre de Louis XII. 2857^4.
  de Louis XV. 5288.
  de Louis XVI. 5289.
Sacrifice d'Abraham. 3379, 3380.
Saga, seu historia Hervaræ. 5379.
Sagesse des petites maisons. 4375^{267}.
Saint Germain, ou les amours de Madame D. M. T. P. 5242.
Sainte Cécile, trag. MS. 3459^2. Portef. III.
  vie de S. Joseph. 4724.
  vie de Ste. Catherine. 3098.
Salade. (par Ant. de la Salle.) 4573.
Salmigondis. 4220.
Salomonis & Marcolphi Dialogus. *Antverpia, G. Leeu.* 1488.] 4406.
Salvationes devotæ Beatæ Virginis, metricè. MS. 367^8.
Salve Regina de Mazarin. 5219^{25}.
Samson le fort, tragédie. 3411.
Sancto, (il) melodrama. MS. 3799^3.
Sanctolio Victorino linguarium. 2592^4.
Sanglante chemise de Henri-le-Grand. 5184.
Saturnales. 3515^{21}.
Satyre du Parlement de Pontoise. 5219^{26}.
Satyre Menippée. (par P. le Roy, &c.) 5165.
Satyres Chrestiennes de la Cuisine Papale. (par P. Viret.) 3495.
Satyrique de la Cour. 2922^{44}.
Saül & David, tragédie. MS. 3455.
Saut périlleux de Joachim, Bey de Tunis. MS. 3505^{53}.
Scala politica dell' abominatione papale. 1012.

Scanderberg, trag. MS. 3460⁵. Portef. III.
Scaramouche Pédant, divert. MS. 3506¹.
Scarron apparu à Madame de Maintenon. 5245.
Scena motuum in Gallia nuper excitatorum. 2592⁷.
Sciatta de reale di Francia. 3735³.
Science de bien vivre & bien mourir, en vers. 2797.
Science de la physionomie. MS. 1189⁴.
Scriptores de balneis. 1507.
Scriptores Historiæ Romanæ Latini veteres. 4849.
Second livre contenant la narration du voyage aux Indes Orientales. 4511².
Seconde Apologie des vrais Chrétiens contre les calomnies des ennemis de l'Eglise Cath. 3780.
Seconde après-dînée du caquet de l'accouchée. 4283².
  Déclaration du Prince de Condé. 5105¹¹.
  Harangue du mirelifique Crocheteur de Paris. 4375¹³⁶.
Secret de l'histoire naturelle. 1674.
Secrets & loix de mariage. (par Jean Divry.) 2979⁴. 3087.
Secrétaires (les) de St. Innocent, ballet. MS. 3514⁶.
Sei Dialogi ne quali si ragiona del Concilio di Trento. 361.
Semonce à une Demoiselle des Champs. 3181⁵.
Sens commun adressé aux Habitants de l'Amérique. MS. 5403.
Sens dessus dessous. 5219¹⁰³.
Sentence burlesque. 5219¹⁰⁴.
  contre Henry de Valois. 4375⁸².
  contre l'Auteur des caquets de l'accouchée. 4283¹¹.
Sentence décrétale au fait de la paillarde Papauté. 995, 996.
Sentence de M. le Provost de Paris donnée contre Angoulevent. 3303⁶.
Sentence & condamnation du procès du Pape de Rome. 998.
Sentence redoutable du jugement de Dieu. 5110.
Sententiæ ex Horatio excerptæ. MS. 4302.
Sententiæ septem Sapientum. *Venetiis, Aldus.* 1495.] 2355.
Sept Arts libéraux de la Cour. 5219³⁶.
  Chapitres dorés. 1768.
  Péchés, en vers. MS. 2707³.
  principaux Vices, en vers. MS. 2738¹⁵.
  (les) Pseaumes. (*Lantenac, Jean Cres.*) 2904⁸.
  Vertus, en vers. MS. 2738¹⁴.

Septem Pſalmi pœnitentiales. 336.
Sérées ſatyriques de la Cour. 4375^{246}.
Serie di ritratti d'Uomini illuſtri Toſcani. 5620.
Sermon de S. Paul. MS. 273;8^{8}.
   des Frappe-culs nouveaux. 3071^{1}.
   d'un quartier de Mouton. MS. 3304^{5}.
   en faveur des Cocus. 3913^{37}.
   joyeux auquel eſt contenu tous les maux de mariage. 3095^{4}.
Sermon joyeux de la fille égarée. MS. 3304^{12}.^{7}
Sermon joyeux de la patience des femmes. 2922^{10}. 2979^{5}. 3095^{7}.
Sermon joyeux de M. Saint-Haren. 3095^{12}.
   joyeux des quatre Vents. MS. 3304^{4}.
   joyeux d'un Deſpucelleur de Nourriſſes. 3071^{2}.
   joyeux pour l'entrée de table. 3095^{6}.
   joyeux pour rire. MS. 3304^{3}.
Sermones nuncupati, Dormi ſecurè. (auctore Rich. Maidſ-
tono.) *Coloniæ, Conrad. de Homborch.*] 705.
—— *Lugduni. Jo. Trechſel.* 1491.] 706.
Sermones quatuor Noviſſimorum. *Circa* 1480.] 709.
Sermones Socci. (à quodam Theologiæ Profeſſore, Ord.
Ciſter. Conventûs in Marienrayd.) *Daventriæ, Rich.
Paffrod.* 1480.] 704.
Siecle (le) d'Auguſte, ballet. MS. 3512^{2}. Portef. VII.
Silvie, coméd. MS. 3459^{5}. Portef. X.
Simolacri, hiſtorie e figure de la morte. 3717.
Simulacres & hiſtoriées faces de la mort. 3100.
Singe Huguenot. 4375^{16}.
Singeries des femmes de ce temps. 4375^{225}.
Sire Benoiſt Ferreur d'eſguillettes. 4375^{151}.
Situ (de) Orbis. MS. 367^{18}.
Societatis Jeſu novum fidei Symbolum. 1139.
Solitude chrétienne. 780.
Sommaire Déclaration d'aucuns lieux fort néceſſaires à un
Chrétien. 905.
Sommaire Déclaration du Prince de Condé. 5105^{9}.
Sommaire des raiſons qui ont meu les François Cath. de
reconnoître Charles X. 4375^{83}.
Sommaire du Teſtament du Cardinal de Mazarin. MS.
3250.
Sommaire Recueil des choſes faites pour le Prince de
Condé. 5106.

Songe. 5192⁷¹.
    arrivé à un homme d'importance. 3912⁹².
    burlesque de Polichinelle. 5219¹⁰⁵.
    du Castel, en vers. MS. 2736³⁹.
    du Démon véritable. 4375¹⁸⁶.
    du vieil Pélerin. (par de Mezieres.) MS. 1338.
    & prévision de la paix de France. 3097².
    prophétique des futures victoires de Louis XIII. 3497³.
Songes de Daniel. 1333⁶.
Songes drolatiques de Pantagruel. 3871.
Sonnets contre la Ligue. 3214. 4375¹⁰⁴.
Sortes Virgilianæ. 2592⁵. 2592⁸.
Sot (du) du Comte, en vers. MS. 2736³⁸.
Sotise à huit personnages (par Jean Bouchet.) 3325.
Sottie à dix personnages jouée à Geneve. 3371.
Soubrette (la) Maîtresse, coméd. MS. 3459⁶. Portef. X.
Soufflet de la Fortune. 5219¹³⁰.
Souhaits des Dames 2907.
Souhaits des hommes. 2777⁵. 2906.
Soupirs de la fleur de lys. 5194²³.
    de la France esclave. 5225.
    du fils du Marquis d'Ancre. 5192⁷². 5193⁷.
Souppe frondée. 5219¹⁰⁶.
Source d'honneur pour maintenir l'élégance des Dames. 4277.
Sourd (le) & le Manchot, parade. MS. 3505³⁵.
Spagna, in ottava rima. 3676.
Spectateur, (le) trad. de Steele, &c. 1279.
Speculum animæ peccatricis. 1482.] 639.
—— (Parisiis.) Ant. Cayllaut. 640.
—— Editiones veteres. 641, 642.
Speculum exemplorum. (authore Ægidio Aurifabri.) Daventriæ, Rich. Paefroed. 1481.] 679.
—— Hagenaw. 1512.] 680.
Speculum humanæ salvationis. MS. 123.
—— Editio vetus rarissima 124.
Speculum justitiæ, teutonicè. 769*.
Speculum Peccatoris. (aut. S. Augustino.) (Augustæ Vind. Zainer ex Reutlingen.) 366*⁶.
Spiegel der Gerechticheit 769*.
Stances à la louange du Roi Louis XIII. MS. 3243.
    au Roi sur la mort de Conchine. 5192⁷². 5193¹¹.

Stances fur la mort du faquin de Conchine. 5192[74].
    fur l'anagramme de Jules Mazarin. 5219[131].
Stanze amorose sopra gli horti delle donne. 3552.
Statues, bustes, &c. des Maisons royales. 1876[8].
Statuta Hospitalis Hierusalem. (authore J. B. Rondinello.) 1145.
Statuta Lupanaris Avenionensis. MS. 1201.
Statuti della Citta di Luca. (tradotti da Tobia Sitti) 1202.
Statuts de la Confrairie des saouls d'ouvrer. 3913[90].
    de la Congrégation des Pénitents. 1146.
    de l'Ordre de la Jarretiere. MS. 5365.
    de l'Ordre du S. Esprit institué par Louis Duc d'Anjou. MS. 5295.
———— Institué par Henri III. 5297.
Statuts & Ordonnances de l'Ordre de S. Michel. MS. 5293.
——— Impr. 5294.
Stella Clericorum. 581.
Stratonice, coméd. MS. 3460[6]. Portef. III.
Succession (de la) du droit & prérogative de Premier Prince du Sang. 4375[84].
Suffisance de Colas Durant. 4545[5].
Suite & arrangement des volumes d'Estampes du Roi. 1876.
Sujet de la Farce représentée par Mazarin. 5219[65].
Summa Collationum. (Coloniæ, Otr. Zel de Hanau, circa 1470.) 1319.
Superstitions anciennes & modernes. 4781.
Suppléeurs (les) du Courtisan, ballet. MS. 3514[2].
Supplication à Notre Dame. (par Pierre de Nesson.) 2787.
Surprise & fustigation d'Angoulvent. 3224. 3913[50].
Surprises (les) de l'amour par N***. 3515[9].
Sylla, trag. (par le P. de la Rue.) MS. 3465[2].
Syllogismes en quatrains sur l'éducation d'un Roi. 3213.
Sylphe, (le) coméd. MS. 3459[7]. Portef. X.
Sylva Carminum in nostri temporis corruptelas. 2666.
Sylvandre & Thémire, pastorale. MS. 3512[3]. Portef. VII.
Sylvula Carminum. 2666.

T

Table analytique de l'Encyclopédie. 1852.
Table de Salomon, en vers, dans le MS. N°. 2926.
Tableau des piperies des femmes mondaines. 4288.
　　　　　funeste des Harpies de l'Etat. 5219^{138}.
　　　　　du gouvernement de Richelieu, Mazarin & Colbert. 3274.
Tableau du gouvernement présent. 5219^{107}.
Tableaux du Roi 1876^1.
Tables contenant l'histoire militaire de France. (par le Mau de la Jaisse.) MS. 5307.
Tablettes adressées aux Dames de la Cour. 2922^{46}.
Tablettes puériles. 1340.
Tabula Conjugationum Hebraïcarum. 1412.
　　　Peutingeriana. 4494.
　　　super quatuor libros Sententiarum. MS. 367^{16}.
Tapisseries du Roi. 1876^9.
Tapisseries royales. 4375^{238}.
Tarentelle écrasée. 5219^{108}.
Taxæ Cancellariæ. 1066.
―――― Trad. (par Ant. du Pinet.) 1067.
Teatro delle fabriche piu cospicue in prospettiva. 2074.
Te Deum chanté sur la mort du Connétable. 5194^{24}.
　　　　　des Biarnois pour la mort du M. d'Ancre. 5192^{75}.
Tempérament amphibologique des Test. de M. 5219^{139}.
Temple de bonne renommée. (par Jean Bouchet.) 2996.
　　　de Mars, Dieu des batailles. (par Jean Molinet.) 2845. 2979^2. 2980^5.
Temple de mémoire. (par Piron.) 3298, 3299.
Temple des Muses. (par de la Barre de Beaumarchais.) 3817, 3818.
Ténebres de mariage. 2922^{11}. 3913^{38}.
Terre (de la) d'Outremer MS. 1189^9.
Terrible vie, testament & fin de Loyson. 2979^7.
Testament de Conchini Conchino. 5192^{76}.
　　　　de feu Gautier Garguille. 3913^{110}.
　　　　de Jenin de Lesche. 3084.
　　　　de la Ligue. 4375^{105}.
　　　　de notable homme nommé Ragot. 3096^6.
　　　　de Pathelin. (par Pierre Blanchet.) 3344.
　　　　　　　　　　　　　　　　　　Testament

Testament de Taste-vin, Roi des pions. 2979¹⁰.
        de Théophile. 3239¹⁸.
        du Diable d'argent. 5219¹⁰⁹.
        du gentil Cossoys, en vers, dans le MS. N°. 2926.
Testament du gros Guillaume. 3913¹¹¹.
        d'un amoureux qui mourut par amour. 2922¹².
        fin rubin de Turquie. 3083.
Tête de bœuf couronnée. 4375¹⁹².
Théâtre d'amour. 4332.
Théâtre des cruautés des Hérétiques de nôtre temps. (par Rich. Verstegan.) 4793.
Théâtre des Farces de Maroquin. 3913³⁹.
Thelesis, trag. MS. 3475.
Thémistocle, trag. MS. 3512⁴. Portef. VII.
Thesaurus rei herbariæ. 1554.
Titon & l'Aurore. 3515³².
Tocsin contre les Massacreurs. 5125, 5126.
Tombeau de la mélancholie. 3903.
        de Mancini fils. 5219⁵⁴.
        des amours de L. L G. 5246.
        des Monopoleurs. 5219¹¹⁰.
        du Comte de Permission. 4380.
        du Marquis d'Ancre. 5192⁷⁷.
        sur la mort du Connétable. 5194²⁵, ²⁶.
Tondeux. 4375¹⁶².
Torche-barbe de Mazarin. 5219¹⁵⁵.
Totale description des passages des Gaules en Italie. 4457.
Tournoiement de l'Antechrist, en vers. MS. 2736²⁰.
Tournois depuis le XVe. siecle. 3530.
Tout en tout des bons Bretons. 2922⁴⁵.
Trabisonda. 3699.
Tractatus contentionis animæ & corporis defuncti. MS. 367².
Tractatus de modo perveniendi ad Dei dilectionem. (*Basilea, Mich. Wenszler, circa* 1475.) 756.
Tractatus de ruinæ Ecclesiæ planctu 2664.
Tractatus de testibus. *Venetiis, Joan. de Colonia.* 1472.] 1167.
Traduction françoise du livre des Conformités de S. François. (par Conr. Badius.) 4679.
Tragédie à 7 personnages représentée par les Demoiselles de l'Abbaye de Montmartre. MS. 3477.

Tragédie de la chaste Susanne. 3409.
de la Royauté. 5219^{140}.
de l'enfant Jesus. MS. 3464.
de Timothée Chrestien. 2685.
des rebelles. 3497.
françoise du bon Kanut, Roi de Dannemark. MS. 3398, 3399^{x}.
Tragédie françoise d'un More cruel envers son Seigneur. 3408^{3}.
Tragédie mahommétiste. 3408^{2}.
Tragédie sur la mort de Lucrece. MS. 3482.
Tragi-Comédie de Cartouche MS. 3505^{41}.
de la rébellion des Grenouilles. 3408^{4}.
des amours du Seigneur Alexandre & d'Annette. 3408^{6}.
Tragi-Comédie des enfants Turlupin. 3401^{8}.
Tragi-Comédie intitulée la subtilité de Fanfreluche. 3401^{7}.
Trahison découverte de Henri de Valois. 4375^{85}.
Train du charivari assemblé aux noces du mal-assis. 4375^{162}.
Traité contenant plusieurs expositions sur l'Oraison Dominicale. 769.
Traité de la dissolution du mariage. (par Ant. Hotman.) 1094, 1095.
Traité de la forme des Tournois. (par René d'Anjou.) MS. 3988.
Traité de la paix faite entre Louis XII & Venise. 2841^{7}.
de la succession à la Couronne de France. 4375^{59}.
de la vraie noblesse. 5404.
de l'enchantement. 1429.
de l'œuvre des Philosophes. MS. 1785.
des danses auquel est résolu s'il est permis aux Chrétiens de danser. 609.
Traité des eaux artificielles. 3871^{3}. 4634^{5}.
des quatre nécessaires MS. 2719^{112}.
du Ballet. MS 3509.
du Blason. MS. 5408.
du devoir des Princes touchant les abus de l'Eglise. 1083.
Traité du Purgatoire. 905.
du renoncement d'amours. 3312.
du véritable amour. 3912^{97}.

T R

Traité fait par deça touchant le temps de maintenant, en vers, dans le MS. N°. 2926.
Traité merveilleux d'un monstre. 1671^4. 4375^{129}.
  pour ôter la crainte de la mort. 594.
  qu'il est nécessaire que tous les gens lisent les saintes Ecritures. 897.
Traités Cabalistiques. MS. 1404.
Transformation métallique. 2781.
Transformazioni amorose, tragedia. MS. 3794.
Transito del tanto lascivo & desiato Carnovale. 3549^6.
Trébuchement de l'ivrogne. 2922^{50}.
Trébuchement des Phaëtons. 4375^{247}.
Trépassement de la Vierge Marie. 4729^{11}.
Trésor admirable de la sentence prononcée par Ponce Pilate contre N. S. J. C. 567.
Trésor de sapience 1291.
  des Amadis. 4069, 4070.
  des épitaphes pour & contre le Duc. 5219^{159}.
Trialogue nouveau fort plaisant. 3104.
Tribus (de) Impostoribus. 5614.
Triolets de la Cour. 5219^{111}.
Triomphante entrée & couronnement de Fernant de Hongrie. 3070^9.
Triomphantes entrées faites à Charles-Quint à Poitiers. 5093^3. 5094.
Triomphe (le) de Bacchus, pastorale. MS. 3512^2. Port. II.
Triomphe (le) de la beauté, pastorale. MS. 3512^5. Portef. VII.
Triomphe de la charlatanerie. 3912^{99}.
  (le) de l'hyménée, opéra. MS. 3512^6. Port. VII.
  (le) de Plutus, coméd. (par Pannard.) MS. 3459^1. Portef. XI. 3504^9. Portef. II.
Triomphe des Muses contre Amour. 4280.
Triomphe des neuf Preux. *Abbeville*, *P. Gérard*. 1487.] 4062.
—— MS. 4063.
Triomphe du faquinisme Card. Mazarin. 5219^{27}.
Triomphes d'honneur faits à Charles-Quint à Poitiers en 1539.] 5093^1.
Triomphes de l'Abbaye des Conards. 4285.
Trique-trac de la Cour. 5219^{28}.
Trojano il qual tratta della destruttione di Troia. 3719.
Trois (les) âges, ballet. MS. 3512^5. Portef. I.

L 2

Trois (les) Harpies. 5194^{12}.
>Masques de boue. 5219^{134}.
>(des) morts & des trois vifs, en vers. MS. 2736^{25}.
>(des) Signes, en vers. MS. 2736^{28}.
>Traités d'un inconnu. MS. 1757.

Troisieme après-dinée du caquet de l'accouchée. 4283^3.
Tromperie faite à un Marchand. 3913^{40}.
Tromperies dont usent les mieux affétées Courtisannes, trad. (de P. Arétin.) 4229, 4230.
Trompette françoise. 5192^{78}.
Trompeur trompé. 3912^{100}.
Trou fait à la nuit. 5219^{141}.
Turco (de) Papismo (aut. Math. Sutlivio) 1009.
Tutti i trionfi, carri mascherate andati per Firenze dal tempo di Lorenzo de Medici. 3546, 3547.
Tutti li fatti del Duca Valentino 3735^5.
Tyresias, coméd. MS. 3505^{54}. 3460^{17}. Portef. III.

V

Vache (la) & le Veau, parade. MS. 3505^{55}.
Vainqueur (le) de la mort, poëme de P. L. B. 3256.
Valet (le) à deux Maîtres, coméd. MS. 3459^2. Portef. XI.
Variarum imaginum Cælaturæ. 1917.
Varie vedute di Roma. 1991.
Varillasiana. MS. 3300.
Vatelet de tous métiers. 2975^9.
Vendetta d'amore, melodrama. MS. 3799^4.
>di Christo. 3713.
>di Falchonetto. 3677.

Ventes d'amours. 2853. add. 2910.
Ver d'amour. MS. 2736^9.
Verba Lamuelis Regis visio quâ erudivit cum mater sua. 3036^4.
Véritable Gilles le niais. 5219^{29}.
Véritable origine de la Maison de Sohier. 5430.
Vérité des Proverbes des Grands de la Cour. 5219^{156}.
Vers d'aumône. MS. 2738^6.
>de la mort. (par Dans Helinand.) MS. 2738^{12}.
>satyriques sur les Partisans de Paris. 5219^{112}.
>sur la mort de Louis-le-Grand. 3278.

Versi posti a Pasquillo nel' anno 1513 & 1514.] 3549^{10}.

Vertuz, en vers. MS. 2738²¹.
Vestigi delle antichità di Roma. 5487.
Veterum aliquot ac recentiorum Medicorum Philosophorum icones. 5627.
Viandasso, coméd. MS. 3491.
Victoire (la) du Phébus François, trag. 3496. 3497¹. 3498.
Vie de Dagobert. MS. 4730¹.
Vie de Dom Barthelemy des Martyrs. (par P. Thomas & de Sacy.) 4771.
Vie de Gaspard de Coligny. (trad. par Jean de Serres.) 5115.
Vie de Jesus-Christ. 150.
Vie de Jesus-Christ. (trad. de Guil. de Branteghem.) 152 — 155.
Vie de la belle & clere Magdelene. MS. 4727.
    de Marie Magdeleine, mystere. 3323.
    de Notre Dame. 2900.
    de Robert le Diable 4124, 4125.
    de S. Alexis 4729⁶. 4748.
    de S. Andry. 4729⁵.
    de S. Christophe. 4729¹⁰.
    de S. Denys. MS. 4730.
    de S. Estienne. 4729¹.
    de S. Eustache. 2903.
    de S. François. 4756 — 4758.
    de S. François de Borgia. (par Ant. Verjus.) 4770.
    de S. Harenc. 2901².
    de S. Jacques. 4725.
    de S. Jean-Baptiste. 2904⁶.
    de S. Jérôme. MS. 4743.
    de S. Laurent. 4729⁴.
    de S. Laurent, mystere. 3321.
    de S. Martin. 4729³.
    de S. Martin. *Tours*, *Math. Lateron.* 1496. 4740.
    de S. Mathias. 4726.
    de S. Mathurin de Larchant. (trad. du latin par Messire Jean.) 2898.
Vie de S. Mellon. 4732.
    de Moyse représentée par figures. 3204.
    de S. Nicolas 4729². 4734.
    de S. Ouen. 4751.
    de S. Paul. 4729⁸.

Vie de S. Pierre. 4729⁷.
    de S. Roch. 4729⁹. 4759, 4760.
    de S. Romain 4750.
    de Ste. Barbe, myſtere. 3306, 3307, 3308.
    de Ste. Catherine. 2897.
    de Ste. Catherine de Sienne. 4762.
    de Ste. Genevieve. 4749.
Vie de Ste. Marguerite MS. 2817.
— — Impr. 2818 — 2820.
Vie de Ste. Reigne. (par Jean Neſpiquelin.) 2901.
    de Ste. Thaiſe, en vers. MS. 2738²⁷.
    des traîtres politiques Navarrois 2922²⁷.
    du Cardinal de Richelieu. (par J. le Clerc.) 5101.
    du Pape Jules II. 4657.
    & doctrine de David George. (trad. de Cœlius Secundus Curio) 4792.
Vie & faits notables de Henri de Valois. 5150, 5151.
    & innocence des deux freres. 5141.
    & légende de S. Fiacre. 2899.
    & miracles de S. Louis par le Confeſſeur de la Reine Marguerite. 5069.
Vie & paſſion de Noſtre Seigneur. MS. 149.
    & paſſion de N. S. J. C. (par Joron.) 160.
    généreuſe des Mattois. 3891. 3933⁶⁵. ⁸⁰.
    infame de la maltôte. 5219¹¹³.
    ou myſtere de Mgr. S. Fiacre. MS. 3331⁷.
Vies des Peres des déſerts, en vers. MS. 2713 — 2716.
Vies des SS. Peres des déſerts. (par Bourgoin de Villefore.) 4718.
Vieillard jaloux. 4287¹⁰.
Vieillard jaloux tombé en rêveries. 3913⁸¹.
Vieille amoureuſe. 5219³⁰.
Vigiles des morts. 2858. 2904⁷.
Viola Sanctorum. *Editiones veteres.* 4713, 4714.
— *Argentinæ, Joan. Prus.* 1487.] 4715.
Viole violée. 5219¹¹⁴.
Virelay ſur les vertus de ſa Faquinance. 5219¹⁵⁷.
Viſages qui ſe démontent. 5219⁵⁴.
Vita de Merlino. *In Florentia.* 1495.] 3997.
Vita del S. Hieronimo. *In Tarviſio*, Mich. Marçolo da Parma. 1480.] 4746.
Vita di M. Giannozo Manetti. MS. 5624.
Vita Jeſu Chriſti. (aut. Guil. de Branteghem.) 151.

V I

—— Trad. en françois. 152 — 155.
Vita vel Tragœdia B. Barbaræ. MS. 3329.
Vite de SS. Padri. *In Venetia, Ant. di Bartolomeo da Bologna.* 1476.] 4693.
Viva overo applauso fatto alla pazzia di Dot. Boccalone. 3549[12].
Universum sacrosanctum Concilium Tridentinum. 346.
Vocabolario de gli Accademici della Crusca. 2211.
Vocabularius Juris utriusque. *Spiræ, Petrus Drach.* 1477.] 1178.
Vocation (la) religieuse, tragédie. MS. 3446.
Voie de Paradis, en vers. 2799[5].
Voix du peuple au Roi. 5192[8o].
Volumen stabilimentorum Rhodiorum Militum. 1144.
Voyage d'Amiens. 3912[101].
       de Chantilly. 3912[102].
       de Cythere, pastorale. MS. 3512[9]. Portef. VII.
       d'enfer. (par Raoul de Houdanc.) MS. 2711.
—— Par un Anonyme, en vers. 2712.
Voyage de François I à sa Ville de la Rochelle. 5096.
Voyage & conqueste de Charles VIII sur le royaume de Naples. 2688[17].
Voyages faits en divers temps en Espagne. . . . 4519.
Voie d'Enfer, en vers. (par Raoul de Houdanc.) MS. 2711.
—— Par un Anonyme, en vers. 2712.
Vrai discours d'une cruauté d'une Demoiselle. 4375[130].
Vrai récit du ballet des Matrones MS. 3514[4].
Vrais pieges pour attraper le cauteleux grifon. (Henri IV.) 4375[7].
Urbis Romæ descriptio. MS. 4953.
Usages de la Ville d'Amiens. MS. 1189[2].

Y

Ymag. figura seu representatio Antichristi, en latin & françois. 3074.

Z

Zélie, divertissement. 3515^{23} & ^{34}.
Zelmire & Almenor, ballet. MS. 3460^8. Portef. III.
Zémis, pastorale. MS. 3512^{19}. Portef. VII.

ERRATA.

ERRATA.

Une partie de ces fautes sont corrigées dans la plupart des Exemplaires.

Tom. I.

Pag. lig.
- 55. 32. add. *mots* lis. *mors.*
- 2. 24. Auteurs. *lis.* Savants.
- 7. 22. à la genese *lis.* générale.
- 8. 2. 18 chapitres. *lis.* 15 chapitres.
- 19. 3. vue. *lis.* vu.
- 24. 11. per Nicolo de Mallermi. *lis.* da incerto Autore.
- 25. 11. ministerii. *lis.* misterii.
- 36. 22. cette description. *lis.* la description suivante, & placez les deux premieres lignes de la note après la 4e ligne.
- 50. 13. in fol. *lis.* in 4.
- 73. 2. hïtaf. lis. hïtaï.
- 76. 11. iam. lis. iani.
-      21. reqrit. lis. reprit.
- 77. 26. est sans date. *lis.* sans date.
-      30. et electioni. lis. e le lectioni.
- 83. 4. ainsi que le précédent. *effacez* ainsi.
- 88. 30. supprimez le mot *Augustus* qui s'est glissé dans quelques exemplaires.
- 91. 15. *Luxen* lis. *Luxeu.*
- 105. 11. l'Isle. *lis.* Lille.
- 111. 15. *Dommartin.* lis. *Dammartin.*
- 115. 9. Ses. *lis.* Les.
- 133. 15. *lis.* in fol.
- 135. 16. de Clemangis. *lis.* de Clamengiis.
-       21. 1519. *lis.* sans date.
- 170. 28. supprimez *beati jeronimi presb.*
- 171. 20. à longues lignes. *lis.* sur 2 col.
- 173. 1. 1480 *lis.* 1475.
- 182. 11. chapitres. *lis.* homélies.

ERRATA.

Pag.   lig.
     20. chapitres. *lis.* morales.
188.   19. *Lamelogno. lis. Lumelogno.*
197.   7. pag. *lis.* feuillets.
214.   2. redemis. *lis.* de remediis.
     2. 1655. *lis.* 1635.
225.   1. Confessione. *lis.* Confessionale.
228.   18. in fol. *lis.* in 4.
237.   10. 1485. *lis.* 1495.
240.   5. *industria. lis. idustria.*
     13. supprimez : qui est l'originale.
247.   18. ôtez élégamment.
251.   2. Morsicani. *lis.* Marsicani.
254.   6. XL. *lis.* XC.
255.   14. 1537. *lis.* 1539.
     20. in fol. *lis.* in 4.
269.   4. Œcolampadii. *lis.* Œcolampadiani.
273.   2. Cathararum. *lis.* Catharorum.
314.   7. Annatomia. *lis.* Annotomia.
317.   Transposez le N° 1038 avant le N° 828 , parceque les deux volumes renferment le même ouvrage sous des titres différents.
332.   18. ses. *lis.* plusieurs.
356.   6. 1476. lis. circa 1477.
363.   11. coutume. *lis.* commune.
368.   20. traductam. lis. traductum.
     21. Platonis de diffinitionibus. lis. de Platonis diffinitionibus.
389.   30. in fol. *lis.* in 4.
395.   1. præfatione. *lis.* & præfatione.
     1 & 2. *supprimez* studio Joan. Andr. Epis. Alerien. & *lis.* & ejus studia recoluntur.
413.   dissertations. *lis.* dissertations.
435.   26. Saliere. lis. Saltiere.
437.   17. parti. *lis.* parties.
446.   3. Enorr. *lis.* Knorr.
457.   5. en gouache. *lis.* à gouache.
490.   15. des papillons. *lis.* papillons.
497.   12. *lis.* on sait que Platina a été.
527.   25. *lis.* à Munster en Argow.
528.   9. Jean Vostet Breton est l'anagramme d'Estienne Tabourot.
536.   18. Panophia. *lis.* Panoplia.

ERRATA.

Tom. II.

Pag. lig.
- 17. 6. Cornucopie. *lif.* Cornucopiæ.
- 29. 25. qui n'est pas dans l'édition précédente. *lif.* qui n'est point dans les Offices de Cicéron de l'édition précédente ; mais qui se trouve dans le volume des fragments.
- 40. 23. Eustenins. *lif.* Eustenius.
- 53. 25. *Wuila.* lif. *Wila.*
- 107. 21. Chenillon. *lif.* Chevillon.
- 117. 8. *satiu.* lif. *satin.*
- 138. 24. folies. *lif.* folles.
- 153. 3. & 4 feuillets. *lif.* & en 4 feuillets.
- 158. 27. dolenz. *lif.* doleuz.
- 168. 27. eperit. *lif.* esperit.
- 185. 23. col. 2, C. 27. *lif.* C. 10.
-       24. col. 2. C. 10. *lif.* C. 21.
- 194. 28. *Bulés.* lif. *Brulés.*
- 213. 22. *Bourgignon* lif. *Bourguignon.*
- 241. 5. Romans. *lif.* Romances.
- 257. 22. précédent. *lif.* suivant.
- 258. 4. fantaisies. *lif.* faintises.
- 276. 4. in 8. *lif.* in 4.
- 281. 19. in 12. *lif.* in 8.
- 286. 14. in fol. *lif.* in 4.
- 287. 7. 1489. *lif.* 1494.
- 292. 1. XV. *lif.* XVI.
- 294. 19. 1536. *lif.* sans date.
- 315. 24. Barronso. *lif.* Barrouso.
- 316. 5. fantaisies. *lif.* faintises.
- 317. 3 & 5. ôtez par Pierre Gringore.
- 327. 22. 1531. *lif.* sans date.
- 331. 13. 1534. *lif.* 1554.
- 335. 13. 1526. *lif.* 1536.
- 335. 21. Dadouille. *lif.* Dadonville.
- 349. 4. d'Angulen. *lif.* d'Anguien.
-       7. André. *lif.* Andrelin.
- 383. 22. contient. *lif.* contiennent.
- 490. 1. *In Venetia Vendelin*, lif. *In Venetia, Vindelin.*
- 497. 14. *fœlicit Ver in enetiis.* lif. *fœliciter in Venetiis.*

ERRATA.

Pag. lig.
502. 22. correct. *lis.* assez correct pour le temps.
510. 18. Franchis. lis. *de Franchis.*
517. 3. au nombre 12. *lis.* au nombre de 12.
529. 10. Laquila. *lis.* l'Aquila.
535. 2. in fol. *lis.* in 4.
538. 25. tutti. *lis.* tutte.
557. 15. Guenoilles. *lis.* Quenoilles.
618. 11. ci-dessus. *lis.* ci-dessous.
652. 25. Daley. *lis.* da ley.
676. 5. effacez par François de Rosset.
692. 11. 3 vol. *lis.* 4 vol.
739. 1. Thaureau. *lis.* Tahureau.
746. 26. 1474. *lis.* 1475.

Tom. III.

101. 5. Wadalbertum. *lis.* Wandalbertum.
152. 7. 1740. *lis.* 1470.
298. 1. Henrico Enel. *lis. Henrico Mayer.*
194. de la table, lig. 6. *Venetiis* lis. *Mediolani.*
319. de la table, lig. 11. humanità. *lis.* humilità.
341. de la table, lig. 10. *Venetiis,* 1472. lis. *Mediolani,* 1474.

FIN.

Lu & approuvé. A Paris, ce 4 Mars 1783.
FOURNIER, *Adjoint.*

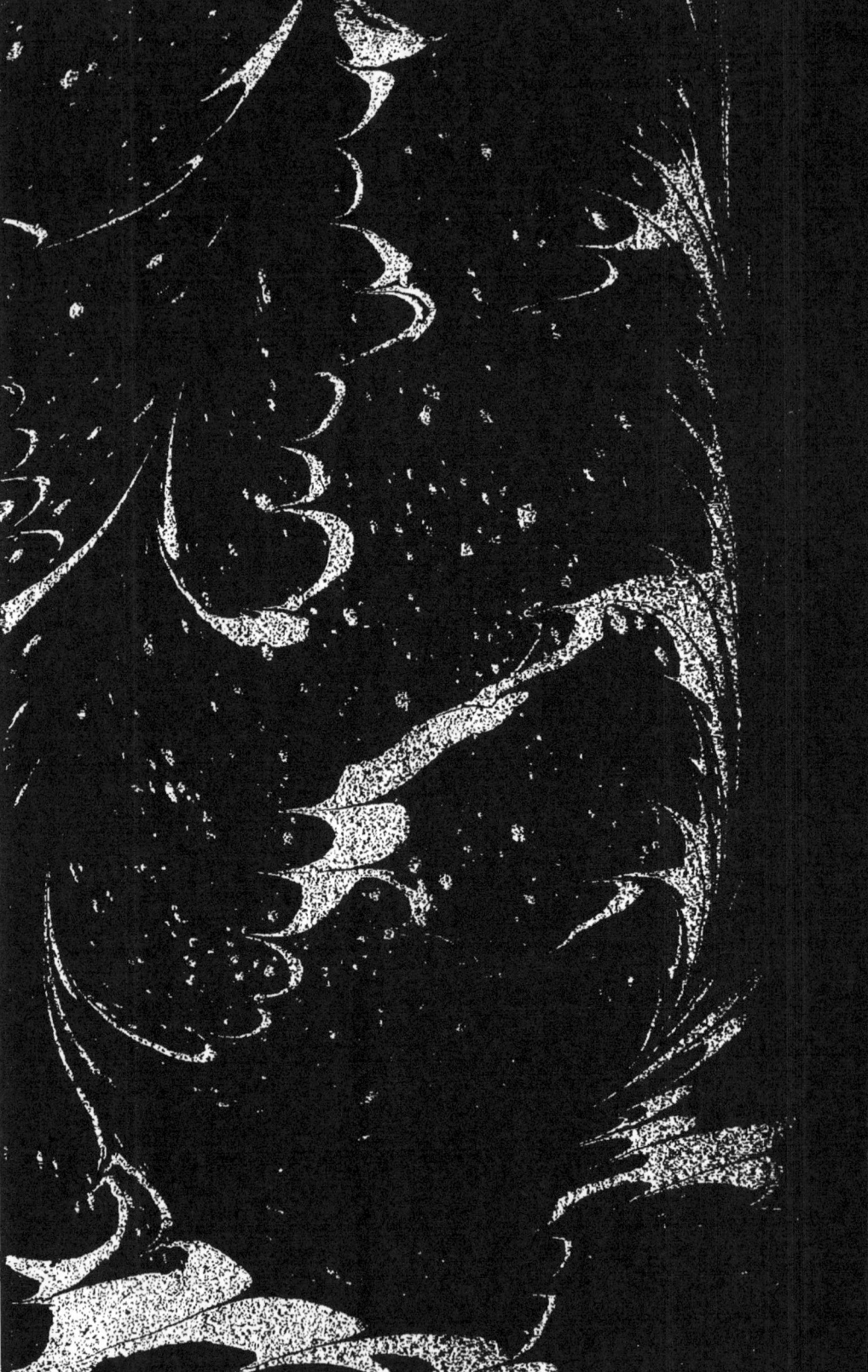